D1699426

Peter F. Schlosser
EU-Zivilprozessrecht

EU-Zivilprozessrecht

EuGVVO, EuEheVO, AVAG, HZÜ, EuZVO, HBÜ, EuBVO

Kommentar von

Dr. Peter F. Schlosser

em. o. Professor
an der Ludwig-Maximilians-Universität
München

2., erweiterte Auflage

Verlag C. H. Beck München 2003

Zitiervorschlag: Schlosser EUZ/EuGVVO
(bzw. andere Rechtsdokumente), Art. Rn.

Verlag C. H. Beck im Internet:
beck.de

ISBN 3 406 49670 9

Gesamtherstellung: Druckerei C. H. Beck
(Adresse wie Verlag)

Gedruckt auf säurefreiem, alterungsbeständigem Papier
(hergestellt aus chlorfrei gebleichtem Zellstoff)

Vorwort zur zweiten Auflage

Die 1996 erschienene erste Auflage dieses Werkes hieß im Haupttitel „EuGVÜ". Sie verwandte also von Anfang an die in Deutschland übliche Abkürzung für das „Brüsseler Übereinkommen über die gerichtliche Zuständigkeit und die Vollstreckung von Entscheidungen in Zivil- und Handelssachen" vom 27. 9. 1968. Im Untertitel hatte das Werk den Zusatz: „mit Luganer Übereinkommen und den Haager Übereinkommen über Zustellung und Beweisaufnahme". Wegen der stürmischen Entwicklung, die das „Brüsseler" Europarecht seit Inkrafttreten des Vertrages von Amsterdam genommen hat, stand nicht nur eine Änderung des Untertitels an. Die enge Fortschreibung des Haupttitels wäre „EuGVVO" gewesen. Diese Verordnung, die seit 1. 3. 2002 das EuGVÜ abgelöst hat, hat aber den von Brüsseler Übereinkommen geregelten Materien des in den Vertragsstaaten geltenden internationalen Zivilprozessrechts endgültig den Charakter von Recht der Europäischen Gemeinschaften gegeben, dass man genauer als „Europarecht" EG-Recht nennt. Hinzu kommen weitere Regelungsmaterien, deren sich das EG-Recht angenommen hat: Ehescheidungen mit EG-Auslandsbezug, Zustellungen und Beweisaufnahmen über die Grenzen des Gerichtsstaats hinaus. Es ist sinnvoll, in einem Kommentar das gesamte EG-Zivilprozessrecht zu behandeln.

Aus praktischen Gründen konnte freilich auch in der vorliegenden zweiten Auflage dieses Programm nicht rein verwirklicht werden.

Einmal ist in diesem Werk die EG-Verordnung über Insolvenzverfahren nicht behandelt. Zugegebenermaßen ist der Hauptgrund dafür, dass die Arbeitskapazität des Verfassers nicht ausgereicht hat, auch das noch so zeitig zu bewältigen, dass der Anschluss an den Zeitpunkt des Inkrafttretens des übrigen neuen EG-Zivilprozessrechts hätte gewahrt werden können. Die Materie wird zwar außerhalb Deutschlands ohnehin so gut wie nirgendwo als eine solche des Zivilprozessrechts verstanden. Das mag es rechtfertigen, gleichwohl von einem Kommentar zum EG-Zivilprozessrecht zu sprechen, zumal das Feld der von Brüsseler Verordnungen geregelten zivilprozessrechtlichen Materien weiter zunehmen wird.

Zum anderen sind in dieser zweiten Auflage nach wie vor drei Gesetzeswerke kommentiert, die formal mit dem EG-Recht nichts zu tun haben. Das Lugano-Übereinkommen ist in weiten Strecken textgleich oder doch jedenfalls inhaltsähnlich der EuGVVO geblieben und soll in Bälde ihr auch gänzlich angepasst werden. Es war daher fast eine Selbstverständlichkeit, auf die wenigen inhaltlichen Abweichungen dieses Übereinkommens etwas näher einzugehen. Die beiden Haager Übereinkommen über Zustellung ins und Beweisaufnahme im Ausland sind demgegenüber an sich nicht als Europarecht in irgend einem Sinne konzipiert. Der Kreis der außereuropäischen Vertragsstaaten hat in den letzten Jahren auch stark zugenommen. Für den Verkehr der EG-Staaten untereinander (mit Ausnahme von Dänemark) sind sie auch praktisch durch die beiden Rechtshilfeverordnungen der EG abgelöst worden. Das neue EG-Rechtshilferecht ist aber nur auf dem Hintergrund der beiden Haager Übereinkommen verständlich. Erstere übernehmen das Meiste aus letzteren, gehen aber in manchen praktisch besonderes wichtigen Fragen auch vereinfachte Wege. Für die Praxis die wichtigste Frage wird aber immer bleiben: Sind die Verordnungen, und wenn ja, in welchem Ausmaß, von den Haager Übereinkommen abgewichen? Außer dem praktischen Nutzen für jenen, der das Werk zu Rate zieht, alles durch multilatere Regelungen beherrschte Zivilprozessrecht zusammen dargestellt und erläutert zu haben, wird die Mitbehandlung der Haager Übereinkommen für viele auch das Verständnis des neuen EG-Rechtshilferechts erleichtern.

Die Kommentierung bleibt, der Buchreihe entsprechend, in der sie erscheint, auf eine platzsparende Darstellungsform angelegt. Die Rechtsprechungsnachweise sind ausführlich, auch was Judikate aus dem nicht-deutschen Sprachraum anbelangt. Literatur ist nur insoweit berücksichtigt, als sie nicht durch wohlbegründet erscheinende Rechtsprechung bestätigt oder durch die Judikatur des EuGH überholt ist, die sich durchgesetzt hat. Lediglich berichtende Literatur ist nicht berücksichtigt, auch wenn sie die sprachliche Form der Zustimmung zur Rechtsprechung des EuGH angenommen hat. Die Abkürzungen auch von fremdsprachigen Publikationen oder Sammelwerken sind knapp gehalten, aber durch ein Abkürzungsverzeichnis erläutert. Die Urteile des EuGH sind in einem eigenen Register aufgeführt, in dem alle deutschsprachigen Parallelfundstellen und Entscheidungsanmerkungen festgehalten sind. Die meisten Entscheidungen des EuGH sind mit dem Zusatz des Namens einer der Prozessparteien versehen. Der schon Kundige weiß dann die Entscheidung sofort auch im Übrigen einzuordnen.

Trotz des Charakters dieses Erläuterungswerks als eines Kurzkommentars sind manche, bisher unerörterte Probleme auch im Zusammenhang mit Texten angesprochen, die schon viele Jahre gelten. Auch hat der Verfasser gelegentlich kritische Distanz zu vorherrschenden Sichtweisen nicht unterdrückt.

Dank schulde ich den wissenschaftlichen Mitarbeitern Matthias Jenn, Athena Stafyla und Nicolas Zirngibl, die mir bei der Recherche von Rechtsprechung und Literatur und deren jeweiliger kritischer Einordnung sehr zielstrebig zur Hand gegangen sind. Die Sekretärin meines Lehrstuhls, Frau Gabriele Maus, hat sich durch geduldige und Konzentration erfordernde Redaktionsarbeit am Computer verdient gemacht.

München, Oktober 2002 Peter F. Schlosser

Inhaltsübersicht

Inhaltsverzeichnis

Abkürzungsverzeichnis

a. A.	andere Ansicht
ABl. EG	Amtsblatt der Europäischen Gemeinschaften
aaO	am angegebenen Ort
A. C.	The Law Reports. House of Lords and Judicial Committee of the Privy Council and Peerage Cases
AGBG	Gesetz zur Regelung des Rechts der Allgemeinen Geschäftsbedingungen
AktG	Aktiengesetz
All E. R.	All England Law Reports
allg. M.	allgemeine Meinung
App.	Appellationsgericht und Entsprechung in der jeweiligen Sprache
AVAG	Anerkennungs- und Vollstreckungsausführungsgesetz
AWD	Außenwirtschaftsdienst des Betriebsberaters
BAG	Bundesarbeitsgericht
BB	Betriebsberater
BBl	Bundesblatt der schweizerischen Eidgenossenschaft
BG	(schweizerisches) Bundesgericht
BGBl	Bundesgesetzblatt
(Schw)BGE ...	Entscheidungen des schweizerischen Bundesgerichts
BGHZ	Entscheidungen des Bundesgerichtshofes in Zivilsachen
BR-Drucks. ...	Drucksache des Bundesrates
BRAGO	Bundesgebührenordnung für Rechtsanwälte
BT-Drucks. ...	Drucksache des Deutschen Bundestages
Bulletin ASA	Bulletin de l'Association suisse de
Bull. civ.	l'arbitrage
Bull. civ	Bulletin des arrets de la cour de cassation en matière civile
BVerfG	Bundesverfassungsgericht
C. A.	Court of Appeal (England)
Ch. D.	Chancery Division
CISG	Convention on Contracts for the International Sale of Goods
c. j.	code judiciaire (Belgien)
Clunet	Journal du droit international
c. pr. c	code de procédere civile
D	Recueil Dalloz
DB	Der Betrieb

Abkürzungsverzeichnis

Diss.	Dissertation
DNotZ	Deutsche Notar-Zeitschrift
ed.	editor
EGBGB	Einführungsgesetz zum Bürgerlichen Gesetzbuch
EGV	Vertrag zur Gründung der Europäischen Gemeinschaft i. d. F. des Vertrages von Amsterdam
EGVVG	Einführungsgesetz zum Versicherungsvertragsgesetz
EheVO	VO (EG) Nr. 1347/2000 des Rates vom 29. Mai 00 über die Zuständigkeit und die Anerkennung und Vollstreckung von Entscheidungen in Ehesachen und ...
EU	Europäische Union
EuBVO	Verordnung (EG) Nr. 1206/2001 des Rates vom 28. Mai 01 über die Zusammenarbeit zwischen den Gerichten der Mitgliedsstaaten auf dem Gebiet der Beweisaufnahme in Zivil- und Handelssachen
EuGEheVO ...	s. EheVO
EuGH	Gerichtshof der Europäischen Gemeinschaften
EuGHE	Sammlung der Entscheidungen des EuGH
EuGVVO	Verordnung (EG) Nr. 44/2001 des Rates vom 22. Dez. 00 über die gerichtliche Zuständigkeit und die Anerkennung und Vollstreckung von Entscheidungen in Zivil- und Handelssachen
EuGZVO	Verordnung (EG) Nr. 1348/2000 des Rates vom 29. 5. 2000 über die Zustellung gerichtlicher und außergerichtlicher Schriftstücke in Zivil- und Handelssachen
EuZW	Europäische Zeitschrift für Wirtschaftsrecht
EWGV	Vertrag zur Gründung der Europäischen Wirtschaftsgemeinschaft (25. 3. 1957)
EwiR	Entscheidungen zum Wirtschaftsrecht
EWS	Europäisches Wirtschafts- und Steuerrecht
FamRZ	Zeitschrift für das gesamte Familienrecht
FGG	Gesetz über die Angelegenheiten der Freiwilligen Gerichtsbarkeit
Fn.	Fußnote
FS	Festschrift
Gaz. Pal (G. P.)	Gazette du Palais
GG	Grundgesetz
Giur. it.	Giurisprudenza italiana
GmbHG	Gesetz betreffend die Gesellschaft mit beschränkter Haftung
GRUR	Gewerblicher Rechtsschutz und
GRUR Int. ...	Urheberrecht (Auslands- und) Internationaler Teil von GRUR
GVG	Gerichtsverfassungsgesetz

HausTWG	Haustürwiderrufsgesetz
H. Ct.	High Court
HGB	Handelsgesetzbuch
H. L.	House of Lords
Hrsg.	Herausgeber
Hs.	Halbsatz
i. d. F.	in der Fassung
ILPr.	International Litigation Proceedings
IPR	Internationales Privatrecht
IPRax	Praxis des Internationalen Privat- und Verfahrensrechts
IPRspr.	Die Rechtsprechung auf dem Gebiete des Internationalen Privatrechts
i. V. m.	in Verbindung mit
i. S. v.	im Sinn von
IZPR	Internationales Zivilprozessrecht
JBl	Juristische Blätter
J. C. P.	Juris Classeur périodique. La semaine juridique
J. O.	Journal Officiel
JZ	Juristenzeitung
Kb	Rechtsbank van Koophandel
KTS	Konkurs-, Treuhand- und Schiedsgerichtswesen
LG	Landgericht
Ll. R.	Lloyd's Law Reports
LÜ	Lugano-Übereinkommen über die gerichtliche Zuständigkeit und Vollstreckung gerichtlicher Entscheidungen in Zivil- und Handelssachen (16. 9. 1988)
MDR	Monatsschrift für Deutsches Recht
n. c. pr. c.	Nouveau code de la procédure civile
NIPR	Nedernalds Internationaal Privatrecht
NJ	Nederlands Jurisprudentie
NJW	Neue Juristische Wochenzeitung
NJWRR	NJW-Rechtsprechungs-Report
NZG	Neue Zeitschrift für Gesellschaftsrecht
öOGH	österreichischer Oberster Gerichtshof
öJZ	österreichische Juristenzeitung
OHG	Offene Handelsgesellschaft
OLG	Oberlandesgericht
OLGRspr	Rechtsprechung der Oberlandesgerichte
OLGZ	Entscheidungen der Oberlandesgerichte in Zivilsachen
Q. B.	Queen's Bench Division, High Court of Justice

Abkürzungsverzeichnis

RabelsZ	Rabels Zeitschrift für ausländisches und internationales Privatrecht
Rec. des Cours	Recueil des Cours (Académie de Droit International)
Rev. crit.	Revue critique de droit international privé
RG	Reichsgericht
RGBl.	Reichsgesetzblatt
RGZ	Entscheidungen des Reichsgericht in Zivilsachen
Riv. dir. int. ..	Rivista di diritto internazionale
Riv. dir. int. priv. proc.	Rivista di diritto internazionale privato e processuale
RIW	Recht der Internationalen Wirtschaft
Rn	Randnummer
Rpfleger	Der Deutsche Rechtspfleger
Rs	Rechtssache
RZ	(österr.) Richterzeitung
SchKG	Gesetz über Schuldbetreibung und Konkurs
schwZGB	(Schweizer)Zivilgesetzbuch
sec.	section
SJZ	Schweizerische Juristen-Zeitung
SZIER	Schweizerische Zeitschrift für internationales und europäisches Recht
Trib.	Tribunal
Trib. App.	Tribunal d'Appel
Trib. cant.	Tribunal cantonal
Trib. trav.	Tribunal du travail
UWG	Gesetz gegen den unlauteren Wettbewerb
VersG	Versicherungsgesetz
VersR	Versicherungsrecht
VVG	Gesetz über den Versicherungsvertrag
WLR	Weekly Law Report
WM	Wertpapier-Mitteilungen
ZfRVgl	Zeitschrift für Rechtsvergleichung, IPR und Europarecht
ZIP	Zeitschrift für Wirtschaftsrecht und Insolvenzpraxis
ZPO	Zivilprozessordnung
ZustDG	Zustellungsdurchführungsgesetz
ZVglRWiss. ..	Zeitschrift für Vergleichende Rechtswissenschaft
ZZP	Zeitschrift für Zivilprozess
ZZPInt	Zeitschrift für Zivilprozess International

Verzeichnis der wichtigsten Referenzliteratur (meist abgekürzt zitiert)

Almeida Craz/Desantes Real/Jenard, Bericht zum 3. Beitrittsübereinkommen mit Spanien und Portugal, ABl. EG 1990, Nr. c 189, 35ff.

Baumann, Die Anerkennung und Vollstreckung ausländischer gerichtlicher Entscheidungen in Unterhaltssachen, 1989.

Baumbach/Lauterbach/Albers/Hartmann, Zivilprozessordnung 61. Auflage, 2002.

Baumert, Europäischer ordre public und Sonderanknüpfung zur Durchsetzung von EG-Recht unter besonderer Berücksichtigung der sog. mittelbaren horizontalen Wirkung von EG-Richtlinienbestimmungen, 1994.

Benecke, Die teleologische Reduktion des räumlich-persönlichen Anwendungsbereiches von Art. 2ff. und Art. 17 EuGVÜ, 1993.

Berando, Le règlement (CE) du Conseil du 22 décembre 2000 ... Clunet 2001, 1033.

Bogdan, (Hrsg.), The Brussels Jurisdiction and Enforcement Convention – an EC Court Casebook, 1996.

Borras, Bericht zum EuEheGVÜ v. 28.5.98, ABl. EG Bericht in Kraft getreten 1998 C 227, 27ff.

de Bra, Verbraucherschutz durch Gerichtsstandsregelungen im deutschen und europäischen Zivilprozessrecht, 1992.

Braun, Der Beklagtenschutz nach Art. 27 Nr. 2 EuGVÜ, 1992.

Briggs/Roes Civil Jurisdiction and Judgements[2], 1997.

Brulliard u.a., L'Efficacia delle Sentenze Straniere nelle Convenioni Multilaterali dell'Aja e della C.E.E., 1969.

Bülow/Böckstiegel/Geimer/Schütze, Internationaler Rechtsverkehr in Zivil- und Handelssachen, 3. Aufl., 1995, aktuelle Bearbeiter zum EuGVÜ: *Auer,* Safferlin, *Wolf,* zit. Bülow/Böckstiegel [Bearbeiter].

Cheshire/North/Fawcett, Private International Law, 12. Aufl. 1992.

Chernich/Tiefenthaler, Die Übereinkommen von Lugano und Brüssel (Wien 1998).

Collins, The Civil Jurisdiction and Judgements Act 1982, 1983.

Dicey/Morris, Conflict of Laws, 12. Aufl. (general editor: Lawrence Collins), 1993.

Donzallas, La Convention de Lugano, Bd. 1, I, III, 1996–1998.

Efrigenis/Kerameus, Bericht zum 2. Beitrittsübereinkommen mit Griechenland, Abl. EG 186, C 298, 1.

Fahl, Die Stellung des Gläubigers und des Schuldners bei der Vollstreckung ausländischer Entscheidungen nach dem EuGVÜ, 1993.

Gaudemet-Tallon, Les Conventions de Bruxelles et de Lugano, 2. Aufl., 1996.

Literaturverzeichnis

Geimer, Anerkennung ausländischer Entscheidungen in Deutschland 1995.
Geimer, Internationales Zivilprozessrecht, 4. Aufl., 2000.
Geimer/Schütze, Europäisches Zivilprozessrecht, 1997.
Gerichtshof der EG, Internationale Zuständigkeit und Urteilsanerkennung in Europa, Berichte und Dokumente des Luxemburger Kolloquiums „Die Auslegung des Brüsseler Übereinkommens durch den Europäischen Gerichtshof und der Rechtsschutz im europäischen Raum", 1993.
Han, Positive Kompetenzkonflikte im Internationalen Zivilprozessrecht – Überlegungen zur Bewältigung von multi-forum disputes, 1996.
Hanley, Civil Jurisdiction and Judgements, 1984.
Hill, The Law Relating to International Commercial Disputes, 1994.
Jayme (Hrsg.), Ein internationales Zivilverfahrensrecht für Gesamteuropa, 1992.
Jenard, Bericht zum EuGVÜ, BTDrucks. VI Nr. 1973.
Jenard/Möller, Bericht zum Lugano-Übereinkommen, Abl. EG 1990 Nr. C 189, 57.
Kaye, Civil Jurisdiction and Enforcement of Foreign Judgements, 1987.
*Kaye,*Law of the European Judgement Convention I–V, 1999.
Kilias, Die Gerichtsstandsvereinbarungen nach dem Lugano-Übereinkommen, 1993.
Klauser, JN-ZPO II Europäisches Zivilprozessrecht (Wien 2002).
Kondring, Die Heilung von Zustellungsfehlern im internationalen Zivilrechtsverkehr, 1995.
Kropholler, Europäisches Zivilprozessrecht, 7. Aufl., 2002.
Linke, Internationales Zivilprozessrecht, 3. Aufl., 2001.
Lowenfeld, International Litigation and Arbitration, 1993.
Münchner Kommentar zur Zivilprozessordnung, 1992 (zit. MünchKomm ...
Nachlagewerk Gerichtshof der Europäischen Gemeinschaften, Nachschlagewerk der Rechtsprechung zum Gemeinschaftsrecht, Serie D, Rechtsprechung des Gerichtshofs der Europäischen Gemeinschaften sowie ausgewählte Rechtsprechung der Gerichte der Mitgliedsstaaten zum EuGVÜ, 1990 ff.
Nagel/Gottwald, Internationales Zivilprozessrecht, 4. Aufl., 1997.
O'Malley/Layton, European Civil Practice, 1989.
Reithmann/Martiny, Internationales Vertragsrecht, 5. Aufl., 1996.
Schack, Internationales Zivilverfahrensrecht, 3. Aufl., 2002.
Schlosser, Bericht zum 1. Beitrittsübereinkommen mit Dänemark, Irland und dem Vereinigten Königreich, ABl. EG 1979, Nr. C 59, 71.
Schlosser, Jurisdiction and International Judicial and Administrative Cooperations, 284th Recueil des Cours de l'Academie de Droit International de La Haye, 2001.
Schmidt-Parzefall, Die Auslegung des Parallelübereinkommens von Lugano, 1995.
Schwander (Hrsg.), Das Lugano-Übereinkommen, 1990 (mit Beiträgen von Broggini, Meier, Schwander, Volken und Walder).
Stein/Jonas, Kommentar zur Zivilprozessordnung, 21. Aufl., 1993 ff.
Stöve, Gerichtsstandsvereinbarungen nach Handelsbrauch, Art. 17 EuGVÜ und § 38 ZPO, 1993.

Literaturverzeichnis

Thomas/Putzo/Hüßstecke, Zivilprozessordnung, 28. Aufl., 2002.
Walter, Internationales Zivilprozessrecht der Schweiz, 1995.
Wieczorek/Schütze, Zivilprozessordnung, 3. Aufl., 1994 ff.
Zöller, Zivilprozessordnung, 23. Aufl., 2002.

Einleitung

I. Das Gefüge des „europäischen Zivilprozessrechts" anhand seines Werdegangs

1. Die heutige Gestalt des „europäischen" Zivilprozessrechts

1 Heute sind für allgemeine Zivil- und Handelssachen die Zuständigkeiten sowie Anerkennung und Vollstreckung in EG-Verordnungen, also in echten Rechtsquellen des Europarechts, geregelt. (Nw. für Inkrafttreten der früheren Übereinkommen bei Art. 54 EuGVVO). Die gleiche Rechtsnatur haben „Brüssel II", s. Rn 17, sowie die Verordnungen über grenzüberschreitende Zustellungen, s. Rn 23 und Beweisaufnahmen im Ausland, s. Rn 24. Erst der Vertrag von Amsterdam aber hat eine Ermächtigungsgrundlage für den Erlass von Verordnungen geschaffen. Der neue Art. 65 EG, in dessen Titel seltsamerweise „Visa, Asyl, Einwanderung und andere Politiken betreffend den freien Personenverkehr" steht, lautet:

„Die Maßnahmen im Bereich der justitiellen Zusammenarbeit in Zivilsachen mit grenzüberschreitenden Bezügen, die, soweit sie für das reibungslose Funktionieren des Binnenmarktes erforderlich sind, nach Artikel 67 zu treffen sind, schließen ein:

a) Verbesserung und Vereinfachung
   – des Systems für die grenzüberschreitende Zustellung gerichtlicher und außergerichtlicher Schriftstücke;
   – der Zusammenarbeit bei der Erhebung von Beweismitteln;
   – der Anerkennung und Vollstreckung gerichtlicher und außergerichtlicher Entscheidungen in Zivil- und Handelssachen;
b) Förderung der Vereinbarkeit der in den Mitgliedstaaten geltenden Kollisionsnormen und Vorschriften zur Vermeidung von Kompetenzkonflikten;
c) Beseitigung der Hindernisse für eine reibungslose Abwicklung von Zivilverfahren, erforderlichenfalls durch Förderung der Vereinbarkeit der in den Mitgliedstaaten geltenden zivilrechtlichen Verfahrensvorschriften."

Vorher gab es nur den mühevollen Weg eigenständiger Staatsverträge unter den Mitgliedstaaten. Nicht nur weil es im Verhältnis zu Dänemark dabei verblieben ist, sondern weil auch das neue

„europäische" Zivilprozessrecht durch diese seine Herkunft geprägt ist, sei die Entwicklung kurz nachgezeichnet (I). Sodann ist zu einigen dogmatischen Grundsatzfragen Stellung zu nehmen (II).

2. Die Grundlage des EuGVÜ in den Römischen Verträgen

2 Ausgangspunkt dessen, was man heute „europäisches" Zivilprozessrecht nennt, ist Art. 220 EWGV (heute Art. 293 EG mit identischem Wortlaut) gewesen. Er lautet:

> „Soweit erforderlich, leiten die Mitgliedsstaaten untereinander Verhandlungen ein, um zugunsten ihrer Staatsangehörigen folgendes sicherzustellen: ... Die Vereinfachung von Förmlichkeiten für die gegenseitige Anerkennung und Vollstreckung richterlicher Entscheidungen und Schiedssprüche".

An der Notwendigkeit solcher Verhandlungen hatte im Prinzip niemand gezweifelt. Die Defizite des Genfer Abkommens über die Anerkennung und Vollstreckung von Schiedssprüchen von 1927 waren offenbar. Das UN-Übereinkommen über die Anerkennung und Vollstreckung von Schiedssprüchen von 1958 gab es noch nicht. Ein multinationales Übereinkommen über die wechselseitige Anerkennung und Vollstreckung von Gerichtsentscheidungen fehlte ebenso wie auch nur ein geschlossenes, nach einheitlichen Prinzipien geflochtenes Netz bilateraler Staatsverträge. Im Laufe der Verhandlungen, die schließlich zum EuGVÜ führten, Rn 6ff., kam es aber zu drei sehr einschneidenden Abweichungen von dem, was die Schöpfer von Art. 220 EWGV vor Augen hatten.

3 **a)** Inzwischen hatte sich der weltweite Erfolg des UN- (oder New Yorker) Übereinkommens über die Anerkennung und Vollstreckung von Schiedssprüchen schon abgezeichnet. Daher verzichtete man auf eine Regelung der Anerkennung von Schiedssprüchen, Art. 1 EuGVVO Rn 23ff. Tatsächlich gilt dieses Übereinkommen heute in allen Mitgliedstaaten der EG und in allen Vertragsstaaten des EuGVÜ und des LÜ.

4 **b)** Vor allem aber musste man entdecken, dass der unbefriedigende Zustand in der transnationalen Durchsetzung von Gerichtsentscheidungen nicht nur in übertriebenen „Förmlichkeiten" lag. Vielmehr konnte nach jeweiligem autonomen oder bilateralem Staatsvertragsrecht die Anerkennung eines Urteils in einem anderen als dem Ursprungsstaat auch substantiell scheitern, was den obsiegenden Teil fast immer rechtlos stellte. Allerdings zeigt das Recht in den USA auch heute noch, dass selbst in einem Bundesstaat gerichtliche Entscheidungen aus einem der Gliedstaaten nicht überall im Bund vorbehaltlos anerkannt und vollstreckt zu werden brauchen. In Europa war die Entwicklung jedenfalls noch lange nicht so weit (gewesen), dass man ein einheitliches Justizterritorium hätte ins Auge fassen können. So kehrten auch im EuGVÜ die klassischen „Anerkennungsversagungsgründe" fast vollständig und in einer heute fast kleinlich anmutenden Weise wieder, Art. 27, 28 EuGVÜ (entspricht heute Art. 34 EuGVVO). Der ärgerlichste von allen erschien dort aber nicht mehr. Ob das Gericht des Ausgangsstaates international zuständig war, ist im Anerkennungs- und Vollstreckungsstaat nur noch bei Entscheidungen in einigen Spezialmaterien, jedoch nicht mehr in der Masse der Fälle zu überprüfen.

Eine solche, in der damaligen Zeit bewundernswert mutige Entscheidung erzwang aber die Verwirklichung einer Vorbedingung, die in Art. 220 EWGV durchaus nicht angelegt war: Man konnte es den einzelnen Staaten nicht mehr überlassen, die internationale Zuständigkeit ihrer Gerichte eigenverantwortlich zu regeln. Man musste im Bereich der EWG ein **neues, einheitliches System der internationalen Zuständigkeit** schaffen, das die nationalrechtlichen Vorschriften verdrängte. Damit konnte und kann es nicht mehr dazu kommen, dass das Gericht des Ursprungsstaates nach seinem Recht internationale Zuständigkeit unter solchen Umständen in Anspruch nimmt, die dem Anerkennungs- und Vollstreckungsstaat als Legitimationsgrundlage hierfür untragbar erscheinen. Zum Ärgernis im Anerkennungs- und Vollstreckungsstaat kann es nur noch dann kommen, wenn das Gericht im Ausgangsstaat irrtümlich seine internationale Zuständigkeit annahm. Solche Irrtümer aber kann man in der europäischen Solidargemeinschaft des Rechts in gleicher Weise ertragen, wie man im innerstaatlichen Bereich aus der irrtümlichen Annahme der örtlichen Zuständigkeit eines Gerichtes – im Bundesstaat der regionalen Zuständigkeit innerhalb eines Mitgliedstaats – außerhalb des normalen Rechtsmittelzugs keine Weiterungen mehr zieht, ganz im Gegenteil häufig (Bsp: § 513 Abs. 2 ZPO) nicht einmal die Möglichkeit einer Korrektur durch Rechtsmittel erlaubt.

5 **c)** Internationale Zuständigkeit lässt sich außerhalb des familienrechtlichen Bereichs in unseren Tagen nicht mehr an die Nationalität einer der Parteien anknüpfen. Daher haben die Verfasser des EuGVÜ nicht nur „zugunsten der Angehörigen ihrer Staaten" gehandelt. Vielmehr haben sie den allgemeinen internationalen Gerichtsstand an den Wohnsitz – leider selbst in der EuGVVO immer noch nicht: an den gewöhnlichen Aufenthalt – des Beklagten und besondere internationale Gerichtsstände an die traditionellerweise hierfür anerkannten Kriterien geknüpft, sowie die Erleichterung der Anerkennung und Vollstreckung von Entscheidungen unabhängig davon gestellt, ob sie Angehörigen eines Mitgliedstaates oder auch nur ihren Bewohnern zugute kommt.

3. Die Entstehungsgeschichte des EuGVÜ in seiner ursprünglichen Fassung

6 Auf Initiative der Kommission setzten die sechs damaligen Mitgliedstaaten 1960 einen Sachverständigenausschuss ein, dem je ein Experte aus dem zuständigen Ministerium (meist das Justizministerium), Vertreter der Kommission und, u. a., Beobachter der Haager Konferenz für Internationales Privatrecht angehörten. Den Vorsitz hatte der damalige Ministerialdirektor im Bundesjustizministerium, *Bülow,* inne. Berichterstatter, Rn 7, war der belgische Delegierte *Jenard.* Die Arbeit währte sechs Jahre. Unterzeichnet wurde das Übereinkommen am 27. 9. 1968 auf einer Sitzung des Ministerrats. In Kraft getreten ist es nach seinem Art. 62 am 1. 2. 1973 (ABl. EG 1972 L 299; BGBl. 1972 II S. 774). In gleicher Weise war eine schlicht „Protokoll" genannte Zusatzvereinbarung zustande gekommen, die einige Vorschriften enthält, welche aus optischen Gründen nicht im EuGVÜ selbst stehen sollten, weil sie Kleinigkeiten und Kleinlichkeiten (Zugeständnisse an einzelne Staaten) betrafen.

4. Das Auslegungsprotokoll vom 3. 6. 1971

7 Das sogenannte „Luxemburger" Auslegungsprotokoll, unterzeichnet auf einer Sitzung des Ministerrats in Luxemburg, ist erst zweieinhalb Jahre später in Kraft getreten (BGBl. 1975 II S. 1138). Die Übertragung neuer Zuständigkeiten auf den Gerichtshof war ein heikles Thema. Unter anderem hatte man lange darum gerungen, ob zukunftsweisend eine Grundlage für die Zuständigkeit dieses Gerichtshofs zur Auslegung *aller* später von den Mitgliedstaaten in Ergänzung des EWGV (Art. 234 EG) abzuschließender Verträge begründet werden sollte, was man dann aber doch nicht tat. Kernstück des Protokolls ist ein dem Verfahren nach Art. 177 EWGV (= Art. 234 EG) nachgebildetes Vorlageverfahren. Vorlageberechtigt waren aber nicht alle Gerichte. Zur heutigen Lage Rn 28.

5. Umsetzung des EuGVÜ ins nationale Recht

8 In Deutschland ist es üblich, größere staatsvertragliche Regelungswerke nicht schlicht dadurch Bestandteil des nationalen Rechts werden zu lassen, dass die gesetzgebenden Körperschaften ihm durch Gesetz zustimmen. Im Zusammenhang damit werden vielmehr häufig Ausführungsgesetze erlassen. Das ursprüngliche AG stammt vom 29. 7. 1972 (BGBl. I, S. 1328). Es regelte eine große Zahl von Einzelheiten mehr prozesstechnischer Art, die vom Übereinkommen selbst nicht vorentschieden waren. Es wurde abgelöst vom AVAG vom 30. 5. 1988 (BGBl. I S. 662). Dieses vereinheitlichte die Implementierung der „neueren" Anerkennungs- und Vollstreckungsverträge, unter denen naturgemäß aber das EuGVÜ die zentrale Rolle einnahm. Bei späteren Verträgen, praktisch geworden vor allem im Zusammenhang mit dem LÜ, brauchte es nur um deren Aufnahme in den Katalog der privilegierten Verträge ergänzt zu werden. Abgelöst wurde es, nachdem „Brüssel II" s. Rn 17 ergangen war, also erstmals eine Verordnung auf dem Gebiet der justiziellen Zusammenarbeit in Zivilsachen erlassen wurde, durch das AVAG vom 19. Februar 2001 (BGBl. I S. 288). Zur Anpassung an die EuGVVO wurde das AVAG durch Gesetz Anfang 2002 geändert (BGBl. 2002; I S. 564). In dieser Form ist es hier abgedruckt.

6. Die Vermehrung der Vertragsstaaten im Zuge der Erweiterung der EG

9 Bisher sind neue Mitgliedstaaten der dann zur EG gewordenen EWG in vier Schüben beigetreten, Dänemark, Irland und das Vereinigte Königreich im Jahre 1978, Griechenland im Jahre 1982, Portugal und Spanien im Jahre 1989 sowie Finnland, Österreich und Schweden im Jahre 1995. Die neuen Mitgliedstaaten wurden aber nicht automatisch auch Vertragsstaaten des EuGVÜ. Anscheinend befürchtete man, die Verhandlungen zum EG-Beitritt wegen im

Grunde lächerlicher Details in die Länge zu ziehen, wenn man so verfahren wäre. Vielmehr mussten sich die neuen Mitgliedstaaten im jeweiligen Beitrittsübereinkommen verpflichten, u. a. dem EuGVÜ und den dazu gehörenden Protokollen beizutreten und „zu diesem Zweck mit den ursprünglichen Mitgliedstaaten Verhandlungen im Hinblick auf die erforderlichen Anpassungen aufzunehmen". Man setzte abermals Expertengruppen ein, denen außer je einem Delegierten der jeweiligen alten und neuen Mitgliedstaaten ein Vertreter der Kommission angehörte. Sie tagten im Rahmen der Aktivitäten des Rates. Über ihre Arbeit gibt es jeweils einen veröffentlichten „Bericht", Rn 27. Ziel der Anpassungsverhandlungen war eigentlich und ursprünglich nur, die für die technische Funktionsfähigkeit des Übereinkommens im Verhältnis zum Beitrittsland unentbehrlichen Ergänzungen zu erarbeiten, etwa im „Sündenregister" des Art. 3 Abs. 2 (= Anh. I EuGVVO) die bisherigen exorbitanten Zuständigkeiten eines neuen Beitrittsstaates ausdrücklich zu nennen, oder i. S. v. Art. 32 (= Anh. II EuGVVO) die sachliche und funktionelle Zuständigkeit für den Antrag festzulegen, eine aus einem Vertragsstaat kommende Gerichtsentscheidung für vollstreckbar zu erklären. Jedoch konnte dieses beschränkte Verhandlungsziel nur im Falle des Beitritts von Griechenland durchgehalten werden. Zu den intertemporalen Problemen s. Erl. Art. 66.

10 **a)** Das Übereinkommen über den Beitritt **Dänemarks, Irlands und des V. K.** vom 9. Oktober 1978 (BGBl. 1983 II, S. 803; BGBl. 1986 II, S. 1020 – Dänemark seit 1. 11. 1986; BGBl. 1986 II, S. 1146 – V. K. in Kraft seit 1. 1. 1987; BGBl. 1988 II, S. 610 – Irland in Kraft seit 1. 6. 1988) brachte – meist auf Wunsch des letzteren – eine große Zahl weitreichender Änderungen. Sie hatten ihren Grund manchmal in Unklarheiten des bisherigen Textes. Gelegentlich akzeptierten die alten Mitgliedstaaten aber auch die besondere Bedeutung, die bestimmte Materien für einen neuen Mitgliedsstaat hatten, etwa für das V. K. Selten, gelegentlich aber doch, überzeugte man sich davon, dass das Übereinkommen neuen Erfordernissen der Zeit angepasst werden musste. So kam es etwa 1978 zu einer Erweiterung des prozessrechtlichen Verbraucherschutzes in Art. 13 ff. (= 15 ff. EuGVVO). Einzelheiten: *Schlosser*-Bericht Rn 27. Auf freiwilliger Basis wandte das V. K das EuGVÜ auch für das Verhältnis England u. Wales zu Schottland und zu Nordirland an.

b) Das Übereinkommen über den Beitritt **Griechenlands** vom 25. Oktober 1982 (BGBl. 1988 II, S. 453, BGBl. 1989 II, S. 214 – in Kraft seit 1. 4. 1989) – brachte nur technische Anpassungen (Lit: *Milionis* RIW 91, 100ff.). **11**

c) Mit dem Beitritt der ehemaligen **DDR** zur Bundesrepublik am 3. 10. 1990 ist das Übereinkommen, wie allseits akzeptiert, auch in den neuen deutschen Ländern in Kraft getreten, ohne dass die dort vorübergehend bestehende andersartige Gerichtsorganisation zu irgendwelchen Problemen geführt hätte (Lit: *Arnold* BB 91, 2240ff.). **12**

d) Das sogenannte **„Donostia-SanSebastian Übereinkommen"** vom 26. 5. 1989 (BGBl. II 1994 S. 518, 3707 in Kraft seit 1. 12. 1994) regelt den Beitritt von **Portugal und Spanien** (Lit: *Weigand* RIW 91, 717ff.; *ders.* Der deutsch-spanische Rechtsverkehr; *Niemeyer* IPRax 92, 265ff.; *Droz* Rev. crit. 90, 1ff.). Aus diesem Anlass änderte man einige Bestimmungen des EuGVÜ, ohne dass dies durch die Notwendigkeit technischer Anpassungen bedingt gewesen wäre. So wurde ein besonderer, nicht ausschließlicher Gerichtsstand für Klagen aus individuellen Arbeitsverhältnissen geschaffen (Art. 5 Nr. 1 – heute Art. 18ff. EuGVVO) sowie eine Präzisierung der handelsüblichen Form vorgenommen, in der Gerichtsstandsvereinbarungen geschlossen werden können (Art. 17 Abs. 1 – heute Art. 23 Abs. 1). Bedingt waren diese Änderungen durch den Umstand, dass parallel zu den Beitrittsbemühungen Verhandlungen über das Luganer Übereinkommen, Rn 14ff., stattfanden und vorher abgeschlossen waren, in deren Rahmen es nicht möglich war, die nicht der EWG angehörigen Staaten darauf festzulegen, nur einen solchen Text zu akzeptieren, der mit Ausnahme rechtstechnisch notwendiger Anpassungen vollständig der damaligen Fassung des EuGVÜ entsprach. Anlässlich des Beitritts von Spanien und Portugal zum EuGVÜ passte man daher dessen Text dem des LÜ bis auf wenige Ausnahmen an. Diese betrafen Art. 5 dort Rn 7, Art. 16 (jetzt Art. 22 EuGVVO) dort Rn 9, Art. 17 (jetzt Art. 23 EuGVVO) dort Rn 1, 30 und Art. 33. Dass es diese geringfügigen Unterschiede überhaupt gibt, ist allem Anschein nach auf unüberwindliche Imponderabilien bei den Vertragsverhandlungen zurückzuführen. **13**

7. Das Übereinkommen von Lugano

14 **Literatur:** *Bajons* ZfRV 93, 45 ff.; *Broggini* SJ 90, 481 ff.; *Droz* Rev. crit. 89, 1 ff.; *Hahnkamper* öAnwBl 96, 581; *Robinson/Findlater* European Economic Space, Beitr. von *Hafner, Lando, Möller, Volken; Schwander* (Hrsg.) Das Lugano Übereinkommen (St. Gallen 1990) Beitr. von *Volken, Schwander, Broggini, Walder, Meier; Urlesberger* JBl 88, 223 – Besonderheiten der österreichischen Verhandlungsposition hervorhebend; *Volken* SZIER 89, 97 ff.; *Donzallaz* L'interprétation de la Convention de Lugano par le Tribunal Fédéral ZSR 99, 11; Pålsson The Lugano Convention in Sweden, IPRax 99, 52. Botschaft des schweizerischen Bundesrats BBl 90 II 265 ff.

a) Das Übereinkommen von Lugano vom 16. 9. 1988 hatte zum Ziel, die damaligen sogenannten EFTA-Staaten (Finnland, Island, Norwegen, Österreich, Schweden, Schweiz) in das durch das EuGVÜ geschaffene „europäische Zivilprozessrecht" einzubinden (BGBl. 1994 II S. 2660). Diese Staaten waren bereit, im Prinzip die Inhalte des EuGVÜ zu übernehmen (Ausnahmen Rn 13) und damit die verwirrende Vielfalt jeweiliger bilateraler Anerkennungs- und Vollstreckungsverträge abzulösen. Es musste jedoch eine völkerrechtliche Form gefunden werden, dies in einer Weise zu bewerkstelligen, die dem Umstand Rechnung trug, dass diese Staaten nicht der EWG angehörten und der rasche Beitritt einiger von ihnen noch nicht absehbar war. Deshalb ist das Übereinkommen als „Parallelübereinkommen" konzipiert. Als solches hat es keine andere Rechtsnatur als sonstige Übereinkommen über die wechselseitige Anerkennung und Vollstreckung von Gerichtsentscheidungen und als ein Übereinkommen zur Aufteilung der internationalen Zuständigkeit der Gerichte der Vertragsstaaten (letztere Art von Übereinkommen außerhalb von EuGVÜ/LÜ ohne deutsche Beteiligung). Wird ein Gericht eines Nicht-EuGVÜ-Staates angerufen, so hat es seine Zuständigkeit nach dem Luganer Übereinkommen zu ermitteln. Auch eine Gerichtsentscheidung aus einem Nicht-EuGVÜ-Staat ist in den EuGVÜ-Staaten nach diesem Übereinkommen anzuerkennen. Wird ein Gericht in einem EuGVÜ-Staat angerufen, so richtet sich seine internationale Zuständigkeit nach dem Luganer Übereinkommen, wenn der Beklagte seinen Wohnsitz in einem Vertragsstaat hat, der nur LÜ-Staat ist. Näheres Art. 54 b LÜ. **Österreich, Finnland und Schweden** sind mit dem Beitrittsübereinkommen vom 29. Nov. 1996 (BGBl 1998 II S. 1412) Vertragsstaaten des EuGVÜ geworden, im Verhältnis zu den anderen Vertragsstaaten freilich zu unterschiedlichen Zeiten (zu Österreich Mayr EuGVÜ und LGVÜ – Texte, Materialien, Judikatur, Hinweise [2001]). Das LÜ gilt daher nur noch für den Verkehr mit der Schweiz, Irland, Norwegen und – seit 1. 2. 2000 – Polen. Zu den intertemporalen Problemen s. Art. 54 a. F.

15 **b)** Dem Luganer Übereinkommen ist ein **„Protokoll Nr. 1"** zum LÜ beigefügt, das dem Protokoll zum EuGVÜ, Rn 6, entspricht, aber noch einige Zusätze enthält, an deren Einfügung ein Nicht-EuGVÜ-Staat interessiert war.

16 **c)** Die Vertragsstaaten des LÜ, die der EWG nicht angehörten, konnten nicht die Zuständigkeit des **EuGH** zur Auslegung des LÜ akzeptieren (Lit: *Heerstmann* Die künftige Rolle von Präjudizien des EuGH im Verfahren des Luganer Übereinkommens, RIW 93, 179; *Danielle* Riv. dir. int. pr. 90, 917; *Schmidt-Parzefall* Die Auslegung des Parallelübereinkommens von Lugano [1995]). Die Einführung eines um Richter aus den Nicht-EU-Staaten erweiterten EuGH hätte zu viele Folgeprobleme für den gerichtlichen Umgang mit dem Vertragswerk über den Europäischen Wirtschaftsraum mit sich gebracht. Man unternahm jedoch das angesichts der Umstände Mögliche, um zu verhindern, dass die Gerichte der Nicht-EuGVÜ-Staaten den Text des LÜ in unkorrigierbarer Weise anders auslegten als die Gerichte der EuGVÜ-Staaten unter Führung des EuGH entsprechende, gleichlautende Texte des EuGVÜ. Zu diesem Zweck ist dem LÜ ein „2. Protokoll" beigegeben, das dem Regelungsgegenstand nach dem Luxemburger Protokoll, Rn 7, entspricht, aber inhaltlich anders ausgefallen ist (abgedruckt Anh. Art. 68). Es beschränkt sich auf einen Appell an alle 18 Vertragsstaaten, „den Grundsätzen gebührend Rechnung zu tragen, die in maßgeblichen Entscheidungen von Gerichten der anderen Vertragsstaaten zu den Bestimmungen [des EuGVÜ] entwickelt worden sind". Der EuGH ist darin nicht genannt. In der Präambel steht jedoch, dass das Protokoll in voller Kenntnis der bis zur Unterzeichnung ergangenen Entscheidungen des EuGH über die Auslegung des EuGVÜ geschlossen worden ist. Im *Jenard/Möller*-Bericht, Rn 27, sind diese Entscheidungen im einzelnen aufgeführt. Eine für die Gerichte der LÜ-Staaten verbindliche authentische Interpretation sind diese Entscheidungen aber nicht (a. A.: öOGH JBl. 98, 184).

Die Entscheidungen des EuGH binden freilich auch die Gerichte der EuGVÜ-Staaten nur im jeweiligen Ausgangsfall. Wollen deren Gerichte in einem späteren Fall von einer Entscheidung des EuGH abweichen, so müssen sie allerdings, sofern vorlageberechtigt, vorlegen. Diese Möglichkeit steht den Gerichten der Nicht-EuGVÜ-Staaten nicht offen. Irgendetwas juristisch Greifbares zum Umgang mit den Bestimmungen des LÜ enthält daher das 2. Protokoll nicht. Soweit die EuGVVO inhaltlich vom EuGVÜ abweicht, sind die Gerichte der LÜ-Staaten nicht mehr gehalten, der Rechtsprechung des EuGH besonderen Respekt zu zollen. Zur heutigen Stellung des EuGH Rn 28. S. Art. 61, 63, 64, 65.

8. Der Übergang zur Rechtsschöpfung durch Verordnung: Die EheVO

17 Mit Art. 65 des EG i.d.F. von Amsterdam (Text s. Rn 18) war Art. 220 (bzw. jetzt Art. 293 s. Rn 2) obsolet geworden. Von nun an konnte im Wege von Verordnungen gehandelt werden. Nach einer Übergangszeit von fünf Jahren wird im Rat nicht einmal mehr Einstimmigkeit nötig sein, Art. 67 EG. Zum ersten Mal hat der Rat von seinen neuen Befugnissen in Gestalt von „Brüssel II" Gebrauch gemacht, der Verordnung (EG) Nr. 1347/2000 mit der ganz entsprechend „Brüssel I" die Zuständigkeit der Gerichte und die wechselseitige Anerkennung ihrer Entscheidungen in Ehesachen geregelt ist. Leider gilt die VO nur für Entscheidungen zum Eheband und für Sorgerechtsentscheidungen aus Anlass eines Eheverfahrens.

9. Die EuGVVO

18 Mit Wirkung vom 1. März 2002 ist das EuGVÜ für alle EG-Mitgliedstaaten durch eine Verordnung ersetzt worden, die inhaltlich freilich nur wenige, wenngleich z.T. wichtige Änderungen brachte. Der geographische Anwendungsbereich der EuGVVO (der EuEheVO, der EuZVO und der EuBVO) ist mit dem des Europäischen Primärrechts identisch, wenn man von dem Anschluss Dänemarks absieht. Die Klammerzusätze in den **Erwägungsgründen** sind Hinweise auf Fundstellen, die sich in amtlichen Fußnoten befinden. Weggefallen sind die beiden Protokolle. Der Inhalt des ersten Protokolls ist teilweise in die Verordnung integriert. Das Luxemburger Auslegungsprotokoll wurde durch Art. 68 des EG-Vertrags i. d. F. von Amsterdam ersetzt, der folgenden Wortlaut hat:

(1) Art. 234 findet auf diesen Titel unter folgenden Umständen und Bedingungen Anwendung: Wird eine Frage der Auslegung dieses Titels sowie der Gültigkeit oder Auslegung von auf diesen Titel gestützten Rechtsakten der Organe der Gemeinschaft in einem schwebenden Verfahren bei einem einzelstaatlichen Gericht gestellt, dessen Entscheidungen selbst nicht mehr mit Rechtsmitteln des innerstaatlichen Rechts angefochten werden können, so legt dieses Gericht dem Gerichtshof die Frage zur Entscheidung vor, wenn es eine Entscheidung darüber zum Erlass seines Urteils für erforderlich hält.

(2) In jedem Fall ist der Gerichtshof nicht für Entscheidungen über Maßnahmen oder Beschlüsse nach Artikel 62 Nummer 1 zuständig, die die Aufrechterhaltung der öffentlichen Ordnung und den Schutz der inneren Sicherheit betreffen.

(3) Der Rat, die Kommission oder ein Mitgliedstaat können dem Gerichtshof eine Frage der Auslegung dieses Titels oder von auf diesen Titel gestützten Rechtsakten der Organe der Gemeinschaft zur Entscheidung vorlegen. Die Entscheidung, die der Gerichtshof auf dieses Ersuchen hin fällt, gilt nicht für Urteile von Gerichten der Mitgliedstaaten, die rechtskräftig geworden sind.

Ist gegen eine deutsche Entscheidung das Rechtsmittel der Revision statthaft, so kann nur das Revisionsgericht vorlegen. Entsprechendes gilt für Entscheidungen, die der Rechtsbeschwerde unterliegen. Diese Regelung ist sehr kurzsichtig, weil sie den Instanzenzug unnötig strapaziert, ohne dem EuGH Entlastung zu bringen. Da bei vorlagewürdigen Fragen immer Grund besteht, die Revision zuzulassen, kann das Berufungsgericht selbst dann nicht vorlegen, wenn die Statthaftigkeit der Revision von deren Zulassung abhängt. Vorlageberechtigt sind im Verfahren des einstweiligen Rechtsschutzes die OLGs. Denn die Möglichkeit, das Hauptsacheverfahren zu betreiben, ist kein „Rechtsmittel". Da im Europarecht eine Präjudizienbindung nicht besteht, kann ein nicht vorlageberechtigtes Gericht auch von der Rechtsprechung des EuGH abweichen. Das LÜ ist nicht an die EuGVVO angepasst worden. Im Verhältnis zu Dänemark gelten die Protokolle, einschließlich des Luxemburger Auslegungsprotokolls weiter, s. Erw. Gr. 22.

10. Die beiden Haager Übereinkommen zur Rechtshilfe

19 **a)** Die beiden Haager Übereinkommen, nämlich über die Zustellung gerichtlicher und außergerichtlicher Schriftstücke von 1965 und über die Beweisaufnahme im Ausland von 1970, sind neben dem Minderjährigenschutz-Übereinkommen die praktisch wichtigsten Schöpfungen der als ständige Einrichtung bestehenden Haager Konferenz für Internationales Privatrecht auf dem Gebiet des Zivilprozessrechts. Sie sollten das Haager Übereinkommen über den Zivilprozess von 1954 (BGBl. 1958 II, S. 577) ablösen. Diesem waren die Länder des common law sowie fast alle außereuropäischen Staaten ferngeblieben. Es erfasste sowohl das Zustellungswesen wie die Beweisaufnahme. Um zu gewährleisten, dass das neue Regelungswerk von einzelnen Staaten nicht insgesamt abgelehnt wird, weil man Vorbehalte gegen einen seiner Teile (meist: die Rechtshilfe bei der Beweisaufnahme) hat, wurde es in zwei selbständige Staatsverträge zerlegt. Die zwischenzeitlich erreichte breite Annahme beider Vertragswerke umfasst auch Länder des common law, vor allem die USA.

20 **b)** Gemessen am Verbreitungsgrad ist das **Haager Zustellungsübereinkommen** (BGBl. 1977 II, S. 1453) das erfolgreichere. Es gilt in allen EG- und LÜ-Staaten mit Ausnahme von Island und Österreich. Das HZÜ beruht auf dem für die EU gänzlich antiquierten Postulat, dass die grenzüberschreitende Übermittlung amtlicher Schriftstücke, die mehr als eine einfache Mitteilung enthalten, eine Verletzung der Souveränität des Staates ist, in dem es ausgehändigt werden soll, sofern dieser dem Vorgang nicht zustimmt. Für diese Zustimmung und die Veranlassung der weiteren Einzelheiten müssen die Empfangsstaaten zentrale Behörden einrichten. Für Deutschland sind dies unter Ausnutzung des im Übereinkommen gemachten Bundesstaatsvorbehalts die Justizverwaltungen, in Bremen der Präsident des LG, in Hamburg der Präsident des AG Hamburg, §§ 1, 7 AusfG. Für Prozessbeteiligte vor ausländischen Gerichten hat das über das HZÜ abgewickelte Zustellungswesen viele Fallstricke, die wegen einer in diesem Bereich sehr formalistisch eingestellten Rechtssprechung bereits mehrmals dazu geführt haben, dass ausländischen Urteilen die Anerkennung versagt worden ist, wodurch der jeweilige Prozesssieger im Ausland praktisch rechtlos gestellt wurde, Art. 34 EuGVVO Rn 12ff.

c) Das für Deutschland gleichzeitig mit dem HZÜ ratifizierte und in Kraft getretene Haager **Beweisaufnahmeübereinkommen** (HBÜ) vom 18. 3. 1970 (BGBl. 1977 II, S. 1472) ist auf manches Misstrauen gestoßen. Das liegt daran, dass Staaten gelegentlich die Sorge hatten, durch einen Beitritt zu ihm amtlich in Sachverhaltsermittlungsstrategien eingebunden zu werden, die in den USA entwickelt wurden und mit dem Schlagwort „pre-trial discovery" unter besonderer Betonung der grotesken Übertreibungen, die sie in den siebziger und frühen achtziger Jahren erfahren haben, dargestellt worden sind. Das löste außerhalb der USA tief sitzende Aversionen aus. Art. 23 HBÜ, s. dort Rn 2ff., legt davon ein beredtes Zeugnis ab. Die frühe Ratifikation des HBÜ durch die USA nährte das Misstrauen zusätzlich. Wohl dem HZÜ, nicht aber dem HBÜ beigetreten sind aus der EU Belgien, Griechenland, außerhalb der EU vor allem die Türkei, Japan, Kanada und Pakistan. Österreich ist beiden Übereinkommen ferngeblieben. Das HBÜ hat aus dem HZÜ das System der zentralen Behörden übernommen. Diese hat das Ersuchen, sofern seine Erledigung nicht abgelehnt wird, an das Amtsgericht weiterzuleiten, in dessen Bezirk die Amtshandlung vorzunehmen ist. **21**

d) Letzteres bestimmt § 8 des deutschen Ausführungsgesetzes zu den beiden Haager Übereinkommen vom 22. 12. 1977 (BGBl. I, S. 3105), das eine Reihe weiterer Einzelheiten festlegt. **22**

11. Die beiden EG-Verordnungen zur Rechtshilfe

Sobald durch den Vertrag von Amsterdam die Normsetzungsbefugnis der EG auf dem Gebiet der justiziellen Zusammenarbeit begründet worden war, hat deren Rat die beiden inhaltlich für die Gemeinschaft überfälligen Verordnungen erlassen: Die VO (EG) Nr. 1348/2000 des Rates schaffte für Deutschland den Durchbruch insofern, als Deutschland jetzt auch Zustellungen aus dem Ausland durch eingeschriebenen Brief mit Rückschein akzeptieren muss. **23**

Die VO (EG) Nr. 1206/2001 des Rates brachte insofern die überfällige Erleichterung, als Gerichte von EG Staaten nunmehr auch Beweisaufnahmen in anderen EG-Staaten durchführen dürfen, ohne hierfür jeweils eine Genehmigung einholen zu müssen.

12. Nationale Ausführungsgesetze

24 Nach einem ursprünglich allein das EuGVÜ betreffenden Ausführungsgesetz erließ Deutschland 1988 das „Anerkennungs- und Vollstreckungsausführungsgesetz (AVAG-BGBl. I S. 662). Es bezog sich außer auf EuGVÜ und LÜ auch auf einzelne neuere bilaterale Verträge. Es wurde 2001 durch ein Gesetz ersetzt (BGBl. I S. 288 – RE BTDrucks. 14/4591), das dieselbe amtliche Abkürzung hat, sich aber auch auf „Verordnungen der Europäischen Gemeinschaft" auf dem Gebiet der Anerkennung und Vollstreckung bezieht. Damals war der Erlass der EuGVVO noch nicht absehbar. Das neue AVAG musste daher alsbald angepasst werden (BGBl. 2002 II S. 564).

II. Übergreifende dogmatische Grundsatzfragen

1. Die Rechtsnatur der einzelnen Akte des Regelungswerks

25 **a)** Das **EuGVÜ,** das dazugehörende Protokoll, das Luxemburger Auslegungsprotokoll und die verschiedenen Beitrittsübereinkommen hatten und haben, soweit sie im Verhältnis zu Dänemark weitergelten, eine spezifische Nähe zum Recht der EG. Sie waren in Artikel 220 EGV angelegt. Sie wurden im Rahmen des Rates verhandelt und unterzeichnet. Dort wurden die Ratifikationsurkunden hinterlegt. Die Vertragstexte wurden im Amtsblatt der EG als Rechtsvorschriften veröffentlicht. Sie wurden daher auch schon als Teil des Primärrechts der Europäischen Gemeinschaft bezeichnet (*Zuleeg* Das Recht der Europäischen Gemeinschaft im innerstaatlichen Bereich (1969) 26f; *Schlosser* NJW 1975, 2132f; *Stuttgart* IPRax 92, 86). Der EuGH (1994 I 1717 Hatrex = NJW 94, 1271) hat im Zusammenhang mit der Frage, ob § 917 Abs. 2 ZPO innerhalb der EU noch anwendbar ist, gesagt:

„... stehen die Bestimmungen des [EuGVÜ] ... sowie die nationalen Vorschriften, auf die das Übereinkommen verweist, im Zusammenhang mit dem EWG-Vertrag".

Er fügte hinzu, die Hoheitsgebiete der EU-Staaten könnten insoweit als „einheitliches Ganzes" angesehen werden. Gleichwohl leugnete man überwiegend, dass es sich um EG-Primärrecht handelte (statt aller und grundlegend *Schwartz* FS Grewe 1981, 551ff. mwN zum Streitstand). Für alle praktischen Bedürfnisse der Rechtsanwendung durch Rechtspflegeorgane innerhalb der EG wurde jedoch das Übereinkommen wie deren Primärrecht behandelt. Der EuGH hat den Vorrang des EuGVÜ vor nationalem Recht in einer Weise festgehalten, die keine Zweifel daran lässt, dass früheres und späteres nationales Recht gleichermaßen betroffen sein sollte (EuGHE 1983, 3663 = IPRax 85; 92 – *Stauder* 76). § 296 Abs. 3 ZPO etwa wird durch Art. 24 eingeschränkt (Köln RIW 88, 555). Der Übergang in das rechtliche Regelungsinstrument einer Verordnung steht daher der Kontinuität textgleicher Rechtslagen nicht im Wege.

26 **b)** Das **Luganer Übereinkommen** mit seinen Nebenakten und die beiden Haager Übereinkommen haben demgegenüber keine völkerrechtliche Sonderstellung. Art. 3 Abs. 2 EGBGB lässt sich analog anwenden, so dass alle bei dessen Inkrafttreten (1. 9. 1986) bestehenden nationalen Regelungen Nachrang erhalten. Für späteres nationales Recht kann Art. 3 Abs. 2 EGBGB ohnehin nur als Vermutung dahin wirken, dass es sich nicht in Konflikt mit staatsvertraglichen Bindungen Deutschlands setzen wollte. In Österreich ist das LÜ dem einfachen Gesetzesrecht gleichrangig (*Czernich/Tiefenthaler* JBl 98, 747) In Frankreich haben Staatsverträge Vorrang vor einfachen Gesetzesrecht.

2. *„Erwägungsgründe" anstatt amtlicher Berichte zu den Übereinkommen*

27 Zum EuGVÜ existiert ein im Amtsblatt der EG (vom 5. 3. 1979 C 59, 1 ff.; wiedergegeben auch in Bülow/Böckstiegel) veröffentlichter „Bericht" von *P. Jenard,* dem belgischen Delegierten im Sachverständigenausschuss, der das Übereinkommen erarbeitet hat, und ihn mit der Anfertigung des Berichts betraute. Entsprechende Berichte gibt es von *Schlosser* zum Beitrittsübereinkommen mit Dänemark, Irland und dem V.K. (ABl. EG aaO 71 ff., wiedergegeben auch in Bülow/Böckstiegel), von *Evrigenis/Kerameus* zum Beitrittsübereinkommen mit Griechenland (vom 24. 11. 1986 ABl. EG C 296, 1 ff. – wiedergegeben bei Bülow/Böckstiegel) und von *Almeida Cruz/Desantes Real/Jenard* zum Beitrittsübereinkommen mit Portugal und Spanien (vom 28. 7. 1990 ABl. C 189, 35 ff.). Die Verfasser der Berichte waren meist nationale Delegierte im Sachverständigenausschuss, teils wurden sie aber auch als Experten speziell zu dem Zwecke zu den Verhandlungen herangezogen, um den Bericht zu erstellen. Die Berichte haben keine förmlich niedergelegte Autorität. Sie geben die Verhandlungsgeschichte zu wichtigen Fragen wieder, sind aber auf weiten Strecken im Stil eines Kommentars geschrieben. Der Text ist mit den nationalen Delegierten in den jeweiligen Sachverständigenausschüssen in der Weise abgestimmt, dass auf keiner Seite mehr Widerspruch verblieben ist. In diesem Rahmen sind sie aber die persönlichen Meinungen der Berichterstatter. Die Berichte spielen in der Rechtsprechung des EuGH, insbesondere in den Schlussanträgen der Generalanwälte, eine große Rolle.

In Analogie zu den genannten Berichten gibt es auch einen umfangreichen Bericht von *Jenard/Möller* (Letzterer der finnische Delegierte) zum Luganer Übereinkommen, der ebenfalls im Amtsblatt der EG abgedruckt ist (vom 28. 7. 1990 C 189, 57ff.).

Auch die Haager Konferenz pflegt Berichterstatter über die Verhandlungen einzusetzen, die zu einem Übereinkommensentwurf führen sollen. Diese Berichte spielen jedoch für die Praxis der Rechtsanwendung keine Rolle.

Ein Nachteil des Übergangs von Übereinkommen zu Verordnungen ist der Wegfall der erläuternden Berichte. Die präambulatorischen „Erwägungsgründe“ zu EG-Verordnungen sind kein Ersatz. Häufig wiederholen sie nur den Inhalt von Verordnungsbestimmungen. Nicht selten beinhalten sie auch nur diplomatische Hohlformeln.

3. Interpretationsmethoden

Neuere Literatur: *Kohler* Europ. L. Rev. 82, 3, 103; *ders.* in Schwind (Hrsg.) Europarecht, IPR, Rechtsvergleichung (1988) 125ff.; *Krings* Cahiers dr. eur. 81, 151ff.; *Martiny* RabelsZ 81, 427ff.; *Schlosser* GS Bruns (1980) 45ff.; *Brückner* in Hommelhoff u. a. Europäischer Binnenmarkt (1995) 263; *Scholz* Das Problem der autonomen Auslegung des EuGVÜ (1998).

28 **a)** Die Auslegung des EuGVÜ war dadurch geprägt, dass einschlägige Fragen dem **EuGH** vorgelegt werden konnten und durch die obersten Gerichte der Einzelstaaten vorgelegt werden mussten, Rn 7. So sind im Vorlageverfahren weit über 100 Urteile des EuGH ergangen. Entscheidungen des EuGH genießen hohe Autorität, obwohl ihre Begründungen nicht im entferntesten so sorgfältig und ausführlich wie die deutscher (oder englischer) Gerichte sind. Hauptorientierungspunkt sind weder die Ausführungen der am Verfahren beteiligten Prozessparteien, noch die Stellungnahmen der Regierungen der Mitgliedstaaten, sondern die Schlussanträge der Generalanwälte, die in der Amtlichen Sammlung mitveröffentlicht werden und sehr häufig hohes wissenschaftliches Niveau haben. Authentische Interpretationen des EuGVÜ oder gar des LÜ (so aber öOGH JBl. 98, 184) sind die EuGH-Entscheidungen nicht.

Da der EuGH praktisch keinen Unterschied zwischen EuGVÜ und genuinem Europarecht machte, behält seine bisherige Rechtsprechung ihren Wert, soweit sie nicht durch Textänderungen obsolet wurde. Auch die „Rückstufung" des Rechts der justiziellen Zusammenarbeit zu sekundärem Europarecht ist ohne praktische Auswirkung.

Leider hat aber Art. 68 EG i. d. F. von Amsterdam nur noch letztinstanzlich entscheidende Gerichte vorlegeberechtigt sein lassen (abgedruckt: Rn 18).

Im allgemeinen Europarecht, wonach jedes Gericht vorlageberechtigt ist, leugnet man eine Präjudizienbindung, sagt aber, ein Gericht müsse vorlegen, wenn es von einer Entscheidung des EuGH abweichen wolle. Dann kann es auch keine Präjudizienbindung geben, wenn ein Gericht wegen einer Spezialnorm nicht vorlageberechtigt ist.

29 **b)** Die Experten, die das EuGVÜ erarbeiteten, kamen meist aus den nationalen Justizministerien. Sie waren auf das Prinzip eingestimmt, dass Begriffe, die in einer kollisionsrechtlichen Norm enthalten sind, zu **qualifizieren** seien, mit dem Ergebnis, dass nur eine nationale Rechtsordnung für die Ausfüllung des Begriffs in Betracht kommt. Sie sorgten sich nur um die störende Eventualität einer unterschiedlichen Qualifikation in verschiedenen Vertragsstaaten. So legten sie in Art. 52 EuGVÜ (= Art. 59 EuGVVO) eine einheitliche Kollisionsregel fest. Im übrigen blieb das Problem der „Qualifikation" bewusstermaßen ungelöst (*Jenard*-Bericht 3. Kap. III). Schon in seinem ersten Urteil hat der EuGH aber die gegenteilige Hypothese klar herausgearbeitet und Grundsätze aufgestellt, denen er bis zuletzt treu geblieben ist (EuGHE 1976, 1473 – Tessili = NJW 77, 491 *Geimer*):

„Das Übereinkommen verwendet häufig Ausdrücke und Rechtsbegriffe aus dem Bereich des Zivil-, Handels- und Verfahrensrechts, deren Bedeutung in den einzelnen Mitgliedsstaaten verschieden sein kann. Hieraus ergibt sich die Frage, ob diese Ausdrücke und Begriffe als autonom – und damit allen Mitgliedsstaaten gemeinsam – oder als Verweisung auf die Sachnormen des Rechts verstanden werden müssen, das nach den Kollisionsnormen des mit dem Rechtsstreit zuerst befassten Gerichts anwendbar ist. Keiner dieser beiden Möglichkeiten gebührt unter Ausschluss der anderen der Vorrang, da eine sachgerechte Entscheidung nur für jede Bestimmung des Übereinkommens gesondert getroffen werden kann; hierbei ist jedoch dessen volle Wirksamkeit unter dem Gesichtspunkt der Ziele des Art. 220 EWGV des Vertrags sicherzustellen. Hervorzuheben ist jedenfalls, dass die Auslegung jener Ausdrücke und Begriffe für die Zwecke des Übereinkommens der Frage der auf das streitige Rechtsverhältnis anwendbaren Sachnorm nicht vorgreift."

Die Bestimmung des vertraglichen Erfüllungsorts etwa überließ der EuGH in dieser Entscheidung mit folgender Begründung dem nationalen Recht:

„Es obliegt dem mit dem Rechtsstreit befassten Gericht, nach dem Übereinkommen festzustellen, ob der Ort, an dem die Verpflichtung erfüllt worden ist oder zu erfüllen wäre, im Bereich seiner örtlichen Zuständigkeit liegt. Hierbei hat es das auf das betreffende Rechtsverhältnis anwendbare Recht nach seinen Kollisionsnormen zu ermitteln und alsdann den Erfüllungsort der streitigen vertraglichen Verpflichtung nach diesem Recht zu bestimmen. Angesichts der Unterschiede, die nach wie vor zwischen den einzelnen nationalen Rechten bei der Regelung von Verträgen bestehen, und in Ermangelung jeder Vereinheitlichung des anwendbaren materiellen Rechts beim gegenwärtigen Stand der Rechtsentwicklung, erweisen sich weitergehende Angaben über die Auslegung des in Art. 5 Nr. 1 EuGVÜ enthaltenen Hinweises auf den „Erfüllungsort" vertraglicher Verpflichtungen als unmöglich, umso mehr, als die Bestimmung des Erfüllungsorts vom Inhalt des Vertragsverhältnisses abhängt, aus dem sich die betroffenen Verpflichtungen ergeben."

In der Folgezeit hat der EuGH jedoch meist eine **vertragsautonome Qualifikation** gewählt (etwa EuGHE 1976, 1735 – Mines de Potasse d'Alsace), vor allem in sämtlichen zum Anwendungsbereich des Übereinkommens ergangenen Entscheidungen, s. Art. 1 Rn 7ff., meinend, nur so seiner integrationsfördernden Mission nachkommen und auf diese Weise die „volle Wirksamkeit" des Übereinkommens sicherstellen zu können (Dazu *Ingo Scholz* Das Problem der autonomen Auslegung des EuGVÜ (1998) – eine hochtheoretische Schrift). Eine große Rolle spielte dabei der Gesichtspunkt, dass nicht über verschiedene Begriffsinhalte Rechte und Pflichten der Vertragsstaaten unterschiedlich umfangreich sein dürften (EuGHE 1983, 987 – Peters; EuGHE 1988, 5565 – Kalfelis; EuGHE 1988, 1539 – Arcado alle s. Art. 5 Rn 3). Versteckt, aber der Sache nach eben doch, geht der EuGH zweistufig vor (*Schlosser* IPRax 91, 29f; *Heß* IPRax 94, 13; *Kropholler*[6] Art. 1

Rn 4; *Ost* Art. 5 Rn 16). Er sucht erst die Einordnung eines sozialen Vorgangs in die Kategorien des anwendbaren Rechts und ordnet dann dieses Ergebnis in die Begriffe des EuGVÜ ein.

Trotz dieser Modifizierung ist jedoch nicht nur unzureichend gewürdigt worden, dass es noch immer große Unterschiede in den nationalen Rechten gibt, sondern vor allem, dass das Privatrecht im wesentlichen nationales Recht ist und auch das europäische Zivilprozessrecht dessen Durchsetzung dienen muss. So hat etwa der EuGH entschieden, dass die Abgrenzung zwischen Ansprüchen aus Vertrag und unerlaubter Handlung vertragsautonom-einheitlich zu geschehen habe (aaO). Es macht aber keinen Sinn, die internationale Zuständigkeit an die durch vertragsautonome Auslegung ermittelte Vertragsnatur eines Anspruchs zu knüpfen, wenn bei der materiellen Aufarbeitung des Streitgegenstandes dann doch nach deliktsrechtlichen Maßstäben entschieden werden muss und umgekehrt. Besonders anstößig ist die vertragsautonome Abgrenzung von Zivil- oder Handelssachen zu den verwaltungsrechtlichen Angelegenheiten. So kann es dazu kommen, dass bei einer zuständigkeitsrechtlich als Zivil- oder Handelssache eingestuften Angelegenheit ein Verwaltungsgericht eines Mitgliedsstaates unter Anwendung des Verwaltungsrechts eines anderen Mitgliedsstaates entscheiden muss, weil nach seinem (möglicherweise auch des anderen Staates) Recht die Sache verwaltungsrechtlichen Charakter hat. In der ersten Eurocontrol-Entscheidung, Art. 1 Rn 7, wurde die zivilrechtliche Natur der von einer internationalen Luftüberwachungsorganisation von Fluggesellschaften erhobenen Gebühr geleugnet, obwohl sowohl die deutschen Gerichte (am Sitz des Luftfahrtunternehmens) wie die belgischen (am Sitz der Organisation) einen zivilrechtlichen Streit angenommen hatten (dazu *Schlosser* NJW 77, 457, 460ff.); hinterher wurde dann unter Billigung des EuGH (EuGHE 1977, 1517 – Eurocontrol II) die Sache doch als zivilrechtliche im Sinne des deutsch-belgischen bilateralen Anerkennungs- und Vollstreckungsabkommens gewertet. Das Interesse des europäischen Rechtsbürgers an einer konsistenten Interpretation der ineinandergreifenden Rechtsordnungen und an der Überschaubarkeit der Rechtslage muss aber Vorrang vor dem antiquierten Gesichtspunkt haben, dass die Staaten eines völkerrechtlichen Vertrages nicht unterschiedliche „Rechte und Pflichten" haben sollten. Kein Mitgliedsstaat der EG sorgt sich darum, dass seine Gerichte in Randfragen des Anwendungsbereichs von sekundärem

Europarecht – früher von EuGVÜ-Recht – mehr in Anspruch genommen werden könnten als Gerichte eines anderen Vertragsstaates oder dass er mehr von seiner Gerichtsgewalt an andere Vertragsstaaten abgeben muss, als diese es umgekehrt tun. Nur wenn der Gesichtspunkt, dass das europäische Prozessrecht der Durchsetzung von Rechten dient, die durch nationales Recht definiert sind, nicht greift, ist eine vertragsautonome Auslegung sinnvoll, etwa beim Begriff der Niederlassung im Sinne von Art. 5 Nr. 5.

Gleichwohl findet die Tendenz des EuGH überwiegend Billigung (statt aller *Schack* Rn 93 ff.; *Geimer-Schütze* Civil. Rn 5; *Kropholler*[6] Civil. Rz 45; *Schmidt-Parzefall* s. Rn 16, 39 ff.). Schließt man sich dem an, dann ist es jedenfalls sinnvoll, den Begriff Zivil- und Handelssachen möglichst weit zu fassen, um die leider noch weithin unvermeidliche, aber der EG (und auch sonst! Dazu *Schlosser* Recueil des Cours 284, 330 ff.) nicht mehr angemessene transnationale Rechtsschutzverweigerung auf dem Gebiet des öffentlichen Rechts zurückzudrängen. Zur Frage der Bindung des Richters im Exequaturstaat an die vom Gericht des Ursprungsstaates vorgenommene Einordnung s. Art. 33 Rn 1.

30 **c)** Bezüglich des **LÜ** gibt es kaum eine institutionelle Sicherstellung einer einheitlichen Interpretation (*Möller* in EuGH Internationale Zuständigkeit und Urteilsanerkennungen in Europa [1993] 198 ff.; *Schmidt-Parzefall* aaO). Das Auslegungsprotokoll, Rn 16, beschränkt sich nur auf einen unverbindlichen Appell und die Sicherstellung von Informationsaustausch. Will ein Gericht eines EuGVVO-Staates eine Bestimmung des LÜ im Lichte dessen auslegen, was der EuGH zur Parallelvorschrift sagen wird, so kann zu diesem Zweck nicht vorgelegt werden (arg EuGHE 1995 I 615). Im übrigen gilt das zu Rn 31 Gesagte.

31 **d)** Irgendwelche staatsvertraglichen Festlegungen zur Interpretation der beiden **Haager Übereinkommen** wie auch sonstiger Haager Übereinkommen gibt es nicht. Gleichwohl entspricht es guter Tradition, bei der Auslegung multilateraler Verträge Rechtsprechung (und Literatur) aus anderen Vertragsstaaten nicht zu ignorieren. Darüber hinaus ist es ein legitimes Auslegungsziel, ein Geflecht von multilateralen Verträgen, an denen im Kern sehr viele Staaten gleichmäßig beteiligt sind, wenigstens in deren Verhältnis zueinander einheitlich auszulegen. Das gilt insbesondere für den immer wiederkehrenden Zentralbegriff „Zivil- und/oder Handelssachen". Bei der internationalen Rechtshilfe im Zustellungs- und Beweisaufnahmewesen schadet auch eine vom jeweiligen nationalen Recht losgelöste Begriffsbildung nicht, wenn sie tendenziell auf einen weiten Anwendungsbereich der Übereinkommen angelegt ist. Sie kann nur zu einer Eröffnung der vertraglichen Wege für Verfahren führen, die nach dem Recht eines der beteiligten Staaten keine Zivil- oder Handelssachen sind, s. Art. 1 HZÜ Rn 1.

Das Oberste Gericht jenes Vertragsstaats, das sich zum ersten Mal mit einer bestimmten Auslegungsfrage befasst, erhält damit eine gewisse Sonderautorität. Sie ist weit weniger bedenklich als eine durchgehend disparate Handhabung der fraglichen Normen. Es ist ein nobile officium der Gerichte, von Auslegungsentscheidungen der Gerichte anderer Vertragsstaaten – auch solcher mit einer anderen Amtssprache als Deutsch! – Kenntnis zu nehmen und es sich sehr gründlich zu überlegen, ob eine andere Auslegung oder eine künstliche, in der Sache nicht begründete Differenzierung der anstehenden Rechtsfrage nötig ist.

4. Europäische Menschenrechtskonvention

32 Alle Staaten der EU sind auch Vertragsstaaten der EMRK. Wenn auch die EU als solche nicht Vertragspartner ist, so ist das Europarecht dennoch im Geiste der gemeinsamen Prinzipien aller Mitgliedstaaten auszulegen, wozu auch die EMRK gehört. Dies hat der EuGH in einigen obiter dicta bestätigt (EuGHE 1974, 491 – Nold; EuGHE 1975, 1219, 1232 – Rutili; EuGHE 1984, 2689 – Kent Kirk). Besonders Art. 6 EMRK (faires Verfahren) kann die Auslegung des EuGVÜ, der EuGVVO und der Haager Übereinkommen beeinflussen, etwa bei Vermeidung einer Auslegung von Zuständigkeitsvorschriften, die zu exorbitanten Ergebnissen führen (dazu *Schlosser* Riv. dir. int. 91, 5,16). Für die Frage, ob dem EuGH vorzulegen ist, kann unter dem Gesichtspunkt von Art. 6 EMRK die damit heraufbeschworene Verfahrensverlängerung eine Rolle spielen. Nationale Gerichte sind dem EG-Recht nicht stärker verpflichtet als der EMRK.

5. Nationales Zivilprozessrecht und allgemeines EG-Recht

33 In mehreren Fällen hat der EuGH aus dem EGV, insbesondere seinem Diskriminierungsverbot, bedeutsame Konsequenzen für das nationale Zivilprozessrecht gezogen (EuGHE 1980, 34 27 – Fremdwährungsschulden in Mahnverfahren; 1993, Rs C20/92. Ausländersicherheit 1994 I 1717 – Hatrex – Arrestgrund der Auslandsvollstreckung. Dazu *Ehricke* IPRax 99, 311 u. krit. *Schack* ZZP 108 [1995] 45ff. m.w.N.).

1. Teil. Internationale Zuständigkeit und grenzüberschreitende Entscheidungsanerkennung

I. Verordnung (EG) Nr. 44/2000 des Rates vom 22. Dezember 2000 über die gerichtliche Zuständigkeit und die Anerkennung und Vollstreckung von Entscheidungen in Zivil- und Handelssachen – EuGVVO

(ABl. Nr. L 12/1 v. 16. 1. 2001)

DER RAT DER EUROPÄISCHEN UNION –

gestützt auf den Vertrag zur Gründung der Europäischen Gemeinschaft, insbesondere auf Art. 61 Buchstabe c und Artikel 67 Absatz 1, auf Vorschlag der Kommission (Amtl. Fn.: ABl. C 376 vom 28. 12. 1999, S. 1), nach Stellungnahme des Europäischen Parlaments (Amtl. Fn.: Stellungnahme vom 21. 9. 2000 [noch nicht im Amtsblatt veröffentlicht]),

nach Stellungnahme des Wirtschafts- und Sozialausschusses (Amtl. Fn.: ABl. C 117 vom 26. 4. 2000 S. 6),

in Erwägung nachstehender Gründe:

(1) Die Gemeinschaft hat sich zum Ziel gesetzt, einen Raum der Freiheit, der Sicherheit und des Rechts, in dem der freie Personenverkehr gewährleistet ist, zu erhalten und weiterzuentwickeln. Zum schrittweisen Aufbau dieses Raums hat die Gemeinschaft unter anderem im Bereich der justiziellen Zusammenarbeit in Zivilsachen die für das reibungslose Funktionieren des Binnenmarktes erforderlichen Maßnahmen zu erlassen.

(2) Die Unterschiede zwischen bestimmten einzelstaatlichen Vorschriften über die gerichtliche Zuständigkeit und die Anerkennung von Entscheidungen erschweren das reibungslose Funktionieren des Binnenmarkts. Es ist daher unerlässlich, Bestimmungen

zu erlassen, um die Vorschriften über die internationale Zuständigkeit in Zivil- und Handelssachen zu vereinheitlichen und die Formalitäten im Hinblick auf eine rasche und unkomplizierte Anerkennung und Vollstreckung von Entscheidungen aus den durch diese Verordnung gebundenen Mitgliedstaaten zu vereinfachen.

(3) Dieser Bereich fällt unter die justizielle Zusammenarbeit im Sinne von Artikel 65 des Vertrags.

(4) Nach dem in Artikel 5 des Vertrags niedergelegten Subsidiaritäts- und Verhältnismäßigkeitsprinzip können die Ziele dieser Verordnung auf der Ebene der Mitgliedstaaten nicht ausreichend erreicht werden; sie können daher besser auf Gemeinschaftsebene erreicht werden. Diese Verordnung beschränkt sich auf das zur Erreichung dieser Ziele notwendige Mindestmaß und geht nicht über das dazu Erforderliche hinaus.

(5) Am 27. September 1968 schlossen die Mitgliedstaaten auf der Grundlage von Artikel 293 vierter Gedankenstrich des Vertrags das Übereinkommen von Brüssel über die Zuständigkeit und die Vollstreckung gerichtlicher Entscheidungen in Zivil- und Handelssachen, dessen Fassung durch die Übereinkommen über den Beitritt der neuen Mitgliedstaaten zu diesem Übereinkommen (Amtl. Fn.: ABl. L 299 vom 31. 12. 1972, S. 32. ABl. L 304 vom 30. 10. 1978, S. 1 ABl. L 388 vom 31. 12. 1982, S. 1. ABl. L 285 vom 3. 10. 1989, S. 1. Siehe konsolidierte Fassung in ABl. (C 27 vom 26. 1. 1998, S. 1) geändert wurde (nachstehend „Brüsseler Übereinkommen“ genannt). Am 16. September 1988 schlossen die Mitgliedstaaten und die EFTA-Staaten das Übereinkommen von Lugano über die gerichtliche Zuständigkeit und die Vollstreckung gerichtlicher Entscheidungen in Zivil- und Handelssachen, das ein Parallelübereinkommen zu dem Brüsseler Übereinkommen von 1968 darstellt. Diese Übereinkommen waren inzwischen Gegenstand einer Revision; der Rat hat dem Inhalt des überarbeiteten Textes zugestimmt. Die bei dieser Revision erzielten Ergebnisse sollten gewahrt werden.

(6) Um den freien Verkehr der Entscheidungen in Zivil- und Handelssachen zu gewährleisten, ist es erforderlich und angemessen, dass die Vorschriften über die gerichtliche Zuständigkeit und die Anerkennung und Vollstreckung von Entscheidungen im Wege eines Gemeinschaftsrechtsakts festgelegt werden, der verbindlich und unmittelbar anwendbar ist.

(7) Der sachliche Anwendungsbereich dieser Verordnung sollte sich, von einigen genau festgelegten Rechtsgebieten abgesehen, auf den wesentlichen Teil des Zivil- und Handelsrechts erstrecken.

(8) Rechtsstreitigkeiten, die unter diese Verordnung fallen, müssen einen Anknüpfungspunkt an das Hoheitsgebiet eines der Mitgliedstaaten aufweisen, die durch diese Verordnung gebunden sind. Gemeinsame Zuständigkeitsvorschriften sollten demnach grundsätzlich dann Anwendung finden, wenn der Beklagte seinen Wohnsitz in einem dieser Mitgliedstaaten hat.

(9) Beklagte ohne Wohnsitz in einem Mitgliedstaat unterliegen im Allgemeinen den nationalen Zuständigkeitsvorschriften, die im Hoheitsgebiet des Mitgliedstaats gelten, in dem sich das angerufene Gericht befindet, während Beklagte mit Wohnsitz in einem Mitgliedstaat, der durch diese Verordnung nicht gebunden ist, weiterhin dem Brüsseler Übereinkommen unterliegen.

(10) Um den freien Verkehr gerichtlicher Entscheidungen zu gewährleisten, sollten die in einem durch diese Verordnung gebundenen Mitgliedstaaten ergangenen Entscheidungen in einem anderen durch diese Verordnung gebundenen Mitgliedstaat anerkannt und vollstreckt werden, und zwar auch dann, wenn der Vollstreckungsschuldner seinen Wohnsitz in einem Drittstaat hat.

(11) Die Zuständigkeitsvorschriften müssen in hohem Maße vorhersehbar sein und sich grundsätzlich nach dem Wohnsitz des Beklagten richten, und diese Zuständigkeit muss stets gegeben sein außer in einigen genau festgelegten Fällen, in denen aufgrund des Streitgegenstands oder der Vertragsfreiheit der Parteien ein anderes Anknüpfungskriterium gerechtfertigt ist. Der Sitz juristischer Personen muss in der Verordnung selbst definiert sein, um die Transparenz der gemeinsamen Vorschriften zu stärken und Kompetenzkonflikte zu vermeiden.

(12) Der Gerichtsstand des Wohnsitzes des Beklagten muss durch alternative Gerichtsstände ergänzt werden, die entweder aufgrund der engen Verbindung zwischen Gericht und Rechtsstreit oder im Interesse einer geordneten Rechtspflege zuzulassen sind.

(13) Bei Versicherungs-, Verbraucher- und Arbeitssachen sollte die schwächere Partei durch Zuständigkeitsvorschriften geschützt werden, die für sie günstiger sind als die allgemeine Regelung.

(14) Vorbehaltlich der in dieser Verordnung festgelegten ausschließlichen Zuständigkeiten muss die Vertragsfreiheit der Parteien hinsichtlich der Wahl des Gerichtsstands, außer bei Versicherungs-,

Verbraucher- und Arbeitssachen, wo nur eine begrenztere Vertragsfreiheit zulässig ist, gewahrt werden.

(15) Im Interesse einer abgestimmten Rechtspflege müssen Parallelverfahren so weit wie möglich vermieden werden, damit nicht in zwei Mitgliedstaaten miteinander unvereinbare Entscheidungen ergehen. Es sollte eine klare und wirksame Regelung zur Klärung von Fragen der Rechtshängigkeit und der im Zusammenhang stehenden Verfahren sowie zur Verhinderung vor Problemen vorgesehen werden, die sich aus der einzelstaatlich unterschiedlichen Festlegung des Zeitpunktes ergeben, von dem an ein Verfahren als rechtshängig gilt. Für die Zwecke dieser Verordnung sollte dieser Zeitpunkt autonom festgelegt werden.

(16) Das gegenseitige Vertrauen in die Justiz im Rahmen der Gemeinschaft rechtfertigt, dass die in einem Mitgliedstaat ergangenen Entscheidungen, außer im Falle der Anfechtung, von Rechts wegen, ohne ein besonderes Verfahren, anerkannt werden.

(17) Aufgrund dieses gegenseitigen Vertrauens ist es auch gerechtfertigt, dass das Verfahren, mit dem eine in einem anderen Mitgliedstaat ergangene Entscheidung für vollstreckbar wird, rasch und effizient vonstatten geht. Die Vollstreckungserklärung einer Entscheidung muss daher fast automatisch nach einer einfachen formalen Prüfung der vorgelegten Schriftstücke erfolgen, ohne dass das Gericht die Möglichkeit hat, von Amts wegen eines der in dieser Verordnung vorgesehenen Vollstreckungshindernisse aufzugreifen.

(18) Zur Wahrung seiner Verteidigungsrechte muss der Schuldner jedoch gegen die Vollstreckbarerklärung einen Rechtsbehelf im Wege eines Verfahrens mit beiderseitigen rechtlichen Gehör einlegen können, wenn der der Ansicht ist, dass einer der Gründe für die Versagung der Vollstreckung vorliegt. Die Möglichkeit eines Rechtsbehelfs muss auch für den Antragsteller gegeben sein, falls sein Antrag auf Vollstreckbarerklärung abgelehnt worden ist.

(19) Um die Kontinuität zwischen dem Brüsseler Übereinkommen und dieser Verordnung zu wahren, sollten Übergangsvorschriften vorgesehen werden. Dies gilt auch für die Auslegung der Bestimmungen des Brüsseler Übereinkommens durch den Gerichtshof der Europäischen Gemeinschaften. Ebenso sollte das Protokoll von 1971 (Amtl. Fn. ABl. L 204 vom 2. 8. 1975, S. 28. ABl. L 304 vom 30. 10. 1978, S. 1 ABl. L 388 vom 31. 12. 1982, S. 1. ABl. L 285 vom 3. 10. 1989 S. 1. ABl. C 15 vom 15. 1. 1997, S. 1.

Siehe konsolidierte Fassung in ABl. C 27 vom 26. 1. 1998, S. 28) auf Verfahren, die zum Zeitpunkt des Inkrafttretens dieser Verordnung bereits anhängig sind, anwendbar bleiben.

(20) Das Vereinigte Königreich und Irland haben gemäß Artikel 3 des dem Vertrag über die Europäische Union und dem Vertag zur Gründung der Europäische Union und dem Vertrag zur Gründung der Europäischen Gemeinschaft beigefügten Protokolls über die Position des Vereinigten Königreichs und Irlands schriftlich mitgeteilt, dass sie sich an der Annahme und Anwendung dieser Verordnung beteiligen möchten.

(21) Dänemark beteiligt sich gemäß den Artikeln 1 und 2 des dem Vertrag über die Europäische Union und dem Vertrag zur Gründung der Europäischen Gemeinschaft beigefügten Protokolls über die Position Dänemarks nicht an der Annahme dieser Verordnung die daher für Dänemark nicht an der Annahme dieser Verordnung, die daher für Dänemark nicht bindend und ihm gegenüber nicht anwendbar ist.

(22) Da in den Beziehungen zwischen Dänemark und den durch diese Verordnung gebundenen Mitgliedstaaten das Brüsseler Übereinkommen in Geltung ist, ist dieses sowie das Protokoll von 1971 im Verhältnis zwischen Dänemark und den durch diese Verordnung gebundenen Mitgliedstaaten weiterhin anzuwenden.

(23) Das Brüsseler Übereinkommen gilt auch weiter hinsichtlich der Hoheitsgebiete der Mitgliedstaaten, die in seinem territorialen Anwendungsbereich fallen und die aufgrund der Anwendung von Artikel 299 des Vertrags von der vorliegenden Verordnung ausgeschlossen sind.

(24) Im Interesse der Kohärenz ist ferner vorzusehen, dass die in spezifischen Gemeinschaftsrechtsakten enthaltenen Vorschriften über die Zuständigkeiten und die Anerkennung von Entscheidungen durch diese Verordnung nicht berührt werden.

(25) Um die internationalen Verpflichtungen, die die Mitgliedstaaten eingegangen sind, zu wahren, darf sich diese Verordnung nicht auf von den Mitgliedstaaten geschlossene Übereinkommen in besonderen Rechtsgebieten auswirken.

(26) Um den verfahrensrechtlichen Besonderheiten einiger Mitgliedstaaten Rechnung zu tragen, sollten die in dieser Verordnung vorgesehenen Grundregeln, soweit erforderlich, gelockert werden. Hierzu sollten bestimmte Vorschriften aus dem Protokoll zum Brüsseler Übereinkommen in die Verordnung übernommen werden.

(27) Um in einigen Bereichen, für die in dem Protokoll zum Brüsseler Übereinkommen Sonderbestimmungen enthalten waren, einen reibungslosen Übergang zu ermöglichen, sind in dieser Verordnung für einen Übergangszeitraum Bestimmungen vorgesehen, die der besonderen Situation in einigen Mitgliedstaaten Rechnung tragen.

(28) Spätestens fünf Jahre nach dem Inkrafttreten dieser Verordnung unterbreitet die Kommission eine Bericht über deren Anwendung. Dabei kann sie erforderlichenfalls auch Anpassungsvorschläge vorlegen.

(29) Die Anhänge I bis IV betreffend die innerstaatlichen Zuständigkeitsvorschriften, die Gerichte oder sonst befugten Stellen und die Rechtsbehelfe sind von der Kommission anhand der von dem betreffenden Mitgliedstaat mitgeteilten Änderungen zu ändern. Änderungen der Anhänge V und VI sind gemäß dem Beschluss 1999/468/EG des Rates vom 28. Juni 1999 zur Festlegung der Modalitäten für die Ausübung der der Kommission übertragenen Durchführungsbefugnisse (ABl. L 184 vom 17. 7. 1999, S. 23) zu beschließen –

HAT FOLGENDE VERORDNUNG ERLASSEN:

Literatur zum EuGVÜ bzw. zur EuGVVO: *Geimer/Schütze,* Europäisches Zivilverfahrensrecht (1997) – Kommentar zum EuGVÜ; *Bülow/Böckstiegel* Internationaler Rechtsverkehr in Zivil- und Handelssachen Nr. 605 (1997 – zit.: B-B-Name des Bearbeiters); *Gaudemet-Tallon* Les Conventions de Bruxelles et de Lugano^{2} (1996); *Kaye* Civil Jurisdiction and Enforcement of Foreign Judgements (1987); *Kropholler* Europäisches Zivilprozessrecht^{7} – Kommentar zur EuGVVO (2002); *O'Malley/Layton* European Civil Practice (1989); *Bajons/Mayr/Zeiler* Die Übereinkommen von Brüssel und Lugano (1997) – (zit. B/M/Z). *Gerichtshof der Europäischen Gemeinschaften* (Hrsg.). Internationale Zuständigkeit und Urteilsanerkennung in Europa (1993). Zu den amtlichen Berichten s. Einl. Rn 27.

S. auch Lit. zum LÜ Einl. Rn 14.

Kapitel I. Anwendungsbereich

Art. 1 [Anwendungsbereich]

(1) **Diese Verordnung ist in Zivil- und Handelssachen anzuwenden, ohne daß es auf die Art der Gerichtsbarkeit an-**

kommt. Sie erfasst insbesondere nicht Steuer- und Zollsachen sowie verwaltungsrechtliche Angelegenheiten.

(2) **Sie ist nicht anzuwenden auf**

1. **den Personenstand, die Rechts- und Handlungsfähigkeit sowie die gesetzliche Vertretung von natürlichen Personen, die ehelichen Güterstände, das Gebiet des Erbrechts einschließlich des Testamentsrechts;**
2. **Konkurse, Vergleiche und ähnliche Verfahren;**
3. **die soziale Sicherheit;**
4. **die Schiedsgerichtsbarkeit.**

(3) **In dieser Verordnung bedeutet der Begriff „Mitgliedsstaat" jeden Mitgliedsstaat mit Ausnahme des Königreichs Dänemark.**

EuGVÜ/LÜ: Absatz 3 fehlt. Anstatt „Verordnung" steht „Übereinkommen". Sonst textgleich.

Textgeschichte: Abs. 1 S. 2 eingefügt durch erstes Beitrittsübereinkommen, Einleitung Rn 9.

I. Der grundsätzlich universelle Anwendungsbereich der Verordnung

1 Die Vorschrift sagt zwar, dass sich die Verordnung nur auf Zivil- und Handelssachen bezieht; in ihrem Abs. 2 sind davon einige Rechtsgebiete ausgenommen, die durchaus Zivilsachen darstellen oder jedenfalls in der Grauzone zwischen Zivilrecht und öffentlichem Recht liegen. Davon abgesehen ist die Verordnung aber universell anwendbar und nicht nur unter Staatsangehörigen oder Bewohnern von Mitgliedsstaaten. Das Zuständigkeitssystem der VO gilt auch, wenn der Kläger Wohnsitz oder Sitz in einem Drittstaat hat (EuGHE 2000 I 5925 – Group Josi). Der obsiegende Teil kann nach der VO unabhängig von seiner Nationalität oder seinem Wohnsitz die Vollstreckung betreiben. Das Tribunal Cantonal Lausanne hat angenommen, aufgrund der Meistbegünstigungsbestimmung in einem bilateralen Staatsvertrag könne auch eine nicht in einem Vertragsstaat wohnhafte Person als Beklagte sich auf die Vorschriften des LÜ zum Schutze von Beklagten berufen (SZIER 96, 69). Art. 22 ist auch anwendbar, wenn am Rechtsstreit nur

EU-Ausländer mit Wohnsitz außerhalb der EU beteiligt sind. Art. 24 gilt ohne Rücksicht auf Staatsangehörigkeit oder Wohnsitz des Beklagten. Auch für die Folgen der Rechtshängigkeit und der Anhängigkeit konnexer Sachen, Art. 27, 28, kommt es nicht auf Staatsangehörigkeit oder Wohnsitz einer der Parteien an. Verallgemeinernd kann man nur sagen: Es darf sich nicht für alle am Verfahren Beteiligten um einen Inlandsprozess handeln. (*Mayr* öJZ 97, 856).

2 Allerdings ist der Anwendungsbereich der meisten Vorschriften vom Vorliegen zusätzlicher Bezüge des Rechtsstreits zu anderen Mitgliedsstaaten abhängig gemacht, weshalb die Berechtigung der Aussage „universell anwendbar" angezweifelt wurde (*Bajons* in B/M/Z 43). Naturgemäß kann die Verordnung nur die **direkte Zuständigkeit von Gerichten der Mitgliedsstaaten** regeln. Die meisten Zuständigkeitsvorschriften sind zudem nur anwendbar, wenn der Beklagte seinen Wohnsitz in einem Mitgliedsstaat hat, s. auch vor Art. 2 Rn 4. Dass gegenüber Beklagten mit Wohnsitz außerhalb eines Mitgliedsstaats die nationalrechtlichen Zuständigkeitsvorschriften gelten, ergibt sich aber nicht von selbst, sondern aufgrund der in Art. 4 stehenden Verweisung auf das nationale Recht. Die Vorschriften über Anerkennung und Vollstreckung beziehen sich nur auf Entscheidungen eines Gerichts eines Mitgliedsstaates oder auf andere Vollstreckungstitel, die nach dem Recht eines Mitgliedsstaates zustandegekommen sind.

Territorialer Anwendungsbereich: Art. 68 u. Erwägungsgrund 23. Für das Verhältnis zu Dänemark kann auf den Rechtsgedanken von Art. 54b LÜ zurück gegriffen werden (*Köhler* FS Geimer (2002) 461, 469).

Der Festlandsockel gehört zum jeweiligen Staatsgebiet (EuGHE 2002 Rs C-37/00 – Weber).

II. Zivil- und Handelssachen

1. Sinn und begriffliche Erfassung der Einschränkung des Anwendungsbereichs

3 **a)** Die VO fußt noch auf dem im Grunde für die EG antiquierten Prinzip, (dazu *Schlosser* Recueil des Cours 284 (2001) 330 ff.), dass öffentliches Recht nicht extraterritorial durchsetzbar ist. Das Recht der Gründungsstaaten der EWG unterscheidet auch syste-

matisch klar zwischen **Privatrecht und öffentlichem Recht,** wenngleich die sozialen Felder, die vom öffentlichen Recht geregelt werden, durchaus beachtliche Unterschiede aufweisen. Des letzteren war man sich bei Ausarbeitung des Übereinkommens kaum bewusst. Man glaubte daher, auf irgendwelche Regeln dazu verzichten zu können, wie privatrechtliche von öffentlichrechtlichen Streitigkeiten abzugrenzen sind. Die Rechtstradition des V.K. kennt den systematischen Unterschied zwischen Privatrecht und öffentlichem Recht nicht. Den Gegensatz zum Zivilrecht, zu dem viele für die kontinentalen Rechtsordnungen klassischen Gebiete des Verwaltungsrechts gehören, bildet dort das Strafrecht. Der Unterschied zwischen Privatrecht und öffentlichem Recht entwickelt sich in den Staaten des common law erst langsam. Daher wurde anlässlich des Beitritts des V.K. dem Abs. 1 der S. 2 eingefügt, um wenigstens eine grobe Orientierung zu geben (näher in *Schlosser*-Bericht Rn 23f). Das House of Lords sah eine Klage eines Liquidators einer insolventen Gesellschaft auf Rückgabe von Vermögenswerten dann als steuerrechtlich an, wenn die Werte nur für die Steuerbehörden von Interesse sind. (*QRS 1 ApS v. Frandsen* [1999] WLR 2169).

4 **b)** Allerdings war bei Ausarbeitung des Übereinkommens bekannt, dass es bei den Zivilgerichten der Gründungsstaaten der EWG öffentlichrechtliche Streitsachen kraft Zuweisung und, vor allem, das zivilrechtliche Adhäsionsverfahren im Strafprozess gibt. Letzteres hat in den meisten Staaten ungleich größere praktische Bedeutung als in Deutschland (Beispiel: EuGHE 1993 I 1963 = IPRax 94, 37, *Heß* 10 – Sonntag; EuGHE 2000 I 1935 = IPRax 2000, 364 – Krombach). Es ist also der sachliche Anwendungsbereich der Verordnung grundsätzlich unabhängig davon geblieben, welche **Rechtswegzuständigkeit** in Deutschland oder in jenem Land besteht, dessen Recht in der Hauptsache Anwendung findet. Dies ist umso mehr geboten, wenn man dem Postulat des EuGH zur **vertragsautonomen** Qualifikation der in Art. 1 angesprochenen Rechtsgebiete folgt, Rn 7ff., Einl. Rn 28f. Eine in der Mehrheit der Mitgliedsstaaten vorgefundene Zuweisung bestimmter Streitigkeiten an Verwaltungsgerichte kann aber durchaus ein Indiz für die verwaltungsrechtliche Einordnung der Materie sein.

5 Ganz unerheblich ist hingegen die Zuweisung von Streitigkeiten an besondere Zivilgerichte wie Arbeits- oder Handelsgerichte oder in die Verfahren der Freiwilligen Gerichtsbarkeit. Für letztere kommt es, sofern sie nicht nach Abs. 2 Nr. 1 vom Anwendungsbereich der Verordnung ausgeschlossen sind, auch nicht darauf an, ob sie aus deutscher Perspektive als Streitverfahren oder als Fürsorgeverfahren der FG zu qualifizieren sind (**a. A.** *Geimer/Schütze* Rn 26).

6 Ebensowenig wie der innerstaatliche Rechtsweg ist das **verfahrensrechtliche Gepräge einer Angelegenheit** maßgebend. Neben **Verbandsklagen** (BGHZ 109, 29 = NJW 90, 317; BGHZ 119, 152 = IPRax 93, 244) erfasst die Verordnung auch Verfahren, die nicht mit einer „Klage" eingeleitet werden, z. B. das deutsche Mahnverfahren (*Wagner* RIW 95, 89; *Busl* IPRax 86, 270ff.). Ob zur Entscheidung ein Richter oder ein sonstiger Justizfunktionär berufen ist, ist belanglos. Selbst Verfahren, die sich nicht gegen einen Antragsgegner richten oder sonst „streitig" sind, unterfallen der EuGVVO. Es kommt allein auf den Verfahrensgegenstand an. Verfahrensziel braucht keine Sachentscheidung zu sein. Auch ein **selbständiges Beweisverfahren** unterfällt den Art. 2f (**a. A.** *Geimer/Schütze* Rn 57, Art. 24 Rn 14 m. w. N.). Die Gegenpartei muss auch in diesem Bereich vor unzumutbaren Zuständigkeiten geschützt werden, s. Auch Art. 24 Rn 7, Art. 1 HBÜ Rn 4. **Vorfragen** aus dem Gebiet des öffentlichen Rechts kann ein Gericht immer beantworten. Wenn es nach seinem internen Recht diese Fragen einem anderen Gericht vorlegen oder bis zur Entscheidung eines anderen Gerichts das Verfahren aussetzen muss, so berührt dies die Anwendbarkeit der EuGVVO und vor allem die danach sich richtende Anerkennungspflicht der letztendlich ergehenden Entscheidung nicht. Allerdings muss das Verfahrensziel wie im Rahmen der Vorlageberechtigung nach Art 234 EG eine Entscheidung mit Rechtsprechungscharakter sein, was bei Gerichten als Registerbehörden nicht der Fall ist (EuGH NJW 01, 3179).

2. Die vertragsautonome Qualifikation in der Rechtsprechung des EuGH

7 **a)** Der EuGH hat bisher dreimal zur Abgrenzung von privatrechtlichen und öffentlichrechtlichen Streitigkeiten Stellung genommen.

In der ersten Entscheidung ging es um die Gebühr einer internationalen Luftüberwachungsorganisation (Eurocontrol), die diese von Flugunternehmen erheben durfte. Der EuGH (EuGHE 1976, 1551 = NJW 77, 490 – *Geimer* = RIW 42 – *Linke*) hielt den Gesichtspunkt, „dass sich für die Vertragsstaaten und die betreffenden Personen so weit wie möglich gleiche und einheitliche Rechte und Pflichten ergeben", für entscheidend, s. Einl Rn 29. Das Ergebnis seiner vertragsautonomen Auslegung fasste er dahin zusammen, *„dass für die Auslegung des Begriffs der Zivil- und Handelssachen, ... nicht das Recht irgendeines der beteiligten Staaten maßgebend ist, sondern dass die Zielsetzung und die Systematik des Übereinkommens sowie die allgemeinen Rechtsgrundsätze, die sich aus der Gesamtheit der innerstaatlichen Rechtsordnungen ergeben, herangezogen werden müssen. Bei Zugrundelegung dieser Merkmale ist eine Entscheidung, die in einem Rechtsstreit zwischen einer Behörde und einer Privatperson ergangen ist, den die Behörde im Zusammenhang mit der Ausübung hoheitlicher Befugnisse geführt hat, vom Anwendungsbereich des Übereinkommens ausgeschlossen"*. S. auch Art 57 Rn 1.

8 Der zweiten Entscheidung lag eine Klage der Niederlande gegen den deutschen Eigner eines in niederländischen Binnengewässern verunglückten Schiffes auf Erstattung der Bergungskosten zugrunde (EuGHE 1980, 3807 – Rüffer = IPRax 81, 169, krit. *Schlosser* 154). Nachdem der Generalanwalt festgestellt hatte, dass der Anspruch nach niederländischem Recht ein zivilrechtlicher ist, nach dem Recht aller anderen fünf damaligen Vertragsstaaten vergleichbare Ansprüche aber öffentlichrechtlicher Natur sind, stellte der EuGH darauf ab, dass das *Entstehen* der Bergungskosten im Zusammenhang mit der Bergung selbst steht, die auch nach *niederländischem* Recht öffentlichrechtlicher Natur war. Er merkte nicht, dass er damit von seiner Prämisse der vertragsautonomen Auslegung des Begriffs Zivil- und Handelssachen abgewichen war.

9 Der dritte Fall (Sache Sonntag aaO) wurde durch einen tödlichen Bergunfall ausgelöst, den ein deutscher Schüler auf einem Schulausflug in Südtirol erlitten hatte. Die gegen den (vermutlich beamteten) Lehrer einer öffentlichen Schule als Annex zum italienischen Strafverfahren geltend gemachten Haftpflichtansprüche qualifizierte der Gerichtshof als privatrechtlich. Die Aufsichtspflicht eines Lehrers bei einem Schulausflug unterschied sich für ihn nicht von der Aufsichtspflicht vergleichbarer Privatunternehmer. Der Zusammenhang mit einer hoheitlichen Aufgabe genügte ihm nicht mehr. Allerdings wies er auch darauf hin, dass nach seiner Rechtsprechung Lehrer im Sinne des Art. 48 EWGV = 39 EG auch bei

Benotungs- und Versetzungsentscheidungen nicht hoheitlich handelten (EuGHE 1986, 2121). Zu ordre-public-Problematik des Falles s. Art. 33 Rn 6, 7.

10 **b)** Eine griffige Aussage zur Abgrenzung des öffentlichen Rechts vom Privatrecht ist dem EuGH also bisher nicht gelungen. Hat man die in Deutschland entwickelten Theorien (Interessentheorie; Subjektionstheorie; Subjekttheorie; s. dazu *MünchKommZPO-Wolf*[2] § 13 GVG Rn 6ff.) im Auge, so orientiert sich seine Rechtsprechung eher an der **Subjektionstheorie.**

Zwiespältig ist die Rechtsprechung aber in Bezug auf das Postulat einer euroautonomen Begriffsbestimmung. In der Sache Rüffer bestimmte der EuGH die Natur der Streitsache aus der öffentlichrechtlichen Ausgestaltung der Bergung eines Schiffes nach niederländischem Recht; das autonom ermittelte Element beschränkte sich darauf, dass der Zusammenhang des Rechtsstreits mit einer solchen Tätigkeit für dessen öffentlichrechtliche Einordnung genügt. In der Sache Sonntag spielte es keine Rolle, dass die Grundbeziehung nach deutschem Recht öffentlichrechtlich (und möglicherweise nach italienischem IPR und Deliktsrecht privatrechtlich) einzuordnen war.

Dadurch, dass der Gerichtshof zunächst einen „Zusammenhang" des geltend gemachten Anspruchs mit hoheitlicher Tätigkeit für ausreichend erklärte, um eine öffentlichrechtliche Streitigkeit anzunehmen, hat er den vom Übereinkommen- und jetzt der Verordnung- ausgeschlossenen Bereich sehr weit gezogen. Seit der Entscheidung in der Sache Sonntag scheint der Gerichtshof den Bereich des öffentlichen Rechts eher wieder eng bestimmen zu wollen. Dem ist zuzustimmen, um transnationale Rechtsschutzlücken möglichst auf das unvermeidliche Maß zu beschränken. Man sollte daher, wenn man am Postulat der vertragsautonomen Auslegung festhalten will, den Begriff „Zivil- und Handelssachen" weit auslegen (*Jenard*-Bericht 58; *Geimer/Schütze* Rn 16ff.) und als öffentlichrechtliche Streitigkeit nur qualifizieren, was nach den Rechtsordnungen aller oder doch nahezu aller Vertragsstaaten eindeutig so eingeordnet wird. Die Rechtsprechung des EuGH wird denn auch dahin interpretiert, dass er das „schlicht hoheitliche" Tätigwerden des deutschen öffentlichen Rechts privatrechtlich einordnet (*Geimer/Schütze* Rn 17). Die Tatsache allein, dass das Gericht des Urteilsstaats eine zivilrechtliche Sache angenommen hat, bindet das Gericht im Anerkennungsstaat nicht (**a. A.** *Mally/Layton* § 26.03).

11 **c)** Für eine Großzügigkeit, die man bei der Auslegung der Haager Übereinkommen obwalten lässt, Art. 1 HZÜ Rn 2ff., ist kein Raum. Weder durch Einverständnis der Parteien über die zivil- oder verwaltungsrechtliche Natur einer Streitigkeit noch durch Qualifikation nach den Rechtsordnungen des Gerichtsstaats oder des Anerkennungsstaats kann die Anwendbarkeit des Übereinkommens erschlossen werden. Auch der Umstand, dass nur eine für den Prozessausgang entscheidende Vorfrage zivilrechtlicher Art ist, macht das Übereinkommen nicht anwendbar.

11a **d)** Aus der Begrifflichkeit des deutschen Rechts und seiner Streitgegenstandskonzeption müsste man schließen, dass **„inzident"** verwaltungsrechtliche Fragen sehr wohl beurteilt werden können. Im Prozess des common law tritt aber als Folge der Rechtskraft eine „issue estoppel" ein. Daher gehört jeder „issue", über den gestritten wird, zum Streitgegenstand. Aus diesem Dilemma kann man nur mit der Kernpunktkonzeption des EuGH herausfinden, s. Art. 27 Rn 4. Mit Recht hat der irische oberste Gerichtshof daher entschieden, der zivilrechtlichen Einordnung stünden einige wenige verwaltungsrechtliche Elemente des Streitgegenstandes nicht entgegen (*Short* a. o. v. *British Nuclear Fuels* PLC 8 I.L. Pr. [1997] 747). Der EuGH hat freilich – in Bezug auf Abs. 2, aber verallgemeinerungsfähig – entschieden, dass eine Vorfrage aus einem ausgeschlossenen Rechtsgebiet der Anwendbarkeit des EuGVÜ nicht entgegensteht (EuGHE 1991 I 3855; ebenso House of Lords, *Rettayward (deceased)* [1997] 1 All. E.R. 28.

3. Einzelheiten

12 Da, wo die Verwaltung im Rechtsverkehr mit dem Bürger sich des Instruments des Vertrags bedient, sollte man europarechtlich von Privatrecht ausgehen, wenn nicht vergleichbare Verträge in allen Vertragsstaaten öffentlichrechtlich eingeordnet werden. Das gilt vor allem für die französischen „marchés publics" (dazu *Schlosser* NJW 77, 460) und andere „verwaltungsrechtliche" Verträge, die die öffentliche Hand mit Unternehmen zur Realisierung öffentlicher Vorhaben wie Bau von Verkehrswegen zu schließen pflegt (*Beraudo* Jurisclasseur procédure civile Fasc. 52–1 Nr. 33; *Gei-*

mer/Schütze Internationale Urteilsanerkennung I 1 § 19 VII. **a. A.** *Kropholler*[7] Rn 9). Ebenso sind Versicherungsverträge der öffentlich-rechtlichen italienischen Exportversicherung privatrechtlich (*SchwBG* SJZ 1999, 107; *BGE* 124 III 436). Das Gleiche gilt für die deutschen Hermes-Bürgschaften. Rechtsvergleichende Grundlagenarbeit kann hier nicht geleistet werden. Im Hinblick auf deutsches Recht, aber z. T. durch die EuGH-Entscheidung in Sachen Sonntag wohl überholt (*Kropholler*[7] Rn 8), wurde öffentlichrechtliche Natur reklamiert für: Amtshaftungssachen (*Geimer* NJW 77, 492) und Gebührenforderungen von Baugenehmigungsbehörden (VG Schleswig NJW 91, 1129) und Notaren (*Kropholler*[7] Rn 7 m. w. N.). Ebenso einordnen muss man wohl auch Erstattungsansprüche aller Art für hoheitlich erbrachte Leistungen. Eine mit öffentlichem Interesse motivierte Klage auf Auflösung einer Gesellschaft wurde ebenfalls nicht als Zivilsache gewertet (Re a Company SHV Hanseatische Verwaltungsgesellschaft m. b. H H. L in Kaye European Case Law 142). Grenzüberschreitender negatorischer Rechtsschutz ist nur dann verwaltungsrechtlich einzuordnen, wenn die zu unterbindende Tätigkeit in den Vertragsstaaten als hoheitliche angesehen wird. „Anti suit injunctions" wurden zivilrechtlich eingeordnet (Nw IPRax 95, 350), s. auch Art. 33 ff. Rn 5. Außer allen arbeitsrechtlichen, seerechtlichen und kartellrechtlichen Streitigkeiten sind auch Ansprüche von gerichtlich bestellten Strafverteidigern gegen den Beschuldigten Zivilrechtsansprüche (LG *Paderborn* EWS 95, 248). Die in Art. 22 Nr. 4 genannten Ansprüche hat die Verordnung selbst zu zivilrechtlichen erklärt (ähnlich *Kropholler*[7] Art. 22 Rn 47).

Zur Abgrenzung von prozessualen Anordnungen und anerkennungspflichtigen Entscheidungen s. Art. 32 Rn 9.

III. Ausgeschlossene zivilrechtliche Rechtsgebiete

13 Die in Abs. 2 aufgezählten Ausnahmen sind leider in der Begrifflichkeit des materiellen Rechts ausgedrückt. Es ist daher manchmal schwierig, jene prozessualen Streitgegenstände zu bestimmen, die der Verordnung nicht unterfallen. Der EuGH bestimmt die ausgeschlossenen Rechtsgebiete durchwegs **vertragsautonom.** Dass in einem Fall Vorfragen aus ausgeschlossenen Rechtsgebieten eine Rolle spielen, berührt den Anwendungsbereich des Übereinkommens nicht, allg. M. Hat ein Verfahren mehrere Streitgegenstände, so ist jeder isoliert zu betrachten, auch wenn es sich um akzessorische Ansprüche handelt. Einstweilige Anordnungen auf Unterhaltszahlungen sind erfasst, auch wenn die „Hauptsache" der Scheidungsantrag ist (EuGHE 1980, 731 – de Cavel II), s. Art. 31 Rn 5. Bei Auskunftsansprüchen kommt es auf die Rechtsmaterie an, innerhalb derer sie stehen (*Geimer* IPRax 92, 8). Bei Anerkennung und Vollstreckung ist auf den Anspruch abzustellen, der zuerkannt wurde (*Grunsky* JZ 73, 644); bei kumulativer Anspruchskonkurrenz ist die Verordnung anwendbar, wenn einer der Ansprüche ihr unterfällt. Bei Ermittlung der gerichtlichen Zuständigkeit muss man auf den tragenden Anspruch abstellen und den anderen ihm in einer Weise unterordnen, wie man auch im IPR akzessorische deliktische Ansprüche, die mit vertraglichen konkurrieren, nach dem Vertragsstatut einordnet (zu letztem *Palandt/Heldrich* Art. 38 EGBGB Rn 14). So prägen erbrechtliche, konkursrechtliche oder sonstige Ansprüche aus den ausgeschlossenen Rechtsgebieten im allgemeinen jene Ansprüche des allgemeinen Schuldrechts oder des Sachenrechts mit, die mit ihnen konkurrieren (ähnlich *Kropholler*[6] Rn 18; *Basedow* IZPR II Rn 93; *Grunsky* aaO 643. **a. A.** *Geimer* RIW 76, 145). Auch Kostenentscheidungen zu den Materien des Absatzes 2 unterfallen der Verordnung nicht (Hamburg NJW-RR 96, 516 – **a. A.** Erstinstanzlichen Gericht Benidorm, *Kay* aaO 839).

1. Personenstands-, Familien- und Erbrechtssachen – Nr. 1

14 Die in Nr. 1 genannten Ausnahmen sind heute nicht mehr gerechtfertigt. Für Ehesachen ist inzwischen „Brüssel II" in Gestalt der EuEheVO geschaffen worden. Für den Rest ist Brüssel III in Vorbereitung. Annexverfahren sollte man dem für das Hauptverfahren geltenden Regelungswerk unterstellen (s. EuGHE 1979, 1055 – de Cavel I), wenn es europarechtlicher Natur ist.

15 **a)** Mit **„Personenstand"** ist vor allen Dingen ein Verfahren gemeint, in dem es um den Bestand einer Ehe geht. Die EuEheVO ist im Verhältnis zur EuGVVO Sonderregelung. Ob Verfahren nach anwendbarem Prozessrecht im Verbund mit der Ehesache stehen, spielt kein Rolle. Will man Staatsangehörigkeitsfragen nicht als öffentlichrechtliche Streitsachen ansehen, was sie nach den Rechtsordnungen einiger Mitgliedsstaaten in der Tat nicht sind, so muss man auch insofern Nr. 1 analog anwenden. Verschollenheitsverfahren betreffen die Rechtsfähigkeit einer Person. Verfahren über Existenz und Fortbestand juristischer Personen oder anderer Personenverbindungen sind von der Ausnahme nicht betroffen, allg. M. Von den in § 620 ZPO genannten Angelegenheiten sind alle, außer den Unterhaltsanordnungen, vor allem auch Umgangsverfahren bezüglich eines Kindes (SchwBGE 124 III 176) und Eheschutzverfahren (SchwBGE 119 II 168) so eng mit den Ehesachen oder der Handlungsfähigkeit verbunden, dass sie unter Nr. 1 fallen (*Geimer/Schütze* Rn 60). Ansprüche aus einen aufgehobenen Verlöbnis fallen nicht in den Ausnahmekatalog (*Gottwald* JZ 97, 92 gegen einen lapsus linguae des BGH. – **a. A.** *Geimer/Schütze* Rn 66).

16 **b)** Verfahren über **„eheliche Güterstände"** sind deshalb schwierig zu umschreiben, weil es in manchen Mitgliedsstaaten eine Entsprechung zu den in den kontinentalen Rechtsordnungen unter diesem Namen bekannten Rechtsinstituten nicht gibt und weil sich in der Gestaltung der vermögensrechtlichen Beziehungen unter Ehegatten häufig güterstandsrechtliche und allgemein vertragsrechtliche Elemente vermengen (Lit: *Hausmann* FamRZ 80, 423).

Der EuGH (aaO – de Cavel I) hat in diesem Zusammenhang ausgeführt, *„dass der Begriff der ehelichen Güterstände nicht nur die in einigen nationalen Rechtsordnungen besonders und ausschließlich für das Rechtsverhältnis der Ehe vorgesehenen Güterstände umfasst, sondern ebenso alle vermögensrechtlichen Beziehungen, die sich unmittelbar aus der Ehe oder ihrer Auflösung ergeben"*. Vermögensrechtliche Vereinbarungen unter den Ehegatten anlässlich der Scheidung sind immer ehegüterrechtlich (öOGH v. 21. 10. 99 ZOl 288/99 p). In den Anwendungsbereich des EuGVÜ (heute: EuGVVO) sollen alle vermögensrechtlichen Beziehungen fallen, *„die zwischen den Ehegatten bestehen, jedoch keinen Zusammenhang mit der Ehe aufweisen"*. Ein solcher Zusammenhang wird jedoch so gut wie immer bestehen, ohne dass deshalb die Anwendung der Verordnung ausgeschlossen werden könnte. So ist sie auf einen Rechtsstreit unter Ehegatten über die Fragen der öffentlichen Versteigerung ihres Familienheims angewandt worden, dessen Miteigentümer sie waren (Hof Amsterdam N.J. 81 Nr. 555). Entscheidend ist für die Rechtsordnungen, welche „ehelichen Güterstände" und Regelungen speziell über Vermögensbeziehungen unter Ehegatten sie kennen, gleich in welchem Güterstand sie leben, ob im Verfahren eine Rechtsbeziehung geltend gemacht wird, die allgemeinem bürgerlichen Vertrags-, Delikts- oder Eigentumsrecht unterfällt oder nicht (München OLGR 99, 146). Auseinandersetzungen um Ehewohnung und Hausrat oder über Anteile an Leistungen der Hausratsversicherung (Rb Alkmaar NIPR 88, 510) sind ebenso vom Anwendungsbereich der Verordnung ausgeschlossen (*Geimer* IPRax 92, 6 m. w. N.; allg. M.) wie Verfahren um Prozesskostenvorschuss und den Umfang der Schlüsselgewalt. Nicht aber gilt das gleiche für Verfahren mit Dritten, die aus Schlüsselgewaltsgeschäften Rechte herleiten oder haften sollen. Das Verlangen eines niederländischen Ehemanns, die Ehefrau solle ein Dokument herausgeben, das seiner Verwaltung unterliegt, hat der EuGH als güterrechtlich qualifiziert (EuGHE 1982, 1189), obwohl die fragliche Verwaltungsbefugnis nicht im „ehelichen Güterrecht" geregelt war, sondern aus einer allgemeinen Vorschrift hergeleitet wurde, die die Rechtsfolgen davon regelt, dass ein Ehegatte die Verwaltung seines Vermögens dem anderen überlässt. Ebenso muss man entscheiden, wenn im Wege richterlicher Rechtsfortbildung allgemein bürgerlichrechtliche Institute auf die Beziehungen unter Ehegatten zugeschnitten werden. Ansprüche aus einer Ehegatteninnengesellschaft sind daher vom Anwendungsbereich der Verordnung ausgeschlossen. Verfahren aufgrund normaler Gesellschafts- und Arbeitsverträge unterfallen ihr aber sehr wohl, allg. M. Für die Länder, die keine ehelichen Güterstände kennen, kommt es darauf an, ob *„der Rechtsstreit Fragen zum Gegenstand hat, die während der Ehe oder nach deren Auflösung wegen solcher Rechte an oder auf Vermögen entstanden sind, die sich aus der ehelichen Beziehung ergeben"* (*Schlosser*-Bericht Nr. 50 m. ausf. rvergl. Erl.). Wenn es um einstweilige Anordnungen geht, ist danach zu unterscheiden, ob sie im Schwergewicht Rechte aus dem Güterstand oder aus dem allgemeinen bürgerlichen Recht schützen sollen (so wohl auch EuGH aaO – „de Cavel I").

17 **Unterhaltsansprüche** unter Ehegatten werden ausweislich Art. 5 Nr. 2 von der Verordnung erfasst. Das gilt auch, wenn in einem Scheidungsverbundverfahren einstweilige Anordnungen bezüglich des Unterhalts anstehen (EuGHE 1980, 731 – de Cavel II). Anordnungen zu Globalabfindungen, die auch zur Sicherstellung des Unterhalts dienen, einschließlich der Anordnung, Vermögensgegenstände wie Immobilien zu übertragen, gehören nicht zu den ehelichen Güterständen (EuGH aaO; EuGHE 1997 I 1147 – *Van den*

Boogard = IPRax 99, 35, teilw. abl. *Weller* 14; *Baumann* Die Anerkennung und Vollstreckung ausländischer Entscheidungen in Unterhaltssachen [1989] 10; *Schlosser*-Bericht Nr. 95). „Prestations compensatoires" des französischen Rechts sind meist unterhaltsrechtlicher Natur (*Fuchs* IPRax 98, 327. – **AA** Karlsruhe IPRax 90, 406).

Das schweizerische Eheschutzverfahren nach Art. 172ff. ZGB betrifft im wesentlichen wirtschaftliche Fragen und gehört daher zu den Güterständen, auch wenn Unterhaltsbezüge existieren (BGE 119 II 167). Auch Anordnungen, Haushaltskosten zu bezahlen, zählen nicht dazu. **AA** D. G s'Hertogenbosch NJ 80, 515).

Prozesskostenvorschussansprüche unterfallen als unterhaltsrechtlich dem Übereinkommen (*Geimer* aaO mN). Der Versorgungsausgleich fällt unter Nr. 3. Unterhaltsansprüche nichtehelicher Kinder werden erfasst auch soweit über sie zusammen mit der statusrechtlichen Hauptentscheidung erkannt wurde (Cour de Cassation [Lux] I.L. Pr. 89, 137).

18 **c) Erbrechtliche Streitigkeiten** haben in der veröffentlichten Praxis der Gerichte noch keine Rolle gespielt. Erfasst sind alle Ansprüche aus dem Nachlass und an ihm, die eine erbrechtliche Anspruchsgrundlage haben, gleich ob sie dinglicher oder schuldrechtlicher Natur sind oder in einem nach common law aufgrund letztwilliger Verfügung entstandenen „trust" wurzeln (zu letzterem *Schlosser*-Bericht Nr. 52). Konkurrierende Ansprüche aus dinglichen Rechten machen die Verordnung nicht anwendbar, Rn 13. Ansprüche aus Schenkungen auf den Todesfall, in welcher juristischen Form auch immer, muss man sinnvollerweise der Ausnahmeregelung zuordnen (etwas enger *Jenard*-Bericht Art. 1 IV A; *Kropholler*[7] Rn 30 – nur Schenkungen „von Todes wegen"). Eine erbrechtliche Streitigkeit ist auch eine solche unter zwei Prätendenten auf erbrechtliche Beteiligung an dem Nachlass (h.M. **a. A.** *Geimer* RIW 76, 145). Auch die in §§ 72ff. FGG geregelten „Nachlasssachen" sind allesamt vom Anwendungsbereich der Verordnung ausgeschlossen. Das gleiche gilt für Ansprüche aus Erwerbsgeschäften über Erbteile oder den gesamten Nachlass, soweit nationales Recht ein solches Institut in einer vom gewöhnlichen Veräußerungsgeschäft unterschiedenen Weise hervorgebracht hat.

Der Ausnahmevorschrift unterfallen aber Ansprüche nicht, die ursprünglich gegen den Erblasser begründet waren. Auch sonst hindert das Auftreten erbrechtlicher Vorfragen die Anwendung der Verordnung nicht, Rn 6, 13.

2. Insolvenzrechtliche Verfahren

19 **a)** Der Ausschluss insolvenzrechtlicher Verfahren geschah im Hinblick auf das seinerzeit geplante und in der Vorbereitung auch schon sehr weit gediehene EWG-Insolvenzübereinkommen (*Schlosser*-Bericht Nr. 53ff. Zu den einschlägigen Materialien siehe *Kegel/Thieme* Vorschläge und Gutachten zum Entwurf eines EG-Konkursübereinkommens, 1988). Das Ziel beider Verhandlungen war es, keine Lücke zwischen den Anwendungsbereichen beider Übereinkommen zu lassen. Daher darf auch jetzt das EG-Recht nicht in einer Weise interpretiert werden, die Lücken zwischen der EuGVVO und der EuG-InsVO lässt, Rn 21 d.

20 Die insolvenzrechtlichen **Stammverfahren** wie das Insolvenzverfahren nach deutschem Recht, sind leicht identifizierbar. Auch das französische „redressement" gehört dazu (SchwBGE 124 III 505). Auch die in neuerer Zeit entstandenen Sonderverfahren für Verbraucherinsolvenzen fallen nicht unter die Verordnung, wenn ihr Ziel neben der Entschuldung des Verbrauchers die gleichmäßige Befriedigung der Gläubiger ist. Zum englischen *„winding up of companies"* s. Art. 22 Rn 17.

21 Vor Inkrafttreten der EuInsVO hat man auch manche Einzelverfahren vom Anwendungsbereich des EuGVÜ ausgenommen. Der EuGH (1979, 733 – Gourdain = RIW 273; ebenso Hamm RIW 94, 62), hat die Ausnahmebestimmung auch auf die Klage eines Insolvenzverwalters gegen den pflichtvergessenen Leiter des Schuldnerunternehmens auf Aufstockung der Insolvenzmasse angewandt, ein Institut, welches das französische Recht kennt. Er hat hierbei generalisierend gesagt: *„Einzelverfahren sind nur dann von der Anwendung des Übereinkommens ausgeschlossen, wenn sie unmittelbar aus diesem Verfahren hervorgehen und sich eng innerhalb des Rahmens eines Konkurses oder Vergleichsverfahrens halten". Wolfgang Lüke* (FS Schütze (1999) 483) hat dafür die Formel geprägt, ausgeschossen seien alle Einzelverfahren, die mit dem gleichen Klageziel nicht ohne die Eröffnung eines Insolvenzverfahrens mit Aussicht auf Erfolg betrieben werden könnten. Klagen auf Feststellungen zur Insolvenztabelle sind nur instrumental modifizierte Feststellungsklagen und daher nicht insolvenzrechtlich (*Uss v. Omni Holding* [2000] 1 W.L.R. 1916, 1922; BGLE 125 III 108; Cour d'appel Paris, ber. v. Huet

Clunet 92, 188; *W. Lüke* FS Schütze (1999) 483. **a. A.** *B. B.-Wolf* Rn 20; *Mankowski* ZIP 94, 1581). Wird jedoch geltend gemacht, erst die Eröffnung des Insolvenzverfahrens habe den Anspruch fällig werden lassen, so ist der Streitgegenstand insolvenzrechtlich (*Firswood Ltd.* v. *Petra Blank* C. A. in Kaye European Case Law 147).

Im einzelnen: Insolvenzrechtlich waren die **Anfechtungsklage** (BGH NJW 90, 990; Corte di Cassazione Riv. dir. int. pr. proc. 90, 396; 91, 975; Köln WM 98, 624; *Aiglon Ltd. a. o. v. GanShan* L Co Ltd. H. L. [1993] 1 L. R. 164 allg. M.), obwohl diese in manchen Rechtsordnungen in der auch im allgemeinen bürgerlichen Recht existierenden actio pauliana durchaus ein außerkonkursrechtliches Gegenstück haben; **Streitigkeiten aller Art zwischen Insolvenzverwalter und Gemeinschuldner,** die nicht auf Rechtsgeschäften beruhen, die der erstere mit dem letzteren wie mit anderen Personen abgeschlossen hat; Streitigkeiten, die aus der Entscheidung des Insolvenzverwalters herrühren, einen **schwebenden Vertrag** durchzuführen, oder einen neuen zu schließen (Cour de Cassation Rev. crit. 93, 67); **Haftungsklagen** gegen den Konkursverwalter; **Direktiven,** die die Insolvenzgerichte dem Verwalter geben, auch wenn sie nicht insolvenzrechtliche Rechtsfragen betreffen (**a. A.** *Crédit Suisse & Crédit Suisse Canada v. CH Ireland,* (in Liqu.) H. L. in Kaye European Case Law 621). Demgegenüber waren **Aussonderungs-** („nach den außerhalb des Insolvenzverfahrens geltenden Gesetzen", § 47 InsO) und Absonderungsklagen mit dem Ziel der Eigenverwertung, Erstattungsansprüche wegen Rückzahlung eigenkapitalersetzender Darlehen (Jena RIW 99, 703) sowie Klagen, bei denen eine durch den Konkurs beeinflusste Aufrechnungsmöglichkeit eine Rolle spielte, von der Ausnahmevorschrift nicht erfasst (nahezu allg. M. **a. A.** Cour d'appel Douai ber. v. Huet aaO 190). Erst recht erfasst Nr. 2 nicht Klagen des Konkursverwalters aus **Masseansprüchen** aller Art wie gegen ihn gerichtete Ansprüche aus Rechtsgeschäften mit Dritten (fast allg. M. **a. A.** Zweibrücken EuZW 93, 165).

21 a Die EuInsVO zwingt zu einem radikalen Umdenken. Die Verordnung begründet (in Art. 3) nur eine internationale Zuständigkeit für das Insolvenzstammverfahren (**a. A.** *Haubold* IPRax 02, 159; analoge Anwendung von Art. 3), obwohl in ErwGr. 6 auch der Wille bekundet wird, „... die Zuständigkeit... [auch]... für Entscheidungen [zu] regeln, die unmittelbar aufgrund des Insolvenzverfahrens ergehen...". Für die Vollstreckung verweist sie auf die EuGVVO. Art. 25 lautet:

(1) Die zur Durchführung und Beendigung eines Insolvenzverfahrens ergangenen Entscheidungen eines Gerichts, dessen Eröffnungsentscheidung nach Artikel 16 anerkannt wird, sowie ein von einem solchen Gericht bestätigter Vergleich werden ebenfalls ohne weitere Förmlichkeiten anerkannt. Diese Entscheidungen werden nach den Artikeln 31 bis 51 (mit Ausnahme von Artikel 34 Absatz 2) des Brüsseler Übereinkommen über die gerichtliche Zuständigkeit und die Vollstreckung gerichtlicher Entscheidungen in Zivil- und Handelssachen in der durch die Beitrittsübereinkommen zu diesem Übereinkommen geänderten Fassung vollstreckt.

Unterabsatz 1 gilt auch für Entscheidungen, die unmittelbar aufgrund des Insolvenzverfahrens ergehen und in engem Zusammenhang damit stehen, auch wenn diese Entscheidungen von einem anderen Gericht getroffen werden.

Unterabsatz 1 gilt auch für Entscheidungen über Sicherungsmaßnahmen, die nach dem Antrag auf Eröffnung eines Insolvenzverfahrens getroffen werden.

(2) Die Anerkennung und Vollstreckung der anderen als der in Absatz 1 genannten Entscheidungen unterliegen dem Übereinkommen nach Absatz 1, soweit jenes Übereinkommen anwendbar ist.

(3) Die Mitgliedstaaten sind nicht verpflichtet, eine Entscheidung gemäß Absatz 1 anzuerkennen und zu vollstrecken, die eine Einschränkung der persönlichen Freiheit oder des Postgeheimnisses zur Folge hätte.

b) Daraus ergibt sich Folgendes:

21 b (1) Dass eine Entscheidung grenzüberschreitend ohne Förmlichkeiten anzuerkennen ist, ist unabhängig davon, ob sie der EuGVVO oder der EuInsVO untersteht. In letzterem Falle gibt es nur das in der Praxis bedeutungslose Feststellungsverfahren nach Art. 33 Abs. 2 EuGVVO nicht.

21 c (2) Die Vollstreckung von Entscheidungen richtet sich immer nach Art. 38–58 EuGVVO; die in der EuInsVO stehende Verweisung auf das EuGVÜ ist nach Art. 68 Abs. 2 EuGVVO als Verweisung auf letzteres umgewandelt. Ob Art. 38–58 EuGVVO im Einzelfall unmittelbar oder aufgrund der Verweisung von Art. 25 EuInsVO anwendbar sind, ist ohne jede praktische Bedeutung.

21 d (3) Es wäre unsinnig, von der Vorstellung auszugehen, dass es Verfahren gibt, die als insolvenzrechtliche vom Anwendungsbereich der EuGVVO ausgeschlossen sind, ohne der EuInsoLV zu unterfallen. Es muss Sinn des Art. 25 Abs. 2 EuInsVO gewesen sein, dies festzuhalten (*Kropholler*[7] Rn 31; so wohl auch *Lüke* aaO 481). Der Vorbehalt „soweit jenes Übereinkommen anwendbar ist“ kann sich also nur auf andere Unanwendbarkeitsgründe beziehen als die insolvenzrechtliche Natur der Entscheidung. Solche Gründe sind etwa die verwaltungsrechtliche (steuerrechtliche) oder schiedsrechtliche Natur der Entscheidung.

21 e (4) Wie Erwägungsgrund 6 der EuInsVO betont, geht deren Art. 25 davon aus, dass sowohl das Gericht des Insolvenzstammverfahrens zu dessen „Durchführung" als auch ein anderes Gericht Entscheidungen treffen kann, „die unmittelbar aufgrund des Insolvenzverfahrens ergehen und [nicht: oder] in engem Zusammenhang damit stehen". Welches Gericht (welchen Staats) für welche Entscheidungen zuständig ist, welche Bedeutung widerspruchslose Einlassung, Rechtshängigkeit oder Konnexität haben, sagt die EuInsVO nicht. Diese Entscheidungen fallen vorausgesetztermaßen auch nicht unter die EuGVVO, weil sonst die Verweisung auf diese (wegen der Vollstreckbarkeit) überflüssig wäre. Die Unanwendbarkeit der rechtstaatlich gehaltvollen Art 24–30 EuGVVO auf diese Verfahren ist eine unbeabsichtigte Gesetzeslücke (So mit Recht *Leipold* FS Ishikawa [2001] 224 ff.). Daher spricht alles dafür, die gegenüber dem Insolvenzstammverfahren verselbständigten zivilgerichtlichen Verfahren soweit wie irgend möglich der Ausnahmeregelung von Art. 1 Abs. 2 Nr. 2 EuGVVO nicht zu unterstellen. Dem EuGVVO unterfallen seit Inkrafttreten der EuInsVO daher vor allem Insolvenzanfechtungs- (*Schwarz* aaO) und Verwalterhaftpflicht-Klagen sowie Klagen, die aus Verträgen entspringen, für deren Durchführung sich der Verwalter entschieden hat. Die von *Leipold* (aaO 234 ff.) als Alternative ins Gespräch gebrachte Lösung, für alle als insolvenzrechtlich zu qualifizierenden Annexverfahren die internationale Zuständigkeit des Staates des Eröffnungsgerichts zu postulieren, scheitert an der Unbestimmtheit der betroffenen Verfahren und daran, dass an einer solchen Zuständigkeitskonzentration kein vernünftiges Interesse besteht, wenn nicht auch das Eröffnungsgericht selbst sachlich und örtlich zuständig wird. Auf Eigenkapitalersatzklagen ist Art. 1 Nr. 2 ohnehin nicht anwendbar (*Schwarz* NZJ 02, 290).

3. Soziale Sicherheit

22 „Die" soziale Sicherheit ist deshalb eigenständig erwähnt, weil sie in vielen Mitgliedsstaaten, auch nicht schwergewichtig, nicht so eindeutig wie in Deutschland aus dem Bereich des Zivilrechts herausfällt. Der Akzent der Regelung liegt also auf der Aussage, dass die Materie von der Verordnung auch nicht insoweit erfasst wird, als sie nach anwendbarem Recht privatrechtlich einzuordnen ist. Zur Auslegung des Begriffs kann die Praxis zu Art. 42 EG und der Verordnung des Rates Nr. 1408/71 herangezogen werden. Der *Jenard*-Bericht (3. Kap. C) weist außerdem auf das Übereinkommen Nr. 102 der IAO über die Mindestnormen der sozialen Sicherheit (BGBl. 57 II S. 1321) hin. Um überhaupt Strukturen in den verschwommenen Begriff der sozialen Sicherheit zu bringen, gibt es keinen anderen Weg, als darauf abzustellen, ob von einem vom Vertragspartner verschiedenen Träger Leistungen erbracht werden sollen, die der Absicherung gegen Ausfälle von Erwerbseinkommen dienen. Rechtsstreitigkeiten über **Betriebsrenten,** die der Arbeitgeber selbst schuldet, unterfallen dem Übereinkommen ebenso wie solche über Kranken- und Lebensversicherungsverträge. Dass privatrechtlicher Unterhalt nicht zur sozialen Sicherheit gehört, folgt aus Art. 5 Nr. 2. Der **Versorgungsausgleich,** einschließlich des schuldrechtlichen, unterfällt aber der Nr. 3.

In der **Rechtsprechung der Gerichte der Mitgliedsstaaten** wurden als Ansprüche aus „sozialer Sicherheit" angesehen: Ansprüche gegen den Arbeitgeber auf Beitragszahlung (Rechtsbank, s-Hertogenbosch NJ 82 Nr. 99, Anm. *Schultz;* Corte di Cassazione Nschlwerk I-1.1.-B 6); Ansprüche von Versorgungsträgern auf Rückgewähr zu Unrecht bezogener Leistungen (BSGE 54, 250; Köln EuZW 91, 64).

Das Übereinkommen wurde demgegenüber für anwendbar gehalten für: Ansprüche gegen den Arbeitgeber auf Urlaubsgeld (Trib. trav. Lüttich JT 80 Nr. 174); Prätendentenstreitigkeiten bezüglich Sozialleistungen (Hoge Raad NJ 79 Nr. 399; *Basedow* Rn 114) wie Kindergeld; Ansprüche von Trägern der Sozialversicherung aus übergegangenem Recht gegen Dritte (Trib. gr. inst. Marseille Rev. dr. fr. comm. 79, 31; *Schlosser*-Bericht Nr. 60; allg. M.).

4. Schiedsgerichtsbarkeit

Literatur: *van Houtte* May Court Judgements that Disregard Arbitration Clauses and Awards be Enforced... Arb. Int'l 1997, 85 ff.; *Hascher* Recognition and Enforcement of Judgements on the Existence and Validity of an Arbitration Clause... Arb. Int'l 1997, 33 ff.; *Yoshida* Lessons from the Atlantic Emperor... Arb. Int'l 1999, 359.

23 **a)** Der Ausschluss der Schiedsgerichtsbarkeit ist im Hinblick auf die staatsvertragliche Sonderregelung der Anerkennung und Vollstreckung von Schiedssprüchen entstanden, Einl. Rn 2. Dabei wurde aber übersehen, dass mit diesen Staatsverträgen die Freizügigkeit von Entscheidungen staatlicher Gerichte, die sich auf Schiedsgerichtsbarkeit beziehen, nicht garantiert ist, dass für eine solche Freizügigkeit aber ein dringendes Bedürfnis deshalb besteht, weil Schiedsgerichtsbarkeit ein sehr verbreitetes Recht der verbindlichen Entscheidungen von Streitigkeiten aus dem transnationalen Wirtschaftsverkehr ist. Es geht um Entscheidungen staatlicher Gerichte, die **Schiedssprüche aufheben, Schiedsrichter ernennen oder abberufen, Feststellungen über die Zulässigkeit von Schiedsverfahren treffen oder sonst helfend in Schiedsverfahren eingreifen.** In einer viel Aufsehen erregenden Plenarentscheidung, die von ausnehmend umfangreich und fast leidenschaftlich begründeten Schlussanträgen des Generalanwalts *Darmon* vorbereitet war, hat der *EuGH* für einen Einzelaspekt folgendes festgehalten (1991 I 3855 – Atlantic Emperor = NJW 93, 189 = IPRax 92, 312 – *Haas* 292. Zum sehr überraschenden und merkwürdigen Ende des Ausgangsverfahrens [1992] 1 Lloyd's Rep. 624 Q.B. Ebenso Hamburg NJW – RR 96, 510): *„Art. 1 Abs. 2 Nr. 4 EuGVÜ ist dahin auszulegen, dass sich die in ihm enthaltene Ausschlussregelung auf einen bei einem staatlichen Gericht anhängigen Rechtsstreit erstreckt, der die Benennung eines Schiedsrichters zum Gegenstand hat, selbst wenn das Bestehen oder die Gültigkeit einer Schiedsvereinbarung eine Vorfrage in diesem Rechtsstreit darstellt."* Trotz der Verengung der Aussage auf diese Detailfrage wird die Entscheidung allgemein dahin verstanden, dass alle gerichtlichen Neben- und Anschlussverfahren zu Schiedsverfahren vom Anwendungsbereich des Übereinkommens ausgenommen sind (*Weigand* EuZW 92, 529ff.; *Haas* IPRax aaO; *Berti* FS Vogel [Freiburg/Schweiz 1991] 347. Nw aus der Zeit vor der Entscheidung Atlantic Emperor in *Schlosser* Das Recht der internationalen privaten Schiedsgerichtsbarkeit[2] Rn 115). Überzeugend ist dies nicht (*M.J. Schmidt* FS Sandrock (1995) 205, 208; *Schlosser* Riv. dir. int. pr. proc. 89, 545 – Abweichung von der in *Schlosser*-Bericht Rn 63f vertretenen Ansicht. Durch Generalanwalt *Darmon* nicht widerlegt, weil sich eine Zuständigkeit am Schiedsort über Art. 5 Nr. 1 durchaus hätte finden lassen, obwohl der Schiedsvertrag ein Prozessvertrag ist, wenn man nur die Notwendigkeit anerkannt hätte, dass es auch einer

staatsvertraglichen Absicherung von Gerichtsentscheidungen über Schiedsgerichtsbarkeit bedarf). Entscheidungen staatlicher Justizinstanzen über Kosten des schiedsrichterlichen Verfahrens unterfallen aber der Verordnung (Lexmar Corp. a. o. v. Nordist Skilsreder forening a. o. 1 Ll. R [1997] 289 – Sicherheitsleistung eines Dritten für Schiedsverfahrenskosten; (*Stein/Jonas/Schlosser*[21] § 1044 Rn 10 a).

24 **b)** Selbstverständlich ist durch Nr. 4 die Anerkennung und Vollstreckung von Schiedssprüchen erfasst. Wie auch sonst im Zusammenhang mit **Vorfragen** aus ausgeschlossenen Rechtsgebieten ist es umgekehrt kein Anerkennungshindernis, wenn in einem Gerichtsurteil eine Vorfrage eine Rolle gespielt hat, die ein Schiedsgericht entschieden hat, an dessen Spruch sich das Gericht für gebunden hielt oder wenn Vorfragen aus der Schiedsgerichtsbarkeit in laufenden Gerichtsverfahren eine Rolle spielen, s. Rn 11 a. Man sollte aber auch Gerichtsurteile, die einen Schiedsspruch in seinem Heimatstaat bestätigt haben, in gleicher Weise nach der Verordnung für anerkennungspflichtig halten, wie der BGH (NJW 84, 2765 = RIW 557; NJW 84, 2763 = RIW 644) solche Urteile aus Nichtvertragsstaaten nach §§ 722 f ZPO anerkennt und vollstreckt (Hamburg NJW RR 92, 568 = RIW 939. **a. A.** House of Lords *Arab. Bussiness Consortium v. Banque Franco – Tunesienne* [1996] 1 L. R. 485; LG Hamburg RIW 79, 493; Corte di Appello Mailand Riv. dir. int. pr. proc. 91, 1040; KantonsG Tessin Bulletin Association Suisse de l'arbitrage 2000, 359; *Jayme/Kohler* IPRax 92, 354. Näher dazu *Stein/Jonas/Schlosser*[22] § 1061 Rn 4; *Schlosser* Das Recht der internationalen privaten Schiedsgerichtsbarkeit[2] Rn 908 f. Ansicht IPRax 85, 143 aufgegeben). Zu widersprechenden Urteilen und Schiedssprüchen s. Art. 33/34 Rn 22.

25 **c)** Der Umstand, dass ein staatliches Gericht unter Verkennung einer wirksamen **Schiedsklausel** entschieden hat, steht der Anwendung der VO nicht im Weg. Nicht zuletzt lässt sich dafür der Rechtsgedanke des Art. 35 Abs. 3 heranziehen (Nahezu allg. M., z. B. Celle RIW 79, 131; *The Heidberg* [1994] 2 L. R. 287; *Hascher* Arb. Int'l 1997, 33 ff. Anders die britische Delegation bei den Anpassungsverhandlungen, s. *Schlosser*-Bericht Rn 61 f, sowie neuere Stimmen aus England, etwa *Hill* 63). In besonders anstößigen Fällen ist ein solches Urteil aber mit dem ordre public unvereinbar, zu dem auch die prinzipielle Achtung von Schiedsverträgen gehört, s. Art. 33/34 Rn 5. Erst recht ist die Ausnahme nicht einschlägig, wenn auch bei Bestehen einer Schiedsvereinbarung vor staatlichen Gerichten einstweiliger Rechtschutz begehrt wird (EuGHE 1998 I 7091 – van Uden).

Verfahren vor staatlichen Gerichten, gerichtet auf die Feststellung der Wirksamkeit eines Schiedsvertrags, unterstellen die englischen Gerichte jetzt der Ausnahme (*Union de Remorquage et de Sauvetage S.A. v. Lake Avery Inc.* [1997] 1 Ll.R. 540; *Zellner v. Phillip Alexander* Q.B. ILPr. 97, 730. – **a.A.** *Toepfer v. Molino Boschi* [1996] 1 Ll.R. 510, 513; *The Heidberg* XXII Yearbook Commercial Arbitration (1997) 828, nicht hingegen eine Klage gegen einen Streitgenossen, von dem niemand die Bindung an eine Schiedsvereinbarung behauptet (*Vale do Rio a.a. v. Shanghai* Bao Steel a.o. [2000] 2 Ll. R 1). Konsequenterweise unterliegt dann der Verordnung auch nicht ein Begehren, womit, gestützt auf eine Schiedsvereinbarung, die Unterlassung der Prozessführung im Ausland beantragt wird.

5. Abschließender Charakter der Aufzählung

26 Die Aufzählung der ausgeschlossenen Rechtsgebiete ist abschließend. Eine vorsichtige Analogie ist aber denkbar. Die Verordnung ist etwa auch anwendbar, wenn um Rechte an Liegenschaften in Drittstaaten gestritten wird (**a.A.** *Bajons* ZfRvgl 93, 52). Allenfalls kann man einen Analogieschluss aus Art. 22 dahin ziehen, dass Gerichte der Mitgliedsstaaten nicht zuständig sind, wenn sich der fragliche Anknüpfungspunkt in einem Nicht-Mitgliedsstaat findet, Art. 16 Rn 14. Möglicherweise verstoßen Urteile von Gerichten von Mitgliedsstaaten, die sich auf Gegenstände der in Art. 22 genannten Art beziehen, die in einem Drittstaat gelegen sind, gegen dessen Souveränität und somit auch gegen den inländischen ordre public. Jedoch sind auch in einem solchen Fall Art. 33–59 durchaus anwendbar. Die EuGVVO ist auch auf „admiralty actions in rem" anwendbar (*„The Deichland"* 2 AllE.R. [1989] 1066), wenngleich in Deutschland eine Klage immer gegen ein Gebilde erhoben werden muss, das prozessfähig ist. Der BGH hat zu Recht das EuGVÜ auch auf Klagen nach §§ 13ff. AGBG angewandt (NJW 90, 317ff.).

Kapitel II. Zuständigkeit

Vorbemerkungen

I. Natur und Leitidee der Zuständigkeitsordnung der Verordnung

1 Das EuGVÜ (heute EuGVVO) hat erstmals in einem multinationalen Übereinkommen ein selbständiges Zuständigkeitssystem geschaffen, das Vorrang vor nationalem Recht beansprucht, s. Einl. Rn 4, Art. 2 Rn 1. Es folgt dem in den sechs Gründungsstaaten der EWG für die örtliche Zuständigkeit der Gerichte geltenden Prinzip: der Wohnsitz (eventuell gewöhnlicher Aufenthalt) einer Person ist ihr allgemeiner Gerichtsstand (de lege ferenda **a. A.** *Buchner* Kläger- u. Beklagtenschutz im Recht der internationalen Zuständigkeit [1998]); zur Wahl des Klägers stehen daneben besondere Gerichtsstände; die Parteien können außer in den Bereichen, in denen ein strukturelles wirtschaftliches Potenzgefälle zwischen ihnen existiert, den Gerichtsstand frei vereinbaren; in besonderen Materien gibt es ausschließliche Gerichtsstände, die zum Teil nicht nur die Möglichkeit der Gerichtsstandsvereinbarung begrenzen, sondern auch Vorrang vor den allgemeinen und besonderen Gerichtsständen haben.

2 Die Verordnung hat die Grundidee dieses Systems zum Modell der internationalen Zuständigkeit genommen. Sie regelt in der Tat teilweise nur die internationale Zuständigkeit der Gerichte, etwa in Art. 16 oder, erstaunlicherweise, fast immer dann, wenn an den Wohnsitz einer Partei angeknüpft wird, etwa in Art. 2, 16. Häufig, vor allem in Art. 5, 6, regelt die Verordnung aber auch die örtliche Zuständigkeit. Deshalb ist im Rahmen von § 281 ZPO auch Art. 5 zu prüfen (LG Berlin IPRax 96, 416). § 36 Nr. 3 ZPO ist durch die EuGVVO eingeschränkt. Rechtsweg- und sachliche Zuständigkeit regelt die Verordnung fast nie, ausnahmsweise jedoch in Art. 6 die sachliche, s. dort Rn 10. Völkerrechtliche Immunitäten von Diplomaten und Staaten sind keine Frage der internationalen Zuständigkeit. Sie bleiben von der EuGVVO unberührt. Bei einer

negativen Feststellungsklage kommt es allein auf die formelle Beklagtenstellung an (BGH NJW 97, 870).

3 Aus der Sicht der deutschen Systematik ist der 9. Abschnitt ein Fremdkörper im Titel II. Wegen des im Vergleich zum Zuständigkeits- und Anerkennungssystem beschränkten Regelungsbedarfs hat die Verordnung die Probleme der von der Rechtshängigkeit einer Sache ausgehenden Wirkung im Titel II mitgeregelt.

4 Aus dem Vorrang des Zuständigkeitssystems der EuGVVO folgt, dass es keine zusätzlichen oder gar vorrangigen Gerichtsstände kraft nationaler Sondervorschriften geben kann. § 3 Abs. 1 BinnSchVerfG (BGHZ 82, 110 = NJW 82, 1226), §§ 488, 738 HGB, § 893 Abs. 2 ZPO etwa sind im Geltungsbereich des Titels II nicht anwendbar. Auch aus ordre-public-Erwägungen, etwa unter dem Gesichtspunkt des Sozialschutzes, können keine zusätzlichen Zuständigkeiten hergeleitet werden (*Kropholler*[7] Rn 20 mwN). Denkbar sind aber ungeschriebene Einschränkungen der durch die Verordnung begründeten Zuständigkeiten der Gerichte, die aus übergeordneten Gesichtspunkten folgen. Sie beruhen dann aber auf einer teleologischen Reduktion von Zuständigkeitsvorschriften der Verordnung selbst.

5 Einen **geographischen Anwendungsbereich** von Kapitel II gibt es nur insofern, als lediglich Gerichte von Mitgliedsstaaten an ihn gebunden sind, s. Art. 1 Rn 2.

Der Wortlaut von Art. 2 verlangt keinen internationalen Bezug der Angelegenheit. Im Text von Kapitel II mit Ausnahme von Art. 23, 24 ist ebenso ein Bezug zu mindestens zwei Mitgliedstaaten vorausgesetzt, wie in den Vorschriften des Kapitels III. Dazu ob für die Art. 23, 24 ein internationaler Bezug des Rechtsstreits vorausgesetzt wird, s. Art. 23 Rn 6. Darüber hinaus generell einen internationalen Bezug des Verfahrens zu verlangen, um die EuGVVO anwendbar zu machen, ist nicht gerechtfertigt (*Geimer/Schütze* Rn 65 mwN; *Kropholler*[7] vor Art. 2 Rn 6. – **a. A.** *Hamm* NJW RR 92, 499; *Schack*[3] Rn 241). Insbesondere schadet es niemandem, wenn man Art. 2 auch bei Wohnsitz von Kläger und Beklagtem im Gerichtsstaat anwendet. Die örtliche Zuständigkeit legt Art. 2 ohnehin nicht fest. Einig ist man sich jedenfalls, dass Art. 2 auch anwendbar ist, wenn der Kläger seinen Wohnsitz nicht in einem Mitgliedstaat hat (EuGHE 2000 I 5925 – Group Josi).

6 Die Verordnung richtet sich keineswegs ausschließlich gegen einen Zuständigkeitsimperialismus der Mitgliedsstaaten, obwohl der Katalog von Anlage I einen solchen Anschein vermittelt. Vielmehr soll dem Bürger der EU auch als Kläger eine Zuständigkeitsgarantie gegeben werden. Die Mitgliedsstaaten müssen die ihnen zukommenden Zuständigkeiten auch wahrnehmen und Justiz gewähren. Wo nur die internationale Zuständigkeit eines Staates festgelegt ist, muss er einen örtlichen Gerichtsstand zur Verfügung stellen. Seine ihm zukommende Zuständigkeit darf ein Gericht nicht nach Ermessensgesichtspunkten („forum non conveniens") ablehnen (*Schlosser*-Bericht Rn 78; *Kropholler*[7] Rn 20. – **a. A.** für Fälle, in denen nur die Gerichte von Drittstaaten konkurrierend zuständig sein können *Inre Harrods* [1991] 4 All.E.R. 334; *Haja-Joannu v. Frangos* Ll.L.R. 2 [1999] 337 ff. [Court of Appeal]). Unter den ursprünglichen sechs Mitgliedsstaaten der EuGVÜ war es eine bare Selbstverständlichkeit, dass über die Zuständigkeit eines anzurufenden Gerichts nur dieses zu entscheiden hatte. Heute folgt dies aus Art. 24, 25 (*Kurth* Inländischer Rechtsschutz gegen Verfahren vor ausländischen Gerichten [1989] 28 f; *Peter Huber,* Die englische forum non conveniens Doktrin ... [1994]; *Geimer* WM 86, 122; *Berti* FS *Sieler* (2000) 33). Englische *„anti-suit-injunctions"* binden ein Gericht in einem anderen Mitgliedsstaat nicht, s. Art. 33 ff. Rn 5. Sinn der Verordnung ist es aber nicht, auch den Bewohnern von Drittstaaten feste Zuständigkeitsgarantien zu geben. Kommt als alternatives Gericht nur ein solches eines Drittstaats in Betracht und sind die Kläger weder Bewohner noch Angehörige eines Mitgliedsstaats, dann kann ein englisches Gericht seine Zuständigkeit aus forum-non-conveniens-Gesichtspunkten ablehnen. Das liegt aber nicht daran, dass Kapitel II nur anwendbar wäre, wenn ein Bezug des Rechtsstreits zu einem Mitgliedsstaat besteht (so aber Court of Appeal *In re Harrods* [1991] 4 All ER 334; **a. A.** etwa *Kohler* FS Matscher [1993] 254 ff. Zum ganzen s. *Erwand* forum non conveniens und EuGVÜ [1996]). Dass sich ein Gericht zum forum non conveniens erklären kann, wenn es über Art. 4 aufgrund nationalen Rechts zuständig ist, ist selbstverständlich (*Sarrio SA v. Kuwait Investment Authority* [1996] 1 Ll. R 650). Es ist auch nicht völlig ausgeschlossen, dass die Inanspruchnahme einer Zuständigkeit **rechtsmissbräuchlich** ist (zu Unrecht allerdings für eine Sachverhaltsgruppe kraft EG-Rechts Missbräuchlichkeit annehmend EuGHE 1985, 2267 = NJW 28 92 – AS Autoteile), etwa wenn der spätere Kläger den Eindruck vermittelt hat, dass er in einem Vertragsstaat nicht klagen werde, ohne dass den Formerfordernissen des Art. 17 Genüge getan wäre.

7 Nicht geregelt hat die Verordnung den **Zeitpunkt,** zu dem die zuständigkeitsbegründenden Tatsachen, insbesondere der Wohnsitz, vorliegen müssen. Für die Unterhaltung eines Wohnsitzes i. S. v. Art. 6 Nr. 1 durch den „Hauptbeklagten" hat das House of Lords auf „the issuance of the writ" abgestellt, s. dort Rn 1, was wohl auch für den Eintritt der Rechtshängigkeit gelten sollte. Heute bietet sich als Zeitpunkt jener des Eintritts der Rechtshängigkeit nach Art. 27 an. Jedoch können die zuständigkeitsbegründenden Tatsachen auch später eintreten. Für die Fortdauer der einmal begründeten Zuständigkeit gilt § 261 Abs. 3 Nr. 2 ZPO – **perpetuatio fori.** Auch beim Wohnsitzwechsel des Beklagten in einen Vertragsstaat entfällt die über Art. 4 nach nationalem Recht einmal begründete Zuständigkeit nicht, heute allg. M. (zur perpetuatio fori im internationalen Zivilprozessrecht generell ausführlich *Geimer* IZPR[4] Rn 1830 ff.).

8 Das notwendige **Beweismaß** für zuständigkeitsbegründende Tatsachen hat das EuGVÜ und die EuGVVO deshalb nicht geregelt, weil es in den Gründungsstaaten der EWG eine Beweismaßlehre nicht gab. Auch zuständigkeitsbegründende Tatsachen müssen dort voll bewiesen werden. Das Hous of Lords (aaO) begnügte sich demgegenüber mit „a good arguable case". Obwohl die dem Fall zugrundeliegenden Feststellungen die in Deutschland geltenden Beweisanforderungen auch erfüllt hätten, kann dieser Prämisse nicht zugestimmt werden (*Hertz* Lit. bei Art. 5, 285 ff.; Hamm RIW 99, 540). Doppelrelevante Tatsachen s. Art. 26 Rn 1.

9 In Ausnahmefällen verlangt Art. 6 EMRK, eine in der EuGVVO nicht vorgesehene Notzuständigkeit zu eröffnen (näher *Kropholler* Hdb. I Kap. III Rn 192 2f).

II. Prüfungsschritte im Einzelfall

Nach dem geglückten Vorschlag von *Gottwald* (*MünchKomm-ZPO* Art. 2 Rn 3 ff.) ist im Einzelfall folgende Prüfungsreihenfolge zweckmäßig.

10 **1.** Die zu erhebende oder erhobene Klage muss in den sachlichen Anwendungsbereich der EuGVVO fallen, s. Erl. Art. 1.

2. Zur Zeit der Klageerhebung muss die Verordnung im Gerichtsstaat in Kraft getreten sein, s. Erl. Art. 54. **11**

3. Danach ist zu fragen, ob der Beklagte seinen Wohnsitz in einem Mitgliedsstaat hat oder nicht. Ist dies nicht der Fall, so gilt nach Art. 4 grundsätzlich das nationale Zuständigkeitsrecht, gleichgültig, ob der Kläger Inländer bzw. Inlandsbewohner ist oder nicht. Einzelheiten s. Art. 4. Ausnahmen: Art. 16 Rn 1, Art. 17 Rn 6, Art. 18 Rn 1. **12**

4. Hat der Beklagte Wohnsitz in einem Mitgliedsstaat, so ist danach zu unterscheiden, ob der Wohnsitz in dem Staat liegt, dem das Gericht angehört oder nicht. **13**

a) Die **internationale Zuständigkeit** ergibt sich im ersteren Fall grundsätzlich aus Art. 2. Die **örtliche Zuständigkeit** richtet sich dann allein nach nationalem Recht. Bsp: Ein Reeder mit Sitz in Rostock kann dann nach § 480 HGB sehr wohl in Hamburg verklagt werden, wenn das fragliche Schiff dort seinen Heimathafen hat; auch im Bereich des Versicherungsnehmer- und Verbraucherschutzes sind die Gerichte des Wohnsitzstaates der geschützten Person immer international zuständig. Jedoch kann die internationale Zuständigkeit der Gerichte des Wohnsitzstaates durch eine ausschließliche Zuständigkeit nach Art. 16 oder eine Gerichtstandsvereinbarung nach Art. 17 ausgeschlossen sein.

b) Soll jemand vor dem Gericht eines anderen Mitgliedsstaates als seines Wohnsitzstaates verklagt werden, so ist theoretisch ebenfalls zuerst zu prüfen, ob das Gericht international zuständig ist. So regelt etwa Art. 5 Nr. 6 nur die internationale Zuständigkeit. Welches Gericht im zuständigen Staat örtlich zuständig ist, bestimmt in letzterem Fall das nationale Recht. Meist regelt aber die Norm, die internationale Zuständigkeit außerhalb des Wohnsitzstaates des Beklagten begründet, gleichzeitig auch die örtliche Zuständigkeit, z.B. alle Teile von Art. 5 mit Ausnahme von Nr. 6. Dann braucht man auch methodisch nicht zwischen internationaler und örtlicher Zuständigkeit zu unterscheiden. **14**

III. Die Prozessaufrechnung

Literatur: *Merlin* Riconvenzione e compensazione al vaglio delle Corte di Giustizia (una nozione communitaria di „eccezione"?) Rivista di diritto processuale 1999 48–108; *Coester-Waltjen* FS Lüke (1997) 35 ff.; *H. Roth* RIW 99, 819), *Kannengießer* Die Aufrechnung im internationalen Privat- und Prozessrecht (1998).

15 Der EuGH hatte zunächst der Zuständigkeitsordnung des EuGVÜ auch eine gewisse Bedeutung für die Möglichkeit der Prozessaufrechnung zuerkannt. In der Entscheidung AS-Autoteile (1985, 2267 = NJW 85, 2892 = IPRax 86, 232 – *Geimer* 208) meinte er, es sei missbräuchlich, im Rahmen einer Vollstreckungsabwehrklage gegen einen Prozesskostenerstattungsbeschluss mit der Forderung aufzurechnen, deren Abweisung wegen internationaler Unzuständigkeit der deutschen Gerichte zu dem Kostenerstattungsanspruch geführt hat. Er bildete dabei den Leitsatz, es könne im Rahmen der Vollstreckungsgegenklage nicht mit einer Forderung aufgerechnet werden, zu deren klageweiser Geltendmachung die Gerichte dieses Vertragsstaates nicht zuständig wären. Auf der anderen Seite meinte der EuGH, dass Art. 18 Vorrang vor Art. 17 habe und die Aufrechnung zulässig sei, wenn sich der Kläger rügelos auf sie eingelassen habe, auch wenn ihretwegen die ausschließliche Zuständigkeit eines ausländischen Gerichts vereinbart worden ist (1985, 787 – Spitzley = IPRax 86, 27 – *Gottwald*) und dass im vereinbarten Gerichtsstand auch mit einer konnexen Gegenforderung aufgerechnet werden könne, für die die Gerichtsstandsvereinbarung nicht gilt (1978, 2133 – Glacetal = RIW 814).

Durch die Plenarentscheidung in Sachen Danevaern (EuGHE 1995 I 2053 – sehr gründliche rechtsvergleichende Aufarbeitung der verschiedenen Systeme der Aufrechnung in den Schlussanträgen von Generalanwalt *Léger*) ist diese Rechtsprechung überholt (so auch die Einschätzung von *Jayme/Kohler* IPRax 95, 349). In ihr heißt es: *„Die Verteidigungsmittel [in casu Aufrechnung], die geltend gemacht werden können und die Voraussetzungen, unter denen dies geschehen kann, bestimmen sich nach nationalem Recht“*. Damit ist auch die gegenteilige Rechtsprechung des BGH (NJW 93, 2753 – zust. *Geimer* IPRax 94, 82, abl. *Leipold* ZZP 107 [1994] 216) insoweit obsolet, als sie auf die Auslegung des EuGVÜ gestützt ist.

Es gelten daher die gleichen Grundsätze, die maßgebend sind, wenn das Zuständigkeitssystem des EuGVVO nicht anwendbar ist, weil der Beklagte in einem Drittstaat wohnt. Die Zulässigkeit der Prozessaufrechnung gerade in diesem Fall ist allerdings ungeklärt. Meist verlangt man, dass i. S. v. § 33 ZPO Konnexität besteht

(*Geimer/Schütze* Art. 6 Rn 75; *Stein/Jonas/Leipold*[21] § 145 Rn 40; *Wagner* IPRax 1999, 65ff.; *Rüßmann* FS Ishikawa [2001] 468). Die besseren Gründe sprechen für eine generelle Zulässigkeit der Aufrechnung (*Coester-Waltjen* aaO; *H. Roth* aaO; *Kannengießer* aaO 144ff.; LG Berlin IPRax 98, 97). Es *würde* sonst an den Sicherungen fehlen, die der in Deutschland Beklagte durch das in § 302 ZPO vorgesehene Vorbehaltsurteil und den dort gewährten verschuldensunabhängigen Schadensersatzanspruch erhält. Gerichtsstandsvereinbarungen s. Art. 23 Rn 35. Missbräuchlich ist allerdings die Aufrechnung mit einer durch Abtretung erworbenen Gegenforderung, wenn für die Abtretung kein anderer Grund als der Erwerb eines Verteidigungsmittels ersichtlich ist (so der Fall Celle IPRax 99, 456). Aufrechnung mit andersweit rechtshängigen Ansprüchen s. Art. 27 Rn 4. Bei der Vollstreckungsgegenklage wird die Aufrechnung nicht verteidigungsweise, sondern als Angriffsmittel geltend gemacht. Insoweit ist daher die Entscheidung AS Autoteile weiterhin anwendbar (*Nelle,* Lit. Art. 22 vor Rn 24, 328).

16 Für Rechtsbehelfe gegen gerichtliche Entscheidungen bedarf es keiner eigenen internationalen Zuständigkeitsnorm, auch wenn sie Klageform annehmen. Die auf §§ 717, 945 ZPO oder als Wiederaufnahmeersatz auf § 826 BGB gestützten Klagen sind jedoch selbständig.

Abschnitt 1. Allgemeine Vorschriften

Art. 2 [Allgemeine Internationale Zuständigkeit]

(1) **Vorbehaltlich der Vorschriften dieser Verordnung sind Personen, die ihren Wohnsitz in dem Hoheitsgebiet eines Mitgliedsstaats haben, ohne Rücksicht auf ihre Staatsangehörigkeit vor den Gerichten dieses Mitgliedsstaates zu verklagen.**

(2) **Auch Personen, die nicht dem Mitgliedsstaat, in dem sie ihren Wohnsitz haben, angehören, sind die für Inländer maßgebenden Zuständigkeitsvorschriften anzuwenden.**

Textgeschichte: Sachlich unverändert. Redaktionell an die Verordnungsnatur angepasst.

1 Art. 2 regelt nur die internationale Zuständigkeit (krit. zum Wohnsitzgerichtsstand *B. Buchner* Kläger und Beklagtenschutz im Recht der internationalen Zuständigkeit [1998]). Die örtliche Zuständigkeit ergibt sich in Deutschland aus §§ 12ff. ZPO. Der Wohnsitzstaat ist allerdings frei, beliebige örtliche Zuständigkeiten festzulegen. Er kann für bestimmte Materien auch die örtliche Zuständigkeit des Gerichts, in dessen Bezirk der Beklagte seinen Wohnsitz hat, ausschalten. In Gestalt von §§ 689, 703d ZPO hat der deutsche Gesetzgeber dies für das Mahnverfahren so gehalten (näher erläutert in *Stein/Jonas/Schlosser*[21] § 689 Rn 3). S. auch vor Art. 2 Rn 10ff.

2 Wohnsitz und entsprechend Sitz einer Gesellschaft richten sich nach Art. 59ff., s. Bem. dort. Bei mehreren Wohnsitzen genügt einer in einem Mitgliedsstaat, allg. M. Zum Zeitpunkt der Wohnsitzbegründung s. vor Art. 2 Rn 7. Zum Beweismaß vor Art. 2 Rn 8. Im Umkehrschluss aus Art. 5 Nr. 6, der nur einen zusätzlichen Gerichtsstand begründet, ist zu folgern, dass bei Treuhandverhältnissen und Parteien kraft Amtes auf den persönlichen Wohnsitz des Verwalters abzustellen ist (*Kropholler*[7] Rn 1; BGHZ 88, 331 = NJW 84, 739 – Für das nationale Recht **a. A.** *MünchKommZPO-Gottwald* Rn 13).

3 Abs. 2 bezieht sich nur auf die örtliche Zuständigkeit: Sind nach Art. 1 die Gerichte eines Staates international zuständig, so können dessen Bewohner vor jedem Gericht verklagt werden, vor dem auch ein Angehöriger dieses Staates verklagt werden könnte. Für Deutschland gibt es aber keine Vorschriften über die örtliche Zuständigkeit, die an die Staatsangehörigkeit anknüpften. In den anderen Vertragsstaaten scheint es genauso zu liegen.

Art. 3 [Ächtung exorbitanter Zuständigkeiten]

(1) **Personen, die ihren Wohnsitz in dem Hoheitsgebiet eines Mitgliedsstaats haben, können vor den Gerichten eines anderen Mitgliedsstaats nur gemäß den Vorschriften des zweiten bis sechsten Abschnitts verklagt werden.**

(2) **Gegen diese Personen können insbesondere nicht die in Anhang I aufgeführten innerstaatlichen Zuständigkeitsvorschriften geltend gemacht werden.**

Textgeschichte: Ergänzungen nach jeweiligen Beitritten neuer Mitgliedstaaten. Inhalt von Art. 3 Abs. 2 EuGVÜ in EuGVVO Anhang I überführt. Redaktionell an Verordnungscharakter angepasst.

EuGVÜ: im Verhältnis zu Dänemark Inhalt von Anlage I in entsprechender redaktioneller Fassung noch in Absatz 2, „Artikel 246 Absätze 2 und 3 der Zivilprozessordnung (Lov on rettens pleje)".
LÜ: Wie EuGVÜ mit folgenden zusätzlichen Länderangaben:
- Island: Artikel 77 der Zivilprozessordnung (lög um medferd einkamála i héradi),
- Norwegen: § 32 der Zivilprozessordnung (trivestemálsloven)
- Schweiz: der Gerichtsstand des Arrestortes... gemäß Artikel 4 des Bundesgesetzes über das internationale Privatrecht.

1 Zum grundsätzlichen Stellenwert der Vorschrift s. Art. 2 Rn 1. Aus ihr hat der deutsche Gesetzgeber für das **Mahnverfahren** die Konsequenz gezogen, von der Maßgeblichkeit des Gerichtsstands des Antragstellers dann abzusehen, wenn der Antragsgegner Wohnsitz in einem anderen Mitgliedsstaat hat, § 703d ZPO. Zum Wohnsitzbegriff s. Art. 59, 60, zum maßgeblichen Zeitpunkt vor Art. 2 Rn 8.

2 Die Aufzählung sog. exorbitanter Gerichtsstände in Anh. I soll nur den plakativen Abschied von besonders gravierenden und in der EG deshalb besonders unpassenden Formen eines Zuständigkeitsimperialismus ausdrücken. Der Inhalt der Norm ergibt sich schon („insbesondere") aus Abs. 1. Eine selbständige Restbedeutung hat die Aufzählung nur im Rahmen von Art. 72. Für Deutschland ist wichtig, dass § 23 ZPO auch dann nicht in Anspruch genommen werden kann, wenn der Rechtsstreit speziell um das Vermögensstück geht, das nach dieser Vorschrift zuständigkeitsbegründend wäre, allg. M.

3 Zu den exorbitanten Zuständigkeiten gegenüber Bewohnern von Drittstaaten s. Art. 4. Zum Einstweiligen Rechtsschutz s. Art. 24.

Art. 4 [Beklagte ohne Wohnsitz im Hoheitsgebiet eines Mitgliedsstaates]

(1) **Hat der Beklagte keinen Wohnsitz in dem Hoheitsgebiet eines Mitgliedsstaat, so bestimmt sich, vorbehaltlich der Artikel 22 und 23, die Zuständigkeit der Gerichte eines jeden Mitgliedsstaats nach seinen eigenen Gesetzen.**

(2) **Gegenüber einem Beklagten, der keinen Wohnsitz in dem Hoheitsgebiet eines Mitgliedsstaats hat, kann sich jede Person, die ihren Wohnsitz in dem Hoheitsgebiet eines Mitgliedsstaats hat, in diesem Staat auf die dort geltenden Zuständigkeitsvorschriften, insbesondere auf die in Anhang I angeführten Vorschriften, wie ein Inländer berufen, ohne dass es auf ihre Staatsangehörigkeit ankommt.**

Textgeschichte: Unverändert mit Ausnahme redaktioneller Anpassungen an Verordnungscharakter.

1 In der Vorschrift kommt eine Sorglosigkeit bezüglich der Zuständigkeitsgerechtigkeit gegenüber Bewohnern von Drittstaaten zum Ausdruck. Ihnen gegenüber können alle vom nationalen Recht zur Verfügung gestellten Zustellungsvorschriften, einschließlich der in Anhang I genannten, in Anspruch genommen werden. Insoweit ist die Vorschrift durchaus konstitutiv. Ohne sie gäbe es keine Möglichkeit, einen Drittstaatsbewohner vor Gerichten eines Mitgliedsstaates zu verklagen. Denn keineswegs ist der Anwendungsbereich der Verordnung als solcher auf Rechtstreitigkeiten beschränkt, an denen auf der beklagten Seite oder auch generell ein Bewohner eines Mitgliedsstaats beteiligt ist. Daher müssen auch die in einem von Art. 4 erlaubten Gerichtsstand ergangenen Entscheidungen in allen anderen Mitgliedstaaten anerkannt und vollstreckt werden, s. Art. 33ff. Rn 30. Das hat leidenschaftliche Proteste aus den USA ausgelöst (*Juenger* Mich. L. Rev. 82 [1983/84] 1211ff.; *v. Mehren* Rec. Cour 1980 II 99. Dazu *Schlosser* FS Kralik [1986] 287ff.). In der Praxis sind jedoch keine beschämenden Fälle bekannt geworden (erträglich Cour d'appel Paris 8 ILPr [1997] 457 – Klage von Franzosen gegen die Guggenheim Foundation mit Sitz in New York bezüglich deren Museum in Venedig). Gegenüber Drittstaatsbewohnern kann die Zuständigkeit nicht etwa auf Art. 5, 6 gegründet werden, wenn sie nach nationalem Recht nicht begründet ist.

2 Um innerhalb der EU nicht nach Staatsangehörigen zu diskriminieren, wurde in Abs. 2 die Diskriminierung von Auslandsbewohnern noch verstärkt. In Deutschland hat die Vorschrift keinen Anwendungsbereich. Auf die etwa Franzosen nach Art. 14 c. c. zustehenden Privilegien können sich aber auch alle Bewohner Frankreichs berufen.

3 Zur Rechtshängigkeit und Konnexität s. Art. 27 Rn 1, zu Gerichtsstandsvereinbarungen Art. 33 Rn 5, zur rügelosen Einlassung Art. 34 Rn 1. Zu den ausschließlichen Zuständigkeiten bei Klagen gegen Drittstaatsbewohner s. vor Art. 22 Rn 4.

Abschnitt 2. Besondere Zuständigkeiten

Vorbemerkungen

1 Die in Art. 5 und 6 vorgesehenen Zuständigkeiten entsprechen den Wahlgerichtsständen des deutschen Rechts. In den für die Praxis besonders wichtigen Nrn 1, 3 und 5 von Art. 5 folgte vor Änderung der Nr. 1 durch die Verordnung das Übereinkommen weitgehend dem deutschen Vorbild. Das Übereinkommen und jetzt die Verordnung begründet aber auch Zuständigkeiten, die das autonome deutsche Recht nicht kennt (Beispiel aus dem Binnenschifffahrtsrecht: BGHZ 82, 110 = NJW 82, 1226), etwa den Gerichtsstand aufgrund des Wohnsitzes eines Streitgenossen, Art. 6 Nr. 1. Voraussetzung der Anwendbarkeit der Vorschrift ist die Klage vor einem Gericht eines EuGVVO/EuGVÜ/LÜ-Staates, in dem der in der EG oder im LÜ-Bereich wohnende Beklagte keinen [Wohn-] Sitz hat. Hat der Beklagte [Wohn-]Sitz außerhalb dieser Staaten, so gilt Art. 4. Hat der Beklagte Wohnsitz im Gerichtsstaat, so kann nicht etwa die örtliche Zuständigkeit auf Art. 5 (etwa Wohnsitz des Unterhaltsgläubigers) und trotz des dort fehlenden Satzbestandteils „in einem anderen Mitgliedsstaat" auch nicht auf Art. 6, allg. M., gestützt werden. Im übrigen aber bestimmt sich auch die örtliche Zuständigkeit nach der Verordnung (LÜ). Verklagt ein in Metz wohnender Unterhaltsgläubiger den in Saarbrücken wohnhaften Unterhaltsschuldner, so sind nicht nur die deutschen Gerichte international zuständig, sondern die Saarbrücker Gerichte auch örtlich.

2 Wie bei den besonderen Gerichtsständen des deutschen Rechts kann in einem Gerichtsstand des Art. 5 die Klage nur auf eine **Anspruchsgrundlage** gestützt werden, die dem fraglichen Rechtsgebiet (Vertrag, Delikt, Unterhalt usw.) zugehört. Der einheitliche deutsche prozessuale Anspruchsbegriff wird also dann aufgespalten. Rechtskraft entfaltet das Urteil nur, soweit die fragliche Anspruchsgrundlage zur Erkenntnis des Gerichts stand (EuGHE 1988, 5565

Kalfelis = RIW 88, 901, 987 – *Schlosser* – Für den Gerichtsstand des Delikts; teilweise krit. *Geimer/Schütze* Rn 34 und *Gottwald* IPRax 89, 272ff.). Es braucht aber nach dem Grundsatz iura novit curia nicht jede zum eingeengten prozessualen Anspruch gehörige Anspruchsgrundlage eigens geltend gemacht zu werden. Ist etwa eine Klage im Gerichtsstand des Delikts abgewiesen worden, so ist die Klage unter allen in Betracht kommenden deliktischen Anspruchsgrundlagen rechtskräftig abgewiesen, auch unter solchen, die der Kläger nicht eigens geltend gemacht und das Gericht gar nicht geprüft hat.

Es ist allerdings sinnvoll, für den **vertraglichen Gerichtsstand** eine Ausnahme zu machen. Durch vertragswidrige Handlungen ausgelöste Delikte sind meist so eng mit dem Vertrag verwoben, dass man sie im Prozessrecht ebenso dem Vertragsrecht zurechnen sollte, wie es neuerdings vielfach im IPR geschieht (*Koblenz* RIW 90, 316 = IPRax 91, 241; *Kropholler* Art. 5 Rn 39; **a. A.** *MünchKomm-ZPO-Gottwald* Art. 5 Rn 2; *Donzallaz* 4555 – Wahlrecht des Klägers. *Doppelrelevante Tatsachen* s. Art. 26 Rn 1.

3 Entgegen einer vom EuGH vielfach gebrauchten Wortfloskel (1989, 341 Six Construction; 1988, 5565 Kalfelis) ist für eine „enge" Auslegung der Vorschriften nicht deshalb Raum, weil sie „Ausnahmen" vom allgemeinen Gerichtsstand darstellt (*Grascoine v. Pyrah* Court of Appeal ILPr. 94, 82; *Kropholler*[7] vor Art. 5 Rn 3 *Donzallaz* 4305; **Doppelrelevante Tatsachen** s. Art. 26 Rn 1).

4 Auch das in einem anderen Gerichtsstand angerufene Gericht ist nicht gehindert, nach § 256 Abs. 2 ZPO Zwischenfeststellungen über solche Rechtsverhältnisse zu treffen, deretwegen es unmittelbar in diesem Gerichtsstand gar nicht angerufen werden könnte. Es geht in der Sache nämlich um die Erweiterung der Rechtskraft auf Elemente der Urteilsbegründung, die in anderen Vertragsstaaten ohne besondere Ermächtigung anerkannt wird, wie etwa im Fall des „issue estoppel" in England und Irland.

Art. 5 [Isolierte Sonderzuständigkeiten]

Eine Person, die ihren Wohnsitz in dem Hoheitsgebiet eines Mitgliedsstaats hat, kann in einem anderen Mitgliedsstaat verklagt werden:

1. a) wenn ein Vertrag oder Ansprüche aus einem Vertrag den Gegenstand des Verfahrens bilden, vor dem Ge-

richt des Ortes, an dem die Verpflichtung erfüllt worden ist oder zu erfüllen wäre,

b) im Sinne dieser Vorschrift – und sofern nichts anderes vereinbart worden ist – ist der Erfüllungsort der Verpflichtung
   – für den Verkauf beweglicher Sachen der Ort in einem Mitgliedstaat, an dem sie nach dem Vertrag geliefert worden sind oder hätten geliefert werden müssen;
   – für die Erbringung von Dienstleistungen der Ort in einem Mitgliedstaat, an dem sie nach dem Vertrag erbracht worden sind oder hätten erbracht werden müssen;

c) ist Buchstabe b) nicht anwendbar, so gilt Buchstabe a);

2. wenn es sich um eine Unterhaltssache handelt, vor dem Gericht des Ortes, an dem der Unterhaltsberechtigte seinen Wohnsitz oder seinen gewöhnlichen Aufenthalt hat, oder im Falle einer Unterhaltssache, über die im Zusammenhang mit einem Verfahren in bezug auf den Personenstand zu entscheiden ist, vor dem nach seinem Recht für diese Verfahren zuständigen Gericht, es sei denn, diese Zuständigkeit beruht lediglich auf der Staatsangehörigkeit einer der Parteien;

3. wenn eine unerlaubte Handlung oder eine Handlung, die einer unerlaubten Handlung gleichgestellt ist, oder wenn Ansprüche aus einer solchen Handlung den Gegenstand des Verfahrens bilden, vor dem Gericht des Ortes, an dem das schädigende Ereignis eingetreten ist oder einzutreten droht

4. wenn es sich um eine Klage auf Schadensersatz oder auf Wiederherstellung des früheren Zustandes handelt, die auf eine mit Strafe bedrohte Handlung gestützt wird, vor dem Strafgericht, bei dem die öffentliche Klage erhoben ist, soweit dieses Gericht nach seinem Recht über zivilrechtliche Ansprüche erkennen kann;

5. wenn es sich um Streitigkeiten aus dem Betrieb einer Zweigniederlassung, einer Agentur oder sonstigen Nie-

derlassung handelt, vor dem Gericht des Ortes an dem sich diese befindet;

6. wenn sie in ihrer Eigenschaft als Begründer, trustee oder Begünstigter eines trust in Anspruch genommen wird, der aufgrund eines Gesetzes oder durch schriftlich vorgenommenes oder schriftlich bestätigtes Rechtsgeschäft errichtet worden ist, vor den Gerichten des Mitgliedsstaats, in dessen Hoheitsgebiet der trust seinen Sitz hat;

7. wenn es sich um eine Streitigkeit wegen der Zahlung von Berge- und Hilfslohn handelt, der für Bergungs- oder Hilfeleistungsarbeiten gefordert wird, die zugunsten einer Ladung oder einer Frachtforderung erbracht worden sind, vor dem Gericht, in dessen Zuständigkeitsbereich diese Ladung oder die entsprechende Frachtforderung

a) mit Arrest belegt worden ist, um die Zahlung zu gewährleisten, oder

b) mit Arrest hätte belegt werden können, jedoch dafür eine Bürgschaft oder eine andere Sicherheit geleistet worden ist;

diese Vorschrift ist nur anzuwenden, wenn behauptet wird, daß der Beklagte Rechte an der Ladung oder an der Frachtforderung hat oder zur Zeit der Bergungs- oder Hilfeleistungsarbeiten hatte.

Textgeschichte: 2. und 3. Halbsatz der Nr. 1 eingefügt durch das 3. Beitrittsübereinkommen. In Nr. 2 der Satzteil beginnend mit „oder im Falle ...“ eingefügt durch 1. Beitrittsübereinkommen. Nrn 6 und 7 eingefügt durch 1. Beitrittsübereinkommen. Die EuGVVO verwies alle arbeitsrechtlichen Besonderheiten in dem neuen 5. Abschnitt und schuf neu Nr. 1 b) und c).

EuGVÜ/LÜ: Nr. 1 lautet: „1. wenn ein Vertrag oder Ansprüche aus einem Vertrag den Gegenstand des Verfahrens bilden, vor dem Gericht des Ortes, an dem die Verpflichtung erfüllt worden ist oder zu erfüllen wäre, wenn ein individueller Arbeitsvertrag oder Ansprüche aus einem individuellen Arbeitsvertrag den Gegenstand des Verfahrens bilden, vor dem Gericht des Ortes, an dem der Arbeitnehmer gewöhnlich seine Arbeit verrichtet; verrichtet den Arbeitnehmer sein Arbeit gewöhnlich nicht in ein und demselben Staat, *so kann der Arbeitgeber auch vor dem Gericht des Ortes verklagt werden, in* (LÜ: anstatt kursiv: vor dem Gericht des Ortes, an) dem sich die Niederlassung, die den Arbeitnehmer eingestellt hat, befindet bzw. befand.“

I. Die gerichtliche Zuständigkeit am Erfüllungsort

Literatur (soweit auf Nr. 1 bezogen aber weitgehend überholt): *Lohse* Das Verhältnis von Vertrag und Delikt ... (1991); *Schack* Der Erfüllungsort im deutschen, ausländischen und internationalen Privat- und Zivilprozeßrecht (1985); *Graf Wrangel* Der Gerichtsstand des Erfüllungsorts im deutschen, italienischen und europäischen Recht (1988); *Kohler* in Gottwald Revision des EuGVÜ... (1999) 12ff.; *Kropholler- v. Hinden* Die Reform des europäischen Gerichtsstands am Erfüllungsort GS Lüderitz (2000) 401; *Leipold* Internationale Zuständigkeit am Erfüllungsort GS Lüderitz (2000) 431ff.; *Valloni* Der Gerichtsstand des Erfüllungsortes nach Luganer und Brüsseler Übereinkommen (1998); *Pålsson* The Unruly Horse of the Brussels and Lugano Conventions FS Lando (1997) 259ff.; *Hertz* Jurisdiction in Contract and Tort (Kopenhagen 1998. – beispielhaft materialreich und gut durchdacht. Schon zur EuGVVO *Bajons* Gerichtsstand des Erfüllungsortes. Rück- und Ausblick auf eine umstrittene Norm FS Geimer (2002) 15ff.

1. Normstruktur und gesetzgeberische Grundentscheidung

1 Das Übereinkommen hatte im wesentlichen den deutschen Gerichtsstand des Erfüllungsorts übernommen, den es in dieser ausgedehnten Form in den meisten anderen Vertragsstaaten gar nicht gab. Für Österreich etwa bedeutete dies auch internationale Zuständigkeit am gesetzlichen Erfüllungsort und nicht nur, wie nach § 88 JN, am vereinbarten. Der sich unter prozessualen Fairnessgesichtspunkten ergebenden Fragwürdigkeit dieses Gerichtsstands bei Geldleistungsansprüchen (dazu *Schlosser* Riv. dir. int. 91, 28ff.) war man sich leider gar nicht bewusst geworden. Der Umstand, dass ein solcher Gerichtsstand, wenn überhaupt, nur sachlich gerechtfertigt ist, weil materiell-rechtlich an einem bestimmten Ort zu leisten ist (*Schlosser* GS Bruns [1980] 52ff.), verhinderte auch eine autonom-einheitliche Bestimmung dieses Orts, s. Rn 10. Immerhin wurde insofern von Anfang an vom deutschen Vorbild abgewichen, als dann, wenn schon erfüllt worden ist, sei es auch schlecht, es nur noch auf den Ort ankommen sollte, wo dies geschehen war.

Dieser Rechtszustand wurde in den Schlussjahren der Geltung des EuGVÜ zunehmend kritisiert, weil er häufig zu wenig einsichtigen Bestimmungen des Erfüllungsortes führte und fast immer als Klägergerichtsstand in Anspruch genommen worden war (s. etwa die Rechtsprechungszusammenstellung bei *Kaye* European Case Law on the Judgements Convention [1998]). Die Verordnung hat den gordischen Knoten durchschlagen und für die Masse der Verträge eine vertragsautonome Bestimmung des Erfüllungsortes gebracht. Für Zwecke der EuGVVO gibt es für alle aus einem Kauf- oder Dienstleistungsvertrag entspringende Ansprüche nur einen Erfüllungsort. Er gilt vor allem auch für den Zahlungsanspruch (Kohler aaO 12). Daher gelten die bisher angewandten Grundsätze zur Bestimmung des Erfüllungsortes in wichtigen Aspekten nur noch in der Schweiz, in Island, Norwegen, Polen (LÜ) und Dänemark (EuGVÜ) sowie in Bezug auf Personen, die in einem dieser Länder wohnen, aber in einem „Mitgliedstaat" gerichtlich belangt werden, s. Rn 10. Zu Maßnahmen des einstweiligen Rechtsschutzes s. Art. 24. Der Text unterscheidet ähnlich wie § 29 ZPO zwischen Ansprüchen aus einem Vertrag (2.) und einem Vertrag (3.) als Gegenstand des Verfahrens. Ein Erfüllungsort in einem Nicht-Vertragsstaat ist bedeutungslos (EuGHE 1989, 341 Six Construction).

2 Zur Sonderbehandlung Luxemburgs s. Art. 63 bzw. Art. I Abs. 1 ProtEuGVÜ/LÜ. Für Versicherung- und Verbraucherverträge gelten die Sonderregelungen der Art. 7 ff., für Mietverträge über Immobilien s. Art. 22 Rn 6 ff., für Arbeitsverträge Art. 18 ff.

2. Zuständigkeitsbegründung durch den Erfüllungsort eingeklagter Ansprüche vertraglicher Natur

3 In der bisher veröffentlichten Rechtsprechung ging es fast ausnahmslos um Ansprüche aus einem Vertrag.

a) Was in diesem Zusammenhang eine **„vertragliche" Anspruchsgrundlage** ist und was nicht, ist nach der Rechtsprechung des EuGH und weitaus h. L. (Beispiel: *Kropholler* Rn 5) „vertragsautonom" – heute euroautonom – zu bestimmen (EuGHE 1988, 1539 Arcado = NJW 89, 1424; EuGHE 1992, 3990 Handte), so dass nicht nur alle „gesetzlichen" Ansprüche aus einem Vertrag (Jena RIW 99, 703), sondern auch Sonderformen willentlich eingegangener Rechtsbeziehungen, etwa auch Binnenbeziehungen in einem Verein (EuGHE 1983, 987 = IPRax 84, 85 – *Schlosser* 654) und einer Aktiengesellschaft (EuGHE 1992, 1769 – Petereit = NJW 1671 = IPRax 93, 32 – *Koch* 19) wie Eigenkapitalersatzansprüche (Schwarz NZI 02, 295), vertragsrechtlich einzuordnen sind (*Philipp Bauer* Die internationale Zuständigkeit bei gesellschaftsrechtlichen Klagen [2000] 126 ff.). Dasselbe gilt für die organschaftlichen Sonderbeziehungen zwischen einer juristischen Person und ihren Organwaltern (München IPRax 2000, 416) und für Beziehungen, die durch (Mehrheits-) Entscheidungen von Organen juristischer Personen entstehen. Ein Anspruch auf Gesamtschuldnerausgleich ist vertraglicher Natur, wenn die Gesamtschuld vertraglich begründet wurde (*Cenydiv Ltd. v. G. Percy Trentham Ltd.* S. Ct 1990, 53 Court of Sessions; App. Amsterdam NIPR 96, 269). Auch Haftung aus Veranlassung eines Rechtsscheins vertraglicher Beziehungen ist als „vertragliche" zu qualifizieren (*Martiny* FS Geimer [2002] 650. **a. A.** Saarbrücken IPRax 92, 165).

3 a Vor allem soll autonom zwischen vertraglichen und deliktischen Ansprüchen in der Weise abzugrenzen sein, dass jede Schadenshaftung, die an einen Vertrag anknüpft, vertraglicher, der Rest zwingend deliktischer Natur ist, s. Rn 16. Gut geglückt und im Interesse der europäischen Rechtseinheit indiziert ist diese Rechtsprechung nicht (näher ausgeführt *Schlosser* RIW 88, 987 ff.), weil bei der materiellrechtlichen Prüfung des Streitfalls doch wieder nach nationalem Recht entschieden werden muss und somit dem Kläger im Gerichtsstand des Delikts ein vertragsrechtlicher Anspruch zuerkannt werden kann und umgekehrt, s. Einleitung Rn 24. Der EuGH hat seinen Ausgangspunkt auch nicht durchhalten können, denn er sieht durchaus die Möglichkeit (EuGHE 1988, 5584 Kalfelis s. Rn 16), dass nach nationalem Recht **Anspruchskonkurrenz** bestehen kann, und will dann (!) den vertraglichen und deliktischen Gerichtsstand nur für die Anspruchsgrundlage aus der jeweiligen Rechtsmaterie gewähren, s. vor Art. 5 Rn 2. Andere leugnen die gerichtsstandsbegründende Kraft einer neben der vertraglichen bestehenden deliktischen Anspruchsgrundlage (Stuttgart IPRax 99, 103; *Source Ltd. v. TÜV Rheinland Holding AG* [1997] 3 WLR 365 – Court of Appeal), weil sie zwangsläufig im Sinne des EuGH an einen Vertrag anknüpft.

Angesichts der Einstellung des EuGH zur Warenherstellerhaftung des französischen Rechts, s. Rn. 17, ist es nicht möglich, Direktansprüche aus Vertragsketten vertragsrechtlich einzuordnen (**a. A.** *Bauerreis Rev. crit. 2000, 331, 342 ff.*). Auch die Haftung im faktischen Konzern (Frankfurt IPRax 2000, 525) und Schadensersatzansprüche wegen eines Vertragseingehungsbetrugs (*Trade Indemnity Plc v. Fösäkonigsaktiebolagert Njord* (in lig) [1995] 1 All E. R. 796 H. L.) sind nicht vertraglicher Art. Verletzungen von Rechten des gewerblichen Rechtsschutzes sind keine Vertragsverletzungen, wenn der angebliche Verletzer sich unabhängig von einem (abgelaufenen) Vertrag für handlungsberechtigt hält (*Skarlung v. Svensk Vägguide Comertex AB* OGH Norw. ILPr. 1999, 298).

4 **b)** Werden Ansprüche aus einem Vertrag geltend gemacht, so kommt es für die Bestimmung der Zuständigkeit nicht darauf an, ob der **Vertrag zustandegekommen** oder sonst wirksam (EuGHE 1982, 825 Effer = IPRax 83, 31; aber auf die Möglichkeit der Nachprüfung des Vertragsschlusses aufgrund des schlüssigen Klägervortrags pochend: BGE 122 III 298; 126 III 334; Fogt IPRax 01, 358) ist, s. Art. 26 Rn 1 oder den Beklagten bindet (Svea Court of Appeal ND 94, 22). Es kommt nur darauf an, ob der Kläger die charakteristischen faktischen Merkmale eines Vertragsschlusses und der Verwurzelung des geltend gemachten Anspruchs im Vertrag schlüssig behauptet (Høyesteret IPRax 2000, 358); *Pålsson* aaO 262. – **a. M.** *Geimer/Schütze* Rn 54: äußerer Tatbestand eines Vertragsschlusses müsse feststehen; *Donzallaz* 4511: notfalls Vertragsschluss voll zu prüfen). In England verlangt man insoweit *„a good arguable case"* (*Texam Distribution Ltd. v. Schuh Mode Team GmbH a. a.* C. A. ILPr 90, 149; *Molnlycke A. B. v. Proctor & Gamble Ltd.* [1992] 1 WLR 1112). Selbst für Klagen auf Feststellung der Unwirksamkeit eines Vertrags gilt Nr. 1 (*Pålsson* FS Lando (1997) 264f. **a. A.** Corte di cassazione No. 5224/89 Riv. dir. int. priv. proc. 91, 1051; *Hertz* aaO 99). Denn auch dies ist „matiére contractuelle". S. aber Rn 9 a. E.

5 **c)** Der EuGH (aaO) hat zur Bestimmung des Begriffs vertragliche Ansprüche auf Art. 10 des EG-Schuldrechtsübereinkommens = Art. 32 EGBGB) verwiesen, wonach Vertragsrecht auch **die Folgen der Nichtigkeit eines Vertrags** beherrscht. Das bedingt, dass auch die **bereicherungsrechtliche** und **vindikationsrechtliche** Rückabwicklung eines Vertrags (öOGH ZfR vgl. 98, 43; *Geimer/Schütze* Rn 46. **a. A.** Bensen v. City of Glasgow ILPr. 98, 350 = 3 WLR [1998] 923 – House of Lords; *Holl* IPRax 98, 120), nicht aber selbständige Bereicherungsansprüche (BGH JZ 97, 88) der Nr. 1 unterstehen. Ansprüche aus **vorvertraglicher Haftung** (für „letter of intent": Cour de Cassation Rev. crit. 93, 692) unterfallen der Nr. 1, jedenfalls soweit sie darin bestehen, dass eine Prozesspartei durch die andere schuldhaft zum Abschluss eines ihr ungünstigen Vertrags veranlasst worden sein soll (nur dann: *Schack*

IZPR Rn 313). Aber auch darüber hinaus sollte man Ansprüche aus §§ 280 I; 311 II, III BGB vertragsrechtlich einordnen (*Donzallaz* 4534 m. w. N. z. Stad. **a. A.** öOGH JBl. 2001, 185; *Pålsson* aaO 268 f; *Geimer/Schütze* Rn 162, B-B-Auer Rn 24; *Lorenz* NJW 2000, 3309- § 661 a. – nicht bei Verletzung von Verkehrs- und Schutzpflichten: *MünchKommZPO-Gottwald* Rn 4), und zwar in der Gestalt, wie solche Ansprüche im nationalen Recht ausgeprägt sind (Für vorvertragliche Aufklärungspflichten *Agnew v. Lansförsäkringsbølagens* [1997] 4 All E. R. 937 – Court of Appeal). Ansprüche von der Art des in § 661 a BGB gegebenen sind vertraglicher Natur (EuGH Rs. C – 096/00 v. 11. 7. 02 – wenn auch ausdrücklich nur für den Fall der Warenbestellung). Wollte man eine autonome Bestimmung dessen versuchen, was Ansprüche aus vorvertraglicher Haftung und was Ansprüche aus anderem Rechtsgrund sind, so käme man zu einer hochgradigen Zerfaserung der Abgrenzung durch punktuelle Rechtsprechung in den zahllosen Lebenssituationen, in denen die Rechtsordnungen teils mit vorvertraglicher Haftung, teils mit anderen Rechtsgedanken, vor allem mit deliktsrechtlicher Haftung, arbeiten. Die Anwendbarkeit von Nr. 1 bei Geschäftsführung ohne Auftrag ist strittig (Ja: *Schlosser* IPRax 84, 66. Nein: *MünchKommZPO-Gottwald*[2] 5). Zu ausländischen Rechtsgebilden oder sonstigen Quasikontrakten *Rauscher,* Verpflichtung und Erfüllungsort in Art. 5 Nr. 1 EuGVÜ (1984) 5, 17.

6 Nr. 1 ist auch anwendbar im Fall der geltend gemachten gesetzlichen Haftung **Dritter für vertragliche Ansprüche,** etwa bei der OHG oder im Fall einer die selbständige juristische Person ignorierenden Durchgriffshaftung (*Möllers* Internationale Zuständigkeit bei der Durchgriffshaftung [1987] 86). Dazu gehört die Konzernausfallhaftung im qualifizierten faktischen GmbH-Konzern aufgrund ihres mitgliedschaftsrechtlichen, s. Rn 3, Gepräges (München IPRax 2000, 416; *Haubold* IPRax 2000, 375 ff.; *Kulms* IPRax 2000, 488 ff. **a. A.** Köln WM 98, 624 Frankfurt IPRax 2000, 525) sowie die Inanspruchnahme aus Eigenkapitalersatz, auch gegenüber dem Alleingesellschafter eines Gesellschafters. (Jena RIW 99, 703 zust. *Mankowski* NZJ 99, 56). Nicht aber ist vertraglich die Konzernausfallhaftung gegenüber einem Gläubiger der abhängigen Gesellschaft (*Haubold* aaO), die Haftung einer als „tatsächlicher Verfrachter" auf Schadensersatz für beschädigte Fracht in Anspruch genommenen Firma, die Konnossement oder Frachtbrief nicht ausgestellt hat (EuGHE 1998 I 6511 – Reunion européenne). Gesamtschuldnerausgleich s. Rn 17. Eine Haftung, die aus der Umlauffähigkeit eines **Wertpapiers** hergeleitet wird, ist keine vertragliche (LG Göttingen RIW 77, 235; LG Bayreuth IPRax 89, 230; LG Frankfurt IPRax 97, 258 zust. *Bachmann* 237; *Schlosser* IPRax 84, 66 aufgegeben.

Vertraglich ist auch die Verpflichtung gegenüber einem gesetzlich aus einem Vertrag begünstigten Dritten, wie vor allem die Direktverpflichtung des Versicherers gegenüber dem Geschädigten (Cour de canation (Be) JT 1984, 637. **a.A.** *Martiny* FS Geimer (2002) 664).

7 **d)** Für Deutschland ist es selbstverständlich, dass es allein auf jenen Anspruch ankommt, der mit der Klage geltend gemacht wird, also für mehrere beiderseitige Verpflichtungen aus einem Vertrag verschiedene Erfüllungsorte unterschiedliche Gerichte zuständig machen können (EuGHE 1976, 1497 De Bloos = NJW 77, 490 – *Geimer*). Für Kaufverträge über bewegliche Sachen und für die Verbringung von Dienstleistungen hat die **Verordnung** aber eine andere Lösung gebracht, s. Rn 10a. Kraft Europarechts ist schon nach der Rechtsprechung des EuGH zum EuGVÜ aber ein Erfüllungsort für den Hauptanspruch auch der Erfüllungsort für den sich nach der lex causae als solchen ergebenden **Sekundäranspruch,** vor allem einen Schadenersatzanspruch (EuGHE 1976, 1497 – de Bloss; öOGH öJZ 98, 544). Auch wenn der EuGH das nationale Recht für die Unterscheidung von „Primär- und Sekundäransprüche" für berufen erklärt, liegen in den Rechtsordnungen die Dinge meist parallel. Auch Rückabwicklungsansprüche, Rn 5, sind Sekundäransprüche, deren Erfüllungsort sich nach dem Hauptanspruch richtet (so mit Recht Düsseldorf IPRax 87, 236; *Tiefenthaler* öJZ 98, 546. **a.A.** öOGH ZR vgl. 98, 43; Bajons FS Geimer (2002/53). Verkannt von BGHZ 78, 260f). Da zudem auch der Erfüllungsort für Nebenansprüche wie Zinsansprüche und Auskunftsansprüche, akzessorisch zum Erfüllungsort für den Hauptanspruch ist (EuGHE 1987, 239 Shevanai = NJW 1131 – *Geimer*), ist für nicht allzu komplexe Verträge garantiert, dass es praktisch für jede Vertragsseite einen einzigen Erfüllungsort gibt (*Bajons* aaO 46). Wie im materiellen Recht gibt es auch im Prozessrecht keinen Grund, die vertragscharakteristische Hauptleistungspflicht zu zerfasern und für jeden Sorgfaltsaspekt, der die korrekte Erfüllung sichern soll, einen eigenen Erfüllungsort anzunehmen. Jedoch sind mehrere gleichrangige Hauptleistungspflichten einer Partei mit verschiedenen Erfüllungsorten durchaus denkbar (EuGHE 1999 I 6747 – *Leathertex*). Die Karenzentschädigung eines Handelsvertreters ist beispielsweise ein selbständiger Anspruch (Cour de cassation, erw. bei *Huet* JDrInt 2001, 135). Das gleiche gilt für Wettbewerbsverbote (EuGHE 2001, Rs C 256/00 Besix = EuZW 02, 217).

Einzelheiten: In einem **Transportvertrag** ist die Verpflichtung, ein Schiff zu benennen, keine neben der Verschiffungspflicht stehende zweite Hauptleistungspflicht (Hoge Raad NJ 82, 22. – **a. A.** House of Lords *Union Transport Group Plc v. Continental Lines S. A.* [1992] All E. R. 161, abl. *Rüßmann* IPRax 93, 40), s. Rn 10c. Beim **Vertragshändlervertrag (und Handelsvertretervertrag)** ist Hauptpflicht des Prinzipals nicht nur die Pflicht zur Zahlung von Provision (so aber *Bajons* aaO 24), sondern auch die Pflicht, den Geschäftsbetrieb des Händlers in seinem Bezirk zu ermöglichen (Hoge Raad ILPr. 92, 379; Cour d'Appel Paris D 1992 S. C 164; *Carl Stuart Ltd v. Biotrace Ltd.* High Court (Irland) ILRM 93, 633). Jedoch ist der Ausgleichsanspruch als autonom mit eigenem Erfüllungsort gewertet worden (Cour d'Appel Paris Dalloz Affaires 1999 Nr. 158, 669 ff., zust. bespr. v. *Storp* RIW 99, 823. **a.A.** Trib. Brüssel Rspr. Slg. EuGH Serie D. 15.1.1.–B 29). Beim **Maschinenentwicklungsvertrag** ist Konzeption und Herstellung Hauptpflicht, wenn über das Arbeitsergebnis ein Bericht versendet werden soll, ist die Erstellung des Berichts nur Nebenpflicht (*Source Ltd. v. TÜV Rheinland* Court of Appeal 3 WLR [1997] 365).

8 **e)** Methodisch nicht begründbar hat der EuGH unter der Geltung des EuGVÜ (nur) bei **Arbeitsverträgen** auf den Erfüllungsort für die (vertragscharakteristische) Arbeitsleistung abgestellt (EuGHE 1982, 1981 Ivenel = RIW 908; Shevanai aaO; 1989, 341 Six Constructions = IPRax 90, 173 – *Rauscher* 152 – Arbeitsleistung in mehreren Staaten). Diese Rechtsprechung ist im späteren zweiten und dritten Hs. der Nr. 1 aufgegangen und als solche obsolet geworden. Bei Nichtantritt der Arbeit ist der vorgesehene Arbeitsort maßgebend (**a. A.** öOGH SZ 71 (1999) 207).

Im Falle einer Arbeitsleistung in mehreren Staaten hat der EuGH den Ort, wo der Arbeitnehmer gewöhnlich seine Arbeit verrichtet, als den Ort des Mittelpunktes der Berufstätigkeit definiert (EuGHE 1997, 5 – Rutten – krit. *Mankowski* IPRax 99, 332; für Arbeiten auf wechselnden Festlandsockeleinrichtungen EuGH v. 27. 02. 02 C-37/00 – Weber).

Die unterschiedliche Textfassung in EuGVÜ und LÜ geht auf eine Verunsicherung zurück, die nach Unterzeichnung des LÜ der Erlass des Urteils *Six Construction* ausgelöst hat (s. Bericht Almeda Cruz u. a. ABl. (EG) Nr. C 189, 35 ff. Nr. 23). Man wollte sicherstellen, dass die Neuregelung für den Fall des Arbeitseinsatzes in mehren Staaten sich nur zugunsten des Arbeitnehmers auswirken kann. Der Sache nach äußert sich dies aber nur dann in einem Wahlrecht, wenn die einstellende Niederlassung inzwischen ihren Sitz verlegt hat. Wenn der Arbeitnehmer gewöhnlich seine Arbeit nicht in ein und demselben Staat verrichtet, sollte er aber nur die Wahl zwischen dem Wohnsitz des Arbeitgebers, oder dem Sitz der einstellenden Niederlassung haben (**a. A.** *Holl* IPRax 97, 90).

Was ein **Arbeitsvertrag** ist, kann in Grenzbereichen nicht autonom bestimmt werden (EuGH Shevanai – Einordnung als Arbeitsvertrag durch das nationale Gericht kommentarlos hingenommen; öOGH RdA 00, 177, 11; *Mercury Publicity Ltd. v. W. Loerke GmbH* Court of Appeal ILPr. 93, 142 – Abgrenzung zum selbständigen Handelsvertreter). Tendenziell kommt es darauf an, ob nach dem auf den Beschäftigungsvertrag anwendbaren Recht der für Arbeitnehmer typische Sozialschutz anwendbar ist und ob der als Arbeitnehmer Auftretende in den Betrieb seines Verfahrensgegners eingegliedert ist (EuGH 1987, 239 – „Shevenai"). Deshalb ist ein Vertrag zwischen zwei juristischen Personen niemals ein Arbeitsvertrag (*Mercury Publicity* aaO). Auch gesetzliche und tarifvertragliche Ansprüche von Arbeitnehmern gehören dann dazu, etwa Wiedereinstellungsansprüche (Dänisches ArbG AD 95 Nr. 120). Der Arbeitnehmerschutz im EuGVÜ begründet aber, anders als der Verbraucherschutz, keinen Ausschluss anderer besonderer Zuständigkeiten. Erfüllungsortvereinbarungen können allerdings keine zuständigkeitsbegründende Wirkung haben (*Trunk* 36 ff.). Eine Übertragung der zu Art. 13 ff. EuGVÜ ergangenen Rechtsprechung des EuGH (EuGHE 1993, 181 Shearson = NJW 1251) führt dazu, dass im Falle der **Rechtsnachfolge** auf der Arbeitnehmerseite die besonderen Schutzvorschriften nicht mehr gelten (**a. A.** *Trunk* 101). Im übrigen s. Art. 18 Rn 3.

Im Geltungsbereich der EuGVVO sind jetzt individuelle Arbeitsverhältnisse im 5. Abschnitt geregelt. Ungeklärt für das EuGVÜ und das LÜ sind die durch die Entsenderichtlinien aufgeworfenen Probleme (dazu *Birk* in Wiesehügel/Sahl Die Sozialkassen der Bauwirtschaft (1998) 111).

3. Zuständigkeitsbegründung durch Erfüllungsort bei einem Vertrag als Gegenstand eines Rechtsstreits

9 Der zuständigkeitsbegründende Erfüllungsort lässt sich sehr viel weniger leicht finden, wenn **„ein Vertrag" Gegenstand eines Rechtsstreits** ist. Damit können nur Gestaltungs- und Feststellungsklagen gemeint sein, die den Vertrag als ganzen und nicht einzelne aus ihm entspringende Ansprüche zum Gegenstand haben (*Stuttgart* IPRax 99, 103). In manchen Rechtsordnungen ist etwa eine Gestaltungsklage auf Vertragsauflösung nötig, wo nach deutschem Recht eine gestaltende Willenserklärung genügt. Aus der Erwähnung von „ein Vertrag" neben Ansprüchen aus einem solchen, ergibt sich trotz des unergiebigen französischen („en matière contractuelle") und englischen („in matters relating to a contract") Textes, dass auch solche Klagen erfasst sein sollen (allg. M. in Deutschland. Aus Frankreich etwa *Gaudemet-Tallon* Rn 159. S. auch die nachf. Fn. **a. A.** – französ. Lit. Nw. *Huet* JDrInt 01, 138). Das gilt im Licht der Entscheidung des EuGH Effer, Rn 4, auch für die negative Feststellungsklage.

Darüber, für welche Verpflichtung der Erfüllungsort dann maßgebend ist, gehen die Ansichten auseinander. Einige stellen auf die Verpflichtung ab, die der jeweilige Beklagte zu erfüllen haben würde (*Stuttgart* IPRax 99, 103; Cour de Cassation Rev. crit. 83, 516; *Ferndale Films Ltd. v. Granada Television Ltd a. o.* S. Ct. (Irland) ILPr 94, 180; *Source Ltd v. TÜV a. o.* Court of Appeal ILPr. 98, 432). Diese kann sich auch aus AGB ergeben (*Raiffeisenzentralbank Österreich AG v. National Bank of Greece* H. C. ILPr. 98, 709). Bei mehreren Pflichten soll die wichtigste zählen (Stuttgart IPRax 99, 103; *Hertz* aaO 95 ff.). Jedoch sind die besonderen Zuständigkeiten unabhängig von der Kläger- oder Beklagtenrolle. Andere, vor allem italienische Autoren, halten die vertragscharakteristische Leistung für ausschlaggebend (*Gaudemet-Tallon* aaO und Rev. crit. 83, 520; *Carpi/Lupoi* Fn. 52). Dies aber würde die die charakte-ristische Vertragsleistung erbringende Partei ungerechtfertigter Weise bevorzugen, da sie meist an ihrem Wohnsitz zu erfüllen hat. Eine dritte Ansicht will dem jeweiligen Kläger eine Option geben, an jedem Ort zu klagen, wo irgendeine Vertragsleistung zu erbringen ist (*Geimer* IZPR[4] Rn 1486; *Grunsky* RIW 77, 5), was aber eine missliche Vervielfältigung von Gerichtsständen zur Folge hätte. Man könnte im Falle von negativen Feststellungs- und

Auflösungsklagen auch an die Verpflichtung denken, von der der Kläger loskommen will. Es gibt aber keinen inneren Grund, gerade diese Pflicht als „die Verpflichtung" (engl.: obligation in question; fr.: obligation qui sert de base à la demande) zu nehmen. Sofern dem Begehren eine behauptete Pflichtverletzung zugrunde liegt, die zur Unwirksamkeit bzw. Aufhebbarkeit des Vertrages geführt haben soll, geht es der Sache nach um diese Pflicht. Sie muss gerichtsstandsbestimmend sein (öOHG Frankfurt RIW 80, 585; Corte di Cassazione 1986/Nr. 1971 Riv. dir. priv. proc. 86, 681; *München* ILR 97, 554 – Behinderung eines Vertragshändlers; *Stuttgart* IPRax 99, 103 Vermarktungsaktivitäten, Erfüllungsort aber unrichtig bestimmt: *Wolf* IPRax 99, 82), auch wenn es sich um eine vorvertragliche Verpflichtung handelt. Wenn dem Streit über den Fortbestand eines Vertrages keine behauptete Pflichtverletzung zugrunde liegt, ist Nr. 1 nur anwendbar, wenn es sich um Verträge der in Nr. 1b) geregelten Art. handelt oder wenn alle vertraglichen Pflichten am selben Ort zu erfüllen sind. Sonst fehlt der innere Grund für eine besondere Zuständigkeit (*Hertz* aaO 99ff.).

Bei Klagen auf Vertragsverlängerung bleibt nichts anderes übrig, als an die vertrags**charakteristische** Leistungspflicht anzuknüpfen (*Donzallaz* 4613).

4. Die Bestimmung des Erfüllungsorts

10 **a)** Die Verordnung hat nach viel Hin und Her in Gestalt von Buchst. b) für die dort genannten Vertragsarten einen eigenständigen europarechtlichen Erfüllungsort gebracht, der zwar nur für die Bestimmung des zuständigen Gerichts gilt, aber einheitlich sämtliche Ansprüche aus den genannten Verträgen erfasst, etwa auch Verpflichtungen oder Obliegenheiten, Waren oder Dienstleistungen abzurufen (überholt daher Irish-High-Court [1992] ILRM 204). Erst damit ist das vom EuGH meist in verträumter Weise postulierte Ziel erreicht, ein einziges Gericht für alle Streitigkeiten aus **einem** Vertrag zuständig zu machen (EuGH 1983–187 – „Peters"). Ein von Nr. 1b abweichender „Erfüllungsort" kann nicht vereinbart werden (*Micklitz/Rott* EuZW 01, 328). Bereicherungsansprüche wegen anfänglicher Unwirksamkeit des Vertrags sind aber von Nr. 1b nicht erfasst (*Bajons* aaO 63), o. Rn 7.

10 a Obwohl das V. K., Portugal und Island dem Wiener Kaufrechtsübereinkommen nicht angehören, kann man sich zur Auslegung des Begriffs **„Kauf beweglicher Sachen“** an dessen Art. 1 orientieren. Dort ist zwar von „Waren“ die Rede. Jedoch ist damit nichts anderes als „bewegliche Sachen“ gemeint (*Staudinger/Magnus*[12] Art. 1 CISG Rn 43). Allerdings unterfallen der Nr. 1 b) auch Verbraucherkäufe. Der Kauf braucht auch kein internationaler zu sein. Die Anlehnung an das CISG führt insgesamt zu einer wieten Auslegung des Begriffs „bewegliche Sachen“. Wie für das CISG in Art. 3 geschehen, kann man Werklieferungsverträge den Kaufverträgen gleichstellen. Vertragshändlerverträge als Rahmenverträge gehören jedoch nicht dazu (*Staudinger/Magnus* aaO Rn 37 m. w. N.). Völlig unmöglich ist es, europarechtlich-autonom bestimmen zu wollen, wo in welchen Situationen der **„Ort der Lieferung“** liegt, wenn es an Vereinbarungen der Parteien hierzu fehlt. Man kann nur folgende Aussage machen: Ist es zur „Lieferung“ gekommen, so kommt es nur auf den Ort der tatsächlichen Lieferung, nicht auf den vertraglich vorgesehenen Lieferort an. Die Tatsache, dass das Kaufobjekt irgendwo planmäßig in die Verfügungsgewalt des Käufers gelangt ist, macht diesen Ort noch nicht zum Lieferort. Lieferort ist nämlich im internationalen Handel sehr häufig der Ort der Ablieferung an den ersten Beförderer. In Art. 31 Buchst. a) des in der Sache selbst meist anwendbaren CISG ist dies förmlich niedergelegt. Sonst ist nationales Recht anwendbar (*Berando* Clunet 01, 1044 f). Dieser bestimmt im Verein mit den vertraglichen Abmachungen, an welchem Ort der Verkäufer noch wesentliche Vertragspflichten zu erfüllen hat (*Bajons* aaO 52).

10 b Der Begriff **„Dienstleistung“** ist wie in Art. 13 EuGVÜ/LÜ, s. Art. 15 Rn 7, und wie in Art. 5 RömSchRÜ auszulegen. Vor allem gehören Werk- und Werklieferungsverträge dazu, soweit sie nicht wie Kaufverträge (s. Rn 10 a) zu behandeln sind. Selbst in Beherbergungsverträgen – im Gegensatz zur reinen Raummiete – wird man einen Dienstleistungsvertrag sehen können. Handelsvertreter, aber nicht Vertragshändler (insoweit **a. A.** *Bajons* aaO 55), erbringen eine Dienstleistung an den Prinzipal. Transportverträge sind aber europarechtlich vom Begriff des Dienstleistungsvertrags ausgenommen, s. Art. 51 EG (Amsterdam), Art. 5 Abs. 4 RömSchRÜ (= Art. 29 Abs. 4 EGBGB). Auch bei Kreditverträgen macht ein einheitlich bestimmter Erfüllungsort keinen Sinn (**a. A.**

Hertz aaO 202). Für den Erfüllungsort von Dienstleistungen ist wiederum auf das nationale Recht zurückzugreifen, wenn sich nicht aus dem Vertrag selbst schon ein Dienstleistungsort eindeutig ergibt (dann nähere rechtliche Erklärung unnötig: Hoyesteret (Norw) 8 ILPr [1997] 8), wie etwa bei Bauleitung, Bauaufsicht, Inspektions- oder Wartungsarbeiten an einer ortsfesten Anlage. Mangels anderweitiger Lokalisierbarkeit einer Dienstleistung verweisen die nationalen Rechtsordnungen fast immer auf den Wohnsitz des Dienstleistungserbringers bzw. sein berufliches Arbeitszentrum. Dort kann er auch sein Entgelt einklagen. Für eine Garantie liegt der Erfüllungsort am Leistungsort der Verpflichtung, deren Erfüllung die Garantie sichern soll. Auf den Ort, wo die Dienstleistung Erfolge zeitigen soll, kommt es nicht an (S. CA. JR [1994] ILP 180 zit. nach *Kaye* 131). Wenn zu den Dienstleistungen die Übergabe eines schriftlichen Berichts gehört, ist die Dienstleistung als solche erfüllungsortsprägend (*Source Ltd. v. TÜV Rheinland* Court of Appeal 3 WLR [1997] 365).

10 c **b)** Außerhalb des Anwendungsbereiches von Nr. 1 b) bestimmt sich der Ort, an dem die fragliche Verpflichtung zu erfüllen ist, im Lichte des zu Rn 1 Ausgeführten nach dem kollisionsrechtlich ermittelten anwendbaren materiellen Recht (EuGHE 1976, 1473 – *Tessili* = NJW 77, 491, teilw. wörtl. Wiedergabe Einl. Rn 24, st. Rsp., zuletzt EuGHE 1999, I 6307 – *GIE Group Concorde;* ebenso SchwBGE 124 III 148), für EuGVÜ/LÜ also auch dann, wenn das Haager (EuGH 1994 I 2913, – *Custom Wade* = IPRax 95, 31 – krit. *Jayme* 13) oder UNCITRAL Kaufrecht (SchwBGE 122 III 43) gilt. Nach dem die Verordnung in Nr. 1 b) für zwei Vertragstypen eine teilweise euroautonome Bestimmung des Erfüllungsortes gebracht hat, können keinerlei Zweifel mehr bestehen, dass für die restlichen Verträge die Rsp. des EuGH festgeschrieben worden ist. Es kann also für zwei Leistungspflichten desselben Schuldners (EuGH 1995 I 6747 – Lethertes), vor allem aber für Leistung und Gegenleistung einen unterschiedlichen Erfüllungsort geben (SchwBGE 124 III 188), ein Ergebnis, dass die Rsp. zum EuGVÜ allerdings zunehmend zu vermeiden versucht (Beisp.: BGH IPRax 01, 331 – Ort des Bauwerks Erfüllungsort auch für Bauwerklohnzahlung; öOGH RIW 98, 639 – einheitl. Erfüllungsort bei Beherbergungsvertrag). Das anwendbare Recht braucht nicht ermittelt zu werden, wenn alle in Betracht kommenden Rechte zum selben

Ergebnis führen (BGH IPRax 99, 45). Die Behauptung des Klägers zum Erfüllungsort reicht nicht aus (**a. A.** *App. Gravenhage* NIPR 87, 461).

Anwendungsbeispiele: BGH NJW 85, 561 – Unterlassung der Inanspruchnahme von Bankgarantien; LG Saarbrücken ILPr 91, 127 – Ansprüche aus Werksgarantie; *Royal Bank of Scotland v. Cassa di Risparmio* QB ILPr 91, 411 – Bankrückgarantien.

Es gibt jedoch Rechtsprechungsfälle, deren Ergebnis von unmittelbarer Einsichtigkeit ist. Im Seerecht ist die Gestellung eines seetüchtigen Schiffs eine eigenständige Hauptpflicht, die anders als die übrigen Verpflichtungen des Transportunternehmers am Beladungshafen zu erfüllen ist (*PPS Prodotti Siderurgici v. the Owners of the Sea Maas* QB ILPr 99, 578). Ist ein seetüchtiges Schiff gestellt, so ist aber nur der Bestimmungsort Erfüllungsort für die Verpflichtungen des Verfrachters (Hoge Raad NJ 82, 22; District Court Piraeus Kaye 594, s. Rn 7 – Der Anspruch aus einem Garantievertrag ist da zu erfüllen, wo die garantierte Pflicht hätte erfüllt werden müssen (Cour de cassation D 1993) S. C. 61). Weitere Einzelfälle aus verschiedenen Staaten ohne zwischengeschaltete kollisionsrechtliche Prüfung: *Chailease v. CAI* Court of Appeal 1 L. R. [2000] 349: Ort der auf einem „letter of credit" angegebenen Bank als Zahlstelle; *Domicrest Ltd. v. Swiss Bank Corp.* H. L. (England) ILPr 99, 146: Ort der Auszahlung bei Zahlungsanweisung; *Olympia Productions Ltd. v. Cameron Mickintosch* H. C. (Irland) [1992] ILRM 204: Exclusive Aufführungsrechte durch Sitz des Inhabers der Aufführungsrechte.

Wenn anstandslos an einem bestimmten Ort erfüllt worden ist, so ist allein dieser Ort maßgebend (BayObLG BB 01, 1923; *Donzallaz* 4672). Die Überweisung auf ein Konto bei einer **Bank** am Wohnsitz des Gläubigers macht diesen nicht zum Erfüllungsort (*Donzallaz* 4748 m. w. N. z. Stsd.).

Ist eine Handlung weltweit zu unterlassen, ist Nr. 1 unanwendbar (EuGHE 2002 Rs C – 256/00 – Besix SA EuZW 02, 217).

10 d **c)** Ist Erfüllungsort der Sitz des Gläubigers, dann kann aber vernünftigerweise eine Sitzverlegung nicht zu einer Änderung der internationalen Zuständigkeit führen (**a. A.** *Celle* IPRax 99, 456). Aus Art. 57 Abs. 2 CISG ergibt sich, dass der Schuldner durch die Verlegung des Sitzes des Gläubigers keine Nachteile erleiden soll.

11 **d) Erfüllungsortvereinbarungen** sind im Gegensatz zur Regelung des § 29 Abs. 2 ZPO gerichtsstandsbegründend. Die Einhaltung der Form des Art. 23 ist nicht nötig (EuGHE 1980, 89 Zelger = RIW 726). Ob die Vereinbarung Vertragsinhalt geworden ist (etwa bei Verwendung von AGB), richtet sich nach anwendbarem nationalem Recht (Beispiel: Karlsruhe RIW 94, 1046 – deutschsprachige AGB bei englischsprachigem Hinweis in kaufmännische Bestätigungsschreiben wirksam einbezogen). Die Vereinbarung muss aber materiellrechtlich ernsthaft gewollt sein. Steht sie mit der vorgesehenen Vertragsabwicklungspraxis im Widerspruch, so kommt ihr keine gerichtsstandsbegründende Wirkung zu (so SchwBG Bulletin Association Suisse de l'arbitrage 96, 518), wenn sie nicht der Formvorschrift des Art. 23 genügt (so EuGHE 1997 911 – Mainschifffahrt Gen.) Im Bestreitensfalle muss die Vereinbarung eines Erfüllungsortes bewiesen werden, wenn dies unabhängig vom Beweis des Vertragsabschlusses als solchem möglich ist (**a. A.** BayObLG BB 01, 1923).

II. Zuständigkeit für Unterhaltssachen (Nr. 2)

1. Der sachliche Anwendungsbereich der Regelung

12 Die Vorschrift ist auf eine Begünstigung des typischerweise sozial schwächeren Unterhaltsberechtigten zugeschnitten, die im deutschen Verfahrenrecht kein glattes Gegenstück hat, weil § 23a ZPO auch für Klagen des Unterhaltsverpflichteten gilt. Der sachliche Anwendungsbereich der Regelung betrifft Unterhaltssachen aller Art. Wie alle rechtsgebietsspezifischen Begriffe des Art. 5 ist auch dieser Begriff **euroautonom** auszulegen (allg. M., Rechtspr. fehlt). Es kommt auf die Funktion des Anspruchs an, dem Begünstigten das Bestreiten seines Lebensunterhalts zu ermöglichen. Dass verschiedene Rechtsordnungen für verschiedene Arten von Unterhaltsansprüchen verschiedene Bezeichnungen ausgebildet haben, ist ebenso unwesentlich (*Schlosser*-Bericht Rn 91 ff.) wie der Umstand, ob eine Rente oder eine Pauschale geschuldet wird (EuGHE 1980, 731 de Cavel II = IPRax 81, 19 – *Hausmann;* EuGHE 1997 I 911 – Main-Schifffahrts Gen.; öOGH JBl 98, 184), s. auch Art. 1 Rn 17. Einen **Prozesskostenvorschuss**anspruch wird man vertragsautonom auch dann kaum als unterhaltsrecht-

lich einstufen können, wenn er der Führung eines Unterhaltsprozesses dient (*Jayme* FamRZ 88, 793; **a. A.** hM, etwa *MünchKommZPO-Gottwald*[2] Rn 18). Der **Rechtsgrund** muss freilich ein **familienrechtlicher** sein (*Schlosser*-Bericht Rn 92ff.), auch wenn ein solcher vertraglich konkretisiert worden ist. Bei gemischten Verträgen, etwa Vermögensübertragungen zur gleichzeitigen Regelung von Unterhaltsverpflichtungen, muss man nach dem überwiegenden Zweck entscheiden. Die hM will demgegenüber auch deliktisch und vertraglich begründete (*Geimer/Schütze* Rn 120; *Bülow/Böckstiegel/Linke* II 2b; *Thomas/Putzo/Hüßtege*[24] Rn 7) Ansprüche erfasst wissen (*Donzallaz* 5008; *Kropholler*[7] Rn 55). Zum **schuldrechtlichen Versorgungsausgleich** s. Art. 1 Rn 22. Zu dänischen und isländischen Verwaltungsbehörden s. Art. V a ProtEuGVÜ/LÜ. Abgrenzung zu ehelichen Güterständen Art. 1 Rn 16f.

Nach der geplanten neuen EuEheVO (s. vor Art. 1 EuEheVO Rn 7) sollen Unterhaltssachen dieser und nicht mehr der EuGVVO unterstehen.

2. Begünstigte Personen

13 Die Vorschrift soll vor allem den **Unterhaltsberechtigten begünstigen,** wenn er vor den Gerichten seines Wohnsitzes klagen will. Gemeint ist die Unterhalt beanspruchende Person (EuGHE 97, 1683 – Farell). Es ist aber nicht einzusehen, warum der **Unterhaltsverpflichtete,** etwa bei einer negativen Feststellungsklage, nicht auch an dem den Unterhaltsberechtigten begünstigenden Gerichtsstand soll klagen können, also auch an dessen gewöhnlichem Aufenthalt und nicht nur nach Art. 2 an dessen Wohnsitz (*Münch KommZPO-Gottwald*[2] Rn 31. **a. A.** *Kropholler*[7] Rn 56 m. w. N.). Daher lässt sich die Vorschrift ohne weiteres auch auf alle **Abänderungsklagen** anwenden (allg. M., etwa öOGH 9. 4. 02 4 Ob 70/02 m; Schleswig SchlHA 93, 92; Hamm IPRax 88, 307; Frankfurt IPRax 81, 136 – *Schlosser* 120). Für sie behält nicht etwa der Staat, dessen Gerichte die Ausgangsentscheidung erlassen haben, eine Zuständigkeit (*Schlosser*-Bericht Rn 106f; *Jenard*-Bericht zu Art. 5 Nr. 2; Thüringen FamRZ 00, 681). Auch der Unterhaltsverpflichtete kann die Abänderungsklage im Gerichtsstand der Nr. 2 erheben (**a. A.** *Kropholler*[7] Rn 61; *Stein/Jonas/Schumann*[21] § 23a Rn 3. *Schlosser*-Bericht Rn 7 persönlich aufgegeben). Abänderungsbegehren im Rahmen des Vollstreckbarerklärungsverfahrens sind nicht möglich (*Kropholler*[7] Rn 62). In Verfahren der Vollstreckbarerklärung von Unterhaltsentscheidungen kann eine Anpassung nicht begehrt werden, allg. M.

Im Lichte der zum Verbraucherbegriff ergangenen Entscheidung Shearson, Art 13 Rn 3, ist Nr. 2 nicht anwendbar, wenn eine Unterhaltsforderung auf einen anderen Rechtsträger **übergegangen** ist oder jemandem wegen freiwilliger Unterhaltsleistungen Ersatzansprüche gegen den Unterhaltsverpflichteten zustehen (*Kropholler* Rn 41; *MünchKommZPO-Gottwald*[2] Rn 31; *Schlosser*-Bericht Rn 27; einschränkend auf nicht schutzbedürftige Zessionare *Geimer/Schütze* Rn 112 m. w. N.), obgleich solche Ansprüche auch dann in den Anwendungsbereich des Übereinkommens fallen, wenn sie öffentlichrechtlich organisierten Trägern zustehen.

3. Das zuständige Gericht

14 Zuständig ist einmal das Gericht am Wohnsitz des Unterhaltsberechtigten. Zum Wohnsitzbegriff siehe Art. 2 Rn 3.

Zur Option des Klägers ist auch das Gericht am gewöhnlichen Aufenthalt des Unterhaltsberechtigten zuständig, was vorgesehen wurde, um die Regelung besser in Übereinstimmung mit Art. 3 des Haager Übereinkommens über die Anerkennung von Unterhaltsentscheidungen von 1958 (BGBl. 1961 II S. 1006) zu bringen. Der gewöhnliche Aufenthalt ist ein rein faktischer Begriff und wie in den anderen diesen Begriff verwendenden Übereinkommen auszulegen (Bsp.: BGH NJW 75, 1068).

Die Sonderregelung über den **Verbund** des Unterhaltsverfahrens mit einem Statusprozess wurde anlässlich des ersten Beitrittsübereinkommens eingeführt, weil sich erst seit der Ausarbeitung des ursprünglichen EuGVÜ überall in Europa das scheidungsrechtliche Verbundverfahren entwickelt hatte. In Deutschland ist der Ehescheidungsverbund nach § 623 ZPO und der Verbund des Regelunterhaltsverfahrens mit dem Vaterschaftsfeststellungsprozess nach § 653 ZPO betroffen. Die Ausnahme bezüglich der Staatsangehörigkeitszuständigkeit ist durch die EuEheVO gegenstandslos geworden. In Unterhaltsverfahren auf die die EuEheVO nicht anwendbar ist, ist der Verbund nicht zwingend (*B-B-Auer* Rn 81).

III. Der Gerichtsstand der unerlaubten Handlung

Literatur: *Heinrichs* Die Bestimmung der gerichtlichen Zuständigkeit nach dem Begehungsort im nationalen und internationalen Zivilprozeßrecht (Diss Freiburg 1984); *M. Schwarz* Der Gerichtsstand der unerlaubten Handlung nach deutschem und europäischem Zivilprozeßrecht (1991); *Tebbens/Schultsz/Pocard* Die besonderen Zuständigkeiten bei Streitigkeiten aus unerlaubter Handlung und aus dem Betrieb einer Sekundärniederlassung, in EuGH (Hrsg.) Internationale Zuständigkeit und Urteilsanerkennung in Europa (1993) 772ff.; *Kiethe* Die internationale Tatortzuständigkeit bei unerlaubter Handlung NJW 94, 222.

1. Normstruktur und gesetzgeberische Grundentscheidung

15 Die Vorschrift ist im Licht der Vorbilder entstanden, die sich in den Rechten der meisten ursprünglichen Vertragsstaaten fanden. Ihre Problematik im Fall von reinen Vermögensschäden war damals noch nicht erkannt. Die Vorschrift scheint auch sonst für unproblematisch empfunden worden zu sein (s. die kurzen Erläuterungen im *Jenard*-Bericht). Dass nicht nur Ansprüche aus unerlaubten Handlungen, sondern auch „unerlaubte Handlungen" als solche erwähnt sind, ist bedeutungslos. Der Begriff „Handlung, die einer unerlaubten Handlung gleichsteht", ist eine Übersetzung des französischen Begriffs „quasi-delict", der nicht schuldhaft begangene unerlaubte Handlungen meint und im deutschen Text überflüssig ist. Auf die **Parteirolle** kommt es nicht an. Rechtsnachfolger und kraft Gesetzes Dritthaftende können in diesem Gerichtsstand klagen und verklagt werden, allg. M. Selbst die Regressansprüche eines Deliktsschuldners gegen einen anderen sind erfasst (Celle VersR 91, 234). Für die negative Feststellungsklage ist der Gerichtsstand aber nicht gedacht (*Hertz* aaO 278f. **a. A.** *Hau* aaO 136ff.). Prozessuale Prüfung s. Art. 25 Rn 1.

2. Der Begriff unerlaubte Handlung

16 **a)** Der EuGH legt den Begriff unerlaubte Handlung autonom und sehr weit aus. Es sollen alle Klagen in diesem Gerichtsstand zulässig sein, „mit denen eine Schadenshaftung des Beklagten geltend gemacht wird und die nicht an einen Vertrag i. S. v. Art. 5 Nr. 1 anknüpfen" (EuGH 1988, 5589 Kalfelis, bestätigt durch EuGH 1992 I 2175 Reichert II; 1998 I 6511 *Réunion européenne*. Es kann sich sinnvollerweise nur darum handeln, Anspruchsgrundlagen des nationalen Rechts an Nr. 3 zu messen (*Schwarz* aaO 132 ff.; *Ost* Doppelrelevante Tatsachen im internationalen Zivilverfahrensrecht (2002) 187 ff.). Die vom EuGH verwandte Formel ist aber recht sorglos (so mit Recht *Donzallaz* 5067 f). Abgesehen davon, dass es auf die Parteirolle nicht ankommt, Rn 1, sind auch Abwehr- und Unterlassungsklagen erfasst (*Schlosser*-Bericht Rn 134; *Kropholler*[7] Rn 40; *MünchKommZPO-Gottwald*[2] Rn 68; *Behr* GRUR-Int 92, 607. **a. A.** Bremen RIW 92, 233; Corte di Cassazione 1989 Nr. 3657 Riv. dir. int. priv. proc. 90, 685). Jedoch sind in der Tat kaum Schadenersatzansprüche nicht-vertraglicher Art denkbar, die zuständigkeitsrechtlich sinnvollerweise anders als deliktisch eingeordnet werden könnten. Mit dem Kriterium, das Näheverhältnis unter den Parteien dürfe erst durch das Delikt entstehen (*Schwarz* aaO 152), lässt sich schwer arbeiten. Dem Begriff unerlaubte Handlung unterfallen außer der klassischen Verschuldenshaftung, einschließlich etwaiger in vertraglichen Beziehungen (Garantenstellung) begründeter **Vorfragen** (BGH NJW 88, 1466 = IPRax 89, 98 – *Mansel* 84), Ansprüche aus § 818 Abs. 4, §§ 987, 989 BGB (neben denen aber nicht auch der ursprüngliche Bereicherungs- oder Vindikationsanspruch im Deliktsgerichtsstand geltend gemacht werden kann, Rn 17), alle **Gefährdungshaftungs**ansprüche, **(Quasi-)negatorische** Ansprüche (*Kropholler*[7] Rn 68, etwas eingeschränkt *Müller Feldhammer* EWS 98, 162, heute fast allg. M. **a. A.** Corte die Cassazione Riv. div. int. priv. proc. 90, 685), vor allem auch im Wettbewerbsrecht (München NJW RR 94, 190; *v. Bar* 268 Recueil des Cours (1997) 295, 339; Hoften Bosch Nerth. Yb. Int'l Law 1995, 357), Ansprüche nach §§ 717 Abs. 2, 945 ZPO (allg. M.), Gesamtschuldnerregress (Celle IPRsp 90, 343), s. Rn 17, sowie Nebenansprüche aller Art wie etwa auf Auskunft (*Mansel* aaO 84).

Beispiele EuGH: EuGHE 1976, 1734 Mines de Potasse d'Alsace = NJW 77, 493 – Umweltverschmutzung; EuGH 1995 I 415 – *Sheville,* allgemeines Persönlichkeitsrecht und Presseveröffentlichungen.

Beispiele aus deutscher Rechtssprechung: BGHZ 98, 263 = NJW 87, 592 – § 823 Abs. 2 BGB i. V. m. weinrechtlichen Vorschriften; BGH NJW 88, 1466 = IPRax 89, 98 – *Mansel* 84 – UWG; München RIW 88, 647 – allgemeines Persönlichkeitsrecht; AG Hamburg RIW 90, 319 – widerrechtliche Veröffentlichung legal aufgenommener Fotos. Vorvertragliche Haftung s. Rn 5; Köln WM 98, 624.

Nicht erfasst sind Vindikationsklagen (*Hamm* BB 2000, 431), Ansprüche auf Wertersatz etwa im Rahmen von § 818 II BGB, zivilrechtliche Aufopferungsansprüche, Eingriffs- und Leistungskondiktion, auch wenn der Bereicherte das Geleistete böswillig zurückbehält (*W. Lorenz* IPRax 93, 44 zu Recht gegen Corte di Cassazzione 1990 Nr. 6320) und Gläubigeranfechtungsklagen (EuGHE 1992 I 2149 Reichert II). Aus den Ausführungen des EuGH zu letzteren lässt sich nicht entnehmen, dass deliktische Ansprüche, die auf Naturalrestitution gehen, ausgeschlossen sein sollen (**a. A.** *Gaudemet-Tallon* aaO Rn 181).

Klagen nach dem UKlG sind aber keine aus unerlaubter Handlung (Frage dem EuGH vorgelegt durch öOGH 13. 4. 00 G Ob 50/00 x).

17 **b)** Auch die **Abgrenzung zu den vertraglichen Anspruchsgrundlagen** bestimmt der EuGH euroautonom. So hat er die Warenherstellerhaftung des Zulieferers gegenüber dem Endabnehmer entgegen der das damalige französische Recht beherrschenden vertraglichen Qualifikation der Warenherstellerhaftung als nichtvertraglicher Art und damit implizit als deliktsrechtlich qualifiziert (aaO „Handte" s. Rn 3). Anspruchskonkurrenz s. vor Art. 5 Rn 2. Für den Gesamtschuldnerausgleich ist entscheidend, ob die Haftung aller auf Vertrag beruht oder nicht (*Ceny div. Ltd. v. G. Percy Trentham Ltd.* 1990 S. C. 53).

3. Das zuständige Gericht

18 Entsprechend der Auslegungstradition zu § 32 ZPO ist gerichtsstandsbestimmend wahlweise sowohl der Ort *„an dem der Schaden eingetreten ist, wie auch [der Ort] des dem Schaden zugrundeliegenden ursächlichen Ereignisses"* (EuGHE Mines de Potasse d'Alsace s. Rn 16 – niederländische Gärtner konnten elsässische Kaliwerke in den Niederlanden wegen umweltverschmutzender Einleitungen in den Rhein verklagen; EuGHE 1995, 2719 – *Mariani* – Klage in Italien wegen der Folgen einer Beschlagnahme in England). Nur einer der beiden Orte braucht in einem Vertragsstaat zu liegen (*Radio Monte Carlo v. SNEP,* Cour d'Appel Paris ILPr 91, 265). Die Aufnahme von Fotos ist nicht das ursächliche Ereignis für den in der Veröffentlichung liegenden Schaden (AG Hamburg ILPr 91, 469). Englische Gerichte verlangen auch hier a „seriously arguable case" (*Texam Distribution Ltd. v. Schuh Mode Team GmbH* a. o. Court of Appeal ILPr 90, 149), s. Rn 4. Zu **doppelt relevanten Tatbestandsmerkmalen** s. Art. 20 Rn 1.

19 **a) „Der Ort, an dem [i. S. d. EuGH] der Schaden eingetreten ist",** meint dann, wenn Ausgangspunkt die Verletzung einer Person oder die Beschädigung einer Sache ist, den Ort der ursprünglichen Rechtsgutsverletzung, grundsätzlich nicht den Ort, an dem man die nachfolgenden Verschlimmerungen und Vermögenseinbußen erlitten hat (EuGHE 95, 2719 – *Mariani*) oder wo sie (bei Transportschäden) festgestellt wurden (EuGHE 1998 I 6511 *Réunion européenne*). Welche Einbußen des Anspruchstellers als Primärschaden in Betracht kommen, richtet sich bei Bestimmung der Zuständigkeit noch nicht nach dem objektiv anwendbaren Deliktsrecht (so aber *Sheville v. Press Alliance* [1996] 3 WLR 420 – H. L.), sondern nach dem, was der Verletzte als Schaden beansprucht. Dabei muss man aber immer Leben, körperliche Integrität und Sacheigentum trennen, aber als in sich nicht weiter auffächerbare Rechtsgüter betrachten. Eine spätere Verschlimmerung der körperlichen Beeinträchtigung nach Rückkehr aus dem Ausland begründet ebensowenig einen neuen Schadensort wie die Folgebeschädigung einer Sache. Vor allen Dingen ist der Vermögensschaden, der als Folge eines in einem anderen Staat erlittenen Schadens entstanden ist, nicht gerichtsstandsbegründend, auch wenn der ursprüngliche Schaden schon ein Vermögensschaden war (EuGHE 1995, 2719 Mariani = IPRax 97, 331 zust. *Hohloch* 312 = JZ 1107 – Krit. *Geimer*). Wohl aber begründet der Tod einer Person einen Gerichtsstand an ihrem Sterbeort auch dann, wenn er auf eine Verletzung im Ausland zurückgeht (**a. A.** *Gaudemet-Tallbon*[2] Rn 191: Nachfolgender Tod an einem anderen Ort nicht gerichtsstandbegründend). Langsam sich entwickelnde Gesundheitsschäden sind an dem Ort eingetreten, wo sie realistischerweise erstmals entdeckt werden konnten (*Hertz* aaO 262). **Dritte,** in ihrem Vermögen Geschädigte (§ 844 BGB), können nur am Unfallort klagen, allg. M.

19 a **b)** Ist der Schaden schon **ursprünglich ein Vermögensschaden,** so hat der EuGH einen Schaden für die Bestimmung der Zuständigkeit nach Nr. 3 für unbeachtlich erklärt, den die Mutter-

gesellschaft erlitten hat, weil das Vermögen ihrer ausländischen Tochtergesellschaft Einbußen erfuhr (1990 I 49 Dumez = NJW 91, 631). Man muss aber bezüglich des Ortes aller Folgevermögensschäden so entscheiden, heute allg. M. Auch im Fall ihrer kettenhaften Vervielfältigung ist Erfolgsort nur jener, an dem sich das letzte Tatbestandsmerkmal der unerlaubten Handlung verwirklicht hat. So ist etwa auf den Ort abzustellen, an dem unter Verstoß gegen ein Schutzgesetz i. S. v. § 823 Abs. 2 BGB Waren in den Verkehr gebracht worden sind (BGHZ 98, 263 = RIW 87, 594 = IPRax 88, 159 – *Hausmann*). Wenn sich irgendein besonderer Ort für primäre Vermögensschäden ausmachen lässt, wie es etwa bei missbräuchlicher Inanspruchnahme einer Bankgarantie (BGH NJW 85, 561 – Sitz der Garantiebank), bei Wettbewerbsverstößen auf einem lokalisierten Markt oder bei unlauterer Internetwerbung (*Thiele* öJZ 99, 754 – Abruf des Web-Inhalts), aber auch sonst durchaus der Fall sein kann, ist der Schadensort nicht der Ort der Vermögensverwaltung, sonst aber doch, etwa bei Ansprüchen aus § 826 BGB (*Kithe* NJW 94, 226; BGH NJW 95, 1226 f – zu § 32 ZPO) oder Boykotthandlungen (Cour de cassation Clunet 92, 195 – „refus de vente"). Gelegentlich, insbesondere in Italien, leugnet man demgegenüber bei unerlaubten Handlungen, die nur das Vermögen beeinträchtigen, grundsätzlich einen gerichtsstandsbegründenden Schadensort (Trib. Rom Riv. dir. priv. proc. 79, 96; Trib. Monza, Riv. dir. priv. proc. 80, 429 *Kitechnology a. o. v. Unicor Plastmaschinen* C. A. ILPr 94, 568; *Schwarz* aaO 159 ff.). Der EuGH hat zu dieser Frage noch nicht Stellung genommen. Sein Urteil in der Sache *Mariani* (aaO) bezieht sich auf einen Vermögens- (folge) schaden als Folge eines „Erstschadens", nämlich der Beschlagnahme von Wertpapieren und der Inhaftierung. Aus einigen der in Rn 20 a genannten Rechtsprechungsbeispielen ergibt sich aber, dass man meist als zuständigkeitsbegründenden Erstschaden auch einen reinen Vermögensschaden gelten lässt, z. B. Stuttgart RiW 98, 809.

Erfolgsorte, mit denen der in Anspruch Genommene nicht rechnen musste (etwa nicht vorgesehener Weiterverkauf gelieferter Waren) können freilich nicht gerichtsstandsbestimmend sein (München NJW RR 94, 190; näher *Schlosser* Riv. dir. int. 91, 31 ff.).

20 **c)** Der EuGH versucht, die Zuständigkeit der Gerichte am Erfolgsort einzuschränken und lässt dort nur die Geltendmachung solcher Schäden zu, die sich gerade in dem Gerichtsstaat (nicht Gerichtsbezirk!) eingestellt haben (EuGHE aaO Fiona Shevill – krit. *Kreuzer/Klötgen* IPRax 97, 90, *Coster-Waltjen* FS Schütze (1999) 155ff.; *Schack* Multimedia und Recht 2000, 135ff.; *Kaufmann-Kohler* in *Boele – Woelki/Kessedjian* Internet 89ff., 113f.), was bei Presseveröffentlichungen in einem Staat mit geringem Verbreitungsgrad des fraglichen Publikationsorgans zu lächerlich geringen Schadensbeträgen führen kann. In Deutschland hatte man bis dahin eine solche Sicht der Dinge abgelehnt. Sie muss aber, folgt man dem Gerichtshof, auf Verletzungen von **Rechten des gewerblichen Rechtsschutzes** übertragen werden (Cour de cassation *Wegmann v. Sté Elsevier* ILPr. 97, 760, dies. ILPr. 97, 379). Jedoch geschieht jede weitere Verletzung (Vertrieb nach Produktion) an einem neuen Handlungsort. Die Verletzung mehrerer Patente, auch gebündelter „Münchner" Patente, sind mehrere Handlungen. Die Fiona-Shevill-Doktrin muss logischerweise auf Unterlassungs- und Beseitigungsklagen (**a. A.** Hoyesteret (No) ILPr 95, 437) und Anträge auf entsprechende einstweilige Verfügungen ausgedehnt werden. S. auch Art. 22 Rn 23a.

20a **d)** Der maßgebende **Handlungsort** ist nur problematisch, wenn mehrere bei der vom Kläger als deliktisch gewerteten Handlung zusammenwirken. Die wechselseitige zuständigkeitsrechtliche Zurechnung (Bremen IPRax 2000, 226 – kommentarlos bestätigt durch BGH, ZIP 99, 486) würde zu einer unvertretbar starken Vervielfältigung von Gerichtsständen führen (*Weller* IPRax 00, 202ff.). Bei räumlich auseinanderliegenden Teilhandlungen einer Person kann es mehrere Handlungsorte geben (SchwBGE 125 III 346).

20b **e)** Rechtsprechungsbeispiele aus den Mitgliedstaaten und den LÜ-Vertragsstaaten: Patentverletzung, unberechtigte Marken- oder Namensverwendung: Schadensort ist örtliche Belegenheit des verletzten Marktes oder „good will" und nicht Ort des Ausfalls von Verkaufserlösen – *Mecklermedia Corp. v. D.C. Congress GmbH* Chancery Div. (Engl.) ILPrax 97, 629; *Modus Vivendi Ltd. v. The British Products Sanmex Comp. a.a.* Chancery Div. ILPr 97, 654; *Kitechnology BV v. UNICOR* ILPr. 94, 568 – Court of Appeal. Urheberrechtswidrige Aufführung: Aufführungsort ist Handlungs- und Schadensort – öOHG ZfRvgl 2000, 156. Verletzung

„Münchner" Bündelpatente: Wegen Verletzung nicht deutscher Patentteile Art. 5 Nr. 3 in Deutschland unanwendbar – Düsseldorf IPRax 01, 336 – krit. *Otte* 315. Schäden an Transportgut: Bei fast immer unbekanntem Schadensort ist Handlungsort Ort der tatsächlichen Ablieferung – EuGHE 1998 I 6511 – *Réunion européen* (Zur Komplexität eines kombinierten See- und Landtransportes *Koch* IPRax 2000, 188). Warenherstellerhaftung: Handlungsort ist Ort der Markteinführung, ggfs. Ankunft beim Besteller – District *Court Rotterdam* NIPR 96, 447. Auslieferung aufgrund einer falschen Auskunft der Bank des Käufers über Zahlungssicherheit: Handlungsort ist Absendung der Nachricht; Schadensort ist Ort der Auslieferung und nicht Ort der Entscheidung auszuliefern – *Domicrest Ltd. v. Swiss Bank Corp.* All E.R. [1998] 577 besprochen *Spindler* IPRax 01, 153. Internetdelikte: Handlungsort ist Tätercomputer; Schadensort Ort der Aufrufbarkeit – LG München IPRax 98, 208 (*Bachmann* 179). Vermögenschädigung durch treuwidrigen Umgang mit einem im Ausland geführten Anlagekonto: Nicht nur Handlungs-, sondern auch Erfolgsort ist Ort der Kontoführung – *Stuttgart* RIW 98, 809. Versendung eines Schriftstücks: Adressatsort – *Minster Investment Ltd.* v. *Hyundai Precision and Industry Co.* 2 Ll.R. [1988] 621.

IV. Die Zuständigkeit der Strafgerichte

21 Das in der deutschen strafgerichtlichen Praxis fast bedeutungslose Adhäsionsverfahren ist in anderen Staaten sehr gebräuchlich. Die Vorschrift ist für Ausländer, die in ein Strafverfahren verwickelt werden, sehr gefährlich, weil sie eine Zuständigkeit rein nach nationalem Strafprozessrecht begründet, aber doch zu einem Urteil führt, das in seinem zivilrechtlichen Teil grenzüberschreitend anerkannt werden muss, s. Art. 1 Rn 4 (*von Sachsen Gessaphe* ZZPInt. 2000, 231). Sind die Zuständigkeiten nach dem nationalen Strafverfahrensrecht exorbitant, was bei Unfällen im Zusammenhang mit dem Betrieb von Hochseeschiffen der Fall sein kann, so kann Art. 6 EMRK verletzt sein (dazu *Schlosser* IPRax 92, 142; – *ders.* Riv. dir. int. 91, 24f; s. auch Art. 33ff. Rn 30), was aber dennoch kein Anerkennungshindernis begründet (EuGHE 2000, Krombach). Der EuGH tendiert auch in diesem Bereich zu einer **euroautonomen** Auslegung der in Nr. 4 verwandten Begriffe,

Rn 22. Daher muss man auch den Begriff „Straftat" euroautonom bestimmen. Da die Unterscheidung zwischen Straftat und Ordnungswidrigkeit in anderen Staaten teils nicht, teils völlig anders als in Deutschland gemacht wird, muss man unter dem Begriff jedes Verfahren verstehen, das die Verhängung einer repressiven staatlichen Sanktion wegen eines rechtlich verbotenen Tuns zum Gegenstand hat. Der Begriff „öffentliche" [Klage] erscheint in den meisten Mitgliedssprachen nicht. Es kommt nur darauf an, dass die bestrafte Handlung und die zu Schadensersatz- oder Restitutionsansprüchen führende Handlung identisch sind und der Angeklagte zivilrechtlich haftbar gemacht wird. Die rechtliche Anspruchsgrundlage ist gleichgültig, sie kann bei Unterschlagungen, Untreue, Verletzung von Vertragspartnern und ähnlichen Handlungen auch vertraglicher Art sein (**a. A.** *Geimer/Schütze* I, 828).

So kann in England im Rahmen eines Strafverfahrens wegen „Contempt or Court" zu Schadensersatzleistungen verurteilt werden, wenn der „Contempt" gleichzeitig eine Vertragsverletzung ist (*Midland Marts Ltd.* v. *Hobday a. o.* [1989] 3 All E. R. 246).

22 Art. 61 und Art. II ProtEuGVÜ/LÜ garantierten den wegen einer **fahrlässigen Straftat** Angeklagten die Möglichkeit, nicht deshalb sich der fremden Justiz stellen zu müssen, um sich gegen annexweise zu befürchtende zivilrechtliche Verurteilungen verteidigen zu können. Er kann einen Anwalt mit der Vertretung seiner Interessen beauftragen. Wird dieser nicht zugelassen oder wegen des Ausbleibens des Angeklagten in seiner Verteidigung behindert, so braucht das Urteil nicht anerkannt zu werden. Man sieht darin aber allgemein nur eine Ermessensvorschrift, von der der Richter im Anerkennungsstaat nicht Gebrauch machen soll, wenn der seinerzeit Angeklagte nicht glaubhaft macht, dass er durch eine nicht behinderte Verteidigung das Urteil zu seinen Gunsten hätte beeinflussen können (etwa *Kropholler*[7] Art. 61 Rn 3). Den Begriff „fahrlässige Straftat" hat der EuGH vertragsautonom bestimmt (1981, 1391 = IPRax 82, 195 – *Habscheid* 173), ohne dass sich für den deutschen Betrachter daraus etwas Lehrreiches ergeben hätte. Dass der Schutz dem wegen einer vorsätzlichen Tat Angeklagten nicht erst recht gilt, ist ein derber Wertungswiderspruch, der zur ordre-public-Widrigkeit der Verurteilung führt, wenn der Angeklagte ohne anwaltliche Vertretung bleiben musste (EuGHE 2000 I 1935 *Krombach;* BGHZ 144, 390).

V. Zuständigkeit am Sitz einer sekundären Niederlassung

1. Die betroffenen Sekundäreinheiten

23 Die Vorschrift verfolgt den Sinn, jenem, der es nur mit einer Niederlassung eines ausländischen Unternehmens zu tun gehabt hat, den Gang zu den ausländischen Gerichten am Sitz der Hauptniederlassung zu ersparen. Die in allen Sprachen erscheinende Verdreifachung des zentralen Begriffes ist eine Verlegenheitslösung. Eine scharfe Abgrenzung ist weder gewollt noch möglich. Die Vorschrift gilt nicht nur für erwerbswirtschaftliche Unternehmen, sondern auch für freie Berufe und Verbände aller Art (*Kropholler* Rn 59, allg. M.). Der EuGH hat in einigen Entscheidungen die drei Begriffe als Sammelbegriff genommen und in folgender Weise euroautonom ausgelegt: „[die genannten Einrichtungen] *sind wesentlich dadurch charakterisiert, dass sie der Aufsicht und Leitung eines Stammhauses unterliegen*" (1976, 1497 De Bloos = NJW 77, 490). Er spricht vom *„Mittelpunkt geschäftlicher Tätigkeit, der auf Dauer als Außenstelle eines Stammhauses hervortritt, eine Geschäftsführung hat und sachlich so ausgestattet ist, dass er in der Weise Geschäfte mit Dritten betreiben kann, dass diese, obgleich sie wissen, dass möglicherweise ein Rechtsverhältnis mit dem im Ausland ansässigen Stammhaus begründet wird, sich nicht unmittelbar an dieses zu wenden brauchen, sondern Geschäfte an dem Mittelpunkt geschäftlicher Tätigkeit abschließen können, der dessen Außenstelle ist"* (1978, 2183 Somafar = RIW 79, 56). Das kann auch bei einer selbstständigen juristischen Person der Fall sein (**a. A.** öOGH 16. 9. 99 6 Ob 181/99 g). Es kommt auf den **Rechtsschein** und nicht auf die für Außenstehende schlecht durchschaubaren Binnenbeziehungen an (EuGHE 1987, 4905 Parfums Rothschild = NJW 88, 625). So konnte der Sitz einer selbständigen juristischen **(Tochter)gesellschaft,** die für ihre Leitungsgesellschaft tätig geworden ist (LG Krefeld ILPr 97, 716), ja sogar der Sitz der Muttergesellschaft, die für ihre Tochtergesellschaft gehandelt hat, für Klagen gegen Mutter bzw. Tochter (EuGH aaO) gerichtsstandsbegründend werden. Eine selbständige juristische Person, die im eigenen Namen auftritt und keinen gegenteiligen Rechtsschein erzeugt, kann als solche an ihrem Sitz verklagt werden. Eine prozessuale Durchgriffshaftung begründet Nr. 5 allenfalls in den seltenen Fällen, in denen auch materiellrechtlich der Durchgriff durch die juristische Person zulässig ist. Es ist sicherlich unzulässig, wenn die Tochtergesellschaft in ihrem täglichen Geschäft selbständig arbeitet (allg. M., etwa *MünchKommZPO-Gottwald*[2] Rn 54). Aber auch darüber hinaus hat der Vertragspartner der Tochtergesellschaft keine schützenswerte Vertrauensposition darauf, sich prozessual an die Muttergesellschaft halten zu können, zumal ihm ja auch materiell kaum je ein Anspruch gegen sie zusteht. Eine juristisch selbständige GmbH ist aber Zweigniederlassung eines Unternehmens, wenn sie ausschließlich den Zweck verfolgt, Geschäfte mit dem letzteren zu vermitteln (Düsseldorf RIW 95, 769; 96, 682). Auch ein Handelsvertreter, der exklusiv für ein Unternehmen tätig ist, ist dessen Agentur. Dies alles gilt auch, wenn eine **deliktische Tätigkeit** der Tochtergesellschaft Anspruchsgrundlage ist. Deshalb können internationale Sportverbände nicht im Gerichtsstand des ihnen eingegliederten nationalen Sportverbands verklagt werden, wenn es um disziplinarische Maßnahmen geht, bei deren Verhängung internationaler und nationaler Verband zusammen wirkten. Eine Geschäfte mit der Mutter vermittelnde Tochter ist genausowenig wie ein persönlicher Handelsvertreter deren Außenstelle (**a. A.** Düsseldorf RIW 95, 769), s. auch Art. 15 Rn 8.

Entgegen der ursprünglichen Rechtsprechung des EuGH (Somafar) muss der Erfüllungsort nicht im Staat der Niederlassung liegen (EuGHE 1995, 961 Lloyd's Register = RIW 585).

Für unanwendbar wurde Nr. 5 zu Recht in folgenden Situationen gehalten: Alleinvertriebshändler (EuGH De Bloos), Handelsvertreter als Vermittlungsvertreter der im Wesentlichen seine Tätigkeit frei gestalten kann und rechtlich in der Lage ist, auch für konkurrierende Unternehmen tätig zu sein (EuGHE 1981, 119 Blanckaert = IPRax 82, 64 – *Linke,* 46), Handelsmakler (LG Hamburg IPRspr 74 Nr. 154), bloße Kontakt- oder Anlaufstelle (LG Wuppertal NJW RR 94, 191), Vertrag über Gründung einer Tochtergesellschaft (Cour de cassation Bull. civ. 2000 IV Nr. 20). Auch ein Reisebüro, das für viele Reiseunternehmen Verträge vermittelt, ist nicht Zweigstelle eines von ihnen. S. auch Art. 16 Rn 9.

2. Die betroffenen Klagen

24 Betroffen sind einmal Klagen eines **Kunden,** Arbeitnehmers oder sonstigen Geschäftspartners aus einem **Vertrag,** der durch die

Zweigniederlassung namens des Rechtsträgers oder der Muttergesellschaft abgeschlossen worden ist und Klagen auf **deliktischer Anspruchsgrundlage** (EuGH Somafar), die durch betriebsbezogene Handlungen von Personen begangen worden sind, die in der Niederlassung arbeiten, was vor allem bei Wettbewerbsverstößen praktisch wird. Auch die bloße Vertragsverletzung durch die Niederlassung oder von deren Bediensteten gegen sie (**a. A.** *Hill* aaO 121 für „agent") ist ein Streit aus dem Betrieb der Niederlassung (*Geimer/Schütze* I 550). Allgemeine Anwendungsvoraussetzung ist, dass der Beklagte seinen Sitz in einem anderen Vertragsstaat hat. Ist das der Fall, kann konkurrierend durchaus auch ein anderer Gerichtsstand bestehen. Unternehmen und Niederlassung brauchen nicht in verschiedenen Staaten zu liegen (Cour d'appel Paris ILPr. 96, 552).

Aus dem Sinn der Vorschrift, Rn 23, folgt, dass nicht, umgekehrt, der Rechtsträger der Niederlassung an deren Sitz klagen kann. Einen solchen kleinen Klägergerichtsstand wollte das Übereinkommen nicht einführen (*Linke* IPRax 82, 46f; *Kropholler*[7] Rn 90). In zwei Ausgangsfällen zu Interpretationsentscheidungen des EuGH (De Bloos, Somafar) ging es zwar um Klagen „der Niederlassung", jedoch waren die Vorlagefragen nicht darauf gerichtet, ob sich Art. 5 Nr. 5 auch auf solche Klagen bezieht.

Klagen nach **Auflösung der Niederlassung** sind im Gerichtsstand der Nr. 5 nicht mehr zulässig. Schwer vorstellbar ist, dass der Streit aus der Tätigkeit der Niederlassung hervorgegangen sein kann, wenn diese zur Zeit der klagebegründenden Handlung noch gar nicht als solche existierte. Die Aussage, es komme für die Einordnung von Gegebenheiten als Niederlassung auf die letzte mündliche Verhandlung vor Gericht an (Saarbrücken RIW 80, 799), ist also jedenfalls nicht richtig.

VI. Trustangelegenheiten

25 Die Nr. 6 kann für deutsche Gerichte kaum Bedeutung erlangen. Es müsste schon nach englischem (oder irischem) Recht ein „trust" begründet werden, der in Deutschland seinen Sitz hat. Man dachte vor allem, Vorkehrungen für den Fall treffen zu müssen, dass der „trustee" nach Begründung eines „trust" am Sitz in England seinen Wohnsitz ins Ausland verlegt (*Schlosser*-Bericht Rn 113). Ganz sicher kann der Begriff „trust" nicht autonom bestimmt werden, was schon dadurch zum Ausdruck kommt, dass er in andere Sprachen der Gemeinschaft nicht übersetzt worden ist. Betroffen sind nur Rechtsstreitigkeiten aus dem Innenverhältnis des „trust". S. auch Art. 22, Rn 11, Art. 23 Rn 2, Art. 60 Rn 6.

VII. Sonderzuständigkeiten in seerechtlichen Sachen

26 Der Notwendigkeit, für seerechtliche Streitigkeiten etwas andere gerichtliche Zuständigkeiten zur Verfügung zu halten, als im EuGVÜ vorgesehen sind, ist dadurch Rechnung getragen, dass die Mitgliedsstaaten meist auch Vertragsstaaten von besonderen seerechtlichen Übereinkommen sind und die übrigen aufgefordert wurden, den Spezialübereinkommen beizutreten (*Schlosser*-Bericht Rn 121). In Gestalt von Art. 54a EuGVÜ war für sie eine Übergangsvorschrift geschaffen worden, die heute allerdings obsolet ist. Art. 71 verbürgt, dass Zuständigkeiten, die durch Spezialübereinkommen begründet sind, die im Zeitpunkt des Inkrafttretens der EuGVVO in Kraft waren, in privilegierter Weise in dieses integriert sind, s. dort Rn 6ff. Für die seerechtliche Haftungsbeschränkung ist ein eigener Art. 7 geschaffen worden.

27 Nr. 7 betrifft einen sehr speziellen Fall, der in den seerechtlichen Übereinkommen, insbesondere in dem Brüsseler Übereinkommen 1952 über den Arrest in Seeschiffe, übersehen wurde. Normalerweise begründet der Umstand, dass in einem Staat auf Grund nationaler Zuständigkeitsvorschriften, s. Art. 31 Rn 2, ein Arrest oder eine sonstige Beschlagnahme erreicht wurde, nicht die internationale Zuständigkeit der Gerichte dieses Staates für die Hauptsache. Bei der Beschlagnahme von Seeschiffen zugunsten einer seerechtlichen Forderung macht das Brüsseler Übereinkommen aber eine berechtigte Ausnahme davon. Übersehen hat das Brüsseler Übereinkommen, dass nicht nur ein Schiff, sondern auch die Ladung oder auch die Frachtforderung mit Arrest für eine seerechtliche Forderung belegt werden können, deretwegen ein Haftungsvorrecht besteht. Dieses Haftungsvorrecht ist wirtschaftlich wichtig, wenn das Schiff selbst nicht gerettet werden konnte. Wenn die seerechtliche Forderung eine solche wegen Bergungs- oder Hilfeleistungsarbeiten ist, dann wäre es für den Hilfeleistenden unzumutbar, in der Hauptsache den irgendwo ansässigen Eigentümer oder Anspruchsberechtigten verklagen zu müssen. Daher ist der nach dem Brüsseler Übereinkommen von 1952 auf Arrest gegründete Gerichtsstand in der Hauptsache auf diesen Fall erweitert worden (weitere Einzelheiten im *Schlosser*-Bericht Rn 122f). Es geht freilich nur um Ansprüche gegen die sonstigen Berechtigten an der Ladung oder der Fracht, die nach common law Klagen „in rem" sind. (Bsp.: *„The Deichland"* [1989] 3 WLR 478 Court of Appeal). Ansprüche gegen den Reeder, etwa auch auf Grund eines Vertrags über die Hilfeleistung auch zu Gunsten der Ladung, fallen nicht unter die Vorschrift. Etwaige Forderungen gegen den Bergungsunternehmer sind nicht die Arrestforderungen und können daher im Gerichtsstand der Nr. 7 nicht geltend gemacht werden.

Art. 6 [Gerichtsstand des Sachzusammenhangs]

Eine Person, die ihren Wohnsitz in dem Hoheitsgebiet eines Mitgliedsstaats hat, kann auch verklagt werden:

1. Wenn mehrere Personen zusammen verklagt werden, vor dem Gericht, in dessen Bezirk einer der Beklagten seinen Wohnsitz hat, sofern zwischen den Klagen eine so enge Beziehung gegeben ist, dass eine gemeinsame Verhandlung und Entscheidung geboten erscheint, um zu vermeiden, dass in getrennten Verfahren widersprechende Entscheidungen ergehen könnten.

2. wenn es sich um eine Klage auf Gewährleistung oder um eine Interventionsklage handelt, vor dem Gericht des Hauptprozesses, es sei denn, daß diese Klage nur erhoben worden ist, um diese Person dem für sie zuständigen Gericht zu entziehen;

3. wenn es sich um eine Widerklage handelt, die auf denselben Vertrag oder Sachverhalt wie die Klage selbst gestützt wird, vor dem Gericht, bei dem die Klage selbst anhängig ist;

4. wenn ein Vertrag oder Ansprüche aus einem Vertrag den Gegenstand des Verfahrens bilden und die Klage mit einer Klage wegen dinglicher Rechte an unbeweglicher Sachen gegen denselben Beklagten verbunden werden

kann, vor dem Gericht des Vertragsstaats, in dem die unbewegliche Sache belegen ist.

Textgeschichte: Nr. 4 eingefügt durch 3. Beitrittsübereinkommen. In Nr. 1 Text ab „sofern" neu in der EuGVVO.

Literatur: *Brandes* Der gemeinsame Gerichtsstand (1998); *Kraft* grenzüberschreitende Streitverkündung and Third Party Notice (1997); *Auer* Die internationale Zuständigkeit des Sachzusammenhangs; *Mansel* Streitverkündung und Interventionsklagen, in Hommelhoff u. a. (Hrsg.) Europäischer Binnenmarkt (1995) 161 ff mit viel rvergl. Information; *ders.* in *Bajons* u. a. Die Übereinkommen v. Brüssel und Lugano (1997) 177 ff.; *Stürner* Die erzwungene Intervention Dritter im europäischen Zivilprozess FS Geimer (2002) 1307 ff.

1 Der Gerichtsstand des Sachzusammenhangs ist in der ZPO nur in unzureichender Weise anerkannt. In Art. 6 Nrn. 1 und 2 sieht die EuGVVO einen internationalen Gerichtsstand des Sachzusammenhangs in erheblich weiterem Maße vor. Es handelt sich aber nicht um ausschließliche Zuständigkeiten. **Zuständigkeitsvereinbarungen** haben meist Vorrang und sind im allgemeinen auch so auszulegen, dass sie Gerichtsstände nach Art. 6 mit ausschließen wollen (*Yessiou-Faltsi* FS Geimer (2002) 1557), den Widerklagegerichtsstand (insoweit str.) selbst dann, wenn für die Hauptklage die Zuständigkeit nach Art. 24 begründet worden ist (BGH NJW 81, 2644; **a. A.** Cour de Cassation ILPr. 99, 423; *Geimer/Schütze* Rn 62). Nur für die Nr. 2 gilt etwas anderes, weil die Regressklage der deutschen Streitverkündung verwandt ist, s. Art. 65, und keine Partei sich dem Risiko aussetzen will, das Opfer unterschiedlicher Entscheidungen in zwei Prozessen zu werden (**a. A.** *Hough v. P & O Containers Ltd.* QB. 2 All E. R. 978); Cour de cassation Bulletin Civil 1993 IV 179; ders. ILPr 96, 495). Besonderheiten gelten in den Fällen der notwendigen Streitgenossenschaft und verwandter Konstellationen nach ausländischem Recht (*Yessiou-Faltsi* aaO 1558):

Der Einleitungssatz ist so zu verstehen: „... kann *in einem anderen Mitgliedstaat* auch verklagt werden". Mit dem Wörtchen „auch" ist die Rückbindung der Vorschrift an Art. 5 hergestellt, der **internationale Wohnsitzverschiedenheit von Kläger und Beklagtem** voraussetzt. Wie § 33 ZPO regelt Art. 6 auch die Geschäftsverteilung. Wird von Art. 6 zu einem Zeitpunkt Gebrauch gemacht, zu dem beim fraglichen Gericht bereits die zuständigkeitsbestimmende

Erstklage anhängig ist, so ist der für diese zuständige Spruchkörper entscheidungsbefugt; s. auch Rn 10.

Zur Begründung der Zuständigkeit gegenüber den Sekundärbeklagten, hält es das House of Lords für ausreichend, wenn der Wohnsitz des Primärbeklagten im Gerichtsstaat ein „good arguable case" ist (*Canada Trust v. Stolzenberg* [2000] 3 WLR 1376). Es ist jedoch nicht gerechtfertigt, an den Beweis des Wohnsitzes geringere Anforderungen als sonst an den Beweis einer Tatsachenbehauptung zu stellen (*Hertz* aaO 285ff.). Den letztmöglichen Zeitpunkt für die Erhebung der abhängigen Klagen bestimmt das nationale Recht. In Deutschland kann gegen den Willen des weiteren Streitgenossen in der Berufungsinstanz die Klage grundsätzlich nicht auf ihn erstreckt werden (BGH WM 97, 989).

I. Gerichtsstand bei Klagen gegen mehrere Personen, Nr. 1

2 Sollen mehrere als Streitgenossen verklagt werden, und fehlt es an einem gemeinsamen allgemeinen Gerichtsstand, muss nach deutschem Recht das gemeinsame übergeordnete Gericht ein zuständiges Gericht festlegen, § 36 Nr. 3 ZPO. Nicht einmal wenn nur mehrere deutsche Gerichte in Frage kommen, wollte der Gesetzgeber dem Kläger ein Wahlrecht geben. Demgegenüber überlässt es die EuGVVO der **Willkür des Klägers,** sich einen unter mehreren in Betracht kommenden internationalen und örtlichen allgemeinen Gerichtsstände auszusuchen oder nachträglich die Klage auf einen Streitgenossen ohne Wohnsitz im Gerichtsbezirk zu erstrecken. Auch in diesem Zusammenhang gelten Artt. 59, 60. Der von der Vorschrift vor allem ins Auge gefasste Fall ist jener eines Klägers (der Sitz oder Wohnsitz nicht in einem Mitgliedsstaat zu haben braucht), der Streitgenossen mit Wohnsitz in verschiedenen (fremden) Mitgliedsstaaten verklagen will. Art. 6 Nr. 1 legt zwar – anders als Art. 2, s. dort Rn 1 – auch die örtliche Zuständigkeit fest. Entscheidend in der Praxis ist aber, dass sich der Kläger über die Auswahl unter den in verschiedenen Staaten örtlich zuständigen Gerichten den ihm genehmen Urteilsstaat wählen kann. Für die Annahme eines internationalen Bezugs, Rn 1, reicht es aus, dass einer der Beklagten einen Wohnsitz in einem Mitgliedstaat hat, der vom Wohnsitzstaat des Klägers verschieden ist. Die Vorschrift ist auch anwendbar, wenn mehrere Beklagte ihren Wohnsitz im selben Staat haben (**a.A.** *Donzallaz* 5455; *Chernich/Tiefenthaler* Rn 3). Sinn der Vorschrift ist es aber nicht, dem Kläger ein Wahlrecht hinsichtlich der örtlichen Zuständigkeit zu geben. Vielmehr muss dann das örtlich zuständige Gericht nach § 36 ZPO bestimmt werden (BayObLG RIW 97, 596). Im Falle der Streitgenossenschaft auf der Aktivseite liegt ein hinreichender internationaler Bezug vor, wenn der Wohnsitz eines der Beklagten in einem Mitgliedsstaat vom Wohnsitzstaat eines der Kläger verschieden ist. Gegenüber zu verklagenden Personen mit Wohnsitz in Drittstaaten wird eine analoge Anwendung der Vorschrift erwogen (*Geimer* WM 79, 357; abl. *Kropholler*[7] Rn 7). Unanwendbar ist Nr. 1, wenn der primär Beklagte seinen Wohnsitz nicht in einem Mitgliedsstaat hat, auch wenn die beiden Verfahren „unteilbar" erscheinen (EuGHE 1998 I 6511 – Réunion européenne).

Als den entscheidenden Zeitpunkt wertete das House of Lords (aaO) vor Inkrafttreten der „Rules of Civil Procedure" die „issuance of the writ" gegen den Primärbeklagten. Heute kann man Art. 30 entsprechend anwenden. Der mit seinem Wohnsitz den Gerichtsstand bestimmende Beklagte kann auch nachträglich mit verklagt werden (*The Xing Su Hai* [1995] 32 Ll.R. 15).

3 Die Klage gegen alle Streitgenossen ist unzulässig, wenn die Zuständigkeit des Gerichts mit dem Wohnsitz jenes Streitgenossen begründet ist, dem gegenüber offensichtlich kein Anspruch besteht (*The REWIA* C.A. ILPr 91, 507; *Cannon v. BQI Steam Packet Comp. a.o.* ILPr. 94, 405), etwa nur um ihn als Informationsquelle zu benutzen (*Mölnlycke A.B. v. Proctor & Gamble Ltd* Court of Appeal [1992] 1 WLR 1112). Wird die Primärklage erweitert, dann muss nicht schon diese den Zusammenhang begründet haben (*Kropholler*[7] Rn 13. **a.A.** *Petrotrade Inc. v. Smith* [1998] 2 AllE.R. 346, 355 QB). Es gilt aber der Grundsatz der **perpetuatio fori.** Wird durch Teilurteil die Klage gegen den Streitgenossen sachlich abgewiesen, dessen Wohnsitz gerichtsstandsbegründend war, so bleibt das Gericht gegenüber den übrigen Streitgenossen zuständig (App. Hertogenbosch NJ 81, 540). Die perpetuatio fori gilt aber nicht, wenn die Klage gegen den Primärbeklagten zurückgenommen wird. Der Sinn der Nr. 1, dem Sekundärbeklagten im Interesse der einheitlichen Behandlung konnexer Verfahren ein Opfer abzuverlangen (EuGHE 1990 I 1861 – Kongressagentur Hagen), ist dann nicht mehr gegeben (abw. h.M.). Ob Streitgenossenschaft als Verfahrenseinheit zulässig ist, bestimmt zwar das nationale Recht, in Deutschland ist sie aber nach § 59 ZPO in allen Fällen zulässig, in denen Nr. 1 eine internationale Zuständigkeit vorsieht.

4 Das in der EuGVVO durch den mit „sofern" beginnenden Zusatz im Anschluss an die Rechtsprechung des EuGH (EuGHE 1998 I 6511 – Réunion Européenne) herausgestellte Anliegen, sich widersprechende Entscheidungen zu vermeiden, würde freilich im Falle der Streitgenossenschaft nur bei der notwendigen Streitgenossenschaft aus prozessualen Gründen (§ 62 Abs. 1, 1. Alt. ZPO) inmitten stehen, wenn man auf Widersprüche im Sinne der deutschen Rechtskraftslehre abstellte. Auch hier sind aber Widersprüche in tragenden Urteilsgründen gemeint. Hauptfall ist die Gesamtschuld. Alle Fälle des § 60 ZPO dürften erfasst sein. Im Anschluss an ein durch den Argumentationstruktus keineswegs indizierten obiterdictum des EuGH (aaO Nr. 50) entschied der BGH (BB 02, 170), an einem hinreichenden Zusammenhang fehle es, wenn die eine Klage auf eine deliktische, die andere auf eine vertragliche Anspruchsgrundlage gestützt werde. Die Frage ist aber erneut vorlagebedürftig. Denn die Sachverhalte können weitgehend identisch sein; welcher Anspruch begründet ist, kann vom Beweisergebnis abhängen (Krit. zu EuGH auch *Kropholler*[7] Fn. 20). Anwendbar ist Nr. 1 im Fall ineinandergreifender Verträge (Cour de cassation D (1995) IR 54) oder bei Behauptung der Verletzung verschiedener „Münchner" Bündelpatente durch die gleiche Benutzungsform (*Coin Control Ltd. v. Suzo Int'l* (U. K) Ltd. [1997] 3 All. E.R. 45; *Kropholler*[7] Rn 11).

5 Außerhalb des Anwendungsbereichs der Nr. 1 kann es zur internationalen Zuständigkeit gegenüber mehreren Beklagten nur kommen, wenn die Zuständigkeitsanknüpfungsgründe gegenüber allen zutreffen, etwa weil sie wegen einer gemeinsam begangenen unerlaubten Handlung belangt werden. Zu versicherungs-, verbraucher- und arbeitsrechtlichen Sachen s. die jeweiligen Sondervorschriften. Zum gewerblichen Rechtsschutz *Staudter/Kur* (Art. 22 vor Rn 21) 157f.

II. Gerichtsstand für Regress und Intervention, Nr. 2

6 Eine **Gewährleistungsklage** ist jede Form der Regressklage. Zu ihr gehört auch die klageweise Geltendmachung des Gesamtschuldnerausgleichs (*Kinnear a. o. v. Falconfilms N V a. o.* QB [1994]

All ER 42). In nationalen Rechtsordnungen sind freilich häufig noch zusätzliche Voraussetzungen für die Zulässigkeit einer Gewährleistungsklage im anhängigen Rechtsstreit aufgestellt. Das ist zulässig, soweit der Wohnsitz des Beklagten im Gerichtsstaat nicht dazu gehört (EuGHE 1990, 1845 – Kongressagentur Hagen = NJW 91, 2621; *Schlosser*-Bericht Rn 135). Der Gewährleistungsbeklagte kann Widerklage erheben und sich dazu auf Nr. 1 (Cour d'Appel Paris Rev. crit. 95, 369 ff.) oder Nr. 3 (*Gaudemet-Tallon* ebenda 373 ff.) stützen. **„Interventionsklage"** ist ein Begriff, der in den nationalen Rechtsordnungen des romanischen Rechtskreises vielfach als Oberbegriff für jede direkte Einbeziehung Dritter in ein Verfahren verwandt wird. Mit der Interventionsklage wird erstrebt, dass über die Rechte des Dritten durch Leistungs- Feststellungs- oder Gestaltungsklage entschieden wird (*Mansel* aaO (1995) 253). Neben der Gewährleistungsklage hat die Erwähnung der Interventionsklage vor allen Dingen praktische Bedeutung für einen Dritten, der aktiv intervenieren möchte (Rechtsvergleichung: *Mansel* aaO 173 ff. Bsp. z. LÜ mit einem Interventionsbeklagten, der seinerseits Widerklage erhebt: Cour D'Appel Paris Clunet 95, 158). Ob die Primärzuständigkeit des Gerichts auf Art. 5 oder eine andere Norm der EuGVVO gestützt wird, ist gleichgültig (EuGH aaO). Primärzuständigkeit nach Art. 4 kann aber vernünftigerweise nicht ausreichen. Wie insbesondere aus dem italienischen Text („quest'ultima") hervorgeht, meint die Einschränkung „es sei denn ..." der Prozess gegen den Primärbeklagten dürfe nicht in der Absicht begonnen werden, den Regressbeklagten dem für ihn zuständigen Gericht zu entziehen (zum Gestaltungsspielraum des nationalen Gesetzgebers EuGHE 1990 I 1845 – Kongressagentur Hagen).

7 Die Sonderzuständigkeiten für Regress- und Interventionsklagen spielen in Deutschland, Österreich und der Schweiz fast keine Rolle, weil Art. 65 sie für Verfahren vor deutschen und österreichischen, das ProtILÜ zusätzlich für solche vor schweizerischen Gerichten ausgeschlossen hat. Nebenintervention und **Streitverkündung** bleiben danach in Deutschland ohne Modifikation durch Verordnung, Übereinkommen oder Protokolle so zulässig, wie es das nationale Prozessrecht vorsieht (*Mansel* aaO 190 ff., mit Erörterung vieler seltener Sondervarianten). Der öOGH hat den Beitritt Österreichs zum LÜ zum Anlass genommen, eine dem § 68 dZPO entsprechende Lösung zu entwickeln (JBl 97, 368 – krit. *Rechberger* FS Schütze (1999) 711). § 68 dZPO, macht auch keine Einschränkung ähnlich der Nr. 2 von Art. 6. Das Postulat, ein fairer Prozess verlange, dass das Gericht internationale Zuständigkeit auch gegenüber dem Streitverkündungsgegner habe (*Kraft* aaO 47ff. **a. A.** *Mansel* (1997)) läuft im Geltungsbereich des EuGVÜ wegen Art. 6 Nr. 2 leer. Aus den in Rn 1 genannten Gründen steht eine Gerichtsstandsvereinbarung im allgemeinen erst recht auch einer Streitverkündung nicht entgegen (**a. A.** *Kraft* aaO 116ff.). Die Interventionswirkung muss in allen Vertragsstaaten anerkannt werden, wenn Art. 34ff. nicht entgegenstehen, Art. 65 Abs. 2 S. 2. Entsprechend muss man die Vorschrift auf die freiwillige Nebenintervention anwenden (*Mansel* aaO 199ff.). Personen mit Wohnsitz in Deutschland können aber sehr wohl im Ausland im Gerichtsstand der Nr. 2 belangt werden, selbst dann, wenn der dortige Beklagte selbst Wohnsitz in Deutschland hat (Beispiel: Hamm IPRax 95, 362). Dass in Deutschland Urteile anerkennungs- und vollstreckungspflichtig sind, die im Gerichtsstand der Regress- oder Interventionsklage ergangen sind, steht ausdrücklich in Art. 65 Abs. 1 und ist daher unabhängig davon, ob das ausländische Gericht für die Primärklage zuständig war oder Nr. 2 zutreffend angewandt hat, und gilt auch für die Interventionswirkung von Urteilen aus anderen als den in Art. 65 genannten Staaten (*Kropholler*[7] Rn 25).

8 Art. 65 Abs. 1 und Art. V ProtILÜ haben den Sinn, den dort genannten Staaten nicht prozessuale Institute aufzudrängen, die ihrer Rechtsordnung fremd sind. Die Eigenständigkeit von nationalen Prozessregeln ist zwangsläufig mit unterschiedlichen Akzentuierungen von Kläger- und Beklagtenschutz verbunden und keine Diskriminierung (**a. A.** Geimer IPRAx 02, 74). Daher ist die Vorschrift nicht anzuwenden, soweit diese Rechtsordnungen ausnahmsweise Gewährleistungs- oder Interventionsklagen kennen (*Mansel* aaO 246). Das ist in einigen schweizerischen Kantonen der Fall. In Deutschland bleibt neben der Hauptintervention nach § 64 ZPO (**a. A.** *Mansel* aaO 240 – Fall der Nr. 1) die Drittwiderklage, s. Rn 9, aufgrund von Nr. 2 zulässig. Denn die parteierweiternde Widerklage ist funktional ein Fall der Gewährleistungsklage.

III. Gerichtsstand der Widerklage – Nr. 3

9 Der Begriff Widerklage ist **euroautonom** auszulegen, allg. M. Sie ist nur eine vom Beklagten gegen den Kläger, nicht gegen einen Drittwiderbeklagten gerichtete Klage (*Jordan Grand Prix Ltd. a. o. v. Baltic Insurance Group 2* WLR [1999] 134 – House of Lords). Diese muss auf eine gesonderte Verurteilung gerichtet sein. Die Verwendung nur eines Verteidigungsmittels genügt nicht (EuGHE 1995 I 2053 – Danevaern), auch dann nicht, wenn damit die Aussicht auf eine erweiterte Rechtskraftwirkung verbunden ist. Auch Wider-Widerklagen sind zulässig (*MünchKommZPO-Gottwald*[2] Rn 13), so dass etwa auf diesem Weg die im Deliktsgerichtsstand erhobene Klage auf nichtdeliktische Anspruchsgrundlagen erweitert werden kann. Eine Zuständigkeit für Klagen eines Beklagten gegen einen anderen Beklagten oder einen Dritten allein begründet die EuGVVO nicht (Cour de cassation Rev. crit. 87, 578). Auch parteierweiternde „Widerklagen" sind von der Vorschrift nur gedeckt, wenn es sich der Sache nach um eine Regressklage handelt, s. Rn 8 (h. M.: überhaupt nicht). Entgegen dem Wortlaut der Vorschrift („anhängig ist") darf über die Widerklage sachlich erst entschieden werden, wenn sich das Gericht von seiner Zuständigkeit für die Hauptklage überzeugt hat (*Kropholler*[7] Rn 36 **a. A.** *Stein/Jonas/Schumann*[21] § 33 Rn 43 – beide zu Unrecht BSG FamRZ 73, 630 als Stellungnahme zur Streitfrage in Anspruch nehmend). Fällt die Hauptklage nicht in den Anwendungsbereich der EuGVVO und ergibt sich die Zuständigkeit für sie daher nur nach nationalem Recht, so ist gleichwohl Nr. 3 anwendbar, wenn die Widerklage in den Anwendungsbereich der EuGVVO (D. C. Lennwarden 28 NILR [1981] 174) fällt. Hat der Kläger und Widerbeklagte seinen Wohnsitz nicht in einem Mitgliedsstaat, so gilt ausschließlich § 33 ZPO (BGH NJW 81, 2644. **a. A.** *Geimer,* NJW 86, 2943: Nr. 3 immer und nur, wenn die Zuständigkeit für die Hauptklage nach EuGVÜ/EuGVVO begründet ist). Im Anerkennungsstadium ist weder die Zuständigkeit für die Hauptklage noch jene für die Widerklage zu überprüfen, Art. 35 Abs. 3.

10 **Nr. 3** zwingt die nationalen Rechtsordnungen nicht dazu, Widerklagen im selben Verfahren wie die Primärklage zuzulassen, s. Rn 1. Wenn daher der Hauptanspruch in einer Klageart erhoben wird, für die nach deutschem Prozessrecht die Statthaftigkeit der Widerklage beschränkt ist (z. B. Urkundenprozess), so ist nicht etwa Nr. 3 unanwendbar (**a. A.** *Stein/Jonas/Schumann* aaO Rn 44). Das nationale Recht kann auch nicht zuständigkeitsmäßig zusätzliche „Widerklagehindernisse" aufstellen (**a. A.** LG Mainz IPRax 84, 100; *MünchKommZPO-Gottwald* Rn 15). Das Gericht der

Hauptklage bleibt in solchen Fällen sehr wohl zuständig; die Widerklage muss nur abgetrennt werden.

Dass in der EuGVVO begründete **ausschließliche Zuständigkeiten** Vorrang haben (*Eichhoff* aaO 149) folgt aus deren Sinn und im Gegenschluss aus Art. 12 Abs. 2. Art. 16 Abs. 3. Nr. 3 bestimmt aber auch die sachliche Zuständigkeit – „Gericht, bei dem die Klage selbst anhängig ist", so dass bei einem ordentlichen Gericht etwa auch eine arbeitsrechtliche Widerklage erhoben werden kann (**a. A.** *Stein/Jonas/Schumann* aaO; *MünchKommZPO-Gottwald* Rn 15).

11 Die **Konnexitätserfordernisse** der Nr. 3 sind euroautonom zu bestimmen und enger als jene von § 33 ZPO auszulegen (*Münch KommZPO-Gottwald* Rn 13; *Eichhoff* aaO 146. **a. A.** *Geimer* IPRax 86, 212, weil Aufrechnungsbefugnis an die Widerklagezuständigkeit knüpfend, s. vor Art. 2 Rn 15 ff.). Immerhin hat die Cour de cassation auch zwei aufeinander bezogene Verträge ausreichend sein lassen (Clunet 95, 150; zust. *Gaudemet/Tallon*[2] Rn 229). Vor allem genügt es nicht, wenn die Widerklage mit den gegen die Klage vorgebrachten Verteidigungsmitteln im Zusammenhang steht. Zwar können auch mehrere Verträge auf denselben Sachverhalt gestützt sein, im allgemeinen sind sie es aber nicht, auch nicht, wenn sie ähnliche Leistungsgegenstände aufweisen (LG Köln RIW 97, 956). Liegen die Voraussetzungen von § 33 ZPO vor, nicht aber jene von Nr. 3, so kann gleichwohl das Gericht für die Hauptklage über die Widerklage befinden, wenn sich für sie eine örtliche Zuständigkeit aus anderen Normen der EuGVVO ergibt, allg. M. Auch Art. 24 ist auf die Widerklage anwendbar.

12 Zur **Aufrechnung** s. vor Art. 2 Rn 15 ff.

IV. Gerichtsstand für dinglich gesicherte Ansprüche, Nr. 4

13 Nr. 4 ist vor allem insoweit eine Ergänzung zu Art. 22 Nr. 1 a, als dieser im Falle einer grundpfandrechtlich abgesicherten Forderung nur einen Gerichtsstand für die dingliche Klage bereit hält. Nr. 4 stellt diesen Gerichtsstand auch für die persönliche Klage zur Verfügung, macht dies aber anders als Nr. 3, s. Rn 10, davon abhängig, dass nach dem nationalen Prozessrecht eine solche Klagenverbindung zulässig ist. Für Deutschland gelten §§ 25, 26 ZPO.

Art. 7 [Besonderer Gerichtsstand in Seehaftpflichtsachen]

Ist ein Gericht eines Mitgliedsstaats nach dieser Verordnung zur Entscheidung in Verfahren wegen einer Haftpflicht auf Grund der Verwendung oder des Betriebs eines Schiffes zuständig, so entscheidet dieses oder ein anderes, an seiner Stelle durch das Recht dieses Staates bestimmtes Gericht auch über Klagen auf Beschränkung dieser Haftung.

Textgeschichte: Eingefügt zunächst als Art. 6a durch 1. Beitrittsübereinkommen.

Die Vorschrift gilt nicht für das verteidigungsweise Vorbringen der Haftungsbeschränkung oder die Errichtung der Haftungsbegrenzungsfonds. Sie gilt nur für die die Haftungsbegrenzung betreffende aktive Feststellungsklage des Haftpflichtigen. Sind mehrere Gerichte für die gegen den Reeder gerichtete Haftpflichtklage zuständig, so kann sich der Haftpflichtige eines davon auswählen. Nach dem Sinn der Vorschrift sind Art. 27, 28 nicht anwendbar, wenn der Reeder bereits anderwärts verklagt worden ist. Gerichtsstandsklauseln gehen jedenfalls dann vor, wenn alle Gläubiger an sie gebunden sind (*Saipem Spt. v. Dredging VOZ BV a.o.* Court of Appeal [1988] 2 Ll.R. 361). Von der Konzentrationsermächtigung hat Deutschland nicht Gebrauch gemacht. Die Konzentration beim AG Hamburg Mitte nach § 2 Abs. 3 Schifffahrtsrechtliche VerteilungsO (BGBl 1998 I S. 2489) i.V.m. dem Abkommen v. 3. 11. 72 der alten Bundesländer (Hamburger GVBl. 73, 280 s. *Rüßmann/Rabe* Seehandelsrecht[3] [1992] Anh. § 487c § 2 Anm 2) gilt nur für das Verfahren zur Errichtung des Haftungsfonds. Nähere Erläuterung der Vorschrift im Schlosser-Bericht Rn 124 bis 130.

Abschnitt 3. Zuständigkeit für Versicherungssachen

Literatur: *Kaye* Business Insurance and Reinsurance under the European Judgments Convention: Application of Protective Provisions, JBL 90, 517; *Richter* Das EWG Übereinkommen über die gerichtliche Zuständigkeit und die Vollstreckung in Zivil- und Handelssachen aus versicherungsrechtlicher Sicht, VersR 78, 801.

Art. 8 [Bestimmung des Gerichtsstands in Versicherungssachen]

Für Klagen in Versicherungssachen bestimmt sich die Zuständigkeit unbeschadet des Artikels 4 und des Artikels 5 Nummer 5 nach diesem Abschnitt.

Textgeschichte: Unverändert, mit Ausnahme des Wortes „unbeschadet", das die EuGVVO an die Stelle von „vorbehaltlich" gesetzt hat.

1 Für die Regelung des 3. (und 4.) Abschnitts war die sozialpolitische Erwägung maßgebend, dass Verbraucher und Versicherungsnehmer als wirtschaftlich schwächere und/oder rechtlich weniger versierte Parteien besonderen prozessualen Schutzes bedürfen. Gleichwohl ist der Anwendungsbereich des Abschnitts nicht auf Privatversicherungen beschränkt. S. aber Art. 13 Rn 5. Die Regelungen im 3. Abschnitt sind selbständige und erschöpfende Sonderregelungen der Zuständigkeit. Bis auf Art. 9 Abs. 1 und Art. 12 bestimmen die Artt. 8ff. auch die **örtliche Zuständigkeit.** Art. 25 bleibt anwendbar.

2 Die **Anwendbarkeit** der Artt. 8–14a setzt voraus, dass der Beklagte seinen Wohnsitz in einem Mitgliedsstaat hat (Art. 8 i.V.m. Art. 4), vgl. auch Art. 15 Rn 1. Ausnahme: Art. 9 Abs. 2. Ansonsten bestimmt sich die internationale Zuständigkeit nach Art. 4 durch das autonome nationale Recht des angerufenen Gerichts. Aufgrund des Vorbehalts in Art. 8 (und Art. 15 für Verbrauchersachen) zugunsten von Art. 5 Nr. 5 können Klagen gegen einen Beklagten mit Wohnsitz in einem Mitgliedsstaat auch vor dem Gericht am Ort der **Zweigniederlassung,** Agentur oder sonstigen Niederlassung erhoben werden, wenn es sich um Streitigkeiten aus ihrem Betrieb handelt, was vor allem relevant für Klagen gegen Versicherer und Vertragspartner von Verbrauchern ist.

3 Der Versicherungsnehmer hat im Gegensatz zum Versicherer, der nur am Wohnsitz des Versicherungsnehmers klagen kann (Ausnahme Art. 8 i.V.m. Art. 5 Nr. 5), ein Wahlrecht zwischen verschiedenen Gerichtsständen. Die Zulässigkeit von Gerichtsstandsvereinbarungen ist eingeschränkt (Art. 13). Widerklagen: Art. 12 Rn 3.

4 Die Vorschriften des 3. und 4. Abschnitts müssen **von Amts wegen** berücksichtigt werden. Eine Rüge der Unzuständigkeit

durch den Beklagten ist aber notwendig, damit keine zuständigkeitsbegründende **Einlassung** nach Art. 24 (dort Rn 1) zustandekommt.

5 Zum Anerkennungshindernis des Fehlumgangs mit Artt. 8ff. durch das Gericht im Ursprungsstaat s. Artt. 34ff. Rn 30f.

6 Der Begriff **Versicherungssachen** ist euroautonom auszulegen, allg. M. Artt. 8ff. gelten in Bezug auf alle Streitgegenstände, die ihren Grund im Versicherungsverhältnis haben (*MünchKommZPO-Gottwald*[2] Rn 3). Von der Regelung sind nur privatrechtliche Versicherungen betroffen, s. Art. 1 Rn 22. Sozialrechtlich einzustufende Versicherungen: Art. 1 Rn 22.

7 Mangels Schutzbedürftigkeit des „Versicherungsnehmers" sind die Vorschriften nicht auf **Rückversicherungsverträge** anwendbar (EuGHE 2000 I 5925 – Group Josi), auf Großversicherungen und auf Transportversicherungen aller Art aber durchaus (*Schlosser*-Bericht Rn 140).

8 Keine Versicherungssache ist der **Rückgriff** des Versicherers gegen den Schädiger, der nicht als Verfahrensbeteiligter aufgeführt ist; hierfür gelten die allgemeinen Vorschriften der Artt. 2ff.

9 Art. 12 I, Artt. 13 Nr. 2, 10 Abs. 2 erwähnen als mögliche **Verfahrensbeteiligte** neben dem Versicherer den Versicherungsnehmer, den Versicherten, den Begünstigten und den Verletzten. Mögliche Beteiligte sind zudem alle Personen, für die der Versicherungsvertrag Rechte und Pflichten begründet. Wie im Verbraucherrecht werden **Einzelrechtsnachfolger** geschützter Personen nicht geschützt.

Art. 9 [Gerichtsstände für Klagen gegen den Versicherer]

(1) **Ein Versicherer, der seinen Wohnsitz in dem Hoheitsgebiet eines Mitgliedsstaats hat, kann verklagt werden:**

a) Vor den Gerichten des Mitgliedsstaates, in dem er seinen Wohnsitz hat,

b) in einem anderen Mitgliedsstaat bei Klagen des Versicherungsnehmers, des Versicherten oder des Begünstigten vor dem Gericht des Ortes, an dem der Kläger seinen Wohnsitz hat, oder

c) falls es sich um einen Mitversicherer handelt, vor dem Gericht eines Mitgliedsstaates, bei dem der federführende Versicherer verklagt wird.

(2) **Hat ein Versicherer in dem Hoheitsgebiet eines Mitgliedsstaates keinen Wohnsitz, besitzt er aber in einem Mitgliedsstaat eine Zweigniederlassung, Agentur oder sonstige Niederlassung, so wird er für Streitigkeiten aus ihrem Betrieb so behandelt, wie wenn er seinen Wohnsitz in dem Hoheitsgebiet dieses Mitgliedsstaates hätte.**

Textgeschichte: EuGVÜ und LÜ haben die Fassung des 1. Beitrittsübereinkommens behalten. Die EuGVVO brachte redaktionelle Veränderungen, in der Substanz nur die Ausdehnung des Schutzes des Versicherungsnehmers in Buchst. b) auf den Versicherten und den Begünstigten.

1 Art. 9 stellt für Klagen gegen den Versicherer drei Wahlgerichtsstände zur Verfügung. Forum-non-conveniens-Erwägungen sind unzulässig (*SLW Berisford Plc v. New Hampshire Insurance Co* [1990] 2 All ER 321). Vorschrift unanwendbar bei einem Versicherungsnehmer mit Wohnsitz in einem Nichtmitgliedsstaat (Cour d'Appel Paris ILPr 95, 17).

Buchst. a): Entsprechend Art. 2 Abs. 1.

Buchst. b): Unter der Geltung des EuGVÜ hat man sich teilweise gegen die Zuständigkeit am Wohnsitz des Versicherten oder Begünstigten gewehrt (*Geimer/Schütze* Rn 6). Immerhin hat das SchwBG (SJZ 99, 107) für das LÜ angenommen, auch der Versicherte könne an seinem Wohnsitz klagen. Durch die in Art. 7 geschehene Aufrechterhaltung von Art. 5 Nr. 5 wird der Klägergerichtsstand von Buchst. b) nicht ausgeschlossen (LG Stuttgart IPRax 98, 100, zust. *Looschelders* 86). Erben des Versicherungsnehmers sollen dessen Rechtsstellung nicht teilen (Cour de cassation Clunet 01, 143). Maßgeblicher Zeitpunkt: Klageerhebung.

2 **Buchst. c):** Konzentration der Verfahren gegen alle Mitversicherer in diesem Gerichtsstand. S. Art. 14 EGVVG.

Die Fiktion von Abs. 2 bewirkt, dass auch ein Versicherer mit Hauptsitz in einem Drittstaat nicht nach den Zuständigkeitsbestimmungen des nationalen Rechts verklagt werden kann. Auch er wird durch Art. 3 geschützt. Es findet aber auch der gesamte 3. Abschnitt auf ihn Anwendung. Partei bleibt ebenso wie bei Art. 5 Nr. 5 mangels besonderer Parteifähigkeit der Niederlassung grundsätzlich das Versicherungsunternehmen selbst, auch wenn Zustellungen am Sitz der Niederlassung zulässig sind. S. aber auch Art. 5 Rn 23f.

Art. 10 [Besonderer Gerichtsstand am Ort des schädigenden Ereignisses]

Bei der Haftpflichtversicherung oder bei der Versicherung von unbeweglichen Sachen kann der Versicherer außerdem vor dem Gericht des Ortes, an dem das schädigende Ereignis eingetreten ist, verklagt werden. Das Gleiche gilt, wenn sowohl bewegliche als auch unbewegliche Sachen in ein und demselben Versicherungsvertrag versichert und von demselben Schadensfall betroffen sind.

Ort des schädigenden Ereignisses: s. Art. 5 Rn 19f. Die hier eröffnete Zuständigkeit ist fakultativ neben der von Art. 8 und kann von den Parteien unter den Voraussetzungen des Art. 13 Nr. 3 abbedungen werden.

Art. 11 [Besonderer Gerichtsstand der Interventionsklage]

(1) **Bei der Haftpflichtversicherung kann der Versicherer auch vor das Gericht, bei dem die Klage des Geschädigten gegen den Versicherten anhängig ist, geladen werden, sofern dies nach dem Recht des angerufenen Gerichts zulässig ist.**

(2) **Auf eine Klage, die der Geschädigte unmittelbar gegen den Versicherer erhebt, sind die Artikel 8, 9 und 10 anzuwenden, sofern eine solche unmittelbare Klage zulässig ist.**

(3) **Sieht das für die unmittelbare Klage maßgebliche Recht die Streitverkündung gegen den Versicherungsnehmer oder den Versicherten vor, so ist dasselbe Gericht auch für diese Person zuständig.**

Textgeschichte: unverändert, abgesehen vom Austausch des Begriffs „Verletzten" durch „Geschädigter" in Absatz 2 durch die EuGVVO.

1 Art. 11 sieht ergänzend zu Artt. 9 und 10 zulasten des Versicherers für die Haftpflichtversicherung Sonderzuständigkeiten vor.

In Art. 11 Abs. 1 ist wie in Art. 6 Nr. 2 ein **Gerichtsstand der Interventionsklage** geregelt, in dem der Versicherer vor das Gericht, bei dem die Klage des Geschädigten gegen den Versicherten anhängig ist und das (u. U. nach nationalem Recht) zuständig ist, „geladen" werden kann. Für Deutschland und Österreich schließt es Art. 65 bzw. Art. V Protokoll EuGVÜ/LÜ Nr. 1 aus, aus dieser Norm einen Gerichtsstand abzuleiten. Insoweit bleibt nur der Weg, dem Versicherer nach §§ 72ff. ZPO den Streit zu verkünden. Die Vorschrift ist auf deutsche Versicherer aber dann anwendbar, wenn Klage vor den Gerichten eines Mitgliedsstaates erhoben wird, dessen Recht die Interventionsklage vorsieht. Die Klage des Geschädigten gegen den Versicherten kann auch nachträglich „anhängig" gemacht werden. Entscheidungen über solche Klagen müssen auch in Deutschland anerkannt werden (*Jenard*-Bericht zu Art. 10). Vereinbarungen nach Art. 13 Nr. 3 gehen vor.

2 Art. 11 Abs. 2 erklärt für die **Direktklage des Verletzten** gegen den Versicherer alle Gerichtsstände der Artt. 9 u. 10 für anwendbar, soweit eine derartige Klage nach nationalem Recht zulässig ist. Dazu gehört aber nicht das Wohnsitzgericht des Verletzten (LG Saarbrücken VersR 77, 1164). Der Direktanspruch ist nach deutscher Rechtsprechung als deliktischer zu qualifizieren. Demnach bestimmt sich seine Existenz nach dem Tatortrecht (BGH NJW 77, 496, h. M.). In Deutschland sieht neben § 6 I AuslandspflichtversG nur § 3 Nr. 1 PflVG eine derartige Klagemöglichkeit vor. Die (EG) – Richtlinie 2000/26 verpflichtet aber die Mitgliedsstaaten, sie für die Kfz-Haftpflichtversicherung einzuführen (ABl. EG L 181/65). Der Geschädigte ist durch nach Art. 13 zulässige Gerichtsstandsvereinbarungen nicht gebunden (*Schlosser*-Bericht Rn 148).

3 Abs. 3 erlaubt in Deutschland Streitverkündung wie sonst auch.

Art. 12 [Gerichtsstand für Klagen des Versicherers; Widerklage]

(1) **Vorbehaltlich der Bestimmungen des Artikels 11 Absatz 3 kann der Versicherer nur vor den Gerichten des Mitgliedsstaats klagen, in dessen Hoheitsgebiet der Beklagte seinen Wohnsitz hat, ohne Rücksicht darauf, ob dieser Versicherungsnehmer, Versicherter oder Begünstigter ist.**

(2) **Die Vorschriften dieses Abschnitts lassen das Recht unberührt, eine Widerklage vor dem Gericht zu erheben, bei dem die Klage selbst gemäß den Bestimmungen dieses Abschnitts anhängig ist.**

Textgeschichte: Unverändert, abgesehen vom Ersatz des Begriffs Vertragsstaat durch Mitgliedsstaat.

1 **Abs. 1** nennt als allgemeinen Gerichtsstand für Klagen des Versicherers die Gerichte des Mitgliedsstaats, in dessen Hoheitsgebiet der Beklagte zum Zeitpunkt der Klageerhebung seinen Wohnsitz hat. Die örtliche Zuständigkeit wird durch das autonome Recht bestimmt, in Deutschland nach § 12 ZPO i. V. m. § 36 VVG. Für Zweigniederlassungen s. Art. 8 Rn 1.

2 Art. 12 Abs. 1 i. V. m. Art. 11 Abs. 3 eröffnet dem Versicherer die Möglichkeit der „Streitverkündung" gegen den Versicherten oder Versicherungsnehmer in dem Verfahren, das der Verletzte gegen den Versicherer betreibt. Zur „Streitverkündung" s. Art. 11 Rn 3. Weitere mögliche Gerichtsstände können durch die nach Art. 13 Nrn. 1 und 3 zulässigen Gerichtsstandsvereinbarungen bestimmt werden.

3 Die Regelung des Gerichtsstands der **Widerklage** in Abs. 2 ist systematisch missglückt. Sie gilt allgemein und nicht nur für die in Art. 12 geregelten Klagen gegen den Versicherer (allg. M.).

Art. 13 [Zulässige Gerichtsstandsvereinbarungen]

Von den Vorschriften dieses Abschnitts kann im Wege der Vereinbarung nur abgewichen werden:

1. **wenn die Vereinbarung nach der Entstehung der Streitigkeit getroffen wird,**
2. **wenn sie dem Versicherungsnehmer, Versicherten oder Begünstigten die Befugnis einräumt, andere als die in diesem Abschnitt angeführten Gerichte anzurufen,**
3. **wenn sie zwischen einem Versicherungsnehmer und einem Versicherer, die zum Zeitpunkt des Vertragsabschlusses ihren Wohnsitz oder gewöhnlichen Aufenthalt in demselben Mitgliedsstaat haben, getroffen ist, um die Zuständigkeit der Gerichte dieses Staates auch für den Fall zu begründen, daß das schädigende Ereignis im Aus-**

land eingetreten ist, es sei denn, daß eine solche Vereinbarung nach dem Recht dieses Staates nicht zulässig ist,

4. wenn sie von einem Versicherungsnehmer abgeschlossen ist, der seinen Wohnsitz nicht in einem Mitgliedsstaat hat, ausgenommen soweit sie eine Versicherung, zu deren Abschluß eine gesetzliche Verpflichtung besteht, oder die Versicherung von unbeweglichen Sachen in einem Mitgliedsstaat betrifft, oder

5. wenn sie einen Versicherungsvertrag betrifft, soweit dieser eines oder mehrere der in Artikel 14 aufgeführten Risiken deckt.

Textgeschichte: I. d. F. d. 1. Beitrittsübereinkommen. Redaktionelle Anpassung („Mitgliedsstaat") durch EuGVVO.

Die Regelung des Art. 13 war notwendig, damit der durch die Artt. 8–12 bezweckte Schutz nicht durch Gerichtsstandsklauseln in den bei Versicherungen typischerweise verwendeten Formularverträgen umgangen werden kann. Die Form einer Gerichtsstandsvereinbarung bestimmt sich nach Art. 23 (High Court Irland ILPr. 99, 5). Art. 23 Abs. 3 stellt klar, dass Gerichtsstandsvereinbarungen, die Art. 13 zuwiderlaufen, keine rechtliche Wirkung haben, auch wenn sie vor Inkrafttreten der Norm oder ihrer Vorgängerin abgeschlossen waren (SchwBGE 124 III 436).

1. Vereinbarung nach Entstehung der Streitigkeit

1 Eine Streitigkeit entsteht, „sobald die Parteien über einen bestimmten Punkt uneins sind und ein gerichtliches Verfahren ins Auge fassen" (*Geimer/Schütze* Rn 5). Die Vereinbarung kann sich nicht aus einer Klausel im Versicherungsvertrag ergeben.

2. Vereinbarung zugunsten des Versicherungsnehmers

2 Eine Beteiligung des in Nr. 2 aufgeführten Drittbegünstigten am Abschluss der Gerichtsstandsvereinbarung ist nicht notwendig (EuGHE 1983, 2503 – Gerling; *Geimer* NJW 85, 533).

3. Vereinbarung der Zuständigkeit der Gerichte des gemeinsamen Wohnsitz- oder Aufenthaltsstaates

3 Nr. 3 soll den Versicherer vor den Folgen des Verzugs des Versicherungsnehmers ins Ausland schützen. Darüber hinaus ist die Re-

gelung vor allem deshalb für Versicherer bedeutsam, weil sie sich durch eine derartige Vereinbarung vor Interventionsklagen im Ausland schützen können (vgl. Art. 11 Rn 1). Da die Vereinbarung im Verhältnis zu Dritten keine Wirkung hat, können nur die Zuständigkeiten der Artt. 10 und 11 Abs. 1, nicht hingegen die des Art. 11 Abs. 2 und Abs. 3 ausgeschlossen werden (*Schlosser*-Bericht Rn 148). Die Vereinbarung muss nach dem Recht des betroffenen Staates wirksam sein. In Deutschland sind §§ 38, 40 ZPO maßgebend. Der Agenturgerichtsstand nach § 48 Abs. 2 VVG kann aber nicht ausgeschlossen werden.

4. Vereinbarung mit Versicherungsnehmern aus Nichtvertragsstaaten

4 Anlässlich des ersten Beitrittsübereinkommens wurde auf britischen Wunsch diese (und die unter Nr. 5 aufgeführte) weitere Prorogationsmöglichkeit eingefügt (vgl. *Schlosser*-Bericht Rn 48). Soweit die ausschließliche Zuständigkeit der Gerichte eines Nichtmitgliedsstaates vereinbart wird, ist für die Wirksamkeit der Vereinbarung Art. 23 Abs. 1 nicht anwendbar.

5. See- und Luftfahrtversicherungen

5 Darüberhinaus beruht die Ausnahme auf dem Gedanken, dass in diesem Bereich die Versicherungsnehmer nicht schutzbedürftig sind (*Schlosser*-Bericht Rn 140). Die betroffenen Versicherungsverträge ergeben sich aus der Aufzählung in Art. 14.

Art. 14 [Risiken im Sinne von Art. 12 Nr. 5]

Die in Artikel 13 Nummer 5 erwähnten Risiken sind die folgenden:

1. sämtliche Schäden

a) an Seeschiffen, Anlagen vor der Küste und auf hoher See oder Luftfahrzeugen aus Gefahren, die mit ihrer Verwendung zu gewerblichen Zwecken verbunden sind,

b) an Transportgütern, ausgenommen Reisegepäck der Passagiere, wenn diese Güter ausschließlich oder zum Teil mit diesen Schiffen oder Luftfahrzeugen befördert werden;

2. Haftpflicht aller Art, mit Ausnahme der Haftung für Personenschäden an Passagieren oder Schäden an deren Reisegepäck,

a) aus der Verwendung oder dem Betrieb von Seeschiffen, Anlagen oder Luftfahrzeugen gemäß Nummer 1 Buchstabe a), es sei denn, dass – was die letztgenannten betrifft – nach den Rechtsvorschriften des Mitgliedsstaats, in dem das Luftfahrzeug eingetragen ist, Gerichtsstandsvereinbarungen für die Versicherung solcher Risiken untersagt sind,

b) für Schäden, die durch Transportgüter während einer Beförderung im Sinne der Nummer 1 Buchstabe b) verursacht werden;

3. finanzielle Verluste im Zusammenhang mit der Verwendung oder dem Betrieb von Seeschiffen, Anlagen oder Luftfahrzeugen gemäß Nummer 1 Buchstabe a), insbesondere Fracht- oder Charterverlust;

4. irgendein zusätzliches Risiko, das mit einem der unter Nummern 1 bis 3 genannten Risiken im Zusammenhang steht;

5. unbeschadet der Nummern 1 bis 4 alle „Großrisiken" entsprechend der Begriffsbestimmung in der Richtlinie 73/239/EWG des Rates (7), geändert durch die Richtlinie 88/357/EWG (8) und die Richtlinie 90/618/EWG (9) in der jeweils geltenden Fassung*.

Textgeschichte: Nr. 5 neu durch EuGVVO. Im übrigen i. d. F. 2. Beitrittsübereinkommens mit redaktionellen Anpassungen („Mitgliedsstaat") und einer Klarstellung („was die letztgenannten betrifft").

1 Art. 14 zählt abschließend die See- und Luftfahrtversicherungen auf, bezüglich derer Gerichtsstandsvereinbarungen unbeschränkt zulässig sind. Annexfreiräume in Fällen von Gesamtversicherungen

---

* Die amtlichen Fußnoten 7–9 lauten:

(7) ABl. L 228 v. 16. 8. 1975 S. 3. Richtlinie zuletzt geändert durch die Richtlinie 2000/26/EG des Europäischen Parlaments und des Rates (ABl. L 181 v. 20. 7. 2000 S. 6).

(8) ABl. L 172 v. 4. 7. 1988 S. 1. Richtlinie zuletzt geändert durch die Richtlinie 2000/26/EG.

(9) ABl. L 330 v. 29. 11. 1900 S. 40.

maritimer und nichtmaritimer Risiken gibt es nicht (*Charman v. W. O. C. Offshore BV* ILPr 92, 229).

Nr. 1: Kaskoversicherungen von Seeschiffen, Luftfahrzeugen und die **Wertversicherungen** von Transportgütern, wenn sie zumindest zum Teil per Schiff oder per Flugzeug transportiert werden. Ausgenommen davon sind nur Reisegepäckversicherungen, da insoweit Schutzbedürftigkeit der Passagiere besteht (*Schlosser*-Bericht Rn 143).

Nr. 2: Haftpflichtversicherungen für Schäden aller Art, die durch die in Nr. 1 aufgezählten Transportmittel und -güter entstehen, soweit nicht von dem Staat, in dem das Luftfahrzeug registriert ist, Gerichtsstandsvereinbarungen verboten werden. Eine Prorogation ist aus dem schon erwähnten Grund nicht möglich für die Haftung von Personenschäden der Passagiere oder Schäden an deren Reisegepäck.

2 **Nr. 3:** Alle kommerziellen oder nicht kommerziellen Verluste, die im Zusammenhang mit den in Nr. 1 a erwähnten Transportmitteln entstehen.

Nr. 4: Zusatzversicherungen z. B. für zusätzliche Hafengebühren oder außerplanmäßige Betriebskosten (*Schlosser*-Bericht Rn 147). Es ist dabei nicht notwendig, dass das Zusatzrisiko mit der gleichen Police versichert ist wie das Hauptrisiko, es reicht aus, wenn das Risiko mit den zuvor aufgeführten Hauptrisiken in Zusammenhang steht.

Nr. 5: Für die Versicherung von **Großrisiken** besteht kein Schutzbedürfnis. Zu den amtlichen Klammerzusätzen s. vor Art. 1 Rn 18.

Abschnitt 4. Zuständigkeit bei [EuGVÜ/LÜ: für] Verbrauchersachen

Art. 15 [Begriff der Verbrauchersache]

(1) **Bilden ein Vertrag oder Ansprüche aus einem Vertrag, den eine Person, der Verbraucher, zu einem Zweck abgeschlossen hat, der nicht der beruflichen oder gewerblichen Tätigkeit dieser Person zugerechnet werden kann, den Gegenstand des Verfahrens, so bestimmt sich die Zu-**

ständigkeit, unbeschadet des Artikels 4 und des Artikels 5 Nummer 5 nach diesem Abschnitt,

a) wenn es sich um den Kauf beweglicher Sachen auf Teilzahlung handelt,

b) wenn es sich um ein in Raten zurückzuzahlendes Darlehen oder um ein anderes Kreditgeschäft handelt, das zur Finanzierung eines Kaufs derartiger Sachen bestimmt ist, oder

c) in allen anderen Fällen, wenn der andere Vertragspartner in dem Mitgliedsstaat, in dessen Hoheitsgebiet der Verbraucher seinen Wohnsitz hat, eine berufliche oder gewerbliche Tätigkeit ausübt oder eine solche auf irgend einem Wege auf diesen Mitgliedsstaat oder auf mehrere Staaten, einschließlich dieses Mitgliedsstaats, ausrichtet und der Vertrag in den Bereich dieser Tätigkeit fällt.

(2) **Hat der Vertragspartner des Verbrauchers in dem Hoheitsgebiet eines Mitgliedsstaats keinen Wohnsitz, besitzt er aber in einem Mitgliedsstaat eine Zweigniederlassung, Agentur oder sonstige Niederlassung, so wird er für Streitigkeiten aus ihrem Betrieb so behandelt, wie wenn er seinen Wohnsitz in dem Hoheitsgebiet dieses Staates hätte.**

(3) **Dieser Abschnitt ist nicht auf Beförderungsverträge mit Ausnahme von Reiseverträgen, die für einen Pauschalpreis kombinierte Beförderungs- und Unterbringungsleistungen vorsehen, anzuwenden.**

Textgeschichte: Art. 13 EuGVÜ/LÜ i. d. F. 1. Beitrittsübereinkommens (Erweiterung des Schutzes der Abzahlungskäufer auf alle Verbraucher) lauten wie folgt:

„(1) Für Klagen aus einem Vertrag, den eine Person zu einem Zweck abgeschlossen hat, der nicht der beruflichen oder gewerblichen Tätigkeit dieser Person (Verbraucher) zugerechnet werden kann, bestimmt sich die Zuständigkeit, unbeschadet des Artikels 4 und des Artikels 5 Nummer 5 nach diesem Abschnitt,

1. wenn es sich um den Kauf beweglicher Sachen auf Teilzahlung handelt,
2. wenn es sich um ein in Raten zurückzuzahlendes Darlehen oder um ein anderes Kreditgeschäft handelt, das zur Finanzierung eines Kaufs derartiger Sachen bestimmt ist, oder

3. für andere Verträge, wenn sie die Erbringung einer Dienstleistung oder die Lieferung beweglicher Sachen zum Gegenstand haben, sofern
   a) dem Vertragsschluss in dem Staat des Wohnsitzes des Verbrauchers ein ausdrückliches Angebot oder eine Werbung vorausgegangen ist und
   b) der Verbraucher in diesem Staat die zum Abschluss des Vertrages erforderlichen Rechtshandlungen vorgenommen hat.

(2) Hat der Vertragspartner des Verbrauchers in dem Hoheitsgebiet eines Vertragsstaats keinen Wohnsitz, besitzt er aber in einem Vertragsstaat eine Zweigniederlassung, Agentur oder sonstige Niederlassung, so wird er für Streitigkeiten aus ihrem Betrieb so behandelt, wie wenn er seinen Wohnsitz in dem Hoheitsgebiet dieses Staates hätte.

(3) Dieser Abschnitt ist nicht auf Beförderungsverträge anzuwenden."

Literatur: *Schlosser* Sonderanknüpfungen von zwingendem Verbraucherschutzrecht und europäisches Prozessrecht FS Steindorff (1990) 1379 ff.; *de Bra* Verbraucherschutz durch Gerichtsstandsregelungen im deutschen und europäischen Zivilprozeßrecht (1991); *Micklitz* Cross-Border Consumer Conflicts, Journal of Consumer Policy 93, 411; *Schaltinat* Internationale Verbraucherstreitigkeiten (1998); *Christian Berger* Gerichtspflichtigkeit infolge Internetpräsenz in Bauknecht u. a. Informatik 2001 (Wien 2001) 1002 ff.

1. Grundaussagen der Artt. 15–17

1 Die Regelung der Artt. 15–17 gilt für die im grenzüberschreitenden Rechtsverkehr wichtigsten Verbrauchersachen (*Schlosser*-Bericht Nr. 153) und ist überwiegend parallel zur Regelung des Abschnitts 3 ausgestaltet. Insbesondere ist die Regelung für die in Art. 15 genannten Verbrauchersachen abschließend. Dem Verbraucher stehen für seine Klagen mehrere Gerichtsstände wahlweise zur Verfügung, seinem Vertragspartner idR nur der Gerichtsstand des Wohnsitzstaates des Verbrauchers. **Gerichtsstandsvereinbarungen** sind durch Art. 17 nur eingeschränkt zulässig. Gemäß Art. 24 kann die **rügelose Einlassung** des Beklagten die Zuständigkeit des angerufenen Gerichts begründen (*Bülow/Böckstiegel/Linke* Art. 15 Anm I 2b), s. Art. 24 Rn 1. Aus Art. 15 Abs. 1 i.V.m. Art. 4 ergibt sich, dass die Artt. 15 ff. grundsätzlich nur Anwendung finden, wenn der **Beklagte seinen Wohnsitz in einem Mitgliedsstaat hat.** Davon macht jedoch Art. 15 Abs. 2 die gleiche Ausnahme wie Art. 9 Abs. 2 für Versicherungssachen, s. Art. 9 Rn 1(EuGHE 1994 I 4275 – Dean Witter Reynolds). Art. 16 macht auch zugunsten von Art. 4 und Art. 5 Nr. 5 die gleichen Ausnahmen wie in Art. 8, s. Art. 5 Rn 2. Außer in den Fällen der Art. 15 Abs. 1 i.V.m. Art. 5 Nr. 5 und Art. 16 Abs. 3 wird in Abschnitt 4 nur die **internationale,** nicht die örtliche Zuständigkeit festgelegt. In Deutschland muss im Wege der Rechtsfortbildung auch die örtliche Zuständigkeit am Wohnsitz des Verbrauchers begründet werden (KG IPRax 01, 44 zust. *Mankowski*). Das Gericht im Anerkennungsstaat kann die Einhaltung der Zuständigkeitsvorschriften durch das Gericht des Ursprungsstaates überprüfen, Artt. 34 ff. Rn 31. Die einzelnen Begriffe sind euroautonom auszulegen (EuGHE 1978, 1431, 1445 – Bertrand).

2 Die Neuformulierung des Einleitungssatzes durch die EuGVVO dient nur der größeren begrifflichen Klarheit. Ansprüche „aus Vertrag" sind im Prinzip so wie im Rahmen von Art. 5 Nr. 1 zu bestimmen, s. Art. 5 Rn 3 ff. Wegen des Schutzzwecks des Abschnitts 4 ist aber bei deliktischen Ansprüchen, die mit Schadenersatzansprüchen aus Verletzung vertraglicher oder vorvertraglicher Pflichten konkurrieren, eine Annexzuständigkeit kraft Sachzusammenhang anzunehmen (*Geimer* EuZW 93, 564 ff., 566; *Schaltinat* aaO 74 ff. **a. A.** *Lüderitz* FS Riesenfeld [1983] 147 ff., 160). Das Gleiche gilt für Ansprüche aus **Schecks** oder **Wechseln,** solange nicht ein Zessionar oder Indossator Ansprüche aus ihnen geltend macht. Artt. 15 ff. sind auch im Rahmen von § 703 d ZPO zu beachten.

2. Begriff der Verbrauchersachen

3 Art. 15 definiert Verbrauchersachen als Streitigkeiten aus den unter Buchst. a) bis c) aufgeführten Verträgen, die Personen zu einem **Zweck** abgeschlossen haben, der nicht ihrer (frei-) beruflichen oder gewerblichen Tätigkeit zugerechnet werden kann. Der Begriff, der mit dem des Art. 5 Abs. 1 des EG-Schuldvertragsübereinkommens = Art. 29 EGBGB abgestimmt ist, muss **euroautonom** ausgelegt werden. Zu vielen Einzelheiten können Rechtsprechung und Schrifttum zu Art. 29 EGBGB herangezogen werden. Artt. 16 und 17 als Ausnahme zum Grundsatz des Art. 2 sind nur auf die schutzbedürftigen Personen, also die **Endverbraucher** (EuGHE 1993, 181 – Sherson = NJW 93, 1251), anzuwenden, was nur natürliche Personen sein können (EuGH NJW 02, 205). Daraus ergibt sich, dass die Regelung des Abschnitts 4 nur anwendbar ist, wenn der Verbraucher **selbst** Kläger oder Beklagter in einem Verfahren ist (EuGHE 1993, 181 – Shearson = NJW 93, 1251). Daher ist die Anwendbarkeit zu verneinen bei Verbandsklagen i.S.v. Art. 13 AGBG (*Tonner* VuR 93, 49) oder wenn ein **Zessionar** eine Forderung aus einem Verbrauchervertrag einklagt, sofern er in Ausübung seiner beruflichen oder gewerblichen Tätigkeit handelt (EuGH aaO; BGH NJW 93, 2683). Das Verbraucherprivileg ist auch nicht gerechtfertigt, wenn ein Kauf zum Zwecke des Weiterverkaufs an eine nicht zur Familie gehörige Person getätigt wird.

Maßgeblich für den Ausschluss des Verbraucherschutzes ist, ob der Vertrag auch einem **selbständigen** gewerblichen oder beruflichen Zweck dient (*de Bra* aaO 145ff.; Cour d'Appel Versailles RIW 99, 884 mit durch Buchst. c) überholter Kritik *Lutz/Neumann*), auch dem Zweck einer für die Zukunft geplanten beruflichen Tätigkeit (EuGHE 1997, 3767 – Benincasa). Entscheidend sind für die Bestimmung des Zweckes die Umstände, die aus Sicht des Vertragspartners des Verbrauchers objektiv erkennbar sind. Bei gemischter Zweckbestimmung ist der überwiegende Zweck maßgebend (Cour de cassation Rev. crit. 01, 135). Arbeitnehmer, die im Hinblick auf ihren Beruf Verträge abschließen, sind Verbraucher (*Geimer/Schütze* Rn 16). Der Sinn der Vorschrift verbietet seine Anwendung, wenn auch der andere Teil nicht in (frei-) beruflicher oder gewerblicher Funktion gehandelt hat (*Schaltinat* aaO 53), denn zugunsten beider „Verbraucher" lassen sich Artt. 16 und 17 nicht anwenden.

Dem 4. Abschnitt unterfallen auch Ansprüche aus Vertragsanbahnung wie aus § 661a BGB (LG Braunschweig IPRax 02, 213).

Zum Ende der Verbrauchereigenschaft s. SchwBGE 121 III 336.

Die Beweislast für die tatbestandlichen Voraussetzungen des Ausnahmeprivilegs der Verbraucher tragen nach allgemeinen Grundsätzen die Letzteren (**a. A.** *Geimer/Schütze* Rn 18).

3. Die drei privilegierten Verbraucherverträge

4 Die Zuständigkeitsordnung des Abschnitts 4 erfasst nicht alle Ver-träge, an denen ein Verbraucher beteiligt ist, sondern nur die in Abs. 1 genannten, die allerdings die Praxis beherrschen. In den Nrn. 1 und 2 sind die Gegenstände der Verträge allein maßgebend. In Nr. 3 muss noch eine auf den Wohnsitzstaat des Verbrauchers bezogene Tätigkeit des anderen Vertragsteils hinzukommen. Die Regelungsinhalte stimmen mit jenen von Art. 5 Abs. 1 Nrn. 1–3

RömSchRÜ nicht überein. In den Schlussberatungen zu diesem hat man auf eine Harmonisierung mit dem EuGVÜ keinen Wert mehr gelegt, obwohl letzteres absichtlich den als definitiv gewerteten Verhandlungsgegenstand zum RömSchRÜ übernahm. Nicht immer, wenn der „deutsche" Verbraucher durch Art. 29 EGBGB geschützt wird, steht also ein deutscher Gerichtsstand zu Verfügung.

5 **Buchst. a)** betrifft den **Kauf beweglicher Sachen auf Teilzahlung.** Der Begriff ist euroautonom auszulegen. Darunter ist ein „Kaufgeschäft zu verstehen, bei dem der Kaufpreis in mehreren Teilzahlungen geleistet wird" (EuGHE 1978, 1431 – Bertrand). Auch der Mietkauf, „hire purchase" (*Schlosser*-Bericht Nr. 157), sowie andere Umsatzgeschäfte mit gleicher wirtschaftlicher Zielrichtung, wie zB Leasingverträge, wenn sie auf die Verschaffung des wirtschaftlichen Eigentums an den Leasingnehmer gerichtet sind, fallen darunter (*Donzallaz* 6028). Das Erfordernis der Teilzahlung kann durch jenes der Verbindung mit einem Finanzierungsvertrag ersetzt werden (EuGH aaO). „Teilzahlungen", die allesamt getätigt sind, bevor die Kaufsache geliefert wurde, fallen nicht unter Buchst. a (EuGHE 1999 I 2299 – Mietz) Wertpapiere stellen keine beweglichen Sachen in diesem Sinne dar (LG Darmstadt NJW-RR 94, 684). Termingeschäfte an der Börse und der Devisenhandel werden nicht erfasst, da insoweit der Spekulationscharakter der Geschäfte im Vordergrund steht (*Schlosser* FS Steindorff [1990] 1382f), s. aber Rn 7. Bedeutung gewinnt dies für die dazugehörigen Finanzierungsgeschäfte, da insoweit Buchst. a) auf Buchst. b) verweist (LG Darmstadt IPRax 95, 318). Für eine Teilzahlung genügt eine Anzahlung bei vereinbarter Restzahlung nach Lieferung nicht (Oldenburg NJW 76, 1043). Drei Teilleistungen reichen jedenfalls aus.

6 Unter **Buchst. b)** fallen alle Kreditgeschäfte, die **zur Finanzierung** eines Kaufes beweglicher Sachen abgeschlossen wurden. Entscheidend ist, dass der Kreditnehmer nicht frei über die Darlehnsvaluta verfügen kann. Soweit die Sache selbst auf einmal gezahlt worden ist, ist die Regelung des Abschnitts 4 nur auf die Klage aus dem Kreditgeschäft gemäß Nr. 2 anwendbar, wenn der Kaufvertrag nicht unter **Buchst. c)** fällt, da insoweit kein Teilzahlungskauf nach Nr. 1 vorliegt (*Kropholler* Art. 13 Rn. 8).

7 **Nr. 3 EuGVÜ/LÜ** ist anwendbar auf sonstige **Dienstleistungs- und Lieferungsverträge** über bewegliche Sachen, soweit

der in Nr. 3 lit. a und b erforderliche Bezug der Vertragsabschlußmodalität zum Wohnsitz des Verbrauchers gegeben ist. Der Begriff der Dienstleistung ist übereinkommensautonom (BGH NJW 94, 262, 263; *Schlosser* aaO 1383) in demselben Sinn wie in Art. 5 RömSchRÜ = Art. 29 EGBGB zu bestimmen (BGH aaO. **a. A.** Düsseldorf RIW 94, 420). Dazu gehören auch Pauschalreise- (öOGH 25. 2. 99 4 Nd 501/99) und Werkverträge (LG Berlin IPRax 92, 243). Reine **Darlehensverträge** sind schon nach Art. 50 EGV keine Dienstleistungsverträge. Sie versprechen auch keine Dienstleistung i. S. v. Art. 13 Nr. 3 (LG Darmstadt aaO; *Schlosser*-Bericht Rn 157. **a. A.** Cour d'appel Colmar IPRax 01, 251- abl. *Neumann/Rosch* 257; *Hertz* Jurisdiction in Contract and Tort (1998) 201; bestätigt durch Cour de cassation Rev. crit. 2001, 522), wohl aber tut dies eine Verbindung von Kommissions- mit Darlehensvertrag (SchwBGE 121 III 336). Insbesondere wenn eine Bank in Verbindung mit Kreditverträgen Geschäftsbesorgungen für den Kunden übernimmt, sind die Verträge wegen des Schutzzweckes der Norm insgesamt Dienstleistungsverträge, sofern die Zusatzverpflichtungen nicht von untergeordneter Bedeutung sind. Das Gleiche gilt für Kommissionsgeschäfte und Geschäfte, die auf den Börsenhandel oder sonst auf Geldanlage mit und ohne spekulative Absicht zielen (BGH aaO; Frankfurt IPRax 01, 227; Köln EWR 89, 681; Düsseldorf WM 88, 50; IPRax 94, 420; München NJW-RR 93, 701; 94, 59; *Schlosser* aaO 1383; str. Nw *Geimer* RIW 94, 60), und für Beherbergungs- (*Geimer/Schütze* Rn 30) und Ferienhausvermittlungsverträge (*Jayme* IPRax 93, 19; *Kartzke* NJW 94, 823 ff. mwN). Für Versicherungsverträge geht die Regelung des 3. Abschnitts als die speziellere Regelung vor.

8 Unter **Werbung** i. S. v. lit. a fällt grundsätzlich jede absatzfördernde Tätigkeit, die auch im Blick auf den Wohnsitzstaat des Verbrauchers betrieben worden ist (*Schlosser*-Bericht Rn 15. Krit. *Lüderitz* FS Riesenfeld [1983] 158), etwa auch Einsatz eines Handelsvertreters (Köln IPRax 84, 418) oder Telephonmarketing. Die Richtlinie 84//450 (ABl. EG 1984 L 250, 17 ff.) kann zur Klärung des Begriffs dienen (*Schaltinat* aaO 57). Die Werbung muss für die Art von Geschäften geschehen sein, zu der das schließlich getätigte gehört (Schleswig RIW 97, 955, abl. *Mankowski* 990). Auch die Internetpräsenz fällt darunter (*Berger* aaO 1003). Der bloße Vertrieb von Zeitungen mit Werbeanzeigen auch ins Ausland reicht dazu aber nicht aus. Die Werbung muss nicht für den Geschäftsabschluss kausal geworden sein (*Gaudemet-Tallon* Rev. crit. 93, 329). Wegen des Schutzzweckes der Regelung des 4. Abschnitts sollte die Regelung auch anwendbar sein, wenn auf Initiative des Ver-brauchers ein Angebot gemacht oder Werbematerial zur Verfügung gestellt wurde (*Schlosser* aaO 1385; *MünchKomm ZPO-Gottwald*[2] Rn 4; *Geimer/Schütze* Rn 35). Unter Nr. 3 fällt auch ein Besuch eines Vertreters des Leistungserbringers beim Verbraucher (Erstinst. G. Amsterdam NIPR 94, 160). „Vorgenommen" ist eine schriftliche Rechtshandlung mit der Absendung (**a. A.** Schleswig RIW 97, 955, zu Recht abl. *Mankowski* 990). Trotz Anwendbarkeit von Nr. 3 kann der Vertrag ausländischem Recht unterstehen (*Schlosser* FS Steindorff 1384).

8a **Buchst. c) EuGVVO** hat die im Grunde unerklärliche und kaum näher bestimmbare Lücke für entgeltliche Verträge geschlossen, die weder auf den Kauf beweglicher Sachen noch auf die Erbringung einer Dienstleistung gerichtet sind. Außerdem ist das Erfordernis der Affinität des Vertrags zum Wohnsitzstaat des Verbrauchers gelockert. Nach wie vor ist zwar eine auf den Wohnsitzstaat des Verbrauchers ausgerichtete Werbung der Hauptfall. Jedoch wird auch der Fall erfasst, dass der Verbraucher zum Vertragsschluss ins Ausland reist oder dass er an seinem Computer eine Bestellung über die aktive Website des Vertragspartners aufgibt (*Berger* aaO 1004). Die Erreichbarkeit einer passiven Website reicht als „Ausrichtung" aber nicht aus (gemeinsame Erklärung von Rat und Kommission IPRax 2001, 259, Einzelheiten *Moritz* CR 00, 71, *Spindler* MMR 50, 23 f). Eine Kausalität zwischen Ausrichtung gewerblicher Tätigkeit und Abschluss des konkreten Verbrauchergeschäfts verlangt die Vorschrift zwar nicht. Jedoch ist eine einmalige oder gelegentlich an individuelle Personen gerichtete Werbung noch keine auf deren Wohnsitzstaat ausgerichtete gewerbliche Tätigkeit. Vom Sinn der Vorschrift nach wie vor nicht erfasst sind auf Auslandsreisen des Verbrauchers abgeschlossene Verträge (*Berger* aaO).

Als Verbrauchervertragssache hat der EuGH (C-96/00 v. 11. 7. 02) auch Ansprüche aus § 661a BGB oder § 5i öKonsumSG angesehen, aber die Beschränkung vorgenommen, dass der Verbraucher tatsächlich die Bestellung vorgenommen haben muss, für die der Preis versprochen schien.

9 **Absatz 2** enthält die entsprechende Regelung zu Art. 9 Abs. 2. Auch er muss in enger Anlehnung an Art. 5 Nr. 5 ausgelegt werden (*Schaltinat* aaO 89). Findet Absatz 2 Anwendung, so gilt der ganze Abschnitt 4. Finden sich Zweigniederlassung und Wohnsitz des Verbrauchers im selben Mitgliedsstaat, bleibt der Abschnitt 4 durchaus anwendbar (*Schaltinat* aaO 92; *Kropholler*[7] vor Art. 2 Rn 6. **a. A.** München RIW 94, 59; krit. *Geimer*). Aus Art. 3 kann nicht geschlossen werden, die Abschnitte 3–6 gälten nur, wenn ein Rechtsstreit unter zwei Parteien mit Wohnsitz in verschiedenen Mitgliedsstaaten geführt werde, vor Art. 2 Rn 5. Eine Streitigkeit rührt nicht schon dann aus dem Betrieb einer Niederlassung etc. eines Vertragspartners ohne Wohnsitz in einem Mitgliedsstaat her, wenn die Niederlassung vor Abschluss des der Streitigkeit zugrundeliegenden Vertrages in dem Staat des Wohnsitzes des Verbrauchers ein ausdrückliches Angebot abgeben oder geworben hat und der Verbraucher in diesem Staat die Handlung nach Art. 13 Abs. 1 Nr. 3 lit. b vorgenommen hat. Die Niederlassung muss auch am Vertragsabschluß beteiligt gewesen sein (BGH NJW 95, 100. **a. A.** *Nasall* WM 93, 1954). Eine selbständig im eigenen Namen auftretende Tochtergesellschaft ist einer Niederlassung nicht gleichzuerachten.

10 **Abs. 3** sieht vor, dass der Abschnitt 4 grundsätzlich nicht auf **Beförderungsverträge** anwendbar ist. Insoweit gelten die allgemeinen Regelungen der Art. 2 ff bzw. staatsvertragliche Sonderregelungen i. S. v. Art. 57 Abs. 1. Deren Existenz war das Motiv für die Ausnahmeregelung. Da es Staatsverträge für gemischte Transporte nicht gibt, ist die Ausnahme auf sie nicht anwendbar (*Beraudo* Clunet 01, 1050). Auf Pauschalreisen hat die Rechtsprechung den Abschnitt 4 auch schon angewandt, bevor die EuGVVO dies ausdrücklich klargestellt hatte. (LG Konstanz NJW-RR 93, 638 = IPRax 94, 448; *Thorn* 426).

Art. 16 [Gerichtsstände für Klagen des Verbrauchers und seines Vertragspartners]

(1) **Die Klage eines Verbrauchers gegen den anderen Vertragspartner kann entweder vor den Gerichten des Mitgliedsstaats erhoben werden, in dessen Hoheitsgebiet dieser Vertragspartner seinen Wohnsitz hat, oder vor dem Gericht des Ortes, an dem der Verbraucher seinen Wohnsitz hat.**

(2) **Die Klage des anderen Vertragspartners gegen den Verbraucher kann nur vor den Gerichten des Mitgliedsstaats erhoben werden, in dessen Hoheitsgebiet der Verbraucher seinen Wohnsitz hat.**

(3) **Die Vorschriften dieses Artikels lassen das Recht unberührt, eine Widerklage vor dem Gericht zu erheben, bei dem die Klage selbst gemäß den Bestimmungen dieses Abschnitts anhängig ist.**

Textgeschichte: EuGVÜ/LÜ sachlich unverändert, redaktionell angepasst durch 3. Beitrittsübereinkommen. EuGVVO bringt außer einigen redaktionellen Anpassungen und Verbesserungen in Absatz 1 sachlich neu auch die Regelung der örtlichen Zuständigkeit.[EuGVÜ/LÜ: oder vor den Gerichten des Vertragsstaats, in dessen Hoheitsgebiet der Verbraucher..."]

1 Für **Klagen des Verbrauchers** sind zwei Gerichtsstände zu dessen Wahl vorgesehen: Die Gerichte des Vertragsstaats, in dem der Vertragspartner seinen Wohnsitz hat, sowie das Gericht des Ortes, an dem der **Verbraucher seinen Wohnsitz** hat.

2 Während jeder Staat für den beklagten Vertragspartner auch einen örtlichen Gerichtsstand an dessen Wohnsitz vorsieht, fehlt es meist in den nationalen Rechten an der Regelung des örtlichen Gerichtsstands für den klagenden Verbraucher. Dem hat die EuGVVO abgeholfen. Für die EuGVÜ/LÜ spricht aber der Sinn von Art. 14 auch für eine örtliche Zuständigkeit am Wohnsitz des Verbrauchers (KG NJW 2000, 2283; Karlsruhe NJW-RR 2000, 353; LG Konstanz aaO; *de Bra* aaO 182) und gegen das Gericht der Hauptstadt (so *Geimer* RIW 94, 61).

3 Grundsätzlich ist zwar der Wohnsitz zur Zeit der Klageerhebung maßgebend. Dem Vertragspartner des Verbrauchers ist aber dessen Klägergerichtsstand nicht zuzumuten, wenn er keinerlei Anhaltspunkte dafür hatte, dass der Verbraucher auslandsansässig ist oder ins Ausland verziehen wird. Das gilt vor allen Dingen, wenn in dem neuen Wohnsitzstaat des Verbrauchers keinerlei Werbung oder Vertragschlussinitiativen i. S. v. Art. 15 Abs. 1 Nr. 3 unternommen wurden (*Schlosser*-Bericht Rn 161; *de Bra* aaO 168f. **a. A.** *Schaltinat* aaO 80; *Kropholler*[7] Rn 2; *MünchKomm-ZPO-Gottwald*[2] Rn 3). Dann würde der neue Wohnsitzgerichtsstand i. S. v. Art. 6 MRK nicht mehr fair sein.

4 **Klagen gegen Verbraucher** können nach Abs. 2 nur vor den Gerichten von deren Wohnsitzstaat erhoben werden. Maßgeblich

ist der Wohnsitz zum Zeitpunkt der Klageerhebung, s. Art. 2 Rn 8. Bei Wohnsitzwechsel wie Rn 3. Bei Wohnsitz in einem Drittstaat gilt Art. 4.

5 Mehrere Verbraucher: s. *de Bra* aaO 172
Die Umformulierung von Absatz 3 durch die EuGVVO dient nur der Klarstellung. Zur Widerklage s. im übrigen Art. 6 Rn 9.

6 Art. 5 u. 6 kommen nicht daneben zur Anwendung (unrichtig Düsseldorf RIW 96, 681).

Art. 17 [Zulässige Gerichtsstandsvereinbarungen]

Von den Vorschriften dieses Abschnitts kann im Wege der Vereinbarung nur abgewichen werden:

1. **wenn die Vereinbarung nach der Entstehung der Streitigkeit getroffen wird,**
2. **wenn sie dem Verbraucher die Befugnis einräumt, andere als die in diesem Abschnitt angeführten Gerichte anzurufen, oder**
3. **wenn sie zwischen einem Verbraucher und seinem Vertragspartner, die zum Zeitpunkt des Vertragsabschlusses ihren Wohnsitz oder gewöhnlichen Aufenthalt in demselben Mitgliedsstaat haben, getroffen ist und die Zuständigkeit der Gerichte dieses Mitgliedsstaates begründet, es sei denn, daß eine solche Vereinbarung nach dem Recht dieses Mitgliedsstaates nicht zulässig ist.**

Textgeschichte: Sachlich unverändert, redaktionell angepasst durch 3. Beitrittsübereinkommen und EuGVVO.

Soweit Art. 17 keine eigene speziellere Regelung zu Gerichtsstandsvereinbarungen trifft, gilt nach Art. 23 Abs. 5, der auf Art. 17 verweist, Art. 23, z.B. bezüglich der **Form** der Gerichtsstandsvereinbarungen (*de Bra* aaO 202). Nr. 1 und Nr. 2 dienen wie Art. 14 Nrn. 1 und 2 dem **Verbraucherschutz. Der Vertragspartner** des Verbrauchers wird durch Art. 17 Nr. 3 geschützt, aber nur wenn der Staat des gemeinsamen Wohnsitzes oder Aufenthalts derartige Gerichtsstandsvereinbarungen nach seinem autonomen Recht zulässt. In Deutschland bestimmt sich dies nach § 38 Abs. 3 Nr. 2 ZPO und §§ 7 HausTWG, 26 FernUSG. Verlegt der Verbraucher seinen Wohnsitz in einen Nichtmitgliedesstaat, so begründet die EuGVVO dort keinen Gerichtsstand. Er kann gemäß Art. 4 in jedem Vertragsstaat klagen oder verklagt werden, dessen autonomes Recht hierfür einen Gerichtsstand vorsieht.

Abschnitt 5. Zuständigkeit für individuelle Arbeitsverträge

Vorbemerkungen

1 Der 5. Abschnitt ist eine Neuschöpfung der EuGVVO und hat in EuGVÜ un LÜ kein förmliches Gegenstück. Die Sonderstellung des Arbeitsrecht wurde zunächst in der Rechtsprechung des EuGH zu Art. 5 Nr. 1, s. dort Rn 8, entwickelt und dann durch das 3. Beitrittsübereinkommen etwas spröde in Art. 5 Nr. 1 überführt. Man hat sich hierbei von der Struktur des 3. Abschnitts (Versicherungssachen) leiten lassen, für die Klage des Arbeitnehmers aber anstatt an dessen Wohnsitz an den gewöhnlichen Arbeitsort angeknüpft. Inhaltlich liegt die wichtigste Neuerung im Ausschluss anderer besonderer Zuständigkeiten, s. Art. 20 Abs. 2. Damit ist jetzt im europäischen Zivilprozessrecht zugunsten schutzbedürftiger Personengruppen ein vergleichbar lückenloses Normgefüge entstanden wie in den nationalen Rechten der Mitgliedstaaten.

Literatur: *Junker* Die internationale Zuständigkeit deutscher Gerichte in Arbeitssachen, ZZPInt. 3 (1998), 179ff.; *Franzen* Internationale Gerichtsvereinbarungen in Arbeitsverträgen zwischen EuGVÜ und autonomem internationalen Zivilprozessrecht, RIW 2000, 81ff.; *Mayer* Les clauses relatives a la compétence internationale insérées dans les contrats de travail, in *Mélanges D. Holleaux* (1990), 263ff.; *Rodière* Conflits de jurisdictions en droit de travail, Juriscl. dr. int. fasc. 573.

Art. 18 [Definition relevanter arbeitsrechtlicher Verfahren]

(1) **Bilden ein individueller Arbeitsvertrag oder Ansprüche aus einem individuellen Arbeitsvertrag den Gegenstand des Verfahrens, so bestimmt sich die Zuständigkeit unbeschadet des Artikels 4 und des Artikels 5 Nummer 5 nach diesem Abschnitt.**

(2) **Hat der Arbeitgeber, mit dem der Arbeitnehmer einen individuellen Arbeitsvertrag geschlossen hat, im Hoheitsgebiet eines Mitgliedstaats keinen Wohnsitz, besitzt er aber in einem Mitgliedstaat eine Zweigniederlassung, Agentur oder sonstige Niederlassung, so wird er für Streitigkeiten aus ihrem Betrieb so behandelt, wie wenn er seinen Wohnsitz im Hoheitsgebiet dieses Mitgliedstaats hätte.**

Textgeschichte: S. Vorbemerkungen zu Abschnitt 5.

1 Zum Begriff „Arbeitsvertrag" s. Art. 5 Rn 8. Zum Kontrast von „Ansprüche aus" und „Arbeitsvertrag" als solcher, s. Art. 5 Rn 9. Zu „unbeschadet des Art. 4 und des Art. 5 Nr. 5" s. Art. 8 Rn 2. Der Begriff ist abgesehen von Grenzfällen, euroautonom auszulegen, Art. 5 Rn 8. Nur eigene Rechte der Kollektivvereinbarungspartner fallen nicht in den Anwendungsbereich des Abschnitts. Da wo das nationale Rech zwingend die Begründung eines Arbeitsverhältnisses verlangt, wie in Deutschland etwa zur Zurückdrängung der Scheinselbständigkeit, ist dem auch zuständigkeitsrechtlich zu folgen.

2 Zu Absatz 2 s. Art. 8 Abs. 2. Auffälligerweise ist der nur durch Zweigniederlassung in der EG vertretene Arbeitgeber in der ersten Vorschrift des Abschnitts und nicht entsprechend Art. 8 Abs. 2 in der Vorschrift über die Arbeitgebergerichtsstände geregelt. Das kann nur für die höchst seltenen Fälle gedacht sein, in denen eine Gerichtsstandsvereinbarung zugunsten des Wohnsitzes des Arbeitgebers zulässig ist.

3 Wie in Art. 5, s. dort Rn 4, kommt es für die Zuständigkeitsprüfung nicht darauf an, ob der behauptete (Arbeits-)vertrag wirklich wirksam abgeschlossen wurde. Auch faktische Arbeitsverhältnisse fallen unter die Norm. Der Sinn des Abschnitts verlangt es, auch konkurrierende deliktische Klagen einzubeziehen. Auch Zessionare, die nicht in beruflicher oder gewerblicher Eigenschaft handeln, unterliegen dem 5. Abschnitt, s. Art. 15 Rn 3. Auch öffentlichrechtliche Legalzessionare handeln freilich in beruflicher Eigenschaft und sind nicht schutzwürdig.

4 Art. 6 Entsenderichtlinie (ABl L 18. v. 21.01.97) und § 8 Arbeitnehmer Entsendegesetz sind leges speciales i. S. v. Art. 67.

Art. 19 [Gerichtsstände für Klagen gegen den Arbeitgeber]

Ein Arbeitgeber, der seinen Wohnsitz im Hoheitsgebiet eines Mitgliedstaats hat, kann verklagt werden:

1. vor den Gerichten des Mitgliedstaats, in dem er seinen Wohnsitz hat, oder

2. in einem anderen Mitgliedstaat

a) vor dem Gericht des Ortes, an dem der Arbeitnehmer gewöhnlich seine Arbeit verrichtet oder zuletzt gewöhnlich verrichtet hat, oder

b) wenn der Arbeitnehmer seine Arbeit gewöhnlich nicht in ein und demselben Staat verrichtet oder verrichtet hat, vor dem Gericht des Ortes, an dem sich die Niederlassung, die den Arbeitnehmer eingestellt hat, befindet bzw. befand.

Der Verordnungsgeber hat die Rechtssprechung des EuGH zu Art. 5 Nr. 1 in übersichtlicher Weise festgeschrieben, s. Art. 5 Rn 8. Für Arbeiten auf schwimmenden Einrichtungen auf mehreren Festlandsockeln hat dieser auf den „wesentlichen Teil" an Leistungen des Arbeitnehmers abgestellt, aber in einem textreichen Leitsatz viele Differenzierungen zugelassen (EuGHE 2002 Rs C-37/00 – *Weber*).

Widerklage ist nach Art. 20 Abs. 2 möglich.

Buchst. b) ist auch anwendbar, wenn der Arbeitnehmer seine Arbeit bald in Mitgliedstaaten, bald in Drittstaaten verrichtet (allg. M.) und analog, wenn er seine Arbeit gewöhnlich in Drittstaaten verrichtet. Begriff Niederlassung wie Art. 5 Nr. 5. Der EuGH ist in der Anwendung von Nr. 2b) sehr restriktiv (EuGHe 1993 I 4075 – Mulox).

Art. 20 [Gerichtsstände für Klagen gegen den Arbeitnehmer]

(1) **Die Klage des Arbeitgebers kann nur vor den Gerichten des Mitgliedstaats erhoben werden, in dessen Hoheitsgebiet der Arbeitnehmer seinen Wohnsitz hat.**

(2) **Die Vorschriften diese Abschnitts lassen das Recht unberührt, eine Widerklage vor dem Gericht zu erheben, bei dem die Klage selbst gemäß den Bestimmungen dieses Abschnitts anhängig ist.**

1 Gegenüber EuGVÜ und LÜ verstärkt die Norm den Arbeitnehmerschutz nur insofern, als der Arbeitnehmer auch am Arbeitsort nicht verklagt werden kann. Das wirkt sich, nimmt man die Vorschrift wörtlich, vor allem aus, wenn der Arbeitnehmer ein Grenzgänger ist oder nach Beendigung des Arbeitsverhältnisses in seinen Heimatstaat zurückkehrt oder in einen Drittstaat verzieht. Art. 6 MRK verlangt dann eine einschränkende Interpretation, s. Art. 16 Rn 4.

2 Absatz 2 gehört systematisch als Absatz 3 zu Art. 18. S. im übrigen Art. 6 Rn 9ff. Art. 6 Nr. 1 u. 2 sind unanwendbar.

Art. 21 EuGVVO [Zulässige Gerichtsstandsvereinbarungen]

Von den Vorschriften dieses Abschnitts kann im Wege der Vereinbarung nur abgewichen werden,

1. **wenn die Vereinbarung nach der Entstehung der Streitigkeit getroffen wird oder**
2. **wenn sie dem Arbeitnehmer die Befugnis einräumt, andere als die in diesem Abschnitt angeführten Gerichte anzurufen.**

Textgeschichte: EuGVÜ, LÜ: Inhaltlich identisch mit Art. 17 Abs. 5. 3. Beitrittsübereinkommen, aber redaktionell an die Struktur des neuen 5. Abschnitts angepasst. Im LÜ fehlt die Entsprechung zur Nr. 2.

1 Das EuGVÜ in seiner ersten Fassung des Jahres 1968 hatte nichts über Gerichtsstandsvereinbarungen in Arbeitsverträgen vorgesehen. Sie waren deswegen unter Erfüllung aller Formerfordernissen des damaligen Artikels 17 uneingeschränkt zulässig (EuGHE 1979, 3423). Mit dem 3. Beitrittsübereinkommen (von San Sebastian) im Jahre 1989 wurde in Art. 17 Abs. 5 EuGVÜ zum ersten Mal eine Regelung eingeführt, welche die Prorogationsfreiheit in Arbeitsverträgen stark eingeschränkt hat. In der VO wurde sie inhaltlich

unverändert in den neu geschaffenen Abschnitt über Zuständigkeit in Arbeitsachen überführt.

Eine Gerichtsstandsklausel ist einmal wirksam, *wenn sie nach Entstehung der Streitigkeit* vereinbart wurde. Auch der Arbeitgeber kann sich also auf die Wirksamkeit einer Gerichtsstandsklausel berufen, die *nach Entstehung der Streitigkeit* vereinbart wurde. Dazu wird es freilich nur höchst selten kommen. **2**

Eine Gerichtsstandsvereinbarung ist zum anderen wirksam, „wenn" sie dem Arbeitnehmer eine Gerichtsstandsoption einräumt. Obwohl das unpassende Wort „wenn" und nicht das bessere „soweit" verwandt wurde, erfasst die Bestimmung eine allgemeine Gerichtsstandsklausel. Nur der Arbeitnehmer kann sich dann auf sie berufen. Aus der französischen Formulierung folgt dies klar („... qui permettent au travailleur"). **3**

Intertemporaler Anwendungsbereich: s. Art. 23 Rn 9. **4**

Abschnitt 6. Ausschließliche Zuständigkeiten

Vorbemerkungen

Das Übereinkommen regelt in Art. 22 ausschließliche Zuständigkeiten. Sie schließen die allgemeinen und besonderen Zuständigkeiten einschließlich der Widerklagenzuständigkeit aus (*Kropholler*[7] Rn 3), setzen aber einen Bezug zu einem weiteren Mitgliedsstaat nicht voraus, allg. M. Im Bereich der ausschließlichen Zuständigkeiten sind Gerichtsstandsvereinbarungen nach Art. 23 und die rügelose Einlassung nach Art. 24 ohne Wirkung. Das Gericht prüft die ausschließliche Zuständigkeit von Amts wegen nach Art. 25. Ist ein Urteil unter Verletzung des Art. 22 ergangen, wird die Anerkennung und Vollstreckung versagt. Ist eine ausschließliche Zuständigkeit für zwei Vertragsstaaten gegeben, so muss sich das zuletzt angerufene Gericht zugunsten des zuerst angerufenen Gerichts nach Art. 29 für unzuständig erklären. **1**

Die **örtliche Zuständigkeit** wird von Art. 22 nicht berührt. Liegt die internationale Zuständigkeit bei einem Mitgliedsstaat, richtet sich die örtliche Zuständigkeit nach seinem autonomen Recht (*Schlosser*-Bericht Rn 81; *MünchKommZPO-Gottwald*[2] Rn 1). § 828 Abs. 2 ZPO etwa bleibt durch die EuGVVO unberührt (*Geimer* IPRax 86, 203). Soweit das autonome Recht keinen örtli- **2** chen Gerichtsstand kennt, sollen die Gerichte der Hauptstadt zuständig sein *(Geimer/Schütze* Rn 20ff.). Vorzuziehen ist jedoch, die Zuständigkeitsordnung des EuGVÜ in das autonome Recht einfließen zu lassen, so dass innerhalb des Vertragsstaats das Forum zuständig ist, das in den ausschließlichen Zuständigkeitsvorschriften bezeichnet ist. Denn es besteht mit diesen Gerichten eine engere Verbindung als mit denjenigen der Hauptstadt, so dass den Wertungen des EuGVÜ mehr Rechnung getragen wird (*MünchKommZPO-Gottwald*[2] Rn 2).

3 Eine umstrittene Frage ist, ob von der ausschließlichen Zuständigkeit nach Art. 22 aus **forum non conveniens**-Gründen abgewichen werden kann (eine diesbezügliche Vorlage des House of Lords, IPRax 92, 373, ist durch Prozessbeendigung obsolet geworden).

4 Die **Auslegung** des Art. 22 wird wegen seines Sondercharakters eng am Zweck der Vorschrift vorgenommen. Denn den Parteien wird dadurch die Möglichkeit einer Gerichtsstandsvereinbarung entzogen. Zudem kann sie die Zuständigkeit der Gerichte eines Mitgliedsstaat zur Folge haben, der weder der Wohnsitzgerichtsstand des Klägers noch der des Beklagten ist (st. Rechtspr. EuGH, s. insb. EuGHE 1994, 2535 – Lieber). Daher müssen die in Art. 22 bezeichneten Streitigkeiten Hauptgegenstand des Verfahrens sein (*Jenard*-Bericht zu Art. 16).

Art. 22 [Ausschließlicher Gerichtsstand der Belegenheit oder der Registrierung]

Ohne Rücksicht auf den Wohnsitz sind ausschließlich zuständig:

1. für Klagen, welche dingliche Rechte an unbeweglichen Sachen sowie die Miete oder Pacht von unbeweglichen Sachen zum Gegenstand haben, die Gerichte des Mitgliedsstaats, in dem die unbewegliche Sache belegen ist. Jedoch sind für Klagen betreffend die Miete oder Pacht unbeweglicher Sachen zum vorübergehenden privaten Gebrauch für höchstens sechs aufeinander folgende Monate auch die Gerichte des Mitgliedsstaats zuständig, in dem der Beklagte seinen Wohnsitz hat, sofern es sich bei

dem Mieter oder Pächter um eine natürliche Person handelt und der Eigentümer sowie der Mieter oder Pächter ihren Wohnsitz in demselben Mitgliedsstaat haben;

2. für Klagen, welche die Gültigkeit, die Nichtigkeit oder die Auflösung einer Gesellschaft oder juristischen Person oder die Gültigkeit der Beschlüsse ihrer Organe zum Gegenstand haben, die Gerichte des Mitgliedsstaats, in dessen Hoheitsgebiet die Gesellschaft oder juristische Person ihren Sitz hat. Bei Entscheidungen darüber, wo der Sitz sich befindet, wendet das Gericht die Vorschriften seines internationalen Privatrechts an;

3. für Klagen, welche die Gültigkeit von Eintragungen in öffentliche Register zum Gegenstand haben, die Gerichte des Mitgliedsstaats, in dessen Hoheitsgebiet die Register geführt werden;

4. für Klagen, welche die Eintragung oder die Gültigkeit von Patenten, Warenzeichen, Mustern und Modellen sowie ähnlicher Rechte, die einer Hinterlegung oder Registrierung bedürfen, zum Gegenstand haben, die Gerichte des Mitgliedsstaats, in dessen Hoheitsgebiet die Hinterlegung oder Registrierung beantragt oder vorgenommen worden ist oder auf Grund eines Gemeinschaftsrechtsaktes oder eines zwischenstaatlichen Übereinkommens als vorgenommen gilt. Unbeschadet der Zuständigkeit des Europäischen Patentamts nach dem am 5. Oktober 1973 in München unterzeichneten Übereinkommens über die Erteilung europäischer Patente sind die Gerichte eines jeden Mitgliedsstaates ohne Rücksicht auf den Wohnsitz der Parteien für alle Verfahren ausschließlich zuständig, welche die Erteilung oder die Gültigkeit eines europäischen Patents zum Gegenstand haben, das für diesen Staat erteilt wurde;

5. für Verfahren, welche die Zwangsvollstreckung aus Entscheidungen zum Gegenstand haben, die Gerichte des Mitgliedsstaats, in dessen Hoheitsgebiet die Zwangsvollstreckung durchgeführt werden soll oder durchgeführt worden ist.

Textgeschichte: Nr. 1 kannte ursprünglich keine Ausnahme. EuGVÜ i. d. F. des 3. Beitrittsübereinkommens:

„... sofern der Eigentümer und der Mieter oder Pächter natürliche Personen sind und ihren Wohnsitz in demselben Vertragsstaat haben.“

LÜ: *„... es sich bei dem Mieter oder Pächter um eine natürliche Person handelt und weder die eine noch die andere Partei ihren Wohnsitz in dem Vertragsstaat hat, in dem die unbewegliche Sache belegen ist.*

In Nrn. 2 und 4 ist der jeweils letzte Satz durch die EuGVVO eingefügt worden. In Nr. 4 ist „Gemeinschaftsrechtsakt oder eines“ hinzugekommen. Im übrigen „Vertragsstaat“ durch „Mitgliedsstaat“ ersetzt.

I. Die gerichtliche Zuständigkeit kraft Belegenheit unbeweglicher Sachen

Literatur: *Jayme* Prozessuale Hindernisse für Timesharing-Anbieter in Auslandsfällen IPRax 96, 87; *Harris* Rights in rem and the Brussels Convention E. L. Rev. 97, 179 ff.; *Hüßtege* Ferienwohnungen im Ausland als Spielball der Gerichte IPRax 01, 31.

1. Normstruktur und gesetzgeberische Grundentscheidung

1 Die ausschließliche Zuständigkeit am Ort der Belegenheit hat einen dreifachen **Zweck:** Zunächst soll das Verfahren an dem Ort lokalisiert werden, dessen Recht in der Regel auf den Rechtsstreit in der Sache anzuwenden ist. Weiter soll derjenige Richter über den Rechtsstreit urteilen, der am sachnächsten den Beweis erheben kann (EuGHE 1977, 2383 – Sanders). Zudem erfordert die Durchsetzung des Urteils in der Regel auch eine Eintragung in öffentlichen Registern am Ort der Belegenheit der Sache (*Jenard*-Bericht zu Art. 16 Nr. 1).

Die ausschließliche Zuständigkeit am Ort der Belegenheit der Sache für Miet- und Pachtverträge hat einen ganz ähnlichen Grund: Miete und Pacht sind eng verknüpft mit dem Recht des Eigentums an unbeweglichen Sachen. Außerdem unterliegen sie meist zwingenden Vorschriften über die Kontrolle von Miet- und Pachtzins und Schutzvorschriften für Mieter und Pächter. Deren Kenntnis kann am ehesten den Gerichten des Belegenheitsstaats zugetraut werden, in dem sie in Kraft sind. Im übrigen gilt auch hier, dass das Gericht des Belegenheitsstaats am besten Beweis über das Grundstück erheben kann (EuGHE aaO Sanders; EuGHE 1988, 3791 – Scherrens = IPRax 91, 44). Für Maßnahmen des einstweiligen Rechtsschutzes gilt der Ausschließlichkeitsanspruch von Art. 22 nicht (Hamm IPRsp 85, 504), s. Art. 31 Rn 1.

2. Zuständigkeit für Klagen über dingliche Rechte an unbeweglichen Sachen

2 **a)** Der Begriff der **unbeweglichen Sache** wird nach dem Recht des Belegenheitsstaats qualifiziert. Der EuGH, s. Rn 3, hat zwar für den Begriff „Klagen, die dingliche Rechte an unbeweglichen Sachen zum Gegenstand haben" eine euro-autonome Qualifikation eingefordert. Es ging ihm aber nur um den Begriffsbestandteil „dingliche Rechte". Der Zweck der Vorschrift ist es gerade, den Zusammenhang der Zuständigkeit der Gerichte mit der auf die Sache anwendbaren lex rei sitae zu gewährleisten (*Schlosser* GS Bruns [1980] 60). Handelt es sich also um eine in Deutschland belegene Sache, ist die Unterscheidung zwischen beweglichen und unbeweglichen Sachen nach deutschem Recht zu treffen. Sachen, die mit einem Grundstück zusammenhängen und die nach dem Recht eines Mitgliedsstaats als unbeweglich, nach dem Recht eines anderen Vertragsstaats als beweglich gelten, sollten dem Recht ihres Belegenheitsortes unterstehen (*Schlosser* aaO 58f. **a. A.** Cour de Cassation (plén) Rev. crit. 89, 100 – *Droz; Kropholler*[7] Rn 13; *Geimer/Schütze* Rn 43).

3 **b)** Entsprechend der gebotenen engen Auslegung der Vorschrift soll Art. 22 Nr. 1 „nicht alle **Klagen, die dingliche Rechte an unbeweglichen Sachen zum Gegenstand** haben, erfassen, sondern nur solche, die darauf gerichtet sind, Umfang oder Bestand einer unbeweglichen Sache, das Eigentum, den Besitz oder das Bestehen anderer dinglicher Rechte hieran zu bestimmen, um den Inhabern dieser Rechte den Schutz der mit ihrer Rechtsstellung verbundenen Vorrechte zu sichern" (EuGHE 1990, 27 – Reichert I = IPRax 91, 45 – *Schlosser* 29). Jedoch ist diesen sibyllinischen Worten ein greifbarer Sinn nicht abzugewinnen.

4 Der Begriff der **dinglichen Rechte** an unbeweglichen Sachen ist jedenfalls autonom zu bestimmen (EuGH aaO). Allerdings hätte der EuGH die Abhängigkeit des dinglichen Rechts von ihrer Ausgestaltung durch das nationale Recht vermehrt herausstellen können (*Schlosser* IPRax 91, 29). Der Begriff wird zwar vertragsauto-

nom interpretiert, jedoch entscheidet die Ausgestaltung durch das nationale Recht darüber, ob das betreffende Recht den vertragsautonomen Kriterien entspricht (*MünchKommZPO-Gottwald*[2] Rn 9; Aufzählung dinglicher Klagen nach österreichischem Recht in öOGH 23. 11. 99 Ob 286/99f). Der EuGH folgt in der Unterscheidung zwischen **dinglichen und persönlichen Rechten** dem uns geläufigen Kriterium (1994, 2535 – Lieber = IPRax 95, 99 – *Michael Ulmer* 72; ebenso öOGH SZ 72, 192 [2000]). Dingliche Rechte an einer Sache wirken zu Lasten von jedermann, während persönliche Ansprüche nur gegen die Schuldner geltend gemacht werden können. Ausfluss des Eigentumsrechts ist vor allem die Befugnis, Dritte von der Sache fernzuhalten. Das ist häufig auch bei englischen equitable interests der Fall (*Schlosser*-Bericht Rn 167). Der Gerichtsstand der Nr. 1 für dingliche Klagen ist weiter als jener von § 24 ZPO: Der Beseitigungs- und Unterlassungsanspruch nach § 1004 BGB ist daher dinglich einzuordnen, ebenso die nachbarrechtlichen Ansprüche nach §§ 905ff. (**a. A.** *Kropholler*[7] Rn 22; *Geimer/Schütze* Rn 76). Auch der Eigentumsherausgabeanspruch nach § 985 BGB, der Mitbenutzungsanspruch eines Miteigentümers (BGH NJW 98, 1321) und der Grundbuchberichtigungsanspruch nach § 894 BGB unterfallen der Vorschrift. Zu den konnexen schuldrechtlichen Ansprüche s. Art. 6 Nr. 4.

5 Demgegenüber können **Ansprüche auf Schadenersatz** wegen Eigentumsverletzung, auf Entschädigung für die Nutzung einer Sache (EuGHE 1994 I 2535 – Lieber; öOGH IPRax 99, 471) oder auf Restaurierung einer Immobilie, hergeleitet aus Schenkungsauflage (Cour de cassation Clunet 97, 1016), nur gegen den Schuldner geltend gemacht werden. Steht das Eigentum nicht gleichzeitig in Streit, liegt ein persönlicher Anspruch vor (EuGH aaO). Das gilt vor allem für Klagen auf Vertragsauflösung und/oder Schadenersatz wegen Vertragsverletzung (EuGHE 2001 I 2771 – Gaillard). Auch ein schuldrechtlicher Anspruch auf Bewilligung einer **Bauhandwerkersicherungshypothek** ist kein dingliches Recht an einer unbeweglichen Sache (Köln IPRax 85, 161 – *Schröder* 145). Ebensowenig stellt eine Klage auf Zahlung von Schadenersatz für Aufwendungen, um eine Baugenehmigung zu erhalten, eine Klage über ein dingliches Recht dar (Frankfurt NJW RR 93, 183). Im deutschen Recht kann der Anspruch auf Übereignung, der mit einer Vormerkung abgesichert ist, nicht im dinglichen Gerichtsstand erhoben werden. Wird hingegen das Recht aus der Vormerkung gegenüber Dritten gelten gemacht, ist dies eine im dinglichen Gerichtsstand zu erhebende Klage (*Schlosser*-Bericht Rn 170). Die Klage auf Feststellung, jemand halte das Eigentum an einem Grundstück im Rahmen eines **„trust“** als „trustee“, ist keine Klage über ein dingliches Recht an einer unbeweglichen Sache (EuGHE 1994, 1717 – Webb = EuZW 634), da der Dritte sich nur auf ein Recht, das gegenüber dem „trustee“ besteht, berufen kann. Die (französische) **Gläubigeranfechtungsklage,** „action paulienne“, ist erst recht kein Fall von Nr. 1 (EuGHE 1990, 27 – Reichert I = IPRax 91, 45 – *Schlosser* 29). Mangels Geltung des Abstraktionsprinzips hat die Unwirksamkeit eines Kaufvertrages oder seine Auflösung in vielen Rechtsordnungen der Gemeinschaft auch unmittelbare Rückwirkung auf die Eigentumslage. In Frankreich spricht man dann von „matière mixte“. Eine Klage auf Feststellung der Unwirksamkeit des Vertrags oder auf seine Auflösung wird nicht deshalb zu einer solchen, die Nr. 1a meint (EuGHE 2000 518/99 – Gaillard). In Rechtsordnungen, die das Abstraktionsprinzip nicht kennen, gibt es „actions mixtes“. Sie sind keine dinglichen Klagen (*Donzallaz* 6211).

5 a **c)** An **Wohnungseigentum** haben die Schöpfer von EuGVÜ und EuGVVO nicht gedacht. Man muss daher Nr. 1 entsprechend auf alle Gerichtsverfahren anwenden, welche die Verwaltung der Wohnanlage betreffen (*Geimer/Schütze* Rn 95).

3. Zuständigkeit betreffend Klagen über Miete oder Pacht unbeweglicher Sachen

6 **a)** Ob eine Miete eine unbewegliche Sache betrifft, bestimmt sich ebenfalls nach dem Recht des Belegenheitsortes (zu einem Hofanwesen mit getrennten Grundstücken auf dem Territorium zweier Staaten: EuGHE 1988, 3791 – Scherrens = IPRax 91, 44 – *Kreuzer* 25). Auch Schadenersatzansprüche des Vermieters sind betroffen, selbst wenn sie ein Zessionar geltend macht (EuGHE 2000, 402 – Dansommer).

7 **b)** Der Begriff des **„Miet- und Pachtverhältnisses“** (über eine unbewegliche Sache) ist vertragsautonom zu bestimmen (EuGHE 1977, 2383 – Sanders = RIW 78, 336). So wurde beispielsweise die Verpachtung eines Ladengeschäfts, das in Räumen betrieben wurde, die der Verpächter von einem Dritten angemietet hatte, zu Recht nicht als Mietverhältnis i. S. dieser Vorschrift angesehen (EuGH aaO Sanders). Auch Beherbergungsverträge sind keine Mietverträge (Karlsruhe RIW 99, 463).

Betroffen sind alle Ansprüche, die aus dem Mietverhältnis hergeleitet werden. Dazu gehören auch Miet- oder Pachtzinsansprüche (EuGHE 1995, 99 – Rösler. **a. A.** *Geimer/Schütze* Rn 120), weil ihre Bezahlung meist wegen der Beanstandung der vollen Miettauglichkeit des Objekts verweigert wird. Nicht betroffen sind Nutzungsentschädigungsansprüche außervertraglichem Charakters (öOGH EvBl. 98, 207).

8 **c)** Sehr komplex ist die Rechtslage bezüglich der kurzfristigen Vermietung von **Ferienquartieren.** Vor Schaffung von Nr. 1 b) EuGVÜ/LÜ (entspricht jetziger Nr. 1 S. 2) sah der EuGH keine Möglichkeit, von der in Nr. 1 begründeten ausschließlichen Zuständigkeit wenigstens für kurzfristige Vermietung von Ferienwohnungen loszukommen (1985, 99 – Rösler = NJW 905 – *Rauscher* 892 st. Rspr.). Dabei entwickelte er die Prämisse, die Vorschrift gelte für alle Miet- und Pachtverträge (über unbewegliche Sachen) „unabhängig von ihren besonderen Merkmalen". Um aber die Vorschrift nicht auch noch auf Verträge mit gewerblich tätigen Reiseveranstaltern anwenden zu müssen, sagte der EuGH weiter, der „Hauptgegenstand" des Vertrags müsse die Vermietung sein. Sehr großzügig Beratung, „Reservierung" und den Abschluss von Versicherungen mit der Überlassung der Wohnung gleichsetzend und das fehlende Eigentum des Reiseveranstalters an dieser betonend, hat der EuGH die übliche Besorgung einer Ferienwohnung durch einen gewerblichen Reiseveranstalter nicht der Nr. 1 unterworfen (EuGHE 1992, 1111 – Euro Relais = NJW 1029 = IPRax 93, 31 – *Jayme* 18). All diese gekünstelten Konstruktionen sind seit Schaffung der Sonderregelung unnötig geworden.

9 Voraussetzung für ihre Anwendbarkeit ist heute, dass Mieter oder Pächter, nicht aber mehr Eigentümer oder sonstiger Vermieter oder Verpächter, natürliche Personen sind, die im selben Mitgliedsstaat ansässig sind. Dass dies nicht der Belegenheitsstaat der unbeweglichen Sache sein kann, ist selbstverständlich. Keine natürlichen Personen sind auch kommerziell auftretende Personenzusammenschlüsse ohne eigene Rechtspersönlichkeit (*Gaudemet-Tallon*[2] Rn 91), wie beispielsweise Gesellschaften des bürgerlichen Rechts.

Schon am Begriff des Mietvertrags fehlt es, wenn ein Reiseveranstalter Ferienwohnungen Dritter lediglich **vermittelt** (LG Berlin IPRax 92, 243; LG Hamburg NJW RR 87, 370; ähnlich LG Frankfurt NJW 82, 1949) oder wenn der Eigentümer und ein Reiseveranstalter einen Vertrag schließen, wonach Letzterer dem Ersteren unentgeltlich Mieter für sein Ferienhaus zuführt (Frankfurt OLG-Report 92, 102). **Untermietverträge** können der Vorschrift dagegen unterfallen (*Trunk* aaO 104f).

10 **d) Timesharing-Verträge** können schuldrechtlicher, gesellschaftsrechtlicher oder dinglicher Natur sein, s. für Deutschland § Abs. 2 TzWrG. Sind sie als Mietverträge einzuordnen, wie in dem Fall eines bestimmten Apartments, das für eine bestimmte Woche im Jahr ohne dingliche Absicherung für die Dauer von Jahrzehnten gegen eine Einmalzahlung überlassen wurde, so unterfallen sie der Nr. 1 S. 2 (LG Darmstadt IPRax 96, 121 – abl. für Einordnung als Mietvertrag *Jayme* 87 u. 382; für Mietvertrag auch LG Gießen NJW 95, 406). Sind sie dinglich ausgestaltet, unterfallen sie der Nr. 1 S. 1 (*Gralka* Time-Sharing bei Ferienhäusern und Ferienwohnungen [1986] 148). Entsprechend den allgemeinen Grundsätzen wird die Frage, ob es sich um ein dingliches Recht handelt, nach dem Recht des Belegenheitsstaats bestimmt (*Gralka* aaO). Englische Gerichte behandeln Time-Sharing-Verträge als Miete („tenancy", ILPr. 97, 531, C. A; ebenso OG Kanton Basel Land SJZ 98, 282). Ist der Time-Sharing-Vertrag gesellschaftsrechtlich ausgestaltet, kann Art. 22 Nr. 2 anzuwenden sein (*Gralka* aaO 154f). Handelt es sich dagegen um einen Kaufvertrag über ein schuldrechtliches Wohnrecht (LG Düsseldorf RIW 95, 415 – *Mankowski* 364), ist der Anwendungsbereich des Art. 22 Nr. 1 nicht eröffnet. Ebensowenig ist der Anwendungsbereich des Art. 22 Nr. 1 für einen Kaufvertrag über ein dingliches Dauerwohnrecht nach § 31 WEG gegeben (zur Vertragseinordnung BGH NJW 95, 2637, aber auch NJW 94, 1344 – Miteigentumsanteil u. zeitlich beschränktes Nutzungsrecht).

11 **e)** Ist das **Grundstück Teil eines Trustvermögens** und vermietet der „formelle" Eigentümer es an einen Dritten, so unterfällt dieser Vertrag dem dinglichen Gerichtsstand. Es kann keinen Unterschied machen, ob der Eigentümer des Grundstücks in einem Trustverhältnis steht oder nicht. Art. 22 Nr. 1 hat daher Vorrang vor Art. 5 Nr. 6 (*Schlosser*-Bericht Rn 110, 120). Hingegen ist

Art. 22 Nr. 1 nicht anwendbar, wenn es um Rechte oder Pflichten innerhalb der aus dem Trust begründeten Beziehungen geht, selbst wenn das betroffene Vermögen ein Grundstück sein sollte (EuGHE 1994 I 1717 – Webb). Auch Ansprüche des „legal owner" oder dessen, der es werden will, gegen den „trustee" sind nicht dinglicher Natur (EuGHE aaO). Wieder anders ist die Rechtslage allerdings, wenn in Streit steht, wer der richtige „legal owner", d. h. der formelle Eigentümer des unter Trust stehenden Grundstücks ist (*Schlosser*-Bericht Rn 120; BGH IPRspr 85 Nr. 140 = WM 1246). Klagen, die die Miete oder Pacht zum Gegenstand haben, brauchen sich nicht notwendigerweise (nur) auf eine vertragliche Anspruchsgrundlage zu stützen (Hamm OLG-R 95, 69). Ansprüche auf Rückzahlung des Mietzinses, die aufgrund **unerlaubter Handlung** wegen arglistiger Täuschung über das Mietobjekt geltend gemacht werden, unterfallen dem Art. 22 Nr. 1 S. 2. Da in der arglistigen Täuschung auch ein Anfechtungsgrund liegt, der bestritten wird, geht es zugleich auch um das Bestehen eines Mietvertrags (LG Bochum IPRspr 85, Nr. 114 = RIW 86, 135 – *Geimer*).

12 **f)** Ob der **geltend gemachte Anspruch** einen von Art. 22 Nr. 1 S. 2 gemeinten Gegenstand hat, ist ebenfalls vertragsautonom zu ermitteln. Dem Art. 22 Nr. 1 S. 2 unterfallen neben den Streitigkeiten über den Bestand des Miet- oder Pachtvertrags alle Klagen, mit denen Rechte aus dem Vertrag geltend gemacht werden, vor allem Mietzinsklagen (EuGHE 1985, 99 – Rösler) und Schadenersatzklagen wegen Vertragsverletzung (EuGHE 1977, 2383 – Sanders = RIW 78, 336).

Der EuGH macht allerdings eine Einschränkung. Es darf sich nicht um Ansprüche handeln, die sich nur mittelbar auf die Nutzung der Miet- oder Pachtsache beziehen. Ansprüche dieser Art sind in erster Linie solche wegen entgangener Urlaubsfreude und unnütz aufgewandter Reisekosten zum Urlaubsort (EuGH aaO – Rösler).

13 **g)** Ebensowenig unterfällt eine Verbandsklage nach dem UKlaG der Vorschrift, wenn es um AGB als Bestandteil eines Reiseveranstaltungsvertrags geht, der in Deutschland abgeschlossen wurde und auf den deutsches Recht anzuwenden ist (BGHZ 119, 152 = NJW 92, 3158 = IPRax 93, 244 – *Lindacher* 228; BGHZ 109, 29 = NJW 90, 317 = IPRax 90, 318 – *Werner Lorenz* 292). Selbst wenn das

Klauselwerk nur für eine bestimmte Anlage gelten sollte, hat die Klage nicht „die Miete“ zum Gegenstand.

4. „Drittwirkung“

14 Ob Art. 22 Nr. 1 Drittwirkung besitzt, ist umstritten. Unter dem Begriff der „Drittwirkung“ werden im wesentlichen zwei Situationen diskutiert:

a) Zum einen geht es um den Fall, in dem das **Grundstück in einem Drittstaat** belegen ist. Art. 22 Nr. 1 S. 2 ist dann unanwendbar, weil er von den Gerichten des „Mitgliedsstaats“ spricht, in dem die unbewegliche Sache belegen ist (*Jenard/Möller*-Bericht Rn 54). Denn es steht nicht in der Macht der Verordnung, eine ausschließliche Zuständigkeit von Gerichten eines Nicht-Mitgliedsstaats zu begründen (München IPRax 91, 46). Jedoch liegt es im Sinne des EuGVÜ, eine von einem Drittstaat beanspruchte ausschließliche Zuständigkeit zu respektieren, wenn sie sich im Rahmen der Nr. 1 hält.

15 **b)** Hat der **Beklagte seinen Wohnsitz außerhalb der EG,** so ist nach Art. 4 Abs. 1 Art. 22 dennoch anwendbar, allg. M.

II. Die gerichtliche Zuständigkeit des Sitzstaates von Gesellschaften und juristischen Personen

Literatur: *Geimer* Das Fehlen eines Gerichtsstands der Mitgliedschaft als gravierender Mangel im Kompetenzsystem der Brüsseler und Luganer Konvention. FS Schippel (1996) 869 ff.

1. Normstruktur und gesetzgeberische Grundentscheidung

16 Juristische Personen des Privatrechts gibt es nur nach nationalem Recht. Von den „Gesellschaften“, die nicht juristische Personen sind, können nur solche mit Gesellschaftsvermögen gemeint sein. Auf diesem Hintergrund sollen mit der Vorschrift mehrere Zwecke verfolgt werden. Den Gleichlauf zwischen dem Gesellschaftsstatut und der Zuständigkeit der Gerichte herzustellen, ist einer davon. Mit komplizierten Fragen des ausländischen Gesellschaftsrechtes wären die Gerichte meist überfordert, zumal allein im Sitzstaat die förmlichen Voraussetzungen für Gründung und Fortbestand der

Gesellschaft erfüllt sein müssen. Ohne die Nr. 2 würde sich jedoch ein anderer internationaler Gerichtsstand meist finden lassen. Zur Bestimmung des Sitzes der Gesellschaft außerhalb des Anwendungsbereichs von Nr. 2 s. Art. 60.

2. Gültigkeit, Nichtigkeit oder Auflösung von Gesellschaften oder juristischen Personen

17 Beispiele für Klagen, die unter die Vorschrift fallen, sind die Nichtigkeitsklagen nach § 75 GmbHG und § 275 AktG sowie die Auflösungsklagen nach § 61 GmbHG und §§ 131, 133 HGB. Der **Begriff der Auflösung** wird weit interpretiert. Er umfasst auch die Liquidation einer Gesellschaft nach ihrer Auflösung, etwa Abfindungsansprüche, die Gesellschafter nach Gesellschaftsauflösung an das Gesellschaftsvermögen stellen (*Schlosser*-Bericht Rn 58f; *Kropholler*[7] Rn 37). Ein **„winding-up"** einer englischen „company" fällt meist schon gar nicht in den Anwendungsbereich des Übereinkommens (Art. 1 Abs. 2 Nr. 2 im englischen Text: *„bankruptcy proceedings relating to the winding-up of insolvent companies or other legal persons"*. Zu dieser Besonderheit des englischen Rechts ausführlich *Schlosser*-Bericht Rn 55ff.).

3. Gültigkeit oder Nichtigkeit von Organbeschlüssen

18 Die zweite Alternative der Norm meint einmal spezielle Rechtsbehelfe gegen Entscheidungen von Vorstand, Aufsichtsrat, Gesellschafterversammlung oder sonstigem Organ, soweit das nationale Recht eine solche Klage zulässt, wie beispielsweise das deutsche Recht nach §§ 246, 249 AktG. Zum anderen ist aber auch die allgemeine Feststellungsklage nach § 256 ZPO betroffen, sofern das nationale Recht spezifische Rechtsschutzformen nicht hervorgebracht hat. Die Vorschrift gilt auch für die Beschlüsse von Einzelpersonen als Organe wie den vorläufigen Verwalter einer luxemburgischen Gesellschaft (*Papanicolaou v. Theelen* a.a. Irischer High Court ILPr. 97, 37). Die Vorschrift steht einer Inzidentberufung auf die Nichtigkeit von Organbeschlüssen nicht entgegen, soweit sie nach dem Gesellschaftsstatut zulässig ist.

4. Sonstige Rechtsschutzgesuche

19 Andere als in Nr. 2 genannte Rechtsschutzgesuche unterfallen sehr wohl den allgemeinen Zuständigkeitsregeln, auch wenn sie eng mit den Binnenbeziehungen in einer Gesellschaft zusammenhängen, allg. M.; z. B. Klage auf **Einzahlung der Stammeinlage** oder auf **Auszahlung des Gewinnanteils** oder auf **Feststellung der Gesellschafterstellung,** sofern damit nicht die ausschließliche Zuständigkeit für Klagen bezüglich der Wirksamkeit von Organbeschlüssen umgangen werden soll s. Art. 5 Rn 3.

III. Die gerichtliche Zuständigkeit am Ort der Registerführung

20 Grund der Vorschrift ist, dass die Führung öffentlicher Register zur hoheitlichen Tätigkeit gehört, Rechtsschutzgesuche bezüglich der Registerführung aber meist an die Zivilgericht zu richten sind und durch Nr. 3 für Zwecke der Verordnung zu Zivilsachen erklärt werden. Die Gerichte desjenigen Staates, der den Hoheitsakt vornimmt, sollen allein zuständig sein, um seine Gültigkeit zu beurteilen. Die Art des in Frage stehenden Register muss zwar in einer ersten Auslegungsstufe nach dem autonomen Recht des betreffenden Mitgliedsstaats bestimmt werden; ob die somit gefundenen Strukturen auch den gemeinschaftsrechtlichen Begriff des „öffentlichen Registers" ausfüllen, ist aber euro-autonom zu entscheiden. Von den deutschen Registern sind insbesondere das Handelsregister, das Vereinsregister und das Grundbuch betroffen.

IV. Die gerichtliche Zuständigkeit am Ort der Hinterlegung oder Registrierung im gewerblichen Rechtsschutz

Literatur: *Dutson,* Actions for Infringement of a Foreign Intellectual Property Right in an English Court, IntCompLQ 97,918; *Kieninger* Internationale Zuständigkeit bei der Verletzung ausländischer Immaterialgüterrechte GRUR Int 98, 280; *Lundstedt* Gerichtliche Zuständigkeit und Territorialitätsprinzip im Immaterialgüterrecht, GRUR Int 01, 103; *Ryberg,* Verfahrensrecht bei Patentstreitsachen GRUR Int 98, 234; *Stauder* Grenzüberschreitende Verletzungsverbote im gewerblichen Rechtsschutz und das EuGVÜ, IPRax 1998, 317 m. w. Lit. Nw. in Fn. 2; *Perret* Territorialité des droits de propriété industrielle et compétence „extra-territoriale" du juge de la contrafaçon, Etudes en l'honneur *Poudret* (Lausanne 1999); *Meyer-Beck* Aktuelle Probleme des Patentverletzungsverfahrens GRUR 00, 355; *Grabinski* Zur Bedeutung des Europäischen Gerichtsstands- und Vollstreckungsübereinkommens und des Lugano-Übereinkommens in Rechtsstreitigkeiten über Patentverletzungen GRUR Int 01, 1999; *Véron* Trente ans d'application de la Convention des Bruxelles à l'action en contrefaçon de brevet d'invention, Clunet 01, 805 ff.; *Staudter/Kur* In Schricker (ed.) Geistiges Eigentum im Dienste der Innovation (2001) 151 ff.

1. Normstruktur und gesetzgeberische Grundentscheidung

21 Die Erteilung eines Patents ist ein Hoheitsakt. Nach deutschem Recht ist daher eine Streitigkeit über Erteilung und Wirksamkeit eines Patents gar keine Zivil- oder Handelssache. Nach den meisten anderen Rechtsordnungen ist dem aber nicht so. Daher hat das Übereinkommen die Materie zwar zur Zivilsache erklärt, aber gleichzeitig die ausschließliche Zuständigkeit der Gerichte des Erteilungsstaates begründet. Eine analoge Anwendung der Vorschrift auf nicht registrierte, aber ebenfalls national geprägte Rechte des geistigen Eigentums, insbesondere auf copyrights, ist nicht gerechtfertigt (*Pearce v. Ove Arup Ltd.* [1997] 3 AllE.R. 31).

2. Eintragung und Gültigkeit gewerblicher Schutzrechte

22 Der Begriff der Rechtsstreitigkeit, die „die Eintragung oder Gültigkeit von Patenten... zum Gegenstand hat", ist euro-autonom zu bestimmen (EuGHE 1983, 3663 – Duijnstee = IPRax 85, 92 – *Stauder* 76). Der EuGH (aaO) hat, eine abschließende Begriffsbestimmung vermeidend, folgende Formel gebraucht: *„Rechtsstreitigkeiten ... bei denen die Zuweisung einer ausschließlichen Zuständigkeit an die Gerichte des Ortes, an dem das Patent erteilt wurde... gerechtfertigt ist, wie z.B. Rechtsstreitigkeiten über die Gültigkeit, das Bestehen oder das Erlöschen des Patents oder über die Geltendmachung eines Prioritätsrechts aufgrund einer früheren Hinterlegung"*. Die Vorschrift ist etwa auch auf Auseinandersetzungen über das Auslaufen eines Markenrechts anzuwenden (Cour d'Appel Paris Rev. crit. 82, 135). Auch die gerichtliche Durchsetzung des Erteilungsanspruchs fällt darunter.

Alle übrigen Klagen, insbesondere die Patentverletzungsklage und die entsprechende Unterlassungsklage, unterfallen der allgemeinen Zuständigkeitsordnung der Verordnung. Da das Münchner Übereinkommen über die Erteilung Europäischer Patente vom 5. 10. 1973 sowie das Luxemburger Übereinkommen über das Europäische Patent für den Gemeinsamen Markt vom 15. 12. 1975 eine Unterscheidung zwischen Fragen der Inhaberschaft an dem

Patent und Fragen seiner Eintragung und Gültigkeit treffen, hat der EuGH (aaO Duijnstee) Streitigkeiten um die Inhaberschaft an einem Patent nicht als von Nr. 4 erfasst angesehen. Das gilt auch für entsprechende Auseinandersetzungen zwischen Arbeitgeber und Arbeitnehmer (Schwed. OGH NJA 94, 81, davon berichtend auch *Pålsson* IPRax 99, 54). Erst recht gilt die Vorschrift nicht für lizenzrechtliche Streitigkeiten, einschließlich solcher auf Erteilung einer Zwangslizenz (*Kropholler*[7] Rn 49).

„Ähnliche Rechte" gibt es kaum. Die eingetragene Firma gehört mangels konstitutiver Bedeutung nicht dazu (*Geimer/Schütze* 241).

3. Hinterlegung oder Registrierung nach zwischenstaatlichen Abkommen

23 Als zwischenstaatliches Übereinkommen, das die Hinterlegung oder Registrierung in Vertragsstaaten fingiert, sind zunächst das Madrider Abkommen über die Internationale Registrierung von Fabrik- oder Handelsmarken vom 14. 4. 1891 i. d. F. 14. 7. 1967 (BGBl. 70 II S. 418) und das Haager Abkommen über die Internationale Hinterlegung Gewerblicher Muster oder Modelle vom 6. 11. 1925 i. d. F. 28. 4. 1960 (BGBl. 1962 II S. 775, 1984 II S. 798) zu nennen. Die einmalige Hinterlegung nach diesen Übereinkommen wirkt für jeden Vertragsstaat. Es handelt sich mithin um ein jeweils national wirkendes Recht (*Jenard*-Bericht zu Art. 16 Nr. 4), für das der Anwendungsbereich des Art. 22 Nr. 4 eröffnet ist.

Auch das **Münchner Übereinkommen** über die Erteilung Europäischer Patente lässt den nationalen Charakter von Patenten unberührt und vereinheitlicht lediglich das Patenterteilungsverfahren. Art. V Protokolle EuGVÜ/LÜ stellten endgültig klar, dass Klage vor den Gerichten jeden Vertragsstaats erhoben werden kann, für den das Patent gilt. Die Verordnung hat diese Vorschrift als Art. 22 Nr. 4 S. 2 übernommen. Zu den Patentübereinkommen im übrigen s. Art. 71 Rn 9.

Neu ist die Berücksichtigung von Gemeinschaftsrechtsakten, was vor allem die Verordnung über die Gemeinschaftsmarke betrifft.

4. Verletzungsprozess und Nichtigkeitseinwand

23 a Für den Verletzungsprozess stehen die Gerichtsstände des Art. 2, jener des Art. 5 Nr. 3, s. dort Rn 20, und jener des Art. 6 Nr. 1, dort Rn. 4, zur Verfügung. Im Gerichtsstand des Art. 2 und 6 Nr. 1 kann jede Verletzung eines Patents oder eines anderen Rechts des gewerblichen Rechtsschutzes (s. *Pearce v. Ove Drup Partnership* 1 AllE. R. [1999] 769 = GRURInt 787) geltend gemacht werden, auch eines Patents, das im Namen eines anderen Staats als des Gerichtsstaats erteilt wurde (*Coin Contorls Ltd. v. Suzo* [1997] 3 AU. E. R. 45 = GRUR Int. 98, 280 m. w. Nw. *Staudter* aaO Fn. 6). Auch Unterlassungsurteile sind insgesamt möglich (*Staudter/Kur* aaO 153). Aus besonderen Gründen der deutschen Patentrechtstradition hat die beim Bundespatentgericht zentralisierte Nichtigkeitsklage die Natur einer Gestaltungsklage. Wird im Verletzungsprozess der Nichtigkeitseinwand erhoben und vom Gericht ernst genommen, setzt dieses das Verfahren aus, bis über die Nichtigkeitsklage entschieden ist. In England und den anderen Staaten (mit Ausnahme von Österreich) gilt eine vergleichbare Regel an sich nicht. Die englischen Gerichte stießen jedoch auf die missratene Fassung von Art. 19 EuGVÜ (= Art. 25 EuGVVO). Deren französische („à tître principal") und deutsche Fassung zeigen klar, dass die Obliegenheit zur Klageabweisung nur besteht, wenn die Nichtigkeit eines Patents der Streitgegenstand der Klage ist und nicht nur, wie im Prozess um die Verletzung anderer als deutscher Patente, inzident eine Rolle spielt (*Donzallaz* 6350). Die englische Fassung von Art. 19 („a claim which is principally concerned with ...") führte zu dem Glauben, die Klage müsse abgewiesen werden, wenn die Nichtigkeitsfrage zum Hauptstreitpunkt geworden sei. Auch die Verletzungsklage wird also dann abgewiesen, soweit ausländische Patente betroffen sind (*Coin Controls* aaO). Richtig ist dagegen eine Aussetzung von dem Augenblick an, zu dem im Ausland Nichtigkeitsklage erhoben ist (Hof,s Gravenhage NIPR 98, Nr. 236 = Bericht in GRURInt 98, 737; *Staudter* aaO 321), die ernst zu nehmen ist. Eine Abweisung der Verletzungsklage bevor über die Nichtigkeitsbehauptung entschieden ist, ist unsinnig.

V. Die gerichtliche Zuständigkeit am Vollstreckungsort

Literatur: *Nelle* Anspruch, Titel und Vollstreckung im internationalen Rechtsverkehr (2000).

1. Normstruktur und gesetzgeberische Grundentscheidung

24 Grund für die ausschließliche Zuständigkeit der Gerichte des Vollstreckungsortes – auch wenn der Titel keine „Entscheidung“ ist, allg. M. – ist, dass die Zwangsvollstreckung Ausübung von Staatsgewalt ist und daher allein die Gerichte des Vertragsstaates (öOGH v. 11. 6. 01 3 Nd 1/00) die Vorschriften über die Tätigkeit der Vollstreckungsbehörden anwenden und kontrollieren sollen, der die Zwangsvollstreckung verantwortet (EuGHE 1992, 2149 – Reichert II = IPRax 93, 28 – *Schlosser*[17]). Daher lässt sich die Abgrenzung dessen, was „Zwangsvollstreckung“ ist, und was zum Erkenntnisverfahren gehört, nicht gänzlich vertragsautonom bewerkstelligen. Man kann nur sagen, betroffen sind Verfahren, „welche direkt die korrekte Abwicklung der zwangsweisen Verwirklichung des rechtmäßigen Zustands betreffen“ (*Stoffel* FS Vogel [1991] 372). Die des Exequaturs bedürftige Erlaubnis, generell Vollstreckungsakte (deutscher Arrest) oder einzelne Vollstreckungsakte (französische mesure conservatoire) veranlassen zu dürfen, fällt nicht darunter (*Donzallaz* 6331). Die Rechtsordnungen mancher Staaten sorgen aber schon im Erkenntnisverfahren für eine Steuerung der späteren Zwangsvollstreckung, etwa wenn sie eine „astreine“ kennen, s. Art. 49. Man würde die jeweilig zusammengehörigen und aufeinander abgestimmten Regelungsmaterien sprengen, wenn man in diesem Bereich den Begriff „Zwangsvollstreckung“ umfassend vertragsautonom qualifizieren wollte. Vielmehr ist, wie gerade Art. 49 zeigt, die im Recht des Ausgangsstaats vorgenommene Art der Trennung von Erkenntnisverfahren und Zwangsvollstreckung grundsätzlich zu respektieren. In Zusammenhang mit der Gläubigeranfechtung, s. Rn 26, hat der EuGH zwar auch wieder das Postulat der vertragsautonomen Auslegung plakativ herausgestellt (aaO Reichert II). In Wahrheit hat er aber eine zweistufige Qualifikation vorgenommen und geprüft, ob die „Gläubigeranfechtungsklage des französischen Rechts“ Zwangsvollstreckung ist oder nicht. Damit behält er sich im Grunde nur vor zu berücksichtigen, dass schon nach nationalem Recht manche Dinge aus praktischen Gründen an systemwidriger Stelle geregelt sind, insbesondere auch das Gericht des Erkenntnisverfahrens als Vollstreckungsorgan eingesetzt werden kann. So sind etwa auch Ansprüche aus § 717 Abs. 2, § 945 ZPO zwar keine zwangsvollstreckungsrechtlichen Verfahren i. S. der Nr. 5, heute allg. M. Aus praktischen Gründen kann man aber § 28 Abs. 2 AVAG in analoger Anwendung von Nr. 5 gut heißen. Nur so lässt sich der Sinnzusammenhang der nach nationalem Recht zum Regelungsbereich Zwangsvollstreckung gehörenden Rechtsnormen wahren. Das Gericht des Erkenntnisverfahrens darf allerdings die Modalitäten der Zwangsvollstreckung im Ausland nicht vorschreiben, etwa dass der Gläubiger beschlagnahmtes Gut verwaltet (OGH Schweden 1979 ILPr 509) oder Ersatzvornahmen im Ausland tätigen darf (*Kropholler*[7] Rn 60).

2. Rechtsschutzgesuche mit zwangsvollstreckungsrechtlichem Gehalt

25 Zwangsvollstreckungsrechtliche Verfahren im Sinne der Vorschrift sind neben den eigentlichen Zwangsvollstreckungsmaßnahmen (*Jestaedt* IPRax 01, 438. **a. A.** Saarbrücken IPRax 01, 456) die klassischen Rechtsbehelfe des deutschen Zwangsvollstreckungsrechts. Für die durch Art. 45 nicht ausgeschlossene (*Münzberg* FS Geimer (2002) 756. **a. A.** *Hub* NJW 01, 3147) **Vollstreckungsgegenklage** hat dies der EuGH bestätigt (1985, 2267 – AS Autoteile = NJW 2892 = IPRax 86, 232 – *Geimer* 208). Der Grund liegt aber ausschließlich darin (so mit Recht *Nelle* aaO 366 ff. Grundsätzlich **a. A.** *Leutner,* wie Art. 57, 246), dass das anstehende Sachurteil keine rechtskräftigen Aussagen zum Fortbestand des vollstreckbaren Anspruchs macht (BGHZ 127, 146 = NJW 94, 3225 – Zu Besonderheiten bei Urkunden und Vergleichen *Nelle* aaO). Von der gegenteiligen Prämisse ausgehend hält man außerhalb Deutschlands die Geltendmachung materiellrechtlicher Einwände gegen die Zwangsvollstreckung nicht von Nr. 5 gedeckt (Nw bei *Nelle* aaO 370 ff.). So entfaltet etwa das österreichische „Oppositionsurteil" auch Rechtskraft über den Fortbestand des titulierten Anspruches (öOGH EvBl 69, 380 st. Rspr.). Der öOGH (IPRax 99, 47) hat die Vorschrift nicht einmal mit einer vor Exekutionsbewilligung erhobenen Klage auf Feststellung der Unzulässigkeit der Zwangsvollstreckung angewandt. Eine Zuständigkeit begründet Nr. 5 ohnehin erst, wenn Zwangsvollstreckungsmaßnahmen im fraglichen Staat anstehen (*Münzberg* FS Geimer (2002) 755). Zu Problemen der **Aufrechnung,** die in Zusammenhang mit der Vollstreckungsgegenklage stehen, s. vor Art. 2 Rn 15 ff. Da auch das auf eine Drittwiderspruchsklage ergehende Urteil keine rechtskräftigen Aussagen über das Recht des Dritten macht, allg. M., ist Nr. 5 auch auf diese Klage anzuwenden (Hamm IPRax 01, 339).

3. Rechtsschutzgesuche ohne zwangsvollstreckungsrechtlichen Gehalt – primäre Anordnungszuständigkeit

26 Reichert II (aaO) ist das einzige Urteil des EuGH, in dem klar gesagt ist, dass eine Klageart nicht zwangsvollstreckungsrechtlicher Natur ist. Die dort entwickelte Ansicht passt auch auf die „accion pauliana" des spanischen (Hamburg IPRax 99, 168) und die Gläubigeranfechtungsklage des deutschen Rechts sowie auf alle Klagen, mit denen ein im deutschen Recht begründeter Anspruch auf Duldung der Zwangsvollstreckung geltend gemacht wird (*Schlosser* IPRax 91, 31). Das gleiche gilt auch, wenn aus materiellrechtlichen Gründen, etwa gestützt auf § 826 BGB, die Unzulässigkeit der Zwangsvollstreckung und/oder die Herausgabe der vollstreckbaren Ausfertigung des Titels oder die Rückgabe von Vermögenswerten geltend gemacht wird, die zur Vermeidung von Zwangsvollstreckung hingegeben worden waren (als selbstverständlich vorausgesetzt in BAG RIW 87, 467). S. auch Rn 24 a.E. „Disclosure"-Bestandteile englischer freezing order, s. Art. 31 Rn 33, welche die Preisgabe von Information über die Belegenheit von Vermögensgegenständen erzwingen sollen, auf welche sich der Hauptteil dieser einstweiligen Verfügung bezieht, sind noch nicht Zwangsvollstreckung (*Babanaft v. Bassatne* [1989] 2 W.L.R. 232, 248 [C.A.]). Auch selbständige, auf Informationspreisgabe gerichtete Verfahren, wie jenes nach §§ 899ff. ZPO, sind solange keine Sanktionen verhängt worden, nicht Zwangsvollstreckung (*Heß* Rpfleger 96, 89, 91. **a. A.** Interpool Ltd. v. Galani [1988] QB 738). Es kann daher auch die Preisgabe von auslandsbelegenem Vermögen angeordnet und (mit im Inland vollstreckbaren Sanktionen) erzwungen werden (LG Stade Rpfleger 84, 324; *Heß* aaO). Aus Art. 49 lässt sich generell die Wertung entnehmen, dass die nach nationalem Recht dem Richter des Erkenntnisverfahrens vorbehaltene Anordnung von Sanktionen für den Fall der Nichtbeachtung seiner Entscheidung, die ihrerseits erst noch der Vollstreckung bedürfen, wie nach deutschem Recht etwa Anordnungen aufgrund §§ 888, 890 ZPO, noch keine Zwangsvollstreckung sind (KG IPRax 01, 26; Einzelheiten str., s. *Schack* IZPR[3] Rn 972ff.). Das Gleiche gilt für Anordnungen nach § 887 ZPO, soweit die materielle Duldungspflicht und die Kostentragung des Schuldners tituliert wird (**a. A.** Nürnberg IPRspr 1974 Nr. 188).

Die primäre Anordnungszuständigkeit für die Verhängung von Sanktionen bleibt also beim Gericht des Ausgangsverfahrens (*Gaudemet-Tallon* aaO Rn 101), wenn dessen Rechtsordnung eine solche Annexkompetenz begründet. Jedoch kann auch der Vollstreckungsstaat seinen Behörden Anordnungskompetenzen gewähren. Nach dem Recht mancher Mitgliedsstaaten gibt es keinen generell wirkenden **dinglichen Arrest,** sondern die von Gerichten im Wege des einstweiligen Rechtsschutzes verfügte Beschlagnahme einzelner Vermögensgegenstände. Dann ist die erstmalige Anordnung noch keine Zwangsvollstreckung „aus" einer Entscheidung. Die Maßnahme muss ihrerseits grenzüberschreitend anerkannt und vollstreckt werden. Auch die Zustellung eines solche Anordnungen enthaltenden Titels ist noch nicht Zwangsvollstreckung und kann als Auslandszustellung vorgenommen werden (KG aaO; *Mennicke* IPRax 01, 205). Schließlich muss Nr. 5 dahingehend eingeschränkt werden, dass Maßnahmen, die der Vollstreckungsstaat nur als Unterstützung seiner Rechtsschutzgewährung aus dem Ausland heraus empfinden kann, immer erlaubt sind, etwa die Erzwingung von Information über Vermögen im Vollstreckungsstaat.

4. Inlandsvollstreckung oder Auslandsvollstreckung?

27 In die Souveränität der Mitgliedsstaaten wollte die EuGVVO nämlich nur insoweit eingreifen, als es zur Anerkennung und Vollstreckung von Entscheidungen verpflichtet. Wann eine Inlandsvollstreckung vorgenommen werden darf und wann eine Auslandsvollstreckung nötig ist, und welche Vermögenswerte wo belegen sind, entscheidet jeder Staat für sich, solange er keine Tätigkeit seiner Vollstreckungsorgane auf fremden Territorium beansprucht (*BGE* 124 III 505, *Schack* IZPR[3] Rn 960). In der Schweiz wird ein Miterbenanteil nicht deshalb als inlandsbelegen betrachtet, weil zum Nachlass schweizerische Grundstücke gehören (BGE aaO). Wird in einem Mitgliedsstaat die Pfändung einer Forderung des Schuldners gegen einen in einem anderen Vertragsstaat wohnhaften Drittschuldner begehrt, so „soll" aus deutscher Sicht die Zwangsvollstreckung im Wohnsitzstaat des Drittschuldners stattfinden. Andere Staaten können eine solche Pfändung aber wegen des inländischen Schuldnerwohnsitzes als Inlandsvollstreckung begreifen (*Schack* aaO).

5. Besonderheiten des schweizerischen Rechts

28 Das schweizerische Schuldbetreibungsverfahren ist in Art. 38 Rn 8 beschrieben. Der Erlass des Zahlungsbefehls und die Arrestprosequierung durch Zahlungsbefehl sind noch keine Zwangsvollstreckung (BGE 120 III 92). Da von einer Behörde und nicht einem Gericht ausgehend, unterfallen sie aber auch nicht dem Zuständigkeitssystem des LÜ und wären, wenn dies anders zu sehen wäre, eine Maßnahme des einstweiligen Rechtsschutzes (so mit Recht *Kaufmann-Kohler* SJ 95, 550). Das Verfahren der definitiven Rechtsöffnung ist ein zwangsvollstreckungsrechtliches, s. Art. 38 Rn 9. Für das Verfahren der provisorischen Rechtsöffnung ist die Rechtslage streitig. Die besseren Gründe sprechen dafür, es nicht als zwangsvollstreckungsrechtlich anzusehen, sondern als ein solches, für das das Zuständigkeitssystem des LÜ beachtet werden muss (Cour de Justice Genf SZIER 94, 395 ff. – 3 Entscheidungen; Trib. cant. Valais SZIER 95, 23; Bezirksgericht Arlesheim SZIER 95, 42. *Kaufmann-Kohler* aaO 551 ff.; *Walter* ZZP 107 [1994] 312 ff. m. w. N.; *Markus* Lugano-Übereinkommen und SchKG-Zuständigkeiten[2] [1997] 66 ff.). Die (Schuld-)aberkennungsklage kann in dem Gerichtsstand erhoben werden, in dem um die provisorische Rechtsöffnung nachgesucht worden war (*Kaufmann-Kohler* aaO; *Markus* aaO 132 ff.). Es handelt sich funktional um ein ähnliches Rechtsinstrument wie das Nachverfahren im deutschen Wechselprozess mit dem instrumentalen Unterschied, dass der provisorisch Unterlegene sich mit einer „Klage" wehren muss.

Abschnitt 7. Vereinbarung über die Zuständigkeit

Art. 23 [Zulässigkeit und Form von Gerichtsstandsvereinbarungen]

(1) **Haben die Parteien, von denen mindestens eine ihren Wohnsitz in dem Hoheitsgebiet eines Mitgliedsstaats hat, vereinbart, dass ein Gericht oder die Gerichte eines Mitgliedsstaats über eine bereits entstandene Rechtsstreitigkeit oder über eine künftige aus einem bestimmten Rechtsverhältnis entspringende Rechtsstreitigkeit entscheiden sollen, so sind dieses Gericht oder die Gerichte dieses Mitglieds-**

staates zuständig. Dieses Gericht oder die Gerichte dieses Mitgliedsstaates sind ausschließlich zuständig, sofern die Parteien nichts anderes vereinbart haben.

Eine solche Gerichtstandsvereinbarung muß geschlossen werden.

a) schriftlich oder mündlich mit schriftlicher Bestätigung,
b) in einer Form, welche den Gepflogenheiten entspricht, die zwischen den Parteien entstanden sind oder
c) im internationalen Handel in einer Form, die einem Handelsbrauch entspricht, den die Parteien kannten oder kennen mußten und den Parteien von Verträgen dieser Art in dem betreffenden Geschäftszweig allgemein kennen und regelmäßig beachten.

(2) Elektronische Übermittlungen, die eine dauerhafte Aufzeichnung der Vereinbarung ermöglichen, sind der Schriftform gleichgestellt.

(3) Wenn eine solche Vereinbarung von Parteien geschlossen wurde, die beide ihren Wohnsitz nicht im Hoheitsgebiet eines Mitgliedsstaats haben, so können die Gerichte der anderen Mitgliedsstaaten nicht entscheiden, es sei denn, das vereinbarte Gericht oder die vereinbarten Gerichte haben sich rechtskräftig für unzuständig erklärt.

(4) Ist in schriftlich niedergelegten trust-Bedingungen bestimmt, dass über Klagen gegen einen Begründer, trustee oder Begünstigten eines „trust" ein Gericht oder die Gerichte eines Mitgliedsstaats entscheiden sollen, so ist dieses Gericht oder sind diese Gerichte ausschließlich zuständig, wenn es sich um Beziehungen zwischen diesen Personen oder ihre Rechte oder Pflichten im Rahmen des trust handelt.

(5) Gerichtsstandsvereinbarungen und entsprechende Bestimmungen in trust-Bedingungen haben keine rechtliche Wirkung, wenn sie den Vorschriften der Artikel 13, 17 und 21 zuwiderlaufen oder wenn die Gerichte, deren Zuständigkeit abbedungen wird, aufgrund des Artikel 22 ausschließlich zuständig sind.

EuGVÜ/LÜ: In Art. 17 (= Art. 23 EuGVVO) Abs. 1 fehlt Satz 2. In Satz 1 steht vor „zuständig" das Wort „ausschließlich". Absatz 2 fehlt. In dem dem jetzigen Absatz 4 entsprechenden Absatz 2 ist das Wort trust ohne Anführungszeichen geschrieben. In dem dem jetzigen Absatz 5 entsprechenden Absatz 3 lautet die Bezugnahme: „Artikel 12 oder 15 bzw. 16. Außerdem enthält die Norm noch Absätze 4 und 5, die folgendermaßen lauten:

„(4) Ist eine Gerichtsstandsvereinbarung nur zugunsten einer der Parteien getroffen worden, so behält diese das Recht, jedes andere Gericht anzurufen, das aufgrund dieses Übereinkommens zuständig ist.

(5) Bei individuellen Arbeitsverträgen haben Gerichtsstandsvereinbarungen nur dann rechtliche Wirkung, wenn sie nach der Entstehung der Streitigkeit getroffen werden [i. d. F. des 3. Beitrittsübereinkommens für das EuGVÜ zusätzlich:] oder wenn der Arbeitnehmer sie geltend macht, um ein anderes Gericht als das am Wohnsitz des Beklagten oder das in Artikel 5 Nummer 1 bezeichnete anzurufen."

Textgeschichte: Ursprünglich Art. 17 EuGVÜ/LÜ, geändert durch 1. Beitrittsübereinkommen (Aufnahme internationaler Handelsbräuche in Abs. 1, Einbeziehung von trusts in Abs. 2, 3, Aufnahme von Abs. 1 S. 3) und 3. Beitrittsübereinkommen (Abs. 5 eingefügt). Heutige Fassung durch Verordnung unter Eliminierung des Worts „ausschließlich" vor „zuständig" in Abs. 1 S. 1 und Einfügung des inhaltlich neuen Abs. 1 S. 2, sowie des neuen Abs. 2. Letzter Satz des bisherigen Abs. 1 wurde neuer Absatz 3. Bisherige Absätze 2 und 3 wurden Absätze 4 und 5. Bisheriger Absatz 4 ist entfallen, bisheriger Abs. 5 im neuen Art. 21 aufgegangen. Die Texte von Art. 17 EuGVÜ/LÜ lauten also:

„(1) Haben die Parteien, von denen mindestens eine ihren Wohnsitz in dem Hoheitsgebiet eines Vertragsstaats hat, vereinbart, daß ein Gericht oder die Gerichte eines Vertragsstaats über eine bereits entstandene Rechtsstreitigkeit oder über eine künftige aus einem bestimmten Rechtsverhältnis entspringende Rechtsstreitigkeit entscheiden sollen, so sind dieses Gericht oder die Gerichte dieses Staates ausschließlich zuständig.

Eine solche Gerichtstandsvereinbarung muß geschlossen werden

a) schriftlich oder mündlich mit schriftlicher Bestätigung,
b) in einer Form, welche den Gepflogenheiten entspricht, die zwischen den Parteien entstanden sind oder
c) im internationalen Handel in einer Form, die einem Handelsbrauch entspricht, den die Parteien kannten oder kennen mußten und den Parteien von Verträgen dieser Art in dem betreffenden Geschäftszweig allgemein kennen und regelmäßig beachten.

Wenn eine solche Vereinbarung von Parteien geschlossen wurde, die beide ihren Wohnsitz nicht im Hoheitsgebiet eines Vertragsstaats haben, so können die Gerichte der anderen Vertragsstaaten

nicht entscheiden, es sei denn, das vereinbarte Gericht oder die vereinbarten Gerichte haben sich rechtskräftig für unzuständig erklärt.

(2) **Ist in schriftlich niedergelegten „trust"-Bedingungen bestimmt, daß über Klagen gegen einen Begründer, „trustee" oder Begünstigten eines „trust" ein Gericht oder die Gerichte eines Vertragsstaats entscheiden sollen, so ist dieses Gericht oder sind diese Gerichte ausschließlich zuständig, wenn es sich um Beziehungen zwischen diesen Personen oder ihre Rechte oder Pflichten im Rahmen des „trust" handelt.**

(3) **Gerichtsstandsvereinbarungen und entsprechende Bestimmungen in „trust"-Bedingungen haben keine rechtliche Wirkung, wenn sie den Vorschriften der Artikel 12 oder 15 zuwiderlaufen oder wenn die Gerichte, deren Zuständigkeit abbedungen wird, aufgrund des Artikels 16 ausschließlich zuständig sind.**

(4) **Ist eine Gerichtsstandsvereinbarung nur zugunsten einer der Parteien getroffen worden, so behält diese das Recht, jedes andere Gericht anzurufen, das aufgrund dieses Übereinkommens zuständig ist.**

(5) **Bei individuellen Arbeitsverträgen haben Gerichtsstandsvereinbarungen nur dann rechtliche Wirkung, wenn sie nach der Entstehung der Streitigkeiten getroffen werden** [idF des 3. Beitrittsübereinkommens für das EuGVÜ zusätzlich:] **oder wenn der Arbeitnehmer sie geltend macht, um ein anderes Gericht als das am Wohnsitz des Beklagten oder das in Artikel 5 Nummer 1 bezeichnete anzurufen."**

Literatur: *Reiser* Gerichtsstandsvereinbarungen nach IPR-Gesetz und Lugano-Übereinkommen (Zürich 1995); *L. Killias* Die Gerichtsstandsvereinbarungen nach dem Lugano-Übereinkommen (Zürich 1993); *E. Stöve* Gerichtsstandsvereinbarungen nach Handelsbrauch (1993); *Leipold* Zuständigkeitsvereinbarungen in Europa in Gottwald u. a. Dogmatische Grundsatzfragen... (2000) 51 ff. Hinzu kommen Dutzende von Spezialbeiträgen in den gängigen Fachzeitschriften vor allem in IPRax.

Übersicht

I. Regelungsziel der Norm

1 Die Vorgängerin der Vorschrift (Art. 17 EuGVÜ) verfolgte von Anfang an zwei Ziele, über deren antagonistischen Charakter man sich nicht recht im klaren war. Erst im Laufe der verschiedenen Anpassungsverhandlungen hat man es unternommen, die gegenläufigen Interessen besser zum Ausgleich zu bringen, was aber zur textlichen Aufblähung der Vorschrift geführt hat. Es sollte den Handelsgebräuchlichkeiten Rechnung getragen, aber gleichzeitig vermieden werden, dass Gerichtsstandsklauseln „unbemerkt" in das Vertragsverhältnis eingeführt werden (*Jenard*-Bericht zu Art. 17). Die Vorschrift ist in ihrer ursprünglichen Form aber entstanden, bevor das in Europa aufkommende Verbraucherschutzdenken zur praktischen Abschaffung von Gerichtsstandsvereinbarungen bei Beteiligung von Verbrauchern geführt hat. Der EuGH wollte Pionierarbeit leisten, ohne zwischen Verbrauchern und Gewerbetreibenden zu unterscheiden. In einer seiner ersten Entscheidungen zu Art. 17 EuGVÜ (EuGHE 1976, 1851 – Segoura) betonte er in einer für den Wirtschaftsverkehr nicht tragbaren Weise den Schutz vor Überrumpelung eines Vertragspartners. Für die Formvariante Mündlichkeit mit schriftlicher Bestätigung reichte ihm ein mündlich, unter Bezugnahme auf die der anderen Seite nicht vorliegende AGB geschlossener und vom Verkäufer schriftlich unter Beifügung der AGB bestätigter Vertrag nicht aus, um eine in den AGB stehende Gerichtsstandsklausel wirksam zu machen. Daraufhin führte das 1. Beitrittsübereinkommen folgende Formvariante neu ein:

„Form…, die den internationalen Handelsbräuchen entspricht, die den Parteien bekannt waren oder als ihnen bekannt angesehen werden müssen".

Gleichzeitig wurden die ausschließlichen Zuständigkeiten in Verbrauchersachen erweitert. Das 3. Beitrittsübereinkommen und das LÜ haben dann aus dem bisherigen durchlaufenden und deshalb schwer verständlichen Text drei durch Buchstaben gekennzeichnete Formvarianten gemacht, in der Formvariante der Handelsgebräuchlichkeit eine Umstellung von der Kenntnisfiktion auf übliche Kenntnis vorgenommen und (im Anschluss an EuGH aaO) eine Privilegierung laufender Geschäftsbeziehungen hinzugefügt. Dabei ist es auch in der EuGVVO verblieben, die lediglich Satz 2 zu Absatz 1 und den jetzigen Absatz 2 neu gebracht hat.

II. Der Anwendungsbereich

1. Der sachliche Anwendungsbereich

2 Die Vorschrift gilt lediglich für die privatautonom in der Form einer **Vereinbarung** begründete Zuständigkeit. Was eine Vereinbarung von anderen Rechtsakten unterscheidet, ist euroautonom auszulegen. Der EuGH wertet auch Satzungen juristischer Personen als solche (EuGHE 1992 I 1756 – Petereit; zum Erfordernis hinreichender Bestimmtheit einer Satzungsbestimmung Koblenz ZIP 92, 1234). Zur euroautonomen Bestimmung des Vertragsbegriffs im allgemeinen s. auch Art. 5 Rn 3ff. Eine Ausnahme von dem Vereinbarungserfordernis macht nur Abs. 4 für „trust"-Bestimmungen. Das sich dort findende Schriftlichkeitserfordernis soll „resulting" und „constructive" trusts ausschließen. Verhältnis zu Art. 27, 28 s. Art. 27 Rn 12.

3 Der **sachliche Anwendungsbereich** der Norm bezieht sich in diesem Rahmen außer auf die grundsätzliche Garantie der Prorogations- und Derogationsfreiheit und die (selbstverständlichen) Wirkungen der Abrede, s. Rn 33f, primär nur auf die **Form** einer Gerichtsstandsvereinbarung, s. Rn 12ff. Sie gilt, solange es an einem einheitlichen europäischen Vertragsabschlußrecht fehlt, nicht (teilw.

a. A. öOGH 29. 8. 00 1 Ob 149/00 v) für die übrigen Voraussetzungen des Zustandekommens und Wirksambleibens einer Gerichtsstandsvereinbarung, wie Zugang einer und Gebundenheit an eine Willenserklärung, Willensmängel, Bevollmächtigung, Auslegung, Inhaltskontrolle (s. unten Rn 31), Widerspruch zwischen den AGB beider Seiten (Einbeziehung geleugnet durch Corte di Cassazione 1991 n° 7473 Riv. dir. int. priv. proc. 92, 1005) u. ä. (h. M. z. B. *MünchKommZPO-Gottwald*[2] Rn 14 m. w. N.; *Geimer/Schütze* Rn 81; SchwBGE 124 III 134; *Reiser* aaO 38; *Gaudemet-Tallon* Rn 131. **a. A.** insb. *Jayme* IPRax 89, 362, *Kohler* IPRax 91, 300; *Stöve* 20 ff; LG Essen RIW 92, 227). Diese Annahme liegt auch der Rechtsprechung des EuGH zu Vereinssatzungen zugrunde (*Jayme/Kohler* IPRax 92, 351), Rn 2 (wie hier EuGHE 1986, 3337 – Iveco; *Schockweiler* in EuGH [Hrsg.] Internationale Zuständigkeit und Urteilsanerkennung in Europa (1993) 113 – die Richtigkeit des hier eingenommenen Standpunktes auch aus EuGHE 1981, 1671 – Elefanten Schuh herleitend; *Jenard/Möller*-Bericht Rn 55). Es wäre absonderlich, auch noch außerhalb der Formfrage einerseits das Zustandekommen eines Vertrags im allgemeinen und der darin enthaltenen Gerichtsstandsvereinbarung andererseits unterschiedlichen rechtlichen Regelungen zu unterwerfen. Dass faktisch bei Einhaltung der vorgeschriebenen Form eine Vermutung für das Vorliegen einer Vereinbarung besteht, weil sie gerade auch der erleichterten Feststellbarkeit einer solchen Einigung dienen soll (so für Absatz 1 Buchst. c) EuGHE 1997 I 911 Nr. 19 – MainschifffahrtsGen.), ändert darin ebensowenig etwas (**a. A.** *Kropholler*[7] Rn 17; *Leipold* aaO 59 – sehr krit. zu EuGH aaO) wie die Unabhängigkeit der Gerichtsstandsklausel vom Hauptvertrag, s. Rn 39. Im Falle unterschiedlicher **Sprachen** von Vertrag und einbezogenen AGB ist wohl das Formerfordernis des Art. 23 erfüllt; ob übereinstimmende Erklärungen zustandgekommen sind, richtet sich nach nationalem Recht (**a. A.** BGH IPRax 91, 326 – in englischer Sprache gehaltener Hinweis auf deutschsprachige AGB gerichtsstandsbegründend). Für andere als Formfragen kann auch ein kollisionsrechtlich vermitteltes fremdes Recht gelten (Düsseldorf RIW 90, 579; München IPRax 91, 46; Saarbrücken NJW 92, 987), welches das auf den Hauptvertrag anwendbare Recht ist (*Gottwald* FS Henckel [1995] 300 ff. m. w. N. z. Strstd.). Das vielfältig herausgestellte, aus der EuGVVO selbst abgeleitete Postulat, es müsse vermieden werden, dass in AGB enthaltene Gerichtsstandsklauseln unbemerkt in den Vertrag gerieten, lässt sich nach dem ersten Beitrittsübereinkommen nur für den Fall des jetzigen Buchst. a) aufrechterhalten.

4 Schließlich muss die Vereinbarung das **Gericht eines Mitgliedsstaats** als zuständig bezeichnen, auch als örtlich zuständig, wenn die Gerichte dieses Mitgliedsstaats international ohnehin zuständig sind (*Gaudemet-Tallon* 113). Es genügt aber, wenn schlicht die internationale Zuständigkeit der Gerichte eines Mitgliedsstaats vorgesehen oder ausgeschlossen wird, allg. M. Die örtliche Zuständigkeit muss dann notfalls durch Ordination (öOGH 6. 5. 02 2 Ob 78/02 p) oder analog § 36 d ZPO bestimmt werden. Wird die internationale Zuständigkeit der Gerichte dritter Staaten vereinbart, so richtet sich die Derogationsgeeignetheit der Abmachung ebenso nach dem nationalen Recht des angerufenen Gerichts (h. M. etwa Cour de Cassation Dalloz. Informations rapides 79, 341. **a. A.** Cour d'Appel Versailles Rev. crit. 92, 333; *Geimer* NJW 86, 1439 f) wie der Prorogationseffekt einer Vereinbarung, mit der zwei Parteien ohne Wohnsitz in einem Vertragsstaat ein Gericht in einem solchen für zuständig erklären, s. aber auch Rn 5 a. E.

Art. 23 gilt auch für das Mahnverfahren, s. § 703 d ZPO.

2. Der persönliche Anwendungsbereich

5 Mindestens eine Partei des ursprünglichen Vertrags (EuGHE 2000 I 9337 – Coreck) muss zur Zeit des Vertragsschlusses Wohnsitz in einem Mitgliedsstaat haben. Auch bei Verträgen unter mehr als zwei Personen genügt der im Mitgliedsstaat gelegene Wohnsitz von einer Partei. Für die Bestimmung des Wohnsitzes (bzw. des Sitzes einer Gesellschaft) gelten Artt. 59, 60. Darauf, welche Partei später welche dialektische Rolle im Prozess spielt, kommt es nicht an. Nach Absatz 3 soll eine solche Derogationswirkung und die Prorogationswirkung zugunsten des als zuständig vorgesehenen Gerichts in den Mitgliedsstaaten einheitlich nur bei Wahrung der in Art. 23 vorgesehenen Form anerkannt werden.

3. Internationaler Anwendungsbereich

6 Trotz des weiten Wortlauts der Vorschrift gilt sie für reine Inlandsfälle nicht, heute wohl allg. M. (Etwa BGH NJW 93, 1070; Hamm IPRax 99, 244). Einen Bezug der Sache selbst zum Gerichtsstaat ist aber nicht erforderlich. Man kann auch die Zuständigkeit eines national neutralen Gerichts vereinbaren. Darüberhinaus ist der internationale Anwendungsbereich der Vorschrift kontrovers. Jeden internationalen Bezug unabhängig vom Wohnsitz der Parteien für ausreichend sein zu lassen (*Hill* The Law Relating to International Commercial Disputes[2] (1998) Rn 5, 3, 8), verbietet sich deshalb, weil **Absatz 3** einer solchen Annahme entgegensteht. Haben beide Parteien ihren Wohnsitz nicht in einem Mitgliedsstaat, vereinbaren sie aber die Zuständigkeit eines Gerichts in einem Mitgliedsstaat, so ist der Prorogationseffekt einer solchen Vereinbarung durch die Verordnung nicht garantiert, sondern allenfalls nach nationalem Recht eingetreten (*Schlosser*-Bericht Rn 177). Absatz 3 sagt nur, dass dann die Gerichte in Mitgliedsstaaten, deren u. U. bestehende besondere Zuständigkeiten durch eine solche Vereinbarung abbedungen worden sein könnten (sollte sie nach dem nationalem Recht des prorogierten Staates wirksam sein), die Wirksamkeit der Derogation ihrer Zuständigkeit nicht leugnen dürfen, solange das prorogierte Gericht über seine Zuständigkeit nicht entschieden hat.

Da Absatz 3 speziell für den Fall geschaffen worden ist, dass keine Partei Wohnsitz in einem Mitgliedsstaat hat, muss man der Vorschrift im übrigen entnehmen, dass sie jeder in einem Mitgliedsstaat ansässigen Partei die Möglichkeit einräumen wollte, mit einem Partner aus einem Drittstaat die Zuständigkeit der Gerichte eines Mitgliedsstaats, sei es eines fremden (SchwBGE 125 III 108; Köln IPRspr 1991 Nr. 165; Karlsruhe NJW 82, 150), sei es des eigenen, zu vereinbaren, ganz h. M. Art. 23 ist also nicht nur als Durchbrechung der Grundregel von Art. 2 zu sehen (**a. A.** *Samtleben* RabelsZ 59 [1995] 692). Insbesondere ist Art. 23 auch anwendbar, wenn keine ex lege bestehende internationale Zuständigkeit eines anderen Mitgliedsstaates ausgeschlossen wird (EuGHE 2000, 5925 – Group Josi Erw. 42).

Daher ist Art. 23 auch anwendbar, wenn bei Wohnsitz beider Parteien im selben Staat der Vertrag auf Verbringung von Leistungen in einen anderen Mitgliedsstaat gerichtet ist (Arrondissementsrechtbank Rotterdam ILPr 91, 285 – Konnessement). Das gleiche gilt, wenn der Leistungsgegenstand mit einem anderen Mitgliedsstaat eng verbunden ist, wie bei Verkauf von Anteilen an einer in einem anderen Mitgliedsstaat registrierten und ansässigen Gesellschaft (München IPRspr. 1985 Nr. 133 A. **a. A.** Corte di Cassazione Nschlwerk I-1.1.-B22). Der internationale Bezug braucht **nicht zu einem Mitgliedsstaat** zu bestehen (*B-B-Auer* Rn 21 m.w.N.). Art. 23 gilt auch, wenn in einem Vertrag mit einem außereuropäischen Partner die Zuständigkeit eines Gerichts in einem Mitgliedsstaat vereinbart wird (München RIW 89, 901 ganz hLitM. **a.A.** BGH RIW 92, 143 = IPRax 377 – krit. *Heß* 358; München IPRax 91, 47 – krit. *Geimer* 31; Karlsruhe NJW RR 93, 568). Allein durch die vereinbarte Zuständigkeit eines ausländischen Gerichts wird aber ein relevanter Auslandsbezug nicht hergestellt (**a.A.** *Jenard*-Bericht zu Art. 17; *B-B-Auer* Rn 10 m.w.N.).

7 Soweit die Verordnung anwendbar ist, verdrängt sie §§ 38, 40 ZPO. § 38 war ursprünglich (1974 und 1976), mit Ausnahme der Regelung zu beiderseitigen Handelsgeschäften, genau auf das EuGVÜ abgestimmt, wurde dessen Änderungen in den Beitrittsübereinkommen aber nicht angepasst. Im Anwendungsbereich von Art. 23 sind also Gewerbetreibende nur im Rahmen von Buchst. c) privilegiert. Eine Beschränkung auf den örtlichen Gerichtsstand des Wohnsitzes der inlandsansässigen Partei, wie in § 38 Abs. 2 S. 3, gibt es nicht (LG München I NJW 75, 1606 m.w.N. z.Strstd.). Auch nationalrechtliche Formvorschriften für die Einbeziehung von **AGB** sind verdrängt (h.M. etwa *Stein/Jonas/Bork*[21] § 38 Rn 28 mwN. Verkannt von Düsseldorf RIW 90, 579; Koblenz IPRax 87, 310 – den Charakter als Formvorschriften der Art. 1341f it. codice civile verkennend. Zutr.: Corte di Cassazione 1987 n° 9210). Das gleiche gilt für nationalrechtliche Vorschriften über die Verwendung bestimmter **Sprachen** (EuGHE 1981, 1671 = IPRax 82, 234 – Elefanten Schuh – *Leipold* 222). Zur Inhaltskontrolle s. Rn 31, zur Anwendung des nationalen Rechts außerhalb des Regelungsbereichs von Art. 23 Rn 3, zu schärferen nationalrechtlichen Formvorschriften für das gesamte Geschäft, zu dem die Gerichtsstandsklausel gehört, Rn 17.

Sonderregelung für Luxemburg s. Art. 63.

4. Der intertemporale Anwendungsbereich

8 Den allgemeinen intertemporalrechtlichen Grundsatz von der sofortigen Einwirkung neuen Prozessrechts auf anhängige und anzustrengende Verfahren sowie Art. 66 wörtlich anwendend, hat der EuGH entschieden, eine zurzeit ihres Abschlusses unwirksame, aber bei Anwendbarkeit von Art. 17 EuGVÜ wirksame Gerichtsstandsvereinbarung mache eine Klage zulässig, die nach Inkrafttreten des Übereinkommens erhoben worden ist (1979, 3429f – Sanicentral). Das gilt entsprechend für das Wirksamwerden einer Gerichtsstandsvereinbarung durch Inkrafttreten eines Beitrittsübereinkommens (Köln RIW 88, 557; Koblenz RIW 87, 146).

9 Im übrigen sind die Ansichten sehr unterschiedlich. Manche wollen Art. 66 ohne Rücksicht auf irgendwelche Vertrauensschutzerwägungen anwenden (*Schack* IZPR[3] Rn 465). Andere stellen ganz generell auf den Zeitpunkt des Abschlusses der Gerichtsstandsvereinbarung ab (*MünchKommZPO-Gottwald*[2] Rn 13). Auf gar keinen Fall darf eine ursprünglich wirksame Gerichtsstandsvereinbarung durch Änderung der tatsächlichen Verhältnisse (Wohnsitzverlegung) nachträglich unwirksam werden, allg. M. Aber auch sonst darf die Zulässigkeit einer Gerichtsstandsvereinbarung zurzeit ihres Abschlusses durch nachfolgende Rechtsänderung nicht entkräftet werden (trotz BVerfGE 31, 222 und der gegenteiligen Regelung, die für die die Prorogationsfreiheit weitgehend aufhebende Gerichtsstandsnovelle 1974 getroffen worden ist, s. Art. 3 G.v. 21. 3. 1974 BGBl. I S 753). Die Gerichtsstandsregelungen stehen in funktionalem Zusammenhang mit anderen Vertragsbestandteilen und Regelungen, die im Hinblick auf den vereinbarten Gerichtsstand unterlassen worden sind. Daher ist ein im Zeitpunkt des Vertragsabschlusses bestehendes Vertrauen in die Zulässigkeit einer Gerichtsstandsvereinbarung jedenfalls im internationalen Bereich immer schutzwürdig. Die weitaus herrschende gegenteilige Ansicht (etwa Cour de cassation Journal du droit international 99, 195) will auf den Zeitpunkt abstellen, zu dem im Gerichtsstaat bei Begründung der Rechtshängigkeit, die EuGVVO, das EuGVÜ oder das LÜ in Kraft getreten ist.

10 Vertrauen in die Unwirksamkeit einer Regelung ist weniger schutzwürdig. Daher kann man bei ursprünglich unwirksamen Gerichtsstandsvereinbarungen nach dem **favor negotii** entscheiden (dies als allgemeines Rechtsprinzip des intertemporalen Privatrechts herausstellend *Heß* Intertemporales Privatrecht (1998) 368ff.).

11 Alles gilt nicht nur für die Zulässigkeit bzw. Unzulässigkeit, sondern auch für die Formgültigkeit bzw. Formungültigkeit einer Vereinbarung (für nachträgliche Heilung: Koblenz RIW 87, 146; Köln NJW 88, 2182).

III. Die verschiedenen Formtatbestände

1. Das Spezifikationserfordernis

12 Dass eine Vereinbarung hinreichend bestimmt sein muss, ist ein allgemeines Erfordernis des Vertragsschlusses. Auch sehr globale Regelungen können hinreichend bestimmt sein. Dass „alle" aus einem Vertrag und „im Zusammenhang mit seinem Abschluss, den vorausgegangenen Vertragsverhandlungen und seiner Abwicklung oder Rückabwicklung" entstehende Streitigkeiten erfasst sein sollen, macht den Vertragsinhalt nicht unbestimmt. Hinsichtlich des **für zuständig erklärten Gerichts** genügt dessen Bestimmbarkeit nach objektiven Kriterien (EuGHE 2000 I 9337 – Coreck), etwa bei Verwendung der Form „Gericht am Erfüllungsort" (München RIW 89, 902). Das derogierte Gericht kann seine Zuständigkeit leugnen, ohne das zuständige Gericht genau bezeichnen zu müssen (Cour de cassation ILPr 98, 480 und ICP II 1998 Nr. 10127). Es braucht nicht für jede Partei als potentiellen Kläger dasselbe Gericht vorgesehen zu sein (EuGHE 1978, 2141 – Glacetal = RIW 78, 814). Auch der jeweilige Klägergerichtsstand kann vereinbart werden (LG Frankfurt RIW 86, 593; Cour de Cassation Rev. crit. 81, 134). Es können einer oder beiden Parteien auch mehrere Gerichte zur Wahl gestellt werden, s. Rn 33. Die Einräumung eines freien Bestimmungsrechts einer Vertragspartei als jeweiligem Kläger ist demgegenüber keine hinreichend bestimmte Abmachung (LG Braunschweig AnwBl 74, 376).

13 Jedoch sind spezifische Bestimmtheitserfordernisse Formerfordernisse. Eine Gerichtsstandsvereinbarung muss insofern spezifisch sein, als „eine bereits entstandene Rechtsstreitigkeit" oder ein bestimmtes Rechtsverhältnis zu kennzeichnen ist, „aus" dem (s. Rn 39), die Rechtsstreitigkeit entspringen kann. Damit ist aber keine Einengung auf Rechtsstreitigkeiten gemeint, die ihren Ursprung in dem Rechtsverhältnis haben, anlässlich dessen Begründung die Gerichtsstandsvereinbarung geschlossen wurde (so als Regelungsziel fälschlich ausgegeben von EuGHE 1992 I 1756 – Petereit). Auch künftige laufende Geschäftsbeziehungen einer bestimmten Gattung (so herausgestellt von hM) können erfasst werden. Der Abschluss eines materiellrechtlichen Rahmenvertrags ist nicht Voraussetzung. Einen intendierten Unterschied zum Inhalt von § 40 Abs. 2 ZPO gibt es nicht. Ausgeschlossen sind nur Gerichtsstandsvereinbarungen über alle Rechtsbeziehungen zwischen den Vertragsparteien (EuGH aaO) oder über eine unüberschaubar große Zahl von Rechtsbeziehungen aus verschiedenartigen Vertragsverhältnissen.

14 Ist nur die internationale Zuständigkeit vereinbart, so bestimmt sich die örtliche nach nationalem Recht, heute allg. M.

2. Grundsätzliches zur Schriftform und ihren Surrogaten

15 Die in der Vorschrift aufgestellten Formerfordernisse sind euroautonom auszulegen, s. Einl. Rn 24 (allg. M., vor allem EuGHE 1976, 1841 – RÜWA = NJW 77, 494; EuGHE 1976, 1853 – Segoura). § 38 ZPO und die zu ihm ergangene Rechtsprechung kann auch insoweit nur als Hilfsmittel für eine autonome Auslegung dienen. Die Einhaltung einer der von Art. 23 vorgesehenen Formen ist Wirksamkeitsvoraussetzung der Vereinbarung (EuGH aaO, allg. M.). Zur Formgültigkeit von **Erfüllungsortsvereinbarungen** s. Art. 5 Rn 11 (Bsp. für das Fehlen der Formwahrung Hamburg IPRax 97, 419).

16 Die Redaktion der Vorschriften wie die vieler anderer Rechtsnormen über Gerichtsstands- und Schiedsvereinbarungen leidet unter dem Umstand, dass in diesem Zusammenhang aus einer ganz unrealistischen Perspektive gedacht wird. Die Gesetze behandeln solche Vereinbarungen, wie wenn sie als isolierte Verträge oder jedenfalls als zentrale Elemente von Verträgen zustande kämen. In Wirklichkeit spielen sie bei den Vertragsverhandlungen meist eine untergeordnete Rolle. Niemand will den Eindruck vermitteln, als denke er in diesem Zeitpunkt schon an mögliche künftige Rechtsstreitigkeiten. Daher erscheinen Gerichtsstandsvereinbarungen fast durchweg als Schlussbestandteile des Vertragstextes und allgemeiner Geschäftsbedingungen. Meist werden sie anlässlich des Vertragsschlusses auch gar nicht zur Kenntnis genommen. Das beruht durchaus nicht typischerweise auf Nachlässigkeit. Es ist fast immer unzumutbar, AGB durchzuarbeiten, bevor man sich auf den Vertragsschluss einlässt. Es geht daher an der Realität vorbei, durch Auslegung des Art. 23 sicherstellen zu wollen, dass der den Text der Vereinbarung nicht formulierende Vertragsteil aktuell Kenntnis von der Gerichtsstandsklausel erhält. Internationale Gerichtsstandsvereinbarungen begünstigen allerdings fast immer die Vertragsseite, die den vereinbarten Text formuliert hat. Denn von seltenen Ausnahmefällen abgesehen, pocht sie auf den Gerichtsstand ihres Sitzes. Dies ist jedoch in den Bereichen, in denen heute noch Gerichtsstandsvereinbarungen zulässig sind, Rn 30ff., keine so unangemessene Regelung, dass sie einer Inhaltskontrolle verfallen müsste (s. Kommentare zum AGBG, etwa *Palandt/Heinrichs*[61] § 9 AGBG Rn 87). Die Regelung kann daher nur sicherstellen, dass die einer fremdformulierten Gerichtsstandsvereinbarung ausgesetzte Partei von deren Existenz hätte erfahren können, wenn sie vor Vertragsschluss ihr Augenmerk darauf gerichtet hätte. Deshalb kann bei Verweisung auf außerhalb der Vertragsurkunde oder des Angebots liegende Texte ein ausdrücklicher Hinweis gerade auf die Gerichtsstandsklausel nicht verlangt werden (Koblenz RIW 87, 146 = IPRax 308 – *Schwarz* 291; Hamm IPRax 91, 325; *Schockweiler* aaO 111; heute allg. M.).

Die **Beweislast** für die Einhaltung der Formerfordernisse (und des Zustandekommens einer Willenseinigung) liegt beim Kläger vor dem prorogierten (öOHG 29. 8. 00 1 Ob 149/00v IBl 2001, 327) bzw. dem Beklagten vor dem derogierten Gericht.

17 Art. 23 gilt nicht, wenn für das **Hauptgeschäft eine schärfere Form** eingehalten werden muss. Die Argumente, die der BGH für die Formeigenständigkeit der Schiedsklausel entwickelt hat (BGHZ 69, 260 = NJW 78, 212), lassen sich angesichts der im Vergleich zu § 1027 Abs. 1 ZPO a.F. sehr viel schwächeren Formbedürftigkeit nach Art. 23 in die Auslegung dieser Vorschrift nicht übertragen. Das Problem wurde bei Ausarbeitung des EuGVÜ/LÜ nicht gesehen. Eine teleologische Reduktion ist daher statthaft.

18 Ganz schief ist es, privatautonom gesetzte Regelungen als „Ausnahmen" von den Vorschriften des dispositiven Rechts hinzustellen, und deshalb die Formerfordernisse des Art. 23 „eng" auslegen zu wollen (**a. A.** aber EuGHE 1984, 2432 – Russ = RIW 84, 909, Anm. *Schlosser;* zuletzt EuGHE 1992 I 1769 – Petereit = IPRax 93, 32 – *Koch* 19). Vielmehr ist nur zu berücksichtigen, dass die Formvorschriften der Sicherstellung einer überlegten Willenseinigung dienen sollen, soweit dies mit den Bedürfnissen der Praxis nach Zügigkeit gewährleistenden Vertragsabschlußtechniken vereinbar ist.

3. Schriftlichkeit einer Vereinbarung (Buchst. a) 1. Altern.)

19 **a)** Bei Vertragstexten, die nicht auf andere Vertragstexte Bezug nehmen, sei es auch nach Ergänzung durch Aufkleber (Düsseldorf

RIW 90, 577, s. zu dieser Entscheidung aber auch Rn 31) verlangt Art. 23 keine einheitliche Vertragsurkunde. Es kann sich auch um einen Briefwechsel handeln, allg. M. Wieweit es zu einer bindenden Willenseinigung kommt, richtet sich nach nationalem Recht, Rn 3, bei schriftlichen Vertragsverhandlungen etwa nach § 150 BGB oder Art. 19 UNKaufR. Art. 23 verlangt nicht, dass in der notwendig schriftlichen (Cour de cassation ILPr. 98, 812) Annahme eines Vertrags ausdrücklich auf die Gerichtsstandsklausel Bezug genommen wird. Das nationale Recht kann ein solches zusätzliches Formerfordernis auch nicht aufstellen. Bei einseitig verpflichtenden Geschäften, wie etwa einem abstrakten Schuldanerkenntnis oder einer Patronatserklärung (LG Berlin IPRax 2000, 526 – Krit. *Haß* 494), kann man sich mit der schriftlichen Erklärung des sich verpflichtenden Teils begnügen. Zu Unrecht hat der BGH das Zustandekommen einer Einigung über eine Gerichtsstandsklausel zu einem Bürgschaftsvertrag geleugnet, wenn die Bank mit ihrem Stempelaufdruck dem Bürgen den Bürgschaftstext zusandte und das Schriftstück ordnungsgemäß unterschrieben zurückkam (NJW 01, 1731): Gehört die Gerichtsstandsklausel nicht zu den abgelehnten Punkten des ersten Vertragsangebots, so bleibt sie erhalten, wenn der Anbietende den Kritikpunkten des Partners entgegenkommt (**a. A.** Cour de cassation ILPr 99, 296). Das Erfordernis einer (eigenhändigen) **Unterschrift** eines jeden Vertragsteils wird kaum erörtert, ist aber nicht anzunehmen (öOGH JBl 01, 117), vor allem soweit besondere Kommunikationstechniken einen Verzicht darauf erfordern und weitgehend üblich gemacht haben (als selbstverständlich vorausgesetzt bei *Schockweiler* 111), s. Rn 29. Unterschreibt nur ein Teil, so kann darin eine mündliche Vereinbarung mit sofortiger nachfolgender schriftlicher Bestätigung liegen (Beispiel: München ZZP 103 [1990] 84). Der nicht unterschreibende Teil kann sich auf die Gerichtsstandsvereinbarung berufen (*Hill* aaO, aber unter fälschlicher Berufung auf EuGH. **a. A.** BGH NJW 01, 1731). Weder der Zweck des Schutzes vor Überrumpelung noch das Anliegen der Rechtssicherheit stehen dem entgegen.

20 **b)** Ist eine Gerichtsstandsklausel in einem Text enthalten, der kein äußerlich integrierter Bestandteil der Vertragsurkunde oder des Vertragsangebots ist, vor allem also bei Verweis auf frühere Verträge (Court of Appeal ILPr. 97, 165) oder auf **AGB,** dann wird sie nur wirksam, wenn sich auch im Vertrag (nicht auf Rechnungen: EuGHE aaO Segoura; allg. M.) ein deutlicher Hinweis auf sie findet (Cour d'appel Paris [1997] ILPr 97, 823). Die Unterschrift muss aber nicht unter dem Verweisungstext stehen (Trib. Livorno ILPr 90, 263). Der bloße Abdruck auf der Fußzeile eines Geschäftsbogens (öOGH 30. 3. 01 7 Ob 320/00 k) oder auf der Rückseite des Vertragsformulars genügt demgegenüber ebensowenig (EuGHE 1976, 1841 = NJW 77, 494 Estasis Salotti; nahezu allg. M. **a. A.** *Lafi Office v. Meriden* 2 Ll. Rep. 2000, 51 für den Fall eines kommentarlos ausgeführten Auftrags) wie der Abdruck auf der Rückseite des **Konossement**formulars (EuGHE 1984, 2417 – Russ, s. zu letzterem aber auch Rn 28) oder eine trotz Hinweis auf AGB unauffällig versteckt stehende Klausel (Stuttgart IPRax 89, 174). Weitere Beispiele aus der deutschen Rechtsprechung: BGH IPRax 97, 416; BGH EuZW 92, 516; Hamm RIW 80, 662; Celle RIW 85, 572 = IPRax 284 – *Tebbens;* Köln NJW 88, 2188; München RIW 89, 902 = ZZP 103 (1990) 84 – krit. *H. Schmidt;* Hamm NJW 90, 652; LG Siegen RIW 80, 287. S. auch Rn 16. Faxen nur der Vorderseite eines Bestellformulars bezieht die auf der Rückseite des Formulars enthaltene Gerichtsstandsklausel niemals ein (Trib. cantonal Neuchâtel SZEIR 94, 418), es sei denn das Formular stamme von der Gegenseite.

Bei schriftlichen Vertragsverhandlungen, die durch mehrfachen Briefwechsel gekennzeichnet sind, genügt eine ausdrückliche Verweisungskette, allg. M. Entgegen einer in der Literatur vielfach vertretenen Ansicht (*Geimer/Schütze* Rn 104; *Reithmann/Martiny/Hausmann* Internationales Vertragsrecht[5] Rn 1194; *MünchKomm ZPO-Gottwald*[2] Rn 24) bedarf es im Lichte des zu Rn 20 Ausgeführten keiner Überlassung des Textes, der die Gerichtsstandsklausel enthaltenen AGB, wenn der andere Vertragsteil sich den Text durch Rückfragen unschwer und prompt verschaffen kann (*Credit Suisse Financial Products v. Societé Général d'Entre-prises* [1997] ILPr 165 Court of Appeal; München RIW 87, 998 = IPRax 507 – *Rehbinder* 289), wenn die AGB einmal während der Vertragsverhandlungen vorgelegen haben (öOGH ZfRvgl. 95, 150) oder wenn der eine Teil auf die AGB des anderen Teils verweist [Karlsruhe RIW 01, 621]. In allen Fällen ist aber Wirksamkeit nach Rn 24 f denkbar.

c) Unleserlichkeit (Cour de cassation ILPr. 97, 337; 98, 193) oder Lesbarkeit nur unter unzumutbarer Anstrengung führt zur

Unwirksamkeit der Vereinbarung. Der Hinweis auf AGB muss in der auch sonst benutzten *Verhandlungssprache* Hamm IPRax 91, 325 best. de. BGH IPRax 91, 326), kann aber auch in einer anderen, in der Verwaltung des Adressaten bekannten Sprache – im internationalen Handel immer auch in englisch – geschehen. Lagen die AGB bei Vertragsunterzeichnung in nicht zu übersehender Weise vor, so ist ihre Redaktion in der Heimatsprache des Verwenders unschädlich (*Hamm aaO; B-B-Auer* Rn 81).

4. Schriftlich bestätigte Vereinbarung (Buchst. a) 2. Altern.)

21 **a)** Die Form der schriftlich bestätigten mündlichen Vereinbarung ist sachwidrig. Verlangt man, dass das Zustandekommen einer der späteren schriftlichen Bestätigung entsprechenden mündlichen Vereinbarung zugestanden oder bewiesen wird (BGH NJW 01, 1731; Köln NJW 88, 2182; Frankfurt RIW 76, 107; h.M. aus der Lit. etwa *Kropholler*[7] Rn 42; *B-B-Auer* Rn 83ff.), so ist das Erfordernis einer schriftlichen Bestätigung sinnlos, s. Rn 1, 16. Die im Handelsverkehr typischen Problemfälle, schriftliche Auftragsbestätigung, kaufmännisches Bestätigungsschreiben, die die Formvariante nicht erfüllen (EuGH s. Rn 1; BGH NJW 94, 2700 – für Auftragsbestätigung unter Beifügung eigener AGB), sind heute über Buchst. b) und c) gelöst. Fast alle zu der Formvariante der schriftlich bestätigten mündlichen Vereinbarung negativ entschiedenen Fälle kamen entweder auch zur Formunwirksamkeit nach Buchst. c) (Köln aaO) – die Form der schriftlich bestätigten mündlichen Vereinbarung soll in der Tat sicherlich nicht die Formwirksamkeit von Gerichtsstandsklauseln retten, die nicht einmal handelsgebräuchlichen oder intersubjektiv gebräuchlichen Formen entsprechen; oder aber sie behandelten Situationen, auf die die Sonderregelungen für handelsgebräuchliche Vereinbarungsformen noch nicht, oder zwar diese, aber noch nicht Buchst. b) anwendbar waren (so EuGH in sämtlichen bisher zu dieser Formvariante ergangenen Entscheidungen; Hamm NJW 90, 652; LG Essen IPRax 92, 229 – heute eindeutig Buchst. b) anwendbar).

22 **b)** Wichtige **Einzelheiten,** vor allem aus der Rechtsprechung: Die mündliche Vereinbarung muss sich **speziell** auf die **Gerichtsstandsklausel** beziehen, allg. M., wenn dem Bestätigungsadressaten der Text der sie enthaltenen AGB nicht verfügbar ist, Rn 16. Die schriftliche Bestätigung braucht aber auf eine Gerichtsstandsbestimmung in beigefügten AGB nicht ausdrücklich hinzuweisen (BGH EuZW 92, 125, allg. M.). Welcher Vertragsteil schriftlich bestätigt, ist gleichgültig (EuGHE 1985, 2703 – Berghöfer = RIW 736; 1986, 3356 – Iveco = NJW 87, 2155; öOGH 14. 12. 00 7 Ob 117/00 g). Ein etwaiger Widerspruch begründet lediglich Zweifel am Zustandekommen einer mündlichen Einigung (**a. A.** *B-B-Auer* Rn 94). Das Ausbleiben eines Widerspruchs ist jedenfalls ein kräftiges Indiz für die vorangegangene mündliche Einigung (*I. P. Metal v. Ruote o. Z. S. p.* [1993]; l. Rep. 60). Die Bestätigung muss im zeitlichen Zusammenhang mit dem Vertragsschluss geschehen (Düsseldorf IPRax 99, 38) Zur formlosen Vertragsverlängerung trotz vereinbarter Schriftform: EuGHE aaO Iveco – insoweit krit. *Jayme* IPRax 87, 361. Wenn durch die „Bestätigung," weil eine mündliche Vereinbarung fehlt, erstmals Gerichtsstandsklauseln in den Vertrag eingeführt werden sollen, bedarf es schon nach allgemeinem Vertragsrecht eine Annahme dieser Vertragsänderung. Da eine nicht schriftlich abgegebene Annahme noch nicht zu einer schriftlichen Vereinbarung führt, muss die Annahme ebenfalls schriftlich sein (EuGHE 1976, 1851 – Segoura, wohl allg. M.). Im Handelsverkehr wird die Klausel aber meist nach Buchst. c) wirksam sein. Die schriftliche Bestätigung (etwa eines Bürgen) kann mit der materiell gebotenen Schriftform der Erklärung eines Vertragsteils zusammenfallen. Zu ständigen Geschäftsverbindungen s. Rn 23. Beweislast s. Rn 21. Zur Beifügungsobliegenheit gilt das zu Rn 20 a. E. Gesagte (**a. A.** Köln IPRspr 91, 320).

Die Bestätigung muss nicht durch Urkundenvorlage bewiesen werden.

5. Dauernde Geschäftsbeziehungen (Buchst. b)

23 In seiner um das Zustandekommen einer Willenseinigung überbesorgten Ausgangsentscheidung, s. Rn 1, hat der EuGH eine aus dem Übereinkommenstext nicht ableitbare Ausnahme für laufende Geschäftsbeziehungen gemacht, die zwischen den Parteien auf der Grundlage der eine Gerichtsstandsklausel enthaltenden AGB bestehen. Dann sollte das die AGB einbeziehende kaufmännische Bestätigungsschreiben genügen, wenn der mündliche Vertragsschluss unter Bezugnahme auf nicht vorliegende AGB zustande kam. Anlässlich der Ausarbeitung des LÜ und des 3. Beitrittsübereinkommens wollte man diese Ausnahme festschreiben (*Jenard/*

Möller-Bericht Rn 57 f). Ausdrücklich ist aber auch festgehalten, man wolle vermeiden, dass der Abdruck auf Rechnungen und kaufmännischen Bestätigungsschreiben blindlings zu einer Gerichtsstandsvereinbarung führt. Daher ist bei Anwendung von Buchst. b) besonders darauf zu achten, dass sich die Vorschrift nur auf die Form der Abmachung bezieht. Das Zustandekommen der Willensübereinstimmung ist gesondert festzustellen (öOGH 14. 3. 01 7 Ob 38/01 s). Es fehlt daran, wenn sich nichts weiter ergibt als ein Abdruck auf ständig verschickten Rechnungen. Eine Einigung ist aber zustande gekommen, wenn die Parteien laufend Geschäfte nach bestimmten AGB abgewickelt haben, die in Verweisen auf andere Verträge (auch mit teilweise anderen Partnern), Auftragsbestätigungen oder kaufmännischen Bestätigungsschreiben in Bezug genommen sind oder ohne Bezugnahme auf der Rückseite der Vertragsurkunde abgedruckt waren (auf den Fall BGH NJW 94, 2700 wäre heute Buchst. b) anwendbar). Ein Erfordernis der zumutbaren Möglichkeit (so *BGH* IPRax 97, 416) der Kenntnisnahme besteht nicht. Verbrauchergeschäfte sind im Anwendungsbereich des Buchst. b) nicht ausgeschlossen (*Trunk* 47). Bei einem zweiten Vertrag unter den Parteien ist noch nichts üblich (Cour d'Appel Paris Rev. crit. 92, 793).

6. Die handelsgebräuchliche Form (Buchst. c)

24 Seine heutige textliche Form hat Buchst. c) durch das LÜ und das 3. Beitrittsübereinkommen erhalten, nachdem diese Form der Sache nach bereits das 1. Beitrittsübereinkommen eingeführt hatte, Rn 1. Man wollte die Formulierungen des Übereinkommens mit der entsprechenden in Art. 9 Abs. 2 UN-Kaufrecht in Übereinstimmung bringen. Grundvoraussetzung für das Eingreifen der Regelung ist, dass sich in einem bestimmten Geschäftszweig eine Form herausgebildet hat, die dort gebräuchlich geworden ist. Ist dies der Fall, dann gilt die Formerleichterung aber auch für zu diesem Geschäftszweig gehörende Verträge unter Parteien, die selbst nicht ständig in diesem Geschäftszweig tätig sind, vorausgesetzt sie mussten die Gebräuchlichkeit dieser Form kennen. Es muss sich nicht um „Handelsbräuche" in dem in Deutschland mit diesem Wort verbundenen rechtstechnischen Sinn handeln, auch wenn im englischen Text seit dem 3. Beitrittsübereinkommen der Begriff „practices in that trade or commerce" nicht mehr erscheint (heutiger englischer Text: „usage"; franz.: „un usage"; niederländ.: „gewoonte waarvan"). Vielmehr genügt eine faktische Gebräuchlichkeit, die auch ortsbezogen sein oder ganz generell den rechtsgeschäftlichen gewerblichen Verkehr beherrschen kann. Den Rang von objektivem Recht brauchen die Gebräuche nicht zu haben (**a. A.** *Donzallaz* 7012). Für seerechtliche Stückgutstransportverträge ist sogar beiderseits telefonischer Vertragsschluss als handelsüblich gewertet worden (Hamburg IPRspr 92 Nr. 194, s. auch Rn 28). Selbst mehrere Formen können in einem Geschäftszweig gebräuchlich sein.

24 a Der EuGH (EuGHE 97, I 911 – MainschifffahrtsGen.; EuGH 99, 1636 – Castelletti) hat für Handelsbräuche folgendes festgehalten): „In einem Geschäftszweig des internationalen Handelsverkehrs besteht ein Handelsbrauch namentlich dann, wenn ein bestimmtes Verhalten von den dort tätigen Kaufleuten bei Abschluss einer bestimmten Art von Verträgen allgemein befolgt wird. Dass die Vertragsparteien einen solchen Handelsbrauch kennen, steht namentlich dann fest, wen sie schon früher untereinander oder mit anderen in dem betreffenden Geschäftszweig tätigen Vertragspartnern Geschäftsbeziehungen angeknüpft hatten oder wenn in diesem Geschäftszweig ein bestimmtes Verhalten bei dem Abschluss einer bestimmten Art von Verträgen allgemein und regelmäßig befolgt wird...".

Aus dem Wort „namentlich" folgt, dass dies keine erschöpfende Definition sein soll. Die Existenz eines „Handelsbrauches" ist Tatfrage, über die die nationalen Gerichte abschließend befinden (EuGH aaO).

Auf die formelle Kaufmannseigenschaft kommt es nicht an, allg. M. Es genügt, wenn die Handelsgebräuchlichkeit am Sitz jener Vertragspartei besteht, die den Vertragstext formuliert hat. Die subjektiven Erfordernisse vom Buchst. c) bringen den notwendigen Ausgleich, allg. M.

24 b Wie die übrigen Bestandteile der Vorschrift bezieht sich auch Buchst. c) nur auf die Form der Vereinbarung, s. Rn 3. Gerade in Bezug auf Buchst. c) hat der EuGH jedoch gesagt, bei Erfüllung der Form-Vorschrift bestehe eine Vermutung für die Einigung der Parteien (EuGHE 97 I 911 – MainschifffahrtsGen.). Widerlegt werden kann die Vermutung insbesondere für Aufdrucke auf Rechnungen. Sie sind zwar eine im (internationalen) Handelsverkehr übliche Form. Ob sie darin enthaltene Gerichtsstandsklauseln verbindlich machen, richtet sich aber nach dem kollisionsrechtlichen Statut für das Zustandekommen einer Willensübereinkunft. Nur wiederholten widerspruchslosen Bezahlungen von Rechnungen mit abgedruckten Gerichtsstandsklauseln misst der EuGH (aaO) eine Einigungsvermutung bei. Jedoch kann auch dies nicht gelten, wenn dargetan wird, dass sie nicht in die Hände von Personal gelangen, das nicht für den Abschluss von Verträgen bevollmächtigt ist.

25 Der Anwendungsbereich der Formerleichterung lässt sich folgendermaßen definieren (*Stöve* 38ff., der insoweit im wesentlichen gefolgt wird): Der Vertrag muss in beruflicher oder gewerblicher Tätigkeit, s. Art. 15, abgeschlossen und i. S. v. Rn 6f international sein.

26 Für die in der **Praxis wichtigsten Vertragsgestaltungen** folgt hieraus: Eine **schriftliche Auftragsbestätigung** ist zwar eine weltweit übliche Form. Im Lichte von Art. 19 Abs. 3 UN-Kaufrecht fehlt es aber an einem universellen Handelsbrauch, der eine darin enthaltene Gerichtsstandsklausel schon vor Beginn der Vertragsdurchführung wirksam machte (BGH NJW 94, 2700; textlich weiter, im konkreten Fall aber Beginn der Vertragsdurchführung Cour d'Appel Paris ILPr 90, 364). Die auf Auftragsbestätigungen bezogene Bemerkung im *Schlosser*-Bericht (Rn 179) kann nicht in einem darüber hinaus verallgemeinernden Sinn verstanden werden. Für spezifische, vor allem börsenartige, Marktverhältnisse kann sich aber ein solcher Handelsbrauch durchaus gebildet haben.

27 Auch ein **kaufmännisches Bestätigungsschreiben** ohne Vorliegen der Voraussetzungen von Rn 21f entspricht einer weltweit im gewerblichen Verkehr üblichen Form. Manche wollen daher das kaufmännische Bestätigungsschreiben dem Buchst. c) unterstellen (LG Essen RIW 92, 228 m. w. N.; *Kropholler*[7] Rn 61; *Collins* The Civil Jurisdiction and Judgement Act (1983) 86). Der EuGH (aaO) sagt sybellinisch, es könne einem Handelsbrauch entsprechen, dass eine in einem widerspruchslos empfangenen kaufmännischen Bestätigungsschreiben enthaltene Gerichtsstandsklausel wirksam werde. Allein die Tatsache, dass es weltweit häufig solche Bestätigungsschreiben der Lieferanten- oder Dienstleistungserbringerseite gibt, vermag aber eine Bindung genauso wenig zu begründen, wie die Üblichkeit des Aufdrucks auf Rechnungen. Dafür fehlt es an der Zurechenbarkeit des Verhaltens zur anderen Marktseite. Man muss zusätzlich verlangen, dass auch das Vertragsabschlussstatut einschließlich Art. 8 Abs. 2 RömÜ (= Art. 31 Abs. 2 EGBGBl) eine Bindung annimmt. Die Gegenansicht verschiebt freilich die Problematik ins Subjektive und leugnet eine Bindung, wenn der andere Vertragsteil nach seinem Wohnsitz mit der Bindungswirkung nicht rechnen musste (etwa Köln NJW 88, 2182).

28 Bei einbezogenen, Rn 20, Aufdrucken auf der Rückseite eines dem Befrachter ausgehändigten **Konnossements** (Lit.: *Mankowski* Seerechtliche Vertragsverhältnisse im IPR [1995] 233–299 – überreichhaltig dokumentiert) ist weltweit Bindung anerkannt (Tribunale Genua Riv. dir. int. pr. proc. 90, 120; *Stöve* aaO 170; *Cour d'Appel Rennes* Rev. crit. 94, 803; *B-B-Auer* 102 – für den Fall der Unterzeichnung durch den Befrachter; *Basedow* IPRax 85, 133, 137). Zur Bindung des Empfängers des Konnossements s. Rn 43. Anders liegen die Dinge aber dann, wenn im Konnossement nur auf die Bedingungen der **charter party** verwiesen wird und in ihr eine Gerichtsstandsklausel steht. So wird zwar vielfach verfahren. In manchen Staaten wird aber die Wirksamkeit einer solchen Einbeziehung geleugnet, in Deutschland freilich angenommen (BGHZ 29, 120, 122; Saarbrücken NJW 92, 987; Celle IPRax 97, 417). Ein Handelsbrauch, der die Bindung anerkennt, kann sich dann allenfalls lokal feststellen lassen. In der internationalen Schiedsgerichtsbarkeit besteht im übrigen die gleiche Unklarheit (*Stein/Jonas/Schlosser*[22] § 1031 Rn 6ff.).

Kommt es nach Abschluss des Transportvertrags nicht mehr zur Begebung eines Konnossements, weil das Transportgut nicht angeliefert wird, so sollen die üblichen Konnossementbedingungen des Verfrachters kraft Handelsbrauchs gleichwohl gelten (Hamburg IPRspr 92 Nr. 194). Da dies aber keine Frage der Form ist, kann es nur so sein, wenn kraft eines echten Handelsbrauchs i.S. dispositiven Gewohnheitsrechts die zugrundeliegenden telefonischen Verträge die Konnossementbedingungen des Verfrachters einbeziehen. In Frankreich wurde auch der Aufdruck auf der Rückseite der Vertragsurkunde als wirksam betrachtet (Cour d'appel Colmar Clunet 95, 152). Zu Aufdrucken auf Rechnungen s. Rn 25. Zum intertemporalen Anwendungsbereich s. Rn 8ff.

7. Elektronische Übermittlungen

29 Der neue Absatz 2 ist im Lichte der RL 2000/31 ABl. EG L 178 v. 17. 7. 2000 zu sehen. Schon für Art. 17 EuGVÜ hat man ein Fax einem mit der Post versandtem Schreiben gleichgestellt (*Kropholler*[6] Rn 30; allg. M.). Der neue Absatz 2 stellt auch e-mails gleich. In § 1031 ZPO bzw. Art. 7 Absatz 2 UNCITRAL Modellgesetz über die Handelsschiedsgerichtsbarkeit ist derselbe Rechtsgedanke niedergelegt. Es genügt die Möglichkeit des Ausdrucks. Die strengen Anforderungen des § 126a BGB gelten nicht. Wer sich auf die Gerichtsstandsklausel beruft, muss beweisen, dass das fragliche e-mail im Computer des Adressaten angekommen ist.

IV. Ausnahmen von der Zulässigkeit einer Gerichtsstandsvereinbarung

30 Absatz 4 hat die Zulässigkeit aller Gerichtsstandsvereinbarungen ausgeschlossen, die Rechtsstreitigkeiten betreffen, die dem Art. 22 unterfallen. Für Rechtsstreitigkeiten, die von den Art. 8 und 14 erfasst werden, richtet sich die Prorogationsmöglichkeit nach Art. 13 und 17, s. jeweils dort. Beispiel für eine unwirksame Gerichtsstandsklausel (in einem Ferienhaus-Vermittlungsvertrag): LG Berlin IPRax 92, 243. Unter den genannten Voraussetzungen ist auch eine das Gericht eines Nicht-Vertragsstaats bezeichnende Vereinbarung ohne Derogationswirkung, str.

31 Es besteht Einigkeit darin (zweifelnd *Geimer/Schütze* Rn 181), dass Gerichtsstandsvereinbarungen auch wegen **Rechtsmissbräuchlichkeit** unwirksam sein können. Da eine Missbrauchsverhinderungsregelung eine Beschränkung der von der EuGVVO grundsätzlich garantierten Prorogationsfreiheit ist, muss sie als Aufgabe der Fortbildung des europäischen autonomen Rechts angesehen und kann nicht durch Rückgriff auf nationales Recht gewonnen werden. Insbesondere ist eine **Inhaltskontrolle** nach nationalem Recht ausgeschlossen (EuGHE 1999 I 1597 – Castelletti, diesen mit Recht so deutend *Kröll* 113 ZZP [2000] 148ff.). Der EuGH hat zwar (EuGHE 2000 I 4941 = RIW 2000, 700 – Océano Grupo) bei Beteiligung von Verbrauchern Gerichtsklauseln zugunsten des Sitzes des Verkäufers für missbräuchlich erklärt. Im Anwendungsbereich der EuGVVO gilt aber allein diese. Vielfach meint man auch zu Recht, Art. 23, 13, 17, 21 EuGVVO seien Sondernormen, die einen Rückgriff auf weitere Normen zur Inhaltskontrolle entbehrlich machten (*Borges* RIW 2000, 983; *Staudinger/Coester*[13] § 9 AGBG Rn 370). Allein § 3 AGBG bleibt anwendbar, soweit eine Klausel aus redaktionellen Gründen überraschend ist (wie in Düsseldorf RIW 90, 577.

32 Aus international **zwingend** anwendbaren **materiellrechtlichen Vorschriften** kann kein Derogationsverbot mehr hergeleitet werden, allg. M. (z. B. Stuttgart RIW 91, 333 – Kartellrecht). Die Rechtsprechung des BGH zum Derogationsverbot bei Börsentermingeschäften (IPRax 85, 216 – *G. Roth* 198) gilt bei Bezeichnung eines Gerichts in einem Mitgliedsstaat nicht (LG Darmstadt NJW RR 94, 686; *Geimer/Schütze* Rn 74; näher *Schlosser* FS Steindorff [1990] 1389; nahezu allg. M. **a. A.** *Kohler* IPRax 83, 271 f). Für Ansprüche, die sich aus dem deutschen Kartellrecht ergeben, kann die Zuständigkeit eines ausländischen Gerichts vereinbart werden (Stuttgart EuZW 91, 125). Die Einhaltung der Haftungsgarantie in den sog. Visby-Regeln kann nicht durch Ignorierung einer Gerichtsstandsklausel sichergestellt werden (*Kropholler*[7] Rn 93 ff.).

V. Die Wirkungen einer Gerichtsstandsvereinbarung

1. Die instrumentellen Wirkungen

33 Weil heute nach dem Wortlaut der Vorschrift eine Gerichtsstandsvereinbarung nicht zwingend eine **ausschließliche Zuständigkeit** begründet, ist es den Parteien unbenommen, mehrere zur Wahl stehende Gerichte oder zusätzlich zu den gesetzlich vorgesehenen ein weiteres Gericht für zuständig zu erklären (So schon trotz der Verwendung des Begriffs „ausschließlich" im EuGVÜ OLG Hamm IPRax 99, 244; *Kurz v. Stella Musical GmbH* [1992] Ch. 196; allg. M.). Es ist nicht missbräuchlich, wenn nur einer Partei mehrere Gerichtsstände zur Wahl gestellt werden (Beispiel: LG Darmstadt NJW RR 92, 684, BGH RIW 98, 964 – zu dem heute entfallenen Art. 17 Abs. 4 EuGVÜ bezüglich einer Gerichtsstandsvereinbarung „nur zugunsten einer Partei"). Ob dies geschehen ist, ist Auslegungsfrage (*S & W Berisford a. a. s. New Hampshire Insurance,* QB ILPr 90, 118: „subject to English jurisdiction" begründet keine Ausschließlichkeit.

34 Das für zuständig erklärte Gericht ist wie jedes andere zur Beurteilung aller auftauchenden Rechtsfragen und Verteidigungsmittel befugt. Die vereinbarte Zuständigkeit begründet auch die Zuständigkeit für eine **Widerklage** und eine im Gerichtsstand des Sachzusammenhangs erhobene Klage. Zur Widerklage mit einem von der Gerichtsstandsvereinbarung erfassten Anspruchs s. Rn 40.

Umgekehrt hat eine vereinbarte Zuständigkeit **Vorrang vor Art. 27 u. 28.** Es kann nicht geduldet werden, dass durch rüdes Klagen vor dem derogierten Gericht auch nur zeitweilig der Rechtschutz vor dem prorogierten Gericht behindert wird (*Continental Bourk v. Aeakos* ILPr 2000, 358 QB; *Glencore Int'l AG v. Metro Trading* ILPr 2000, 358 Q.B. **a.A.** öOGH 25. 2. 99 6 Ob 139/98 d; *Kropholler*[7] Art. 27 Rn 19 m.w.N.; Frankfurt IPRspr. 89, 473). Der Derogationseffekt tritt ein, ohne dass Beklagte oder Gericht sich festlegen müssten, welches Gericht zuständig ist (Cour de cassation, Jurisclasseur Périodique II 98, 10 127).

35 Das Zuständigkeitssystem der EuGVVO setzt der **Aufrechenbarkeit** von Forderungen keine Grenzen, s. vor Art. 2 Rn 15. Das gilt auch dann, wenn mit einer Forderung aufgerechnet wird, die aus einem Vertrag stammt, der eine Gerichtsstandsklausel enthält. Der EuGH (EuGHE 1978, 2133 – Glacetal) hat bisher nur in der umgekehrten Situation entschieden, dass vor dem prorogierten Gericht mit einer von der Gerichtstandsvereinbarung nicht erfassten Forderung aufgerechnet werden kann. Seiner Grundtendenz nach, s. vor Art. 2 Rn 1, können Forderungen aber ohne Rücksicht auf irgendwelche Gerichtsstandsklauseln zur Aufrechnung gestellt werden. Der BGH will einer Gerichtsstandsvereinbarung im Wege der Auslegung entnehmen, dass die von ihr erfassten Forderungen vor dem Gericht eines anderen Staates auch nicht aufrechnungsweise verwendet werden können (BGHZ 60, 85; BGH NJW 81, 2645; hLitM, z.B. *Stein/Jonas/Bork*[21] § 38 Rn 19a). Wie eine Gerichtsstandsklausel auszulegen ist, ist allerdings keine Frage des europäischen Rechts und daher nicht vorlagefähig, s. Rn 37 ff.

36 Zur **Prüfung von amtswegen** s. Art. 25. Für die Beachtung der Derogationswirkung einer Gerichtsstandsvereinbarung ist jedoch Voraussetzung, dass diese im Rahmen der Verhandlungsmaxime vorgetragen wird. **Streitverkündung** soll nach allg. M. von Art. 23 unberührt bleiben. Dann muss gleiches auch für eine nach ausländischem Prozessrecht für diesen Zweck vorgesehene Widerklage („action reconventionnelle au fin de rendre le jugement opposable") gelten.

2. Die objektiven Wirkungen

37 Welche Schritte zu einem Gericht von einer Gerichtsstandsvereinbarung betroffen sind, richtet sich nach der Auslegung der

Vereinbarung. Jedoch haben sich insoweit typische naheliegende Annahmen herausgebildet. Die Ermittlung der gewollten Tragweite einer Gerichtsstandsklausel ist Sache der nationalen Gerichte (EuGHE 1992 I 1745 – Petereit; 1997 I 3767 – Benincasa).

38 Die Klausel erfasst nach deutschen Auslegungsgrundsätzen auch konkurrierende, insbesondere **deliktische Anspruchsgrundlagen** (allg. M. Beispiel: Stuttgart RIW 91, 333 = IPRax 92, 86 – *H. Roth* 67). Entscheidend sind die Auslegungsgrundsätze des nationalen Rechts.

39 Eine Gerichtsstandsklausel ist nach deutschem Verständnis im allgemeinen auch dann für einen aus der **Rückabwicklung** fehlgeschlagener Vertragsschlüsse hergeleiteten Anspruch und für die Feststellung der Wirksamkeit oder Unwirksamkeit eines Vertrags bindend, wenn es heißt, für Streitigkeiten „aus" einem Vertrag soll sie gelten. Denn sinnvoll ist es (so mit Recht *Donzallaz* 6531 ff.; *Gottwald* FS Henkel [1995] 303), eine internationale Gerichtsstandsvereinbarung ebenso für **unabhängig von der Wirksamkeit des Hauptvertrags** zu erklären wie eine Schiedsvereinbarung nach § 1040 Abs. 1 S. 2 ZPO. In einem Fall einer nur die örtliche Zuständigkeit betreffenden Gerichtsstandsklausel ist auch schon so entschieden worden (KG BB 83, 213). Daher gilt eine Gerichtsstandsklausel auch für eine Klage auf Feststellung der Nichtigkeit des Hauptvertrags (EuGHE 1997 I 3767 – Benincasa), wenn der geltend gemachte Nichtigkeitsgrund nicht auch die Gerichtsstandsvereinbarung betrifft wie etwa dann, wenn das Fehlen der Vertretungsmacht einer als Bevollmächtigter auftretender Person geltend gemacht wird. Auch die Fortgeltung der Klausel für nachvertragliche Ansprüche richtet sich nach den Anlegungsgrundsätzen des anwendbaren Recht, bei prorogierten deutschen Gerichten meist nach deutschem Recht (s. Kommentare zu § 38 ZPO). **Vertragsverlängerungen** und ihre Auswirkungen auf die Fortgeltung der Gerichtsstandsklausel bemessen sich ebenfalls nach nationalem Recht (EuGHE 1986, 3355 – Iveco). Wiederholte Gerichtsstandsklauseln in Einzelverträgen erfassen ein Rahmenrechtsverhältnis nicht (Cour d'appel Paris ILPr 00, 597). Klauseln, die nur die Vertragserfüllung aussprechen, meinen aber auch die Vertragsbeendigung (**a. A.** Cour de cassation ILPr 98, 189).

40 Normalerweise ist der Parteiwille dahin auszulegen, dass ein von einer Gerichtsstandsklausel erfasster Anspruch auch nicht **widerklageweise** vor einem anderen Gericht geltend gemacht werden kann (öOGH Zf Rvgl. 2000, 76 (RS); *Kropholler*[7] Rn 104. **a. A.** hM, *Geimer/Schütze* Rn 192 m. w. N.; etwa *Gottwald* IPRax 86 10ff). Das gleiche gilt für die sonstigen Gerichtsstände des Art. 6 (Cour de cassation Rev. crit. 93, 794. **a. A.** aber Cour de cassation ILPr 98, 627). Bei objektiver Anspruchshäufung ist für jeden Anspruch gesondert zu prüfen, ob er von der Gerichtsstandsklausel erfasst ist.

41 Die Gerichtsstandsklausel erfasst alle in Betracht kommenden **Rechtsschutzformen.** Das Wort „Ansprüche" in einer Vereinbarung deckt auch Feststellungs- und Gestaltungsklagen, nicht aber die vollstreckungsrechtlichen Klagen des deutschen Rechts (§§ 767, 771 ZPO), für die Art. 22 Nr. 5 gilt.

42 Auf Maßnahme des **Einstweiligen Rechtsschutzes** bezieht sich eine Gerichtsstandsklausel im allgemeinen nicht (Bsp. AG Leverkusen IPRax 83, 45, str. **a. A.** *Geimer/Schütze* Rn 192 *Kropholler*[6] Rn 109 mwN). Anders muss man jedoch für Leistungsverfügungen urteilen, die auf mehr als nur eine Unterlassung gerichtet sind, wie etwa eine französische „referé-provision".

42 a Weitere Auslegungsbeispiele: *Häcker Küchen GmbH v. Bonna Huygen Moubelimpex B. V.,* Hoge Raad ILPr 92, 379 – Gerichtsstandsklausel in Einzelkaufverträgen bedeutungslos für Vertragshändlervertrag.

3. Die subjektiven Wirkungen

43 Gerichtsstandsvereinbarungen wirken nicht anders zu Lasten oder zu Gunsten **Dritter** wie Verträge generell. Die Frage richtet sich nach nationalem Recht (*Mankowski* IPRax 96, 427ff.; *Gaudemet-Tallon* Rn 140). Im Falle der **Einzelrechtsnachfolge** gelten §§ 401, 404 BGB und entsprechende Vorschriften in anderen Rechtsordnungen, im Ergebnis allg. M. (denknotwendigerweise vorausgesetzt in EuGH aaO Russ). Das gilt auch beim gesetzlichen Forderungsübergang (Cour d'Appel Rouen Rev. crit. 94, 803 – seerechtliche Transportversicherung). Warum bei der Vertragsübernahme (neuer Handelsvertreter) die Gerichtsstandsklausel nicht mit übergehen soll (so Cour d'appel Paris ILPr 2000, 799), ist nicht einzusehen. Bei einem **Vertrag zu Gunsten Dritter** ist letzterer an die Gerichtsstandsklausel gebunden und kann von ihr Gebrauch machen (*Hill*[2] Rn 5.3.33). Das gleiche gilt für einen aus einem Versicherungsvertrag Begünstigten, der nicht Vertragspartner ist, soweit die EuGVVO insoweit Gerichtsstandsvereinbarungen zulässt (EuGHE 1993, 2517 = NJW 84, 2760 Cour d'appel *Aix en Provence* IPRax 96, 427). Für Empfänger eines **Konnossements** hat der EuGH im gleichen Sinne entschieden, soweit nach nationalem Recht der Erwerber des **Konnossements** in die Rechte und Pflichten des Befrachters eintritt. (EuGHE 1984, 2435 – Russ = IPRax 85, 152 – *Basedow* 133; EuGHE 1999, 1636 – Castelleti; EuGHE 2000 I 9397 – *Coreck Maritime*). Er hat hinzugefügt (EuGHE 2000 I 9397), falls er nicht in die Rechte des Befrachters eingetreten sei, sei zu prüfen, ob er der Gerichtsstandsklausel zugestimmt habe. Es ist nicht ersichtlich, was sich der EuGH dabei konkret vorgestellt hat. Wenn nicht schon geschriebenes nationales Recht den Empfänger an die Konnossementbedingungen bindet, liegt wohl eine überall anerkannte Handelsgebräuchlichkeit vor, die, da nicht die Form betreffend, zwar nicht von Buchst. c) erfasst wird, aber doch zu respektieren ist. Soweit schon der Befrachter nicht gebunden ist, s. Rn 28, ist es auch der Empfänger nicht. Das französische Recht kennt die „action directe" des Letztkäufers gegen Hersteller oder Erstkäufer in der *Vertragskette.* Obwohl sich der Letztkäufer auf die Gewährleistungsverpflichtungen des Herstellers berufen kann, soll nach Ansicht der Cour de cassation eine im Vertrag zwischen Hersteller und Erstkäufer enthaltene Gerichtsstandsklausel ohne Wirkung auf den Letztkäufer sein (Rev. crit. dr. int. pr. 2000, 224 zust. *Leclerc;* krit. *Gebauer* IPRax 2001, 471). Auch die Bindung eines **Konkursverwalters** richtet sich nach nationalem Recht. Die Frage, ob jemand an eine Gerichtsstandsvereinbarung gebunden ist, der aus Rechtsschein, etwa als Vertreter ohne Vertretungsmacht, haftet, richtet sich ebenfalls nach nationalem Recht, nach deutschem Recht etwa ist es nicht der Fall (Saarbrücken NJW 92, 987).

4. Die Auslegung von Gerichtsstandsvereinbarungen

43 a Bezüglich der **Auslegung** von Klauseln ist die französische Rechtsprechung sehr dem Wortlaut verpflichtet. Eine Klausel, die nur die Erfüllung von Vertragspflichten, oder die normale Vertragsabwicklung (conduct of business) nennt, soll nicht Streitigkeiten über die Beendigung der Vertragsbeziehungen erfassen (Cour de cassation ILPr 98, 189). Das ist zu eng. Wohl aber kann aus Gerichtsstandklauseln in einer Serie von Einzelverträgen nicht auf eine entsprechende Vereinbarung in dem zugrundeliegenden Rahmenvertrag geschlossen werden.

Art. 24 [Zuständigkeit infolge rügeloser Einlassung]

Sofern das Gericht eines Mitgliedsstaats nicht bereits nach anderen Vorschriften dieser Verordnung zuständig ist, wird es zuständig, wenn sich der Beklagte vor ihm auf das Verfahren einläßt. Dies gilt nicht, wenn der Beklagte sich einläßt, um den Mangel der Zuständigkeit geltend zu machen, oder wenn ein anderes Gericht aufgrund des Artikels 22 ausschließlich zuständig ist.

Textgeschichte: Art. 18 EuGVÜ/LÜ redaktionell angepasst. Klarstellung in Satz, s. Rn 2.

Literatur: *De Boer,* Tacit Submission to Jurisdiction: The Scope of Article 18 of the EEC Jurisdiction Convention, Essays in Honour of Voskuil, 1992, 27 ff.; *Schulte-Beckhausen,* Internationale Zuständigkeit durch rügelose Einlassung im Europäischen Zivilprozessrecht, 1994.

I. Die Bedeutung der rügelosen Einlassung

1 Die Vorschrift begründet die Zuständigkeit des angegangenen Gerichts, ohne dass ein rechtsgeschäftlicher Wille zur Unterwerfung unter dessen Entscheidungsgewalt vorliegen müsste. Sie macht nicht etwa nur eine Ausnahme von dem sonst nach Art. 23 geltenden Schriftlichkeitserfordernis. Die Vorschrift gilt, abgesehen von der in Satz 2 ausdrücklich gemachten Ausnahme, auch dann, wenn die Zuständigkeit des angegangenen Gerichts nicht durch Vereinbarung hätte begründet werden können, also auch in Versicherungs- Verbraucher- und Arbeitsrechtsachen (*Geimer/Schütze* Art. 18; *Kropholler*[7] Rdnr. 16; *MünchKomm-Gottwald*[2] Rdnr. 3; Koblenz IPRax 2001, 334. **a. A.** *Mankowski* IPRax 2001, 310). Sie ist außer auf eine Widerklage auch auf eine Aufrechnung anzuwenden (EuGHE 1985, 787 = NJW 2893 = IPRax 86, 27 – *Gottwald* 10), sofern aus dem Zuständigkeitssystem der EuGVVO überhaupt Aufrechnungsbeschränkungen ableitbar sind, s. vor Art. 2 Rn 15. Rügelose Einlassung begründet Zuständigkeit auch dann, wenn die Zuständigkeit des angegangenen Gerichtes vorher derogiert war (EuGHE 1981, 1671 – Elefanten Schuh). Art. 24 ist ohne Rücksicht darauf anwendbar, ob eine der Parteien Wohnsitz in einem Mitgliedstaat hat (EuGHE 2000 I 5925 – Group Josi). Gegensätzliche Rechtsprechung nationaler Gerichte (BGH IPRax 99, 367; öOGH 2f Rvgl. 98, 209 (RS)) ist überholt. In all diesen Fällen wird das Amtsgericht durch rügelose Einlassung auch zuständig, wenn nicht nach § 39 S. 2, § 504 ZPO belehrt worden war. Denn Art. 24 hat Vorrang vor nationalem Recht, auch vor § 282 Abs. 3 ZPO (**a. A.** LG Frankfurt RIW 93, 933). Zum einstweiligen Rechtsschutz s. Art. 31 Rn 1. Zu § 296 Abs. 3 s. Einl. Rn 20. Im Verfahren des einstweiligen Rechtsschutzes ist Art. 24 nicht anwendbar (EuGHE 1999 I 2277 – Mietz).

II. Anforderungen an eine wirksame Einlassung

2 **1.** Durch die EuGVVO selbst sind zwei Festlegungen zur Wirksamkeit einer Einlassung getroffen. Eine Einlassung setzt nicht eine Stellungnahme zur Hauptsache voraus (**a. A.** öOGH JBl 98, 518 – krit. *König*). Auch verfahrensmäßige Ausführungen schriftlicher Art oder in mündlicher Verhandlung sind eine Einlassung allg. M. Die Erklärung der Verteidigungsbereitschaft ist aber noch keine Einlassung (LG Frankfurt EuZW 90, 581). Ist die internationale Zuständigkeit des angegangenen Gerichts gerügt, dann ist eine gleichzeitige hilfsweise Einlassung zu irgendwelchen anderen Aspekten des Verfahrens oder eine hilfsweise erhobene Widerklage (str.) unschädlich (EuGHE 1981, 1671 – Elefanten Schuh u. 1981, 2431 – Rohr = (beide) IPRax 82, 234 – *Leipold* 223; EuGHE 1982, 1189 = IPRax 83, 77; EuGHE 1983, 2503 = NJW 84, 2760 = IPRax 259 – *Hübner* 237). Die Streichung des Wortes „nur" in Satz 2 vor dem Wort „einlässt" hat dies noch einmal klargestellt. Reicht der Beklagte eine schriftliche Klagewiderung ein, so muss die Rüge darin enthalten sein (Hamm RIW 99, 540). Allerdings ist noch offen, ob in der mündlichen Verhandlung die Unzuständigkeitsrüge auch dann rechtzeitig ist, wenn sie nach einer sonstigen Einlassung vorgebracht wird. Die Frage ist nach nationalem Recht zu entscheiden und für das deutsche Recht zu verneinen. Art. 24 Abs. 1 ist Sondervorschrift zu § 296 Abs. 3 (**a. A.** *MünchKomm-ZPO-Gottwald*[2] Rn 7), s. Art. 15, 26 Rn. 2.

3 S. 2 spricht von einer Einlassung, „um den Mangel der Zuständigkeit geltend zu machen". Es wäre ein überspitzter Formalismus, wenn man dem Beklagten abverlangen wollte, das Fehlen der Zuständigkeit gerade nach der EuGVVO dartun zu müssen. Da aber die EuGVVO teilweise auch die örtliche Zuständigkeit regelt, lässt sich die von S. 24 gemeinte Unzuständigkeitsrüge auch nicht auf die internationale Unzuständigkeit einengen. Aus praktischen Gründen muss daher jede Unzuständigkeitsrüge die Begründung der Zuständigkeit nach Art. 24 ausschließen (**a. A.** h. M., z. B. *Geimer/Schütze* Rn 6). Die Rüge braucht nicht ausdrücklich zu sein. Auch die Einrede der Schiedsvereinbarung ist eine solche, h. M. Die formelhafte Anheimstellung, „das Gericht möge seine Zuständigkeit überprüfen", ist keine Rüge (SchwBGE 122 III 298). Der Widerspruch gegen einen Mahnbescheid und der Einspruch gegen ein Versäumnisurteil sind keine Einlassung (öOGH JBl. 98, 618).

Abschnitt 8. Prüfung der Zuständigkeit und der Zulässigkeit des Verfahrens

Vorbemerkung zu den Abschnitten 8 und 9

Die Abschnitte 8 u. 9 sind die einzigen, die außerhalb der Zuständigkeitsbegründung und der Anerkennung und Vollstreckung wirken. Sie greifen in die nationalen Rechte über den Prozessablauf ein. Entgegenstehende Vorschriften des nationalen Rechts sind unanwendbar (EuGHE 1983, 3665 – Duijnstee), etwa §§ 253, 261 ZPO soweit sie den Zeitpunkt der Rechtshängigkeit festlegen.

Art. 25 [Erklärung der Unzuständigkeit in Fällen des Art. 22]

Das Gericht eines Mitgliedsstaats hat sich von Amts wegen für unzuständig zu erklären, wenn es wegen einer Streitigkeit angerufen wird, für die das Gericht eines anderen Mitgliedsstaats aufgrund des Artikel 22 ausschließlich zuständig ist.

Art. 26 [Erklärung der Unzuständigkeit von Amts wegen in sonstigen Fällen]

(1) **Läßt sich der Beklagte, der seinen Wohnsitz in dem Hoheitsgebiet eines Mitgliedsstaats hat und der vor den Gerichten eines anderen Mitgliedsstaats verklagt wird, auf das Verfahren nicht ein, so hat sich das Gericht von Amts wegen für unzuständig zu erklären, wenn seine Zuständigkeit nicht nach dieser Verordnung begründet ist.**

(2) **Das Gericht hat die Entscheidung solange auszusetzen, bis festgestellt ist, daß es dem Beklagten möglich war, das den Rechtsstreit einleitende Schriftstück oder ein gleichwertiges Schriftstück so rechtzeitig zu empfangen, dass er sich verteidigen konnte, oder dass alle hierzu erforderlichen Maßnahmen getroffen worden sind.**

(3) **An die Stelle von Absatz 2 tritt Artikel 19 der Verordnung (EG) Nr. 1348/2000 des Rates vom 29. Mai 2000 über die Zustellung gerichtlicher und außergerichtlicher Schriftstücke in Zivil- und Handelssachen in den Mitgliedsstaaten (10),* wenn das verfahrenseinleitende Schriftstück oder ein gleichwertiges Schriftstück nach der genannten zu Verordnung übermitteln war.**

(4) **Sind die Bestimmungen der Verordnung (EG) Nr. 1348/2000 nicht anwendbar, so gilt Artikel 15 des Haager Übereinkommens vom 15. November 1965 über die Zustellung gerichtlicher und außergerichtlicher Schriftstücke im Ausland für Zivil- oder Handelssachen, wenn das den Rechtsstreit einleitende Schriftstück gemäß dem erwähnten Übereinkommen zu übermitteln war.**

Textgeschichte: I.d.F. der Verordnung. Jetziger Absatz 3 neu in der Verordnung. Bisheriger Absatz 3 sachlich unverändert als Absatz 4. EuGVÜ/LÜ: In Artikel 19, 20 „Vertragsstaat" anstatt Mitgliedsstaat. In Art. 20 anstatt „nach dieser Verordnung": „aufgrund der Bestimmungen dieses Übereinkommens".

---

* Die amtliche Fn. (10) lautet: ABl. L 160 vom 30. 6. 2000 S. 37.

Literatur: *Grunsky* Rechtsfolgen des Fehlens der internationalen Zuständigkeit FS Fenge (1996) 63.

I. Zuständigkeitsprüfung von Amts wegen

1 Sinn von Art. 26 Abs. 1 ist es sicherzustellen, dass sich niemand um eine Klage zu kümmern braucht, die in einem anderen Mitgliedsstaat als seinem Wohnsitzstaat gegen ihn erhoben wird, wenn dort keine Zuständigkeit nach der EuGVVO besteht. Es ist also nicht nur ein förmlicher Antrag des Beklagten, die Klage als unzulässig abzuweisen, entbehrlich. Vielmehr muss das Gericht auch von sich aus nachprüfen, ob es zuständig ist. Dabei hat es etwa Art. 31 CMR zu beachten (Hamm RIW 02, 152). Die unnötige Belästigung des Beklagten wird allerdings auch durch eine bloße Berücksichtigung von Amts wegen gewahrt, so dass es für deutsche Gerichte nicht nötig ist, bei der Zuständigkeitsprüfung den Amtsermittlungsgrundsatz anzuwenden (**a. A.** wohl öOGH 15. 1. 02 5 Ob 312/01 w). Das Gericht muss nur den Kläger auf Bedenken gegen seine internationale Zuständigkeit aufmerksam machen. Anders als im Geltungsbereich von § 331 Abs. 1 ZPO muss es einen Nachweis der zuständigkeitsbegründenden Tatsachen durch den Kläger aber auch verlangen, wenn die Zuständigkeit nicht auf eine angebliche Vereinbarung der Parteien gegründet wird (Hamm RIW 99, 540). Einer möglichen Unzuständigkeit durch Derogation muss der Richter nur nachgehen, wenn der auf Grund prozessordnungsgemäßer Information dazu Anlass hat (*Geimer/Schütze* Rn 8). Einen Negativbeweis kann man dem Kläger aber fairerweise nicht abverlangen, wenn er alle zumutbaren Aufklärungsbeiträge geleistet hat. Das House of Lords verlangt für die Zuständigkeit am Wohnsitz des Beklagten „a good arguable case" (*Canada Trust v. Stolzenberg* [2000] 3 WLR 1376). Logischer Weise müsste Entsprechendes für die Tatbestandsmerkmale der Zuständigkeitsnormen Artt. 5 u. 6 gelten. Obwohl dies eine hohe Wahrscheinlichkeit bedeutet, reicht es richtigerweise nicht aus. Bei Verfahren ohne mündliche Verhandlung darf die Klage nicht verworfen werden, bevor der Beklagte Gelegenheit hatte, sich einzulassen (öOGH RdW 99, 349). Gegen die „Schlüssigkeitstheorie" auch im Falle der Beklagtensäumnis bestehen allerdings erhebliche Bedenken

(*Ost* Doppelrelevante Tatsachen im internationalen Zivilverfahrensrecht (2002) 213ff. m.w.N.).

Im Falle von **doppelrelevanten Tatsachen** genügt nach h.M. (*BGH* NJW 87, 592; *BGH* IPRax 89, 99; *Karlsruhe* IPRspr. 97 Nr. 161; *MünchKommZPO-Gottwald*[2] Art. 19 EuGVÜ Rn 3; SchwBGE 122 III 249) die Behauptung, etwa dass der Beklagte eine vom Gericht als deliktisch zu qualifizierende Handlung begangen habe oder dass ein Vertrag geschlossen worden sei, s. Art. 5 Rn 4, um die Zuständigkeit zu begründen. Ist gerade der Ort einer angeblichen unerlaubten Handlung oder (BGHZ 124, 237 = NJW 94, 1413; SchwBGE 122 III 249; öOGH RdW 00, 284) der Erfüllungsort für eine vertragliche Verpflichtung streitig, so muss aber das zuständigkeitsbegründende Sachverhaltselement feststehen, um ein Sachurteil zu ermöglichen (ähnlich *Geimer/Schütze* Art. 5 Rn 198).

2 Die Regelungsgehalte von Art. 25 und 26 unterscheiden sich nur in einer Nuance. Wenn das Gericht eines Mitgliedsstaats auch durch rügelose Einlassung nicht zuständig werden kann, nämlich im Bereich des Art. 22, so braucht das angegangene Gericht gar nicht erst abzuwarten, ob sich der Beklagte auf das Verfahren einlässt. Art. 25 macht es aber nicht unzulässig, abzuwarten, ob sich der Beklagte auf das Verfahren einlässt, und erst dann, wenn er es tut, zu prüfen, ob das ausländische Gericht dennoch nach Art. 22 ausschließlich zuständig ist. Nach deutschem Verfahrensrecht muss ohnehin regelmäßig eine mündliche Verhandlung anberaumt werden, bevor im Falle fehlender Einlassung des Beklagten eine Klage mangels internationaler Zuständigkeit der deutschen Gerichte verworfen werden kann. Am Verhandlungsende steht fest, ob sich der Beklagte auf das Verfahren eingelassen hat oder nicht.

3 Im Gegensatz zu einem Verstoß gegen Art. 25 (Art. 34 Abs. 2) führt eine Missachtung von Art. 26 außerhalb der in den Abschnitten 3, 4 u. 6 des zweiten Kapitels geregelten Sondersituationen nicht zur Anerkennungsunfähigkeit des Urteils in einem anderen Staat (Cour de Cassation 1ère ch.civ. v. 11. 4. 95 Bull. civ.). Daher ist es für den Beklagten riskant, im Verfahrensstaat darauf zu vertrauen, dass das Gericht die Zuständigkeitsfrage zuverlässig klären wird. Zur Bindung an negative Zuständigkeitsentscheidungen ausländischer Gerichte s. Art. 32 Rn. 3.

4 Zur Sonderregelung für Streitigkeiten zwischen Seeleuten und Kapitän s. Art. 64.

II. Aussetzungspflicht bei Fehlen eines Zustellungsnachweises (Art. 20 Abs. 1, 2 EuGVÜ/LÜ)

5 Abs. 2 ist nur noch im Verhältnis zu Island anwendbar, das dem HZÜ nicht angehört. Der neue Absatz 4 gilt im Verhältnis zu Dänemark, der inhaltsgleiche Absatz 3 LÜ gegenüber der Schweiz, Norwegen und Polen. Im übrigen s. Bem. zu Art. 15 HZÜ.

Abschnitt 9. Rechtshängigkeit und im Zusammenhang stehende Verfahren

Literatur [noch zu Art. 21 f EuGVÜ/LÜ und daher für die EuGVVO teilw. überholt]: *Wittibschlager* Die Rechtshängigkeit in internationalen Verhältnissen (1992); *Leipold* Internationale Rechtshängigkeit, Streitgegenstand und Rechtschutzinteresse – Europäisches und Deutsches Zivilprozessrecht im Vergleich, Gedächtnisschrift Arens (1993) 227; *Lüke* Die Zuständigkeit nach dem EuGVÜ, Gedächtnisschrift Arens (1993) 273; *Lüpfert Konnexität* im EuGVÜ (1997); *Isenburg-Epple,* Die Berücksichtigung ausländsicher Rechtshängigkeit nach dem Europäischen Gerichtsstands- und Vollstreckungsübereinkommen vom 27. 9. 1968 (1992); *Bernheim* Rechtshängigkeit und im Zusammenhang stehende Verfahren nach dem Lugano-Übereinkommen, SJZ 1994, 133; *Berti,* Gedanken zur Klageerhebung vor schweizerischen Gerichten nach Art. 21–23 des Lugango-Übereinkommens, in: Recht und Rechtsdurchsetzung, Festschrift Walder (Zürich 1994) 307; *Dutoit,* Comment articuler l'art. 21 de la Convention de Lugano et l'art. 9 al. 2 LDIP en matiére de litispendance? Études en l'honneur Poudret (Lausanne 1999) 19; *Hau* Positive Kompetenzkonflikte im Internationalen Zivilprozessrecht (1996) 122 ff.; *Gaedke* Konkurrenz inländischer und ausländischer Verfahren – Tatbestand und Rechtsfolgen der internationalen Streithängigkeit nach dem LGVÜ, ÖJZ 1997, 286; *Pålson* Lis pendens under the Brussels and Lugano Conventions, Festskrift Strömholm (Uppsala 1997) 709; *Prütting,* Die Rechtshängigkeit im internationalen Zivilprozessrecht und der Begriff des Streitgegenstandes nach Art. 21 EuGVÜ, Gedächtnisschrift Lüderitz (2000) 623; *Tiefenthaler,* Die Streithängigkeit nach Art. 21 Lugano-Übereinkommens, SJZ 1994, 301; *Zeuner,* Zum Verhältnis zwischen internationaler Rechtshängigkeit nach Art. 21 EuGVÜ und Rechtshängigkeit nach den Regeln der ZPO, in: Verfahrensrecht am Ausgang des 20. Jahrhunderts, Festschrift Lüke (1997) 1003; *Otte* Umfassende Streitentscheidung durch Beachtung von Sachzusammenhängen (1998) 341 ff.; *ders.,* Verfahrenskoordination im EuGVÜ: Zur angemessenen Gewichtung von Feststellungs- und Leistungsklage in: Wege zur Globalisierung des Rechts, Festschrift Schütze (1999) 619; *Otte/Prütting/Dedek,* The Grotius Program: Proposals for Amending Article 21 and 22 of the Brussels Convention, Europ. Rev. P.L. 2000, 257; *Rüßmann* Die Streitgegenstandslehre und die Rechtsprechung des EuGH – nationales Recht unter gemeineuropäischem Einfluss?, ZZP 1998, 399; *Walker,* Die Streitgegenstandslehre und die Rechtsprechung des EuGH – nationales Recht unter gemeineuropäischem Einfluss, ZZP 1998, 429; *Bäumer,* Die ausländische Rechtshängigkeit und ihre Auswirkungen auf das internationale Zivilverfahrensrecht (1999); *Kennett,* Lis Alibi Pendens – A view from the UK, in: *Fentiman/Nuyts/Tagaras/Watté* (Hrsg.), L'espace judiciaire européen en matiéres civile et commerciale (1999) 103; *Krusche,* Entgegenstehende ausländische Rechtshängigkeit – Prozessuale Nachteile für deutsche Kläger, MDR 2000, 677.

Art. 27 [Konkurrierende Rechtshängigkeit]

(1) **Werden bei Gerichten verschiedener Mitgliedstaaten Klagen wegen desselben Anspruchs zwischen denselben Parteien anhängig gemacht, so setzt das später angerufene Gericht das Verfahren von Amts wegen aus, bis die Zuständigkeit des zuerst angerufenen Gerichts feststeht.**

(2) **Sobald die Zuständigkeit des zuerst angerufenen Gerichts feststeht, erklärt sich das später angerufene Gericht zugunsten dieses Gerichts für unzuständig.**

Textgeschichte: I.d.F.d. 3. Beitrittsübereinkommens und des LÜ. Vordem: Verpflichtung für das später angerufene Gericht, sich sofort für unzuständig zu erklären mit der Ermessensbefugnis einer Aussetzung, wenn der Mangel der Zuständigkeit jenes Gerichts geltend gemacht wurde.

I. Stellenwert der Vorschrift in der Verordnung

1 Der Abschnitt 9 ist ein Fremdkörper in Kapitel II, s. vor Art. 2 Rn 3. Art. 27 regelt den Fall der doppelten Rechtshängigkeit ein und desselben Streitgegenstands. Art. 28 betrifft den Fall verschiedener Streitgegenstände, die bei Gerichten verschiedener Staaten rechtshängig sind, aber im Zusammenhang miteinander stehen, s. dort Rn 1. Der Fall der Identität von Streitgegenständen wird vom EuGH aber viel weiter gezogen, als es in Deutschland geschieht, s. Rn 2. Daher geht die Funktion der Vorschrift über das vom EuGH herausgestellte Anliegen (EuGHE 1987, 4861 – Gubisch = NJW 89, 665), widersprechende Urteile zu verhindern, hinaus, wenn man den befürchteten Widerspruch nur in den Kategorien der deutschen Lehre von Streitgegenstand und materieller Rechtskraft messen wollte. Der Begriff „Anhängigkeit" meint **„Rechtshängigkeit"** (EuGHE 1964, 2397 – Zelger = RIW 737 Anm. *Linke*). Der Begriff „Klage" bezeichnet **jedes Rechtsschutzgesuch,** das von der Verordnung erfasst wird. Anwendbar sind Art. 27, 28 immer, wenn Gerichte verschiedener Mitgliedstaaten angerufen werden, auch wenn dafür gem. Art. 4 Zuständigkeitsvorschriften des nationalen Rechts in Anspruch genommen werden (EuGHE 1991 I 3317 Overseas Union = NJW 92, 3221 = IPRax 93, 34 – *Rauscher* 21). Zu „anti suit injunctions" s. Art. 34–36 Rn 5. Ist das früher angerufene Gericht kein solches eines Mitgliedsstaats, sind Art. 27f unanwendbar. Das später angerufene zuständige Gericht kann dann zur Sache entscheiden (*Arkwright Mutual Insurance C. v. Bryanston Insurance* Co [1990] 2 All ER 321). Jedoch kann es nicht i. S. der Verordnung gelegen haben, dass Gerichten der Mitgliedstaaten die Beachtung der Rechtshängigkeit in Drittstaaten zu verbieten.

Art. 22 hat nicht Vorrang (**a. A.** *Klöckner v. Gatoil Overseas* [1990] 1Ll. Rep. 177). Zu Art. 23 s. dort Rn 34.

Nach Art. 66 ist auch Art. 27 nur auf Verfahren anwendbar, die nach dem 28. 2. 02 rechtshängig geworden sind. Für ältere Verfahren gilt Art. 21 EuGVÜ weiter.

Zu einer speziellen intertemporalen Problematik EuGH 1997 I 5451 = IPRax 99, 100 (dazu *Rauscher* 80).

II. Die Identität des Streitgegenstandes

2 **1.** Nach ständiger Rechtsprechung des EuGH (aaO – Gubisch; EuGHE 1994 I 5439 – The Tatry = JZ 95, 616) ist der Begriff „derselbe Anspruch" (franz.: le même object et la même cause; engl.: the same cause of action) nicht nach dem jeweiligen nationalen Prozessrecht, sondern vertragsautonom (euroautonom) auszulegen. Im Vordergrund steht der Wille, es zu der in Art. 34 Nr. 3 angesprochenen Situation gar nicht erst kommen zu lassen (s. auch Bremen RIW 92, 231). Der Gerichtshof hat mit seiner inzwischen so genannten „Kernpunkt-Theorie" hierbei, s. Rn 4, ganz andere Kriterien zugrunde gelegt, als für die deutsche Streitgegenstandslehre entwickelt wurden. Im Grunde müsste danach eine eigene EuGVÜ/EuGVVO-Streitgegenstandslehre aufgestellt werden. Das hat zusammenhängend noch niemand versucht. Daher kann auch hier nur ein Überblick über die Rechtsprechung und Aussagen aus dem Schrifttum gegeben werden, der fallgruppenbezogen ist.

3 **2.** Bezüglich der **Identität der Parteien** gibt es nur eine deutsche Entscheidung, nämlich jene des BGH (NJW 86, 662 = IPRax 87, 314 – *Jayme* 295), wonach es an der Anspruchsidentität fehlt, wenn das Kind seinen Unterhalt als eigenen Anspruch einklagt, die Mutter aber vor einem Gericht eines anderen Staats darauf klagt, dass der Mann ihr Beiträge für die Versorgung des Kindes zahle. Im Falle nur teilweise identischer Parteien in jeweiligen Mehrparteien-Prozessen gilt Art. 27 nur, soweit die Parteien der Verfahren identisch sind (EuGH aaO – The Tatry). Englische Klagen „in rem“ und „in personam“ sind erst identisch, wenn die Eigentümer der verklagten Sache den Prozess aufnehmen (*The Indian Endurance* (No 2) 3All. E. R. [1996] 641 C. A.). Auf die jeweilige dialektische Stellung der Parteien kommt es nicht an. Ob der Rechtsstreit auch bei **Rechtsnachfolge** rechtshängig bleibt, richtet sich aber nach nationalem Recht. Streitverkündung im früheren Prozess begründet keine Parteienidentität (**a. A.** Frankfurt IPRspr 89, 473). In seerechtlichen Havariefällen besteht grundsätzlich Parteiidentität weder zwischen Versicherer und Schiffseigner/Charterer noch zwischen Versicherer und Eigentümer der Ladung (EuGHE 1998 I 3075 – Drouot). Im Interesse des Beklagtenschutzes gilt Parteiidentität aber auch gegenüber einem zweiten Rechtsprätendenten, der zur Hauptintervention oder einem vergleichbaren Rechtsbehelf berechtigt wäre (*Glencor Int'l v. Metro Trading,* QB, ILPr 00, 358; *Turner v. Grovit* ILPr. 99, 656). Die Herkunft der Parteien aus Mitgliedsstaaten oder Drittstaaten ist unerheblich allg. M.

4 **3.** Der EuGH hat in autonomer Auslegung des Begriffs die **objektive Tragweite der Rechtshängigkeit** extrem weit gezogen. Den deutsche Streitgegenstandsbegriff als viel zu eng nicht aufnehmend sagt er, es könne nicht auf die „formelle Identität“ der beiden Klagen ankommen. Entscheidend sei vielmehr, ob in beiden Verfahren um die gleichen **„Kernpunkte“** gestritten werde (aaO – *Gubisch;* aaO – The Tatry; *SchwBG* 98 Forum Int. R 98, 14. **a. A.** [für Art. 27 auf die Identität des Rechtsschutzinteresses abstellend] *Lüpfert* aaO 124 ff.). Diese Festlegung geht nur dann konform mit dem vom EuGH gesehenen Zweck des Art. 27, nämlich Entscheidungen zu verhindern, die i. S. v. Art. 34 miteinander un-

vereinbar sind, wenn auch Rechtskraft entfaltet, was das erstangerufene Gericht zum Kernpunkt entscheidet. Dies muss mindestens in der Form geschehen, dass in einem Zweitstaat ein Verfahren unzulässig ist, dessen intendierter Erfolg zur Versagung der Anerkennung des Urteils aus dem Erststaat führen müßte (*Rüßmann* aaO 426), s. Rn 13. Nur teilweise Identität des Lebenssachverhaltes steht der Identität des Kernpunktes nicht entgegen (*Grant v. Brisar a. a.* Ct. of Session OLPr. 97, 391 ff.).

An der Identität des Kernpunktes fehlt es etwa, wenn der erste Prozess um die Anerkennung einer Entscheidung aus einem Drittstaat geführt wird, die den gleichen Streitgegenstand hat (Dubai Bank a. o. v. F. H. Abbas [1998] ILPr. 391) oder wenn in der einen Klage rückständige Provisionsansprüche, in der anderen Feststellung der Unwirksamkeit der Kündigung eines Handelsvertretervertrags und Schadenersatz wegen Setzung des Kündigungsgrundes geltend gemacht wird (München RIW 97, 872).

Anders liegen die Dinge aber, wenn einerseits um die Wirksamkeit einer außerordentlichen Kündigung, andererseits um Schadenersatz wegen Unwirksamkeit dieser Kündigung gestritten wird (BGH RIW 02, 393). Auch wechselseitige Schadensersatzansprüche von Unfallbeteiligten sind identisch (The Linda [1988] 1 Ll. Rep. 175 H. Ct.).

Die Klage auf **Erfüllung eines Kaufvertrags** in einem Staat und die Klage auf **Feststellung der Unwirksamkeit dieses Kaufvertrags** oder auf seine Auflösung sind in dieser Sicht ein und derselbe Streitgegenstand (EuGH aaO – Gubisch). Dasselbe gilt für alle anderen Verträge (München RIW 00, 712). Konsequent zu Ende gedacht, muss man in all den Fällen, in denen nach Art. 34 Nr. 3 miteinander unvereinbare Entscheidungen ergehen könnten, s. Art. 34 ff. Rn 22 f, Streitgegenstandsidentität annehmen. Aus dieser weiten Prämisse hat man geschlossen, dass auch **Restkaufpreisklage** und Klage auf **Rückzahlung einer Anzahlung** (*Linke* RIW 88, 824; *Rauscher* IPRax 85, 319) sowie Klage auf Feststellung der Unwirksamkeit eines Vertrags und Klage auf Rückzahlung aufgrund dieses Vertrags erbrachter Leistungen (BGH NJW 95, 1788 = RIW 413) identisch seien. Erst recht sind dann mehrere **Teilklagen** oder sonst nur quantitativ verschiedene Klagen miteinander identisch (*Kropholler*[7] Rn 9; *Geimer/Schütze* Rn 35 **a. A.** *MünchKomm ZPO-Gottwald*[2] Rn 8). Selbst die **negative Feststellungsklage** soll Vorrang vor der im Ausland später erhobenen Leistungsklage haben; es muss dann bei dem zuerst angegangenen Gericht Leistungswiderklage erhoben werden (EuGH aaO – The Tatry; BGH NJW 97, 870, 872), eine Möglichkeit, die ein unabweisbares rechtsstaatliches Postulat dann ist, wenn nur so die Verjährung gehemmt werden kann (*Wolf* EuZW 95, 366). Die Übernahme der Sicht des EuGH ins autonome Recht wird angeraten (*Rüßmann* 111 ZZP (1998) 397, 409ff.; *Walker* 111 ZZP (1998) 429, 440ff.). Jedoch sollte man dann, wenn hinter der negativen Feststellungsklage raffinierte Methoden des forum shopping stehen, etwa eine kurz vor der Leistungsklage erhobene negative Feststellungsklage in einem Gerichtsstand des Art. 5, der mit dem Wohnsitz des Klägers zusammenfällt, an das Vorliegen eines Rechtsschutzbedürfnisses strengere Anforderungen als sonst stellen.

Auch die zuerst erhobene Klage auf Feststellung der Nichtverletzung eines Patents kann die Unterlassungs- oder Schadensersatzklage blockieren (OLG Düsseldorf GRUR Int 00, 776; *Korpholler*[7] Rn 11), wenn es sich um dasselbe nationale Patent handelt. Andernfalls ist Art. 28 anwendbar (zum ganzen *Pitz* GRURInt 01, 32; *Grabinski* GRURInt 01, 209).

Auch englische Klagen **„in rem“** sind solchen „in personam“ gleichzuerachten (EuGH aaO – The Tatry). Mit einer in einem Staat rechtshängigen Forderung kann vor Gerichten anderer Staaten nicht aufgerechnet werden (Hamburg ILPr. 00, 249). Im Lichte des vor Art. 2 Rn 15ff. Ausgeführten begründet aber die **Aufrechnung** vor dem Gericht eines Vertragsstaates keine Rechtshängigkeit gegenüber der klageweise Geltendmachung derselben Forderung vor dem Gericht eines anderen Staats (Hamm IPRax 86, 233; München RIW 97, 877. **a. A.** Hamburg IPRax 99, 168). Die deutsche Streitverkündung und die Regressklage bzw. die negative Feststellungsklage des präsumtiv Regresspflichtigen begründen wechselseitig keine Rechtshängigkeit.

Aufrechnungen unterliegen dem Art. 27 nicht (Frage dem EuGH vorgelegt, s. öOGH 22. 2. 01 6Ob 295/00a **a. A.** Hamburg IPrax 99, 168).

Krit. zur weiten Auslegung des Rechtshängigkeitsbegriffs durch den EuGH: *Linke* RIW 88, 822; *Wolf* FS Schwab (1991) 561ff.; *Lenenbach* EWS 95, 361 mwN z Strstd; *Leipold* GS Arens (1993) 227; Pfeifer Jb. junger Zivilrechtswissenschaftler (1991) 71, 83ff. *Isenburg-Epple* aaO 143ff.; *MünchKommZPO-Gottwald*[2] Rn 4).

5 **4.** Anträge auf Gewährung **Einstweiligen Rechtsschutzes** in verschiedenen Staaten sind sicherlich dann nicht identisch, wenn unterschiedliche Maßnahmen beantragt werden. Solange sie nicht aufgrund und nach Gewährung rechtlichen Gehörs ergehen sollen, können sie wegen der Anerkennungsunfähigkeit der Entscheidung unmöglich eine Rechtshängigkeitssperre auslösen, s. Art. 32 Rn 6. Wegen der Gebrechlichkeit des transnationalen Einstweiligen Rechtsschutzes sollte man aber auch generell Art. 27 nicht auf Maßnahmen des Einstweiligen Rechtsschutzes anwenden. Gegenläufige „Maßnahmen", um ausländische Maßnahmen abzuschwächen, sind bei Anerkennungspflichtigkeit unzulässig, nicht aber generell (so aber LG Klave/Düsseldorf IPRax 00, 547). Ist die Hauptsacheklage im Ausland erhoben, so kann das Verfahren des einstweiligen Rechtsschutzes nach Art. 28 ausgesetzt werden, wenn das ausländische Gericht hierfür als besser geeignet erscheint, s. Art. 31 Rn 31. Dass Verfahren des Einstweiligen Rechtsschutzes und selbständige Beweisverfahren keine Rechtshängigkeitssperre für das Hauptverfahren auslösen, versteht sich, allg. M.

III. Zeitpunkt des Eintritts der Rechtshängigkeit in EuGVÜ/LÜ

6 Welches Gericht „zuerst" angerufen worden ist, bestimmte sich bis zum Inkrafttreten der EuGVVO, s. Art. 30, und bestimmt sich im heutigen Geltungsbereich von EuGVÜ und LÜ noch immer nach den **nationalrechtlichen Vorschriften über den Eintritt der Rechtshängigkeit** (EuGH aaO – Zelger und Gubisch). Letzterer in der Überschrift des 8. Abschnitts verwandte Begriff ist gemeint.

Es bestimmt also jede Rechtsordnung selbst, ob bereits die Einreichung der Klage bei Gericht oder erst bzw nur die Zustellung des das Verfahren einleitenden Schriftstücks an den Beklagten die Rechtshängigkeit eintreten lässt. Es kann auch sein, dass Staaten die Frage nicht für alle Verfahren einheitlich beantworten und etwa nur für bestimmte vereinfachte Verfahren die Einreichung des Rechtsschutzgesuchs bei Gericht ausreichend sein lassen. Die damit verbundenen Möglichkeiten eines forum shopping, insbesondere auch im Hinblick auf die ganz unterschiedlichen Zeitläufe bei Zustellung von Schriftstücken im Ausland, sind hinzunehmen. In

Deutschland gelten § 253 Abs. 1, § 496 Abs. 3 ZPO. Nach langer Kontroverse schien für England klargestellt, dass nicht der „issuance of the writ", sondern erst deren Zustellung (unter Umständen im Ausland) die Rechtshängigkeit begründet (*Dresser U. K. Ltd. v. Falcongate Ltd.* [1992] 2 AllE. R. 450 [C. A.]; *„The Sargasso"* [1994] 3 AllE. R. 180, dazu *Huber* IPRax 95, 332; Phillips a. o. v. Symes a. a. 145 Solicitors' Journal [2001] LB 189). Im Zusammenhang mit Art. 6 Nr. 1 wurde dann aber doch wieder auf „the issuance" of the wirt (heute: claim form) abgestellt s. Art. 6 Rn 1. In der Schweiz richtet sich der Zeitpunkt nach der „Minimalbindung", die aufgrund kantonalen Prozessrechts zu Lasten des Klägers eingetreten ist (SchwBGE 123 III 414); wozu Antrag auf ein Sühneverfahren nach Züricher Recht nicht ausreichen soll (str.).

Insgesamt ist die vom EuGH postulierte Lösung sehr unbefriedigend, weil der Rechtsschutz vor dem zuerst angegangenen Gericht blockiert werden konnte, wenn Zustellung der Klageschrift bald Vorbedingungen für die Rechtshängigkeit ist, bald nicht. Die gegenteilige Ansicht in einer neueren Entscheidung des OLG Hamm (IPRax 99, 169) ist wesentlich auf die inzwischen korrigierte Unanwendbarkeit von Art. 22 EuGVÜ in 2. Instanz gestützt.

7 Weitere Rechtsprechungsbeispiele: Koblenz EuZW 91, 158 – Belgien (bei Rechtshilfeverkehr mit Deutschland); BGH IPRax 94, 40 – Frankreich (Scheidungsverfahren); EuGH aaO Zelger – Italien; BGH in Rn 3 – Italien (Rechtshängigkeit von Ehetrennungsbegehren und von Getrenntlebensunterhaltsansprüchen); LG Frankfurt IPRax 90, 234 – *Mansel* 214 – Italien (Rechtshängigkeit durch gerichtliche Anordnung der Einbeziehung eines Dritten); Hamm OLG-Rp 94, 192 – Frankreich. Für die Rechtlage aufgrund der EuGVVO s. Art. 30. Rechtshängigkeit am gleichen Tag löst für keines der Gerichte eine Sperre aus (Koblenz aaO).

8 Für strafrechtliche **Adhäsionsverfahren** gelten besondere Vorschriften, in Deutschland etwa § 404 Abs. 1 und 2 StPO. An einer rechtsvergleichenden Aufarbeitung der Rechtshängigkeitsprobleme im Verhältnis zu ausländischen Adhäsionsverfahren fehlt es. Die Dinge sind deshalb kompliziert, weil zum Teil dem Strafverfahren absoluter Vorrang eingeräumt wird und die Geltendmachung zivilrechtlicher Ansprüche gehindert wird, solange Ansprüche nicht in das Adhäsionsverfahren einbezogen werden können. Dies alles hat schon für das entsprechende Ausland eine Reflexion über den Eintritt der Rechtshängigkeit vielfach nicht aufkommen lassen. Jedenfalls ist die Rechtshängigkeit im Adhässionsverfahren erst dann eingetreten, wenn der Geschädigte den Anspruch schriftlich geltend macht. Das folgt heute aus Art. 30, dessen vereinheitlichende Funktion nicht vor dem strafrechtliche Adhässionsverfahren Halt machen kann.

IV. Rechtsfolgen früherer Rechtshängigkeit in einem anderen Vertragsstaat

9 **1.** Seit Inkrafttreten des 3. Beitrittsübereinkommens führt die ausländische Rechtshängigkeit nicht mehr zur Abweisung der Klage als unzulässig. Zunächst ist vielmehr das später rechtshängig gewordene Verfahren nur mit den Wirkungen des § 149 ZPO oder entsprechenden Wirkungen ausländischer Gesetze auszusetzen. Es soll nicht mehr das Risiko bestehen, im Inland ein zweites Mal klagen zu müssen, weil sich das ausländische Gericht für unzuständig erklärt. Denn eine Prüfung, ob das zuerst angegangene Gericht zuständig ist, steht dem später angegangenen Gericht nicht zu, auch nicht im Bereich der Art. 8–22 (EuGHE 1991, 3187 = NJW 92, 3221 = IPRax 93, 34 – Overseas Union – die Frage einer Ausnahme im Hinblick auf Art. 16 offenlassend; für diese Ausnahme öOGH 22. 2. 01 6 Ob 295/00 a). Für das nach Art. 22 zuständige Gericht wird allerdings eine Ausnahme von der Bindung an die Zuständigkeitsentscheidung des anderen Gerichts behauptet (*Dohm* Die Einrede ausländischer Rechtshängigkeit ... (1993) 168 ff.; M. *Koch* Unvereinbare Entscheidungen (1993) 83; *Rauscher/Gutknecht* IPRax 93, 24). Hat das LG rechtirrig nicht ausgesetzt, kann das OLG nicht zurückverweisen, sondern muss selbst aussetzen (BGH RIW 02, 393). Zum Vorrang von Art. 23 s. dort Rn 34.

10 **2.** Zur Prozessabweisung kommt es erst unter den Voraussetzungen von Absatz 2. Die Zuständigkeit des zuerst angegangenen Gerichts kann nur durch dessen eigene rechtskräftige Entscheidung oder die Entscheidung eines ihm übergeordneten Gerichts „feststehen“ *Geimer/Schütze* Rn 44). Zusammen mit dem ähnlich strukturierten Art. 11 EuEheVO, s. dort Rn 5, ist der erste Fall einer grenzüberschreitenden Verweisung, auch wenn die Klage beim endgültig zuständigen Gericht neu eingebracht werden muss. Zur Bindung an die Unzuständigkeitsentscheidung s. Art. 33 Rn 3. Wenn sich die ausländische Entscheidung über ein nach Art. 6

EMRK nicht mehr erträgliches Maß hinaus verzögert, folgt aus dieser Norm die Verpflichtung des inländischen Gerichts zur Justizgewährung (*Geimer/Schütze* Rn 47. – **a. A.** München RIW 98, 631). Eine Anerkennungsprognose bezüglich des zu erwartenden ausländischen Urteils ist unzulässig (*Isenburg-Epple* aaO 87 ff., 252 ff. – Ausnahmen anerkennend). Klageabweisung wegen Unzuständigkeit ist immer möglich (Bremen RIW 92, 231).

11 **3.** Dauert das ersteingeleitete Verfahren schon über ein nach Art. 6 EMRK tolerierbares Maß, so braucht die Rechtshängigkeit nicht mehr beachtet zu werden (angedeutet in BGH NJW 02, 393). Die Pflicht des Gerichts, das Verfahren gegebenenfalls „von Amts wegen" auszusetzen, besagt nur, dass es dazu keines Antrags einer Partei bedarf. Es gilt der Beibringungsgrundsatz. Fehlt es an entsprechenden und im Bestreitensfalle bewiesenen Behauptungen, so darf nicht ausgesetzt werden (ähnlich *Geimer/Schütze* Rn 48). Übersehen von Art. 28 ist kein Anerkennungsverweigerungsgrund (SchwBGE 124 III 446).

12 **4.** Zu „anti-suit-injunctions" s. vor Art. 2 Rn 6. Streitgegenstandsidentität mit dem zu beendenden Prozess besteht nicht (*Toepfer v. Molino Boschi* [1996] 1 LLRep. 510).

13 **5.** Der Sinn von Art. 27 in der ihm vom EuGH gegebenen Interpretation verbietet es den Mitgliedsstaaten, ein Verfahren zuzulassen, dessen Ziel es ist, eine Entscheidung zu erstreiten, die mit einer Entscheidung aus einem anderen Mitgliedsstaat unvereinbar ist (*Rüßmann* 111 ZZP (1998) 397, 424 ff.).

14 **6.** Die Aussetzung ist aufzuheben, wenn die Rechtshängigkeit vor dem anderen Gericht endet. Gegebenenfalls besteht für die dann zu treffende Entscheidung eine Bindung an das ausländische Urteil.

Wird erst nach Erlass einer vorläufig vollstreckbaren Entscheidung ausgesetzt, bleibt Vollstreckbarkeit bestehen. Jedoch sind die Möglichkeiten der §§ 719, 707 ZPO auszuschöpfen (BGH RIW 02, 393).

Art. 28 [Aussetzung wegen Sachzusammenhangs]

(1) **Sind bei Gerichten verschiedener Mitgliedstaaten Klagen, die im Zusammenhang stehen, anhängig, so kann jedes später angerufene Gericht das Verfahren aussetzen.**

(2) **Sind diese Klagen in erster Instanz anhängig, so kann sich jedes später angerufene Gericht auf Antrag einer Partei auch für unzuständig erklären, wenn das zuerst angerufene Gericht für die betreffenden Klagen zuständig ist und die Verbindung der Klagen nach seinem Recht zulässig ist.**

(3) **Klagen stehen im Sinne dieses Artikels im Zusammenhang, wenn zwischen ihnen eine so enge Beziehung gegeben ist, daß eine gemeinsame Verhandlung und Entscheidung geboten erscheint, um zu vermeiden, dass in getrennten Verfahren widersprechende Entscheidungen ergehen könnten.**

Textgeschichte: Art. 22 EuGVÜ/LÜ sachlich unverändert, redaktionell angepasst durch 3. Beitrittsübereinkommen. Er lautet in den ersten beiden Absätzen (3. Absatz unverändert in die EuGVVO übernommen):

„(1) Werden bei Gerichten verschiedener Vertragsstaaten Klagen, die im Zusammenhang stehen, erhoben, so kann das später angerufene Gericht das Verfahren aussetzen, solange beide Klagen im ersten Rechtszug anhängig sind.

(2) Das später angerufene Gericht kann sich auf Antrag einer Partei auch für unzuständig erklären, wenn die Verbindung im Zusammenhang stehender Verfahren nach seinem Recht zulässig ist und das zuerst angerufene Gericht für beide Klagen zuständig ist."

Literatur: *Lüpfert* Konnexität im EuGVÜ (1997); im übrigen vor Art. 27.

1 **Abs. 1** soll ermöglichen, dass konnexe Verfahren in einer aufeinander abgestimmten Weise entschieden werden können. Er geht weit über das hinaus, was § 148 ZPO ermöglicht (*Lüpfert* aaO 83. **a. A.** Hamm NJW 83, 523). Die Vorschrift ist in dem Glauben geschaffen worden, dass sich zwischen Verfahren, die i. S. der Rechtshängigkeit miteinander identisch sind, und solchen, bei denen dies nicht der Fall ist, eine klare Grenze ziehen lasse. Angesichts der weiten Auslegung des Begriffs der Streitgegenstandsidentität durch den EuGH, s. Art. 27 Rn 4, sind aber große Abgrenzungsschwierigkeiten entstanden. Ihnen kann man nach Art. 27 i. d. F. von Art. 21 durch das 3. Beitrittsübereinkommen teilweise dadurch entgehen, dass man das Verfahren aussetzt und dabei offenlässt, ob Art. 27 oder 28 die Rechtsgrundlage hierfür sind, s. auch Art. 27 Rn 1. Nur wenn das später angerufene Gericht dahin tendiert, das Verfahren nicht auszusetzen, muss das nicht aussetzungswillige Gericht sich klar darüber werden, ob Rechtshängigkeit oder nur Konnexität besteht; denn nur in letzterem Fall kommt ihm eine Ermessensbefugnis zu. Das Übersehen von Art. 28 ist kein wesentlicher Verfahrensmangel (Hamburg RJW *MünchKomm-ZPO-Gottwald*[2] Rn 3. **a. A.** *Geimer* IPRax 86, 216). Bei Ausübung des Ermessens soll vor allem berücksichtigt werden, wieweit ein mögliches Ergebnis des früher angestrengten Verfahrens von Einfluss auf die Entscheidung oder auf die Aussicht einer vergleichsweisen Erledigung der Sache ist, ohne dass es auf eine bindende Feststellung von Urteilselementen ankäme. Für die Anwendung von Absatz 1 ist nicht Voraussetzung, dass der später eingeklagte Anspruch in das frühere Verfahren eingeführt werden kann (**a. A.** *De Pina/MS Birka ILG* [1994] ILPr 694 QB).

Zeitlicher Anwendungsbereich: wie Art. 27 Rn 1.

2 Die Redaktion von Art. 22 **Abs. 2 EuGVÜ/LÜ ist** insoweit missglückt, als auf die Möglichkeit der Prozessverbindung vor dem später angerufenen Gericht abgestellt ist. In berichtigender Auslegung ist die Vorschrift wie Art. **28 Abs. 2** EuGVVO aufzufassen. Die Zulässigkeit der Klagenverbindung vor dem ausländischen Gericht muss die Partei, die den Antrag stellt, zur Überzeugung des Gerichts dartun. Ob das früher angerufene Gericht für beide Klagen international und örtlich (José Gardoso de Pina v. MS „Birka" Bentler [1994] ILPr. 694) zuständig ist, hat das später angerufene Gericht hingegen von sich aus zu prüfen. Gemeint ist natürlich nicht (**a. A.** *Kropholler*[7] Rn 8), ob das ausländische Gericht ein rechthängiges Verfahren mit dem seinen verbinden kann, sondern ob es durch Klageerweiterung oder Widerklage dort anhängig gemacht werden kann. Einen Gerichtsstand des Sachzusammenhangs über Art. 6 hinaus begründet die Vorschrift nicht (EuGHE 1981, 1671 – Elefanten Schuh = NJW 82, 507). Das später angerufene Gericht kann natürlich die Klage immer als unzulässig abweisen, wenn es ohnehin nicht zuständig ist. Die Antragsbefugnis ist nicht zeitlich limitiert (**a. A.** *Kropholler*[7] Rn 8; *Lüpfert* Konnexität im EuGVÜ (1997/148 f.). Die Unzuständigerklärung kann wie in Art. 27 Abs. 2 nur zugunsten des anderen Gerichts geschehen und muss zur Vermeidung von Kompetenzkonflikten (Art. 65 Buchst. b) EGV) dieses binden (*Lüpfert* aaO 170 ff.).

3 Die Art, wie der **sachliche Zusammenhang** in **Absatz 3** definiert wird, ist im Licht der Rechtsprechung des EuGH zur Streitgegenstandsidentität, Art. 27 Rn 4, ebenfalls nicht sehr glücklich.

In den wichtigsten Fällen, in denen die Rechtskraft des in einem Verfahren erstrebten Urteils präjudizielle Bedeutung für den Ausgang des anderen Verfahrens hat (ohne dass nach deutschen Vorstellungen Streitgegenstandsidentität bestünde), ist Art. 27 anwendbar. Die Gefahr widersprechender Entscheidungen braucht daher nicht in dem engen Sinne, wie in Art. 6 Nr. 1 festgehalten (öOGH öJZ 98, 471) oder wie hier zu Art. 34ff. Rn 22 entwickelt, verstanden zu werden (EuGHE 1994 1994 I 5439 – The Tatry). Es genügt auch ein drohender Widerspruch in tragenden Urteilgründen (*Sarvio v. Kuwait Investment Authority* 8 ILPr [1997] 481 H. L.), etwa weil in beiden Verfahren derselbe Lebenssachverhalt in Mitten steht (Frankfurt RIW 01, 65 = IPRax 227) oder weil es beide Mal um das Namensrecht namensähnlicher Konzerngesellschaften geht (**a. A.** Köln IPRspr. 96 Nr. 172).

Da Art. 28 das Erfordernis der Parteienidentität nicht aufstellt (Bsp. Stuttgart RIW 00, 954; Frankfurt IPRax 01, 227), lässt sich die Vorschrift auch zur Organisierung eines **transnationalen Musterprozesses** einsetzen. Wenn vor dem zuerst angegangenen Gericht Rechts- und Tatsachenfragen zur Debatte stehen, die auch im späteren Verfahren vermutlich eine zentrale Rolle spielen werden, und wenn es sinnvoll erscheint, dass das zuerst angestrengte Verfahren den Charakter eines Musterprozesses annimmt, kann das später rechtshängig gewordene Verfahren ausgesetzt werden (EuGH 1994, 5439 – The Tatry = JZ 95, 616 – Für das Verhältnis von Schadenersatzklagen verschiedener Gruppen von Schiffsladungseigentümer gegen denselben Schiffseigentümer, aber aufgrund jeweils individuell geschlossener, wenn auch im wesentlichen inhaltsgleicher Verträge). Die Gemeinsamkeit einer Rechtsfrage oder ähnliche Tatsachenfragen (bei sich wiederholenden Vorgängen), genügen nicht (*Lüpfert* aaO 90). Leider ist es aufgrund der Vorschrift unmöglich, dem später rechtshängig gewordenen Verfahren den Charakter eines Musterprozesses zu geben.

Der von Absatz 3 geforderte Zusammenhang kann sich auch aus **Einwendungen des Beklagten** ergeben, etwa wenn dieser Zurückbehaltungsrechte oder Aufrechnung geltend macht (öOGH 25. 5. 99 1 Ob 115/99i). Wenn allerdings eine Einwendung unzulässig ist, wie etwa eine vertraglich ausgeschlossene Aufrechnung, entfällt der Zusammenhang (Hamm NJW 83, 523).

4 Rechtsprechungsbeispiele soweit nicht durch Art. 27 Rn 4 überholt: LG Frankfurt IPRax 92, 389 – Bericht: Provisionsansprüche eines italienischen Handelsvertreters und Kaufpreisklage (wieso bei Handelsvertretern?) aufgrund desselben Vertrags mit einer Gerichtsstandsklausel, von der die Zuständigkeit des später angerufenen deutschen Gerichts abhing – ja; Cour Supérieur Luxembourg Nschlwerk I 22 B 1 (1977) – Interessenverflechtung der an den Rechtsstreitigkeiten beteiligten Gesellschaften – nein; Rechtsbank s'Hertogenbosch Nschlwerk I 21 B 2 (1978) – Antrag auf Gewährung Einstweiligen Rechtschutzes – nein; LG Frankfurt IPRspr. 91 Nr. 197 – Wirksamkeit ein- und derselben Gerichtsstandsklausel; C.A. [1998] 1 Ll.R. 13 – seerechtliche Haftungsbegrenzungsfeststellung und Leistungsklage einzelner Geschädigter (Blue Nile Shipping a.o.v. Iguana Shipping a.o. [1998] ILPr. 440 C.A.), s. auch Art. 7; Cour d'appel Paris D. 1992 sommaire 167: Makler- und Untermaklervertrag begründen keine konnexen Streitgegenstände. OLG Karlsruhe RIW 77, 718: Gleichartige Immissionen auf Grundstücke desselben Eigentümers in verschiedenen Staaten begründen kein Konnexität (abl. *Lüpfert* aaO 83).

5 Art. 28 ist bezüglich der möglichen Aussetzungsgründe keineswegs erschöpfend. So kann etwa nach § 148 der früher begonnene Patentverletzungsprozess ausgesetzt werden, wenn später Patentnichtigkeitsklage erhoben worden ist, s. Art. 22 Rn 23a.

6 Zu anti suit in junctions Art. 34–36 Rn 5.

7 Das später angegangene Gericht hat, auch wenn die Aussetzungsvoraussetzungen vorliegen, **Handlungsermessen.** Bei seiner Ausübung sollten Gesichtspunkte der Prozessökonomie die Hauptrolle spielen. Aussetzung empfiehlt sich nicht, wenn zweites Verfahren wirtschaftlich zentrale Bedeutung hat (*Kloeckner v. Gatoil Overseas* [1990] 1 Ll. Rep. 177 H. Ct.). Häufig kann erwartet werden, dass die Parteien im Licht der vom ausländischen Gericht zu erwartenden Entscheidungsbegründung ihren Streit bereinigen werden. Auch die Prognose der Anerkennungsunfähigkeit des im Ausland zu erwartenden Urteils kann eine Rolle spielen (Frankfurt IPRax 01, 227. **a. A.** *Schütze/Kratzsch* RIW 00, 939). Der Umstand, dass das früher eingeleitete Verfahren ein Annexverfahren zum Strafprozess ist, ist ohne Belang (**a. A.** *Haji Joannou v. Frangos* [1999] 2 Ll. Rep. 337 C. A). Auch eine teilweise Aussetzung ist möglich (*Fox v. Taher* [1994] ILPr. 441 C.A.). Der Aussetzungsbeschluss kann auch wieder **aufgehoben** werden, wenn sich die Erwartungen an die Entwicklung des ausländischen Verfahrens nicht erfüllen. Ob Konnexität vorliegt, ist für deutsche Gerichte eine berufungs- und revisionsfähige Rechtsfrage, für französische hingegen eine der „appréciation souveraine" der Tatsacheninstanz vorbehaltene Entscheidung (Cour de cassation D 1992 informations rapides 262).

8 Ist ausgesetzt worden, so entfaltet das Urteil des zuerst angegangenen Gerichts für das aufzunehmende Verfahren nur nach allgemeinen Grundsätzen **Bindungswirkung,** auch wenn wegen der Musternatur des im Ausland laufenden Verfahrens ausgesetzt wurde (*Lüpfert* aaO 167 f).

9 Die Aussetzung endet, wenn sie nicht vom aussetzenden Gericht vorher wieder aufgehoben wird, erst mit einer formell rechtskräftigen Entscheidung im anderen Verfahren (Lüpfert aaO 165 ff.).

Art. 29 [Rangfolge ausschließlicher Zuständigkeiten]

Ist für die Klagen die ausschließliche Zuständigkeit mehrerer Gerichte gegeben, so hat sich das zuletzt angerufene Gericht zugunsten des zuerst angerufenen Gerichts für unzuständig zu erklären.

Die Vorschrift meint wirklich das logische Monstrum, von dem sie spricht: Es kann in höchst seltenen Ausnahmefällen dazu kommen, dass zwei Gerichte verschiedener Vertragsstaaten sich aufgrund von Zuständigkeitsvorschriften für kompetent halten müssen, die sie als ausschließliche Zuständigkeiten verstehen. Das ist aber nur möglich, wenn Tatbestandsmerkmale der genannten Normen nicht autonom, sondern im Sinne des jeweils nationalen Rechts ausgelegt werden, wie es etwa Art. 52, 53 EuGVÜ/LÜ für die Begriffe Wohnsitz und Sitz vorschreiben. Eine ausschließliche Zuständigkeit liegt nicht schon dann vor, wenn die Möglichkeiten von Gerichtsstandsvereinbarungen beschränkt oder ausgeschlossen sind, sondern nur, wenn der jeweilige Kläger auf einen einzigen Gerichtsstand verwiesen ist. Art. 16 Abs. 2, nicht aber auch Abs. 1 begründet einen ausschließlichen Gerichtsstand. Die Vorschrift ist nicht anwendbar, wenn gegen ein Bündel nach dem Münchner PatÜ erteilte Patente in den verschiedenen Vertragsstaaten Nichtigkeitsklage erhoben wird. Die Vorschrift ist Sonderbestimmung nur im Verhältnis zu Art. 27, nicht auch im Verhältnis zu Art. 28 (h. M. **a. A.** *Jenard*-Bericht zu Art. 23).

Art. 30 [Zeitpunkt des Eintritts der Rechtshängigkeit]

Für die Zwecke dieses Abschnitts gilt ein Gericht als angerufen:

1. **zu dem Zeitpunkt, zu dem das verfahrenseinleitende Schriftstück oder ein gleichwertiges Schriftstück bei Gericht eingereicht worden ist, vorausgesetzt, dass der Kläger es in der Folge nicht versäumt hat, die ihm obliegenden Maßnahmen zu treffen, um die Zustellung des Schriftstücks an den Beklagten zu bewirken, oder**
2. **falls die Zustellung an den Beklagen vor Einreichung des Schriftstücks bei Gericht zu bewirken ist, zu dem Zeitpunkt, zu dem die für die Zustellung verantwortliche Stelle das Schriftstück erhalten hat, vorausgesetzt, dass der Kläger es in der Folge nicht versäumt hat, die ihm obliegenden Maßnahmen zu treffen, um das Schriftstück bei Gericht einzureichen.**

Textgeschichte: Erstmals in EuGVVO.

Die Vorschrift ist ausnehmend klug gelungen. Sie soll den unter dem EuGVÜ vorprogrammierten Wettlauf um die Rechtshängigkeit nach jeweils nationalem Recht, s. Art. 27 Rn 6f, unterbinden. Alle Mitgliedsstaaten sehen ein gestrecktes Verfahren der Prozesseinleitung vor. Die Übergabe an die als erste in die Einleitung des Verfahrens eingeschaltete „Stelle", mag dies auch der Beklagte sein, soll für den Zeitpunkt entscheidend sein, zu dem die Rechtshängigkeit eintritt. Der Eintritt der Rechtshängigkeitswirkungen hängt in Deutschland nicht von der Einzahlung des Gerichtskostenvorschusses ab (**a. A.** *Zöller/Geimer*[23] Rn 2). Nur darf der Kläger in der Folge nicht „versäumen", dies zu tun. Das Gesetz sagt nicht „unverzüglich", weil es voraussetzt, dass die nationalen Gerichte Fristen für die weiter vorzunehmenden Prozesshandlungen setzen. In Anlehnung am § 286 BGB kann man für Verfahren vor deutschen Gerichten von einer Zeitspanne von 30 Tagen seit Zugang der Gerichtskostenrechnung ausgehen.

„Versäumt" der Kläger die ihm obliegende Prozesshandlung, so richtet sich der Eintritt der Rechtshängigkeit nicht etwa nach naionalen Recht. Für Zwecke des Art. 30 ist dann gar keine Rechtshängigkeit eingetreten, solange der Beklagte sich nicht auf das Verfahren eingelassen hat.

Bei späteren Klageerweiterungen, Widerklagen und (ausländischen) Interventionsklagen ist auf den Zeitpunkt von deren jeweiliger Erhebung abzustellen (Corte di cassazione 1998 Nr. 1514 Il Corriere giuridico 98, 1194). S. auch Art. 34–36 Rn 7.

Für strafrechtliche Annexverfahren tritt Rechtshängigkeit häufig erst mit der Zulassungsentscheidung ein (*Lafi Office v. Meridan* 2 Ll. R. 00, 51. S. auch Art. 27 Rn 8.

– a. A. Assurance Générale v. The Chiyoda Fire and Marine Co [1992] 1 Ll. Rep. 325 H. Ct.

Abschnitt 10. Einstweilige Maßnahmen einschließlich solcher, die auf eine Sicherung gerichtet sind

Art. 31 [Zuständigkeit für Maßnahmen des einstweiligen Rechtsschutzes]

Die in dem Recht eines Mitgliedsstaats vorgesehenen einstweiligen Maßnahmen einschließlich solcher, die auf eine Sicherung gerichtet sind, können bei den Gerichten dieses Staates auch dann beantragt werden, wenn für die Entscheidung in der Hauptsache das Gericht eines anderen Mitgliedsstaats aufgrund dieser Verordnung zuständig ist.

Literatur: *Speellenberg/Leible* ZZPInt (1999) 221 ff.; *Stadler* Erlass und Freizügigkeit einstweiliger Maßnahmen im Anwendungsbereich des EuGVÜ JZ 99, 1089; *Heß/Vollkommer* Die begrenzte Freizügigkeit einstweiliger Maßnahmen nach Art. 24 EuGVÜ IPRax 99, 220; 00, 370; *Cuniberti* Les mesures conservatoires portant sur des bien situés à l'étranger (2000) 313 ff.; *Spühler* (ed.) Vorsorgliche Maßnahmen aus internationaler Sicht (Zürich 2000); *Marmisse/Wilderspin* Le régime jurisprudentiel des mesures provisoires à la lumière des arrêts Van Uden et Mietz Rev. crit. 99, 669; *Pålsson* Interim Relief under the Brussels and Lugano Conventions FS Siehr (2000) 621; Aus der Zeit vor der in Rn 1 genannten Rechtsprechung: *Heiss* Einstweiliger Rechtsschutz im Europäischen Zivilrechtsverkehr (1987); *Sandrock* Prejudgment Attachments: Securing international loans or other claims for money, Intern. Lawyer 21 (1987) 1; *Albrecht* Das EuGVÜ und der einstweilige Rechtsschutz in England und in der Bundesrepublik Deutschland (1991); *Eilers* Maßnahmen des einstweiligen Rechtsschutzes im Europäischen Zivilrechtsverkehr (1991); *Strickler* Das Zusammenwirken von Art. 24

EuGVÜ und §§ 916ff. ZPO (1992); *Collins* Provisional Measures 234 Recueil des Cours (1992) 19ff.; Merkt Les mesures provisoires en droit international privé (1993) 104ff.; *Koch* Neuere Probleme der internationalen Zwangsvollstreckung einschließlich des einstweiligen Rechtsschutzes in Schlosser (Hrsg.) Materielles Recht und Prozeßrecht (1993) 171ff.; *Gronstedt* Grenzüberschreitender einstweiliger Rechtsschutz (1994).

I. Die Grundsatzentscheidungen zur internationalen Zuständigkeit für einstweiligen Rechtsschutz

1 **1.** Der unmittelbare Aussagegehalt der Norm ist recht beschränkt. Es soll nur sichergestellt werden, dass nicht kraft des Übereinkommens die Zuständigkeit für den Erlass einstweiliger Maßnahmen ausschließlich an die von ihm begründeten Zuständigkeiten für die Hauptsache gekoppelt ist. Auf diesem Hintergrund haben zwei **Plenarentscheidungen des EuGH** sieben grundsätzliche Aussagen zum einstweiligen Rechtsschutz im europäischen Zivilprozessrecht gemacht (EuGHE 1998 I 7091 – Van Uden; EuGHE 1999 I 2277 – Mietz), die sich zu der schon längere Zeit zurückliegenden Grundsatzentscheidung gesellen, wonach eine „Entscheidung" i. S. v. Art. 32 nicht vorliegt, wenn das Gericht etwas verfügt hat, ohne dass der Gegenpartei Gelegenheit zur Stellungnahme gegeben worden wäre, s. Art. 32 Rn 5.

2 (1) Jedes Gericht, das aufgrund einer der Vorschriften des Kapitels II Zuständigkeit hat, ist kraft Europarechts auch für Maßnahmen des einstweiligen Rechtsschutzes zuständig (beide Urteile).

3 (2) Außer aufgrund des Kapitels II kann ein Gericht nach Art. 31 auch aufgrund seines nationalen Rechts zuständig sein. Auch die in Art. 3 Abs. 2 (jetzt Anlage I) als exorbitant gekennzeichneten Zuständigkeitsnormen, können in diesem Rahmen den Gerichten Zuständigkeit für den Erlass einstweiliger Maßnahmen verleihen (Van Uden).

4 Der Gerichtshof fügt jedoch in beiden Entscheidungen einschränkend hinzu: Nur wenn „zwischen dem Gegenstand dieser Maßnahmen und der gebietsbezogenen Zuständigkeit des Vertragsstaates des angerufenen Gerichts eine reale Verknüpfung besteht".

5 (3) Die von Art. 31 genannten nationalen Zuständigkeitsnormen kann ein Gericht für den Erlass von Maßnahmen des einstweiligen

Rechtsschutzes auch dann in Anspruch nehmen, wenn das Hauptsacheverfahren bereits vor einem Gericht eines anderen Mitgliedsstaates rechtshängig ist (zutr. interpretiert von *Stadler* aaO, 1094). Für eine solche Maßnahme besteht auch keine internationale Vollstreckungsbeschränkung (*Heß/Vollkommer* aaO 24; *Spellenberg/Leible* aaO 228).

6 (4) Einstweilige Maßnahme i. S. v. Art. 31 kann auch eine Anordnung vorläufiger Leistung – in deutscher Begrifflichkeit also eine Leistungsverfügung – sein. Sie kann von einem nicht nach Art. 2 ff. zuständigen Gericht aber nur beschlossen werden, „wenn die Rückzahlung des zugesprochenen Betrags an den Antragsgegner für den Fall, dass der Antragsteller nicht in der Hauptsache obsiegt, gewährleistet ist und wenn die beantragte Maßnahme nur bestimmte Vermögensgegenstände des Antragsgegners betrifft, die sich im örtlichen Zuständigkeitsbereich des angerufenen Gerichts befinden oder befinden müssten" (beide Urteile). Eine Dringlichkeit ist nicht Voraussetzung für das Vorliegen einer Maßnahme des einstweiligen Rechtsschutzes (bedauernd: *Spellenberg/Leible* aaO 226).

7 (5) Eine bloß im Verfahren des einstweiligen Rechtsschutzes geschehene Einlassung des Beklagten begründet weder für jenen noch gar für die Hauptsache eine Zuständigkeit aufgrund von Art. 24 (Urteil Mietz).

8 (6) Wenn für die Hauptsache ein Schiedsgericht zuständig ist, dann gibt es für jene keine Zuständigkeitsnorm aus der EuGVVO und folglich auch keine hieraus hergeleitete Zuständigkeit für einstweiligen Rechtsschutz mehr. Nur noch aufgrund von Zuständigkeitsnormen des nationalen Rechts kann dann das staatliche Gericht einstweiligen Rechtsschutz gewähren (Urteil Van Uden).

9 (7) Wenn sich eine Entscheidung eines Gerichts nicht als Maßnahme des einstweiligen Rechtsschutzes in dem definierten Sinne darstellt, insbesondere wenn die Kriterien der Rn 3 und 6 nicht erfüllt sind, kann sie auch nicht anerkannt und für vollstreckbar erklärt werden, sofern sie nicht als Entscheidung in der Hauptsache gewollt ist (Urteil Mietz).

2. Beide Urteile sind in verschiedener Hinsicht wenig durchdacht. Das hat in der nachfolgenden Rechtsprechung und der literarischen Diskussion zu einem kaum noch zu durchdringenden Chaos geführt.

10 Grundsatz (1), s. Rn 2, ist sehr lästig, wenn die Zuständigkeit für einstweiligen Rechtsschutz nach nationalem Recht aus gutem Grund konzentriert ist, wie etwa in Frankreich die Zuständigkeit für den Erlass einer mesure conservatoire am Wohnsitz des Schuldners (Art. 211 Decr. vom 31. 7. 92).

11 Grundsatz (2), s. Rn 3, zeigt, dass der Gerichtshof nur an die Beschlagnahme spezifischer Vermögensgegenstände als Ziel des einstweiligen Rechtsschutzes gedacht hat und dem Phänomen breit gestreuter Bankguthaben nicht gerecht wird. Von Erscheinungen wie einem deutschen Arrest mit unbeschränktem Vollstreckungsziel und erst recht der englischen (womöglich world wide) „freezing order" hat der Gerichtshof anscheinend keine Kenntnis.

12 Grundsatz (3), s. Rn 4, ist unterstützenswert. Er entspricht der deutschen Lehre für das Verhältnis von Zuständigkeit des Gerichtes der Hauptsache zur Zuständigkeit des Gerichts der belegenen Sache, s. Kommentare zu § 919 ZPO.

13 Grundsatz (4), s. Rn 6, leidet einmal daran, dass man nicht weiß, was der Gerichtshof mit einer „Gewährleistung" der Rückzahlung meint. Vor allem aber ist das Erfordernis, die beantragte Maßnahme dürfe nur bestimmte Vermögenswerte des Antragsgegners betreffen, die sich im örtlichen Zuständigkeitsbereich des angerufenen Gerichtes befänden, schlechterdings unvollziehbar. Geldzahlungsansprüche und -anordnungen können sich ihrem Wesen nach nicht auf bestimmte Vermögenswerte beziehen.

14 Grundsatz (5), s. Rn 7, ist nur insoweit einsichtig, als durch Einlassung auf die sachlichen Fragen des einstweiligen Rechtsschutzes noch keine Zuständigkeit für die Hauptsache begründet werden kann.

15 Grundsatz (6), s. Rn 8, ist aus der außerhalb Deutschlands häufig anzutreffenden Sicht entstanden, die Frage der Zuständigkeit des Schiedsgerichts sei eine Frage der Unzuständigkeit der staatlichen Gerichte. Aber auch dann ist es nicht zu rechtfertigen (zutr. *Heß/Vollkommer* aaO, 222), dass für die Gewährung des trotz der Schiedsvereinbarung möglichen staatsgerichtlichen einstweiligen Rechtsschutzes gerade das sachnächste und kompetenteste Gericht ausgeschaltet werden soll, s. Rn 18.

16 Grundsatz (7), Rn 9, ist eine durch nichts gerechtfertigte (ebenso *Heß/Vollkommer* aaO, 223) Ausnahme von Artt. 32, 33 und vor allem von Art. 35 Abs. 3. Warum soll gerade dann, wenn das Gericht eine Entscheidung trifft, die es fälschlich als eine solche des einstweiligen Rechtsschutzes betrachtet und für die es daher nicht zuständig wäre, diese Unzuständigkeit einen Anerkennungsversagungsgrund bilden?

II. Die Auswirkungen der Entscheidungen für Verfahren vor deutschen Gerichten

17 Für die beiden in der ZPO vorgesehenen Maßnahmen des einstweiligen Rechtsschutzes ist jeweils „das Gericht der Hauptsache" zuständig, §§ 919, 937. Sinn dieser Regelung ist es, wenn nicht in erster Linie, so doch jedenfalls schwerpunktmäßig auch, möglichst dieselben Richter entscheiden zu lassen, die später auch über die Hauptsache entscheiden werden. Daher macht es keinen Sinn, aus der Rechtsprechung des EuGH, s. Rn 1, die Konsequenz zu ziehen, zuständig seien die Gerichte, die ohne Berücksichtigung der EuGVVO für die Hauptsache zuständig wären. Das deutsche Recht inkorporiert mit dem Begriff „Gericht der Hauptsache" vielmehr für Zwecke des einstweiligen Rechtsschutzes die Zuständigkeitsvorschriften von Kapitel II EuGVVO. Diese gelten dann kraft der in Art. 31 steckenden Erlaubnis kraft deutschen Rechts. Das bedeutet vor allem, dass entgegen einer weit verbreiteten Interpretation der EuGH-Rechtsprechung (etwa *Heß* IPRax 00, 373; *Kropholler*[7] Rn 17f.) von der EuGVVO nicht gedeckte Gerichtsstände, wie vor allem § 23 ZPO, auch für den einstweiligen Rechtsschutz nicht Hauptsachegerichtsstände sein können (aus der Zeit vor Veröffentlichung der neuen EuGH-Rechtsprechung so etwa Düsseldorf RIW 99, 873). Der EuGH hat nur gesagt, dass die nationalen Rechtsordnungen für einstweiligen Rechtsschutz auch Gerichtsstände vorsehen können, die für die Hauptsache exorbitant wären. Ob eine nationale Rechtsordnung dies getan hat, muss erst deren Auslegung ergeben.

1. Für den wegen des Arrestpfandrechts und seiner breiten Wirkung für Ausländer sehr interessanten deutschen **Arrest** bedeutet dies:

18 **a)** Ist die **Hauptsache noch nicht anhängig** so ist das Gericht zuständig, das nach der EuGVVO als Gericht der Hauptsache zuständig wäre, aber nach § 919 ZPO auch das Amtsgericht, in dessen Bezirk sich ein zu arretierende Gegenstand befindet, s. u.

Rn 20. Nicht aber ist über Art. 31 das Landgericht auch nach § 23 ZPO örtlich zuständig (**a. A.** Karlsruhe RIW 02, 151). Auch wenn eine Schiedsvereinbarung besteht, inkorporiert das deutsche Recht durch § 1033 ZPO das Kapitel II, weil es davon ausgeht, dass die Gerichte zuständig sind, die ohne Schiedsvereinbarung zuständig wären (*Heß/Vollkommer* aaO, 227). Eine Prorogation zugunsten eines ausländischen Gerichts lässt ein deutsches Hauptsachegericht entfallen, ändert aber an der Anwendbarkeit von § 919 nichts (von viel Unsicherheit der englischen Gericht beim Problem einstweiliger Rechtsschutz und Prorogation berichtend *Collins* aaO 63ff.).

19 **b)** Ist die **Hauptsache im Ausland schon anhängig,** so schließt das die Zuständigkeit des Amtsgerichts am Belegenheitsort der zu arretierenden Sache nicht aus (anders den EuGH interpretierend *Pörnbacher* RIW 99, 780f.). Auch in einem deutschen konkurrierenden Hauptsachegerichtsstand kann ein Arrest erlassen werden. In beiden Fällen kann aber in die Prüfung des Arrestgrundes auch die Erwägung einfließen, dass das mit der Hauptsache befasste Gericht besser geeignet ist, über den Antrag auf Gewährung einstweiligen Rechtsschutzes zu entscheiden. Für die Ermessensbefugnis der englischen Gerichte ist in diesem Sinne entschieden worden (*Credit Suiss Fides Trust S. A. v. Cuoghi* [1997] 3 AllER. 724). Für das Verhältnis der deutschen Gerichte zueinander soll nach allgemeiner Ansicht eine Zuständigkeit zum Erlaß einstweiliger Maßnahmen ohne Rücksicht darauf bestehen, ob das in der Hauptsache angegangene Gericht auch wirklich zuständig ist (s. Kommentare zu § 919 ZPO). International kann diese Regel wegen der naheliegenden Manipulationsgefahr aber nicht angewandt werden (Koblenz RIW 90, 316. **a. A.** LG Frankfurt NJW 90, 652 = IPRax 177, krit. *H. Roth* 161). Das Sonderübereinkommen über den Arrest in Seeschiffe geht vor, s. Art. 57 Rn 3.

20 **c)** Die in § 919 ZPO auch vorgesehene Zuständigkeit des Amtsgerichts kann nach den vom EuGH gesetzten Prämissen nur in Anspruch genommen werden, soweit „zwischen dem Gegenstand der beantragten Maßnahme und der gebietsbezogenen Zuständigkeit des Vertragsstaates des angerufenen Gerichts eine reale Verknüpfung“ besteht. Dieser Satz ist geprägt von Rechtsordnungen, in denen schon in der Grundentscheidung zur Beschlagnahme von Vermögenswerten die Gegenstände angegeben werden müssen, die beschlagnahmt werden sollen. Für Deutschland ist dem durch das tatbestandliche Erfordernis der Vermögensbelegenheit im Bezirk des Gerichtes Genüge getan. Das Amtsgericht muss freilich aufgrund der EuGH-Rechtsprechung ausdrücklich in den Arrestbeschluss aufnehmen, dass aus ihm im EG-Ausland nicht vollstreckt werden kann (verallgemeinernd i. d. S. *Gerhard* SZIER 99, 97 ff.; 135 ff.), da an sich auch ein vom Amtsgericht erlassener Arrestbeschluss überall vollstreckbar ist und nicht nur bezüglich der die Zuständigkeit begründenden Vermögenswerte. Da ein auf dieser Zuständigkeitsbasis erlassener Arrest im Ausland ohnehin nicht vollstreckbar ist, ist es aber sinnlos zu verlangen, der Arrest müsse wertmäßig auf den Wert im Zeitpunkt seines Erlasses in Deutschland belegenen Vermögens beschränkt werden (**a. A.** *Stadler* aaO 1094). Es besteht auch kein Anlass, Minivermögenswerte von der die Arrestzuständigkeit begründenden Funktion auszuschließen (**a. A.** *Stadler* aaO). Glaubhaftmachung etwa, dass der Antragsgegner ein Konto bei einer deutschen Bank unterhält, muss im Hinblick auf die dem Arrest zugedachte Funktion genügen.

21 **2. Einstweilige Verfügungen** können ebenso wie Arreste von dem Gericht erlassen werden, das nach dem Kapitel II der EuGVVO für die Hauptsache zuständig ist. Nicht zuständig ist auch insoweit das Gericht, das ohne Berücksichtigung der EuGVVO für die Hauptsache zuständig wäre, vor allem nicht das Gericht des § 23 ZPO, s. auch Rn 23. Da es im Interesse der Idee der Koordinierung der nationalen Justizräume liegt, wenn das Gericht des einstweiligen Rechtsschutzes und das in der Hauptsache zuständige Gericht zusammenarbeiten (dazu näher *Schlosser* Recueil des Cours 284 [2001] 193 ff.), gilt auch § 942 ZPO. Er ist mit der Maßgabe anwendbar, dass das ausländische Gericht der Hauptsache über den Widerspruch entscheidet (**a. A.** Vorauflage). Das ausländische Gericht muss in den Formen angegangen werden, in denen man sich dort gegen ohne vorher gewährtes Gehör angeordnete Maßnahmen des einstweiligen Rechtsschutzes wehren kann.

22 **3.** Für **Leistungsverfügungen** und einstweilige Anordnungen, die auf Leistung gerichtet sind und die in einem anderen Gerichtsstand als dem für die Hauptsache möglichen beantragt werden, verlangt der EuGH zwar keine Dringlichkeit, s. Rn 6, aber dass „die Rückzahlung des zugesprochenen Betrags an den Antragsgegner für den Fall, dass der Antragsteller nicht in der Hauptsache obsiegt, gewährleistet ist“. Man kann den Gerichtshof sinnvollerweise nur so verstehen, dass dem Gericht, das nicht auch in der Hauptsache zuständig ist, die Befugnis abgeht, eine andere als eine solchermaßen eingeschränkte Verfügung zu erlassen. Entgegen einem weit verbreiteten Missverständnis verlangt der EuGH dies aber nicht für eine Leistungsverfügung, die von einem nach Art. 2ff. für die Hauptsache zuständigen Gericht erlassen wird. „Gewährleisten" bedeutet nicht nur das Entstehen eines materiellen Rückzahlungsanspruchs (*Stadler* aaO, 1097), so dass in Deutschland die reine Existenz von § 945 ZPO nicht genügt. Vielmehr muss die Verfügung so angeordnet werden, dass die Rückzahlung tatsächlich gewährleistet ist. Praktisch bedeutet dies, eine Leistungsverfügung kann von einem lediglich nach nationalem Recht zuständigen Gericht nur in der Weise angeordnet werden, dass ihr Vollzug von der vorherigen Leistung einer Sicherheit abhängig gemacht wird. Man kann auch nicht in entsprechender Anwendung von Art. 46 Abs. 3 die Sicherheitsleistung erst durch das Beschwerdegericht im Exequaturstaat anordnen lassen (so richtig: *Stadler* aaO 1097 gegen *Heß* IPRax 00, 373). Wegen der zeitlichen Limitierung der nach der genannten Vorschrift anzuordnenden Sicherheit würde dies nicht stimmig sein. Ganz offensichtlich sollte aber die Rückzahlungsgewährleistung sich nur auf solche Verfügungen beziehen, die in Frankreich und in den Niederlanden, vielleicht auch in anderen Staaten (dazu *Stadler* aaO 1090), in Klägergerichtsständen beantragt werden können. Fehlt es solchen Verfügung an dem verlangten einschränkenden Zusatz, so sind sie in Deutschland nicht vollstreckbar (Urteil Mietz). Die vom EuGH verlangte Gewährleistung der Rückzahlung gilt auch für Verfügungen, die eine Weiterbelieferung des Antragstellers gegen ein vorläufiges Minimalentgelt beinhalten.

Das Erfordernis der „realen" Verknüpfung der beantragten Maßnahme mit der „gebietsbezogenen Zuständigkeit des Vertragsstaates des angerufenen Gerichts" leitet der Gerichtshof aus ortsgebundenen Umständen ab, „durch die der einstweilige und auf eine Sicherung gerichtete Charakter der Maßnahme sichergestellt werden soll". Auf dieser Grundlage verlangt die Cour de cassation (D 1999, 545 – zust. *Heiß* IPRax 00, 373), dass auch in einer Leistungsverfügung Vermögensgegenstände im Erlassstaat angegeben werden, in die vollstreckt werden kann. Auf eine Leistungsverfügung, insbesondere auf eine Verfügung zur Zahlung von Geld kann dieses Erfordernis aber sinnvollerweise nicht angewandt werden.

23 Auch **Unterlassungsverfügungen** können nicht im Gerichtsstand des § 23 ZPO, sondern außer am Wohnsitz des Antragsgegners praktisch nur im Gerichtsstand des vertraglichen Erfüllungsortes oder der drohenden unerlaubten Handlung (Art. 5 Nr. 1 oder Nr. 3) ergehen. Das deutsche Recht kennt für den einstweiligen Rechtsschutz keine besondere Zuständigkeit am Handlungsort für Unterlassungs- und Duldungsverfügungen. Auch wenn die eine Garantie gebende Bank ihren Sitz in Deutschland hat, kann gegen den im Ausland ansässigen Garantiebegünstigten eine einstweilige Verfügung auf Unterlassung der Inanspruchnahme der Garantie nur ergehen, wenn man für den Anspruch auf Unterlassen mißbräuchlicher Inanspruchnahme der Garantie einen deutschen Erfüllungsort findet. Dieser liegt aber in der Tat am Sitz der Bank, weil er mit dem Anspruch auf Ausbezahlung der Garantiesumme nicht identisch ist, für die möglicherweise ein anderer Ort Erfüllungsort ist (für die Zeit vor der neuen EuGH-Rechtsprechung **a. A.** Düsseldorf RIW 99, 873).

III. Weitere Einzelheiten

24 **1.** Art. 31 spielt überhaupt nur eine Rolle, wenn der Antragsgegner seinen Wohnsitz in einem anderen Mitgliedsstaat hat. Ist dies nicht der Fall, so gilt Art. 4. Die Zuständigkeit „für die Hauptsache" richtet sich dann allein nach nationalem Recht. Sonderzuständigkeiten für einstweiligen Rechtsschutz bleiben bestehen.

Die Vorschrift kann auch dann anwendbar sein, wenn die Hauptsache nach Art. 1 nicht dem gegenständlichen Anwendungsbereich des Übereinkommens unterfällt. Entscheidend ist, dass der Verfahrensgegenstand des Gesuchs um Gewährung einstweiligen Rechtsschutzes dem Übereinkommen unterfällt, wie etwa eine Regelung des Unterhalts während eines Scheidungsverfahrens (EuGHE 1980, 731 – de Cavel II = IPRax 81, 19, Anm. *Hausmann* 5). Sichernde Maßnahmen gehören freilich immer dem Rechtsgebiet an, dem der Anspruch zur Hauptsache angehört, der gesichert werden soll (EuGHE 1979, 1055 = NJW 79, 1100 (L) – de Cavel I).

25 **2.** Völlig sachwidrigerweise hat der EuGH geleugnet, dass es eine (hypothetische) Hauptsachenzuständigkeit nach der EuGVVO

gebe, wenn der Streitgegenstand unter eine **Schiedsvereinbarung** falle. Es steht dem nationalen Recht aber frei, seinerseits für Zwecke des einstweiligen Rechtsschutzes auf Art. 2ff. EuGVVO zurückzugreifen, was das deutsche Recht in Gestalt der §§ 919, 937 Abs. 1 und des § 1033 getan hat (*Heß/Vollkommer* aaO, 227.

26 **3.** Der **Begriff der einstweiligen Maßnahmen** ist im EuGVÜ nicht definiert. Der Artenreichtum in den nationalen Rechten ist groß (näheres *Stadler* aaO 1090ff.; *Schlosser* aaO 157ff.; *Stürner* FS Geiss (2000) 199ff.). Es ist vertragsautonom zu bestimmen, ob alles, was das nationale Recht als einstweiligen Rechtsschutz hinstellt, auch i.S.v. Art. 31 ein solcher ist, allg.M. Es muss sich, wie ausdrücklich festgehalten ist, nicht um sichernde Maßnahmen handeln. So kann auch ein Zustand einstweilen geregelt werden. In der recht blassen Definition des EuGH handelt es sich um Maßnahmen, „die ... eine Sach- oder Rechtslage erhalten sollen, um Rechte zu sichern, deren Anerkennung im Übrigen bei dem in der Hauptsache zuständigen Gericht beantragt wird (EuGHE 1992 I 2191 – Reichert)".

Leistungsverfügungen und ihre ausländischen Entsprechungen sind nur eingeschränkt, s. Rn 6, 22, Maßnahmen des „einstweiligen Rechtsschutzes. Keine „einstweiligen Maßnahmen" sind hingegen Entscheidungen, die in einem **beschleunigten Verfahren** mit Überprüfungsmöglichkeit ergehen, wie etwa Versäumnis- oder Vorbehaltsurteile im deutschen Recht.

27 Die meisten Rechtsordnungen stellen den Zugang zu den **Informationsquellen** für den Hauptsacheprozess nicht über materiell-rechtliche Auskunfts- und Vorlageansprüche und über darauf gestützte einstweilige Verfügungen, sondern über prozessuale Anordnungen her, etwa gerichtet auf „discovery". Art. 25 Rn 7. Sec 25 (7) (b) des englischen Civil Jurisdiction and Judgement Act haben denn auch Anordnungen zum Zweck der Sicherung von Beweismitteln von der Sonderzuständigkeit des in der Hauptsache nicht zuständigen Gerichts ausdrücklich ausgenommen. Die Cour von Versailles hielt demgegenüber Art. 31 für anwendbar (Rev. crit. 95, 80). Für Deutschland muss man demgegenüber einen Teil der auf Informationsbeschaffung gerichteten Anordnungen ausländischer Gerichte wie Sachentscheidungen behandeln, s. Art. 32 Rn 9, Art. 1 HBÜ Rn 4. Insbesondere würde es unnötige Frik-

tionen in die Zusammenarbeit der Gerichte der EG-Staaten tragen, wenn die Abgrenzung der Anwendungsbereiche der EuGVVO und der EuBVO in der Weise autonom bestimmt würde, dass im Einzelfall zeitraubende Auseinandersetzungen unter den Gerichten heraufbeschworen werden, ob der richtige Weg gewählt wurde.

4. Die Zuständigkeit nimmt das deutsche Recht jeweils für den gesamten Verfahrensablauf in Anspruch, also auch für ordentliche und außerordentliche **Rechtsbehelfe.** Für einzelne Verfahrensabschnitte, etwa die Aufhebung eines Arrests nach § 927 ZPO, können keine besondere Zuständigkeiten begründet sein. Die zur Abänderungsklage entwickelten Grundsätze, s. Art. 5 Rn 13, lassen sich auf ordentliche und außerordentliche Rechtsbehelfe in einem laufenden Verfahren nicht übertragen. Bestätigungsentscheidungen nach ausländischem Recht dürfen über die Begründetheit des Maßnahmeanspruchs nur noch befinden, wenn das Gericht anderweit nach der Verordnung zuständig ist (Cour de cassation JCP 95 – Jurisprudence 184). Urteile, die dies übersehen, sind aber dennoch anerkennungspflichtig, Art. 27ff. Rn 30. **28**

5. Zur **Anerkennung und Vollstreckung** von Maßnahmen des einstweiligen Rechtsschutzes s. auch Art 32 Rn. 2, 6. Zur **Rechtshängigkeit** s. Art. 27 Rn 5. **Arrestprosequierung** nach Art. 278 schwSchKG oder Klageerhebung nach § 926 ZPO sind vor den Gerichten eines jeden Vertragsstaates möglich (Betreibungsamt Genf SZIER 95, 419) und in die Zuständigkeitsordnung der EuGVVO bzw. des LÜ eingebunden. **29**

6. Eine (in manchen ausländischen Rechtsordnungen vorgesehene) kontradiktorische Bestätigung einseitig verfügter Maßnahmen darf zu einer rechtskräftigen Entscheidung in der Sache selbst nur führen, wenn eine Zuständigkeit nach Artt. 2ff. begründet ist (Cour de Cassation G.P. 95 Jur. 18413, 22430). **30**

7. Bei Ausübung des richterlichen Ermessen bzw. in Deutschland, bei Beurteilung, ob ein Maßnahmegrund vorliegt, kann auch eine Rolle spielen, ob ein ausländisches Gericht, insbesondere das dortiger der Hauptsache, besser zur Entscheidung in der Lage ist (Für Frankreich: Cour d'appel Paris Clunet 1989, 96). **31**

IV. Wirtschaftlich interessanter einstweiliger Rechtsschutz im Ausland

32 **1.** Das niederländische **„kort geding"** und die französische **„reféré provision"** hat der EuGH, Rn 1, als Maßnahme des einstweiligen Rechtsschutzes gelten lassen, wenn von einem nach Art. 2ff. zuständigen Gericht erlassen sogar ohne dass der Antragsteller für den Fall des Unterliegens in der Hauptsache die Erstattung erhaltener Leistungen garantieren müsste. Dieser Weg kann für einen ausländischen Gläubiger interessant sein, wenn er unter Umständen rascher zu einem Titel kommt als zu einer Leistungsverfügung oder einem vorläufig vollstreckbaren erstinstanzlichen Urteil im Inland. Kraft Europarechts kann der Gläubiger trotz Anhängigkeit der Sache in Deutschland bei einem zuständigen Gericht in den Niederlanden oder in Frankreich eine Interimszahlung anordnen lassen, muss allerdings die dortigen Richter davon überzeugen, dass es Gründe gibt, ihr Ermessen zugunsten des Antragstellers auszuüben.

Sollte die Vollstreckung einer solchen Maßnahme in Deutschland beantragt werden und war das Gericht nicht nach den Art. 2ff. zuständig, muss die Vollstreckung abgelehnt werden, wenn es an der notwendigen Sicherstellung der Rückzahlung schon in der Verfügung selbst fehlt.

33 **2.** Vor allem in großen Betrugs- und Veruntreuungsfällen ist die englische **„world-wide freezing order"** (früher: „Mareva injunction") die weltweit schärfste Waffe des einstweiligen Rechtsschutzes (dazu *Dohmann* in *Schlosser* (ed.) Materielles Recht und Prozessrecht ... [1992] 157ff.; *Schlosser* 284 Recueil des Cours [2001] 1ff., 169ff.; *Grunert* Die worldwide Mariva injunction [1997], *Ingenhoven* Grenzüberschreitender Rechtsschutz durch englische Gerichte [2001] 179ff.). Mit ihr kann dem Antragsgegner verboten werden, über Arten von Vermögenswerten (etwa: sämtliche Bankkonten) zu verfügen, wo immer auf der Welt sie sich befinden mögen. Vollstreckt wird durch contempt-of-court-Strafen im Falle der Zuwiderhandlung. Die besondere Effektivität der Maßnahme liegt einmal darin, dass auch Dritte (etwa Banken), die von der Existenz der Order Kenntnis haben und eine Zuwiderhandlung des Antragsgegners unterstützen, bestraft werden können,

zum anderen dass dem Antragsgegner auch aufgegeben werden kann, die Existenz von allen Vermögenswerten zu offenbaren. In Anwendung der Grundsätze der EuGH-Rechtsprechung, s. Rn 1, muss man eine solche freezing order, auch wenn nicht in einem der Gerichtsstände der Art. 2ff. erlassen, immer anerkennen, wenn die Möglichkeit besteht, Strafen wegen Zuwiderhandlungen in England zu vollstrecken (*Stadler* aaO, 1094). Zur Vollstreckbarkeit s. im Übrigen Art. 38 Rn 49.

34 **3.** Für Verletzungen von Rechten des gewerblichen Rechtsschutzes haben England in Gestalt der **„search order"** (früher „Anton Piller order") und Frankreich in Form der **„saisie contrefaçon"** Maßnahmen entwickelt, die viel effizienter sind, als sie das deutsche Recht kennt (*Treichel* GRUR Int .... 01, 690ff.). Frankreich und Belgien lassen sie aufgrund Art. 31 auf ihrem Territorium zu, auch wenn ein ausländisches Recht verletzt sein soll (Nw. bei *Treichel* aaO 698; Cour de cassation [B] GRURInt 01, 73). Die transnationale Vollstreckung scheitert schon daran, dass sie ohne Überraschungseffekt, Art. 32 Rn 6, sinnlos ist. Nach dem in Art. 26 Rn 9 entwickelten Kriterium handelt es sich aber um Entscheidungen i. S. v. Art. 26ff., 38ff. Vollstreckt werden könnten sie aber in Deutschland ohnehin nur als Verurteilungen zur Vornahme unvertretbarer Handlungen bzw. zur Duldung.

35 **4.** Den früher äußerst effizienten schweizerischen Ausländerarrest gibt es seit 1996 nur noch dann, wenn die zu sichernde Forderung einen „genügenden Bezug" zur Schweiz hat und tituliert ist oder wenigstens schriftlich anerkannt wurde, § 271 Abs. 1 Ziff. 4 SchKG (zum Ganzen *Spühler* [ed.]. Vorsorgliche Maßnahmen aus internationaler Sicht [2000] mit äußerst materialreichen Einzelheiten).

Kapitel III. Anerkennung und Vollstreckung

Art. 32 [Begriff der Entscheidung]

Unter „Entscheidung" im Sinne dieses Übereinkommens ist jede von einem Gericht eines Mitgliedsstaats erlassene

Entscheidung zu verstehen, ohne Rücksicht auf ihre Bezeichnung wie Urteil, Beschluss, Zahlungsbefehl oder Vollstreckungsbefehl, einschließlich des Kostenfestsetzungsbeschlusses eines Gerichtsbediensteten.

Textgeschichte: Art. 25 EuGVÜ/LÜ durch die EuGVVO redaktionell präzisiert. Im Hinblick auf Österreich „Zahlungsbefehl" hinzugefügt. Der allgemeinere Ausdruck „Gerichtsbediensteter" wurde an Stelle von „Urkundsbeamten" gesetzt.

Literatur: *Jametti Greiner* Der Begriff der Entscheidung im schweizerischen internationalen Zivilverfahrensrecht (1998).

I. Der grundsätzlich allumfassende Begriff der „Entscheidung"

1 Der Hauptakzent der tautologisch formulierten Vorschrift liegt auf der Aussage, dass nicht nur klassische „Urteile" anerkennungs- und vollstreckungspflichtig sind, sondern im Prinzip alle Entscheidungen von Gerichten, die einem Bürger etwas zusprechen oder aberkennen. Es kommt nicht auf die **Form** der Entscheidung an. Auch Entscheidungen ohne Begründungen sind anerkennungspflichtig, Art. 34ff. Rn 2.

2 Es kommt auch nicht auf den **Entscheidungsinhalt** an. Außer allen Sachentscheidungen einschließlich solchen des einstweiligen Rechtsschutzes, Rn 6, und solchen, die nur zum Ersatz des im Urteilsstaat selbst erlittenen Schadens verurteilen, s. Art. 5 Rn 20, sind anerkennungspflichtig auch Entscheidungen, die eine Klage als unzulässig abweisen, Art. 33 Rn 3. Ausnahmen s. Rn 5. Selbst Entscheidungen ohne vorausgehendes streitiges Verfahren, etwa auf gemeinsamen Antrag der Beteiligten vorgenommene Rechtsgestaltungen, sind Entscheidungen im Sinne von Art. 25. Eine Gerichtsentscheidung mit vereinbartem Wortlaut unterfällt dem Art. 25 (zur englischen Praxis u. den Möglichkeiten der Fortentwicklung des deutschen Rechts Schlosser FS Schumann [2002]), ein vom Gericht nur beurkundeter Vergleich dem Art. 58.

3 Ob das Urteil **rechtskräftig** ist oder nicht, ist ebenfalls ohne Belang (*Jenard*-Bericht zu Art. 26 EuGVÜ). Allein entscheidend ist, welche gegebenenfalls anerkennungs- und vollstreckungspflichtige Wirkungen ein nicht rechtskräftiges Urteil hat, Art. 26 Rn 2, 3. Der Zahlungsbefehl des italienischen Instruktionsrichters nach Art. 186 codice di procedura civile ist anerkennungspflichtig (öOGH 26. 4. 00 3 Ob 248/98 m).

4 Schließlich spielt es auch keine Rolle, welche **Funktionsträger innerhalb eines Gerichts** die Entscheidung gefällt haben, wie sich aus den am Schluss ursprünglich allein im Hinblick auf deutsche Besonderheiten gemachten Spezifizierungen ergibt. Entscheidungen aus einem dem deutschen Mahnverfahren vergleichbaren Verfahren sind erst recht anerkennungspflichtig, wenn sie materiell rechtskräftig werden können, s. Rn 7. Auch vereinfachte Verfahren zur Durchsetzung von Anwaltshonoraren führen zu einer anerkennungspflichtigen Entscheidung (LG Karlsruhe RIW 91, 156 = IPRax 92, 92, zust. *Reinmiller* 73. **a. A.** LG Hamburg IPRax 89, 162, krit. *Reinmiller* 142. Zum ganzen *M. J. Schmidt* Die internationale Durchsetzung von Anwaltshonoraren [1991]; *ders.* RIW 91, 629 ff.), wenn rechtliches Gehör gewährt worden ist (dies zu Recht betonend: Düsseldorf RIW 96, 67).

Der Begriff **„Gericht"** wird als selbstverständlich vorausgesetzt. Seine Handhabung hat auch bisher keinerlei Schwierigkeiten bereitet. Es kommt nicht allein darauf an, ob einer bestimmten Behörde Rechtsprechungsfunktionen übertragen sind (so aber *Jametti Greiner* aaO 362). Vielmehr müssen sich auch die entscheidenden Personen durch sachliche Unabhängigkeit auszeichnen. Der englische „child support officer" der über die Unterhaltshöhe entscheidet, ist kein Gericht. Entscheidungen von Verwaltungsbehörden unterfallen dem Übereinkommen nicht, auch wenn sie zivilrechtliche Sachen betreffen, etwa nicht Entscheidungen einer Anwaltskammer über Anwaltshonorare (Koblenz RIW 86, 469 = IPRax 87, 24 – *Reinmiller* 10). Gerichtliche Vollstreckbarerklärungen solcher Festsetzungen sind aber „Entscheidungen" (München IPRspr 92, 223; *Teppes* IPRax 96, 401 – für die Niederlande). Zu Entscheidungen von anderen als Zivilgerichten über zivilrechtliche Streitigkeiten Art. 1 Rn 4.

Zur Abgrenzung der Vollstreckungswirkung von Entscheidungswirkungen, die bereits durch bloße Anerkennung eintreten, Art. 33 Rn 2. Zu schwedischen, dänischen, finnischen und isländischen Besonderheiten s. Art. 62, Prot EuGVÜ/LÜ Art. V a.

II. Ausnahmen und Abgrenzungen

5 **1.** Es gibt Entscheidungen, die sich ihrem Inhalt nach **nur auf das Territorium des Gerichtsstaates beziehen.** Sie unterfallen dem Kapitel III nicht. Das sind einmal Entscheidungen von Rechtsmittelgerichten, die die Entscheidungen unterer Gerichte bestätigen oder aufheben, Art. 26 Rn 3. Es sind aber auch Entscheidungen von Gerichten, die ihrerseits über die Anerkennung und Vollstreckung ausländischer Entscheidungen ergehen. Das gilt auch für Exequaturentscheidungen zu Urteilen aus Drittstaaten (EuGHE 1994, 117 – Owens Bank. Sonderfall: Hamburg RIW 92, 939). Ob ein ausländisches Gericht eine Entscheidung anerkannt oder ihm die Anerkennung verweigert hat, ist für inländische Gericht nicht bindend. Z. T. will man dies Grundsätze auch für Urteile, die aufgrund ausländischer Gerichtsentscheidungen ergangen sind, anwenden (*Geimer/Schütze* Art. 31 Rn 55). Wird im Ausland eine Zwangsvollstreckungsmaßnahme gerichtlich aufgehoben oder für zulässig oder unzulässig erklärt, so gilt dies für die Vollstreckung im Inland nicht, gleich ob Vorschriften des sozialen Vollstreckungsschutzes, Rechte Dritter oder „Vollstreckungsgegeneinwände" ausschlaggebend waren. So sind etwa der **schweizerische Zahlungsbefehl** (*Gillard/Patocchi* 104 ff. **a. A.** *Schwander/Meier* 201 ff. Meinungsstand analysiert durch *Kaufmann-Kohler* SJ 95, 544 ff.) oder die schweizerische (provisorische) Rechtsöffnung (*Schwander/Walder* 155; *Kaufmann-Kohler* aaO 559 ff.; Cour de Justice Genf SZIER 94, 393 ff. **a. A.** *Schwander/Meier* 206 f.; *ders.* Mitt. Inst. zivilger. Vf. [Zürich 1989] 21 f.) nicht auf Wirkungen im Ausland angelegt und daher international nicht vollstreckbar. Das Gleiche gilt für den **schweizerischen Arrest,** der strikt dem Prinzip der Territorialität unterliegt (BG st. Rspr., zuletzt BGE 75 II 25). Wenn nach ausländischem Prozessrecht hingegen mit vollstreckungsrechtlich eingekleideten Rechtsbehelfen über Rechte Dritter oder über das Fortbestehen eines Anspruchs eine potentiell rechtskraftfähige Entscheidung gefällt wird, ist sie auch in einem anderen Vertragsstaat anzuerkennen. Von ausländischen Gerichten vorgenommene **Vollstreckungsakte** können dem Art. 25 unterfallen (**a. A.** *Schack* IPRax 97, 318), s. aber auch Rn 6, können aber gegen den ordre public verstoßen, wenn sie gewolltermaßen ins Inland übergreifen. Eine von einem ausländischen Vollzugsbe-

amten auf deutschem Boden vorgenommene Beschlagnahme einer Sache braucht nicht anerkannt zu werden, wohl aber die Pfändung einer Forderung, wenn nach dem Recht des Vollstreckungsstaates konstitutiv hierfür die Zustellung an den (dort sich aufhaltenden) Schuldner ist (weitergehend *Stürner* FS Henckel [1995] 886; Oldenburg 1 U 161/94 Urt. v. 25. 4. 95: Verstoß gegen ordre public, solange inlandsansässigem Drittschuldner nicht zugestellt). Die Einsetzung eines „receiver" wurde zu Recht in Luxemburg anerkannt (s. *Derby & Co Ltd. v. Weldon* [1990] Ch 65 C. A.). Selbst dann ist sie anerkennungsfähig, wenn es sich um Maßnahmen des einstweiligen Rechtsschutzes handelt, s. Rn 6. Der in Deutschland wohnende Schuldner kann dann mit befreiender Wirkung nur an den „receiver" leisten. Unterlassungsurteile können ihrem Sinn nach u. U. nur auf Handlungen im Inland bezogen sein, was wegen der Unterschiedlichkeit der Wettbewerbsrechte beim Verbot von Wettbewerbshandlungen häufig der Fall sein wird. Aber auch dann sind sie mit dieser beschränkten Wirkung anerkennungspflichtig und im Ausland durch Sanktionen vollstreckungspflichtig.

Der Erfolg der Klage nach § 767 ZPO wirkt demgegenüber grenzüberschreitend (*Nelle* Anspruch, Titel u. Vollstreckung [2000] § 9 IV 1).

6

2. Der EuGH nimmt Entscheidungen (in concreto: des einstweiligen Rechtsschutzes), die absichtlich **ohne vorherige Anhörung** des Gegners getroffen worden sind und ohne vorherige Zustellung vollstreckt werden können, vom Anwendungsbereich der Art. 32ff. aus (EuGHE 1980, 1553 – Denilauler = IPRax 81, 95 – *Hausmann;* 1999 I 2277 – Mietz. Äußerst kritisch dazu Grundmann Anerkennung u. Vollstreckung ausländischer einstweiliger Maßnahmen [1996] 146ff.). Daher ist zwar ein italienisches „decreto ingiuntivo" anerkennungs- und im Falle seiner Vollstreckbarerklärung auch vollstreckungspflichtig (EuGHE 1995 I 2113 – „Hengst Import"); wenn es ohne Anhörung des Gegners erlassen und für vorläufig vollstreckbar erklärt wurde, ist es aber nicht nur ein Fall von Art. 34 Nr. 2 (so *Kruis* IPRax 01, 58), sondern gar keine Entscheidung i. S. v. Art. 32. Wohl aber ist eine Entscheidung eine nach Schriftsatzwechsel in der Hauptsache vom „giudice istruttore" nach Art. 186 codice di procedura civile getroffene Zahlungsanordnung (Stuttgart RIW 97, 684). Die EuGVVO hat diese Rechtsprechung bestätigt, weil das in Anl. V vorgesehene

Formblatt in diesem Fall nicht ausgefüllt werden kann. Diese Eigenschaft ist jedoch keinesfalls für alle Entscheidungen gegeben, die im Verfahren des **einstweiligen Rechtsschutzes** ergehen (EuGHE 1984, 3971 – Brennero, italienischer Arrest, dazu *Schlosser* IPRax 85, 321 – allerdings Anerkennungspflicht nur implizit voraussetzend; EuGHE 1980, 731 – de Cavel II = IPRax 81, 19, abl. *Dalhuisen* FS Riesenfeld, [1983] 12ff.). Wenn die Entscheidungen gegen den Antragsteller ausfallen, wenn sie nach Anhörung des Gegners ergangen sind (BGH ZIP 99, 485; München RIW 00, 464, Karlsruhe ZZP Int 96, 91) oder wenn das rechtliche Gehör nachgeholt wurde (*Koch* Lit. Art. 24; *Consolo* Studi in onore Denti [Padua 1994] III 101f.; insoweit Urteil des EuGH noch ausstehend), sind sie transnational anerkennungspflichtig (Düsseldorf RIW 85, 493; Hamm RIW 94, 243 – „référé-provision"; Hamm FamRZ 93, 213 – Unterhalt; *Albrecht* Lit. Artt. 24, 166), nicht aber, wenn es der Antragsgegner unterlassen hat, den ihm zustehenden Rechtsbehelf einzulegen (*EMI Records Ltd. v. Modern Music GmbH* [1992] 1 All E.R. 616, Q.B., nahezu allg.M. **a.A.** *O'Mally/Layton* 702). Gestaltete Maßnahmen, die auf fremden Territorium vorgenommen wurden, einschließlich Pfändungen von Forderungen des inlandsansässigen Schuldners gegen auslandsansässige Drittschuldner, sind aber aufgrund fremder Territorialhoheit anzuerkennen. Bedauerlicher- und rechtssystematisch nicht begründbarerweise (so mit Recht *Jayme/Kohler* IPRax 99, 408; *Schlosser* Rec. Cours 2000 Bd. 284 S. 187ff.) hat der EuGH entschieden, einstweilige Maßnahmen, die nicht von einem auch für die Hauptsache zuständigen Gericht erlassen worden seinen, seien i.S.d. EuGVÜ u.U. keine „einstweiligen Maßnahmen" und könnten daher nicht nach dem Kapitel III vollstreckt werden, Art. 31 Rn 9, 16. Dieses Postulat schließt denknotwendigerweise die Annahme ein, dass auch keine „Entscheidung" i.S.v. Art. 32 vorliegt – ein sicherlich der emphatischen Sprache der Norm nicht gerecht werdendes Ergebnis. „Undertakings" u. „orders by consent" s. Art. 57 und 58 u. unten Rn 11.

Um dem Antragsteller den transnationalen Rechtsschutz zu gewährleisten, muss man auch ihm das Recht geben, die in § 924 ZPO an sich dem Antragsgegner vorbehaltene Initiative zur nachgeholten mündlichen Verhandlung zu ergreifen.

Maßnahmen, die nicht von Art. 32 erfasst werden, können nach autonomen Recht anerkannt werden. So wie wir auch ausländische Verwaltungsakte anerkennen (wenn auch nicht vollstrecken) und ausländische Konkurseröffnungen einschließlich konkursrechtlicher einstweiliger Maßnahmen respektieren, sollten wir auch verfügungsbeschränkende und rechtsübertragende Wirkungen sonstiger ausländischer Gerichtsakte anerkennen. Zur Vollstreckung s. Art. 38 Rn 3.

7 **3.** Nicht anerkennungsfähig sind naturgemäß **Entscheidungen über den Verfahrensfortgang,** wie ein deutscher Beweis- oder Aufklärungsbeschluß, ein Beschluss über Zeugenladungen oder Sachverständigenbestellungen (Hamm RIW 89, 566 abl. *Bloch* – ordonnance de référé expertise), auch wenn solche Entscheidungen nach den Rechten des common law wie Entscheidungen über Maßnahmen des einstweiligen Rechtsschutzes, „interim judgments" genannt werden (*Schlosser*-Bericht Nr. 187) oder wenn sie in französischen „jugements mixtes" (Feststellung des Anspruchs dem Grund nach und Anordnung einer Beweisaufnahme über die Anspruchshöhe) enthalten sind. Andernfalls würde die EuZVO und die EuBVO aus den Angeln gehoben. Für Anordnungen, die in Vermögensrechte einer Prozesspartei eingreifen, etwa auf Duldung der Besichtigung eines Objekts, gilt keine Ausnahme (*FEM Fasades v. Bozis Construction Ltd.* [1992] ILPr. 561. Jedoch gibt es in diesem Bereich sehr schwierige Abgrenzungsprobleme, s. Art. 31 Rn 27.

8 Entscheidungen, die nur **innerprozessuale Bindungswirkung** auslösen, wie ein deutsches Grundurteil nach § 304 ZPO, können nicht über das Verfahren hinausgreifend Gegenstand einer Anerkennung im Ausland sein. Ausländische Urteile, die materiell rechtskräftig über den Grund des Anspruchs entscheiden, sind aber sehr wohl im Inland anerkennungspflichtig, Art. 33 Rn 3.

9 Informationsbeschaffung geschieht in den meisten Rechtsordnungen über prozessuale Anordnungen der Gerichte (etwa eine Urkunde vorzulegen oder eine Besichtigung zu dulden), nach deutschem Recht geschah es bis Ende 2001 meist über gerichtlich durchzusetzende materiellrechtliche **Auskunfts oder sonstige Informationsverschaffungsansprüche,** die häufig im Wege der Stufenklage verfolgt werden. EuBVO und HBÜ sind ganz und gar nicht auf die „Rechtshilfe" zur Durchsetzung von Entscheidungen zugeschnitten, mit der eine Partei gegen die andere einen Anspruch auf Informationsbeschaffung zuerkannt erhält. Daher würde

es eine Verfehlung des Postulats vertragsautonomer Auslegung bedeuten, wenn man alle auf Informationsbeschaffung gerichteten Entscheidungen vom Anwendungsbereich des Kapitels III ausnähme. Man muss vielmehr, umgekehrt, auf die Natur sehen, die die Entscheidung nach dem Recht des Ursprungsstaats hat (wohl ebenso *MünchKomm-Gottwald*[2] Rn 15). Die „Rechtshilfe" nach HBÜ oder EuVBVO und die wechselseitige Vollstreckung von Entscheidungen gehen auf den gleichen Grundgedanken zurück. Die Parteien des Ausgangsverfahrens sind aber darauf angewiesen, dass im anderen Staat die Trennung zwischen materiellem Recht und Prozessrecht so respektiert wird, wie der Ausgangsstaat sie vornimmt. Unter Art. 32 fallen daher auch einstweilige Verfügungen, die auf Informationsbeschaffung gericht sind (*Albrecht* Das EuGVÜ u. d. einstw. Rechtsschutz ... [1991] 166ff. *Ahrens* FS Schütze [1999] 8). Ergebnisse einer ausländischen justiziellen Informationsbeschaffung sind im Wege der freien Beweiswürdigung verwertbar, auch wenn sie nicht in ein Rechtshilfeverfahren eingebettet sind (*Stadler* FS Geimer [2002] 1303).

III. Kostenentscheidungen

10 Die Erwähnung von Kostenfestsetzungsbeschlüssen in Art. 32 zeigt, dass grundsätzlich auch Kostenentscheidungen anerkennungs- und vollstreckungspflichtig sind, auch solche nach § 19 BRAGO (Arrondismentsrechtsbank Almelo Nschlwerk I-27.2-B7; zum französischen Gegenstück Koblenz IPRax 87, 24f. – *Reinmiller* 10f; LG Karlsruhe EuZW 91, 223f). Für die Vollstreckungsfähigkeit müssen sie allerdings hinreichend bestimmt sein, Art. 38 Rn 13. Das französische Gegenstück zu dem deutschen Kostenfestsetzungsbeschluss ist das certificat de vérification nach Art. 707 n. c. pr. c. Kostenentscheidungen zu Entscheidungen in ausgeschlossenen Rechtsgebieten, Art. 1, Rn 38ff. sind nicht anerkennungspflichtig, nahezu allg. M. (z. B. Rechtsbank Breda NJ 87 Nr. 184 – Kostenentscheidung zu einer anerkennungsunfähigen Maßnahme des einstweiligen Rechtsschutzes, Rn 6. **a. A.** *Baumann* Die Anerkennung und Vollstreckung ausländischer Entscheidungen in Unterhaltssachen [1989] 85). Einheitliche Kostenentscheidungen bei Hauptsachen, die nur teilweise in den Anwendungsbereich des Übereinkommens fallen, sollte man großzügig zur Gänze anerkennen

(Corte Appello Triest Riv.dir.int.pr.proc. 76, 559; Trib. Arlon Nschlwerk I – 1.2 – B 4; *Geimer* IPRax 92, 9).

Gemeint sind nur Entscheidungen über Kostenerstattungsansprüche der Parteien untereinander (Schleswig RIW 97, 513).

IV. „Undertakings"

11 In den Common-law Staaten gibt es Verpflichtungen, die eine Partei gegenüber dem Gericht übernimmt und die dann einer Gerichtsentscheidung gleichgestellt sind. Man nennt sie „undertakings" – die nicht mit „undertakings" als Unternehmungen im wettbewerbsrechtlichen Sinne zu verwechseln sind. Obwohl theoretisch die Gegenpartei keine Rechte aus einem solchen „undertaking" erwirbt, sind sie als Gerichtsentsentscheidungen anerkennungs- und vollstreckungspflichtig (näher entwickelt durch *Schlosser* RIW 01, 81, 88ff.).

Abschnitt 1. Anerkennung

Art. 33 [Anerkennungspflicht; Verfahren der Anerkennung]

(1) **Die in einem Mitgliedstaat ergangenen Entscheidungen werden in den anderen Mitgliedstaaten anerkannt, ohne dass es hierfür eines besonderen Verfahrens bedarf.**

(2) **Bildet die Frage, ob eine Entscheidung anzuerkennen ist, als solche den Gegenstand eines Streites, so kann jede Partei, welche die Anerkennung geltend macht, in dem Verfahren nach den Abschnitten 2 und 3 dieses Kapitels die Feststellung beantragen, daß die Entscheidung anzuerkennen ist.**

(3) **Wird die Anerkennung in einem Rechtsstreit vor dem Gericht eines Mitgliedstaats, dessen Entscheidung von der Anerkennung abhängt, verlangt, so kann dieses Gericht über die Anerkennung entscheiden.**

Textgeschichte: Als Art. 26 in EuGVÜ/LÜ unverändert; in EuGVVO inhaltlich bedeutungslose redaktionelle Anpassungen.

Literatur: *Geimer* Das Anerkennungsverfahren gemäß Art. 26 Abs. 2 des EWG-Übereinkommens, JZ 77, 145, 213; *Walder* in Schwander (Hrsg.)

Das Lugano-Übereinkommen (1990), 135ff.; *Poctocchi* in Gillard L'espace justiciaire européen (Lausanne 1992) 92ff.; *Baumann* Die Anerkennung und Vollstreckung ausländischer Entscheidungen in Unterhaltssachen, 1989; *Stoffel* Das Verfahren zur Anerkennung handelsrechtlicher Entscheide ... SchZfWR 1993, 107; *Stürner* Das grenzübergreifende Vollstreckungsverfahren in der Europäischen Union FS Henckel (1995) 863ff.; *Kondring* Die Bestimmung des sachlichen. Anwendungsbereiches des EuGVÜ, EWS 95, 217ff. *Kaufmann-Kohler* L'exécution des décisions étrangères ... Semaine Judiciare 97, 561ff.

1 Die drei Absätze der Vorschriften beinhalten drei deutlich voneinander unterschiedene Aussagen. Wie seit langem im deutschen Recht fest gefügt, bedarf es zur Anerkennung einer ausländischen Entscheidung im Gegensatz zu ihrer Vollstreckung keines besonderen Verfahrens. Sie kann inzident geschehen (I). Das Übereinkommen stellt aber ein selbstständiges Verfahren zur Option (II). Dem Absatz 3 lässt sich ein selbstständiger Gehalt nur abgewinnen, wenn man dem dort genannten Gericht die Befugnis gibt, auf Antrag einer Partei das in Absatz 2 vorgesehene Anerkennungsverfahren an sich zu ziehen (III). Die Anwendbarkeit des Übereinkommens hat der Richter im Anerkennungsstaat ohne Gebundenheit an die Ansicht der Richter im Ursprungsstaat zu prüfen (*Kondring* aaO 217f.).

I. Die anerkennungspflichtigen Entscheidungswirkungen, Abs. 1

2 **1.** Alle Wirkungen, die nicht Vollstreckungswirkungen sind, sind **grundsätzlich** anerkennungspflichtig. Jedes Gericht, aber auch jede sonstige staatliche Stelle kann inzident, auch in Anwendung von § 256 Abs. 2 ZPO, über die Anerkennungsfähigkeit entscheiden (zum abweichenden autonomen Recht vieler Vertragsstaaten *Braun* Lit. vor Art. 34 Rn 1, 33f.). Die in Artt. 53ff. genannten Dokumente brauchen dann nicht vorgelegt zu werden (**a. A.** *O'Mally/Layton* § 27.10). Die Abgrenzung von Vollstreckbarkeit zu anderen Entscheidungswirkungen ist in gleicher Weise wie im Rahmen von §§ 328, 1040, 1060 ZPO vorzunehmen (s. *Stein/Jonas/Schumann*[21] § 328 Rn 7ff; *Stein/Jonas/Schlosser*[22] § 1060 Rn 2; für die Abgabe von Willenserklärungen *Stürner* FS Henckel [1995] 873ff.). Die Anmeldung zum Insolvenzregister im Rahmen von § 179 Abs. 2 InsO ist noch nicht Zwangsvollstreckung. Blei-

ben Urteilswirkungen hinter denen eines vergleichbaren deutschen Urteils zurück, so kann nicht mehr „anerkannt" werden als existiert. Ein englisches Gericht kann einem französischen Urteil nicht einfach estoppel-Wirkungen beilegen (**a. A.** Berkly Administration Ins. v. Mc Clelland ILPrax. 95, 210). Werden vor dem Ausgangsgericht unverschuldet nicht vorgebrachte Einwendungen von der Rechtskraft der Entscheidung nicht abgeschnitten, so auch nicht in Deutschland. Im umgekehrten Falle sollte man die Wirkungen eines vergleichbaren deutschen Urteils nicht als Obergrenze betrachten, sondern das ausländische Urteil mit allen seinen Wirkungen anerkennen (allg. M.; EuGHE 1988, 645 = Krieg IPRax 89, 159, krit. *Schack* 139. Zu diesem Urteil auch Art. 34 ff. Rn 1, 22). Die EuGVVO steht also auf dem Boden der Wirkungserstreckungs- und nicht der Gleichstellungstheorie (*Geimer/Schütze* Art. 26 Rn 1. **a. A.** *B. B.-Wolf* vor Art. 25 Rn 18). So kann etwa ein **Grundurteil** nach ausländischem Recht nicht nur, wie in Deutschland, innerprozessuale Bindungswirkung, Rn 3, sondern auch materielle Rechtskraft entfalten, die anerkannt werden muss. Wie im Rahmen von § 328 ZPO (BGHZ 118, 312. – NJW 92, 3096) ist **Teilanerkennung** möglich, etwa wenn von mehreren Ansprüchen einige nicht in den Anwendungsbereich des Übereinkommens fallen oder ihretwegen ein Anerkennungsversagungsgrund vorliegt. Auch wenn es um eine Inzidentanerkennung geht, ist von Amts wegen (Köln RIW 90, 229; *Hau* aaO 81 f.; nahezu allg. M. – Mit beachtlichen Gründen **a. A.** *Geimer/Schütze* § 142: Amtsprüfung nur zum Schutz unmittelbarer Staatsinteressen) zu prüfen, ob ein Anerkennungsversagungsgrund im Sinne von Artt. 34, 35 existiert. Beweislast dort Rn 34.

Von Statusentscheidungen abhängige Entscheidungen, s. Art. 34–36 Rn 22.

3 **2.** Im **einzelnen** erfasst die Anerkennung vor allem die **materielle Rechtskraft** (Beispiel: Karlsruhe NJW RR 94, 1286 – „ordonnance de non conciliation contradictoire" als rechtskräftige Entscheidung über den Getrenntlebensunterhalt), wobei aber das deutsche Recht in ihr ein von Amts wegen zu beachtendes (insoweit **a. A.** *Geimer/Schütze* Rn 35) Sachurteilshindernis auch dann sehen kann, wenn nach dem Ursprungsstaat nur eine abweichende Sachentscheidung und auch dies nur dann verboten ist, wenn sich eine Partei auf die Rechtskraft beruft. Denn die instru-

mentelle Seite der ipso-iure-Anerkennung bestimmt das nationale Recht des Anerkennungsstaats (*Geimer/Schütze* Rn 25). Die Verordnung hindert sogar die großzügige Zulassung einer neuen Klage, s. Art. 38 Rn 1. Die objektiven und subjektiven Grenzen der Rechtskraft sind nach dem Recht des Staates des Ausgangsgerichts zu bestimmen. Dazu gehört auch die Rechtskrafterstreckung auf Aufrechnungsforderungen (*Geimer/Schütze* Rn 40). Die materielle Rechtskraft von **Prozessurteilen** kann nur in dem Rahmen wirken, wie das deutsche Recht Sachurteilshindernisse kennt; eine Unzuständigerklärung bewirkt immerhin, dass die Zuständigkeit in Deutschland nicht mit Gründen geleugnet werden kann, die notwendig implizieren, der ausländische Richter sei doch zuständig gewesen (OLG Celle IPRax 97, 417; Rechtsbank van Koophan-del Brüssel Riv.dir.com.belge 90, 800; *Kropholler*[7] vor Art. 33 Rn 13. **a. A.** *Geimer/Schütze* Art. 32 Rn 20ff. – keine Anerkennung von Prozessurteilen; B.B.-Wolf Rn 6). Wenn eine Zuständigkeitsfrage nur 2 Staaten betrifft, sind daher deutsche Gerichte zuständig, wenn das ausländische Gericht seine Zuständigkeit geleugnet hat (*Schlosser*-Bericht Rn 191. **a. A.** *MünchKommZPO-Gottwald*[2] Art. 20 Rn 5). Anerkennungspflichtig sind auch Wirkungen zu Lasten und zugunsten von Nebenparteien des Verfahrens, s. Art. 6 Rn 6. Zu Wirkungen gegenüber Dritten Art. 34ff. Rn 5. **Gestaltungswirkungen** sind auch dann anzuerkennen, wenn das deutsche Recht vergleichbare Gestaltungsurteile nicht kennt, etwa in Unterhaltsurteilen verfügte Überleitungen von Arbeitsbezügen (*Hoge Raad* NJ 79, 399). Auch prozessuale Gestaltungswirkungen, die sich nicht nur auf das Territorium des Urteilsstaats beziehen, Art. 32 Rn 5, sind anerkennungspflichtig. Wird ein vorläufig vollstreckbares Urteil aufgehoben oder wird sonst die Zwangsvollstreckung aus einem Titel für unzulässig erklärt, so ist dies bei Vorlage einer amtlichen Übersetzung im Rahmen von § 775 Nr. 1 ZPO beachtlich (*Consolo* studi in onore Denti [1994] 102f.). Das in § 29 AVAG vorgesehene Verfahren kann, um einen Widerspruch zu Art. 33 zu vermeiden, nur als zusätzliche Option für den Schuldner begriffen werden. Zu Entscheidungen über einzelne Vollstreckungsakte, s. Art. 32 Rn 5. Wenn eine Entscheidung außer Vollstreckungswirkungen (noch) keine anderen Wirkungen hat, wie z.B. vorläufig vollstreckbare deutsche Urteile, ist für eine Anerkennung kein Raum (*Geimer* IPRax 92, 8). Zur Abhängigkeit des Geschiedenenunterhalts von der Scheidung Artt.

34 ff. Rn 22, 28. Die **Tatbestandswirkung** richtet sich zunächst danach, ob der „Tatbestand" einer inländischen Norm, in der ein „Gericht" vorkommt, auch ausländische Gerichte meint (*Kropholler*[7] vor Art. 33 Rn 17). Dies lässt sich bezüglich §§ 135, 136 BGB – etwa im Hinblick auf ausländische einstweilige Verfügungen – durchaus annehmen (*Basedow* in Schlosser Materielles Recht und Prozessrecht [1992] 149). Man braucht daher englische „freezing orders" (früher: „Mareva injunctions") nicht als Arreste zu vollstrecken (**a. A.** *Koch,* s. Art. 1 HZÜ Rn 1, 257 ff.; *Albrecht* Das EuGVÜ u. d. einstw. Rechtsschutz [1991] 175). S. auch Art. 38 Rn 11, Art. 47 Rn 5. Jedoch ist Anerkennungsfähigkeit der Entscheidung Voraussetzung.

Innerprozessuale Bindungswirkungen von Entscheidungen, Art. 32 Rn 4, werden, beschränkt auf das Verfahren, in dem sie ergangen sind, ohne jeden Vorbehalt anerkannt (*Gaudemet-Tallon*[2] Rn 219 ff.). Einem Urteil eines Rechtsmittelgerichts, das eine Entscheidung aufhebt, kann nicht etwa nach Art. 34 die Anerkennung mit der Folge versagt werden, dass die Ausgangsentscheidung als fortbestehend fingiert wird.

Ins Leere geht die Anerkennung bei Verfahrensergebnissen ohne Verbindlichkeit wie etwa einem selbständigen Beweisverfahren.

Zur möglichen territorialen Begrenzung des Urteilsinhalts s. Art. 32 Rn 5.

II. Das selbstständige Anerkennungsverfahren, Abs. 2

4 Die an der Anerkennung interessierte Partei hat die Option, die Anerkennung des Urteils in einem vereinfachten Verfahren feststellen zu lassen. Art. 38–56 gelten entsprechend, §§ 25 ff. AVAG. Zur Zuständigkeit Art. 39 Rn 1 f., zu den Rechtsbehelfen Art. 43 Rn 1 (keine Fristen für abgewiesenen Antragsteller). Zweckmäßig ist es, die Entscheidungswirkungen, die man auf das Inland erstreckt haben will, genau zu bezeichnen (*Geimer/Schütze* Rn 80 ff.). Eine **Verbindung** mit Verfahren, für die der Klageweg vorgeschrieben ist, etwa die für den Fall der Antragsablehnung hilfsweise beantragte Zusprechung des Anspruchs aus dem Grundverhältnis, ist nicht möglich. Solange nicht geklärt ist, ob die Vollstreckbarerklärungsentscheidung auch materielle Rechtskraft hinsichtlich der

Anerkennung des Urteils entfaltet, Art. 43 Rn 5, muss man das Verfahren kumulativ zum Vollstreckbarerklärungsverfahren zulassen, allg. M. Die Entscheidung entfaltet unter den Verfahrensbeteiligten materielle Rechtskraft über die Anerkennung. Antragsgegner kann aber nur eine Partei des Ausgangsverfahrens oder ihr Rechtsnachfolger sein. Da ein nachfolgendes Vollstreckbarerklärungsverfahren für die Justiz keinen nennenswerten Aufwand mehr bedeutet, sollte man das Rechtsschutzbedürfnis für einen Anerkennungsfeststellungsantrag nicht deshalb leugnen, weil auch (zusätzlich) ein Vollstreckbarerklärungsantrag gestellt werden könnte. Der Antrag ist auch zulässig, wenn die Anerkennungsfähigkeit unstreitig ist, s. § 26 S. 3 AVAG. Auch eine gemeinsame Antragstellung beider Parteien ist daher möglich. Nicht nur die Parteien des Ausgangsverfahrens oder ihre Rechtsnachfolger sind antragsberechtigt, sondern auch Dritte, die ein Rechtsschutzbedürfnis haben (*Kropholler*[7] Rn 3; *O'Mally/Layton* § 2706 – engl.: „any interested party". **a. A.** *MünchKommZPO-Gottwald*[2] Rn 6). Die Kostenregelung von § 8 Abs 1 S. 4 AVAG kann allerdings sinnvollerweise nicht angewandt werden. Im Verfahren vor dem Kammervorsitzenden gibt es keine Rechtsgrundlage für eine Kostenentscheidung. Die von den Verfassern des EuGVÜ gewollte Beschränkung auf den positiven Feststellungsantrag (*Jenard*-Bericht zu Art. 26) liefe auf einen Verstoß gegen das Prinzip der prozessualen Waffengleichheit hinaus, so wie er sich aus der MRK ergibt (dazu Europäischer Gerichtshof für Menschenrechte *Dombo Beheer B. V. v. Niederlande* NJW 95, 1413 zust. *Schlosser* 1404). In analoger Anwendung von Absatz 2 kann daher auch der Antrag gestellt werden, die Anerkennungsunfähigkeit der Entscheidung festzustellen (*Geimer/Schütze* Rn 85 f. **a. A.** *Kropholler*[7] Rn 7; *MünchKommZPO-Gottwald*[2] Rn 8; Trib. Gr. Inst. Paris JDrInt 93, 599 Anm. *Kessedijan* – normale negative Feststellungsklage).

Eine Klage auf abermalige Feststellung, gestützt auf die Rechtskraft des anerkennungspflichtigen Urteils, ist ausgeschlossen (Art. 26 Abs. 2 EuGVÜ übersehend München NJW-RR 97, 571).

III. Die Sonderregelung in Abs. 3

5 Absatz 3 wird allgemein dahin verstanden, dass jedem Gericht eine Inzidentanerkennung möglich ist. Ist in einem Mitgliedstaat festgestellt worden, dass der Beklagte dem Kläger allen aus einem Unfall noch entstehenden Schaden zu ersetzen haben wird, so ist das Gericht im Inland, das über eine bezifferte Schadenersatzklage zu entscheiden hat, an die Rechtskraft dieses Urteils gebunden. Dies folgt aber bereits aus Absatz 1. Um dem Absatz 3 einen eigenständigen Sinn abzugewinnen, muss man ihn dahin verstehen, dass das dort genannte Gericht auch für ein „selbstständiges" Anerkennungsverfahren zuständig ist. Zusätzlich zum primären Streitgegenstand kann dann dort ein Antrag auf Feststellung der Anerkennung des Urteils gestellt werden (**a. A.** *König* ecolex 99, 812). Dass dies in der deutschen Fassung des *Jenard*-Berichts nicht ausdrücklich herausgestellt wird, hat seine Ursache darin, dass „à tìtre incident" nicht die technisch festgelegte Bedeutung wie in Deutschland der Begriff „inzident" hat, sondern auch die in § 256 Abs. 2 ZPO geregelte Situation erfasst. Der Antrag kann bis zum Schluss der letzten mündlichen Verhandlung gestellt werden, ist aber nur erfolgversprechend, wenn die Entscheidung über den Primäranspruch von der Anerkennung des ausländischen Urteils abhängt.

Art. 34 [Allgemeine Ausschlußgründe für eine Anerkennung]

Eine Entscheidung wird nicht anerkannt, wenn

1. **die Anerkennung der öffentlichen Ordnung (ordre public) des Mitgliedstaats, in dem sie geltend gemacht wird, offensichtlich widersprechen würde;**
2. **dem Beklagten, der sich auf das Verfahren nicht eingelassen hat, das verfahrenseinleitende Schriftstück oder ein gleichwertiges Schriftstück nicht so rechtzeitig und in einer Weise zugestellt worden ist, dass er sich verteidigen konnte, es sei denn, der Beklagte hat gegen die Entscheidung keinen Rechtsbehelf eingelegt, obwohl er die Möglichkeit dazu hatte;**
3. **sie mit einer Entscheidung unvereinbar ist, die zwischen denselben Parteien in dem Mitgliedstaat, in dem die Anerkennung geltend gemacht wird, ergangen ist;**
4. **sie mit einer früheren Entscheidung unvereinbar ist, die in einem anderen Mitgliedstaat oder in einem Drittstaat**

zwischen denselben Parteien in einem Rechtsstreit wegen desselben Anspruchs ergangen ist, sofern die frühere Entscheidung die notwendigen Voraussetzungen für ihre Anerkennung in dem Mitgliedstaat erfüllt, in dem die Anerkennung gemacht wird.

Textgeschichte: In EuGVÜ/LÜ lautete der Text bei Inkrafttreten der EuGVVO als Art. 27 wie folgt:

„Art. **27** [Allgemeine Ausschlußgründe für eine Anerkennung] Eine Entscheidung wird nicht anerkannt:

1. wenn die Anerkennung der öffentlichen Ordnung des Staates, in dem sie geltend gemacht wird, widersprechen würde;
2. wenn dem Beklagten, der sich auf das Verfahren nicht eingelassen hat, das dieses Verfahren einleitende Schriftstück oder ein gleichwertiges Schriftstück nicht ordnungsgemäß und nicht so rechtzeitig zugestellt worden ist, daß er sich verteidigen konnte;
3. wenn die Entscheidung mit einer Entscheidung unvereinbar ist, die zwischen denselben Parteien in dem Staat, in dem die Anerkennung geltend gemacht wird, ergangen ist;
4. wenn das Gericht des Ursprungsstaats bei seiner Entscheidung hinsichtlich einer Vorfrage, die den Personenstand, die Rechts- und Handlungsfähigkeit sowie die gesetzliche Vertretung einer natürlichen Person, die ehelichen Güterstände oder das Gebiet des Erbrechts einschließlich des Testamentsrechts betrifft, sich in Widerspruch zu einer Vorschrift des internationalen Privatrechts des Staates, in dem die Anerkennung geltend gemacht wird, gesetzt hat, es sei denn, daß die Entscheidung nicht zu einem anderen Ergebnis geführt hätte, wenn die Vorschriften des internationalen Privatrechts dieses Staates angewandt worden wären;
5. wenn die Entscheidung mit einer früheren Entscheidung unvereinbar ist, die in einem Nichtvertragsstaat zwischen denselben Parteien in einem Rechtsstreit wegen desselben Anspruchs ergangen ist, sofern diese Entscheidung die notwendigen Voraussetzungen für ihre Anerkennung in dem Staat erfüllt, in dem die Anerkennung geltend gemacht wird."

Geschichte des EuGVÜ-Textes: Art. 27 Nr. 2 geändert („oder ein gleichwertiges Schriftstück") Nr. 5 eingefügt durch 1. Beitrittsübereinkommen, Einleitung Rn 9; Art. 27 Nr. 4 geändert („Ursprungsstaat" statt „Urteilsstaat", in den deutschen Text eingefügt das Wort „oder") durch 3. Beitrittsübereinkommen, Einl. Rn 12.

Art. 35 [Besondere Ausschlußgründe für eine Anerkennung]

(1) **Eine Entscheidung wird ferner nicht anerkannt, wenn die Vorschriften der Abschnitte 3, 4 und 6 des Kapitels II**

verletzt worden sind oder wenn ein Fall des Artikel 72 vorliegt.

(2) [Nur LÜ] **Des weiteren kann die Anerkennung einer Entscheidung versagt werden, wenn ein Fall des Art. 54 b Absatz 3 bzw. des Art. 57 Absatz 4 vorliegt.**

(3) **Das Gericht oder die Behörde des Mitgliedstaats, in dem die Anerkennung geltend gemacht wird, ist bei der Prüfung, ob eine der im vorstehenden Absatz angeführten Zuständigkeiten gegeben ist, an die tatsächlichen Feststellungen gebunden, aufgrund deren das Gericht des Ursprungsmitgliedstaats seine Zuständigkeit angenommen hat.**

(4) **Die Zuständigkeit der Gerichte des Ursprungsmitgliedstaats darf, unbeschadet der Bestimmungen des Absatzs 1** (der Absätze 1 und 2), **nicht nachgeprüft werden. Die Vorschriften über die Zuständigkeit gehören nicht zur öffentlichen Ordnung im Sinne des Art. 34 Nr. 1.**

Textgeschichte bis zum Inkrafttreten der EuGVVO: Art. 28 hat allein im LÜ vier Absätze, weil sich der zweite Absatz nur dort findet (mit redaktionellen Anpassungen von Abs. 4 = Abs. 3 EuGVÜ), im übrigen „Ursprungsstaat" statt „Urteilsstaat durch 3. Beitrittsübereinkommen.

Die EuGVVO hat wie das EuGVÜ 3 Absätze. „Staat" wurde durch „Mitgliedstaat", „Ursprungsstaat" durch „Ursprungsmitgliedstaat" ersetzt. In Absatz 1 und 3 sind folgende redaktionelle Anpassungen geschehen: Statt „5. Abschnitt": „6. Abschnitt"; statt „Titel": „Kapitel"; statt „Artikel 59": „Artikel 72"; statt „Artikel 27": Artikel 34.

Art. 36 [Verbot der sachlichen Nachprüfung]

Die ausländische Entscheidung darf keinesfalls in der Sache selbst nachgeprüft werden.

Textgeschichte: Unverändert aus Art. 29 EuGVÜ/LÜ übernommen.

Literatur: *Schockweiler* in EuGH (Hrsg.) Internationale Zuständigkeit und Urteilsanerkennung in Europa (1993), 149 ff.; *Linke* dass. 157 ff., *Stefan Braun* Der Beklagenschutz nach Art. 27 Nr. 2 EuGVÜ (1992); *Lenenbach* Die Behandlung von Unvereinbarkeiten zwischen rechtkräftigen Zivilurteilen nach deutschem und europäischem Zivilprozessrecht (1997); *Otte* umfassende Streitentscheidung durch Beachtung von Sachzusammenhängen (1998) 144 ff.; *Maack* Englische „anti suit injunctions" im europäischen Zivilprozessrecht (1999).

Übersicht

I. Systematik und rechtspolitische Grundaussagen der Artt. 34–36

1 Art. 36 hat nur die Bedeutung, die Gerichte nachhaltig an das zu erinnern, was heute allgemeiner Standard bei der Anerkennung ausländischer Urteile ist. Der eigentliche Durchbruch des EuGVÜ lag in seinem Art. 28 Abs. 3 (jetzt Art. 35 Abs. 3). Die Prüfung der „Anerkennungszuständigkeit" durch das Gericht des Anerkennungsstaates, wie etwa in § 328 Abs. 1 Nr. 1 ZPO vorgesehen, hat grundsätzlich zu unterbleiben. Nur eine Missachtung der Schutzbestimmungen der Verordnung zugunsten des schwächeren Teils bei Versicherungs- und Verbrauchersachen sowie eine Nichtbeachtung der ausschließlichen Zuständigkeiten des Art. 22 sind – leider – Anerkennungshindernisse geblieben. Die in Art. 34 aufgeführten Anerkennungsversagungsgründe bewegen sich im klassischen Bereich des ordre public und seiner Spezialausprägungen. Die Aufzählung der Anerkennungsversagungsgründe ist grundsätzlich limitativ, s. aber Art. 61 S. 2 2. Hs, Art. II Abs. 2 ProtEuGVÜ/LÜ u. Art. 5 Rn 22. Die Versagungsgründe dienen auch dem Schutz des unterlegenen Teils und stehen daher nicht zur Disposition der Mitgliedstaaten. „Liberaleres" innerstaatliches Recht hat nicht Vorrang (*Gaudmet/Tallon*[2] Rn 383. **a. A.** *MünchKomm-ZPO-Gottwald*[2] Art. 25 Rn 7 m. w. N. – aber durch den Übergang von EuGVÜ zur EuGVVO überholt). Zur Partei- und Prozessfähigkeit s. Art. 41Rn 3. Jedoch ist Art. 34 Nr. 1 eine Auffanggeneralklausel. Der EuGH (EuGHE 1988, 645 – Krieg) hat mit der Formel gearbeitet, eine Vollstreckung (damit auch: Anerkennung) könne abgelehnt werden, wenn sie aus Gründen, die außerhalb [der Verordnung] lägen, nicht mehr möglich sei, Rn 28. Ein schon im Ursprungsstaat unwirksames Ureil kann natürlich auch nicht anerkannt werden (*Wagner* IPRax 02, 79).Wird ein Urteil nicht anerkannt, so kann im Inland neu geklagt werden, wenn hier eine internationale Zuständigkeit besteht (*MünchKommZPO-Gottwald*[2] Art. 25 Rn 5; *Geimer* NJW 80, 1234. **a. A.** LG Münster NJW 80, 534).

II. Der ordre-public-Vorbehalt, Art. 34 Nr. 1

2 **Literatur:** *Franco Mosconi* Il limite dell'ordine publico nella Convenzione di Bruxelles, studi in onore Denti (1994) I 493; *Bruns* Der anerkennungsrechtliche ordre public in Europa und den USA JZ 99, 278; *Lopez-Taruella* Der ordre public im System von Anerkennung und Vollstreckung nach dem EuGVÜ, ELF 00, 122; *Wagner* IPRax 02, 75, 89 ff.

1. Die Vorschrift als Auffangtatbestand

Nr. 1 ist immer dann anwendbar, wenn nicht eine der Sondervorschriften in Art. 34 Nr. 2–4, Art. 35 Abs. 1, 2 eingreift (Köln IPRax 00, 528). Sie entspricht dem klassischen Standard der Anerkennungsgrundlagen. Man kann einem Urteil aus einem Mitgliedstaat die Anerkennung versagen, wenn das Gegenteil nach den Wertungen der heimatlichen Rechtskultur schlechterdings untragbar erscheint (EuGHE 2000 I 19/35 – Krombach); nicht etwa schon dann, wenn ein deutsches Gericht offensichtlich anders hätte entscheiden müssen, auch nicht, wenn aufgrund zwingenden Rechts. Der anerkennungsrechtliche ordre public ist noch restrektiver als der von Art. 6 EGBGB. Dass der Grund für die Anerkennungsversagung in fremdartigen Wertungen des vom Gericht des Urteilsstaats angewandten Rechts liegt, ist kaum noch vorstellbar (anders aber in der Tat im Ausgangsfall für EuGHE aaO). Das SchwBG hat sogar die in England geschehene Verurteilung zur Zahlung einer Spielschuld anerkannt (Bulletin ASA 2001, 310). Bei Verurteilungen naher Angehöriger des Schuldners zur Zahlung von Bürgschaftsschulden sieht der BGH den deutschen ordre public nur berührt, wenn der Bürgschaftsschuldner in besonders krasser Weise ausgebeutet worden war (BGH IPRax 99, 371). Denkbar sind aber grobe **Pannen im gerichtlichen Verfahren,** die durch Rechtsmittel im Ursprungsstaat nicht mehr heilbar sind, Rn 4 ff. Das Anerkennungshindernis hat demgemäß, vor allem im Bereich des sog. **verfahrensrechtlichen ordre public** praktische Bedeutung. Ein Urteil braucht in Deutschland dann nicht anerkannt zu werden, wenn es „nicht als in einem geordneten, rechtsstaatlichen Verfahren ergangen angesehen werden kann" (BGH NJW 90, 2201 = RIW 575 = IPRax 92, 33, 5 – *Geimer;* Hamm IPRax 98, 202). Zum rechtlichen Gehör insbesondere s. Rn 7. In den über 20 Jahren der Geltung des EuGVÜ hat nur dreimal ein deutsches Gericht eine ausländische Entscheidung unter Berufung auf ordre-public-Erwägungen die Anerkennung versagt: BGH IPRax 87, 236, 219 – *Grunsky,* betrügerische Einwirkung auf den Beklagten, sich nicht zu verteidigen; BGH NJW 93, 3269 (krit. *Stürmer* FS BGH [2000] 691 – Verurteilung entgegen der in §§ 636, 637 RVO verfügten Haftungsfreistellung; BGH NJW 00, 3289 – Zurückweisung der Verteidigers des abwesenden Angeklagten – Schlussentscheidung zu EuGH aaO. In Frankreich ist dies etwas öfter, aber in wenig überzeugenden Fällen geschehen: Cour de cassation Clunet 79, 380, krit. *Holleaux;* Cour d'appel Paris Rev.crit. 81, 113 – beide Male belgisches Versäumnisurteil ohne Begründung; Cour de Cassation Rev. crit. 81, 553 – *Mezger* – deutscher Vollstreckungsbescheid ohne Begründung; Cour de cassation Rev. crit. 92, 516 krit.

Kessedjian – deutsches Versäumnisurteil ohne Begründung – s. aber inzwischen §§ 32f. AVAG; Cour d'appel Poitiers ILPr. 96, 104 – offensichtliche Unzuständigkeit des deutschen Gerichts; Cour d'appel Lyon Clunet 79, 380, dazu *Mezger* IPRax 81, 103ff. u. *Sonnenberger* IPRax 85, 238 – zugunsten eines nichtehelichen Kindes ergangenes Unterhaltsurteil, das allein auf die Aussage der Mutter gegründet war. Überzeugend demgegenüber Cour de cassation Bulletin civil 99 I Nr. 92 – Nichtbezahlung einer sehr hohen Prozesskostensicherheit als Klageabweisungsgrund mit sehr hoher Kostenentscheidung zu Lasten des Klägers. Auch die Idee eines europäischen Justizraumes sollte nicht Anlass sein, auf eine ordre-public-Kontrolle zu verzichten (*Wagner* aaO).

2. Einzelheiten

3 Bei der Konkretisierung von Nr. 1 kann auf die zu § 328 Abs. 1 Nr. 4 ZPO und zum ordre-public-Vorbehalt in der Schiedsgerichtsbarkeit entstandene Rechtsprechung und Literatur zurückgegriffen werden (s. etwa *Stein/Jonas/Schumann*[21] § 328 Rn 221ff.; *Stein/Jonas/Schlosser*[22] Anh. § 1061 Rn 134ff.; *MünchKommZPO-Gottwald*[2] § 328 Rn 92ff. Entsprechend für die Schweiz *Gillard/Patocchi* 119f.). Auch in den genannten Rahmen betont man inzwischen, durch das EuGVÜ inspiriert, dass der Vorbehalt eng auszulegen ist, und es allein darauf ankommt, ob die *Anerkennung* der Entscheidung gegen den inländischen ordre public verstoßen würde. Selbst eine noch so willkürliche kollisionsrechtliche Weichenstellung kann für sich allein nicht zur Anerkennungsversagung führen (allg.M. LG Hamburg Nschlwerk D I-21.1–132). Die in § 328 Abs. 1 Nr. 4 ZPO sich findende Erwähnung **„der" Grundrechte** kann bei Sachverhalten mit Auslandsberührung ohnehin nur in einem relativierten Sinn verstanden werden. Die Rechtsprechung des BGH zur Bürgenhaftung naher Familienangehöriger kann in Nr. 1 nur in ganz krassen Fällen übertragen werden (BGHZ 140, 395 = NJW 99, 2372). Nunmehr muss die Unvereinbarkeit **„offensichtlich"** sein, was aber für Deutschland der schon bisher vertretenen Ansicht entspricht (Voraufl.). Insbesondere bei behaupteter Vorenthaltung des rechtlichen Gehörs, s. Rn 7, muss das gerügte Verhalten des Gerichts und seine mögliche Kausalität für das Entscheidungsergebnis ohne langwierige Ermittlungen offen zutage liegen.

Schadenersatz wegen ehrenrühriger Kritik verstößt auch dann nicht gegen den inländischen ordre public, wenn er Amtsträgern unter Umständen zugesprochen worden ist, die ihm nach deutschem Recht nicht trügen. Zu Sanktionen gegen Mitwirkungsunwilligkeit von Prozessbeteiligten s. Art. 11 HBÜ Rn 1.

Ein Verstoß gegen den einheimischen ordre public wurde insbesondere in folgenden Fällen geleugnet: Corte di Appello Mailand Riv. dir. int. 77, 197 – deutsches Versäumnisurteil ohne Begründung; Hoge Raad N.J. 79 Nr. 399 – so starke Belastung des Schuldners, dass er der öffentlichen Fürsorge anheim fällt; Celle RIW 79, 129 – „provision" des französischen Rechts (zweifelnd *Stürner* FS Zeuner (1994) 507); BGHZ 75, 167 = NJW 80, 527 = RIW 79, 861 – pauschale Schadensschätzung; Hoge Raad N.J. 87 Nr. 481 – eine dem niederländischen Recht fremde Art der Beweisaufnahme; Saarbrücken NJW 88, 3100 = IPRax 89, 37 – *H. Roth*[14] – nur mit Laien besetzte französische Handelsgerichte; Hamm RIW 85, 973 – *Linke* – Sicherstellungsbeschlagnahme, nach damaligem italienischen Recht vergleichbar unserem deutschen Arrest, aber bis zum Abschluß des Hauptsacheverfahrens nicht mehr korrigierbar; Düsseldorf RIW 01, 620 – kein Rechtsmittel (wohl aber Aufhebbarkeit durch den judex a quo) gegen Maßnahmen des einstweiligen Rechtschutzes. Cour de cassation G.P. 84. 2 Jur. 350, dazu *Reinmiller* IPRax 85, 56 u. *Damm* RIW 85, 410 – Beratungshonorar eines Rechtsanwalts auf der Grundlage der BRAGO; BGHZ 118, 312 = NJW 92, 3101f. – In Schadensfestsetzung einkalkuliertes Erfolgshonorar des Anwalts, ergangen zu § 328 Nr. 4 ZPO (dazu auch *Pisani* IPRax 01, 293 – „conditional fee agreement"); Cour de cassation Rev. crit. 87, 848 – fehlende Rechtsbehelfsbelehrung; *dies.* ILPr 91, 172, Rev. crit. 00, 52 – Vaterschaftsfeststellung allein aufgrund mütterlicher Aussage, wenn Bekl. Blutentnahme verweigert; BGH NJW 93, 3269 – persönliche Verurteilung eines deutschen Beamten wegen einer im Ausland begangenen Amtspflichtsverletzung; BGH IPRax 94, 367, *H. Roth* – starke Erhöhung der eingeklagten Summe durch Prozesszinsen; Cour de cassation Bulletin civ. 1995 I Nr. 242 – Kindesunterhalt bei nicht anerkannten Status-Urteil; *Ramos-Mendez* FS Geimer (2002) 878 – Versäumnisurteil ohne Schlüssigkeitsprüfung.

4 Besonderer Erwähnung bedürfen folgende Punkte: Wie immer man es sonst bewertet, wenn **im Ursprungsstaat** gegen die Entscheidung **kein Rechtsmittel** eingelegt worden ist, im Geltungsbereich der EuGVVO führt ein Verstoß gegen den verfahrensrechtlichen ordre public nicht zu einer Anerkennungsversagung, wenn er durch zumutbare Einlegung eines Rechtsbehelfs im Ursprungsstaat hätte korrigiert werden können (BGH NJW 90, 2201 = RIW 575 = IPRax 92, 33; Hamm RIW 94, 243). Der letzte Halbsatz von Nr. 2 ist insoweit analogiefähig (*Schlosser*-Bericht Nr. 192; Düsseldorf RIW 97, 329). Meist wird man bei inhaltlichen Anstößigkeiten der Entscheidung ebenso denken müssen. Massive Verstöße gegen inländisches zwingendes **Wirtschaftsrecht,** insbesondere Kartellrecht oder Umweltrecht (*Kohler* Grenzübergreifender Umweltschutz in Europa [1984] 86f), können gegen den deutschen ordre public verstoßen, gleich ob der ausländische Richter deutsches Recht falsch oder überhaupt nicht angewandt hat (*Kropholler* Art. 27 Rn 13). Auch ein Urteil, das **Grundprinzipien des Rechts der Europäischen Union** grob missachtet, ist nicht anerkennungsfähig (*Mosconi* aaO 504; Tribunal de grande instance Troyes Clunet 106 [1979] 623). Der EuGH sieht in der zugunsten von Wettbewerbsabsprachen fehlerhaften Anwendung der Art. 81ff. EGV immer einen zwingenden Grund, das Judikat für ordre-public-widrig zu halten (EuGHE 1999 I 3055 = NJW 99, 3549 – China Time). Jedoch genießt das Europarecht im Rahmen des ordre public keine Sonderstellung gegenüber zwingendem nationalem Recht (*Kropholler*[7] Rn 9; zum ganzen *Baumert* Europäischer ordre public und Sonderanknüpfung zur Durchsetzung von EG Recht [1994] 251ff.). Daher können nur klare und grobe Fehlentscheidungen anerkennungsschädlich sein (ähnlich EuGHE 2000 I 2973 – Renault).

5 Zum ordre public gehört grundsätzlich auch, dass jedes angerufene Gericht selbstverantwortlich über seine Zuständigkeit entscheidet und, wenn es zuständig ist, Rechtsschutz gewähren muss. **„Anti-suit injunctions"** gegen Verfahren in einem anderen Mitgliedsstaat verstoßen daher im allgemeinen gegen den europäischen ordre public (Düsseldorf IPRax 97, 260; Trib. civ. Brüssel R.W. 90/91, 676; *Pfeiffer* Internationale Zuständigkeit [1994] 779; *Jayme/Kohler* IPRax 95, 351; *Hau* aaO 216ff. – mit materialreicher Rechtsvergleichung). Das Übereinkommen steht aber dann einer anti suit injunction nicht entgegen, wenn mit ihr ein (bevorstehender) klarer Bruch einer Gerichtsstandsvereinbarung oder einer Schiedsklausel (*Continental Bank v. Aeokos* [1994] 1 WLR 588 CA; *The Angelic Grace* [1995] 1 Lyod's LR 87; wohl auch *Ingenhoven*

Grenzüberschreitender Rechtschutz durch englische Gerichte (2001) 313 ff.; zum ganzen *Hau* IPRax 96, 44) oder wenn mit ihr ein später begonnener Prozess bekämpft werden soll (*Turner v. Grovit* [1999] ILPr 656 C. A.). Zur Zustellung Art. 13 HZÜ Rn 6. Wenn ein Gericht des einen Staates die Gerichte eines anderen mit Anspruch auf Verbindlichkeit für international zuständig erklärt, ist dies innerhalb der EG kein ordre-public-Verstoß mehr. Auch das Verbot einer im Inland erlaubten Handlung ist es nicht mehr (EuGHE 2000 I 2973 – Renault. **a. A.** noch *v. Bar* 268 Recueil des Cours (1997) 351.

5 a Hat sich das staatliche Gericht über eine eindeutig **wirksame Schiedsklausel hinweggesetzt,** so ist der heimatliche ordre public verletzt (außerhalb des EuGVÜ *Tracomin S. A. v. Sudan Oil Seeds Co. Ltd.* [1983] 1 All E. R. 404. **a. A.** Hamm IPRax 95, 393), Art. 1 Rn 25, keinesfalls aber bei Maßnahmen des einstweiligen Rechtsschutzes, wenn für die Hauptsache schiedsrichterliche Streiterledigung vereinbart ist (Hamm RIW 94, 244). Denkbar ist, dass die Anerkennung eines ausländischen Urteils den deutschen ordre public nur insoweit betrifft, als **bestimmte Entscheidungswirkungen** anerkannt werden sollen, etwa die Bindung als Verfahrensparteien nicht auftretender Dritter an eine englische Mareva injunction, Art. 33 Rn 2.

5 b Unter den Voraussetzungen, unter denen nach **§ 826 BGB** ein deutsches Urteil bekämpft werden kann, kann auch einem ausländischen die Anerkennung versagt werden, wenn der Mangel zumutbarerweise durch Rechtsbehelfe im Ursprungsstaat nicht mehr korrigierbar war (BGH NJW RR 87, 377; *SISRO v. Ampersand* C. A. ILPr 94, 55 – deutsches Wiederaufnahmeverfahren). Daher kann vor allem der Einwand des **Prozessbetrugs** zur Anerkennungsversagung führen (BGH RIW 99, 702 – Für § 328 Nr. 4; *Schlosser*-Bericht Nr. 192. **a. A.** Artic Fishsales Co Ltd v. Adam [1995] SLT 970 – Outer House), freilich nur dann, wenn der Einwand weder im Ausgangsurteil behandelt worden ist, noch der „Betrogene" den Betrug zumutbarerweise, auch erst mit Wiederaunahmeantrag, hat gelten machen können (*Interdesco SA v. Nullifire Ltd.* [1992] 1 Ll. R. 80; *SISRO v. Ampersand* [1994] ILPrax 55, 59 f. C. A.; *Hau* IPRax 96, 322 ff. **a. A.** für § 328 ZPO BGH RIW 91, 702).

5 c Zur Anwendung von anderem **IPR** im Forumstaat, als im Anerkennungsstaat angewandt worden wäre, s. Rn 3. Art. 38 EGBGB ist nur eingeschränkt Teil des ordre public. Nur bei groben Abweichungen vom deutschen Haftungsrecht kann die Anerkennung versagt werden (Hamm RIW 95, 680 – zur seerechtlichen Haftungsbegrenzung; zu § 328 Abs. 1 Nr. 4 ZPO: BGHZ 118, 312 – punitive damages).

3. Nationaler ordre public und EuGH

6 Was der nationale ordre public (international) eines Vertragsstaats ist, kann naturgemäß nicht dem EuGH zur Auslegung vorgelegt werden (BGHZ 75, 167 = NJW 80, 527 = RIW 79, 861). Jedoch zeigt Art. 35 Abs. 3, dass die Verordnung den Staaten bei der Ausprägung ihres ordre public immanente Grenzen gesetzt hat. Ob ein bestimmter Umstand als Verstoß gegen den inländischen ordre public gewertet werden darf, kann dem EuGH sehr wohl zur Beurteilung vorgelegt werden (EuGHE 2000 I 1935 – Krombach; 2000 I 3973 – Renault – in dieser Entscheidung schon eine Grenzüberschreitung erblickend *Leipold* FS Stoll [2001] 632).

4. Ordre public und rechtliches Gehör nach Verfahrenseinleitung

7 Die Vorenthaltung des rechtlichen Gehörs **nach dem Stadium der Verfahrenseinleitung,** Rn 8, ist ausschließlich anhand von Nr. 1 zu messen. Jedoch ist nur dann ein Anerkennungsversagungsgrund gegeben, wenn es insgesamt an einem geordneten rechtsstaatlichen Verfahren fehlt, Rn 2. Dies wurde für das strafrechtliche Adhäsionsverfahren angenommen, wenn der Rechtsanwalt des Angeklagten wegen dessen Abwesenheit nicht zugelassen wurde (BGH NJW 00, 3289 – Krombach). §§ 335 Abs. 2, 337 S. 2 ZPO gehören nicht zum deutschen ordre public (Köln IPRax 95, 256). Eine verstümmelte Datumsangabe, die ganz offensichtlich nicht stimmen kann, muss durch Rückfrage geklärt werden (BGH BB 02, 169). Ein Beklagter, der sich nicht schriftlich auf das Verfahren eingelassen hat, braucht zur mündlichen Verhandlung nicht geladen zu werden (BGH RIW 99, 698). Die strenge Rechtsprechung des **BVerfG** zur Gewährleistung des rechtlichen Gehörs kann keinesfalls in die Bewertung ausländischer Gerichtsverfahren hineingetragen werden. Zwar wird mit Recht betont, dass nur schwere und offensichtliche Verstöße gegen Verfahrensgarantien anerkennungsschädlich sind (BGH NJW 90, 2201; *Heß* IPRax 01, 305). Die deutsche justizielle Anerkennungstradition wird dem

aber weitgehend durch das Erfordernis der möglichen Kausalität für das Entscheidungsergebnis gerecht, ein Erfordernis, das auch für Nr. 1 gilt (*Donzallaz* aaO Rn 2834; allg. M.). Spezifischen Behauptungen zur Vorenthaltung des rechtlichen Gehörs muss im Rahmen der Offensichtlichkeitseinschränkung nachgegangen werden. Einem Urteil ist deshalb die Anerkennung zu versagen, wenn wesentliches Vorbringen einer Partei der anderen nicht zur Kenntnis gebracht wurde (für viele Einzelheiten Kommentare zu § 328 Abs. 1 Nr. 4, § 1059 Nr. 2b und insbesondere *Stein/Jonas/Schlosser*[22] Anh. § 1061 Rn 80ff.). Das Übergehen eines Sachvortrags kann nicht pauschal mit dem Hinweis für unschädlich erklärt werden, andernfalls gerate man in eine verbotene „revision au fonds" (**a. A.** Düsseldorf RIW 97, 329). Die Cour de cassation wertete die Nichteinbeziehung des Vaters in das Regelunterhaltsbezifferungsverfahren als unschädlich (ILPr 96, 303), weil der Betrag nur aus der RegelunterhaltsVO abzulesen war. Im Prinzip ist aber auch in Annexverfahren die Vorenthaltung des rechtlichen Gehörs ordrepublic widrig. Die Nichtberücksichtigung einer nicht liquiden Aufrechnungsforderung ist anerkennungsunschädlich (Frankfurt ILPr 99, 460). Nicht anzuerkennen wäre eine Sachabweisung wegen Nichtleistung irgendwelcher Kostenvorschüsse oder -sicherheiten. Zur Klageerweiterung s. Rn 10.

III. Rechtliches Gehörs i. S. v. Nr. 2

8 Art. 34 Nr. 2 stimmte bis zum Inkrafttreten der EuGVVO fast textgleich mit § 328 Abs. 1 Nr. 2 ZPO überein. Wie dort ist die Vorenthaltung des rechtlichen Gehörs nach Verfahrenseinleitung nicht angesprochen. Sie ist nach Nr. 1 zu behandeln, Rn 7. Auch Fehler bei Zustellung des verfahrenseinleitenden Schriftstücks sind unschädlich, wenn sich der Beklagte auf das Verfahren eingelassen hat. In ihrer Interpretation durch den EuGH, Rn 11ff., ist Art. 27 Nr. 2 EuGVÜ/LÜ leider dafür verantwortlich, dass verschiedene Urteile wegen sehr formalistischer Überprüfung der Korrektheit der Zustellung der Klageschrift in Deutschland nicht anerkannt worden sind. Derartiges führt praktisch zur Rechtsschutzverweigerung zu Lasten des Klägers. Daher hat die EuGVVO die Ordnungsmäßigkeit der Zustellung nicht mehr zum Anerkennungserfordernis gemacht. Entsprechend anwendbar ist die Vorschrift auf ein gegen den Kläger ergangenes Urteil, der bei Klagerhebung und auch später nicht wirksam vertreten war.

1. Das verfahrenseinleitende Schriftstück

9 Allen Rechtsordnungen der Mitglied (und Vertrags-)staaten ist gemeinsam, dass das Verfahren durch die näher geregelte Zuleitung eines Schriftstücks eingeleitet wird. Ob es eine umfängliche Klageschrift ist, wie in Deutschland, oder nur eine kurze Bezeichnung des eingeklagten Anspruchs, ob es mit einer Ladung verbunden ist oder nicht, spielt keine Rolle. Der aus Anlaß des Beitritts des V K aufgenommenen Zusatz „oder ein gleichwertiges Schriftstück" sollte lediglich klarstellen, dass auch eine Mitteilung davon genügt, eine Klageladung (damals genannt „writ", heute: „daim form") sei ausgestellt worden (*Schlosser*-Bericht Nr. 194). Der Sinn der Vorschrift verlangt, sie auch auf spätere **Klageerweiterungen** zu erstrecken (*Frank* Das verfahrenseinleitende Schriftstück ... [1998] durchgehend. **a. A.** BGH NJW 90. 220; (*Kropholler*[7] Rn 31). Eine bloße ordre-public-Kontrolle (BGH aaO; *Stürner* JZ 92, 332f.) reicht nicht aus.

10 Als verfahrenseinleitendes Schriftstück wurden angesehen: der deutsche **Mahnbescheid,** nicht aber der Vollstreckungsbescheid, dessen rechtzeitige Zustellung das Anerkennungshindernis nicht beseitigt (EuGHE 1981, 1539 – Klomps. Teilw. krit. *Stürner* JZ 92, 332; zum Zahlungsbefehl des österreichischen Rechts ebenso Brandenburg IPRspr. 98 Nr. 186); das italienische „decreto ingiuntivo ... zusammen mit der verfahrenseinleitenden Antragsschrift" (EuGHE 1995, 2113 – Hengst = EuZW 95, 803 = EWS 308; die Tatsache, dass eine ingiunzione gegenüber einer auslandsansässigen Partei gar nicht zulässig ist, nicht als Fehler der dennoch erfolgten Auslandszustellung wertend); französische **Ladungen** mit einer Aufforderung zur Einlassung (LG Karlsruhe RIW 85, 898). Es gibt, insbesondere in Scheidungssachen, auch mehrstufige Verfahren. Eine Ladung zu einem **Sühnetermin** und zur Entscheidung über einstweilige Anordnungen hat das OLG Koblenz (IPRax 92, 36) als das das Scheidungsverfahren einleitende Schriftstück angesehen, an dessen Ende ein Unterhaltsurteil stand. Das verfahrenseinleitende Schriftstück braucht den Streitgegenstand noch nicht genau zu bezeichnen, bei Einklagung von Zahlungsansprüchen vor allem nicht deren Höhe (BGH RIW 99, 698 – zu § 328 ZPO). Ist aber ein vorbereitendes Verfahren, wie etwa das deutsche **Beweissicherungsverfahren,** vom eigentlichen Hauptsacheverfahren formell getrennt und nicht, wie bei der Stufenklage oder der englischen discovery of documents, nach Zustellung der claim form mit ihm verbunden, so ist mit dem Beginn des Vorbereitungsverfahrens das Hauptverfahren noch nicht eingeleitet. Das gilt etwa für eine vorbereitende Beweisaufnahme nach Art. 145 des französischen n.c. pr.c. Ein Strafverfahren leitet den zivilrechtlichen Adhäsionsprozess meist noch nicht ein (offen gelassen in EuGHE 1993, = IPRax 94, 37, *Heß* 10 – Sonntag), s. auch Art. 27 Rn 8. **Annexentscheidungen,** in denen es hauptsächlich um Rechenoperationen geht, wie nach § 104 ZPO, bedürfen keines eigenen einleitenden Schriftsatzes (öOGH 20. 9. 00 3 Ob 179/00 w; *Kropholler*[7] Art. 34 Rn 26). Rechtliches Gehör zum Antrag s. Rn 7 a.E. Ein Verfahren nach § 19 BRAGO ist aber kein Annexverfahren (öOGH RdW 01, 154).

2. Die ordnungsgemäße Zustellung in EuGVÜ und LÜ

11 Im Restanwendungsbereich der EuGVÜ und im Anwendungsbereich des LÜ muss das Schriftstück ordnungsgemäß zugestellt sein. Dafür ist nach der Rechtsprechung des EuGH Voraussetzung, dass die im Urteilsstaat geltenden Zustellungsvorschriften, einschließlich jener des HZÜ und der EuZVO, peinlich genau eingehalten worden sind (EuGHE 1990 I 2725 – Peters = IPRax 91, 177 zust. *Rauscher* 155; *Jenard*-Bericht zu Art. 27), wozu allerdings die Wahrung der Einlassungsfrist nicht gehört (Köln IPRax 95, 256). Dieser Grundsatz ist aber bei Auslandszustellungen nicht durchführbar (zust. *Brand/Reichhelm* IPRax 01, 173 f.), weil jeder Staat Wert darauf legt, dass auf seinem Territorium nach seinem Recht zugestellt wird. Nur die Notwendigkeit einer Auslandszustellung richtet sich vielmehr nach dem Recht des Ursprungsstaates (*Brand/Reichhelm* IPRax 01, 173 f.), Rn 15. Der EuGH hat dies übersehen, weil er zum Recht des Ursprungstaats auch die dort für Auslandszustellungen geltenden völkerrechtlichen Verträge, also vor allem das HZÜ, zählt. Dieses wird jedoch im ersuchten Staat durch dortiges Zustellungsrecht ergänzt. In Art. 5 Abs. 1 Buchst. a), Art. 15 Abs. 1 Buchst. a) HZÜ kommt dies klar zum Ausdruck. Krit. zur perfektionistischen Auslegung des EuGH, aber in die Entscheidung EuGHE 1993, = IPRax 94, 37 – Sonntag zu viel

Neuerungspotential hineinlesend *de Leval* in Revue de la Faculté de Droit de Liège 1995, 495 f. Wird die Zivilklage als Annex zu einem (Versäumnis-)Strafverfahren erhoben, muss sie gesondert zugestellt werden (App.'s-Hertogenbosch NJ 83, 308).

12 **a)** Der Hauptfall ist die **Auslandszustellung in jenem Staat, der später Vollstreckungsstaat wird.** Auch Schriftstücke, die nach der ZPO formlos mitgeteilt werden können, müssen dann über das HZÜ förmlich zugestellt werden (Hamm IPRax 96, 414 – zu § 19 BRAGO). Im Rahmen des zum Recht des Ursprungsstaates gehörenden HZÜ eine **Heilung von Zustellungsmängeln** leugnend (BGH NJW 91, 641; BGHZ 120, 305 = RIW 93, 232; BGH RIW 99, 702; Jena IPRax 02, 298, krit. zu Recht *Stadler* IPRax 02, 282) hat die Rechtsprechung für **Zustellungen in Deutschland** daraus ans Absurde grenzende Anerkennungshindernisse gemacht (BGH RIW 93, 673 – Ersatzzustellung im Geschäftslokal anstatt, richtig, in der Wohnung des Geschäftsführers, trotz Bescheinigung nach Art. 6 HZÜ über die Ordnungsmäßigkeit der Zustellung; Saarbrücken IPRax 95, 35 – Verweigerung der Annahme des zuzustellenden Schriftstücks, unterlassene Zurücklassung des Schriftstücks am Zustellungsort gemäß § 186 ZPO; Jena aaO – Zustellung über eine andere als die von Deutschland benannte Zentrale Behörde). Eine förmliche Ersatzzustellung ohne die vorgeschriebene Beifügung einer deutschen Übersetzung ist zwar nicht korrekt. Jedoch kann die Berufung auf den Fehler mißbräuchlich sein, s. Art. 5 HZÜ Rn 7.

13 Auch wenn man das Bestehen eines **allgemeinen europäischen Rechtsgedankens** über die **Heilung von Zustellungsmängeln** (so *Kondring* aaO 338 ff.; *Geimer/Schütze* § 140 V 1; *Linke* RIW 86, 412 ff. **a. A.** *Kropholler*[6] Art. 27 Rn 32) leugnet, kann die Nichtanwendung von § 187 ZPO sehr leicht zu einer gegen Art. 6 EMRK, Einl. Rn 27, verstoßenden Rechtsschutzverweigerung führen. Eine neue Klage im Ursprungsstaat wird vielfach nicht als zulässig anerkannt oder kommt jedenfalls für einen effektiven Rechtsschutz viel zu spät. Richtig ist folgende Lösung: Geht man davon aus, dass die Zustellung Ausübung von Hoheitsgewalt ist (Erl. Art. 10 HZÜ), dann richtet sich die Zustellung im ersuchten Staat nach dessen Rechtsvorschriften (nicht nach dem Ermessen des Richters im Ausgangsstaat, so aber North Carolina Ct. of App. 477 S.E. 2d (1996) 239 u. District Court Northern District of Texas

1998 WL 158632), allenfalls kumulativ zu den Vorschriften des Ursprungsstaats, wenn dieser darauf Wert legt. Für Zustellungen in Deutschland kommt daher (entgegen BGH aaO, ders. JZ 93, 619 zust. *Schack; Brand/Reichhelm* aaO 175ff.; *Bertele* Souveränität und Verfahrensrecht (1998) 349) § 187 ZPO zur Anwendung (Hamm Fam RZ 00, 898; *Wiehe* aaO 123 mwN), der keineswegs eine Heilung nur von solchen Mängeln erlaubt, die sich am Maßstab der ZPO ergeben. Mindestens dann, wenn der Adressat die gebrauchte Sprache mühelos versteht, muss man Heilbarkeit annehmen (Hamm RIW 88, 131 **a. A.** BGH RIW 99, 702). Zu weitgehend ist es allerdings, bei Beachtung des Übersetzungserfordernisses und Einschaltung einer deutschen Justizbehörde im Wege einer teleologischen Reduktion von Nr. 2 alle übrigen Zustellungsmängel für unbeachtlich zu erklären (so *Braun* aaO 134ff.). Gegen das HZÜ verstößt ein Staat aber nicht, der auf seinem Territorium unterlaufene Zustellungsmängel heilbar sein lässt. Im übrigen ist der Gedanke der Heilung von formellen Zustellungsmängeln („pas de nullité sans grief") in Europa weit verbreitet (näher *Schlosser* FS Matscher [1993] 394f.; *Stürner* JZ 92, 331 für den Fall, dass das Recht des Ursprungsstaats auf die Zustellungsvorschriften des ersuchten Staats verweist). Will man anders entscheiden, so muss man konsequenterweise anerkennen, dass das Recht des Ursprungsstaats auch die Heilung von Zustellungsmängeln anordnen kann, die sich am Maßstab des HZÜ ergeben (so wohl BGH aaO, der fragt, ob die in Deutschland vorgenommene fehlerhafte Ersatzzustellung nach dem Recht des Urteilsstaats geheilt war). Bei Missachtung des deutschen Widerspruches zu Art. 10 HZÜ kann der deutsche Richter in Ausübung seines ihm von § 187 ZPO gewährten Ermessens Bildungsgrad, Sprachkenntnisse, geschäftliche Gewandtheit und Verbundenheit der Zustellungsadressaten mit dem Ausgangsstaat berücksichtigen.

14 Für Zustellungen aus Frankreich oder anderen Staaten mit dem System der **„remise au parquet"** (Art. 15 HZÜ Rn 1ff.), gilt zudem folgendes: Die Zustellung ist mit der „remise" beim heimatlichen Staatsanwalt als einer Form der Ersatzzustellung ebenso korrekt beendet wie in Deutschland eine öffentliche Zustellung. Alles weitere ist dann nicht mehr eine Frage der ordnungsgemäßen Zustellung (*Schack* $IZPR^2$ Rn 611. **a. A.** Düsseldorf RIW 85, 493f.; KG RIW 86, 637; *Braun,* Art. 27 Lit. vor Rn 1, 103ff. mwN; *Stein/Jonas/Roth*[21] § 199 Rn 25; *Rauscher* IPRax 91, 157f.;

Cour de cassation Rev. crit. 81, 714), sondern nur noch jene, ob der Zustellungsadressat (etwa durch die Übersendung des Schriftstücks durch den französischen huissier oder die zusätzliche amtliche Zustellung) davon so rechtzeitig erfahren hat, dass er sich vernünftig verteidigen konnte, Rn 17 ff. (*Schack* IZPR[2] Rn 610), Art. 15 HZÜ Rn 2. Dass der Richter des Ausgangsverfahrens sich nach Art. 15 HZÜ über das Schicksal der Mitteilung vergewissern muss, ändert daran nichts. Da der auslandsansässige Beklagte somit hinreichend geschützt ist, liegt auch kein Verstoß gegen das europarechtliche Diskriminierungsverbot vor (**a. A.** Karlsruhe RIW 99, 538). Für Deutschland hat sich mit Inkrafttreten der EuZVO im Verhältnis zu Frankreicht die Rechtslage radikal geändert s. Rn 17.

15 **b)** Bei **Zustellungen im Urteilsstaat** selbst, auch bei dortigem Wohnsitz beider Parteien, muss das deutsche Gericht peinlich genau prüfen, ob die dort geltenden Vorschriften eingehalten worden sind (*Pfeiffer* Jb. junger ZivRWissenschaftler 91, 86), kann dann freilich erst recht eine nach ausländischem Recht begründete Heilung von Mängeln anerkennen. Zu dieser Überprüfung gehört auch die Frage, ob eine Inlandszustellung zulässig war, was aber durchaus auch dann möglich sein kann, wenn der Beklagte (bereits) in einem anderen Staat wohnte (*Linke* IPRax 93, 94. Problem verkannt in Köln IPRax 93, 114), s. auch Art. 1 HZÜ Rn 5. Auch eine in den Gesetzen vorgesehene **öffentliche Zustellung** ist eine ordnungsgemäße Inlandszustellung (LG Berlin RIW 86, 637), insbesondere dann, wenn die nach Deutschland oder in einen anderen Staat vorgesehene Auslandszustellung mißglückt ist (Koblenz IPRax 92, 36). An die Zulässigkeit der öffentlichen Zustellung sind keinesfalls die in Deutschland hierfür entwickelten Anforderungen zu stellen (**a. A.** Düsseldorf IPRax 00, 527, zust. *Roth* aaO 497; Köln NJW-RR 01, 1576), weil das zweite Erfordernis der Nr. 2 das nötige Korrektiv bringt. In Deutschland unbekannte Möglichkeiten der Ersatzzustellung sind grundsätzlich nicht als Umgehung des HZÜ anzusehen.

16 **c)** Bei Zustellungen in einem **Drittstaat,** wofür Nr. 2 ebenfalls gilt, ist das HZÜ wie im Verhältnis zu Deutschland zu beachten einschließlich allerdings von einseitigen Erklärungen und bilateralen Abmachungen, die in Ausführung dieses Übereinkommens zustandegekommen sein mögen.

3. Rechtzeitigkeit der Zustellung

17 Der Mangel der Rechtzeitigkeit der Zustellung ist in EuGVÜ und LÜ ein zweites Anerkennungshindernis (unten b)), in der **EuGVVO** im Rahmen des Art. 34 Nr. 2 aber das einzige geworden.

Letzteres geschah gerade wegen der häufig überpeniblen Handhabung des Ordnungsmäßikeitserfordernisses. Mit dem neu aufgenommenen Zusatz „und in einer Weise ..." hat man freilich einen Hauch von **europarechtlich zu qualifizierender Ordnungsmäßigkeit** neu eingeführt. Es genügt nämlich keineswegs, dass der Beklagte die Einleitung des Verfahrens gegen sich irgendwie erfährt. Es muss sich vielmehr um Benachrichtigung durch eine „Zustellung" handeln (französisch: „signifié ou notifié"; englisch: „served"). Sie muss also von der für die Veranlassung von Zustellungen zuständigen Stelle oder mit deren Genehmigung ausgehen und mindestens den Willen erkennen lassen, den Ordnungsmäßigkeitsanforderungen zu entsprechen (Düsseldorf Rpfleger 99, 287). Es ist schwer vorstellbar, dass dies ohne Verwendung des Formulars im Anhang zur EuGZVO geschehen kann. Andernfalls liegt schon begrifflich keine Zustellung vor. Fehler bei Ort und Zeit und in der Auswahl einer Ersatzzustellungsperson sind demgegenüber unschädlich, wenn das Schriftstück rechtzeitig in die Hände des Zustellungsadressaten gelangt ist. Ist beispielsweise für innerstaatliche Zustellung die gerichtlich genehmigte Faxübertragung vorgesehen (auch durch Anwalt), so ist eine solche gegenüber einer EG-auslandsansässigen Person nicht ordnungsgemäß, aber gleichwohl geeignet, die Verteidigungsobliegenheit auszulösen. Das Gleiche gilt, wenn unkorrekterweise keine Übersetzung beigefügt war, der Zustellungsadressat aber die verwandte Sprache mühelos verstand. Beweislast s. Rn 21 a. Im Fall eines Umzugs reicht Angabe der alten Adresse nicht.

17 a Die Zustellung muss im Rahmen des EuGVÜ und des LÜ kumulativ zum Erfordernis der Ordnungsmäßigkeit (EuGHE 1990 I 2725 – Peters = IPRax 91, 177 – *Rauscher*[155]) auch **rechtzeitig** sein. Die Rechtsprechung dazu kann auch nach dem Wegfall des Ordnungsmäßigkeitserfordernisses in der EuGVVO für den dort verbleibenden Begriff der Rechtzeitigkeit herangezogen werden. An der Rechtzeitigkeit kann es nicht nur bei Verspätung der Zustellung, sondern vor allem auch bei **Ersatzzustellungen** trotz deren Ordnungsmäßigkeit fehlen. Beweislast: Rn 21 a. Korrektes Verhalten des Ausgangsgerichts nach Art. 15 Abs. 2 HZÜ garantiert die Anerkennungsfähigkeit noch nicht (**a. A.** *Droz* Rev.crit. 81, 718 f.). Dies alles gilt selbst dann, wenn die Zustellung im Ursprungsstaat vorgenommen wurde (EuGHE 1985, 1779 – Debaecker = RIW 85, 967).

17 b Bei einer **„remise au parquet"** (Rn 14) genügte dem Finnischen OGH auch schon vor Inkrafttreten der EuZVO der Versuch der Zustellung durch die Zentrale Behörde, deren Entgegennahme mangels Übersetzung ins Finnische abgelehnt worden war (die Zentrale Behörde hatte hinreichende Kenntnis der französischen Sprache angenommen – s. Bericht von Paanila/Suomela RIW 99, 358). Nach dem EuGVÜ und dem HZÜ wäre diese Art der Zustellung aber nicht ordnungsgemäß gewesen. Unter der EuGZVO kommt es bei Zustellungsversuchen ohne Übersetzung nur noch darauf an, ob dies „eine Weise" ist, die die zumutbare Verteidigung ermöglicht. Das aber ist immer der Fall, wenn in den vorangehenden Beziehungen unter den Parteien Komunikationen in dieser Sprache stattgefunden haben. Auf eine in der Mitteilung durch den ausländischen Gerichtsvollzieher erstmals auftauchende Fremdsprache braucht demgegenüber auch ein großes Unternehmen nicht mit einer selbst anzufertigenden Übersetzung zu reagieren. Eine überobligationsmäßig angefertigte Übersetzung braucht den Beklagten nicht zur Einlassung auf das Verfahren zu veranlassen.

17 c Das **Gericht des Anerkennungsstaats hat** ohne Rücksicht auf die Ansicht des Gerichts im Ursprungsstaat **selbstständig zu prüfen,** ob die Zustellung rechtzeitig war (EuGHE 1981, 1593 – Klomps = RIW 781). An die Ansicht des Richters im Ausgangsstaat, dem Art. 15 HZÜ sei entsprochen, ist es nicht gebunden (EuGHE 1982, 2723 = IPRax 85, 25 – *Geimer*[6]).

17 d Das EuGVÜ gibt dem Richter keine **Maßstäbe** zur Handhabung des wertausfüllungsbedürftigen Begriffs **„Rechtzeitigkeit".**

Beispiele: BGH NJW 86, 2197 = RIW 302 = IPRax 366, 349 – *Walter* – § 274 Abs. 3 S. 1 ZPO als Anhaltspunkt; Hamm IPRax 88, 289 – krit. *Geimer*[271] – im Fall einer offenbar freiwilligen Entgegennahme eines verfahrenseinleitenden Schriftstücks ohne Übersetzung 20 Tage zu kurz, um Übersetzung aus dem Niederländischen anfertigen zu lassen; Köln IPRax 95, 256 – 3 Wochen zwischen Köln und Belgien ausreichend; Düsseldorf NJW 00, 3290 – 8 Tage nicht ausreichend. Rechtsprechung zu § 328 Abs. 1 Nr. 2, 1059

Abs. 2 Nr. 2b ZPO kann Auslegungshilfe sein (zust. Köln IPRax 00, 528). Weitere Beispiele bei *Braun* aaO 129ff. Zu berücksichtigen sind selbst solche Umstände, die erst nach der Zustellung bekanntgeworden sind (EuGHE aaO Klomps). Lehnt ein sprachkundiger Adressat die Zustellung nach Art. 5 Abs. 2 HZÜ ab, kann er sich nicht darauf berufen, die Frist nach darauf folgender förmlicher Zustellung sei zu kurz gewesen.

17e Im allgemeinen beginnt der Zeitraum erst zu laufen, wenn der Adressat Kenntnis nehmen kann (*Braun* aaO 113ff.). Bei der Gesamtwürdigung ist aber auch zu beachten, ob **Kläger und Beklagter** ein **zumutbares Verhalten** mit dem Ziel, eine rechtzeitige Zustellung zu fördern, unterlassen haben (EuGH aaO; BGH IPRax 93, 326 = RIW 92, 56 – mit sehr ins einzelne gehender Interessenabwägung). Vor allem ist das Verhalten beider Parteien bei einem **Wohnsitzwechsel** des Beklagten zu würdigen (eine Möglichkeit für den Kläger, die neue Adresse unschwer ausfindig zu machen; aus der Vorgeschichte sich ergebende Veranlassung des Beklagten, seine neue Adresse mitzuteilen). So ist in einem Fall sogar die öffentliche Zustellung als rechtzeitig angenommen worden, weil der Prozessverlauf gezeigt habe, dass der Beklagte seine Rechte habe wahren können (Cour d'appel Paris Rev. crit. 84, 134 zust. *Droz*). Keinesfalls aber kann die öffentliche Zustellung schon per se als rechtzeitig angesehen werden, wenn zwischen ihr und dem Verhandlungstermin ein Zeitabschnitt liegt, der bei normaler Zustellung ausreichen würde (**a. A.** Koblenz IPRax 92, 37). Aus der sich gelegentlich findenden beiläufigen Bemerkung, die Rechtzeitigkeit der Zustellung könne vermutet werden, wenn die **Adresse** des Beklagten **unbekannt** war (EuGHE 1985, 1179 – Debaecker = RIW 85, 967; BGH IPRax 93, 326 = RIW 92, 56), lassen sich keine greifbaren Bewertungsmaßstäbe für den Einzelfall ableiten. Jedenfalls ist eine fiktive Zustellung ohne Hinzukommen weiterer Elemente niemals rechtzeitig (*Linke* IPRax 93, 296; KG RIW 86, 637, **a. A.** Koblenz IPRax 92, 35 krit. *Geimer* 11; *MünchKommZPO-Gottwald* Rn 26 m. w. N.). Anders kann man nur entscheiden, wenn es dem Beklagten als Pflichtverletzung gegenüber dem Kläger zurechenbar war, dass er seine neue Adresse nicht bekanntgegeben hat, was aber nur der Fall ist, wenn er mit der Einleitung eines Verfahrens rechnen musste. Auch bei einer Ersatzzustellung ist das Rechtzeitigkeitserfordernis unter den Voraussetzungen nicht erfüllt, unter denen nach deutschem Recht Wiedereinsetzung gewährt werden könnte (zu hart Cour d'Appel Paris Rev.crit. 84, 136).

18 Der **Akt,** der für die Rechtzeitigkeit der Kenntnisnahmemöglichkeit durch den Beklagten sorgt, braucht **mit der Zustellung nicht identisch zu sein,** muss aber amtlichen Charakter haben, wie etwa die Benachrichtigung des französischen „huissier de justice" von der „remise au parquet" s. Rn 14. Der Zustellungsadressat muss vom zuzustellenden Schriftstück auch nicht tatsächlich Kenntnis genommen haben. Niederlegung bei der Post reicht aus (EuGHE 1981, 1593 – Klomps; BGH IPRax 93, 326, zust. *Linke* = RIW 92, 56). Eine Ersatzzustellung ist auch rechtzeitig, wenn der Beklagte ohne sein Verschulden von ihr erst viel später erfährt, aber immer noch rechtzeitig, um sich verteidigen zu können. Ist dem Schriftstück inkorrekterweise keine **Übersetzung** in einer dem Adressaten verständliche Sprache beigefügt, so muss ausreichend Zeit für die Besorgung einer solchen gewährt werden (BGH NJW 91, 641 – 3 Monate für Übersetzung aus dem Französischen), auch wenn der Adressat nach Art. 5 Abs. 2 HZÜ mit dieser Zustellungsform einverstanden war. Privatpersonen ohne größere auslandsbezogene Vermögensverwaltung kann die Besorgung einer Übersetzung im allgemeinen überhaupt nicht zugemutet werden (**a. A.** Cour de Cassation und *Cour d'Appel Reims* Clunet 79, 383). Zur Übersetzung als Bestandteil einer ordnungsgemäßen Zustellung s. Art. 5 HZÜ Rn 3, 4, 7.

4. Rechtsbehelfe im Ursprungsstaat

19 Die zu EuGVÜ oder LÜ ergangene Rechtsprechung hielt es für belanglos, ob sich der Beklagte im Ursprungsstaat mit Rechtsbehelfen dagegen hätte zur Wehr setzen können, dass ihm das verfahrenseinleitende Schriftstück nicht rechtzeitig zugestellt worden ist (BGH NJW 93, 673; ders. NJW 86, 2197; öOGH 20. 9. 00 3 Ob 179/00 w; Düsseldorf FamRZ 93, 586; Frankfurt RIW 91, 587; Köln RIW 90, 229; Stuttgart RIW 79, 130). Die noch laufende Frist für die Einlegung eines Einspruchs gegen einen Vollstreckungsbescheid oder ein Versäumnisurteil ist unter dem Gesichtspunkt der Rechtzeitigkeit für den EuGH ebenso bedeutungslos wie die Einlegung eines als verfristet zurückgewiesenen Rechtsbehelfs (EuGHE 1992, 5661 Minalmet = RIW 93, 65; EuGHE 1981, 1593 – Klomps). Das ist als überbesorgt um die Verteidigungsmöglichkeit des Beklagten gerügt worden (*Geimer* IPRax 88, 275). Aus diesem Grund hat die EuGVVO die Frage im gegenteiligen Sinne geregelt. Zur Analogiefähigkeit des Zusatzes Rn 4.

5. Nichteinlassung auf das Verfahren

20 Des Schutzes der Nr. 2 wird wie jenes nach Art. 15 HZÜ, s. dort Rn 4, nur ein solcher Beklagter teilhaftig, der sich auf das Verfahren nicht eingelassen hat. Der Begriff „Einlassung" ist sehr weit auszulegen und umfaßt jedes Auftreten des Beklagten vor Gericht, aus dem sich ergibt, dass er von dem verfahrenseinleitenden Schriftstück Kenntnis erlangt hat. Der EuGH ist allerdings noch etwas zurückhaltend (EuGH EuZW 93, 417 Sonntag = IPRax 94, 40 – *Heß*) und sagt: *„Hat sich der Beklagte auf das Verfahren eingelassen, so kann er sich zumindest dann nicht mehr auf diese Bestimmung berufen, wenn er ... Gelegenheit zur Verteidigung erhalten hat"*. Auch eine Rüge der Ordnungswidrigkeit oder fehlenden Rechtzeitigkeit der Zustellung vor dem Gericht des Ursprungsstaats ist bereits eine Einlassung (Hamm RIW 94, 243; Corte di Cassazione Riv. dir. int. priv.proc. 92, 297; *Linke* IPRax 92, 93; *Geimer* IPRax 88, 271. **a. A.** Köln IPRax 91, 114; Stuttgart IPRsp 83 Nr. 173; *Kropholler*[7] Art. 34 Rn 27; *Martiny* Hdb III 2. Kap. II Rn 110; *Wiehe* aaO 204 ff.; *Braun* 88). Der Beklagte hat nur die Wahl, entweder Versäumnisurteil gegen sich ergehen zu lassen und auf den Schutz der Nr. 2 zu vertrauen, oder sich zur Rüge des Fehlers vor dem Gericht des Ursprungsstaates einzulassen und zu hoffen, dass er damit nach dem Prozessrecht dieses Gerichts Erfolg hat. Mit der rügelosen Einlassung i. S. v. § 295 ZPO oder der Einlassung i. S. v. Art. 24 hat die vertragsautonom zu bestimmende Einlassung nach Art. 34 Nr. 2 nichts zu tun (Hamm aaO). Ist die gem. Art. 53 Nr. 1 vorzulegende Urkunde ein Versäumnisurteil, so besteht ein Anscheinsbeweis, dass sich der Beklagte auf das Verfahren nicht eingelassen hat (*Linke* aaO 93). Ist das Zivilverfahren ein Annexverfahren zum Strafverfahren, so kann der Angeklagte die Einlassung auf den zivilrechtlichen Teil verweigern. Tut er dies aber nicht, so hat er sich auf das Verfahren eingelassen, auch wenn er zum zivilrechtlichen Teil nicht besonders Stellung genommen hat (EuGHE aaO – Sonntag). Einlassung durch Prozessvertreter setzt die Ordnungsmäßigkeit der Vollmacht voraus (EuGHE 1996 I 4943 – Hendrikman; BGH IPRax 99, 373).

6. Prüfung von Amts wegen

21 Für EuGVÜ und LÜ nahm man an: Anders als im Rahmen von § 328 Abs. 1 Nr. 1 ZPO müsse sich der Antragsgegner auf die Ordnungswidrigkeit oder die Verspätung der Zustellung nicht berufen. Deshalb müssten die Gerichte im Anerkennungsstaat **von Amts wegen berücksichtigen,** ob dieser Anerkennungsversagungsgrund vorliege (z.B. *O'Mally/Layton* 227.05; Koblenz IPRax 92, 36; *Braun* aaO 177 m.w.N. zum Streitstand in Deutschland; *Wiehe* aaO 210ff.; nahezu allg. M. **a. A.** mit beachtlichen Gründen *Geimer* IPRax 85, 8) und insoweit nach Art. 46 Nr. 2 EuGVÜ/LÜ Urkundenbeweis erheben. Das neue Vollstreckbarerklärungsverfahren muss insoweit aber jetzt auch auf die anderen Formen der Anerkennung abstrahlen. Der Kammervorsitzende darf Anerkennungsversagungsgründe nicht prüfen, Art. 41. Wenn aber der beschwerdeführende Antragsgegner nicht rügt, er habe im Ausgangsverfahren seine Verteidigungsmittel nicht geltend machen können, hat das Beschwerdegericht mit Sicherheit keine Veranlassung zu einer Nachprüfung. Damit aber ist das Fehlen der Zeitgerechtigkeit der Zustellung generell rügepflichtig gemacht worden (**a. A.** *Kropholler*[7] Rn 45).

An die Auffassung, die in den Gründen der anzuerkennenden Entscheidung zur Rechtzeitigkeit der Zustellung stehen, sind die Gerichte im Anerkennungsstaat nicht gebunden (EuGHE 1982, 2723 – Pendy Plastic = IPRax 85, 25 – *Geimer* 6). Die anzuerkennende Entscheidung braucht keine Versäumnisentscheidung im technischen Sinne zu sein, um die Kontrolle zu rechtfertigen. Darauf, ob sich das Gericht im Ausgangsstaat an Art. 20 Abs. 2 oder 3 gehalten hat, kommt es nicht an. Die Zustellung kann ohne Einhaltung dieser Voraussetzung rechtzeitig (**a. A.** wohl Cour de cassation Rev.crit. 81, 708) wie auch bei ihrer Einhaltung nicht rechtzeitig sein.

7. Beweislast

21 a Obwohl Art. 34 Nr. 2 Anerkennungsversagungsgründe enthält, für deren Vorliegen nach normalen Regeln der Antragsgegner beweisbelastet ist, Rn 34, muss der Antragsteller substantiiert behaupten, wann zugestellt worden und dass eine Übersetzung beigefügt worden war. Da er mit der amtlichen Kopie der Zustellungsurkunde das Beweismonpol hat, muss er sie vorlegen. Ersatzzustellungen begründen einen Anscheinsbeweis der loyalen Weiterleitung, wenn die Wahrscheinlichkeit einer solchen nach der Art der Ersatzzustellung sehr groß ist. Besonders bei Zustellungen in Gewerbebetrieben ist dies der Fall. S. auch Rn 17 e.

IV. Unvereinbarkeit mit einer anderen Entscheidung, Art. 34 Nr. 3

22 Die Mitgliedsstaaten haben mit Art. 34 Nr. 3 die Autorität der Entscheidungen ihrer Gerichte noch immer über die Autorität anerkennungspflichtiger ausländischer Entscheidungen gestellt. Daher kommt es weder darauf an, ob das deutsche Urteil zeitlich früher oder später ergangen ist (in Deutschland allg. M. – **a. A.** *Beraudo* Jurisclasseur procédure civile Fasc 52–5 Nr. 46; *Gothot/Holleaux* La Convention de Bruxelles [1985] Nr. 280), noch darauf, ob das inländische Urteil in den Anwendungsbereichen der Verordnung fällt (*Schlosser* Revue de l'arbitrage 83, 382 ff.; als selbstverständlich vorausgesetzt in EuGHE 1988, 645 – Krieg = RIW 88, 820 – *Linke* = IPRax 89, 159 – *Schack* 139). Das etwa später ergangene inländische Urteil hebt die frühere Anerkennung des ausländischen Urteils auf, und zwar nicht mur mit Wirkung ex nunc (insofern **a. A.** *Lenenbach* aaO 182). S. auch Art. 27 Rn 4. Natürlich steht ein Vergleich einer Gerichtsentscheidung nicht gleich (EuGHE 1994 I 2237 – Solo Kleinmotoren = JZ 94, 1007 – *Schlosser*). Ein Schiedsspruch fällt auch im Zusammenhang mit Art. 34 Nr. 3 nicht unter die Definition, die Art. 32 für „Entscheidungen" gibt (*Hill* 66. **a. A.** *Berti* FS Vogel [Freiburg/Schw. 1991] 349), wohl aber eine Exequaturentscheidung zu einem Schiedsspruch, s. Rn 29.

An Ausführungen des ausländischen Richters zur Tragweite des inländischen (deutschen) Urteils ist der inländische Richter nicht gebunden. Der EuGH (Krieg aaO) spricht davon, dass die beiden Entscheidungen **Rechtsfolgen** haben müssen, **die sich gegenseitig ausschließen.** Genaugenommen heißt dies: Ein ausländisches Urteil ist dann mit einem deutschen unvereinbar, wenn es entweder denselben Streitgegenstand anders entscheidet – etwa zugesprochene Leistungsklage, inländische Klageabweisung – oder auf

Prämissen aufbaut, die mit der materiellen Rechtskraft oder der Gestaltungswirkung eines inländischen Urteils unvereinbar sind. Dies ist bei einem inländischen Scheidungsurteil gegenüber einem ausländischen Unterhaltsurteil unter getrennt lebenden Ehegatten angenommen worden, auch wenn im Ursprungsstaat des Unterhaltsurteils das Scheidungsurteil (noch) nicht anerkannt wird (EuGH Krieg aaO). Ein inländisches Kaufpreiszahlungsurteil und eine ausländische Entscheidung, die aus Gewährleistungsgründen den Käufer zu Schadensersatz verurteilt, stehen nicht zwangsläufig in Widerspruch zueinander (Cour de cassation Rev.crit. 78, 773), sondern nur dann, wenn im inländischen Verfahren Gewährleistungseinwände zurückgewiesen worden sind und das Urteil insoweit materielle Rechtskraft entfaltet, was im Falle deutscher Urteile aber nur bei einer Feststellung nach § 256 Abs. 2 ZPO der Fall ist. Ein Urteil, das im Inland angeblich entstandene Schadenersatzansprüche aberkennt, s. Art. 5 Rn 20, steht mit einem Urteil über den anderswo erlittenen Schaden nicht in Widerspruch, auch wenn der Haftungsgrund im Prinzip geleugnet wurde. Eine vertragsautonome Auslegung des Begriffs Unvereinbarkeit wäre verfehlt (BGHZ 88, 17 = NJW 84, 568 = RIW 83, 695. Einschränkend *Kropholler*[7] Art. 34 Rn 49; *Martiny* Hdb Kap. II Rn 137; *Lenenbach* aaO 151). Die „Rechtsfolgen" eines Urteils können sich nur nach nationalem Recht bestimmen; mehr als diese gegenüber ausländischen Entscheidungen durchsetzen zu wollen, ist unter keinem denkbaren Gesichtspunkt legitim.

23 Nicht unvereinbar ist ein inländisches Urteil mit einem ausländischen, wenn es seinerseits nur auf **Prämissen aufbaut, die mit den „Rechtsfolgen" eines inländischen Urteils unvereinbar sind.** Ist im Ausland die Unwirksamkeit eines Vertrages rechtskräftig festgestellt worden und ist in Missachtung dieses Urteils im Inland ein Anspruch aus dem Vertrag zuerkannt worden, dann bleibt das ausländische Urteil anerkennungspflichtig und muss als Prämisse allen weiteren inländischen Entscheidungen über Ansprüche aus dem Vertragsverhältnis zugrundegelegt werden. Urteile, die im Verhältnis verschiedener Parteien ergangen sind, stehen bei subjektiver Rechtskrafterstreckung im Widerspruch zueinander (*Lenenbach* aaO 173 ff.).

24 Inländische Urteile, die **(noch) keine materielle Rechtskraft** oder Gestaltung entfalten, scheiden als Anerkennungshindernis aus (BGH aaO – früher in Deutschland mangels Erfolgsaussicht abgelehnter Prozesskostenhilfeantrag). Die Nichterwähnung der Rechtskraft in Art. 34 Nr. 3 besagt keineswegs, dass die „Rechtsfolgen" eines erstinstanzlichen Urteils fiktiv wie jene rechtskräftiger Entscheidungen zu behandeln seien. Allerdings muss dem Umstand Rechnung getragen werden, dass nach manchen ausländischen Rechten auch schon erstinstanzliche Urteile materielle Rechtskraft entfalten. Der EuGH (C-80/00 v. 6. 6. 2000 – „Italian Leather") hält die Ablehung einer einstweiligen Verfügung und ihren Erlass durch ein anderes Gericht für miteinander unvereinbar. Zu kollidierenden Vollstreckungswirkungen noch nicht rechtskräftiger Urteile s. Art. 36 Rn 3.

25 Eine Nichtbeachtung der **inländischen Rechtshängigkeit** durch das ausländische Gericht ist anerkennungsunschädlich (SchwBG 124 III 444). Im rechtshängigen gebliebenen inländischen Verfahren muss das anzuerkennende ausländische Urteil beachtet werden. Entfalten ausländische Urteile mit ihrem Erlaß materielle Rechtskraft, so empfiehlt sich in einem inländischen Streiverfahren, in dem das ausländische Urteil seinen Inhalt nach präjudiziell wirken würde, Aussetzung nach § 148 ZPO, um abzuwarten, ob das Urteil auch formell rechtskräftig werden wird. Zu Scheidungsfolgenregelungen bei (noch) nicht anerkannten Auslandsscheidungen Rn 28.

26 Der Konflikt zwischen **zwei Urteilen aus zwei verschiedenen anderen Vertragsstaaten** ist im Übereinkommen nicht angesprochen. Es gilt der Grundsatz der zeitlichen Priorität (wohl allg. M.). In Art. 34 Nr. 4 EuGVVO findet sich jetzt die sachgerechte Regelung.

Besteht ein Konflikt nur teilweise, so ist dem ausländischen Urteil nur **teilweise die Anerkennung zu versagen.** Wenn etwa ein inländisches Gestaltungsurteil ex nunc wirkt, kann das ausländische Urteil über Leistungsansprüche aus dem später umgestalteten Rechtsverhältnis soweit anerkannt werden, wie sie auf die Zeit vor der Gestaltung fallen (*Vivant* NJW 91, 31).

27 Die Regel von Nr. 3 ist nicht spiegelbildlich umkehrbar. Basiert ein ausländisches Urteil auf einem präjudiziellen Rechtsverhältnis, das wir nicht anerkennen, ohne dass dies in einem Judikat ausgesprochen wäre, etwa auf einer nicht anerkennungsfähigen Statusentscheidung, so besteht gleichwohl Anerkennungspflicht (**a. A.** B. B.-Wolf Art. 25 Rn 10). Zur „Vorwirkung" von Nr. 3 s. Art. 27 Rn 14.

V. Widerspruch zu unverzichtbaren kollisionsrechtlichen Entscheidungsmaßstäben, Art. 27 Nr. 4 EuGVÜ/LÜ

28 Mit der Nr. 4 wollte man sicherstellen, dass Entscheidungen aus besonders sensitiv empfundenen Rechtsgebieten, die nach Art. 1 Nr. 1 vom Anwendungsbereich des Übereinkommens ausgeschlossen sind, auch nicht mittelbar verfremdende Einwirkungen auf die inländische Rechtsordnung haben. Die Vorschrift hat in der Praxis – soweit ersichtlich – nie eine Rolle gespielt und ist als antiquiert in die EuGVVO auch nicht übernommen worden.

VI. Frühere anerkennungsfähige Entscheidungen aus einem Nichtvertragsstaat, Art. 34 Nr. 5

29 Art. 34 Nr. 4 betrifft einen höchst seltenen Ausnahmefall, der auf Wunsch des VK im ersten Beitrittsübereinkommen ausdrücklich geregelt worden ist (näher *Schlosser*-Bericht Rn 205). Analog ist die Vorschrift auf frühere erlassene Schiedssprüche anzuwenden, die im Anerkennungsstaat nach dem UNÜ von 1958 anerkennungspflichtig sind (*Schlosser* Revue de l'arbitrage 81, 388ff.; *Berti* aaO 349; allg. M.), s. Rn 22. Beispiel: Trib. gr. inst. Paris JDrInt 93, 599.

VII. Ausnahmsweise Nachprüfung der Internationalen Zuständigkeit der Gerichte des Urteilsstaats

1. Zuständigkeit und ordre public, Art. 35 Abs. 3 S. 2

30 Der große Fortschritt des EuGVÜ lag im jetzigen Art. 35 Abs. 3 (= Abs. 4 LÜ), Einl. Rn 3, dessen Rechtsfolge, die Unüberprüfbarkeit der internationalen Zuständigkeit des Gerichts des Ursprungsstaats, sich bereits aus der limitativen Aufzählung der Anerkennungsversagungsgründe in Art. 34f. ergibt. Die Norm setzt das einheitliche Zuständigkeitssystem in Art. 2–31 voraus. Bei dessen Handhabung können, wie auch sonst bei Entscheidungen über Zuständigkeitsfragen, Fehler unterlaufen. Vor allem kann das Gericht im Ursprungsstaat die EuGVVO übersehen haben. Satz 2 von

Art. 35 Abs. 3 (= Abs. 4 LÜ) soll verhindern, dass die Gerichte im Anerkennungsstaat dann meinen, dem Urteil mit Rücksicht auf ihren ordre public die Anerkennung versagen zu können. Der EuGH wertet das Verbot, auf den ordre public zurückzugreifen, als absolut (EuGHE 2000 I 1935 – Krombach – Krit. *Pieckenbrock* IPRax 00, 364; zust. *Geimer* ZIP 00, 863). Wenn eine für den Anerkennungsstaat **schlechterdings nicht hinnehmbare exorbitante Zuständigkeit** in Anspruch genommen wurde, etwa über Art. 4 Abs. 1 unter besonders anstößigen Umständen gegen Beklagte, die keinen Wohnsitz in einem Mitgliedsstaat haben, ist die Inanspruchnahme einer solchen Zuständigkeit unter Umständen gleichzeitig ein Verstoß gegen Art. 6 EMRK (*Schlosser* FS Kralik [1986] 295 f.; *ders.* IPRax 92, 142 für seerechtliche Strafverfahren; *Stoll/Meessen* in Tomuschat u. a. Völkerrechtliche Verträge und Drittstaaten [1988] 152, 157; *Bajons* ZfRVgl 93, 52; ähnlich *Gillard/Patocchi* 131). Diesem ist das Gericht eines Mitgliedsstaates genauso verpflichtet wie dem EG-Recht (**a. A.** *MünchKomm-ZPO-Gottwald*[2] Art. 28 Rn 3). Zu „anti suit injunctions" s. Rn 5.

2. Die Ausnahmevorschrift von Art. 35 Abs. 1 (und Art. 28 Abs. 2 LÜ)

31 Beim heutigen Stand der europäischen Integration sind die Ausnahmeregelungen zum großen Teil nicht mehr gerechtfertigt und daher eng auszulegen. Gemeint sind die z. T. Optionen für den Kläger eröffnenden Artt. 8–13, 16–22. Für das LÜ ist die in dem dortigen Art. 28 Abs. 2 stehende Regelung hinzugekommen. Außerdem gelten Sonderregelungen: Art. 66 Rn 1, Art. I a, I b Protokoll Nr. 1 LÜ, s. Rn 32. Weitere Ausnahmen gibt es nicht. Missachtung einer Schiedsklausel Rn 5.

3. Einige praktisch relevante Einzelheiten

32 **a)** Im Rahmen der Artt. 8–22 braucht man im Wege einer teleologischen Reduktion die Zuständigkeitsentscheidung des Gerichts des Ursprungsstaats nicht zu überprüfen, wenn sie sich zugunsten des Verbrauchers bzw. Versicherten oder Versicherungsnehmers ausgewirkt hat (*Grunsky* JZ 73, 646; *Geimer* RIW 80, 305; *Martiny* Hdb Kap. 2 Rn 180; *Bülow/Böckstiegel/Linke* Art. 28 Anm. II 1).

b) Wenn im Rahmen von Art. 22 Nr. 2 das Gericht im Ursprungsstaat den Sitz einer Gesellschaft nach Art. 60 zutreffend bestimmt hat, ist die Zuständigkeit auch für den Anerkennungsstaat zutreffend festgelegt (allg. M. **a. A.** *Jenard*-Bericht zu Art. 53).

4. Tatsächliche Feststellungen im Ursprungsstaat

33 Auch soweit die internationale Entscheidungszuständigkeit der Gerichte des Urteilsstaats im Anerkennungsstaat überprüft werden kann, ist das Gericht dort an die tatsächlichen Feststellungen des erstgenannten Gerichts gebunden, Art. 35 Abs. 2 (bzw. Abs. 3 LÜ). Diese Feststellungen können sich etwa auf die tatsächlichen Grundlagen des Wohnsitzes, der Zweigniederlassung, des Vertragszwecks (Art. 15) oder der Vertragsdauer (Art. 22 Nr. 1 S. 2) beziehen. Die **rechtliche Subsumption** unter die Tatbestandsmerkmale der Verordnung kann dagegen überprüft werden. Die **Auslegung von Verträgen,** auch von AGB-Bestimmungen, die über die Grenzen eines OLG hinauswirken, betrachtet man außerhalb Deutschlands als Tatsachenfeststellung. Im Interesse einer einheitlichen autonomen Auslegung der Verordnung unterfallen daher auch Vertragsauslegungen dem Abs. 2 (bzw. Abs. 3 LÜ). Betroffen sind die Auslegungen von Gerichtsstandsvereinbarungen (Artt. 13, 17), die versicherungsmäßige Deckung eines Risikos (Artt. 13, 14), die zur Nichtigkeit oder Auflösbarkeit führende Auslegung von Gesellschaftsverträgen (Art. 22 Nr. 2).

VIII. Initativ- und Beweislast

34 Auch im Rahmen der EuGVVO gibt es keine „Rechtswürdigungslast". Fragen der Anerkennungsfähigkeit spielen so gut wie immer in einem Verfahren mit Verhandlungsmaxime eine Rolle. Auch wegen ordre-public-Fragen kann das Gericht den Rahmen der Verhandlungsmaxime nicht verlassen, ist aber in der rechtlichen Subsumption unter eine der Nummern von Art. 34 frei. Beweislastfragen können nur auftreten, wenn Tatsachen ungeklärt bleiben. Die hM will die Beweislast jenem Teil auferlegen, der an der Anerkennung interessiert ist (*Geimer* RIW 76, 145; *B. B.-Linke* Art. 26 Anm. III 2; *Schack* IZPR[3] Rn 884 – **a. A.** *Kropholler*[7] vor Art. 34 Rn 7; *B. B.-Wolf* vor Art. 25 Rn 22). Auf Beweislastkonsequenzen ist das Regel-Ausnahme-Verhältnis in Kapitel III aber nicht zugeschnitten. Der Richter muss daher nach der Informationssicherungsverantwortung der Parteien fragen. Für die ordnungsgemäße und rechtzeitige Information des Beklagten im Rahmen von Art. 27 Nr. 2 trägt der Kläger die Verantwortung, auch soweit er sich hierbei der Mitwirkung staatlicher Behörden bedienen muss (Koblenz RIW 87, 708f; Düsseldorf RIW 87, 626; *Braun* aaO 184ff. m.w.N. **a.A.** Hoge Road N.J. 79, 399). Dafür, dass ein Urteil nicht durch Betrug erstritten worden ist, trägt der Kläger keine Informationssicherungsverantwortung. Unklarheiten im faktischen gehen insoweit zu Lasten des Beklagten. In einer Nebenbemerkung hat der EuGH für die eine ordre-public-Widrigkeit begründenden Tatsachen dem Antragsgegner die „Darlegungslast" überbürdet (EuGHE 1943, 1963 – Sonntag).

Art. 37 [Aussetzung bei Einlegung eines Rechtsbehelfs]

(1) **Das Gericht eines Mitgliedstaats, vor dem die Anerkennung einer in einem anderen Mitgliedstaat ergangenen Entscheidung geltend gemacht wird, kann das Verfahren aussetzen, wenn gegen die Entscheidung ein ordentlicher Rechtsbehelf eingelegt worden ist.**

(2) **Das Gericht eines Mitgliedstaats, vor dem die Anerkennung einer in Irland oder im Vereinigten Königreich ergangenen Entscheidung geltend gemacht wird, kann das Verfahren aussetzen, wenn die Vollstreckung im Ursprungsstaat wegen der Einlegung eines Rechtsbehelfs einstweilen eingestellt ist.**

Textgeschichte: Entspricht Art. 30 EuGVÜ/LÜ, Abs. 2 eingefügt durch 1. Beitrittsübereinkommen, Einl. Rn 9. Redaktionelle Änderung („Ursprungsstaat" statt Urteilsstaat) durch 3. Beitrittsübereinkommen. Redaktionelle Anpassung („Mitgliedsstaat", „vor" anstatt „in" in Absatz 1) durch EuGVVO.

1 Die Vorschrift gilt nur für die Inzidentanerkennung, Art. 53 Rn 1, 2 (*Meinecke* IPRax 00, 294ff. **a.A.** LG Darmstadt IPRax 00, 309). Für ein selbstständiges Anerkennungsverfahren ist in Art. 33 Abs. 2 auf Art. 46 verwiesen, der im Vollstreckbarerklärungsverfahren ohnehin Sondervorschrift ist. Folgender Konflikt soll vermieden werden: Die durch eine ausländische Gerichtsentscheidung getroffene Feststellung oder Gestaltung wird einem inländischen Urteil zugrunde gelegt; hinterher wird jene Entscheidung im Rechtsbehelfswege aufgehoben. Ein Aussetzungsantrag einer Partei ist nicht erforderlich. Das Gericht hat Aussetzungsermessen. Es wird von ihm im allgemeinen Gebrauch machen, weil eine Korrektur rechtskräftiger Entscheidungen im Wege der Wiederaufnahme nur sehr schwer möglich sein wird. Das Gericht kann aber zur Vermeidung sehr harter Rechtsschutzverzögerungen die Aussetzung davon abhängig machen, dass sich die an der Aussetzung interessierte Partei auf zumutbare Interimsvereinbarungen einläßt.

2 Eine Aussetzung kann nur in Betracht kommen, wenn das ausländische Urteil anerkennungspflichtige Wirkungen, Art. 33 Rn 1 ff., hat (*Jenard*-Bericht zu Art. 30 EuGVÜ; allg. M.). Noch nicht formell rechtskräftige Urteile haben aber, wie in Deutschland, häufig weder Feststellungs- noch Gestaltungswirkungen, s. Artt. 34 ff. Rn 24. Dann ist Art. 28 und nicht Art. 46 einschlägig.

3 Die Sonderregelung in Abs. 2 hängt mit dem wenig systematisierten Zustand des Rechtsbehelfswesen in den Staaten des common law zusammen (ausführlich *Schlosser*-Bericht Rn 204). Sie darf nicht dahin missverstanden werden, dass eine Aussetzung nur in Betracht kommt, wenn in diesen Staaten die Vollstreckung eines Urteils einstweilen eingestellt worden ist. Geht es um jenen zentralen Rechtsbehelf, der der Berufung in den ursprünglichen Mitgliedstaaten entspricht, so kann im Anerkennungsstaat ausgesetzt werden, ohne dass jenseits des Kanals die Vollstreckung aus der Entscheidung einstweilen eingestellt worden sein müsste.

Zum Begriff des ordentlichen Rechtsbehelfs s. § 46 Rn 2. Ein bereits eingelegter außerordentlicher Rechtsbehelf sollte die Aussetzungsbefugnis ebenfalls eröffnen.

Abschnitt 2. Vollstreckung

Art. 38 [Verfahren der Vollstreckbarerklärung]

(1) **Die in einem Mitgliedstaat ergangenen Entscheidungen, die in diesem Staat vollstreckbar sind, werden in einem anderen Mitgliedstaat vollstreckt, wenn sie dort auf Antrag eines Berechtigten für vollstreckbar erklärt worden sind.**

(2) **Im Vereinigten Königreich jedoch wird eine derartige Entscheidung in England und Wales, in Schottland oder in Nordirland vollstreckt, wenn sie auf Antrag eines Berechtigten zur Vollstreckung in dem betreffenden Teil des Vereinigten Königreichs registriert worden ist.**

Textgeschichte: Entspricht Art. 31 EuGVÜ/LÜ. Abs. 2 eingeführt durch 1. Beitrittsübereinkommen. Abs. 1 redaktionell geändert durch 3. Beitrittsübereinkommen („für vollstreckbar erklärt" anstatt „mit der Vollstreckungsklausel versehen"). Redaktionelle Anpassungen durch EuGVVO („Mitgliedstaat", „jedoch" nach „Königreich" anstatt nach „Entscheidung").

Literatur: S. bei Art. 33; außerdem *A. Keßler* Die Vollstreckbarkeit und ihr Beweis gem. Artt. 31 und 47 EuGVÜ (1998); *v. Falck* Implementierung offener ausländischer Vollstreckungstitel (1998); *Fahl* Die Stellung des Gläubigers und des Schuldners bei der Vollstreckung ausländischer Entscheidungen (1993); *Schlosser* Die Transnationale Bedeutung von Vollstreckbarkeitsnuancierungen FS Beys (2002 – im Erscheinen).

I. Grundsätzliches

1 Die nach ausländischem Recht bestehende Vollstreckbarkeit wird nicht wie sonstige Urteilswirkungen auch im Inland anerkannt. Vielmehr wird durch die Vollstreckbarerklärung die Vollstreckbarkeit für das Inland konstitutiv neu begründet (*Wagner* IPRax 02, 80f.; *Geimer/Schütze* Rn 1–4). Zwischen den Anträgen auf Vollstreckbarerklärung in mehreren Mitgliedstaaten besteht auch dann keine Verfahrensidentität, wenn der Schuldner die gleichen Einwendungen geltend macht (*Geimer/Schütze* Rn 75ff.). Das Verfahren ist denkbar einfach und effizient. Es ist eine sich subsidiär nach der ZPO richtende Unterart des Verfahrens ohne mündliche Verhandlung mit folgender prägender Besonderheit: Der Gläubiger kann in einem einseitigen Verfahren ohne Anwaltszwang, § 6 AVAG, praktisch binnen weniger Tage die Vollstreckungsklausel erlangen, Artt. 38–42, und dann sofort „Maßnahmen der Sicherung" (in Deutschland: Pfändung; Sicherungshypothek) erreichen, zudem praktisch ohne dass zunächst Handhaben existieren könnten, sich seinem Bestreben zu versagen, Art. 41 Rn 3. Zudem hat er zusätzlich die in Art. 47 Abs. 2 genannten Möglichkeiten. Hat der Titelgläubiger die Absicht, in Forderungen zu vollstrecken, ist der **sicherste Weg:** Vollstreckbarerklärung, Vorpfändung, Zustellung der Vollstreckbarkeitserklärung an den Schuldner, Hauptpfändung, s. Art. 43 Rn 5.

Handelt es sich um eine in den Anwendungsbereich des Verordnung fallende Entscheidung, unten Rn 12, Art. 32 Rn 1 ff., Art. 33 Rn 2 ff., aus einem Mitgliedsstaat, dann ist deren Vollstreckbarkeit im Inland ausschließlich nach Artt. 38 ff. zu betreiben. Der Gläubiger kann auch dann im Inland nicht aus dem materiellen Rechtsverhältnis erneut klagen, wenn dies kostengünstiger für ihn wäre (EuGHE 1976, 1851 = NJW 77, 495 – *Geimer*). Einen europäischen Vollstreckungstitel gibt es freilich noch nicht. In jedem Staat muss die Vollstreckbarerklärung eigens betrieben werden. Das dortige Vorhandensein von Vermögenswerten braucht freilich nicht glaubhaft gemacht zu werden. Eine sozialverträgliche grenzüberschreitende Koordination der Vollstreckung fehlt. Bei exzessiv gehäuften Vollstreckungsversuchen nach Klauselerteilung kann aber in Deutschland mit § 765 a ZPO geholfen werden. Schadenersatzansprüche wegen ungerechtfertigter Vollstreckung: § 28 AVAG.

Die Artt. 43–47 regeln das Rechtsbehelfsverfahren.

Ein Verzicht auf die Zwangsvollstreckung in einem bestimmten Land ist ebenso wie der Verzicht auf die Zwangsvollstreckung aus einem bestimmten Titel generell zulässig und im Verfahren nach Artt. 38 ff. zu berücksichtigen, aus faktischen Gründen so gut wie immer erst in der Beschwerdeinstanz.

Der Vollzug einer deutschen einstweiligen Verfügung durch Auslandszustellung ist keine Vollstreckungsmaßnahme und daher ohne Vollstreckbarerklärung im Ausland möglich (VG IPRax 01, 286 – *Meinicke* 202).

Ein „enforcement shopping" hat nichts Anstößiges an sich. Man kann die Effizienz eines Vollstreckungsrechts auch als Motiv für die Auslandsvollstreckung nehmen, ein Urteil etwa wegen § 894 ZPO in Deutschland vollstrecken lassen.

II. Voraussetzungen der Vollstreckbarerklärung

2 Die ausländische Entscheidung muss einen **vollstreckungsfähigen Inhalt** haben, muss aber nicht rechtskräftig sein. Im Lichte der ausländischen Tenorierungsgewohnheiten ist zu ermitteln, ob an den im Verfahren unterlegenen Teil ein Leistungsbefehl ergangen

ist. **„Undertakings“** s. Art. 32 Rn 11 Ob Vermerke über Gerichtskosten eine Verurteilung zu deren Erstattung bedeuten, ist durch Auslegung zu ermitteln (BGH) RIW 83, 615). Generelle Vollstreckbarkeitsaufhebungen wie nach Order 47 Rules of the Supreme Court (England) oder Vollstreckbarkeitsbeschänkungen wie „gegen Sicherheitsleistung“, sowie zur Sicherstellung oder beides zusammen, im Urteil stehende Leistungsfristen und Zustellungserfordernisse sind wechselseitig zu beachten. Im Beschwerdeverfahren kann eine einschränkungslos gegebene Vollstreckbarkeitsbescheinigung aus dem Ursprungsstaat hinterfragt werden (*Schlosser* aaO mit vielen Einzelheiten).

3 Entscheidungen mit vergleichbarem Inhalt braucht das inländische Recht nicht zu kennen (*Albrecht* IPRax 92, 184 ff. **a. A.** *Collins* L. Q. R 89, 292). Ein **„Garantieurteil“** ist wie ein deutsches gegen einen Drittwiderbeklagten ergehendes Regressurteil zu behandeln. Der Eintritt des Regressfalls wird durch das Ausgangsurteil definiert, etwa nach französischem Recht durch die (gleichzeitige) Titulierung des Anspruchs gegen den Primärschuldner (Düsseldorf IPRax 98, 478 – *Reinmüller* 460). Zusätzlich muss die **Entscheidung** nach dem Recht des Ursprungsstaates gegenüber dem Antragsgegner (noch) **vollstreckbar** sein, Art. 53 Rn 2. Ein gegen den „raccomandatorio“ ergangenes Urteil kann nicht gegen den hinter ihm stehenden Reeder, Verfrachter oder Charterer vollstreckt werden, wenn das italienische Urteil gegen letztere auch nicht vollstreckt werden könnte (Düsseldorf RIW 99 540). Zwangsvollstreckungsvoraussetzungen, die dem Vollstreckungsverfahren zuzurechnen sind, wie Erteilung der Vollstreckungsklausel, brauchen nicht vorzuliegen (*Keßler* aaO). Ist eine ursprüngliche bestehende Vollstreckbarkeit vor Einleitung des inländischen Vollstreckbarerklärungsverfahrens wieder weggefallen, so ist dies meist dem Kammervorsitzenden (Anh. II) unbekannt. Der Schuldner muss sich dann im Wege des fristgebundenen Rechtsbehelfs der Beschwerde (Art. 43) dagegen wehren, s. aber auch § 27 AVAG. Zu Vollstreckungsgegeneinwänden einschließlich nachfolgender Eröffnung eines Insolvenzverfahrens s. Art. 43 Rn 4. Denkbar ist, dass speziell die Vollstreckung gegen den inländischen ordre public verstößt. Ob solches aus § 888 Abs. 2 ZPO herzuleiten ist, ist str. (s. *Mansel* IPRax 95, 364).

3 a Die staatsvertragliche, und für die EuGVVO erst Recht die Mitgliedsstaaten treffende, Loyalität verlangt auch, dass der Titel im

Inland für die Zwecke des inländischen Vollstreckungsverfahrens spezifiziert wird (BGH IPRax 94, 367 ff.; *H. Roth* 350 = NJW 94, 1801), näher Rn 13. Entscheidungen, die nach dem ausländischen Rechtsverständnis schon Vollstreckungsakte sind, können im Inland nur anerkannt, aber nicht noch einmal „vollstreckt" werden. S. auch Art. 33 Rn 3 a. E.

3 b In Deutschland wird mitunter als selbstverständlich vorausgesetzt, dass die Entscheidung im Inland nur vollstreckbar ist, wenn sie den **Bestimmtheitsanforderungen** genügt, die auch an einen deutschen vollstreckungsgeeigneten Titel zu stellen sind (etwa Saarbrücken NJW 88, 3100; BGHZ 122, 16 = NJW 93, 1801). Im Inland ist es unschwer möglich, nachträglich noch einen hinreichend bestimmten Titel zu erlangen, wenn sich eine als Vollstreckungstitel gewollte gerichtliche Entscheidung als nicht hinreichend bestimmt herausstellt. Begünstigte aus einem ausländischen Urteil sind demgegenüber häufig rechtlos gestellt, wenn dieses im Inland im Hinblick auf fehlende Bestimmtheit für vollstreckungsunfähig erklärt wird. Daher muss man sich strikt an den Wortlaut von Art. 38 halten, der nur verlangt, dass die Entscheidung im Ursprungsstaat vollstreckbar ist und keine zusätzlichen Bestimmtheitsanforderungen aufstellt (*Koch* aaO 125; *v. Falck* aaO 215; *MünchKomm ZPO-Gottwald*[2] Rn 7 ff.; Karlsruhe ZZP Int 96, 91: auch wenn [Europäische Titel] deutschen Bestimmtheitsanforderungen nicht voll genügen). Die Formel in einem einer Garantieklage stattgebendem Urteil, der Drittbeklagte habe „die Gewährleistung zu erbringen", reicht aus (Hamm IPRax 95, 391 – *Mansel*). S. auch Rn 13.

4 Schließlich ist nach EuGVÜ/LÜ Voraussetzung der Vollstreckbarerklärung die vorherige Zustellung der Entscheidung, Art. 47 Rn 18. S. Art. 53 Rn 4.

III. Das Vollstreckbarerklärungsverfahren

5 Das Vollstreckbarerklärungsverfahren weist trotz des Vorrangs der Artt. 38 ff. nationale Besonderheiten auf. Zur Antragsberechtigung s. Art. 40 Rn 1.

1. Für Deutschland ist das Verfahren im Übrigen in §§ 3–10, das Rechtsbehelfsverfahren in §§ 11–17 AVAG geregelt. Aus § 4

Abs. 3 folgt, dass fremdsprachige Eingaben nicht unbeachtlich sind und das Gericht zu Verfahrenshandlungen berechtigen und, soweit seine Sprachkenntnisse reichen, auch verpflichten. Subsidiär findet die ZPO Anwendung, z. B. bezüglich der Rechtsnachfolge, s. Rn 10, der Prozessstandschaft (Hamburg NJW-RR 96, 510), der Antragshäufung (*B. B.-Haß* Art. 33 EuGVÜ Rn 8) oder der perpetuatio fori. Zu **Aussetzung** und **Unterbrechung** des Verfahrens s. Art. 46 Rn 6. Dieses Verfahren entspricht dem in den meisten Vertragsstaaten. Auch wenn in Deutschland nur wegen der im Ausland meist unbekannten Institute Pfändungspfandrecht oder Offenbarungsversicherung die Vollstreckbarerklärung betrieben wird, ist das Verfahren zulässig.

Örtliche Zuständigkeit: § 3 AVAG. Deutschland muss ein örtliches Gericht auch zur Verfügung stellen, wenn der Urteilsgläubiger sich vorsorglich den Titel beschaffen will und noch nicht weiß, wo er das Vermögen des Schuldners auffinden wird. In analoger Anwendung von §§ 15 Abs. 1, S. 2, 27 Abs. 2, 2. HS ZPO ist örtlich zuständig das Gericht am Sitz der Bundesregierung.

6 In **Österreich** ist kein eigenes AusführungsG erlassen worden, wohl aber wurden für die Vollstreckbarerklärung ausländischer Entscheidungen 1995 die §§ 79–86 Exekutionsordnung so geändert, dass eine Vollstreckbarkeitserklärung möglich ist (s. *Lechner/Mayr* Das Übereinkommen von Lugano, 1996, S. 123, 397).

7 In der **Schweiz** beginnt die Zwangsvollstreckung ähnlich wie ein deutsches Mahnverfahren (*Fritszsche/Walder* Schuldbetreibung und Konkurs nach schweiz. Recht I [1984] 198 ff.; *Walter* ZZP 197 [1994] 309 ff.; *ders.* Internationales Zivilprozessrecht der Schweiz (1995) 401 ff.; *Kaufmann-Kohler* Semaine Judiciaire 1997, 501 ff.). Gegen den vor Beginn der Zwangsvollstreckung zuzustellenden „Zahlungsbefehl“ kann sich der „Rechtsvorschlag“ (Widerspruch) des Schuldners richten, der zur Einstellung der Zwangsvollstreckung führt. Daraufhin muss der Gläubiger den ordentlichen Rechtsweg beschreiten. Er kann aber auch die „Rechtsöffnung“ betreiben. Hat er einen rechtskräftigen Titel, so kann er die endgültige Rechtsöffnung erreichen; die Zwangsvollstreckung wird dann, wie in Deutschland, aus einem rechtskräftigen Urteil fortgesetzt. Hat der Gläubiger einen Titel, der nur zur vorläufigen Rechtsöffnung berechtigt (öffentliche Urkunde, durch Unterschrift bekräftigtes Schuldanerkenntnis), so kann er in einem summarischen Verfahren (in dem dem Schuldner gewisse liquide Einwendungen durchaus offenstehen) die „provisorische" Rechtsöffnung verlangen. Sie bewirkt, dass der Gläubiger die Zwangsvollstreckung weiter betreiben kann, wenngleich ohne Verwertung sichergestellter Vermögensobjekte.

Die Vollstreckbarerklärung nach dem LÜ lässt sich schwer in dieses System integrieren (*Walter* aaO 318). Man gibt dem Gläubiger von Geldleistungstiteln am besten ein Wahlrecht (Erläuterungen Bundesamt für Justiz BBl 1991 IV 313ff.; *Walter* aaO 320f. m.w.N. *Kaufmann-Kohler* aaO 571ff. m.w.N. **a.A.,** nämlich nur normales Betreibungsverfahren, *Walder* ZZP 103 [1990] 338f.; *Gilliéron* SJZ 88 [1992] 117ff.; *Gillard/Potocchi* 145f.; m.w.N. bei *Walter* aaO).

8 Er kann sich für das Verfahren nach den Artt. 31ff LÜ entscheiden. Dann entfällt die durch Zustellung eines Zahlungsbefehls beginnende Einleitung der Betreibung. Die Vollstreckbarerklärung im einseitigen Verfahren bedeutet provisorische Rechtsöffnung. Nach Ablauf der Rechtsmittelfrist wird sie zur definitven (*Walter* aaO 323. **a.A.** *Jametti Greiner* ZBJV 128 [1992] 76; *Isaak Meier* SJZ 1993, 282; *Stoffel* SZW 1993, 114).

9 Der Gläubiger kann aber auch das Betreibungsverfahren wählen. Die Variante der definitiven Rechtsöffnung unterliegt unbestrittenermaßen dem Art. 16 Nr. 5 LÜ (*Walter* aaO 312ff.; allg.M.). Da eine Nachprüfung auch nicht rechtskräftiger Urteile in der Sache ausgeschlossen ist, ist das Rechtsöffnungsverfahren bei Vorliegen eines Titels immer ein definitives. Jedoch ist in diesem Zusammenhang inzident zu prüfen, ob ausnahmsweise ein Annerkennungsversagungsgrund besteht. S. auch Art. 16 Rn 28 zum Zahlungsbefehl Art. 25 Rn 6. Liegt keine nach dem LÜ anerkennungspflichtige Entscheidung vor, so ist der Richter an die Zuständigkeitsregeln des LÜ gebunden (*Donzallaz* 4761).

9a Im **VK** geschieht die Vollstreckbarerklärung jeweils gesondert durch Registrierung für England und Wales, Schottland sowie Nordirland, was durch Abs. 2 klargestellt worden ist (Einzelheiten *Schlosser*-Bericht Rn 208ff.). Eine postalische Übersendung eines Titels zum Zweck der Registrierung ist dort nicht zulässig.

Dänemark: Deutsche Übersetzung des AusfG in IPRax 86, 61; **Niederlande:** AusfG in B/B/G/Sch 605. 53.

10 **2.** Zum **Umfang der Prüfung des Kammervorsitzenden** s. Art. 41. Zur notwendigen Bestimmbarkeit des Titels s. Rn 13.

Die **Rechtsnachfolge** in den Titel richtet sich nach der Rechtsordnung des Ursprungsstaats, § 7 AVAG (Beispiel Frankreich mit Rückverweisung zum deutschen Recht: Hamm IPRax 95, 392), die formelle Umschreibung der Vollstreckbarkeitserklärung aber nach § 727 ZPO. Zweifel, ob die ihm unterbreitete Entscheidung dem EuGVÜ oder einem anderen in § 1 Abs. 1 AVAG genannten völkerrechtlichen Vertrag unterfällt, braucht das Gericht nur nachzugehen, wenn es darauf ankommt, etwa bei der Berechnung der Beschwerdefrist. So kann es etwa für die Erteilung des Exequaturs offenbleiben, ob eine norwegische Entscheidung auf dem Gebiet des Erbrechts (Art. 1 Abs. 2 Nr. 1 LÜ) ergangen ist, oder, wenn ja, jedenfalls nach dem deutsch-norwegischen Vertrag zu vollstrecken ist. Umdeutung, Verweisung s. Rn 12.

IV. Die Entscheidung

11 **1.** Im **Normalfall eines Antragserfolgs** beschränkt sich der Kammervorsitzende darauf, „die zu vollstreckende Verpflichtung" in deutscher Sprache wiederzugeben und anzuordnen, dass ihretwegen die Vollstreckungsklausel zu erteilen ist, § 8 AVAG. Handelt es sich um eine echte Fremdwährungsschuld, so ist der Gläubiger erst befriedigt, wenn er aus dem (meist in Euro bestehenden) Vollstreckungserlös den entsprechenden Devisenbetrag erhalten hat (oder hätte erhalten können, wenn er sich unverzüglich um Eintausch bemüht hätte, s. *Bachmann* Fremdwährungsschulden in der Zwangsvollstreckung [1994] 74 ff.). Im übrigen zählt gem. § 244 BGB der Umrechnungskurs am Tag der Aushändigung des Erlöses, bzw. der Einziehung der gepfändeten Forderung (*MünchKomm ZPO-Gottwald*[2] Rn 17; *Bachmann* aaO, 109). Ist in der Sache ausländisches Recht anwendbar, so ergibt sich nach diesem, zu welchem Zeitpunkt umzurechnen ist. Stand etwa in einem französischen Urteil in einer Sache, auf die französisches Recht anwendbar ist, dass in französischen Franken der Gegenwert eines bestimmten DM-Betrags zu zahlen sei, so kam es auf den Umrechnungskurs zur Zeit der Zahlung (und damit der Aushändigung des Erlöses) an (BGH IPRax 86, 157 u. – in ders. Sache – IPRax 87, 172 – *Mezger* 146). Der Umrechnungszeitpunkt ist in der Anordnung zur Erteilung der Vollstreckungsklausel festzuhalten (mit Hinweisen zum franz. und engl. Recht s. *Bachmann* aaO, 50 ff.).

Ist die Entscheidung im Ursprungsstaat nur eingeschränkt vollstreckbar, so muss dies in der inländischen Vollstreckungsklausel auch dann zum Ausdruck kommen, wenn der ausländische Titel es nicht sagt. Aus praktischen Gründen wird dies freilich fast immer erst im Beschwerdeverfahren möglich sein. Ist die Art der ausstehenden Vollstreckung nicht klar, so sollte dies in der Klausel klargestellt werden. Eine ausländische einstweilige Verfügung zum Schutz einer Geldforderung kann etwa bei uns nach Arrestvorschriften vollstreckbar sein (*Koch* HZÜ Fn. 1, 198f.) um zusätzlich zu den Wirkungen nach §§ 135, 136 BGB, s. Art. 33 Rn 3, das Arrestpfandrecht zu erlangen.

Eine Sicherheitsleistung kann außerhalb des Falles von Art. 46 Abs. 3 nicht auferlegt werden (*König* ecolex 99, 311).

12 Kann der **Antrag keinen Erfolg** haben, so ist er als unzulässig oder unbegründet zurückzuweisen. Fällt die anzuerkennende Entscheidung nicht in den Anwendungsbereich des § 1 Abs. 1 AVAG, so kann in entsprechender Anwendung von § 281 ZPO an das zuständige Gericht **verwiesen,** bzw. die Sache an eine andere Abteilung innerhalb desselben Gerichts abgegeben werden. Letzteres soll aber nur mit Zustimmung des Antragstellers getan werden, wenn damit ein Übergang in das normale Klageverfahren (nach §§ 722f. ZPO) verbunden ist. Umdeutung in einen Antrag nach einem bilateralen Vollstreckungsabkommen, das ebenfalls ein Verfahren ohne obligatorische mündliche Verhandlung kennt, ist möglich (BGH NJW 78, 1113); **Umdeutung** in ein Klageverfahren mit Zustimmung des Antragstellers auch (**a. A.** BGH NJW 79, 2477, NJW 95, 264).

13 **2.** Die Vollstreckbarerklärung darf nicht allein daran scheitern, dass der vorgelegte Titel nicht den deutschen Anforderungen an **Bestimmtheit** entspricht, Rn 3b. Den Anforderungen an die Bestimmtheit muss auch erst die deutsche Vollstreckbarkeitserklärung genügen (*Wagner* IPRax 02, 81; *B. B.-Wolf* Rn 23). In der Vollstreckbarerklärung, und nur ganz ausnahmsweise, „wenn die Grundlagen für die Berechnung allgemein zugänglich sowie leicht und sicher feststellbar sind“, durch Vollstreckungsorgane, ist die Konkretisierung zu deutschen Bestimmtheitsstandards vorzunehmen (BGH NJW 93, 1801 = IPRax 94, 367 – *Roth* 355). Ist im Titel gesagt, der Schuldner könne von der Verurteilungssumme Abzüge machen, so sind diese vorzunehmen, wenn sie sich aus dem Urteil errechnen lassen, im Bestreitensfall nach Beweisaufnahme (**a. A.,** nämlich für unheilbare Unbestimmtheit des Titels, wenn sich der Zinssatz unter bestimmten aus dem Urteil nicht ersichtlichen Gründen ändern konnte, Saarbrücken IPRax 89, 37, 40). Kann nach dem Recht des Ursprungsstaates auch wegen der als vom Antragssteller bezahlt bestätigten Registrierungsgebühren oder Gerichtskosten vollstreckt werden, so muss dies in der Vollstreckungsklausel ausdrücklich gesagt werden (BGH NJW 83, 2773 zust. *Prütting*). Ist bei **Nebenentscheidungen** oder bezüglich der **Weiterentwicklung der streitgegenständlichen Forderung** nur der gesetzliche Berechnungsmaßstab angegeben (gesetzlicher Zins; Mehrwertsteuer; indexierte Titel), so muss nach der Rechtsprechung bereits im Verfahren der Vollstreckbarerklärung der genaue Betrag bzw. der geschuldete Prozentsatz ermittelt werden, sofern dies in liquider Weise möglich ist (BGH NJW 90, 3084; BGH NJW 93, 1801 = IPRax 94, 367, *H. Roth* 350 – Währungsverfallindex und gesetzliche Zinsen; BGH NJW 90, 3084 – gesetzlicher Zins; BGH NJW 93, 1801 – Währungsindexierung; Hamm RIW 94, 243; Frankfurt RIW 98, 474 – gesetzliche Zinsen sogar konkretisierungspflichtig, wenn nach dem Recht des Ursprungsstaates ohne Tenorierung die automatische Folge einer Verurteilung). Der Basiszinssatz der EZB sowie der Diskont- und Lombardsatz der Nationalbanken etwa ist leicht zu ermitteln. Das Gleiche gilt für Angaben der offiziellen statistischen Ämter über die Entwicklung der Lebenshaltungskosten. Immer muss das Gericht auf die Stellung sachdienlicher Anträge hinweisen (BGH aaO; *v. Falck* aaO 217 m. Einzelheiten). Nur soweit Entwicklungen im Zeitpunkt der Vollstreckbarerklärung noch nicht sicher überschaubar sind, kann die Berechnung den Vollstreckungsorganen überlassen werden, aber dies auch nur dann, wenn der Exequaturrichter ihnen hierfür genaue Maßstäbe vorschreibt (BGH aaO; BGH RIW 93, 585 – Ergänzung des Urteils durch Angaben aus Klageschrift möglich). Bei Unterhaltstiteln sollte man freilich die jeweilige Berechnung des indexierten Betrags ganz den Vollstreckungsorganen überlassen, um dem Gläubiger die Geltendmachung der Weiterentwicklung der Verhältnisse nicht zu verbauen (*Stürner/Münch* JZ 87, 178 ff., 182 ff.). Auch eine Parteibezeichnung kann konkretisiert werden (Hamburg RIW 94, 424 m. lehrr. Erl. *Sieg* 973 f.). Ist Klarheit nicht zu gewinnen, so darf die Vollstreckbarerklärung nicht wegen Unbestimmtheit des Titels gänzlich verweigert werden. Es ist vielmehr mit einem gewissen Sicherheitsabstand zu schätzen, wie hoch der Betrag mindestens ist, dessentwegen die Entscheidung für vollstreckbar erklärt werden soll. Wegen des dann sicher feststehenden Betrags ist die Vollstreckbarerklärung auszusprechen (ähnlich, nämlich bei Feststehen des spätesten Datums, Hamburg RIW 94, 424). Nicht, auch nicht ergänzend, auslegungsfähig ist im Vollstreckbarkeitserklärungsverfahren eine Kostengrundentscheidung (Saarbrücken IPRax 90, 232) oder ein Urteil, nach dem der Beklagte dem Kläger „allen" aus einem Ereignis entspringenden Schaden zu ersetzen hat.

14 **3.** Für die **Kostenentscheidung** gilt das autonome Recht. Für Deutschland ist im Fall der Klauselerteilung § 8 Abs. 1 S. 4 AVAG i. V. m. § 788 ZPO maßgebend. Gerichtskosten: Art. 52, Art. III Protokoll EuGVÜ, Art. III Protokoll Nr. 2 LÜ, § 11 Abs. 2 GKG i. V. m. Kostenverz. Nr. 1096. Anwaltskosten (für die Art. III Protokolle nicht gelten): § 47 Abs. 1, § 31 Abs. 1 Nr. 1 BRAGO. Gegenstandswert ohne Nebenforderungen (Frankfurt RIW 93, 944). Erstattungsfähig sind auch Kosten des ausländischen Verkehrsanwalts sowie von Übersetzungen, sofern solche vom Gericht angeordnet wurden (*Feige* Die Kosten des deutschen und französischen Vollstreckbarerklärungsverfahrens nach dem GVÜ [1988] 41 ff., 44). In Deutschland können bezüglich deutscher Titel auch die im Ausland nicht erstattungsfähigen Kosten der dortigen Vollstreckbarerklärung festgesetzt werden (*Taupitz* IPRax 90, 150).

15 § 91 a und die Grundsätze einer einseitigen Erledigungserklärung sind entsprechend anwendbar. Die Aufhebung der Entscheidung im Ursprungsstaat führt jedoch zwingend zur Kostentragung des Antragstellers (Düsseldorf IPRax 98, 279 – Hau).

V. Verfahren nach Vollstreckbarerklärung

16 Nach Erteilung der Klausel durch den Urkundsbeamten, § 9 AVAG, ist die Vollstreckbarerklärung in jeder Hinsicht wie ein deutscher Vollstreckungstitel zu behandeln (*Stürner* FS Henckel [1995] 868 ff. für die verschiedenen Vollstreckungsarten), etwa in Bezug auf Prändungspfandrechte. Die Art und Weise der Vollstreckung kann durch Anordnungen des Gerichts des Ursprungsstaates nicht beeinflusst werden, etwa durch Ernennung eines Sequesters (OHG Schweden IPRax 99, 57) oder Begründung von Zahlungspflichten eines Drittschuldners schon im Vollstreckungstitel aus dem Ursprungsstaat. § 765 a ZPO ist anwendbar. Aspekte, die im Rechtsbehelfsverfahren nach Art. 43 hätten vorgebracht werden müssen, können allerdings nicht berücksichtigt werden. Änderungen der vollstreckbaren Entscheidung, die die Gerichte des Ursprungsstaates später vorgenommen haben, wirken nicht automatisch (Wagner IPRax 02, 82), sondern können nur im Verfahren nach §§ 27 ff. AVAG mit Wirkung auf den nunmehr inländischen Vollstreckungstitel geltend gemacht werden.

Die Vollstreckbarkeitserklärung schließt Zwangsvollstreckungsmaßnahmen im Ursprungsstaat oder (aufgrund dortiger Vollstreckbarkeitserklärungen) in Drittstaaten nicht aus. Bei Forderungspfändungen kann wahlweise, wenn aufgrund des jeweiligen Rechts möglich, im Sitzstaat des Schuldners oder im Sitzstaat des Drittschuldners vorgegangen werden (*Stürner* aaO, 864 ff.), s. Art. 32 Rn 6.

Zustellung s. Art. 43 Rn 12.

Art. 39 [Zuständiges Gericht]

(1) **Der Antrag ist an das Gericht oder die sonst befugte Stelle zu richten, die in Anhang II aufgeführt ist.**

(2) **Die örtliche Zuständigkeit wird durch den Wohnsitz des Schuldners oder durch den Ort, an dem die Zwangsvollstreckung durchgeführt werden soll, bestimmt.**

Art. 32. EuGVÜ/LÜ: „(1) Der Antrag ist zu richten:
- in Belgien an das „tribunal de première instance“ oder an die „rechtbank van eerste aanleg“;
- in Dänemark an das „byret“;
- in der Bundesrepublik Deutschland an den Vorsitzenden einer Kammer des Landgerichts;
- in Griechenland an das „monomelẃ prvtódikeío“;
- in Spanien an das „Juzgado de Primera Instancia“;
- in Frankreich an den Präsidenten des „tribunal de grande instance“;
- in Irland an den „High Court“;
- in Island an das „héradsdómari“;
- in Italien an die „corte d'appello“;
- in Luxemburg an den Präsidenten des „tribunal d'arrondissement“;
- in den Niederlanden an den Präsidenten der „arrondissementsrechtbank“;
- in Norwegen an das „herredsrett“ oder das „byrett“ als „namsrett“;
- in Österreich an das Landesgericht bzw. das Kreisgericht;

- in Polen an den „sad okregowy";
- in Portugal an das „Tribunal de Círculo";
- in der Schweiz:
  a) für Entscheidungen, die zu einer Geldleistung verpflichten, an den Rechtsöffnungsrichter/juge de la mainlevée/giudice competente a pronunciare sul rigetto dell'opposizione im Rahmen des Rechtsöffnungsverfahrens nach den Artikeln 80 und 81 des Bundesgesetzes über Schuldbetreibung und Konkurs/loi fédérale sur la poursuite pour dettes et la faillite/legge federale sulla esecuzione e sul fallimento;
  b) für Entscheidungen, die nicht auf Zahlung eines Geldbetrages lauten, an den zuständigen kantonalen Vollstreckungsrichter/juge cantonal d'exequatur compétent/giudice cantonale competente a pronunciare l'exequatur;
- in Finnland an das „ulosotonhalhaltija/överexkutor";
- in Schweden an das „Svea hovrätt";
- im Vereinigten Königreich:
  1. In England und Wales an den „High Court of Justice" oder für Entscheidungen in Unterhaltssachen an den „Magistrates' Court" über den „Secretary of State";
  2. in Schottland an den „Court of Session" oder für Entscheidungen in Unterhaltssachen an den „Sheriff Court" über den „Secretary of State";
  3. in Nordirland an den „High Court of Justice" oder für Entscheidungen in Unterhaltssachen an den „Magistrates', Court" über den „Secretary of State.

(2) Die örtliche Zuständigkeit wird durch den Wohnsitz des Schuldners bestimmt. Hat dieser keinen Wohnsitz im Hoheitsgebiet des Vollstreckungsstaats, so ist das Gericht zuständig, in dessen Bezirk die Zwangsvollstreckung durchgeführt werden soll."

Textgeschichte: EuGVÜ/LÜ: Durch die Beitrittsübereinkommen an die Lage in den neuen Vertragsstaaten angepaßt. Redaktionelle Änderung bez. VK („für" anstatt von „im Falle von") durch 3. Beitrittsübereinkommen. Änderung der Gerichtsbezeichnung durch Portugal (BGBl. 2000 II 1247). Für LÜ-Staaten Text druch dieses einschließlich polnischer Erklärung (BGBl 2000 II S. 1246). Übergang zur Lösung über Anhang durch EuGVVO.

1 **1. Die sachliche Zuständigkeit** folgt aus der Angabe des Namens des jeweiligen Gerichts, für die EuGVVO in Anh. II. In Deutschland wollte man einerseits einen erfahrenen Richter sicherstellen, andererseits die Erteilung der Klausel möglichst schon bei erster Vorlage des Antrags ermöglichen. Der Kammervorsitzende ist auch zuständig, soweit sonst vom Streitgegenstand her Familiengerichte (Köln NJW RR 95, 1220 = FamRZ 1430), Arbeitsgerichte oder Verwaltungsgerichte, Art. 1 Rn 4 zuständig wären.

Zur Konzentration auf normale Zivilkammern: § 3 Abs. 3 AVAG. Zur Rechtsnatur der „Anhänge" s. Art. 74 Rn 2. Zu Besonderheiten des VK und der Schweiz Art. 38 Rn 6, 7.

2 **2. „Die örtliche Zuständigkeit"** ist in Absatz 2 in ausschließlicher Weise geregelt. Unter der EuGVVO hat der Gläubiger ein Wahlrecht. Bei Inanspruchnahme der im EuGVÜ/LÜ nur subsidiär vorgesehenen Zuständigkeit des Vollstreckungsortes muss der Gläubiger behaupten, dort vollstrecken zu wollen. Es genügt, wenn er ausführt, es bestehe die Möglichkeit, dass Vollstreckungsobjekte dorthin verbracht werden (*Bülow/Böckstiegel/Müller* Anm. III), etwa dass der Schuldner sich mit seinem Pkw dorthin begeben wird. Die Effizienz des Rechtsschutzes verlangt, dass der Gläubiger sich auch eine Vorratsvollstreckbarerklärung verschaffen kann (*Geimer/Schütze* Rn 2). Im Falle eines Titels gegen mehrere Schuldner mit verschiedenen inländischen Wohnsitzen hat der Gläubiger analog Art. 6 Nr. 1 das Wahlrecht (*H. Roth* RIW 87, 814, 816 f.; *Kropholler*[7] Rn 11; *MünchKommZPO-Gottwald*[2] Rn 6; *B. B.-Müller* Anm. IV. **a. A.** München NJW 75, 504 Anm. *Geimer* 1086 – § 36 Nr. 3 analog). Bei unbekannten Wohnsitz kann eine Vollstreckbarerklärung nicht erreicht werden (Saarbrücken RIW 93, 672), sofern nicht glaubhaft gemacht wird, dass im Bezirk des angegangenen Gerichts Vollstreckungshandlungen möglich werden können. Für Auflage des Ausgangsgerichtes, in bestimmte Vermögenswerte nicht zu vollstrecken: Saarbrücken NJW RR 93, 190.

3 **3.** Zur Rechtsnatur der Anlagen Art. 74 Rn 2.

4 **4.** Zu Besonderheiten der Schweiz s. Art. 38 Rn 7.

Art. 40 [Form der Antragstellung]

(1) **Für die Stellung des Antrags ist das Recht des Vollstreckungsmitgliedstaats maßgebend.**

(2) **Der Antragsteller hat im Bezirk des angerufenen Gerichts ein Wahldomizil zu begründen. Ist das Wahldomizil im Recht des Vollstreckungsmitgliedstaats nicht vorgesehen, so hat der Antragsteller einen Zustellungsbevollmächtigten zu benennen.**

(3) **Dem Antrag sind die in Artikel 53 angeführten Urkunden beizufügen.**

Textgeschichte: In EuGVVO anstatt Vollstreckungsstaat „Vollstreckungsmitgliedsstaat". In Absatz 3 Art. 53 anstatt Art. 46 und 47. Sonst unverändert.

1. Für Deutschland regelt § 4 Abs. 2, 3 AVAG Einzelheiten der Antragstellung, s. dort. Ergänzend ist die ZPO maßgebend. Es gelten die Grundsätze für bestimmende Schriftsätze, s. Kommentare zu §§ 129ff. ZPO. Die analoge Anwendung von § 130 ZPO auf bestimmende Schriftsätze führt dazu, dass die Angabe des Antragsgegners (anders hLitM) und der in § 130 ZPO angeführten Gegebenheiten nur als Sollvorschrift angeordnet ist. Zwingend ist nur, dass der Antrag sich als ein solcher auf Vollstreckbarerklärung eines bestimmten ausländischen Titels darstellt, eigenhändig unterschrieben ist und erkennen lässt, gegen wen die Vollstreckbarerklärung begehrt wird. Letzteres wird sich im Allgemeinen aus der vorgelegten Titelausfertigung ergeben. Im Zweifel ist Vollstreckbarerklärung gegen alle im Titel genannten Schuldner und wegen aller dem Antragsteller zuerkannter Ansprüche als gewollt anzunehmen (*Geimer/Schütze* Rn 5). Fehlen Angaben, die dem Gericht die Überprüfung seiner Zuständigkeit erlauben, so ist nicht der Schriftsatz inkorrekt. Vielmehr ist der Antrag unzulässig, wenn die notwendigen Angaben nicht nachgeholt werden, weil der Antragsteller für die zuständigkeitsbegründenden Tatsachen die Behauptungs- (und Beweis-)last hat, auch wenn das Fehlen der Zuständigkeit von Amts wegen zu berücksichtigen ist. S. auch Artt. 53, 55. In **Unterhaltssachen** erlaubt das UN-Übereinkommen über die Geltendmachung von Unterhaltsansprüchen vom 20. 6. 1956 auch eine Antragstellung durch die deutsche „Empfangsstelle", Art. 6, nämlich das Bundesverwaltungsamt, Art. 2 ZustG (BGBl. 1959 II S. 149). 1

Inlandsansässige Titelgläubiger benötigen für das Vollstreckbarerklärungsverfahren im Ausland praktisch immer einen Rechtsanwalt (Hinweise für den Verfahrensgang im Ausland bei *Müller/Hök* Einzug von Auslandsforderungen[3] 198ff.). Für Deutschland besteht kein Anwaltszwang, § 4 Abs. 2 AVAG. Verfahren: Art. 31 Rn 5. **Antragsberechtigt,** s. Art. 38, kann nur ein Titelgläubiger nach Maßgabe des Rechts des Ursprungsstaats sein (*Geimer/Schütze* Rn 12).

2 **2.** „Wahldomizil“ und Bestellung eines „Zustellungsbevollmächtigten“ sind funktional äquivalente Begriffe. Eine schlichte deutsche Übersetzung des ersteren Begiffs mit dem letzteren hätte es auch getan. Der haarfeine Unterschied (nur Festlegung einer Zustellungsanschrift bei Begründung eines Wahldomizils) hat für die Praxis keine Bedeutung.

Die Vorschrift ist auf die Staaten zugeschnitten, die für die Einlegung eines Rechtbehelfs Zustellung an den Rechtsbehelfsgegner verlangen. Sie will sicherstellen, *„dass der Schuldner den im Übereinkommen vorgesehenen Rechtsbehelf einlegen kann, ohne Formalitäten außerhalb des Zuständigkeitsbereichs des Gerichts des Ortes erfüllen zu müssen, an dem er seinen Wohnsitz hat“*. Daraus ist zu schließen, dass dem Erfordernis spätestens bei der Zustellung der Entscheidung entsprochen sein muss, mit der die Zwangsvollstreckung zugelassen wird, sofern das Recht des Vollstreckungsstaats nicht einen früheren Zeitpunkt festlegt (EuGHE 1986, 2437 = IPRax 87, 229, *Carron* – *Jayme/Abend* 209 mit Einzelangaben zu den Rechten verschiedener Vertragsstaaten). Die Sanktionen bestimmen sich *„vorbehaltlich der Beachtung der Ziele des Übereinkommens“* nach dem Recht des Vollstreckungsstaats. Das deutsche Recht schreibt die Benennung eines Zustellungsbevollmächtigten schon mit Antragstellung vor, § 5 Abs. 1 AVAG, macht dies aber nicht zur Zulässigkeitsvoraussetzung (Frankfurt RIW 80, 63), sondern ermöglicht nur im Unterlassensfall Zustellung durch Aufgabe zur Post (*H. Roth* IPRax 90, 90). Dies ist deshalb konsequent, weil in Deutschland der Rechtsbehelf des Schuldners schon durch Einreichung beim OLG, und nicht erst durch Zustellung an den Gläubiger wirksam eingelegt wird. Weitere Einzelheiten s. § 5 AVAG.

Art. 41 [Unverzügliche Entscheidung]

Sobald die in Artikel 53 vorgesehenen Förmlichkeiten erfüllt sind, wird die Entscheidung unverzüglich für vollstreckbar erklärt, ohne dass eine Prüfung nach den Artikeln 34 und 35 erfolgt. Der Schuldner erhält in diesem Abschnitt des Verfahrens keine Gelegenheit, eine Erklärung abzugeben.

Art. 34 EuGVÜ/LÜ: „(1) Das mit dem Antrag befaßte Gericht erläßt seine Entscheidung unverzüglich, ohne daß der Schuldner in diesem Abschnitt des Verfahrens Gelegenheit erhält, eine Erklärung abzugeben.

(2) Der Antrag kann nur aus einem der in Artikel 27 und 28 angeführten Gründe abgelehnt werden.

(3) Die ausländische Entscheidung darf keinesfalls in der Sache selbst nachgeprüft werden.“

Textgeschichte: Abs. 3 redaktionell geändert durch 3. Beitrittsübereinkommen („In der Sache selbst“ anstatt „auf ihre Gesetzmäßigkeit“).

Literatur: *Schütze* FS Bülow (1981) 211 ff.; *Stürner* IPRax 85, 254.

1 **1.** Das **einseitige,** nicht ausnahmslos schriftliche **Verfahren** soll der Beschleunigung und, soweit der Schuldner durch vorherige Zustellung des für vollstreckbar zu erklärenden Titels nicht ohnehin vorgewarnt ist, der Überraschung in der Zwangsvollstreckung dienen. Eine Mitteilung des Antrags an den Schuldner kann Amtshaftpflichtansprüche auslösen. Mit Art. 103 Abs. 1 GG ist die Vorschrift vereinbar, da dem Schuldner die nachträgliche Beschwerde offensteht und vorerst nur Zwangsvollstreckungsmaßnahmen zulässig sind, die der Sicherheit dienen, Art. 47 Abs. 3, allg. M. Auf Antrag des Gläubigers kann aber der Schuldner auch in anderen als in § 7 Abs. 7 AVAG genannten Fällen gehört werden (nahezu allg. M. **a. A.** *Bülow/Böckstiegel/Müller* I 2). Tenorierung: § 8 AVAG, Art. 38 Rn 11, 13. Antragsrücknahme ist jederzeit möglich.

2 **2.** Der Schuldner kann freilich, wie im Verfahren des einstweiligen Rechtschutzes, vorsorglich eine **Schutzschrift** bei Gericht einreichen. Für das EuGVÜ/LÜ denkt man meist, sie sei für das Gericht inhaltlich unbeachtlich (*MünchKommZPO-Gottwald*[2] Rn 3; *Feige* Art. 31 Rn 14 S. 22 f.; *Kropholler*[7] Rn 10; *Fahl* aaO 26 ff. **a. A.** *Wolff* Hdb III 2 Kap. IV Rn 307; *Schütze* aaO 215.). Das Gericht muss die Schrift aber zur Kenntnis nehmen, darf sich durch sie freilich nur zur Prüfung solcher Umstände anregen lassen, deren Berücksichtigung schon in diesem Stadium des Verfahrens unerlässlich ist, was im Geltungsbereich der EuGVVO kaum mehr vorkommen kann, weil inhaltliche Anerkennungsversagungsgründe in diesem Stadium des Verfahrens nicht geprüft werden dürfen. Der Hinweis auf einen eingelegten Rechtsbehelf im Ursprungsstaat kann nichts ausrichten, Art. 37 Rn 1.

3 **3.** Art. 34 Abs. 2 EuGVÜ/LÜ suggeriert, dass der Antrag zwar nur, aber aus allen in Artt. 27 f genannten Gründen abgelehnt wer-

den könne. Da aber der Antragsgegner in erster Instanz nicht gehört werden darf, kann der Antrag auch in diesem Rahmen nur abgelehnt werden, wenn ein **Anerkennungsversagungsgrund in liquider Weise** zutage tritt, sich insbesondere bereits aus dem Inhalt des Antrags ergibt. Vom Antragsteller Einzelnachweise über die in Artt. 46, 47 genannten Belege hinaus zu verlangen, liegt nicht im Sinne des Übereinkommens.

4 Der Kammervorsitzende hat im Geltungsbereich der EuGVVO rechtlich, nach dem EuGVÜ/LÜ im Ergebnis praktisch nur zu prüfen, ob eine gerichtliche Entscheidung oder ein sonst anerkennungspflichtiger Titel vorliegt, die für vollstreckbar zu erklärende Entscheidung einen vollstreckbaren Inhalt hat, Art. 38 Rn 2, der Antragsgegner der Judikatsschuldner ist (öOGH JBl. 98, 761) die erforderlichen urkundlichen Nachweise, Art. 53, vorliegen und seine Zuständigkeit gegeben ist. Ob der vorgelegte Titel vom sachlichen und zeitlichen Anwendungsbereich der Anerkennungsrechtgrundlage erfasst ist, ist zwar auch erheblich (*Wagner* IPRax 02, 83); nach dem Sinn des einseitigen Vollstreckbarerklärungsverfahrens ist aber auch insoweit dem Antrag stattzugeben, wenn sich die Notwendigkeit einer Zurückweisung nicht schon aus ihm selbst zweifelsfrei ergibt. Nachweise zum Wohnsitz des Antragsgegners oder nähere Aufklärung dazu, ob der Titelgegenstand in den Bereich der von Art. 1 ausgeschlossenen Rechtsgebiete fällt oder ob es sich um ein Versäumnisurteil handelt (und deshalb eine weitere Urkunde vorgelegt werden muss), sind mit dem Sinn des Verfahrens nicht vereinbar. Abgabe, Verweisung: Art. 31 Rn 12. An die Beurteilung der Partei- und Prozeßfähigkeit durch das Ausgangsgericht sind die Gerichte im Anerkennungsstaat gebunden (BGH NJW 92, 627).

5 **4.** Die Entscheidung, die dem Antrag stattgibt, erfordert nach § 8 Abs. 1 AVAG praktisch keine Begründung. Kosten: § 8 Abs. 2 S. 3 AVAG. Eine ablehnende Entscheidung ist zu begründen und mit einem Kostenausspruch zu versehen, § 8 Abs. 2.

§ 91 a ZPO ist entsprechend anwendbar (**a. A.** Hamburg NJW 87, 1265 = RIW 86, 641), wenn der Schuldner der Erledigterklärung zustimmt, etwa in Zusammenhang mit einer Erfüllung seiner Schuld oder einem Vergleichsschluss. Auch ein Prozessvergleich ist möglich.

Art. 42 [Mitteilung/Zustellung der Entscheidung]

(1) **Die Entscheidung über den Antrag auf Vollstreckbarerklärung wird dem Antragsteller unverzüglich in der Form mtigeteilt, die das Recht des Vollstreckungsmitgliedstaats vorsieht.**

(2) **Die Vollstreckbarerklärung und, soweit dies noch nicht geschehen ist, die Entscheidung werden dem Schuldner zugestellt.**

Art. 35 EuGVÜ/LÜ: „Die Entscheidung, die über den Antrag ergangen ist, teilt der Urkundenbeamte der Geschäftsstelle dem Antragsteller unverzüglich in der Form mit, die das Recht des Vollstreckungsstaats vorsieht."

Textgeschichte: EuGVÜ bis zuletzt unverändert.

I. Inhaltliches Grundsatzproblem der Norm

1 Der Wille des Normgebers, dem Gläubiger den *Überraschungseffekt* des ersten Vollstreckungszugriffs zu sichern, scheint durch **Absatz 2** noch stärker unterlaufen zu sein als durch das im EuGVÜ nur indirekt in Art. 36 steckende Erfordernis der Zustellung an den Schuldner (gegen ein solches Erfordernis *Fahl* aaO 80ff.). Nur in Rechtsordnungen, in denen es dem erfolgreichen Antragsteller obliegt, die Zustellung an den Schuldner zu besorgen, hat der ertere eine Chance, beim nicht vorgewarnten Schuldner Zwangsvollstreckungsmaßnahmen ausbringen zu lassen. Einen Anspruch darauf, dass mit der amtswegigen Zustellung an den Schuldner (§ 10 Abs. 1 AVAG) gewartet wird, damit der erste Zugriff überraschend bleibe, hat der Gläubiger nicht. Immerhin fehlt in Absatz 2 der Zusatz „unverzüglich". Einem Hinausschiebungswunsch des Gläubigers nachzukommen, ist daher zulässig. Im Geltungsbereich von EuGVÜ/LÜ ist es gar nicht statthaft, mit der Mitteilung zu warten, bis dem Schuldner zugestellt worden ist (*MünchKomm ZPO-Gott-wald*[2] Art. 35 Rn 2 **a. A.** *Pirrung* GVZ 73, 182; Saarbrücken RIW 94, 1048). Mitteilungsadressat Art. 40 Rn 2. Nach der EuGVVO hat aber der Gläubiger schon vor Vollstreckbarerklärung ein Anrecht auf Vermögensbeschlagnahme im Wege des einstwei-

ligen Rechtsschutzes, s. Art. 47. Zum überraschenden Zugriff über die Vorpfländung s. Art. 38 Rn 1. Ausführlich *Schlosser* RJW 02, Heft 11.

II. Einzelheiten

2 Deutschland sieht für **Absatz 1** und EuGVÜ/LÜ formlose Mitteilung sowie Übersendung der mit der Vollstreckungsklausel versehenen Ausfertigung des Titels vor. § 10 Absatz 3 vermittelt den Eindruck, als ob die nach Art. 42 Abs. 1 der Verordnung „unverzüglich" zu veranlassende Mitteilung an den Antragsteller erst nach der Zustellung des Beschlusses an den Schuldner geschehen könne. Die Sprachlogik des Gesetzestextes gestattet aber auch eine spätere Mitteilung der Zustellung an den Schuldner. Der Sinn des Art. 42 spricht für eine Möglichkeit, diese Zustellung hinauszuschieben.

3 Für die Antragsablehnung gilt § 329 Abs. 3, weil die Entscheidung im Kostenpunkt zugunsten der Justizkasse Vollstreckungstitel ist.

In **Österreich** ist an Gläubiger wie Schuldner nach dem ZustG zuzustellen. Aus der Natur der Sache folgt, dass dem Gläubiger auch eine amtliche Ausfertigung der Vollstreckbarkeitserklärung übersandt werden muss.

4 Anh. V zu Art. 54 enthält keine Rubrik für ein Zustellungsdatum. Nur wenn sich aus den eingereichten Unterlagen ergibt, dass das Urteil noch nicht zugestellt worden ist, ist die Zustellung nachzuholen.

Art. 43

(1) **Gegen die Entscheidung über den Antrag auf Vollstreckbarerklärung kann jede Partei einen Rechtsbehelf einlegen**

(2) **Der Rechtsbehelf wird bei dem in Anhang III aufgeführten Gericht eingelegt.**

(3) **Über den Rechtsbehelf wird nach den Vorschriften entschieden, die für Verfahren mit beiderseitigem rechtlichen Gehör maßgebend sind.**

(4) **Lässt sich der Schuldner auf das Verfahren vor dem mit dem Rechtsbehelf des Antragstellers befassten Gericht nicht ein, so ist Artikel 26 Absätze 2 bis 4 auch dann anzuwenden, wenn der Schuldner seinen Wohnsitz nicht im Hoheitsgebiet eines Mitgliedstaats hat.**

(5) **Der Rechtsbehelf gegen die Vollstreckbarerklärung ist innerhalb eines Monats nach ihrer Zustellung einzulegen. Hat der Schuldner seinen Wohnsitz im Hoheitsgebiet eines anderen Mitgliedstaats als dem, in dem die Vollstreckbarerklärung ergangen ist, so beträgt die Frist für den Rechtsbehelf zwei Monate und beginnt von dem Tage an zu laufen, an dem die Vollstreckbarerklärung ihm entweder in Person oder in seiner Wohnung zugestellt worden ist. Eine Verlängerung dieser Frist wegen weiter Entfernung ist ausgeschlossen.**

Textgeschichte: Fasst die Vorschriften von EuGVÜ/LÜ über den Rechtsbehelf des Schuldners (Art. 36 f.) und des Antragstellers (Art. 40) zusammen und verweist auf den Katalog der sachlich und funktional zuständigen Gerichte in Anhang III. In EuGVÜ/LÜ keine Textänderung mit Ausnahme der polnischen Erklärung (BGBl. 2000 II S. 1246 a). Die insoweit absorbierten Bestimmungen von EuGVÜ/LÜ laute(te)n:

Art. 36: „(1) Wird die Zwangsvollstreckung zugelassen, so kann der Schuldner gegen die Entscheidung innerhalb eines Monats nach ihrer Zustellung einen Rechtsbehelf einlegen.

(2) Hat der Schuldner seinen Wohnsitz in einem anderen Vertragsstaat als dem, in dem die Entscheidung über die Zulassung der Zwangsvollstreckung ergangen ist, so beträgt die Frist für den Rechtsbehelf zwei Monate und beginnt von dem Tage an zu laufen, an dem die Entscheidung dem Schuldner entweder in Person oder in seiner Wohnung zugestellt worden ist. Eine Verlängerung dieser Frist wegen weiter Entfernung ist ausgeschlossen."

Art. 37: (1) Der Rechtsbehelf wird nach den Vorschriften, die für das streitige Verfahren maßgebend sind, eingelegt:
– in Belgien bei dem „tribunal de première instance" oder der „rechtbank van eerste aanleg";
– in Dänemark bei dem „landsret";
– in der Bundesrepublik Deutschland bei dem Oberlandesgericht;
– in Griechenland bei dem „eceteío";
– in Spanien bei der „Audiencia Provincial";
– in Frankreich bei der „cour d'appel";
– in Irland bei dem „High Court";

- in Island bei dem „héradsdómari";
- in Italien bei der „corte d'appello";
- in Luxemburg bei der „Cour supérieure de Justice" als Berufungsinstanz für Zivilsachen;
- in den Niederlanden bei der „arrondissementsrechtbank";
- in Norwegen bei dem „lagmansrett";
- in Österreich bei dem Landesgericht bzw. dem Kreisgericht;
- in Polen beim „sad okregowy";
- in Portugal bei dem „Tribunal de Relaçãv";
- in der Schweiz bei dem Kantonsgericht/tribunal cantonal/tribunale cantonale;
- in Finnland bei dem „hoviokeus/hovrätt";
- in Schweden bei dem „Svea hovrätt";
- im Vereinigten Königreich:
  1. in England und Wales bei dem „High Court of Justice" oder für Entscheidungen in Unterhaltssachen bei dem „Magistrates' Court";
  2. in Schottland bei dem „Court of Session" oder für Entscheidungen in Unterhaltssachen bei dem „Sheriff Court";
  3. in Nordirland bei dem „High Court of Justice" oder für Entscheidungen in Unterhaltssachen bei dem „Magistrates' Court"."

Textgeschichte zu Art. 37 EuGVÜ/LÜ: Fassung des 3. Beitrittsübereinkommens. Hierbei außer Einfügung neuer Gerichte redaktionelle Anpassung („für") anstelle von „im Falle von" Textbestandteile, die sich auf Staaten beziehen, welche allein dem LÜ angehören, nicht kursiv.

Art. 40: „(1) Wird der Antrag abgelehnt, so kann der Antragsteller einen Rechtsbehelf einlegen:
- in Belgien bei der „cour d'appel" oder dem „hof van beroep";
- in Dänemark bei dem „landsret";
- in Griechenland bei dem „eceieo".
- in Spanien bei der „Audiencia Provincial";
- in Frankreich bei der „cour d'appel";
- in Irland bei dem „High Court";
- in Island bei dem „héradsdómari";
- in Italien bei der „corte d'appello";
- in Luxemburg bei der „Cour supérieure de Justice" als Berufungsinstanz für Zivilsachen;
- in den Niederlanden bei dem „gerechtshof";
- in Norwegen bei dem „lagmansrett";
- in Österreich bei dem Landesgericht bzw. dem Kreisgericht;
- in Polen beim „sad okregowy";
- in Portugal bei dem „Tribunal de Relaçãv";
- in der Schweiz bei dem Kantonsgericht/tribunal cantonal/tribunale cantonale;
- in Finnland bei dem „hovioiskeus/hovrätt";
- in Schweden bei dem „Svea hovrätt";
- im Vereinigten Königreich:

1 a) in England und Wales bei dem „High Court of Justice" oder für Entscheidungen in Unterhaltssachen bei dem „Magistrates' Court";
2 b) in Schottland bei dem „Court of Session" oder für Entscheidungen in Unterhaltssachen bei dem „Sheriff Court";
3 c) in Nordirland bei dem „High Court of Justice" für Entscheidungen in Unterhaltssachen bei dem „Magistrates' Court".

(2) Das mit dem Rechtsbehelf befasste Gericht hat den Schuldner zu hören. Läßt dieser sich auf das Verfahren nicht ein, so ist Artikel 20 Absätze 2 und 3 auch dann anzuwenden, wenn der Schuldner seinen Wohnsitz nicht in dem Hoheitsgebiet eines Vertragsstaats hat."

Textgeschichte zu Art. 40 EuGVÜ/LÜ: Wie bei Artikel 37.

I. Die Zulässigkeit der Beschwerde

1. Die Statthaftigkeit der Beschwerde

1 Den in Art. 43 farblos bezeichneten „Rechtsbehelf" nennt § 11 AVAG deshalb **Beschwerde** und nicht Einspruch, weil ihm ein Devolutiveffekt auch dann zukommt, wenn ihn der bisher nicht angehörte Schuldner einlegt. In der Schweiz sind die Kantonsgerichte zuständig, die aber auch andere Gerichte als die für das einseitige Verfahren zuständigen sind. Antragsabweisungen durch den Kammervorsitzenden und entsprechende Beschwerden des Gläubigers sind sehr selten. Von diesem Fall abgesehen ist die Beschwerde im Prinzip nur statthaft, wenn sie vom **Schuldner** ausgeht (EuGHE 1993 I 1963 Sonntag = IPRax 94, 37, *Heß* 10). Gemeint ist die in der Vollstreckbarkeitserklärung als Antragsgegner aufgeführte Person. **Dritte** können im Prinzip erst durch einzelne Zwangsvollstreckungsmaßnahmen berührt werden, gegen die sie sich nach § 766 oder § 771 ZPO wehren können (EuGHE 1985, 1981 = NJW 86, 657 [L.S.]; *Kropholler*[7] Rn 5). Sie können sich auch nicht als Intervenienten am Verfahren beteiligen (EuGHE 1993 I 1963 – Sonntag). Deshalb ist auch Streitverkündung unzulässig (*Heß* IPRax 94, 15).

2 Die Beschwerde und das gesamte in Artt. 43ff., §§ 11ff. AVAG vorgesehene Verfahren ist auch statthaft, wenn das Verfahren nach §§ 3ff. AVAG gar nicht zulässig gewesen wäre, etwa weil die Entscheidung nicht aus einem Mitgliedsstaat oder einem sonstigen in § 1 AVAG genannten Staat stammt (Frankfurt RIW 93, 676). Es gilt das Prinzip der **Meistbegünstigung.** Auch jene Rechtsbehelfe

sind statthaft, die gegen die Exequaturentscheidung zulässig wären, wäre sie in richtiger Form gefällt worden, etwa Widerspruch nach § 2 AusfG deutsch-österreichischer Vertrag (Frankfurt aaO) oder Berufung gegen das Vollstreckbarkeitsurteil, das nach § 723 ZPO hätte erlassen werden müssen. Ist in Beschlußform entschieden worden, kann die Entscheidung aufrechterhalten werden, auch wenn sie auf anderer Rechtsgrundlage hätte ergehen müssen. Sonst ist sie aufzuheben. Im Rahmen von Art. 38 Rn 12 ist bei entsprechendem Antrag Verweisung an das zuständige Gericht möglich.

2. Die Beschwerdefrist

3 **a)** Weder Art. 43 nach Art. 40 EuGVÜ/LÜ noch das AVAG sehen für die Beschwerde der erfolglosen Gläubiger eine Frist vor.

b) Die Frist für die Beschwerde des Schuldners beginnt mit der Zustellung der Vollstreckbarerklärung an ihn. Die große systemdurchbrechende Besonderheit, die Abs. 5 S. 2 für diese Zustellung begründet, liegt im weitgehenden Ausschluss der Ersatzzustellung, wenn der Schuldner Wohnsitz in einem anderen Vertragsstaat hat. Jedenfalls soweit der Lauf der Beschwerdefrist betroffen ist, ist lediglich eine Ersatzzustellung „in der Wohnung" des Schuldners zulässig, ähnlich wie in Deutschland nach § 178 Abs. 1 ZPO vorgesehen. Was mit dem Hinweis „mangels einer solchen Person an eine zuständige Behörde" im *Jenard*-Bericht (Art. 36 Fn. 1) zu verstehen ist, ist unerfindlich. Bei **juristischen Personen** und selbstständig parteifähigen Personenverbindungen kann man das Geschäftslokal (für Deutschland § 178 Abs. 1 Nr. 2f. ZPO) der „Wohnung" gleichstellen. Auch eine Zustellung entsprechend § 179 ZPO (Zurücklassen des Schriftstücks am Zustellungsort) kann man als „in" der Wohnung bzw. „im" Geschäftslokal geschehen betrachten. Eine Zustellung durch Einwurf in den Briefkasten (§ 180 ZPO) ist aber vom Sinn der Vorschrift (und ihrem Wortlaut) nicht gedeckt.

4 **c)** Im Übrigen richtet sich die Zustellung, wie dem Art. IV Abs. 1 EuGVÜ/Protokoll EuGVÜ u. Nr. 1 LÜ zu entnehmen ist, grundsätzlich nach dem nationalen Recht des Anerkennungsstaates. Nach ihm richtet es sich insbesondere, ob eine Auslandszustellung nötig oder eine Inlandszustellung möglich ist. Letzteres ist aber gegenüber einem sich im Ausland aufhaltenden Schuldner angesichts

des in Rn 3 Ausgeführten selten. Für Auslandszustellungen gelten EuZVO und HZÜ, s. Kommentierung dort. Dem in Art. IV Abs. 2 der Protokolle vorgesehenen unmittelbaren Verkehr hat Deutschland zulässigerweise widersprochen. Einzelheiten: § 10 AVAG.

5 **d)** Entgegen mancher Stimmen (etwa Saarbrücken RIW 94, 1048 = IPRax 95, 244 Anm. *Haas* 223; Supreme Court Irland, *Kaye* 612; *Pirrung* IPRax 89, 21) ist die Einhaltung der durch Art. 43 Abs. 5 S. 2 modifizierten Zustellungsvorschriften des nationalen Rechts nur Voraussetzung für den Lauf der Beschwerdefrist, nicht auch für die Zwangsvollstreckung oder gar die Aushändigung der Vollstreckungsklausel an den Gläubiger (*MünchKommZPO-Gottwald*[2] Art. 39 Rn 3). Dies folgt aus der systematischen Stellung der Vorschrift, die sich nur mit dem Rechtsbehelf des Schuldners befaßt. Die effektive Vollstreckung der vorgelegten Entscheidung ist nach Art. 38 allein davon abhängig, dass sie für vollstreckbar erklärt worden ist. Insoweit gilt § 750 ZPO nicht (LG Stuttgart IPRax 89, 41; *Laborde* RIW 88, 565). Das Gegenteil lässt sich auch nicht aus § 10 AVAG herleiten, der nichts davon sagt, dass die Zustellung Voraussetzung der Zwangsvollstreckung sei (**a. A.** *Kropholler*[6] Art. 39 Rn 6). Es wäre auch ein Verstoß gegen die Verheissung transnational effektiven Rechtschutzes, wenn einem Schuldner mit Wohnsitz im Ausland gestattet wäre, sein Vermögen im Inland so lange vollstreckungsimmun zu halten, bis ihm der Titel im Wege der internationalen Rechtshilfe zugestellt worden ist. Aus diesem Grund ist es auch kein genereller Ausweg, dem Gläubiger ohne Zustellung der Vollstreckbarerklärung an den Schuldner nur das Recht zur Vorpfändung zu geben (so: *Pirrung* aaO). Allerdings steht bei angestrebter Forderungspfändung dieser Weg immer offen, weil die Benachrichtigung des (ev. im Ausland wohnenden) Schuldners nicht konstitutiv für die Wirkung der Vorpfändung ist. Nur muss dann innerhalb der Monatsfrist des § 845 Abs. 2 die Hauptpfändung nachfolgen, was auf der Grundlage der Gegenansicht die Zustellung der Vollstreckbarkeitserklärung an den Schuldner voraussetzt.

6 **e)** Bezüglich der Festlegung der **Zeit zwischen Fristbeginn und Fristende** unterscheidet das Übereinkommen nach dem Wohnsitz des Schuldners.

7 **aa)** Wohnt der Schuldner in einem **Drittstaat,** so beträgt nach Absatz 5 S. 1 die Frist einen Monat nach wirksamer Zustellung (unter Einhaltung des HZÜ und der danach etwa berufenen Zustellungsvorschriften des fraglichen dritten Staates). Die Regelung ist im Vergleich zu Satz 2 inhaltlich nur verständlich, wenn man Satz 3 lediglich auf Satz 2 bezieht. An der durch die Systematik von Art. 36 EuGVÜ/LÜ ausgedrückten (*Jenard*-Bericht Erl. zu Art. 36) Lösung sollte sicherlich nichts geändert werden. Deutsches Recht: §§ 11, 35 AVAG.

7 **bb)** Wohnt der Schuldner in einem **anderen Vertragsstaat,** so beträgt die Frist nach Abs. 5 S. 2 zwei Monate. Wegen des Zustellungserfordernisses nach Rn 8 ist eine Fristverlängerung unnötig.

7 **cc)** Wohnt der Schuldner im **Inland,** so sind alle dort vorgesehenen Formen der Ersatzzustellung zulässig. Die Beschwerdefrist beträgt einen Monat und kann nach § 10 Abs. 2 AVAG nicht verlängert werden.

8 **dd)** Sind (vorsorglich) **mehrere Zustellungen** vorgenommen worden, so kommt es für den Lauf der Beschwerdefrist auf die erste wirksame Zustellung an (BGH IPRax 93, 324). Eine nicht **unterschriebene** Vollstreckungsklausel (§ 8 Abs. 3 AVAG) stellt lediglich einen Entwurf dar, ihre Zustellung ist unwirksam und setzt die Frist nicht in Lauf (BGH NJW-RR 1998, 141).

9 **ee)** Die **Berechnung** der Fristen richtet sich nach dem Recht des Vollstreckungsstaates, also bei Vollstreckbarerklärung durch den Kammervorsitzenden nach deutschem Recht. Die Frist ist eine **Notfrist,** § 11 Abs. 3 S. 3 AVAG. Die Möglichkeit der Wiedereinsetzung in den vorigen Stand verstößt auch bei Zustellung in einen anderen Vertragsstaat nicht gegen Absatz 2 Satz 3, sofern sie nicht allein damit begründet wird, dass der Wohnsitz des Schuldners weit entfernt liegt.

10 **ff)** Die **Beweislast** für einen bestimmten Tag der Rechtsmitteleinlegung trifft den Schuldner. Die Ereignisse, die die Beschwerdefrist in Lauf setzen, stehen aber außerhalb der Kontrolle des Schuldners. Insoweit verbleibende Zweifel gehen daher zu Lasten des Gläubigers (BGH aaO).

3. Das zuständige Gericht

11 Auch zur Festlegung des zuständigen Beschwerdegerichts bedient sich die Verordnung der Technik der Verweisung in Anhänge. Zu deren Rechtsnaher Art. 74 Rn 2. In Deutschland ist das OLG zuständig.

II. Die Arten der dem Schuldner eröffneten Einwendungen

Art. 43 sagt nicht, welche Einwendungen dem Schuldner offenstehen. **12**

1. Aus Art. 45 Abs. 2 folgt jedoch, dass grundsätzlich nur die **Anerkennungsversagungsgründe** der Artt. 34f. sowie einige aus allgemeinen Gründen herzuleitende Anerkennungsversagungsgründe, Artt. 34ff. Rn 1, 28, Art. 41 Rn 4 geltend gemacht werden können. Zur Abgrenzung von Aufhebung und fortwährender Anhängigkeit des auf Aufhebung gerichteten Verfahrens Art. 46 Rn 1. Außerdem kann der Schuldner vorbringen, dass der Kammervorsitzende Dinge übersehen hat oder nicht sehen konnte, die an sich schon ihn zur Zurückweisung des Antrags hätten führen müssen, wie etwa, s. Artr. 41 Rn 4, dass die Entscheidung nur eingeschränkt vollstreckbar ist, Art. 38 Rn 11, oder dass es an der Vorlage von Urkunden iS des Art. 53 fehlt. Nicht vorbringen kann der Schuldner, der Antragsteller sei gar nicht parteifähig (BGH NJW 92, 627), auch nicht um die Zulässigkeit des Vollstreckbarerklärungsverfahrens zu bekämpfen, sofern der Gläubiger vom Gericht des Ausgangsstaats für parteifähig gehalten wurde und keine neuen Umstände eingetreten sind. In Österreich besteht das sonst im Ruhensverfahren bestehende Neuerungsverbot nicht (*König* ecolex 99, 310). **13**

2. Einwendungen gegen die **Richtigkeit** der aus dem Ausland kommenden **Entscheidung** können grundsätzlich nur im dortigen Rechtsbehelfsverfahren geltend gemacht werden. Eine vor Erlass des ausländischen Urteils vorgenommene Pfändung der eingeklagten Forderung kann nicht berücksichtigt werden (BGH RIW 83, 615), wohl aber eine inzwischen geschehene Aufhebung der Entscheidung im Ursprungsstaat (BGH NJW 80, 2022). Im Einklang mit der deutschen Rechtstradition zur Anerkennung und Vollstreckung von ausländischen Urteilen bzw. in- oder ausländischen Schiedssprüchen (s. Kommentare zu §§ 722f., 1042 ZPO) bestimmt § 12 AVAG, dass der Schuldner auch **Vollstreckungsgegeneinwände** etwa in dem Umfang geltend machen kann, in dem er sie nach § 767 Abs. 2 bzw. § 797 Abs. 4 ZPO gegen inländische Titel geltend machen könnte (Beispiele: BGHZ 74, 278 = NJW **14**

80, 528; Koblenz NJW 76, 488; Frankfurt Rpfleger 78, 454; München IPRspr 79, 218 mit Rückverweisung in analoger Anwendung von §§ 538, 529, 565 Abs. 1 ZPO; *Schlosser*-Bericht Rn 220; *Lechner/Mayr* – Österreich; *Walter* ZZP 107 (1994/301, 325, 340 – CH; *Kollerhals* ZBJV 1992, 79, 84 – Österreich: *König* ecolex 99, 312; Schweiz; *Donzallaz* aaO Rn 335 ff.). Die erfolgreiche Geltendmachung solcher Einwendungen führt zwar nicht dazu, dass nunmehr rechtskräftig feststünde, dass der im Ursprungsstaat zuerkannte Anspruch nicht mehr besteht. Zu einer solchen Feststellung wären nur Gerichte im Rahmen der Zuständigkeitsvorschriften der Artt. 2 ff. berufen. Gleichwohl ist fraglich, ob § 12 AVAG mit dem Übereinkommen vereinbar ist. Denn der nachträgliche Untergang des zuerkannten Anspruchs ist in Artt. 34 f. nicht als Anerkennungsversagungsgrund aufgeführt. *Andreas Nelle* (Anspruch, Titel und Vollstreckung im internationalen Rechtsverkehr, 2000, 434 ff.) hat die h. L. im Grunde überzeugend widerlegt (so auch Corte di Cassazione 1983 Nr. 254. Zust. *Münzberg* FS Geimer (2002) 750; *Hub* NJW 01, 3147). Mit der selbstständigen Vollstreckungsgegenklage und den Möglichkeiten von § 769 ZPO ist allen Rechtschutzbelangen des Schuldners Rechnung getragen. Die Klage ist beim LG zu erheben, dessen Kammervorsitzender das Exequatur erteilt hat, § 14 Abs. 2 AVAG. Nur unbestrittene oder rechtskräftig festgestellte Gegeneinwände, kann man im Beschwerdeverfahren zulassen. Folgt man dem, dann ist auch die in § 14 Abs. 1 AVAG angeordnete Präklusionswirkung obsolet. Die nachträgliche Vollstreckungsgegenklage kann auch auf das nachträgliche Entstehen eines Anerkennungsversagungsgrundes gestützt werden, s. Rn 8. Zum Antrag auf Aufhebung der Vollstreckbarerklärungsentscheidung § 27 AVAG.

15 **c)** Für den Fall der zwischenzeitlichen Eröffnung eines **Insolvenzverfahrens** über das Vermögen des Schuldners sieht der EuGH die „Vollstreckbarkeit im formellen Sinne" nicht tangiert (EuGHE 1999 I 2543 – *Bellami*). Er meint weiter: „Es ist Sache der Gerichte des Vollstreckungsstaates, im Rahmen des Verfahrens wegen eines Rechtsbehelfs nach Art. 36 des Brüsseler Übereinkommens gemäß ihrem Recht einschließlich des internationalen Privatrecht zu bestimmen, welche Rechtswirkungen eine Entscheidung entfaltet, die im Urteilsstaat im Rahmen eines Konkursverfahrens ergangen ist".

16 Die Unterscheidung zwischen Vollstreckbarkeit im formellen oder irgend einem anderen Sinne ist jedoch nicht durchführbar. Die Entscheidung kann nur meinen, es müsse im Verfahren nach (jetzt) Art. 42 klar sein, dass eine Einzelzwangsvollstreckung nach Eröffnung eines Insolvenzverfahrens nicht mehr zulässig ist, dass aber deshalb der Antrag auf Vollstreckbarerklärung nicht zurückgewiesen werden muss.

Eine im ausländischen Verfahren unberücksichtigte **Rechtsnachfolge** kann beachtet werden, wenn das ausländische Recht eine dem § 265 ZPO entsprechende Regel kennt. Wenn nach ausländischem Recht nach Erlass der Entscheidung oder ihrer Rechtskraft eine vorher eingetretene Rechtsnachfolge im Vollstreckungsverfahren nicht mehr geltend gemacht werden kann, kann sie das auch nicht im Exequaturverfahren (Problem verkannt in BGH NJW 83, 2773 = IPRax 85, 154, *Prütting* 139, wo eine im Ursprungsstaat vor Erlass des Urteils erfolgte Pfändung der eingeklagten Forderung als ausnahmslos nicht mehr rügbar erklärt wurde). Mit einer Hinterlegung kann sich der Schuldner nicht vor Doppelinanspruchnahme schützen (*Prütting* aaO. **a. A.** BGH aaO).

17 **e)** Die Anerkennungsversagungsgründe können grundsätzlich ohne Rücksicht darauf geltend gemacht werden, ob sie im Verfahren im Ursprungsstaat schon vorgebracht worden sind. Werden sie im Vollstreckbarerklärungsverfahren nicht vorgebracht, können sie später nicht mehr geltend gemacht werden, auch dann nicht, wenn sie den Widerspruch der ausländischen Entscheidung gegen den inländischen ordre public bloßlegen.

18 **f)** Der EuGH (EuGHE 1988, 667f – Krieg = IPRax 89, 159, *Schack* 39) ließ einmal jedoch den Einwand zu, die Vollstreckung sei aus Gründen, die außerhalb des Anwendungsbereichs des EuGVÜ lägen, nicht mehr möglich. Der Einwand richtete sich zwar gegen die Fortsetzung der Zwangsvollstreckung nach rechtskräftiger Vollstreckbarerklärung eines Ehegattenunterhaltstitels wegen zwischenzeitlicher im Ausgangsstaat nicht anerkannter Scheidung. Im Vollstreckbarerklärungsverfahren ist für einen solchen Einwand aber erst recht kein Raum.

19 **g)** Gegen Unterhaltsentscheidungen können keine Abänderungsgründe im Sinne von § 323 ZPO oder Artt. 86, 192, 153 Abs. 2 schwZGB oder entsprechenden Vorschriften der Rechtsordnungen anderer Vertragsstaaten vorgebracht werden (*Schlosser*-Bericht Rn 105 ff.; im Verhältnis zu einem Nicht-Vertragsstaat, aber bewußt verallgemeinernd: BGH FamRZ 90, 506) zumal in den meisten ausländischen Rechtsordnungen die Unterhaltsfestsetzung ohnehin gestaltender Natur ist und daher nur durch richterliche Entscheidung wieder geändert werden kann. Es kann aber inzwischen eine inländische Zuständigkeit für Unterhaltsabänderungen begründet worden sein, Art. 5 Nr. 2 Rn 13.

III. Das Beschwerdeverfahren

20 Die in Art. 37 Abs. 1 EuGVÜ/LÜ enthaltene Regelung der Verfahrensart ist nunmehr in Art. 43 Abs. 3 bestimmt. Kennt der Vollstreckungsstaat mehrere streitige Verfahren, so ist er frei, eines davon zu wählen und es für die Besonderheiten des Vollstreckbarerklärungsverfahrens zu ergänzen. Letzteres ist in Deutschland durch §§ 11 ff. AVAG geschehen. Im übrigen findet das Beschwerdeverfahren, das ebenfalls ein „streitiges" ist, Anwendung. Durch das Übereinkommen festgelegt ist allein, dass die Beschwerde beim Beschwerdegericht, also in Deutschland abweichend von § 569 Abs. 1 ZPO beim OLG, einzulegen ist. § 11 Abs. 2 AVAG lässt aber auch die beim LG eingereichte Beschwerde, der nicht abgeholfen werden kann (München NJW 75, 504), fristwahrend sein. Ob dies mit dem Übereinkommen vereinbar ist, ist zweifelhaft. Die Beschwerde braucht nicht begründet zu werden (Stuttgart RIW 88, 302). Für die Einlegung der Beschwerde besteht kein Anwaltszwang, § 12 Abs. 1 S. 1 AVAG. Mehrere Beschwerdeverfahren gegen kurz aufeinanderfolgende Teilvollstreckbarkeitserklärungen oder gegen die Vollstreckbarerklärung mehrerer sich gegen denselben Schuldner richtender Titel, können verbunden werden (Hamburg RIW 94, 424). Eine Anschlussbeschwerde des mit seinem Antrag teilweise unterlegenen Gläubigers ist zulässig. In einem Fall, in dem der Gläubiger erst im Beschwerdeverfahren auf eine Konkretisierung des Titels bezüglich der Zinsen, Art. 38 Rn 13, drängte, ist sogar eine Anschlußbeschwerde ohne Beschwer zugelassen worden (Stuttgart NJW 88, 302). Sie kann generell zugelassen werden, denn der Schuldner kann kein Interesse daran haben, dass ihm die erste Instanz mit dem einseitigen Antragsverfahren nicht verloren geht. Die Aussetzungsmöglichkeiten nach

§§ 239 ff. sind im Beschwerdeverfahren anwendbar, insbesondere auch § 240 (*Mankowski* ZIP 94, 1577; *Heß* IPRax 95, 16. **a. A.** Saarbrücken ZIP 94, 1609 = IPRax 95, 35 u. *E. Habscheid* Grenzüberschreitendes Insolvenzrecht ..., 1998, 363 mit zu formalistischer Begründung). Für die Aufnahme ist § 86 InsO entsprechend anwendbar. Für anerkennungspflichtige Endurteile gilt § 179 Abs. 2 InsO. Eine Vollstreckbarerklärung ist für die Eigenschaft einer titulierten Forderung nicht erforderlich (str). Da Urteile aus EU-Staaten prima vista anerkennungspflichtig sind, muss der Widersprechende das Anerkennungshindernis geltend machen. Die zu begründende, § 13 Abs. 1 S. 1 AVAG, Entscheidung ist nach allgemeinen Grundsätzen des Rechts der Beschwerde mit einem Kostenausspruch zu versehen. Die Parteien können sich **vergleichen.** Sie können auch einen Interimsvergleich bis zum rechtskräftigen Abschluss des Exequaturverfahrens und/oder des Ausgangsverfahrens schließen, in dem unter Verzicht auf Vollstreckungsrechte Sicherheitsleistung vereinbart wird. Eine Rückverweisung an den Kammervorsitzenden ist nach dem Sinn des Rechtsbehelfsystems ausgeschlossen (übersehen durch Köln IPRax 91, 115), weil dessen Zuständigkeit nur für ein einseitiges Verfahren gedacht ist. Intervention Dritter s. Rn 1.

21 Absatz 4 bringt eine Sonderregelung für den äußerst seltenen Fall einer Antragszurückweisung und der dagegen eingelegten Beschwerde. Er entspricht Art. 40 Abs. 2 EuGVÜ/LÜ.

Verordnung wie Übereinkommen nehmen dem vor dem Kammervorsitzenden erfolglosen Urteilsgläubiger die Möglichkeit, auch jetzt noch den Schuldner mit Zwangsvollstreckungsmaßnahmen zu überraschen. Wenn der Antragsteller bereits im einseitigen Verfahren erfolglos war, ist die Wahrscheinlichkeit eines späteren Erfolgs so gering, dass man im Interesse der Vermeidung einer weiteren Vervielfältigung von Rechtsbehelfen auf den Überraschungseffekt verzichten konnte. In dieser Verfahrensphase ist die Wahrung des Anspruchs auf rechtliches Gehör so stark gewichtet, dass die Verordnung sogar die Verzögerung in Kauf genommen hat, die durch internationale Zustellung und die in Art. 26 Absätze 2–4 genannten Vorkehrungen bedingt sind. Von der streitigen Natur des Verfahrens gibt es keine Ausnahme (EuGHE 1984, 3033 zust. *Linke* RIW 1985, 8 = IPRax 85, 254 – teilw. krit. *Stürner* 254 u. Geimer/Schütze Rn 7 – unter Umständen nach einseitigem Verfahren vor dem OLG Zurückverweisung). In Fällen, in denen der Antrag wegen heilbarer Mängel abgewiesen worden ist, kann ein dinglicher Arrest oder eine einstweilige Verfügung beantragt werden (*Stürner* aaO; allg. M.), gestützt auf das Urteil als Mittel der Glaubhaftmachung des Anspruchs. Letzteres steht nicht im Widerspruch dazu, dass das Urteil noch nicht förmlich anerkannt ist (**a. A.** *Stürner* aaO).

§ 14 AVAG ist anwendbar (**a. A.** Vorauflage Art. 40 Rn 3).

IV. Rechtskraft der im Vollstreckbarerklärungsverfahren ergehenden Entscheidungen

22 **a)** Wird der Antrag auf Vollstreckbarerklärung **sachlich abgewiesen** und ist die Entscheidung formell rechtskräftig, dann entfaltet diese materielle Rechtskraft. Ein erneuter Antrag, etwa gestützt auf neue Angaben dazu, dass der seinerzeitige Beklagte vom verfahrenseinleitenden Schriftstück doch rechtzeitig Kenntnis erlangt hatte, ist unzulässig. Nach den allgemeinen Grundsätzen zu den zeitlichen Grenzen der materiellen Rechtskraft kann der Antrag jedoch auf neue Ereignisse gestützt werden, die den seinerzeitigen Anerkennungsversagungsgrund obsolet machen, etwa die Aufhebung der nach Art. 27 Nrn. 3 oder 5 der Anerkennung entgegenstehenden Gerichtsentscheidung, oder auf eine neue Gesetzeslage, die die Anerkennung der Entscheidung als nicht mehr gegen den inländischen ordre public verstoßend erscheinen lässt. Ist der Antrag als unzulässig abgewiesen worden (etwa weil die nach Art. 53 erforderlichen Dokumente nicht rechtzeitig beigebracht worden waren), so kann er nach Behebung des Mangels zulässigerweise erneuert werden.

23 **b)** Ist dem Antrag formell rechtskräftig **stattgegeben** worden, so steht jedenfalls das Vollstreckungsrecht des Antragstellers fürs Inland fest. Insbesondere alle Vollstreckungsorgane sind daran gebunden. Ist der für vollstreckbar erklärte Titel nach dem Recht des Ursprungsstaates nicht materiell rechtskräftig, so bedeutet dies aber nicht, dass das aus der Vollstreckung Erlangte nicht wegen ungerechtfertigter Bereicherung zurückgefordert werden könnte oder dass seinetwegen Schadenersatzansprüche nicht entstünden. § 28 AVAG darf nicht dahin missverstanden werden, dass die Geltendmachung solcher Ansprüche die vorherige Aufhebung des anerkannten Titels nach § 27 AVAG voraussetzt.

c) Beschlüsse über die Vollstreckbarerklärung stellen gleichzeitig die Anerkennungs(un)fähigkeit der ausländischen Entscheidung fest (**a. A.** *MünchKommZPO-Gottwald*[2] Art. 26 Rn 9). Es wäre eine durch nichts gerechtfertigte Umständlichkeit, dem Berechtigten aus einem Urteil abzuverlangen, neben dem Vollstreckbarerklärungsverfahren gleichzeitig noch das selbstständige Anerkennungsverfahren nach Art. 33 Abs. 2 zu betreiben. **24**

V. Kosten

Für die Anwaltskosten gilt § 47 BRAGO. Maßgebend sind die normalen Gebührensätze. **25**

Art. 44 [Rechtsbeschwerde]

Gegen die Entscheidung, die über den Rechtsbehelf ergangen ist, kann nur ein Rechtsbehelf nach Anhang IV eingelegt werden.

Textgeschichte: Die Vorschrift tritt anstatt der Art. 37 Abs. 2 u. 41 EuGVÜ/LÜ, die folgenden Wortlaut haben (Fassung des 4. Beitrittsübereinkommens und des LÜ einschließlich der Erklärung Polens (BGBl. 2000 II S. 1246):

Art. 37 Abs. 2 EuGVÜ/LÜ: Gegen die Entscheidung, die über den Rechtsbehelf ergangen ist, finden nur statt
– in Belgien, Griechenland, Spanien, Frankreich, Italien, Luxemburg und den Niederlanden: die Kassationsbeschwerde;
– in Dänemark: ein Verfahren vor dem „højesteret" mit Zustimmung des Justizministers;
– in der Bundesrepublik Deutschland: die Rechtsbeschwerde;
– in Irland: ein auf Rechtsfragen beschränkter Rechtsbehelf bei dem „Supreme Court";
– In Island: ein Rechtsbehelf beim „Hoestiréttur";
– in Norwegen ein Rechtsbehelf (Kjaeremal oder anke) bei dem „Hoyesterretts Kjaeremalsutvalg" oder dem „Hoyesterett";
– in Österreich im Fall eines Rekursverfahrens der Revisionskurs und im Fall eines Widerspruchsverfahrens die Berufung mit der allfälligen Möglichkeit einer Revision;
– in Polen an den „sad okregowy";
– in Portugal: ein auf Rechtsfragen beschränkter Rechtsbehelf;
– in der Schweiz: die staatsrechtliche Beschwerde beim Bundesgericht/recours de droit public devant le tribunal fédéral/ricorso di diritto pubblico davanti al tribunale federale;

- in Finnland: ein Rechtsbehelf beim „korkein oikeus/högsta domstolen“;
- in Schweden: ein Rechtsbehelf beim „högsta domstolen“;
- im Vereinigten Königreich: ein einziger auf Rechtsfragen beschränkter Rechtsbehelf.

Art. 41 [EuGVÜ/LÜ]: Gegen die Entscheidung, die über den in Artikel 40 vorgesehenen Rechtsbehelf ergangen ist, finden nur statt

- in Belgien, Griechenland, Spanien, Frankreich, Italien, Luxemburg und in den Niederlanden: die Kassationsbeschwerde;
- in Dänemark: ein Verfahren vor dem „hojesteret“ mit Zustimmung des Justizministers;
- in der Bundesrepublik Deutschland: die Rechtsbeschwerde;
- in Irland: ein auf Rechtsfragen beschränkter Rechtsbehelf bei dem „Supreme Court“;
- in Island: ein Rechtsbehelf bei dem „Hoestiréttur“;
- in Norwegen: ein Rechtsbehelf (kjaeremal oder anke) bei dem „Hoyesteretts kjaeremalsutvalg“ oder dem „Hoyesterett“;
- in Österreich: der Revisionsrekurs;
- in Polen Kassation (Kasacja);
- in Portugal: ein auf Rechtsfragen beschränkter Rechtsbehelf;
- in der Schweiz: die staatsrechtliche Beschwerde beim Bundesgericht/recours de droit public devant le tribunal fédéral/ricorso di diritto pubblico davanti al tribunale federale;
- in Finnland: ein Rechtsbehelf beim „korkein oikeus/högsta domstolen“;
- in Schweden: ein Rechtsbehelf beim „högsta domstolen“;
- im Vereinigten Königreich: ein einziger auf Rechtsfragen beschränkter Rechtsbehelf.

1 Die Rechtsbeschwerde gab es im AVAG und seinem Vorgänger lange bevor sie 2002 in Gestalt von §§ 574–577 ZPO n. F. allgemein eingeführt wurde. Aus der Art des Deutschland betreffenden Sprachgebrauchs („*die* Rechtsbeschwerde“) in Anh. I ist zu schließen, dass das vorhandene Institut gemeint ist und die in §§ 17–19 AVAG sich findenden Normen Sonderregelungen einzelner Aspekte sind.

2 Die für die Zulässigkeit der Rechtsbeschwerde sonst geltenden Beschränkungen gelten entsprechend. Das ist nicht verordnungs- oder vertragswidrig (*Schlosser*-Bericht Nr. 217). Eine Besonderheit besteht nur bei einer, auch unbewussten (BGH NJW 90, 2201 = IPRax 92, 33, 5 – *Geimer*) Abweichung von einer Entscheidung des EuGH, § 15 Abs. 1 AVAG. Der Zwang, sich durch einen beim BGH zugelassenen Rechtsanwalt vertreten zu lassen, folgt aus § 78 Abs. 1 ZPO, allg. M. Die Rechtsbeschwerde ist auch zulässig, wenn die zu vollstreckende Entscheidung ein ausländischer Arrestbeschluss ist (BGHZ 74, 278 = NJW 80, 528). Nur insoweit unterliegt die auf Beschwerde ergangene Entscheidung der Rechtsbeschwerde, als sie über die Rechtmäßigkeit der Vollstreckbarerklärungsentscheidung befunden hat. Unstatthaft ist daher eine Rechtsbeschwerde gegen eine vorausgehende Zwischenentscheidung (EuGHE 1984, 3971 = IPRax 85, 339, 321, *Schlosser* – Brennero) oder eine Aussetzungsentscheidung nach Art. 46 (EuGHE 1991, 4743; BGH IPRax 95, 243 Anm. *Grunsky* 218; EuGHE 1995 I 2269 – SISRO). Obwohl in Art. 44 nicht eigens festgehalten, ist die Rechtsbeschwerde des Schuldners die einzige Rechtsbehelfsmöglichkeit. Eine zwischenzeitliche Änderung der ausländischen Entscheidung durch das Gericht des Ursprungsstaates hat auch das nach Anh. IV zuständige Gericht zu beachten (BGH NJW 80, 2022).

Art. 45 [Prüfungsrahmen]

(1) **Die Vollstreckbarerklärung darf von dem mit einem Rechtsbehelf nach Artikel 43 oder Artikel 44 befassten Gericht nur aus einem der in den Artikeln 34 und 35 aufgeführten Gründe versagt oder aufgehoben werden. Das Gericht erlässt seine Entscheidung unverzüglich.**

(2) **Die ausländische Entscheidung darf keinesfalls in der Sache selbst nachgeprüft werden.**

Textgeschichte: Absatz 2 entspricht dem bis zuletzt unverändert gebliebenen Art. 34 Abs. 3 EuGVÜ/LÜ.

Absatz 1 soll keinesfalls neu verfügen, die Gerichte der Beschwerde und der Rechtsbeschwerde dürften nur prüfen, was der Kammervorsitzende nicht hat prüfen dürfen. Sonst wäre etwa eine einheitliche Rechtsprechung zum Begriff der „Vollstreckbarkeit" oder der „Entscheidung" nicht zu erlangen. Es gelten also die in Art. 43 Rn 13ff. aufgezeigten Grundsätze.

Abs. 2 ist eine überflüssige Wiederholung von Art. 36.

Art. 46 [Aussetzung bei eingelegtem oder noch zulässigem Rechtsbehelf im Ursprungsstaat]

(1) **Das nach Artikel 43 oder Artikel 44 mit dem Rechtsbehelf befaßte Gericht kann auf Antrag des Schuldners das Verfahren aussetzen, wenn gegen die Entscheidung im Ur-**

sprungsmitgliedsstaat ein ordentlicher Rechtsbehelf eingelegt oder die Frist für einen solchen Rechtsbehelf noch nicht verstrichen ist; in letzterem Fall kann das Gericht eine Frist bestimmen, innerhalb deren der Rechtsbehelf einzulegen ist.

(2) **Ist eine gerichtliche Entscheidung in Irland oder im Vereinigten Königreich ergangen, so gilt jeder in dem Ursprungsmitgliedsstaat statthafte Rechtsbehelf als ordentlicher Rechtsbehelf im Sinne von Absatz 1.**

(3) **Das Gericht kann auch die Zwangsvollstreckung von der Leistung einer Sicherheit, die es bestimmt, abhängig machen.**

Textgeschichte: Einige redaktionelle Bereinigungen durch das 3. Beitrittsübereinkommen („Ursprungsstaat" statt „Urteilsstaat"; „das Verfahren aussetzen" statt „seine Entscheidung aussetzen"). Abs. 2 eingefügt durch 1. Beitrittsübereinkommen. Redaktionelle Anpassungen durch EuGVVO („Schuldner" anstatt „Partei, die ihn eingelegt hat"; „Ursprungsmitgliedsstaat" anstatt „Ursprungsstaat"; in Absatz 2 „ergangen" anstatt „erlassen worden".

In EuGVVO inhaltlich neu sind die Worte „nach Artikel 43 oder Artikel 44".

1 **1.** Der **Zweck der Vorschrift** besteht darin, den Schuldner davor zu schützen, die Zwangsvollstreckung ohne Rücksicht darauf erdulden zu müssen, ob die vollstreckbare Entscheidung im Ursprungsstaat wieder aufgehoben werden kann. Entweder soll es zu der Situation, dass die Vollstreckbarerklärung hinterher (in Deutschland nach § 29 AVAG) deshalb wieder aufgehoben werden muss, weil im Ursprungsstaat der vollstreckbare Titel weggefallen ist, gar nicht erst kommen. Oder aber der Gläubiger soll zur Leistung von Sicherheit angehalten werden können, wenn nach Abschluss des Beschwerdeverfahrens die Vollstreckungsbeschränkung des Art. 47 entfällt, Art. 47 Rn 1. Wenn die Einlegung eines Rechtsbehelfs im Ursprungsstaat die Vollstreckbarkeit von selbst aufhebt, kann die Entscheidung auch im Ausland nicht mehr für vollstreckbar erklärt werden. Ob eine ausländische Aufhebungsentscheidung schon mit ihrem Erlass oder erst mit ihrer Rechtskraft den Wegfall der aufgehobenen Entscheidung bewirkt, richtet sich nach dem fraglichen Prozessrecht. Dass im Gegensatz zu der entsprechenden Situation bei Art. 37 ein Antrag des Schuldners nötig

ist, ist eine bewußte gesetzgeberische Entscheidung (*Jenard*-Bericht zu Art. 38). Einsichtig ist der Unterschied aber nicht. Das nach Art. 39 im einseitigen Verfahren handelnde erstinstanzliche Gericht kann nicht aussetzen (Düsseldorf RIW 98, 969; *Mennicke* IPRax 2000, 298), wohl jetzt aber das letztinstanzliche (daher insoweit überholt EuGHE 1995 I 2269 – SISRO). Daher muss der Rechtsbehelf auch allein zu dem Zweck zulässig sein, eine Aussetzung zur erreichen.

2 **2.** Viele Rechtsordnungen grenzen gar nicht zwischen **ordentlichen** und außerordentlichen **Rechtsbehelfen** ab. Wo es geschieht, verlaufen die Grenzen unterschiedlich. Der EuGH hat daher den Begriff autonom dahingehend definiert, dass jeder Rechtsbehelf ein ordentlicher ist, *„der zur Aufhebung oder Abänderung der anzuerkennenden Entscheidung führen kann, sofern dieser Rechtsbehelf innerhalb einer gesetzlichen Frist einzulegen ist, die mit Erlaß der Entscheidung beginnt"* (EuGHE 1977, 2175 – Riva = RIW 78, 186). Mit „Erlass" ist natürlich „Zustellung" oder sonstige Bekanntgabe gemeint, wenn davon der Beginn der Rechtsbehelfsfrist abhängt. Ordentliche Rechtsbehelfe sind daher auch Einspruchsmöglichkeiten aller Art. Es kommt nicht darauf an, ob für die Rechtsbehelfsinstanz Kognitionsbeschränkungen, wie etwa für die höchsten Gerichte in Bezug auf Tatsachenfragen, bestehen. Durch die Rechtsprechung des EuGH ist Absatz 2 weitgehend überholt. Entsprechend anwenden sollte man die Vorschriften auf **unbefristete Beschwerden** (etwa Anschlussbeschwerden) und im Ausland etwa bestehende Entsprechungen hierzu (str.), wenn ein solcher Rechtsbehelf bereits eingelegt ist (*Cypra* 118 ff.), sowie auf im Ursprungsstaat anhängige Verfahren, die unserer Vollstreckungsgegenklage entsprechen (*Hub* NJW 01, 3147). Bei Widersprüchen gegen Maßnahmen des einstweiligen Rechtsschutzes ist es jedenfalls unangebracht, von der Aussetzungsmöglichkeit Gebrauch zu machen (*Eilers* Art. 25 Rn 6, 218).

Ist die vollstreckbare ausländische Entscheidung eine **Maßnahme des einstweiligen Rechtschutzes,** so ist die Einleitung des Hauptsacheverfahrens keine Einlegung eines ordentlichen Rechtsbehelfs (Hamm RIW 94, 243 – Schiedsverfahren, aber verallgemeinernd). Einem ordentlichen Rechtsbehelf steht die Verpflichtung der Gerichte gleich, eine Entscheidung von Amts wegen zu überprüfen (BGH NJW 86, 3026; Stuttgart RIW 93, 684. Teilw. **a. A.**

Consolo studi in onoro Denti [1994] III, 106ff. – Verfahren auf „revoca," „modificazione" oder „convalida").

3 Nicht berücksichtigt werden können Gründe, die im ausländischen Verfahren nicht mehr vorgebracht werden können (EuGHE 1991, 4743 – Van Dalfsen). Im Übrigen hat das Beschwerdegericht Entscheidungs**ermessen** sowohl dahingehend, ob es von den Möglichkeiten der Norm überhaupt Gebrauch machen will, als auch, ggf. ob das Verfahren auszusetzen oder unter Sicherheitsleistung fortzusetzen ist. Dabei hat es vor allem zu berücksichtigen, wie glaubhaft ihm Erfolgsaussichten für den im Ursprungsstaat eingelegten Rechtsbehelf dargelegt werden (Saarbrücken RIW 98, 632). Das Gericht muss aber auch die Höhe der wirtschaftlichen Risiken für beide Teile berücksichtigen, die sich ergäben, wenn man den Fortgang der Vollstreckung zuließe und die anzuerkennende Entscheidung hinterher aufgehoben wird, oder wenn man die Zwangsvollstreckung einstellt und die Entscheidung hinterher im Ursprungsstaat bestätigt wird (Beispiel BGH IPRax 95, 243 Anm. *Grunsky*). Im Allgemeinen sollte nicht ausgesetzt, sondern nur die Leistung einer Sicherheit angeordnet werden (Hamm RIW 94, 245; Düsseldorf RIW 97, 329). Das Gericht kann bei Streitwerten, die für beide Teile erheblich sind, auch eine Kompromissentscheidung treffen, teilweise aussetzen, der Vollstreckung teilweise ihren Lauf lassen und sie teilweise von Sicherheitsleistungen abhängig machen (*MünchKommZPO-Gottwald*[2] Art. 38 EuGVÜ Rn 4). Die Auferlegung einer Sicherheitsleistung kommt auch dann in Betracht, wenn das Urteil ohnehin nur gegen Sicherheitsleistung vollstreckbar ist, weil diese Einschränkung im Laufe des ausländischen Rechtsbehelfsverfahrens wegfallen kann, bevor dort endgültig entschieden wird. Bei Vollstreckung von Maßnahmen des einstweiligen Rechtsschutzes ist Sicherheitsleistung häufig deshalb sinnvoll, weil es für die Vollstreckbarkeitserklärung an einer Entsprechung zu § 929 Abs. 2 ZPO fehlt und der Maßnahmengrund weggefallen sein kann (*Eilers* 283; *Albrecht* 170 – beide wie Art. 32 Rn 6).

4 **4. Bevor über die Beschwerde des Schuldners entschieden** ist, ist die Anordnung einer Sicherheitsleistung nicht zulässig (EuGHE 1984, 3971- Brennero = IPRax 85, 339 = RIW 235 – krit. *Linke*). Mit der Anordnung der Sicherheitsleistung endet daher zwangsläufig die in Art. 47, dort Rn 1, vorgesehene Zeit, zu der

die Zwangsvollstreckung über Maßnahmen der Sicherung nicht hinausgehen darf. Daher hat sich die **Höhe der Sicherheit** danach zu orientieren, dass der titulierte Betrag beigetrieben oder zur Abwendung der Zwangsvollstreckung bezahlt wird (BGHZ 87, 259 = IPRax 85, 156, zust. *Prütting*). Von seinem Ermessen hinsichtlich der Art der Sicherheitsleistung, § 108 ZPO, sollte das Gericht sehr flexibel Gebrauch machen und auch Bürgschaften oder Garantien ausländischer Banken erlauben (*Kropholler*[7] Rn 1).

5 **5.** Solange über den Rechtsbehelf nicht entschieden ist, kann es bei titulierten Geldforderungen korrekter Weise zu mehr als nur Pfändung oder Eintragung einer Sicherungshypotek nicht kommen, Art. 47. Darüber hinausgehende Maßnahmen können mit der Erinnerung nach §§ 766 ZPO bekämpft werden. Ist „die" Zwangsvollstreckung nach einer solchen Pfändung von der Leistung einer Sicherheit abhängig gemacht worden, so wird jene nicht tangiert. Sie kann nur nach § 20 Abs. 2 AVAG aufgehoben werden (BGH NJW 83, 1980). Für den Gläubiger gibt es dann keine Möglichkeit mehr, nur Zwangsvollstreckungsmaßnahmen zur Sicherheit vornehmen zu lassen, ohne vorher eine Sicherheit leisten zu müssen, die sich an der Höhe der titulierten Forderung orientiert. Der Unterschied zwischen Pfändung vor und nach Erlass der auf Art. 46 gestützten Entscheidung ist aber nicht gerechtfertigt. Daher muss man § 720a Abs. 1 ZPO für entsprechend anwendbar halten. Das Beschwerdegericht kann aber auch Sicherheitsleistung nur für den Fall anordnen, dass die Zwangsvollstreckung über Maßnahmen der Sicherheit hinausgeht (Düsseldorf RIW 85, 492).

6 **6.** Die Weigerung des Beschwerdegerichts, das Verfahren auszusetzen oder Sicherheitsleistungen anzuordnen, ist nicht beschwerdefähig (EuGH 1991 I 4743 Van Dalfsen = Rev. crit. 92, 118; BGH IPRax 95, 243 Anm. *Stadler* 221 und *Grunsky* 218). Das Gericht kann seine Aussetzung aufheben oder ändern (*Hau* IPRax 96, 322).

Art. 47 [Zwangsvollstreckung vor Abschluss des Rechtshelfsverfahren]

(1) **Ist eine Entscheidung nach dieser Verordnung anzuerkennen, so ist der Antragsteller nicht daran gehindert,**

einstweilige Maßnahmen einschließlich solcher, die auf eine Sicherung gerichtet sind, nach dem Recht des Vollstreckungsmitgliedstaats in Anspruch zu nehmen, ohne dass es einer Vollstreckbarerklärung nach Artikel 41 bedarf.

(2) **Die Vollstreckbarerklärung gibt die Befugnis, solche Maßnahmen zu veranlassen.**

(3) **Solange die in Artikel 43 Absatz 5 vorgesehene Frist für den Rechtsbehelf gegen die Vollstreckbarerklärung läuft und solange über den Rechtsbehelf nicht entschieden ist, darf die Zwangsvollstreckung in das Vermögen des Schuldners nicht über Maßnahmen zur Sicherung hinausgehen.**

Textgeschichte: Absätze 1 u. 2 neu. Absatz 3 übernimmt Art. 39 Abs. 1 EuGVÜ/LÜ nach Verdeutlichung durch den Zusatz „gegen die Vollstreckbarerklärung". Den ursprünglichen Ausdruck „Maßregel" ersetzte das 3. Beitrittübereinkommen durch „Maßnahmen". Art. 39 Abs. 2 EuGVÜ/LÜ ist entfallen. Er lautet: *„Die Entscheidung, durch welche die Zwangsvollstreckung zugelassen wird, gibt die Befugnis, solche Maßnahmen zu veranlassen."*

1 **1.** Sinn des **Absatzes 3 (und von Art. 39 Abs. 1 EuGVÜ/LÜ)** ist es zu verhindern, dass aufgrund der im einseitigen Verfahren nach Artt. 38–41 erreichten Vollstreckbarkeit vollendete Tatsachen geschaffen werden, bevor der Schuldner gehört worden ist. Daher endet die Vollstreckungsbeschränkung auch mit Ablauf der Beschwerdefrist bzw. mit der Entscheidung des Beschwerdegerichts und setzt sich während des Rechtsbeschwerdeverfahrens nicht fort (BGHZ 87, 259 = IPRax 85, 157). Nachweis für den Fortfall der Beschränkung: § 23 AVAG. S. auch Art. 46 Rn 7. Die in § 22 Abs. 2 AVAG vorgesehene Möglichkeit, die Beschränkung bis in das Rechtsbeschwerdeverfahren hinein zu erstrecken, stimmt mit dem Sinn der Verordnung nicht überein (*König* RZ 01, 2), die in Art. 46 die Aussetzungsbefugnis nur dem Rechtsbeschwerdegericht gibt.

Die Beschränkung läuft weitgehend leer, wenn ohnehin nur **Maßnahmen des einstweiligen Rechtschutzes** vollstreckt werden sollen (*Koch* vor Art. 1 HZÜ 194; *Albrecht* IPRax 92, 186), s. Rn 5. Die Beschränkung wird in Deutschland in die Klausel aufgenommen, § 9 Abs. 1 AVAG, existiert aber schon aufgrund die

Verordnung selbst. Sie gilt an sich auch für einstweilige Unterhaltsanordnungen (*MünchKommZPO-Gottwald*[2] Art. 39 Rn 8; *Matscher* 95 ZZP [1982] 217 – rechtspolitisch bedauernd). Der in Art. 6 EMRK verbürgte Anspruch auf effizienten und raschen Rechtsschutz muss hierbei aber eine Ausnahme erzwingen, wenn nicht auf Art. 4 Abs. 2 Haager Übereinkommen vom 2. 10. 1973 ausgewichen werden kann.

Da es dem Gläubiger gleichgültig sein kann, ob er Sicherungsvollstreckung durchführen soll oder vom Schuldner anderweitig Sicherung erhält, verstößt § 20 AVAG, der dem Schuldner letzteres ermöglicht, nicht gegen Verordnung oder Übereinkommen (*Petereit v. Babcock Int'l. Holding Ltd.* [1990] 2 AllE.R. 135 QB). Irgendwelche anderen einstweiligen Anordnungen kann das (deutsche) Beschwerdegericht nicht treffen, allg.M. in Deutschland (**a. A.** *Consolo* studi in onore Denti [1994] III 112).

Absatz 1 spricht zwar von Zwangsvollstreckung in das Vermögen des Schuldners. Er gilt aber auch für titulierte Nichtgeldleistungsforderungen, Art. 49 Rn 6ff.

2 2. **Absätze 1 und 2** gehen auf eine neuere Entwicklung des französischen Rechts (Art. 68 G v. 9. 7. 1991) zurück, die dem Inhaber eines Vollstreckungstitels die Option gibt, sich vor der eigentlichen Zwangsvollstreckung mit den im Gesetz vorgesehenen Maßnahmen des einstweiligen Rechtschutzes zu begnügen. Wie der Kontrast der beiden Absätze ergibt, hat der Inhaber eines ausländischen Vollsteckungstitels vor dessen Vollstreckbarerklärung aber noch kein Recht auf Sicherungsmaßnahmen. Absatz 1 geht auf den Vorschlag einer Arbeitsgruppe zurück, die den ein Recht des Titelgläubiger begründenden Entwurf der Kommision entsprechend abgeschwächt hatte (Materialien in *Gottwald* Revison des EuGVÜ [2000] S. 105, 145). **Absatz 1** sagt nur, dass der Erlass eines ausländischen Urteils kein Hindernis für einstweiligen Rechtsschutz ist, wenn im übrigen die Voraussetzungen dafür vorliegen. Für Deutschland bedeutet Absatz 1, dass im Falle von Geldforderungen der Arrest statthaft ist, aber Arrestgrund glaubhaft zu machen ist. Dafür reicht aber aus, dass der sonst nicht gewährleistete Überraschungseffekt sinnvoll erscheint, Art. 42 Rn 1, Art. 38 Rn 1. In Österreich steht die einstweilige Verfügung zur Disposition. In allen Mitgliedsstaaten müssen die Mittel des einstweiligen Rechtschutzes dem Gläubiger eines ausländischen Titels nicht erst ab dessen Vollstreckbarerklärung (so noch EuGHE 1985, 3147 für die Sicherungszwangsvollstreckung nach Art. 39 Abs. 2 EuGVÜ) und entgegen dem Wortlaut der Vorschrift auch nicht erst ab Antragstellung zur Verfügung stehen.

3 **Absatz 2** ermöglicht schon in Zusammenhang mit der Vollstreckbarerklärung und vor deren Zustellung einen Arrest. Da nämlich im Inland für die Einklagung des materiellen Anspruchs gar keine internationale Zuständigkeit begründet zu sein braucht, ist „Gericht der Hauptsache" i. S. v. § 919 ZPO der für die Vollstreckbarerklärung zuständige Kammervorsitzende.

4 Durch seinen ausdrücklichen Verweis auf Maßnahmen des einstweiligen Rechtschutzes unterscheidet sich Art. 47 Abs. 2 von Art. 39 Abs. 2 EuGVÜ/LÜ trotz trügerischer Wortlautverwandtschaft (näher *Schlosser* RJW 02 Heft 11; **a. A.** *Kropholler*[7] Rn 7). Art. 39 Abs. 2 gestattet nur Maßnahmen der „Zwangsvollstreckung" die nicht über Sicherungsmaßnahmen hinausgehen, in Deutschland also vor allem Pfändungen nach §§ 828–835 ZPO. Die Praxis verlangt meist vorherige Zustellung der Vollstreckbarerklärung nach § 750 ZPO. Diese Praxis ist allerdings unrichtig, Art. 42 Rn 1, weil auch Art. 39 Abs. 2 schon den Sinn hat, den Überraschungseffekt der Vermögensbeschlagnahme sicherzustellen. Nach der durch Absatz 2 geschaffenen Rechtslage ist der Erlass und die Vollstreckbarerklärung eines ausländischen Hauptsacheurteils erst recht kein Grund mehr, einen vorher vollzogenen Arrest nach § 927 ZPO aufzuheben (so schon nach EuGVÜ/LG Hamburg RIW 97, 67).

4a Zur Sicherung **anderer Ansprüche als Geldforderungen** müssen §§ 938, 940 ZPO entsprechend angewandt werden, allg. M., Art. 49 Rn 9. Anordnungen nach dieser Vorschrift muss bereits der Kammervorsitzende erlassen. Das folgt aus dem Prinzip des raschen grenzüberschreitenden Rechtschutzes. Die Vollstreckbarerklärung nach Art. 38 muss so ausgestaltet sein, dass auf ihrer Grundlage der Gläubiger sofort effektive Sicherungsmaßnahmen erwirken kann. Daher muss man den Kammervorsitzenden auch für ermächtigt halten, die in §§ 887, 888, 890 Abs. 2 ZPO vorgesehenen Anordnungen zu treffen. Er ist auf jeden Fall „Prozessgericht des ersten Rechtzugs".

5 Dies alles gilt auch, wenn bereits die **anzuerkennende Entscheidung** eine solche des **einstweiligen Rechtschutzes** ist, obwohl dann die Vollstreckungsbeschränkung nach Art. 47 Abs. 3

praktisch mit der der zu vollstreckenden Entscheidung anhaftenden inhaltlichen Beschränkung identisch ist. Ausländische Arreste oder Beschlagnahmungen einzelner Vermögenswerte werden im Inland durch Arrestpfändung vollstreckt. Die englische freezing order (früher: **„Mareva injunction“**) hat die Rechtsnatur einer einstweiligen Verfügung („in personam“, s. dazu *Barbara Dohmann* in Schlosser (Hrsg.) Materielles Recht und Prozeßrecht [1992] 158 ff.; *Ingenhofen* grenzüberschreitender Rechtsschutz durch englische Gerichte [2000] 183 ff.) und nicht die eines Arrestes. Aus ihrer Vollstreckbarerklärung kann daher nicht gepfändet werden (**a. A.** *Albrecht* IPRax 92, 186). Der Kammervorsitzende muss in Ausübung seines Ermessens, § 938 ZPO, die Maßnahmen verfügen, die der Wirkung einer Mareva injunction möglichst nahe sind, etwa Bankkonten des Schuldners sperren, s. auch Art. 33 Rn 3. Zwar wirken für vollstreckbar erklärte ausländische Verfügungsverbote richtigerweise über § 136 BGB auch im Inland (*Basedow* in Schlosser aaO 149). Solange dies aber nicht allgemein anerkannt ist, müssen im Interesse eines effektiven Rechtschutzes der Vollstreckbarerklärung ausdrückliche Anordnungen des Kammervorsitzenden zur Seite gestellt werden.

6 Überschreiten im Einzelfall Maßnahmen den Charakter bloßer Sicherung, so kann sich der Schuldner nach § 766 ZPO dagegen wehren. Irgendwelche Möglichkeiten, die Zwangsvollstreckung weiter zu beschränken, als in Absatz 3 vorgesehen ist, gibt es nicht (BGH NJW 83, 1980 = RIW 290; Hamm MDR 78, 324; Düsseldorf RIW 85, 492). S. auch Art. 38 Rn 5.

7 In der **Schweiz** ist durch Art. 39 LÜ ein zusätzlicher Arrestgrund geschaffen worden (Trib. Genf SZIER 94, 422; für provisorische Pfändung: BezG Kreuzlingen BlSchK 96, 103).

8 Erklärt erst das OLG die ausländische Entscheidung für vollstreckbar, so ist Art. 47 Abs. 3 unanwendbar. S. aber § 22 AVAG.

Art. 48 [Teilweise Vollstreckbarerklärung]

(1) **Ist durch die ausländische Entscheidung über mehrere mit der Klage geltend gemachte Ansprüche erkannt und kann die Vollstreckbarerklärung nicht für alle Ansprüche erteilt werden, so erteilt das Gericht oder die sonst befugte Stelle sie für einen oder mehrere dieser Ansprüche.**

(2) **Der Antragsteller kann beantragen, dass die Vollstreckbarerklärung nur für einen Teil des Gegenstands der Verurteilung erteilt wird.**

Textgeschichte: Art. 42 EuGVÜ/LÜ: in Abs. 1 nach „die“: Entscheidung nicht im vollen Umfang zur Zwangsvollstreckung zugelassen werden, so lässt das Gericht ... zu.

In Abs. 2: „Vollstreckbarerklärung“ anstatt „Zwangsvollstreckung“, „erteilt“ anstatt „zugelassen“.

1 Der Vorschrift hätte es für Deutschland nicht bedurft. Gerichte in anderen Staaten sind aber mit teilweiser Anerkennung von ausländischen Entscheidungen traditioneller Weise zurückhaltender als die deutschen gewesen (dazu *Matscher* ZZP 86 [1973] 432 ff.). Abs. 1 erfasst auch die Möglichkeit, die Vollstreckbarerklärung nur für einen quantitativen Teil zu erteilen, was bei zuerkannten Schadensersatzansprüchen praktisch werden kann, die jedes in Deutschland vertretbare Maß überschreiten, Art. 34 Rn 2 ff. Eines besonderen (hilfsweise zu stellenden) Antrags, die Entscheidung nur teilweise für vollstreckbar zu erklären, bedarf es nicht. Absatz 2 soll nur klarstellen, dass der Antragsteller sich von vornherein mit einer Teilvollstreckungsklausel begnügen kann (str.). Soll ein ausländischer Titel nicht insgesamt für vollstreckbar erklärt werden, muss die erteilte Klausel immer als Teilvollstreckungsklausel bezeichnet werden, § 9 Abs. 2 AVAG.

2 Wird in einem solchen Fall von Gläubiger und Schuldner Beschwerde eingelegt, so ist die zeitlich später eingelegte eine selbstständige Anschlussbeschwerde. Das Verfahren bleibt eine formale Einheit. Anwendungsbeispiel: Saarbrücken NJW 1988, 3100, 3102 = IPRax 89, 37, 40 – *H. Roth* 15 ff. – Versagung wegen eines nicht hinreichend bestimmten Teils, s. dazu Art. 38 Rn 3.

Art. 49 [Vollstreckbarerklärung von Zwangsgeldentscheidungen – „astreintes“]

Ausländische Entscheidungen, die auf Zahlung eines Zwangsgelds lauten, sind in dem Vollstreckungsmitgliedstaat nur vollstreckbar, wenn die Höhe des Zwangsgelds durch die Gerichte des Ursprungsmitgliedstaats endgültig festgesetzt ist.

Textgeschichte: Durch 3. Beitrittsübereinkommen „Ursprungsstaat" statt „Urteilsstaat". In EuGVVO „Vollstreckungsmitgliedstaat" und „Ursprungsmitgliedstaat" sonst unverändert.

Literatur: *J. Gärtner* Probleme der Auslandsvollstreckung von Nichtgeldleistungsentscheidungen im Bereich der Europäischen Gemeinschaft [1991]; *Mezger* GS Konstantinesco [1983] 503 ff.; *Riemen* Rechtsverwirklichung durch Zwangsgeld [1992]; *Stutz* Die internationale Handlungs- und Unterlassungsvollstreckung unter dem EuGVÜ [1992]; *Koch* Internationaler Unterlassungsrechtsschutz, Liber amicorum Siehr (2000) 341 ff.; *Treibmann* Die Vollstreckung von Handlungen und Unterlassungen im europäischen Zivilprozessrecht, 1994.

I. Der rechtsvergleichende Hintergrund der Vorschrift

Die Vorschrift ist zugeschnitten auf das französische und Benelux-System der „astreintes". Zur Anordnungszuständigkeit s. Art. 22 Rn 26.

1 In **Frankreich** wird in einem Urteil, das zur Vornahme von Handlungen oder zu Unterlassungen anhält, ein Zusatz aufgenommen, der dem Schuldner im Falle der Zuwiderhandlung eine **an den Gläubiger zu zahlende,** bestimmte Geldsumme androht. Gelegentlich wird dies auch für den Fall des Zahlungsverzugs getan. Bei Handlungspflichten wird die Geldsumme meist in Beträgen für jeden Tag oder jede Woche der Leistungsverzögerung ausgedrückt. Bei Unterlassungsverpflichtungen wird eine Summe für jeden Fall der Zuwiderhandlung festgesetzt. Um einen Vollstreckungstitel entstehen zu lassen, muss die angedrohte astreinte freilich noch endgültig festgesetzt werden, wobei der Richter häufig nicht an die angedrohte Höhe gebunden ist („liquidation" – decret 31. 7. 92 Art. 53 Abs. 1). Die Verhängung von astreintes ist unabhängig von Schadenersatzansprüchen und jedenfalls kumulativ zu ihnen. Der englische Text (astreintes = „periodical payments") der Vorschrift ist unrichtig.

2 In den **Beneluxländern** gibt es ein einheitliches Gesetz über astreintes, das bei Schaffung von Art. 49 noch nicht existierte und daher nicht berücksichtigt werden konnte. Im Unterschied zu Frankreich bedarf es keiner besonderen Bestätigungsfestsetzung der astreintes. Schon die „Androhung" wirkt als Festsetzung. Man eröffnet aber dem Gläubiger die Option, eine solche Bestätigungsfestsetzung zu beantragen (Nachweis bei *Gärtner* aaO 54). Auch in den Beneluxstaaten ist eine astreinte unabhängig von Schadenersatz.

3 In anderen Staaten gibt es die „contempt-of-court-Lösung" zu der man auch §§ 888, 890 ZPO rechnen muss, sowie teilweise die Lösung einer vom Gericht festgesetzten Ersatzvornahme auf Kosten des Schuldners (Einzelheiten bei *Gärtner* aaO).

3 a Der Gläubiger hat die Wahl, ob er im Urteilsstaat „astreintes" verhängen und diese im Vollstreckungsstaat als Geldforderungen vollstrecken lassen möchte, oder ob er gleich das ganze Urteil im Vollstreckungsstaat für vollstreckbar erklären und dann nach den dortigen Vorschriften vollstrecken lassen will (*Stürner* FS Henckel [1995] 869f.). Er kann auch beides. Das als zweites um Vollstreckungsmaßnahmen angegangene Organ muss aber bei Ausübung eines ihm zustehenden Ermessens aufmerksam sein, dass es nicht zu Übermaßsanktionen kommt. Art. 49 bezieht sich nur auf das in Frankreich oder den Benelux-Staaten schon festgesetzte Vollstreckungsmittel der asteinte. Die Anerkennungsfähigkeit des ausländischen Grundtitels ist als solche nicht erforderlich (*Geimer/Schütze* Rn 3). Jedoch kann seine Anstößigkeit im Einzelfall auch die Vollstreckung der „astreinte" ordre-public-widrig machen.

II. Einzelheiten der Vollstreckung von „astreintes" in Deutschland

4 Festsetzungen von astreintes durch Gerichte Frankreichs oder der Beneluxstaaten sind nach Art. 49 vollstreckbar. Bei französischen Titeln ist es nur die „liquidation". Nicht nur eine astreinte „provisoire", sondern auch eine sogenannte astreinte „définitive" ist als solche noch nicht vollstreckbar, auch wenn bei der letzteren die Arbeit des Richters nur in einer Rechenoperation besteht. Die astreinte définitive ohne Liquidation wäre schon nach französischem Recht kein zur Zwangsvollstreckung geeigneter Titel. Zwar gibt es auch eine vorläufige Liquidation (dazu *Mezger* aaO Fn. 14). Angesichts des Wortlautes von Art. 49 ist sie aber kein transnational vollstreckbarer Titel. Der deutsche Richter darf auch nicht titelergänzend die Hohe der astreinte festsetzen.

5 Bezüglich Frankreich bezieht sich der Antrag auf Vollstreckbarerklärung daher immer auf einen Titel, in dem eine zu zahlende Summe ausgewiesen oder eine Aufzählung gemacht ist, deren Summe unschwer zu ziehen ist. Da in den Beneluxstaaten bereits die erstmals vorgenommene Anordnung der Zahlung einer astreinte ein Vollstreckungstitel ist, ist sie es auch im EU-(LÜ)Ausland. Es kann also vom Antragsteller nicht verlangt werden, die mögliche gerichtliche Bestätigung über den Verfall der astreinte einzuholen (*Gärtner* aaO 60. **a. A.** *Wolff* in Hdb III/2 S. 328). Ist die astreinte Sanktion auf die Nichtvornahme einer positiven Handlung, dann muss im Verfahren vor dem Kammervorsitzenden von den Angaben des Gläubigers dazu, wie lange die Vornahme verzögert wurde, ausgegangen werden, so wie auch bei der Anerkennung eines Verzinsungsausspruches von den Angaben des Gläubigers über die Leistungsverzögerung auszugehen ist. Der Schuldner muss sich auf das Recht der Beschwerde verweisen lassen. Wird allerdings eine astreinte für den Fall der Zuwiderhandlung gegen ein Unterlassungsgebot festgesetzt, so kann aus rechtsstaatlichen Gründen die Behauptung des Gläubigers allein, der Schuldner habe gegen das Unterlassungsgebot verstoßen, nicht ausreichen. Man muss von ihm eine gerichtliche Bestätigung des endgültigen Verfalls des Zwangsgelds aus seinem Heimatstaat verlangen (**a. A.** *B.-B.-Haß* Art. 43 Rn 3). Exzessive astreintes: Artt. 34 ff. Rn 3.

III. Nichtgeldleistungsurteile aus Staaten ohne das System der „astreintes“

6 Es wäre mit dem vom EuGVÜ verheißenen transnationalen Rechtsschutz unvereinbar, Nichtgeldleistungsurteilen die Vollstreckbarkeit im „Vollstreckungsstaat“ deshalb zu versagen, weil nicht auf eine astreinte erkannt wurde und dort andere Vollstreckungsmittel nicht zur Verfügung stehen.

7 **1.** Ein solches Urteil kann freilich durch strafähnliche Sanktionen im Urteilsstaat auch dann vollstreckt werden, wenn es die Vornahme oder Unterlassung einer Handlung im Ausland anordnet. Es gibt keinen Grundsatz des Völkerrechts, der eine solche Anordnung und ihre Durchsetzung durch Geld- oder Haftstrafen verböte. Der Staat darf sogar im Ausland begangene Straftaten bestrafen, wenn er des Täters habhaft wird. Noch viel mehr kann er Sanktionen wegen im Ausland begangener „Zivilrechtswidrigkeiten" verhängen, wenn er sie auf seinem Territorium faktisch durchzusetzen vermag. Erst recht kann für den Fall der Zuwiderhandlung eine Sanktion angedroht werden.

8 **2.** Jedoch ist das kein ausreichender transnationaler Rechtsschutz, wenn der Schuldner im Ursprungsstaat nicht greifbar ist oder dort kein Vermögen hat. Ein Mitgliedsstaat der EG oder ein Vertragsstaat des EuGVÜ/LÜ muss daher entweder die im Ursprungsstaat verhängte Geldstrafe vollstrecken, auch wenn sie öffentlich-rechtlicher Natur ist und der Staatskasse zufließt (so die Lösung von *Gärtner* aaO 217ff.; *MünchKommZPO-Gottwald*[2] Rn 4; *Kropholler*[7] Rn 1; *Remien* 317f.; *Bülow/Böckstiegel/Schlafen* Rn 1; *Jahr* in *Lüke/Prütting* Lexikon des Rechts Zivilverfahrensrecht [1989] 140; *Stürner* aaO 870, 872; *Lindacher* FS Gaul (1997) 406 f.; **a. A.** *Geimer/Schütze* Rn 4; I; *Kay* 1575 Fn. 266; *Mezger* aaO 507; *Treibmann* aaO 155ff. – „Anpasssung" als Anspruchsberechtigung des Gläubigers); oder aber der Vollstreckungsstaat muss selbst die Verhängung von astreintes oder Ordnungsstrafen als Vollstreckungsmittel für ausländische Urteile, die keine astreintes-Bestandteile enthalten, einführen (so *Schack* JZPR[3] Rn 977; BGH IPRax 97, 36 – so festgehalten für die Rechtslage in England; Abgelehnt von Präsident Tribunal Grande Instance Paris Gaz. Pal. 1980 I 308 – *Mauro* = Rev.crit. 80, 782 – zust. *Gaudemet-Tallon*).

9 Nichtgeldleistungsurteilen aus Staaten, die das System der astreintes nicht kennen, können und müssen in Deutschland in der Weise vollstreckt werden, dass dem ausländischen Gläubiger die §§ 887, 888, 890 ZPO zugute kommen (Karlsruhe ZZPInt 96, 91). Entsprechende Entscheidungsbestandteile müssen der Vollstreckbarerklärung angefügt werden, soweit sie auch in einem deutschen Urteil zur Sache selbst stehen würden. Vor allem gilt dies in Bezug auf § 890 Abs. 2 ZPO. Dann kann der Schuldner sowohl den Sanktionen nach der Rechtsordnung des Ursprungsstaates, s. Rn 7, als jenen nach der deutschen Rechtsordnung unterliegen. Das ist im Prinzip zulässig. Sollten hierdurch unverhältnismäßige Sanktionen drohen, so kann der deutsche Richter dies bei Verhängung seiner eigenen Sanktion berücksichtigen. Zur Anwendbarkeit von §§ 135, 136 BGB Art. 33 Rn 3.

10 **4.** Eine Ermächtigung zur **Ersatzvornahme** kann nicht über die Grenzen als Erlaubnis zu Eingriffen in Rechte des Schuldners wirken. Die Anordnung, dass der Schuldner die Kosten einer

Ersatzvornahme zu tragen hat, ist aber, wenn ziffernmäßig festgelegt, transnational vollstreckungsfähig (*Stürner* aaO 868).

5. Im Falle der Vollstreckung von astreintes wirkt auch Art. 47 so wie bei Vollstreckung von Geldleistungsurteilen generell. Soweit öffentlich-rechtliche Ansprüche der Staatskasse für vollstreckbar erklärt sind, gilt das Gleiche. Eine Pfändung ist sehr wohl möglich, auch wenn ein vergleichbares deutsches Urteil erst mit seiner Rechtskraft vollstreckbar würde. **11**

Art. 50 [Erstreckung von Prozesskostenhilfe]

Ist dem Antragsteller im Ursprungsmitgliedstaat ganz oder teilweise Prozeßkostenhilfe oder Kosten- und Gebührenbefreiung gewährt worden, so genießt er in dem Verfahren nach diesem Abschnitt hinsichtlich der Prozesskostenhilfe oder der Kosten- und Gebührenbefreiung die günstigste Behandlung, die das Recht des Vollstreckungsstaats vorsieht.

Textgeschichte: Entspricht Art. 44 EuGVÜ/LÜ Änderung durch 1. Beitrittsübereinkommen (Einfügung von „ganz oder teilweise" sowie des Abs. 2 bezogen auf Dänemark; 3. Beitrittsübereinkommen („im Ursprungsstaat" anstelle von „dem Staat, in dem die Entscheidung ergangen ist, „Prozesskostenhilfe" statt „Armenrecht"). EuGVVO hat Absatz 1 auf das Rechtsbehelfsverfahren erweitert, indem die Worte „nach den Artikeln 32 bis 35" durch „nach diesem Abschnitt" ersetzt wurden. Absatz 2 wurde ersatzlos gestrichen der folgendermaßen lautet:

Der Antragsteller, welcher die Vollstreckung einer Entscheidung einer Verwaltungsbehörde begehrt, die in Dänemark oder in Island in Unterhaltssachen ergangen ist, kann im Vollstreckungsstaat Anspruch auf die in Absatz 1 genannten Vorteile erheben, wenn er eine Erklärung des dänischen oder des isländischen Justizministeriums darüber vorlegt, daß er die wirtschaftlichen Voraussetzungen für die vollständige oder teilweise Bewilligung der Prozesskostenhilfe oder für die Kosten- und Gebührenbefreiung erfüllt.

I. Erstreckung von Prozesskostenhilfe

Die Vorschrift soll es der minderbemittelten Partei ersparen, im Vollstreckungsstaat erneut um Bewilligung der Prozesskostenhilfe nachsuchen zu müssen, wenn sie schon im Ursprungsstaat den Prozess mit vergleichbarer Unterstützung führen konnte. Auch dann, **1** wenn die Prozesskostenhilfe im Ursprungsstaat nur eingeschränkt oder teilweise gewährt wurde, wird sie im Vollstreckungsstaat in dem denkbar größten Umfang gewährt, den das Gesetz dort vorsieht, in Deutschland also ohne Eigenbeteiligung und unter Beiordnung eines Rechtsanwaltes – alles mit den Wirkungen des § 122 ZPO. Es darf im Vollstreckungsstaat nicht überprüft werden, ob im Ursprungsstaat Prozeßkostenhilfe zu Recht gewährt wurde und ob die Bewilligungsvoraussetzungen noch fortbestehen (*Kropholler*[7] Rn 2; Nachweis: Art. 54 und ausgefülltes Formblatt nach Anh. V). In Zweifelsfällen kann das über die Vollstreckbarkeit entscheidende Gericht aber aussprechen, ob der Antragsteller die Vorteile der Prozesskostenhilfe genießt oder nicht.

II. Gegenständliche betroffene Verfahren

2 Die Erstreckung der Prozesskostenhilfe geschieht nach dem Wortlaut der Vorschrift nur für das Vollstreckbarerklärungsverfahren, einschließlich aller Rechtsbehelfsverfahren. Man muss aber sinnvoller Weise die Vollstreckungsmaßnahmen nach Art. 39 bzw. das Vollstreckungsverfahren nach rechtskräftiger Vollstreckbarerklärung mit dazurechnen (**a. A.** *Kropholler*[7] Rn 5).

III. Eigenständige Bewilligung von Prozesskostenhilfe

3 Im Anwendungsbereich von EuGVÜ/LÜ muss für das Beschwerdeverfahren dem Gläubiger sowohl als Antragsgegner wie als Antragsteller Prozesskostenhilfe eigenständig neu bewilligt werden, wobei die Voraussetzungen nach deutschem Recht zu prüfen sind. Auch darüber hinaus kann natürlich unabhängig von einer Bewilligung von Prozesskostenhilfe im Ursprungsstaat im Vollstreckungsstaat Prozesskostenhilfe bewilligt werden, wenn die Voraussetzungen dafür vorliegen.

IV. Konkurrenzen

4 Andere Staatsverträge bleiben unberührt, sind also kumulativ anwendbar. Nach Art. 15 Haager Unterhaltsvollstreckungsübereinkommen von 1973 gilt die Wirkungserstreckung für „jedes Anerkennungs- und Vollstreckungsverfahren," also auch für ein solches nach dem EuGVÜ und dem LÜ einschließlich der dort vorgesehenen Beschwerdeverfahren.

Art. 51 [Verbot der Ausländersicherheit]

Der Partei, die in einem Mitgliedstaat eine in einem anderen Mitgliedstaat ergangene Entscheidung vollstrecken will, darf wegen ihrer Eigenschaft als Ausländer oder wegen Fehlens eines inländischen Wohnsitzes oder Aufenthalts eine Sicherheitsleistung oder Hinterlegung, unter welcher Bezeichnung es auch sei, nicht auferlegt werden.

Textgeschichte: Außer des Ersatzes von „Vertragsstaat" durch „Mitgliedsstaat" unverändert.

1. Die Vorschrift besagt für Deutschland, dass §§ 110ff. ZPO im Vollstreckbarerklärungsverfahren unanwendbar sind, auch wenn der Gläubiger Wohnsitz in einem Drittstaat hat. **1**

2. Wie auch sonst der gegenüber einem „ausländischen" Kläger siegreiche Beklagte, muss der Antragsgegner nach Verweigerung der Vollstreckbarerklärung seinen titulierten Kostenerstattungsanspruch unter Umständen im Ausland durchsetzen. Außerhalb des staatsvertraglichen Bereichs (vor allem natürlich der Art. 38ff. und der Artt. 18, 19 HZÜ) gilt das autonome Recht des fremden Staates. **2**

3. Unberührt bleibt die Anordnung von Sicherheitsleistungen, die mit der Eigenschaft einer Partei als Ausländer oder Auslandsbewohner nichts zu tun haben, vor allem die Anordnung von Sicherheitsleistungen, die im zu vollstreckenden Titel selbst enthalten sind. **3**

Art. 52 [Gerichtsgebühren]

Im Vollstreckungsmitgliedstaat dürfen im Vollstreckbarerklärungsverfahren keine nach dem Streitwert abgestuften Stempelabgaben oder Gebühren erhoben werden.

Textgeschichte: Redaktionell angepasster Art. III Protokoll EuGVÜ/LÜ.

Abschnitt 3. Gemeinsame Vorschriften

Vorbemerkungen zu Art. 53

1 Der 3. Abschnitt behandelt Erfordernisse urkundlichen Nachweises. Art. 53 ist gewissermaßen der Grundtatbestand. Er nennt die Urkunden, die vorgelegt werden müssen, wenn nur die Anerkennung der Entscheidung geltend gemacht wird. Für die Vollstreckbarerklärung ist nach Art. 54 eine zusätzliche Urkunde vorzulegen. Auch die Verweisung von Art. 33 Abs. 2 auf die Vorschriften über die Vollstreckbarerklärung führen nicht dazu, dass im selbstständigen Anerkennungsverfahren auch die in Art. 54 genannte Bescheinigung vorzulegen wären (**a. A.** *MünchKomm-ZPO-Gottwald*[2] Art. 47 Rn 8). Art. 55 behandelt den letztmöglichen Zeitpunkt der Vorlage und das Erfordernis einer Übersetzung. Art. 56 stellt klar, dass es irgendeiner Mitwirkung einer Amtsstelle des Vollstreckungsstaates nicht bedarf, um die vorgelegten Urkunden berücksichtigungsfähig zu machen. Ein mangels hinreichender Unterlagen zurückgewiesener Antrag kann in ergänzter Form erneuert werden (Stuttgart Die Justiz 80, 276).

2 Die in Artt. 53f. erwähnten Urkunden müssen nicht schon bei Verfahrensbeginn vorgelegt werden. Die Vorlage kann auch nachgeholt werden, auch noch im Beschwerdeverfahren (Hamm RIW 93, 149; Hamburg RIW 95, 680, Koblenz RIW 91, 667; EuGHE 1996 I 1393 – Van der Linden mit der Maßgabe, der Schuldner müsse bei Zustellung erst während des Vollstreckbarerklärungsverfahrens immer noch über eine gewisse Frist verfügen, dem Urteil freiwillig nachzukommen und der Gläubiger müsse die Kosten eines „etwa unnötigen" Verfahrens tragen). Dem Antragsteller kann zur Vorlage auch eine Frist gesetzt werden, Art. 55 Abs. 1. Im Verfahren vor dem Kammervorsitzenden genügt es, wenn die vorgelegten Urkunden ihrem äußeren Erscheinungsbild nach von der Stelle stammen, die amtliche Autorität für die Ausstellung solcher Urkunden in Anspruch nimmt. Immer genügt auch eine amtlich beglaubigte Abschrift (Köln NJW RR 90, 127 – für Zustellungsurkunden).

3 In zweierlei Hinsicht bringen Artt. 53–56 große Erleichterungen des Verfahrens. Einmal bedarf es keines Nachweises der Zustellung des verfahrenseinleitenden Schriftstücks mehr, weil der Kammervorsitzende Anerkennungsversagungsgründe nach Art. 41 nicht zu prüfen hat. Es genügt, dass im Falle von Versäumnisurteilen in dem nach Anl. V verwandten Formular das Datum der Zustellung vermerkt ist. Ob die Zustellung rechtzeitig war oder überhaupt stattgefunden hat, darf der Kammervorsitzende ohnehin nicht überprüfen, Art. 41. Zum anderen dienen eben diese in Art. 54 vorgesehenen formularmäßigen Erklärungen der Übersichtlichkeit und beugen einer Nachlässigkeit vor.

Art. 53 [Vorzulegende Urkunden]

(1) **Die Partei, die die Anerkennung einer Entscheidung geltend macht oder eine Vollstreckbarerklärung beantragt, hat eine Ausfertigung der Entscheidung vorzulegen, die die für ihre Beweiskraft erforderlichen Voraussetzungen erfüllt.**

(2) **Unbeschadet des Artikels 55 hat die Partei, die eine Vollstreckbarerklärung beantragt, ferner die Bescheinigung nach Artikel 54 vorzulegen.**

Textgeschichte: Abs. 1 entspricht Art. 46 Nr. 1 EuGVÜ/LÜ mit redaktionellen Anpassungen (vor allem „eine Vollstreckbarerklärung beantragt" anstatt „die Zwangsvollstreckung betreiben will") Abs. 2 entspricht Art. 47 EuGVÜ. Art. 46 Nr. 2 EuGVÜ/LÜ hat in der EuGVVO kein Gegenstück, s. Vorbem. Artt. 46 Nr. 2, 47 EuGVÜ/LÜ lauten:

Art. 46 Nr. 2 „bei einer im Versäumnisverfahren ergangenen Entscheidung die Urschrift oder eine beglaubigte Abschrift der Urkunde aus der sich ergibt, dass das den Rechtsstreit einleitende Schriftstück oder ein gleichwertiges Schriftstück der säumigen Partei zugestellt worden ist."

Art. 47: „Die Partei, welche die Zwangsvollstreckung betreiben will, hat ferner vorzulegen:
1. die Urkunden, aus denen sich ergibt, dass die Entscheidung nach dem Recht des Ursprungsstaats vollstreckbar ist und dass sie zugestellt worden ist;
2. gegebenenfalls eine Urkunde, durch die nachgewiesen wird, dass der Antragsteller Prozesskostenhilfe im Ursprungsstaat erhält."

I. Die Ausfertigung der anzuerkennenden Entscheidung, Nr. 1

1 Wie eine dem Erfordernis von Absatz 1 genügende Ausfertigung aussehen muss, bestimmt das Recht des Urteilsstaates. Die Frage, ob eine ohne Begründung ergangene Entscheidung anerkennungs- und vollstreckungspflichtig ist, ist eine materielle Frage, Artt. 34 ff. Rn 2. Die vorgelegte Ausfertigung braucht jedenfalls eine solche Begründung nicht zu enthalten. Es ist auch zweckmäßig, sich im Ursprungsstaat nach Möglichkeit eine Ausfertigung ohne Begründung zu besorgen, um den durch Übersetzungen bedingten Zeitverlust zu vermeiden und möglichst rasch zur Sicherungsvollstreckung nach Art. 47 Abs. 2 zu kommen. „Beweiskraft" meint den Beleg der Authentizität der vorgelegten Entscheidung. „Ausfertigung" i. S. v. Absatz 1 ist in Deutschland die Ausfertigung nach § 317 Abs. 3 ZPO, in Frankreich und Belgien die „expédition," in den Niederlanden die „expeditie" und die „grosse," in Italien die „spedizione" nach Art. 475 c.pr. c. (weitere Angaben bei *Wolff* Hdb III/2 S. 420 ff.). Wenn die materielle Rechtskraft anerkannt werden soll, empfiehlt sich die Vorlage eines Rechtskraftzeugnisses. Die vorgelegte Ausfertigung muss nicht bei den Akten verbleiben. Sie kann, (ev. nach Anfügung der Vollstreckungsklausel) dem Antragsteller wieder zurückgegeben werden (BGHZ 75, 167 = NJW 80, 527). Hat das Gericht keine Übersetzung verlangt, so können auch die Vollstreckungsorgane eine solche nicht begehren. Diese sind dann verpflichtet, sich auf dem denkbar raschesten Weg über den Inhalt der Entscheidung zu informieren.

Für den Fall, dass sich aus dem Inhalt der für vollstreckbar zu erklärenden Entscheidung oder wegen Rechtsnachfolge weitere Vollstreckungsvoraussetzungen ergeben, s. § 7 AVAG.

II. Urkunden über die Zustellung des verfahrenseinleitenden Schriftstücks, Art. 46 Nr. 2 EuGVÜ/LÜ

2 Art. 46 Nr. 2 EuGVÜ/LÜ trifft eine Sonderregelung für Entscheidungen, die „im Versäumnisverfahren ergangen" sind. Damit

soll bereits im Verfahren vor dem Kammervorsitzenden verbürgt werden, dass es nicht zu Vollstreckbarerklärungen von „Versäumnisentscheidungen" kommt, ohne dass das verfahrenseinleitende Schriftstück ordnungsgemäß zugestellt worden wäre. Das den Rechtsstreit einleitende Schriftstück ist jenes, durch das nach dem Recht des Urteilsstaats der Beklagte erstmals offiziell Kenntnis vom Verfahren erhält (Koblenz RIW 91, 667). Das Zustellungszeugnis eines Rechtspflegers aus dem sich ergibt, dass das verfahrenseinleitende Schriftstück ausweislich einer Postzustellungsurkunde dem Beklagten persönlich übergeben wurde, genügt (Köln RIW 93, 149). Gemeint sind Entscheidungen, die aus Verfahren hervorgegangen sind, auf das sich der Beklagte iSv Art. 27 Nr. 2 nicht eingelassen hat. Das gilt auch für **vereinfachte Verfahren.** Entscheidungen aus einseitigen Verfahren fallen demgegenüber überhaupt nicht in den Anwendungsbereich der Artt. 32ff., s. Art. 32 Rn 6. Darauf, ob das Urteil amtlich als **Versäumnisurteil** oder in ähnlicher Weise **bezeichnet** worden ist, kommt es nicht an. Jedoch wird der Kammervorsitzende die Natur der Entscheidung als „im Versäumnisverfahren ergangen" nicht erkennen, wenn er weder durch den Antragsteller noch durch die Bezeichnung des Urteils darauf hingewiesen wird. Wie die zuzustellende Urkunde aussieht, bestimmt das Recht des Ursprungsstaates, unter Einschluss der von ihm ratifizierten internationalen Verträge. Bei – aus der Sicht des Ursprungsstaates gesehen – **Auslandszustellungen** muss daher im Allgemeinen ein Zustellungszeugnis nach Art. 6 HZÜ oder Art. 10 EuZVO vorgelegt werden. „Urkunde" iS der Nr. 2 EuGVÜ/LÜ kann dem Sinnzusammenhang nach nur eine amtliche Urkunde sein. Übertriebener Formalismus ist es aber zu verlangen, dass aus der vorgelegten Urkunde der Charakter des zuzustellenden Schriftstücks als ein verfahrenseinleitendes hervorgeht. Meist steht dies auch in einer deutschen Zustellungsurkunde, die nach § 190 Abs. 4 dem Zustellungsauftraggeber zu übermitteln ist, nicht. Denn ein solches Element ist von § 191 ZPO nicht gefordert (**a. A.** wohl *Kropholler* Rn 3). Irgendwelche Urkunden, aus denen sich die **Rechtzeitigkeit der Zustellung** i.S.v. Art. 27 Nr. 2 EuGVÜ/LÜ ergibt, brauchen nicht vorgelegt zu werden.

In die EuZVO ist das Erfordernis des Art. 46 Nr. 2 deshalb nicht übernommen worden, weil der Kammervorsitzende auch im Fall eines Versäumnisurteils Anerkennungsversagungsgründe nicht nachzuprüfen hat, s. Rn 3 vor Art. 43.

III. Urkundenvorlage auch bei Inzidentanerkennung?

3 Die Vorschrift ist zugeschnitten auf das selbstständige Anerkennungsverfahren des Art. 33 Abs. 2. Die Vorlageobliegenheit ist das Korrelat dazu, dass auch dieses Verfahren einseitig ist. Wird die Anerkennung in einem anderen gerichtlichen Verfahren inzident geltend gemacht, so bedarf es einer solchen Vorsicht nicht. Man kann dann getrost abwarten, ob der Gegner die Authentizität der Entscheidung [oder die ordnungsgemäße und rechtzeitige Zustellung des verfahrenseinleitenden Schriftstücks] bestreitet.

IV. Zusätzlich vorlagepflichtiges Dokument im Falle einer beantragten Vollstreckbarkeitserklärung

4 In der in Art. 54 durch Verweis auf Anlage V bezeichneten Bescheinigung ist alles enthalten, was in Art. 46, Nr. 2 und Art. 47 EuGVÜ/LÜ aufgeführt ist – mit einer praktisch höchst bedeutsamen Ausnahme: **Die Zustellung des für vollstreckbar zu erklärenden Urteils** muss nicht nachgewiesen und daher auch nicht geschehen sein, wenn es nicht nach dem Recht des Urteilstaats Vollstreckbarkeitsbedingung ist. Nach deutschem Recht ist die Zustellung gemäß § 750 ZPO eine neben der Vollstreckbarkeit bestehende besondere Vorbedingung für den Beginn der Zwangsvollstreckung und nicht Voraussetzung für die Vollstreckbarkeitserklärung im Ausland. Die augenfällige Abweichung von EuGVÜ und LÜ kann nur um der Wahrung des Überraschungseffektes willen geschehen sein, s. Art. 42 Rn 1. Im Geltungsbereich von Art. 47 EuGVÜ/LÜ kann die Zustellung noch während des Beschwerdeverfahrens nachgeholt werden (Hamm IPRax 97, 421 – *H. Roth* 497), der Urteilsgläubiger hat auch einen Anspruch (Art. 6 MRK) auf Zustellung im Weg der internationalen Rechtshilfe, wenn ihm eine Zustellung nach § 184 Abs. 2 S. 2 ZPO als nicht verlässlich genug für die Urteilsvollstreckung erscheint (BGH NJW 87, 3086).

V. Urkunden über die Zustellung der Entscheidung nach Art. 47 Nr. 1 EuGVÜ/LÜ

5 Rechtspolitisch war das Erfordernis der vorherigen Zustellung der zu vollstreckenden Entscheidung von Anfang an verfehlt, weil dadurch jeder Überraschungseffekt bei der Zwangsvollstreckung verhindert wird. In diesem Bereich herrscht im Übrigen in der Praxis der gleiche übertriebene Formalismus wie im Bereich von Art. 27 Nr. 2, s. dort Rn 11f. (Beispiel: Koblenz RIW 91, 667, 669 – Zustellungsmangel bei Annahmeverweigerung wegen Fehlens einer Übersetzung). Dieser ist hier aber nicht einmal durch den Gesetzeswortlaut gedeckt. Ein materielles Erfordernis der (ordnungsgemäßen) Zustellung des Urteils stellt das Übereinkommen nicht auf. Daher ist die Vorschrift so eng wie möglich anzulegen. Nr. 1 verlangt nur einen urkundlichen Nachweis, dass überhaupt zugestellt worden ist, nicht dass die Zustellung „ordnungsgemäß" war. Auch wenn das Recht des Urteilsstaats eine vom Gericht veranlasste Zustellung verlangt, reicht ein Dokument über eine anderweitige Zustellung (**a. A.** Düsseldorf RIW 95, 324). Selbst ein Zeugnis über die Zustellung durch den deutschen Gerichtsvollzieher ist hinreichend (Düsseldorf RIW 95, 324). Wenn dieser im Auftrag des Gläubigers zustellt, ist das Völkerrecht nicht verletzt. Nur wenn er über die Natur des zuzustellenden Schriftstücks getäuscht wurde, würde die Vollstreckbarerklärung gegen den ordre public verstoßen.

6 Auch bezüglich der Zustellung genügt Nachweis durch Privaturkunden, etwa eine schriftliche Bekundung des Zustellungsadressaten, dass ihm amtlich zugestellt worden ist (BGHZ 65, 291 = NJW 76, 478; Frankfurt RIW 78, 620 – Brief des Schuldners an den Gläubiger, im Urteil fälschlich nur im Rahmen v. Art. 48 Abs. 1 geprüft). Es genügt auch jede schriftliche Bestätigung des Zustellungsorgans über die Vornahme der Zustellung, auch wenn eine solche Bestätigung als Regelelement der Zustellung im Gesetz gar nicht vorgesehen ist. Die übliche Nachweisform ist die beglaubigte Abschrift der jeweiligen Zustellungsurkunde. Eine Urkunde über die Zustellung einer bestätigenden Rechtsmittelentscheidung muss nicht vorgelegt werden (BGHZ 75, 167 = NJW 80, 527). Sollte sich aus der Antragsschrift ergeben, dass gegen die Entscheidung im Ausgangsstaat ein Rechtsmittel eingelegt worden ist, so reicht eine daraus zu ziehende Schlussfolgerung, dass zugestellt worden sein muss, aber nicht aus (**a. A.** Hamburg RIW 95, 680).

VI. Nachweis der im Ursprungsstaat gewährten Prozesskostenhilfe

7 Die Partei, welche Rechte aus Art. 44 EuGVÜ/LÜ herleiten will, muss durch Urkunden „nachweisen," dass ihr im Ursprungsstaat Prozesskostenhilfe gewährt worden ist. Auch insoweit genügen aber einfache Urkunden, also gewöhnliche Fotokopien von Bewilligungsbescheiden. Ergibt sich aus dem zu vollstreckenden Titel selbst, dass Prozesskostenhilfe bewilligt worden ist, braucht ein eigenes Dokument nicht vorgelegt zu werden. Selbstständiges Anerkennungsverfahren: Vorbemerkungen Art. 53 Rn 1.

Nach der EuGVVO ist die Bekundung über gewährte Prozesskostenhilfe in dem in Anh. V vorgesehenen Formular enthalten.

Art. 54 [Nachweise auf Formblatt]

Das Gericht oder die sonst befugte Stelle des Mitgliedstaats, in dem die Entscheidung ergagen ist, stellt auf Antrag die Bescheinigung unter Verwendung des Formblatts in Anhang V dieser Verordnung aus.

Textgeschichte: Neu in EuGVVO

1 Das vom zuständigen Bediensteten des Ausgangsgericht auszufüllende Formblatt dient der raschen Verständigung, weil aufgrund der in der eigenen Sprache verfügbaren vorfomulierten Bestandteile der Richter im Vollstreckungsstaat auch bei unvollkommenen Kenntnissen der fremden Sprache sich häufig ein Bild machen kann. Es handelt sich um eine öffentliche Urkunde i. S. v. § 418 ZPO zu deren Ausstellung das Europarecht ermächtigt.

2 In Auslegung von Art. 47 Nr. 1 EuGVÜ/LÜ meinte man meist, es müsse eine Ausfertigung oder beglaubigte Ablichtung der mit der Vollstreckungsklausel versehenen Entscheidung vorgelegt werden. Art. 54 verlangt demgegenüber die vorherige Erteilung der Vollstreckungsklausel nicht. Wenn aus faktischen Gründen im Ursprungsstaat eine Vollstreckung nicht möglich ist, wäre ein solches

Erfordernis auch eine sinnlose Umständlichkeit. Der Richter kann aber nach Art. 55 von der Vorlageobliegenheit befreien, wenn ihm eine amtliche Ausfertigung des mit der Vollstreckungsklausel versehenen ausländischen Judikats vorgelegt wird.

3 Zur Zustellung der Entscheidung s. Art. 53 Rn 4. Zur Zustellung des verfahrenseinleitenden Schriftsatzes s. Art. 53 Rn 2.

4 Die Bescheinigung nach Anl. V wird zweckmäßigerweise zusammen mit der Urteilsausfertigung beantragt.

Art. 55 [Nichtvorlage von Urkunden; Übersetzung]

(1) **Wird die Bescheinigung nach Art. 54 nicht vorgelegt, so kann das Gericht oder die sonst befugte Stelle eine Frist bestimmen, innerhalb deren die Urkunde vorzulegen ist, oder sich mit einer gleichwertigen Urkunde begnügen oder von der Vorlage der Bescheinigung befreien, wenn es eine weitere Klärung nicht für erforderlich hält.**

(2) **Auf Verlangen des Gerichts oder der sonst befugten Stelle ist eine Übersetzung der Urkunden vorzulegen; die Übersetzung ist von einer hierzu in einem der Mitgliedsstaaten befugten Person zu beglaubigen.**

Textgeschichte: In EuGVÜ/LÜ unverändert. Dort Bezugnahme auf „die in Artikel 46 Nummer 2 und in Artikel 47 Nr. 2 angeführten Urkunden“ mit entsprechenden redaktionellen Konsequenzen.

Die beiden Absätze regeln völlig heterogene Gegenstände.

I. Die Auflockerung der Obliegenheit, eine Bescheinigung nach Art. 54 beizubringen

1 Absatz 1 soll verhindern, dass durch übertriebene Förmlichkeiten beim Erfordernis, eine Bescheinigung nach Art. 54 beizubringen, der transnationale Rechtsschutz auf der Strecke bleibt. In diesem Sinne ist die Vorschrift auszulegen (*Kropholler*[7] Rn 1; *Jenard*-Bericht zu Art. 48), s. auch Art. 53 Rn 8.

2 **1.** Es ist nicht einzusehen, warum das Gericht nicht auch bei der in Art. 53 Abs. 1 genannten Entscheidungsausfertigung eine Vorlagefrist soll bestimmen können. Die Vorschrift richtet sich aber nur an Rechtsordnungen, die generell verlangen, dass (bestimmte) erforderliche Urkundennachweise schon mit dem verfahrenseinleitenden Schriftsatz vorgelegt werden. Das deutsche Gericht kann immer auch nach § 142 ZPO die Vorlage von Urkunden anordnen (Frankfurt IPRspr 88 Nr. 198; *MünchKommZPO-Gottwald*[2] Rn 3. allg. M.), was bei Verfahren ohne mündliche Verhandlung auch die Form der Festlegung einer Vorlagefrist annehmen kann. § 142 lässt sich mit Sicherheit auch auf Urkunden anwenden, die ein Verfahrensbeteiligter sich bei einem Gericht oder einer Behörde mühelos beschaffen kann. Das deutsche Gericht kann auch formlos zu verstehen geben, dass es bis zu einem bestimmten Zeitpunkt keine Entscheidung treffen will, sondern Gelegenheit gibt, Urkunden vorzulegen. Mangels einer entsprechenden Rechtsgrundlage sind die vom Gericht bestimmten Fristen auch nicht präklusiv. Auch nach Fristablauf vorgelegte Urkunden müssen bei der Entscheidung berücksichtigt werden. Ein wegen Nichtvorlage zurückgewiesener Antrag kann unter Vorlage erneuert werden (SchwBGE 127 III 186; allg. M.).

3 Die Frist ist großzügig zu bemessen, wenn sie dem Antragsteller Gelegenheit geben soll, eine ordnungsgemäße Zustellung des Urteils erst noch zu bewirken (*Stürner* IPRax 85, 255), was freilich im Rahmen der EuGVVO nicht mehr vorkommen kann, s. Art. 53 Rn 4. Die Frist kann nach § 224 Abs. 2 ZPO auch verlängert werden.

4 **2.** Subsidiär kann sich das Gericht mit „gleichwertigen Urkunden" begnügen. Das sind vor allem (beglaubigte) Kopien von Dokumenten aus den Akten des ausländischen Gerichts.

5 **3.** Das Gericht kann auch ganz von der Vorlage von Urkunden befreien. Dies kann es allerdings erst, wenn es eine „weitere Aufklärung nicht für erforderlich hält". Die Aufklärung kann aber auch durch andere Beweismittel einschließlich amtlicher Auskünfte und Zeugenaussagen herbeigeführt worden sein. Art. 54 stellt also kein striktes Erfordernis des Urkundenbeweises auf. Das Gericht braucht allerdings nicht zu anderen Beweismitteln zu greifen, solange es sieht, dass die fehlenden Urkunden ohne unzumutbaren Aufwand herbeigebracht werden können. Für die Ausfertigung i. S. v. Art. 53 Abs. 1 werden sich im allgemeinen im Ursprungsstaat Ersatzdokumente besorgen lassen, wenn das ursprünglich in Händen des An-

tragstellers sich findende Exemplar verlorengegangen ist. Ist dies aber nicht möglich, so muss man Art. 55 Abs. 1 auch insoweit anwenden.

4. An der freien Beweiswürdigung ändert der 3. Abschnitt ohnehin nichts, soweit nicht vorgelegte Urkunden besonderen Beweiswert haben. **6**

II. Übersetzungsverlangen des Gerichts

Zu fremdsprachigen Urkunden, die einem deutschen Gericht vorgelegt werden, braucht zwar generell nur auf Anordnung des Gerichts eine Übersetzung beigebracht zu werden, Art. 142 Abs. 3 ZPO. Demgegenüber bringt aber Art. 55 die doppelte Erleichterung, dass kein beim Gericht des Vollstreckungsstaates akkreditierter Übersetzer eingeschaltet werden muss und die „befugte" Person die Richtigkeit der Übersetzung nur zu beglaubigen braucht. Nach der Rechtsprechung kann sich das Gericht zudem mit einer unbeglaubigten Übersetzung begnügen (BGHZ 75, 167 = NJW 80, 527). Davon sollte großzügig Gebrauch gemacht werden, wenn ein Jurist aus der Anwaltskanzlei des Antragstellers die Übersetzung angefertigt hat. Zu fremdsprachigen Anträgen siehe Art. 38 Rn 5. Die Kosten der Übersetzung trägt der Antragsteller zunächst selbst. Nach § 8 Abs. 1 S. 4 AVAG werden sie aber dann, wenn er obsiegt, im Kostenfestsetzungsbeschluss als erstattungsfähige Kosten geführt. Ist die Übersetzung erst im Beschwerdeverfahren angeordnet worden, so gelten die Übersetzungskosten als solche dieses Verfahrens. **7**

Art. 56 [Befreiung von der Legalisation]

Die in Artikel 53 und in Artikel 55 Abs. 2 angeführten Urkunden sowie die Urkunde über die Prozeßvollmacht, falls eine solche erteilt wird, bedürfen weder der Legalisation noch einer ähnlichen Förmlichkeit.

Textgeschichte: Seit EuGVÜ/LÜ unverändert, dort mit Bezugnahme auf „Artikel 46, 47 und Art. 48 Absatz 2".

Bezüglich der in Art. 53 genannten Urkunden läuft die Vorschrift in Deutschland leer. Auch ohne sie würden §§ 437, 438 **1** gelten. Zwar werden ausländische öffentliche Urkunden den inländischen nicht gleichgestellt (**a. A.** *Kropholler*[7] Rn 1). Doch liegt es im Sinne der Vorschrift, unter den Voraussetzungen von § 438 Abs. 1 jedenfalls einen Anscheinsbeweis für die Echtheit der Urkunde anzunehmen.

2 Gemeint ist primär die Prozessvollmacht für das Vollstreckbarerklärungsverfahren. Man muss die Vorschrift aber auch auf das Vollstreckungsverfahren (*Kropholler* Rn 2) und den Nachweis der gesetzlichen Vertretungsmacht (*MünchKommZPO-Gottwald*[2] Rn 2) anwenden.

Kapitel IV. Öffentliche Urkunden und Prozessvergleiche

Art. 57 [Öffentliche Urkunden]

(1) **Öffentliche Urkunden, die in einem Mitgliedstaat aufgenommen und vollstreckbar sind, werden in einem anderen Mitgliedstaat auf Antrag in dem Verfahren nach den Artikeln 38 ff. für vollstreckbar erklärt. Die Vollstreckbarerklärung ist von dem mit einem Rechtsbehelf nach Artikel 43 oder Artikel 44 befassten Gericht nur zu versagen oder aufzuheben, wenn die Zwangsvollstreckung aus der Urkunde der öffentlichen Ordnung (ordre public) des Vollstreckungsmitgliedstaats offensichtlich widersprechen würde.**

(2) **Als öffentliche Urkunden im Sinne von Absatz 1 werden auch vor Verwaltungsbehörden geschlossene oder von ihnen beurkundete Unterhaltsvereinbarungen oder -verpflichtungen angesehen.**

(3) **Die vorgelegte Urkunde muss die Voraussetzungen für ihre Beweiskraft erfüllen, die in dem Mitgliedstaat, in dem sie aufgenommen wurde, erforderlich sind.**

(4) **Die Vorschriften des Abschnitts 3 des Kapitels III sind sinngemäß anzuwenden. Die befugte Stelle des Mitgliedstaats, in dem eine öffentliche Urkunde aufgenommen worden ist, stellt auf Antrag die Bescheinigung unter Verwendung des Formblatts in Anhang VI dieser Verordnung aus.**

Art. 50 EuGVÜ/LÜ: (1) Öffentliche Urkunden, die in einem Vertragsstaat aufgenommen und vollstreckbar sind, werden in einem anderen Vertragsstaat auf Antrag in den Verfahren nach den Artikeln 31 ff. für vollstreckbar erklärt.

Der Antrag kann nur abgelehnt werden, wenn die Zwangsvollstreckung aus der Urkunde der öffentlichen Ordnung des Vollstreckungsstaats widersprechen würde.

(2) Die vorgelegte Urkunde muss die Voraussetzungen für ihre Beweiskraft erfüllen, die in dem Staat, in dem sie aufgenommen wurde, erforderlich sind.

(3) Die Vorschriften des 3. Abschnitts des Titels III sind sinngemäß anzuwenden.

Textgeschichte: Durch 3. Beitrittsübereinkommen „für vollstreckbar erklärt" anstatt „mit der Vollstreckungsklausel versehen".

Literatur: *Geimer* Vollstreckbare Urkunden ausländischer Notare DNotZ 75, 461; *ders.* Freizügigkeit vollstreckbarer Urkunden im europäischen Wirtschaftsraum, IPRax 00, 366; *ders.,* Internationale Durchsetzung vollstreckbarer Urkunden in Rechberger (Hrsg.). Die vollstreckbare Urkunde (Wien 2002) 69 ff.; *Jametti Greiner* Vollstreckbare Öffentliche Urkunden, Der Berner Notar 93, 38; *Walter* Wechselwirkungen zwischen europäischen und nationalen Zivilprozeßrecht: Lugano-Übereinkommen und schweizerisches Recht ZZP 107 (1994), 301 ff., 334 ff.; *de Leval* in Revue de la Faculté de Droit Liège 95, 485, 499 ff.; *Leutner* Die vollstreckbare Urkunde im europäischen Rechtsverkehr 1997; *Rechberger* Perspektiven der grenzüberschreitenden Zirkulation und Vollstreckung notarieller Urkunden in Europa FS Geimer (2002) 903 ff.

I. Die Arten der betroffenen Urkunden

1 **1.** Die Vorschrift ist aus dem Willen entstanden, vollstreckbare Urkunden i. S. v. § 794 Nr. 5 ZPO und französische Notariatsurkunden, die ohne besondere Vollstreckungsunterwerfung vollstreckbar sind, transnational vollstreckbar zu machen. Man hat dies für alle „öffentlichen Urkunden" verfügt, die in ihrem Heimatstaat vollstreckbar sind. Voraussetzung ist aber, dass der maßgebliche Urkundeninhalt die Beurkundung der Erklärung eines Rechtssubjekts darstellt (**a. A.** Saarbrücken IPRax 01, 238). Nicht etwa kann eine „Entscheidung" einer Amtsstelle, weil sie in der Form einer öffentlichen Urkunde festgehalten wird, im Ausland vollstreckt werden (Koblenz IPRax 87, 24 – Entscheidung eines französischen Anwaltskammer-Präsidenten über die erstattungsfähigen Kosten ei-

nes Rechtsanwalts). Auch der vom französischen „huissier" ausgestellte „titre exécutoire" aufgrund eines nicht eingelösten Schecks beurkundet zwar nicht unmittelbar eine Erklärung des Ausstellers, macht aber funktional doch den Scheck zu einer öffentlichen Urkunde (nur im Ergebnis wie Saarbrückenn aaO *Reinmüller* 207). Unter Art. 57 fällt auch der von einem spanischen „corredor collegiado de commerco" gesiegelter Vertrag (Aix en Provence Rev. crit. 01, 163). Die Kostenfestsetzung der Notare sind keine vollstreckbaren öffentlichen Urkunden. Das Gleiche gilt von den in England gerichtlich in einer „order" protokollierten „undertakings" der Parteien, s. Art. 25 Rn 11.

2 **2.** Die Urkunde muss eine **öffentliche** sein. Aus Abs. 2 folgt nicht, dass alle nach dem Recht ihres Heimatstaates vollstreckbaren Urkunden erfasst wären. Im *Jenard/Möller*-Bericht (Rn 72) zum LÜ ist iS einer vertragsautonomen Begriffsbestimmung festgehalten, dass die Urkunde von einer Behörde aufgenommen worden sein muss (EuGHE 1999 I 3715 – „Unibank"), was bei nur öffentlich beglaubigten Urkunden nicht der Fall ist. Der Anwaltsvergleich nach § 796a ZPO wird also nicht erfasst, auch nicht der Beschluss nach § 796b (**a. A.** *Trittmann/Merz* IPRax, 01, 178). Letzterer beurkundet den Anwaltsvergleich genauso wenig wie nach §§ 1060ff. ZPO ein Schiedsspruch beurkundet wird. Ein Gerichtsbeschluss nach § 796b ist jedoch als Gerichtsentscheidung vollstreckbar. Bei Verfahrensfehlern, etwa Kompetenzüberschreitungen der Urkundsperson, entscheidet das Heimatrecht der Urkunde, ob sie gleichwohl ihren Charakter als öffentliche vollstreckbare Urkunde behält, was gegebenenfalls im Vollstreckungsstaat zu respektieren ist (**a. A.** die übrigen Erläuterungswerke). In der Schweiz (*Walter* aaO 335) und in den skandinavischen Staaten (*Jenard/Möller*-Bericht aaO) gibt es keine solchen Urkunden, in England keine vollstreckbaren Notariatsurkunden. Gleichwohl müssen dort vollstreckbare öffentliche Urkunden aus anderen Vertragsstaaten vollstreckt werden (allg. M.). In Schottland mögliche öffentliche Registrierungen von Leistungspflichten stehen Urkunden i. S. v. von Art. 50 gleich (*Schlosser*-Bericht Rn 226).

3 **3.** Die Urkunde muss nach dem Recht des Heimatstaats vollstreckbar sein. Nur dieses Recht entscheidet über Grundsatz (etwa auch bei Verfahrensfehlern) und Ausmaß der Vollstreckbarkeit. Bleibt das Ausmaß der Vollstreckbarkeit hinter den Möglichkeiten

zurück, die deutsche vollstreckbare Urkunden gewähren, so bleibt es dabei. Es kann etwa nicht im Ausland mit Zielrichtung auf Deutschland eine Unterwerfung nach § 800 ZPO erklärt werden, wenn das fragliche ausländische Recht dies nicht zuläßt (h. M. **a. A.** *Geimer* aaO). Deutsche, im Ausland vollstreckbare Urkunden sind etwa auch Urkunden nach § 62 Nr. 2, 3 BeurkG (Amtsgericht) und § 60 SGB VIII (Jugendamt). Die Möglichkeit eines Urkundenprozesses nach oder ähnlich §§ 592ff. ZPO macht eine Urkunde noch nicht zu einer vollstreckbaren (*Geimer* IPRax 50, 367). Absatz 2 soll wohl nur klarstellen, dass nicht nur Justizbehörden transantional vollstreckbare Urkunden errichten können.

4 **4.** Schließlich muss die Urkunde in den Anwendungsbereich des Übereinkommens fallen.

a) Der territoriale Anwendungsbereich ergibt sich durch die Worte „in einem Mitgliedstaat aufgenommen," s. auch Art. 66. Von Konsuln aufgenommene Urkunden gelten im Entsendestaat zustandegekommen, § 10 Abs. 3, §§ 16ff. KonsG. Das gleiche muss man annehmen, wenn eine öffentliche Behörde eines Staates erlaubterweise auf dem Territorium eines anderen Staats tätig wird.

5 **b)** Der Gegenstand der Beurkundung muss in den sachlichen Anwendungsbereich des Übereinkommens fallen. Insbesondere sind an sich Beurkundungen von Erklärungen auf Rechtsgebieten, die nach Art. 1 Abs. 2 vom Anwendungsbereich des Übereinkommens ausgeschlossen sind, nicht erfasst. Da es, anders als bei gerichtlichen Urteilen, dafür einen einsichtigen Grund nicht gibt und häufig die Beurkundungen sowohl ausgeschlossene wie nicht ausgeschlossene Rechtsgebiete tangieren, sollte man Art. 57 analog auf sämtliche Urkunden über zivilrechtliche Gegenstände ausdehnen. Mindestens sollte man die Urkunde insgesamt für vollstreckbar erklären, wenn sich die Teile, die unter Art. 1 Abs. 2 fallen, nicht klar abtennen lassen (*Zöller/Geimer*[23] Rn 14).

II. Das Verfahren

6 **1.** Art. 57 enthält in Gestalt der Absätze 3 u. 4 bereits die wichtigsten besonderen Verfahrenselemente. In Absatz 3 ist vorausgesetzt, dass die die Urkunde aufnehmende Behörde dem Gläubiger das Orginal oder eine amtliche Ausfertigung aushändigt, mit

dem im Heimatstaat die Zwangsvollstreckung betrieben werden kann. Dieses Dokument ist vorzulegen. Außer der Urkunde selbst oder einer amtlichen Ausfertigung oder beglaubigten Ausfertigung, Absatz 3, ist nur noch die formularmäßige Bescheinigung nach Anh. VI vorzulegen. Sie muss nicht von jener Stelle stammen, die die Urkunde errichtet hat (*Kropholler*[7] Rn 10). Es kann sein, dass eine Urkunde in ihrem Heimatstaat vollstreckbar ist, ohne dass diese ihre Eigenschaft in ihr selbst zum Ausdruck kommt, und das Wissen der Vollstreckungsorgane um diese Eigenschaft vorausgesetzt wird. Als eine die Vollstreckbarkeit bescheinigende Urkunde iSv Absatz 3 muss dann auch eine ad hoc ausgestellte, nicht formalisierte Bescheinigung (etwa eines Gerichtvollziehers) genügen.

7 **2.** Artt. 38ff. sind anwendbar. Anders als bei Urteilen, Art. 38 Rn 1, muss man aber eine Leistungsklage im Ausland unter den gleichen Voraussetzungen zulassen, unter denen sie im Staat der Errichtung der vollstreckbaren Urkunde zulässig ist.

8 **3.** In der **Schweiz** bestehen Besonderheiten.

a) Der Gläubiger kann ein Betreibungs- und Rechtsöffnungsverfahren einleiten. Dann begründet die Vorlage der ausländischen vollstreckbaren Urkunde keine definitive (**a. A.** *Kren* FS O. Vogel [1991] 401; *Meier* SGIR [St. Gallen 1990] Bd. 2, 193; *Notter* ZBGR 74 [1973] 91; *Janetti Greiner* aaO 52, 54), sondern nur eine provisorische Rechtsöffnung (*Walter* aaO 337f.; *Amonn* Grundriss des Schuldbetreibungs- und Konkursrechts[5] [1993] § 19 N. 46a). Der Schuldner kann am Ort der Betreibung nur dann Aberkennungsklage erheben, wenn der Gläubiger dort einen Gerichtsstand i.S.d. Art. 2ff. hat.

b) Der Gläubiger hat die Wahl (dazu ausführlich *Walter* aaO 340ff.), stattdessen beim Rechtsöffnungsrichter die Vollstreckbarerklärung der Urkunde zu beantragen. Sodann ist der Weg zur provisorischen Pfändung beim Betreibungsamt frei, s. Art. 38 Rn 7ff.

III. Prüfungsbefugnis des Gerichts

9 **1.** Der Kammervorsitzende hat außer der Eigenschaft der Urkunde als einer öffentlichen die Willensbekundung eines Bürgers

bezeugenden, vollstreckbaren und in den Anwendungsbereich der EuGVVO fallenden, Rn 5, nur die Korrektheit der vorgelegten Ausfertigung und die Vorlage der Bescheinigung nach Absatz 4 S. 1 zu prüfen. Aus dem Sinn des Verfahrens folgt freilich, dass alles, was nicht aufgrund liquider Erkenntnisquellen entscheidbar ist, ins Beschwerdeverfahren zu verweisen ist. Im Beschwerdeverfahren gelten die Artt. 34 Nrn. 2–5, 35 nicht. Aus dem Kreis der Anerkennungshindernisse für Urteile ist allein der Verstoß gegen den ordre public übernommen. In Frage kommen praktisch nur schwere Vestöße gegen inländische Rechtswerte und betrügerische Motivierungen der Person, gegen die aufgrund einer beurkundeten Erklärung vollstreckt werden soll. Die Auswahl des Notars im Interesse der Gebührenersparnis verstößt auch dann nicht gegen den ordre public, wenn dadurch Belehrung durch den Notar entfällt (**a. A.** *Leutner* aaO 232). Zu den Bestimmtheitserfordernissen s. Art. 38 Rn 3.

10 Bezüglich **Vollstreckungsgegeneinwänden** geht § 12 Abs. 2 AVAG wiederum von der irrigen Vorstellung aus, sie seien schon im Vollstreckbarerklärungsverfahren zulässig, s. Art. 43 Rn 14. Art. 57 garantiert in Wirklichkeit aber Vollstreckbarkeit wie im Heimatstaat des Titels. Alle Umstände, die dort der Erteilung der Vollstreckungsklausel oder einem vergleichbaren Akt nicht entgegengesetzt werden können, können auch die Beschwerde nach Art. 43 nicht stützen, und zwar auch dann nicht, wenn nach dem Recht des Ursprungsstaat zwischen schuldrechtlicher Verpflichtung und der Vollstreckungsunterwerfung ein enger Zusammenhang besteht (*Nelle* Anspruch, Titel und Vollstreckung, 2000, 482 ff.; *Leutner* aaO 279 ff.). Viele Rechtsordnungen, die die abstrakte Vollstreckungsunterwerfung nicht kennen, lassen im Exequatur nach nationalem Recht Einwendungen gegen die Valutierung nicht zu (*Nelle* aaO 485), ein System, das das EuGVÜ transnationalisieren wollte (*de Leval* aaO 501; *Bülow* RabelsZ 38 (1974) 275; Arrondissementsrechtsbank Roermond Nachschlagewerk EuGH Serie D Nr. I – 50 – B – 4; *Nelle* aaO 486 ff. mit Hinweisen zur Lösung von Grenzfragen zwischen Titelwirksamkeit und Nichtvalutierungseinwendungen).

11 **3.** Es versteht sich, dass der Schuldner die Natur der vorgelegten Urkunde als einer öffentlichen oder vollstreckbaren (zwischenzeitliche Entscheidung über die Unzulässigkeit der Zwangsvollstreckung aus ihr) in den Anwendungsbereich der EuGVVO fallenden, Rn 5, eine Willensbekundung des Schuldners bekundenden bestreiten kann. Dazu gehört auch das Vorbringen solcher Verfahrensfehler bei ihrer Errichtung, die zur Unwirksamkeit im Ursprungsstaat führen.

Art. 58 [Vollstreckbarerklärung von gerichtlichen Vergleichen]

Vergleiche, die vor einem Gericht im Laufe eines Verfahrens abgeschlossen und in dem Mitgliedstaat, in dem sie errichtet wurden, vollstreckbar sind, werden in dem Vollstreckungsstaat unter denselben Bedingungen wie öffentliche Urkunden vollstreckt. Das Gericht oder die sonst befugte Stelle des Mitgliedstaats, in dem ein Prozessvergleich geschlossen worden ist, stellt auf Antrag die Bescheinigung unter Verwendung des Formblatts in Anhang V dieser Verordung aus.

Textgeschichte: In EuGVÜ/LÜ unverändert. In EuGVVO Ersatz von „Richter" durch „Gericht" und „Staat" durch „Mitgliedstaat"; Satz 2 angefügt.

Für Deutschland hätte es des Satzes 1 nicht bedurft, da das gerichtliche Protokoll über einen Verhandlungstermin, in welchem die Parteien einen Vergleich geschlossen haben, eine öffentliche Urkunde ist (generell für gerichtlich nur protokollierte Vergleiche *de Leval,* Art. 57 Lit., Rn 38). Es ist denn auch gesagt, dass Vergleiche „unter denselben Bedingungen wie öffentliche Urkunden" zu vollstrecken seien. Werden Vergleiche von anderen als Justizstellen als Gerichten amtlich beurkundet, so liegt eine öffentliche Urkunde iSv Art. 50 vor, allg. M. Bei Vergleichen besteht ebensowenig wie bei öffentlichen Urkunden, Art. 57, Rn 5, ein Grund, Art. 1 Abs. 2 anzuwenden (*Grunsky* JZ 73, 644; *Geimer/Schütze* Rn 4. **a. A.** *Kropholler*[7] Fn. 3; *MünchKommZPO-Gottwald*[2] Rn 2). Entscheidungen mit vereinbarten Wortlaut: Art. 32 Rn 2.

Der englische Text („court approved") ist unrichtig.

Kapitel V. Allgemeine Vorschriften

Art. 59 [Anzuwendendes Recht bei Bestimmung des Wohnsitzes]

(1) **Ist zu entscheiden, ob eine Partei im Hoheitsgebiet des Mitgliedstaats, dessen Gerichte angerufen sind, einen Wohnsitz hat, so wendet das Gericht sein Recht an.**

(2) **Hat eine Partei keinen Wohnsitz in dem Mitgliedstaat, dessen Gerichte angerufen sind, so wendet das Gericht, wenn es zu entscheiden hat, ob die Partei einen Wohnsitz in einem anderen Mitgliedstaat hat, das Recht dieses Mitgliedstaates an.**

Textgeschichte: Früherer Absatz 3 (abhängiger Wohnsitz) durch 3. Beitrittsübereinkommen und im LÜ gestrichen. In EuGVVO nur redaktionelle Anpassung („Mitgliedstaat").

1 Die Verfasser des EuGVÜ konnten sich nicht vorstellen, dass der EuGH jene Begriffe, die eine eingeführte materiell-rechtliche oder kollisionsrechtliche Bedeutung haben, autonom auslegen würde. Sie haben daher für den Wohnsitz und den Sitz von Gesellschaften das nationale Recht bezeichnet, das für die Auslegung dieser Begriffe maßgebend sein soll. Den Begriff Wohnsitz durch den autonom auszulegenden „gewöhnlichen Aurfenthalt" zu ersetzen, ist überfällig.

2 Um komplizierte kollisionsrechtliche Regelungen zu vermeiden, ist verfügt, dass das Recht des betreffenden Staates anzuwenden ist, wenn geprüft wird, ob eine Person in diesem Staat einen Wohnsitz hat. Soll die Zuständigkeit der deutschen Gerichte aus dem Wohnsitz des Beklagten hergeleitet werden, so ist deutsches Recht anwendbar. Wird geprüft, ob nach autonomen deutschem Recht internationale Zuständigkeit in Anspruch genommen werden kann, weil der Beklagte keinen Wohnsitz in dem Hoheitsgebiet eines Vertragsstaates hat, so muss theoretisch durchgeprüft werden, ob nach dem Recht eines der Vertragsstaaten jeweils dort ein Wohnsitz besteht. Fast immer kommt aber nur ein Vertragsstaat in Betracht.

3 In seltenen Fällen können Kompetenzkonflikte auftreten, weil nach dem Recht mehrerer Staaten im jeweiligen Inland ein

Wohnsitz besteht oder von zwei in Betracht kommenden Staaten jeder den Wohnsitz im jeweiligen anderen Staat annimmt. So zählt etwa in Belgien allein die Eintragung im Melderegister (Rb.s'-Hertogenbosch N.J. 1985 Nr. 207). Im ersteren Fall hat der Kläger ein Wahlrecht, im letzteren Fall sollte der Staat des angerufenen Gerichts die Weiterverweisung annehmen (*Geimer/Schütze* Rn 20).

4 Ein Wahldomizil, Art. 40, ist kein Wohnsitz (*Jenard*-Bericht IV A 3 (4) a. E.).

5 Es ist den Mitgliedstaaten unbenommen, für die Zwecke des Übereinkommens einen gesonderten Wohnsitzbegriff zu bilden. In den Anpassungsverhandlungen anlässlich des Beitritts dazu aufgefordert (*Schlosser*-Bericht Rn 73), hat das VK davon Gebrauch gemacht (Civil Jurisdiction And Judgement's Act 1982 sect. 41). Der klassische Begriff des „domicile" hat nämlich in den common-law-Staaten einen ganz anderen Inhalt als der Begriff „Wohnsitz" in anderen Staaten. Für Zwecke des Übereinkommens ist im VK eine Begriffsbestimmung gewählt worden, die praktisch auf den gewöhnlichen Aufenthalt hinausläuft.

6 Es ist durchaus denkbar, dass eine Partei für geschäftliche Zwecke einen besonderen Wohnsitz hat (*Haji Joamson v. Frangos* 2 Ll.R [1999] 337 CA).

7 Auch bezüglich des Wohnsitzes gilt das Prinzip der Amtsprüfung, Art. 25 f. Rn 1 ff. Lässt sich nicht klären, ob der Beklagte in Deutschland Wohnsitz hat, so ist die Klage als unzulässig abzuweisen. Lässt sich nicht klären, ob der Beklagte in einem anderen Vertragsstaat einen Wohnsitz hat, so kann in Deutschland nur aufgrund einer Zuständigkeitsnorm des EuGVÜ/LÜ zulässigerweise geklagt werden, weil zur Anwendung von Art. 4 bewiesen sein muss, dass der Beklagte keinen Wohnsitz in einem Vertragsstaat hat.

Art. 60 [Bestimmung des Gesellschaftssitzes]

(1) **Gesellschaften und juristische Personen haben für die Anwendung dieser Verordnung ihren Wohnsitz an dem Ort, an dem sich**

a) ihr satzungsmäßiger Sitz,
b) ihre Hauptverwaltung oder
c) ihre Hauptniederlassung befindet.

(2) **Im Falle des Vereinigten Königreichs und Irlands ist unter dem Ausdruck „satzungsmäßiger Sitz" das registered office oder, wenn ein solches nirgendwo besteht, der place of incorporation (Ort der Erlangung der Rechtsfähigkeit) oder, wenn ein solcher nirgendwo besteht, der Ort, nach dessen Recht die formation (Gründung) erfolgt ist, zu verstehen.**

(3) **Um zu bestimmen, ob ein trust seinen Sitz in dem Vertragsstaat** [müsste richtig heißen: Mitgliedstaat] **hat, bei dessen Gerichten die Klage anhängig ist, wendet das Gericht sein Internationales Privatrecht an.**

Textgeschichte: Jetziger Absatz 3 als Absatz 2 von Art. 53 eingefügt durch 1. Beitrittsübereinkommen, *trust* in Anführungszeichen geschrieben. Jetziger Absatz 2 in EuGVVO neu. Absatz 1 lautet in EuGVÜ/LÜ wie folgt.

„Der Sitz von Gesellschaften und juristischen Personen steht für die Anwendung dieses Übereinkommens dem Wohnsitz gleich. Jedoch hat das Gericht bei der Entscheidung darüber, wo der Sitz sich befindet, die Vorschriften seines internationalen Privatrechts anzuwenden."

1 Dass der Sitz einer juristischen Person oder von Gesellschaften, die parteifähig sind, dem Wohnsitz einer natürlichen Person entspricht, ist eine bare Selbstverständlichkeit. Jedoch existiert die klassische Schwierigkeit des internationalen Gesellschaftsrechts. Sie besteht darin, dass bald auf den effektiven Verwaltungssitz, bald auf den satzungsmäßigen Sitz abgestellt wird und davon häufig auch die Parteifähigkeit im Inland abhängt. Außerdem fehlt es an staatsvertraglichen Regelungen über die Anerkennung von Vereinen und Gesellschaften. Das in Ausführung von Art. 220 EU ausgearbeitete Brüsseler Übereinkommen vom 29. 2. 1968 wird vermutlich niemals in Kraft treten. Die Verfasser des EuGVÜ wagten keine vertragsautonome Lösung. Der deutsche Text von Abs. 1 S. 2 krankte freilich daran, dass vom „internationalen Privatrecht" und nicht vom „internationalen Prozessrecht" die Rede ist. Andere Staaten machen die Unterscheidung nicht. Für sie ist das internationale Prozessrecht Teil des internationalen Privatrechts. Für Deutschland war (und ist für das LÜ) daher entgegen h.M. § 17 ZPO anzuwenden. Denn auch hier indiziert die örtliche Zuständigkeit die internationale.

2 Die Verordnung hat für ihre Zwecke den mutigen Schritt unternommen, den Sitz einer juristischen Person nicht nur autonom festzulegen, sondern in Absatz 1 dem Kläger eine dreifache Option für den allgemeinen (!) Gerichtsstand des Beklagten einzuräumen. Art. 48 EGV verwendet die gleichen Kriterien für „EG-Zugehörigkeit“ von Gesellschaften. Für die OHG gilt der Sitz, der im Gesellschaftsvertrag angegeben ist.

3 Auf diesem Hintergrund regelt Art. 60 nur die internationale Zuständigkeit und nicht die **Parteifähigkeit.** Für diese gilt die ungeschriebene Regel des Kollisionsrechts, dass ein sich in Deutschland als juristische Person gebärendes Gebilde nicht rechts- und parteifähig ist, wenn es in Deutschland seinen effektiven Verwaltungsitz hat, aber nur im Ausland eingetragen ist (s. etwa *Palandt/Heldrich*[61] Anh. zu Art. 12 EGBGB Rn 2). Abs. 1 als solcher erzwingt nicht, ein Gebilde mit satzungsmäßigem Sitz oder der Hauptniederlassung in Deutschland hierzulande auch für parteifähig zu halten. Die auf Vorlage des BGH (EuZW 00, 412) zu erwartende Entscheidung des EuGH wird Klarheit bringen, ob die deutsche Theorie des effektiven Verwaltungssitzes mit allgemeinem EG-Recht in Einklang steht.

4 Im Geltungsbereich von EuGVÜ/LÜ hat man toleriert, dass im V.K. und in Irland das dortige interne Recht dem jeweiligen Kläger alternativ drei verschiedene allgemeine Gerichtsstände zur Verfügung stellte, s. Voraufl. Art. 53 Rn 3. Der **jetzige Absatz 2** sagt demgegenüber nur, wie Buchst. a von Absatz 1 für diese beiden Staaten näher definiert ist, weil nicht jede rechtsfähige Gesellschaft einen „satzungsmäßigen“ Sitz hat.

5 Parteifähige **BGB-Gesellschaften** (BGHZ NJW 01, 1056) müssen keinen vertraglichen Sitz haben. Dann gelten nur Buchst. b) u. c) von Absatz 1.

6 Kompetenzkonflikte sind wie im Anwendungsbereich von Art. 59 zu entscheiden. Den „Sitz“ eines Gebildes in einem Staat, wo dessen Rechts- oder Parteifähigkeit nicht anerkannt wird, braucht aber kein Staat zu beachten.

7 Absatz 3 („trust“) war im Hinblick auf Art. 5 Nr. 6 nötig und ist wie dieser Ausdruck eines Überperfektionismus. Die Verwendung des englischen Begriffs auch in den anderen Vertragssprachen zeigt, dass die Vorschrift nur anwendbar ist, wenn feststeht, dass aus einem Innenverhältnis aus einem der Rechtsordnung eines common-law-Rechtssystems unterstehenden trust geklagt wird. Wird in

Deutschland geklagt, soll sich der Sitz des trust aus deutschem internationalem „Privatrecht" ergeben. Aus diesem ergibt sich aber allenfalls das auf den trust anwendbare materielle Recht (dazu *Staudinger/Großfeld*[12] [1994] Rn 707ff.), wofür man gelegentlich die sprachliche Metapher gebraucht, dies sei das Recht, in dem das fragliche Rechtsverhältnis seinen „Sitz" habe. Im Fall des Absatzes 3 muss aber außer der internationalen Zuständigkeit der deutschen Gerichte das örtlich zuständige Gericht bestimmt werden. Dafür reicht das Auffinden des kollisionsrechtlichen „Sitzes" des Rechtsverhältnisses nicht aus (**a. A.** *Kropholler*[7] Rn 7). Das materielle Recht des Trust bestimmt aber selten seinen „Sitz". Auch sect. 45 (3) des englischen Civil Jurisdiction und Judgement Act bestimmt einen Sitz nur in kollisionsrechtlicher Denkweise („its closest and most real connection"). Praktisch wird es immer auf den Wohnsitz des „trustee" oder, wenn dieser verzogen ist, auf den Ort ankommen, wo sich die Verwaltungsunterlagen befinden.

Vorbemerkung Art. 61 bis 65

Die diplomatische Lösung, systemwidre Besonderheiten oder Kleinigkeiten in ein „Protokoll" zu einem Staatsvertrag zu verbannen, war bei einer Verordnungslösung nicht mehr möglich. Deshalb hat man die Vorschriften aus den Protokollen, die anderswohin systematisch nicht passten, kurzerhand an den Schluss von Kapitel V gesetzt.

Art. 61 [Besonderheiten strafrechtlicher Adhäsionsverfahren]

Unbeschadet günstigerer innerstaatlicher Vorschriften können Personen, die ihren Wohnsitz im Hoheitsgebiet eines Mitgliedstaats haben und die vor den Strafgerichten eines anderen Mitgliedstaats, dessen Staatsangehörigkeit sie nicht besitzen, wegen einer fahrlässig begangenen Straftat verfolgt werden, sich von hierzu befugten Personen vertreten lassen, selbst wenn sie persönlich nicht erscheinen. Das Gericht kann jedoch das persönliche Erscheinen anordnen; wird diese Anordnung nicht befolgt, so braucht die

Entscheidung, die über den Anspruch aus einem Rechtsverhältnis des Zivilrechts ergangen ist, ohne dass sich der Angeklagte verteidigen konnte, in den anderen Mitgliedstaaten weder anerkannt noch vollstreckt zu werden.

Textgeschichte: Entspricht Art II Protokolle EuGVÜ/LÜ. Aus Vertragstaat zu Beginn wurde „Hoheitsgebiet eines Mitgliedsstaats", sonst „Mitgliedsstaat". Aus Absatz 2 wurde Satz 2.

1 Die Begrenzung auf fahrlässig begangene Straftaten und Personen ohne die Staatsangehörigkeit des Urteilsstaats ist unverständlich, s. Art. 34 ff. Rn 2 – Fall „Krombach".

Art. 62 [Schwedische Besonderheit]

Bei den summarischen Verfahren betalningsföreläggande (Mahnverfahren) und handräckning (Beistandsverfahren) in Schweden umfasst der Begriff „Gericht" auch die schwedische kronofogdemyndighet (Amt für Beitreibung).

Textgeschichte: Wörtliche übernommen aus Art. Va Protokoll EuGVÜ. Ohne Gegenstück in LÜ.

1 Bezieht sich sowohl auf Art. 2 ff. wie auf Art. 32 ff.

Art. 63 [Luxemburgische Besonderheit]

(1) **Jede Person, die ihren Wohnsitz im Hoheitsgebiet Luxemburgs hat und vor dem Gericht eines anderen Mitgliedstaats aufgrund des Artikels 5 Nummer 1 verklagt wird, hat die Möglichkeit, die Unzuständigkeit dieses Gerichts geltend zu machen, wenn sich der Bestimmungsort für die Lieferung beweglicher Sachen oder die Erbringung von Dienstleistungen in Luxemburg befindet.**

(2) **Befindet sich der Bestimmungsort für die Lieferung beweglicher Sachen oder die Erbringung von Dienstleistungen nach Absatz 1 in Luxemburg, so ist eine Gerichtsstandsvereinbarung nur rechtswirksam, wenn sie schriftlich oder mündlich mit schriftlicher Bestätigung im Sinne von Artikel 23 Absatz 1 Buchstabe a) angenommen wurde.**

(3) **Der vorliegende Artikel ist nicht anwendbar auf Verträge über Finanzdienstleistungen.**

(4) **Dieser Artikel gilt für die Dauer von sechs Jahren ab Inkrafttreten dieser Verordnung.**

Textgeschichte: Die Vorschrift tritt an die Stelle von Art. I Protokolle EuGVÜ/LÜ, die folgenden Wortlaut haben:

„(1) Jede Person, die ihren Wohnsitz in Luxemburg hat und vor dem Gericht eines anderen Vertragsstaats auf Grund des Artikels 5 Nr. 1 verklagt wird, kann die Unzuständigkeit dieses Gerichts geltend machen. Läßt sich der Beklagte auf das Verfahren nicht ein, so erklärt sich das Gericht von Amts wegen für unzuständig.

(2) Jede Gerichtsstandsvereinbarung im Sinne des Artikels 17 ist für eine Person, die ihren Wohnsitz in Luxemburg hat, nur dann wirksam, wenn diese sie ausdrücklich und besonders angenommen hat."

1 Der Sinn der Ausnahmebestimmungen zugunsten von Bewohnern Luxemburgs sollte der angeblichen Dominanz der belgischen Wirtschaft in Luxemburg entgegenwirken. Der Wortlaut von Art. 63 wurde der Neuformulierung von Art. 5 Nr. 1 angepasst. Die Vorschrift hat überhaupt nur unter der Voraussetzung einen Sinn, dass „Bestimmungsort" anders begriffen wird als Erfüllungsort i. S. v. Art. 5 Nr. 1.

Art. 64 [Pflicht zur Information diplomatischer oder konsularischer Vertreter]

(1) **Bei Streitigkeiten zwischen dem Kapitän und einem Mitglied der Mannschaft eines in Griechenland oder in Portugal eingetragenen Seeschiffs über die Heuer oder sonstige Bedingungen des Dienstverhältnisses haben die Gerichte eines Mitgliedstaats zu überprüfen, ob der für das Schiff zuständige diplomatische oder konsularische Vertreter von der Streitigkeit unterrichtet worden ist. Sie können entscheiden, sobald dieser Vertreter unterrichtet ist.**

(2) **Dieser Artikel gilt für die Dauer von sechs Jahren ab Inkrafttreten dieser Verordnung.**

Textgeschichte: Im Protokoll EuGVÜ/LÜ sind auch Dänemark, Irland, Island, Norwegen und Schweden genannt. „Vertragsstaat" ist durch „Mitgliedsstaat" ersetzt. Anstatt von Satz 2 heißt es:

„Sie haben das Verfahren auszusetzen, solange dieser Vertreter nicht unterrichtet worden ist. Sie haben sich von Amts wegen für unzuständig zu erklären, wenn dieser Vertreter, nachdem er ordnungsgemäß unterrichtet worden ist, die Befugnisse ausgeübt hat, die ihm insoweit aufgrund eines Konsularabkommens zustehen, oder, falls ein derartiges Abkommen nicht besteht, innerhalb der festgesetzten Frist Einwände gegen die Zuständigkeit geltend macht".

Absatz 2 ist neu.

Art. 65 [Streitverkündung statt Regressklage]

(1) **Die in Artikel 6 Nummer 2 und Artikel 11 für eine Gewährleistungs- oder Interventionsklage vorgesehene Zuständigkeit kann weder in Deutschland noch in Österreich geltend gemacht werden. Jede Person, die ihren Wohnsitz in einem anderen Mitgliedstaat hat, kann vor Gericht geladen werden.**

a) in Deutschland nach den §§ 68 und 72 bis 74 der Zivilprozessordnung, die für die Streitverkündung gelten,
b) in Österreich nach § 21 der Zivilprozessordnung, der für die Streitverkündung gilt.

(2) **Entscheidungen, die in den anderen Mitgliedstaaten aufgrund des Artikels 6 Nummer 2 und des Artikels 11 ergangen sind, werden in Deutschland und in Österreich nach Kapitel III anerkannt und vollstreckt. Die Wirkungen, welche die in diesen Staaten ergangenen Entscheidungen nach Absatz 1 gegenüber Dritten haben, werden auch in den anderen Mitgliedstaaten anerkannt.**

Textgeschichte: Entspricht Art. 5 Protokolle EuGVÜ/LÜ. Ursprünglich auf Deutschland beschränkt, in Protokoll LÜ und im 3. u. 4. Beitrittsübereinkommen auf Österreich, Spanien und die Schweiz erweitert, in der EuGVVO aber Spanien wieder ausgenommen. Redaktionelle Umformulierungen ohne Inhaltsänderungen. Sinn der Regelung: Art. 6 Rn 7.

Kapitel VI. Übergangsvorschriften

Art. 66 [Zeitlicher Anwendungsbereich]

(1) **Die Vorschriften dieser Verordnung sind nur auf solche Klagen und öffentliche Urkunden anzuwenden, die er-**

hoben bzw. aufgenommen worden sind, nachdem diese Verordnung in Kraft getreten ist.

(2) **Ist die Klage im Ursprungsmitgliedstaat vor dem Inkrafttreten dieser Verordnung erhoben worden, so werden nach diesem Zeitpunkt erlassene Entscheidungen nach Maßgabe des Kapitels III anerkannt und zur Vollstreckung zugelassen,**

a) wenn die Klage im Ursprungsmitgliedstaat erhoben wurde, nachdem das Brüsseler Übereinkommen oder das Übereinkommen von Lugano sowohl im Ursprungsmitgliedstaat als auch in dem Mitgliedstaat, in dem die Entscheidung geltend gemacht wird, in Kraft getreten war;

b) in allen anderen Fällen, wenn das Gericht aufgrund von Vorschriften zuständig war, die mit den Zuständigkeitsvorschriften des Kapitels II oder eines Abkommens übereinstimmen, das im Zeitpunkt der Klageerhebung zwischen dem Ursprungsmitgliedstaat und dem Mitgliedstaat, in dem die Entscheidung geltend gemacht wird, in Kraft war.

EuGVÜ/LÜ: Entspricht systematisch Art. 54 EuGVÜ/LÜ, der lautet:

„(1) Die Vorschriften dieses Übereinkommens sind nur auf solche Klagen und öffentlichen Urkunden anzuwenden, die erhoben oder aufgenommen worden sind, nachdem dieses Übereinkommen im Ursprungsstaat und, wenn die Anerkennung oder Vollstreckung einer Entscheidung oder Urkunde geltend gemacht wird, im ersuchten Staat in Kraft getreten ist.

(2) Entscheidungen, die nach dem Inkrafttreten dieses Übereinkommens zwischen dem Ursprungsstaat und dem ersuchten Staat aufgrund einer vor diesem Inkrafttreten erhobenen Klage ergangen sind, werden nach Maßgabe des Titels III anerkannt und zur Zwangsvollstreckung zugelassen, vorausgesetzt, dass das Gericht aufgrund von Vorschriften zuständig war, die mit den Zuständigkeitsvorschriften des Titels II oder eines Abkommens übereinstimmen, das im Zeitpunkt der Klageerhebung zwischen dem Urteilsstaat und dem Staat, in dem die Entscheidung geltend gemacht wird, in Kraft war.

(3) Ist zwischen den Parteien eines Rechtsstreits über einen Vertrag bereits vor dem 1. Juni 1988 im Fall Irlands und vor dem 1. Januar 1987 im Fall des Vereinigten Königreichs (vor Inkrafttreten dieses Übereinkommens) eine schriftliche Vereinbarung getroffen worden, auf diesen Vertrag die Rechtsvorschriften Irlands oder eines Teils des Vereinigten Königreichs an-

zuwenden, so sind die Gerichte in Irland oder in diesem Teil des Vereinigten Königreichs weiterhin befugt, über diesen Streitfall zu entscheiden."

Textgeschichte: Der Text der Übereinkommen ist durch das 3. Beitrittsübereinkommen und das LÜ vollständig neu gefaßt worden. Durch die früheren Beitrittsübereinkommen, die jeweils gesonderte Übergangsvorschriften hatten, war das System des zeitlichen Anwendungsbereichs des Übereinkommens unübersichtlich geworden. Die Normen der früheren Beitrittsübereinkommen haben dadurch aber nicht ihre selbständige Bedeutung verloren (abgedruckt in Vorauflage).

Gegenüber EuGVÜ/LÜ ist die Übergangsregelung in Art. 66 deshalb einfacher, weil die EuGVVO in allen Mitgliedstaaten gleichzeitig in Kraft getreten ist.

I. Inhaltlicher Grundgedanke der Übergangsregelungen von EuGVÜ/LÜ

1 Für die Anwendung der **Zuständigkeitsvorschriften** ist nur Voraussetzung, dass das Übereinkommen im Ursprungsstaat vor Rechtshängigkeit der Klage (BGHZ 116, 77 = IPRax 92, 377, 358 – *Heß* = ZZP 105 [1992] 330 – *Bork*) in Kraft getreten ist. Gegenüber Personen, die Wohnsitz in einem Staat haben, der das Übereinkommen (noch) nicht ratifiziert hat, gilt dann Art. 4.

2 Auch **Rechtshängigkeit** und Konnexität richten sich nicht nach EuGVÜ/LÜ, wenn Rechtshängigkeit vor Inkrafttreten des EuGVÜ/LÜ im Ursprungsstaat eingetreten war.

3 Wird **Anerkennung oder Vollstreckung** begehrt, muss das Übereinkommen sowohl im Ursprungsstaat wie im ersuchten Staat in Kraft getreten sein.

Einschränkend dazu regelt Abs. 2 den Fall, dass unter diesen Voraussetzungen die Anerkennung oder Vollstreckung einer Entscheidung im ersuchten Staat geltend gemacht wird, die Klage aber zu einem Zeitpunkt „erhoben" worden ist, zu dem das Übereinkommen entweder im Ursprungsstaat oder im ersuchten Staat noch nicht in Kraft getreten war. Das Urteil wird unter dieser Voraussetzung nur dann anerkannt und vollstreckt, wenn das Gericht im Ursprungsstaat auch zuständig gewesen wäre, wenn zum Zeitpunkt der Klageerhebung das Übereinkommen dort schon gegolten hätte. In diesem Rahmen ist die Zuständigkeit des Ausgangsgerichts vom Gericht des Anerkennungsstaates nachzuprüfen (Trib. App. Tessin

SZIER 95, 414). Nicht etwa ist maßgebend, ob nach früherem deutschem Recht im Ausland eine Anerkennungszuständigkeit, etwa iSv § 328 Abs. 1 Nr. 1 ZPO, bestand. Dann kommt nur eine Anerkennung nach autonomem Recht in Betracht. Vorausgesetzt ist hierbei der Grundsatz der perpetuatio litis. Die einmal begründete Zuständigkeit aufgrund nationalen Rechts wird nicht dadurch beeinträchtigt, dass während des Verfahrens im Ursprungsstaat dort das Übereinkommen in Kraft getreten ist (h. M.). Das nationale Recht kann freilich etwas anderes anordnen. Umgekehrt heilt auch das Inkrafttreten des Übereinkommens nicht einen bis dahin vorhandenen Mangel der internationalen Zuständigkeit (BGH aaO). Beispiel zum LÜ Trib. di Appello Tessin SZIER 94, 414.

4 Abs. 3 regelt eine Besonderheit der beiden der EU angehörenden common-law-Staaten. Dort wird eine auf heimisches Recht verweisende Rechtswahlklausel tradionellerweise dahin interpretiert, dass sie auch die internationale Zuständigkeit der dortigen Gerichte begründet. Für eine Übergangszeit soll ein daraus erwachsenes Vertrauen geschützt werden.

5 Für Entscheidungen, die von Art. 54 oder den Übergangsvorschriften eines Beitrittsübereinkommens nicht erfasst werden, bleibt es beim autonomen Recht bzw. einem der in Art. 55 aufgezählten bilateralen Verträge (die aber die direkte Zuständigkeit selten regeln).

6 Art. 54 hat heute formell praktisch nur noch Bedeutung für das Verhältnis der Vertragsstaaten des LÜ, Rn 10, 11. Er wurde zwar aus Anlass des 3. Beitrittsübereinkommens und im zeitlichen Zusammenhang mit der Schaffung des LÜ zum Zwecke der Klarstellung geändert, aber nur um Textgleichheit zwischen EuGVÜ und LÜ herzustellen. Die jeweiligen Beitrittsübereinkommen haben ihre eigenen Übergangsvorschriften (abgedruckt in Vorauflage). Sie sind aber, von minimalen Nuancen abgesehen, inhaltsgleich mit Art. 54, wenn auch naturgemäß zeitlich versetzt.

II. Die Übergangsregelung von Art. 66

7 **Absatz 1** übernimmt die Regelung von Art. 54 Abs. 1 EuGVÜ/LÜ, braucht aber nicht mehr nach verschiedenen Zeitpunkten zu unterscheiden. Sind Klage oder Urkunde nach dem 28. 2. 02 erhoben bzw. aufgenommen, so unterstehen Verfahren, Anerkennung und Vollsteckung uneingeschränkt der EuGVVO. Ist die Klage vorher erhoben worden, so richten sich auch Rechtshängigkeit und Konnexität nicht nach EuGVVO, s. Art. 27 Rn 1.

8 In **Absatz 2** ist der **Buchstabe a)** inhaltlich neu. Die Zuständigkeitsvorschriften von EuGVÜ und LÜ unterscheiden sich von jenen der EuGVVO nur so minimal, dass sie im Rahmen der Übergangsvorschrift der EuGVVO vernachlässigt werden konnten. Beisp.: auch wenn ein Gericht i.S.v. Art. 5 Abs. 1 Nr. 1 EuGVÜ/LÜ aufgrund des von nationalem Recht geprägten Erfüllungsortes für eine Verkaufs- oder Dienstleistungsentgeltsklage zuständig war, das nach der Neufassung der entsprechenden Vorschrift der EuGVVO nicht mehr zuständig wäre, muss das Urteil anerkannt und vollstreckt werden, ohne dass eine Prüfung der Zuständigkeit erlaubt wäre, Art. 35 Abs. 3.

9 Ist eine Klage vor Inkrafttreten des EuGVÜ oder des LÜ für den fraglichen Vertragsstaat erhoben worden, so gilt Buchst. b der von inhaltlich bedeutungslosen redaktionellen Anpassungen abgesehen, Art. 54 Abs. 2 EuGVÜ/LÜ entpricht. Natürlich ist diese Vorschrift auch anwendbar, wenn das Gericht nach Klageerhebung durch Inkrafttreten von EuGVÜ oder LÜ zuständig geworden ist.

10 Art. 54 EuGVÜ/LÜ Abs. 3 ist durch Zeitablauf obsolet und daher nicht in die EuGVVO übernommen worden.

III. Einzelheiten

11 **1.** Wann eine Klage „erhoben" ist, richtet sich nach Art. 30, bzw. (im Anwendungsbereich von EuGVÜ/LÜ) nach nationalem Recht, s. Art. 30 Rn 1.

12 **2.** Wann ein Urteil „ergangen" ist, bestimmt ausschließlich das Recht des Urteilsstaats. Bei nicht verkündeten Entscheidungen ist in Deutschland maßgebend der Zeitpunkt: §§ 310 Abs. 3, 329 Abs. 2 ZPO.

13 **3.** Von dem Zeitpunkt an, zu dem EuGVÜ oder LÜ in dem Staat in Kraft getreten ist, vor dessen Gerichten später eine Klage rechtshängig wird, richten sich Zulässigkeit und Wirksamkeit einer Gerichtsstandsvereinbarung nach dem Übereinkommen, nach dem 28. 2. 2002 nach der EuGVVO, auch wenn sie schon vorher abgeschlossen worden ist (EuGHE 1979, 3423 – Sanicentral = RIW 80, 285). Zu einer Heilung einer Gerichtsstandsvereinbarung führt das Inkrafttreten eines Beitrittsübereinkommens im Ursprungsstaat nicht, wenn die Klage dort schon rechtshängig war (BGH aaO).

14 **4.** Soweit es im ersuchten Staat darauf ankommt, ob das Gericht im Ursprungsstaat bei hypothetischer Geltung des EuGVÜ/LÜ oder der EuGVVO zuständig gewesen wäre, läuft dies, abweichend von den sonst geltenden Grundsätzen, darauf hinaus, die Anerkennungszuständigkeit des Gerichts des Ursprungsstaates zu überprüfen (*Kropholler*[7] Rn 6; Beispiel: München NJW 75, 504 wie Rn 1; Frankfurt RIW 76, 107). Allerdings gilt dies nur mit einer gewissen Einschränkung. Das Gericht muss aufgrund von „Vorschriften" zuständig gewesen sein, die mit den Zuständigkeitsvorschriften des Kapitels II (bzw. Titels II) übereinstimmen. Es kann sich um textgleiche Vorschriften handeln. Das gilt insbesondere dann, wenn das Gericht vor Inkrafttreten des LÜ aufgrund des EuGVÜ zuständig war. Ist etwa in einer nicht arbeitsrechtlichen Sache in Deutschland eine in Frankreich wohnhafte Person im Gerichtsstand nach Art. 5 Nr. 1 EuGVÜ verklagt und verurteilt worden, dann würde es dem Geist beider Übereinkommen widersprechen, wenn ein Gericht in der Schweiz noch nachprüfen dürfte, ob das deutsche Gericht Art. 5 Nr. 1 EuGVÜ zutreffend ausgelegt hat. Im Übrigen muss das Gericht im ersuchten Staat aber prüfen, ob das Gericht des Ursprungsstaates zuständig gewesen wäre, wenn EuGVÜ/LÜ dort so gegolten hätten, wie es der Auslegung des Gerichts des ersuchten Staates entspricht.

15 **5.** Für öffentliche Urkunden kommt es auf den Zeitpunkt an, zu dem sie nach ihrem Heimatrecht für vollstreckbar erklärt worden sind (**a. A.** *Kropholler* Rn 2), wenn dies nicht auf einer zu diesem Zeitpunkt erklärten Vollstreckungsunterwerfung beruht. Art. 66 Abs. 1 beruht insoweit auf dem Gedanken, dass aus einer Urkunde gegen niemanden international vollstreckt werden soll, der anläßlich seiner Mitwirkung bei Errichtung der Urkunde das transnationale Vollstreckungsrisiko nicht überschauen konnte.

16 **6.** Für Seerechtssachen gab es eine Sonderregelung in Gestalt von Art. 54a EuGVÜ/LÜ, die aber durch Zeitablauf auch schon insoweit obsolet geworden ist.

Kapitel VII. Verhältnis zu anderen Rechtsinstrumenten

Vorbemerkung zu Art. 67

Dem Kapitel VII entspricht im EuGVÜ/LÜ Titel VII. Er ist systematisch etwas anders konzipiert. Um der Übersichtlichkeit der Darstellung willen finden sich einige Texte in Anhang zu Art. 72.

Art. 67 [Verhältnis zu speziellen Abkommen und Übereinkommen]

Diese Verordnung berührt nicht die Anwendung der Bestimmungen, die für besondere Rechtsgebiete die gerichtliche Zuständigkeit oder die Anerkennung und Vollstreckung von Entscheidungen regeln und in gemeinschaftlichen Rechtsakten oder in dem in Ausführung dieser Akte harmonisierten einzelstaatlichen Recht enthalten sind.

Die Vorschrift entspricht systematisch Art. 57 Abs. 3 EuGVÜ. Beispiel: Art. 18 Rn 4. S. Art. 71 Rn 9.

Art. 68 [Verhältnis zu EuGVÜ]

(1) **Diese Verordnung tritt im Verhältnis zwischen den Mitgliedstaaten an die Stelle des Brüsseler Übereinkommens, außer hinsichtlich der Hoheitsgebiete der Mitgliedstaaten, die in den territorialen Anwendungsbereich dieses Übereinkommens fallen und aufgrund der Anwendung von Artikel 299 des Vertrags zur Gründung der Europäischen Gemeinschaft von der vorliegenden Verordnung ausgeschlossen sind.**

(2) **Soweit diese Verordnung die Bestimmungen des Brüsseler Übereinkommens zwischen den Mitgliedstaaten ersetzt, gelten Verweise auf dieses Übereinkommen als Verweise auf die vorliegende Verordnung.**

Ab 1. 3. 2002 trat die EuGVVO an die Stelle des EuGVÜ sowohl im Zuständigkeitsbereich wie bei Rechtshängigkeit und Konnexität wie für Anerkennung und Vollstreckung. Zu Übergangsproblemen s. aber Art. 66. Welche Territorien in Anwendung von Art. 299 EGV vom Anwendungsbereich der EuGVVO ausgeschlossen sind, ist nicht erfindlich. Die Vorschrift ist insoweit rein profilaktisch, als sich ein weitergehender territorialer Anwendungsbereich der EuGVÜ herausstellen sollte. Zu Gebraltar ABl. EG Nr. C 13 v. 16. 1. 2001 S. 1 u. Bulletin oficial del Estado (Spanien) Nr. 18/2001 S. 2508. 1

Absatz 2 gilt sowohl systematisch (entsprechende neue Artikel-Nummer) als auch inhaltlich, soweit die EuGVVO inhaltlich neu ist. Absatz 2 kann zwar den Mitgliedstaaten oder gar Drittstaaten nicht verbindlich vorschreiben, dass sich Verweise in ihren Gesetzen auf etwas beziehen sollen, was Ersatz des ursprünglichen Verweises geworden ist. Jedoch entspricht dies meist dem Sinn des Verweises. Eine Alternative gibt es nicht. Das Obsoletwerden des Verweises wäre sinnlos. Insbesondere bezieht sich Art. 54b LÜ (Anh. I 1.) heute auf die EuGVVO. 2

Art. 69

Diese Verordnung ersetzt unbeschadet des Artikels 66 Absatz 2 und des Artikels 70 im Verhältnis zwischen den Mitgliedstaaten die nachstehenden Abkommen und Verträge:

- **das am 8. Juli 1899 in Paris unterzeichnete belgisch-französische Abkommen über die gerichtliche Zuständigkeit, die Anerkennung und die Vollstreckung von gerichtlichen Entscheidungen, Schiedssprüchen und öffentlichen Urkunden;**
- **das am 28. März 1925 in Brüssel unterzeichnete belgisch-niederländische Abkommen über die Zuständigkeit der Gerichte, den Konkurs sowie die Anerkennung und die Vollstreckung von gerichtlichen Entscheidungen, Schiedssprüchen und öffentlichen Urkunden;**
- **das am 3. Juni 1930 in Rom unterzeichnete französisch-italienische Abkommen über die Vollstreckung gerichtlicher Urteile in Zivil- und Handelssachen;**

- das am 18. Januar 1934 in Paris unterzeichnete britisch-französische Abkommen über die gegenseitige Vollstreckung gerichtlicher Entscheidungen in Zivil- und Handelssachen mit Protokoll;
- das am 2. Mai 1934 in Brüssel unterzeichnete britisch-belgische Abkommen über die gegenseitige Vollstreckung gerichtlicher Entscheidungen in Zivil- und Handelssachen mit Protokoll;
- das am 9. März 1936 in Rom unterzeichnete deutsch-italienische Abkommen über die Anerkennung und Vollstreckung gerichtlicher Entscheidungen in Zivil- und Handelssachen;
- das am 25. Oktober 1957 in Wien unterzeichnete belgisch-österreichische Abkommen über die gegenseitige Anerkennung und Vollstreckung von gerichtlichen Entscheidungen und öffentlichen Urkunden betreffend Unterhaltsverpflichtungen;
- das am 30. Juni 1958 in Bonn unterzeichnete deutsch-belgische Abkommen über die gegenseitige Anerkennung und Vollstreckung von gerichtlichen Entscheidungen, Schiedssprüchen und öffentlichen Urkunden in Zivil- und Handelssachen;
- das am 17. April 1959 in Rom unterzeichnete niederländisch-italienische Abkommen über die Anerkennung und Vollstreckung gerichtlicher Entscheidungen in Zivil- und Handelssachen;
- den am 6. Juni 1959 in Wien unterzeichneten deutsch-österreichischen Vertrag über die gegenseitige Anerkennung und Vollstreckung von gerichtlichen Entscheidungen, Vergleichen und öffentlichen Urkunden in Zivil- und Handelssachen;
- das am 16. Juni 1959 in Wien unterzeichnete belgisch-österreichische Abkommen über die gegenseitige Anerkennung und Vollstreckung von gerichtlichen Entscheidungen, Schiedssprüchen und öffentlichen Urkunden auf dem Gebiet des Zivil- und Handelsrechts;
- das am 14. Juli 1960 in Bonn unterzeichnete deutsch-britische Abkommen über die gegenseitige Anerkennung

und Vollstreckung von gerichtlichen Entscheidungen in Zivil- und Handelssachen;
- **den am 14. Juli 1961 in Wien unterzeichneten britisch-österreichischen Vertrag über die gegenseitige Anerkennung und Vollstreckung gerichtlicher Entscheidungen in Zivil- und Handelssachen und das am 6. März 1970 in London unterzeichnete Protokoll;**
- **den am 4. November 1961 in Athen unterzeichneten Vertrag zwischen der Bundesrepublik Deutschland und dem Königreich Griechenland über die gegenseitige Anerkennung und Vollstreckung von gerichtlichen Entscheidungen, Vergleichen und öffentlichen Urkunden in Zivil- und Handelssachen;**
- **das am 6. April 1962 in Rom unterzeichnete belgisch-italiensiche Abkommen über die Anerkennung und Vollstreckung von gerichtlichen Entscheidungen und anderen vollstreckbaren Titeln in Zivil- und Handelssachen;**
- **den 30. August 1962 in Den Haag unterzeichneten deutsch-niederländischen Vertrag über gegenseitige Anerkennung und Vollstreckung gerichtlicher Entscheidungen und anderer Schuldtitel in Zivil- und Handelssachen;**
- **das am 6. Februar 1963 in Den Haag unterzeichnete niederländisch-österreichische Abkommen über die gegenseitige Anerkennung und Vollstreckung von gerichtlichen Entscheidungen und öffentlichen Urkunden auf dem Gebiet des Zivil- und Handelsrechts;**
- **das am 7. Februar 1964 in Rom unterzeichnete britisch-italienische Abkommen über die gegenseitige Anerkennung und Vollstreckung gerichtlicher Entscheidungen in Zivil- und Handelssachen und das am 14. Juli 1970 in Rom unterzeichnete Zusatzprotokoll;**
- **das am 15. Juli 1966 in Wien unterzeichnete französisch-österreichische Abkommen über die Anerkennung und die Vollstreckung von gerichtlichen Entscheidungen und öffentlichen Urkunden auf dem Gebiet des Zivil- und Handelsrechts;**
- **das am 17. November 1967 in Den Haag unterzeichnete britisch-niederländische Abkommen über die gegenseiti-**

ge Anerkennung und Vollstreckung gerichtlicher Entscheidungen in Zivilsachen;
- das 5. April 1969 in Warschau unterzeichnete polnisch-französische Abkommen über das anwendbare Recht, die gerichtliche Zuständigkeit und die Vollstreckung gerichtlicher Entscheidungen auf dem Gebiet des Personen- und Familienrechts;
- das am 28. Mai 1969 in Paris unterzeichnete französisch-spanische Abkommen über die Anerkennung und Vollstreckung von gerichtlichen Entscheidungen und Schiedssprüchen in Zivil- und Handelssachen;
- das am 29. Juli 1971 in Luxemburg unterzeichnete luxemburgisch-österreichische Abkommen über die Anerkennung und die Vollstreckung von gerichtlichen Entscheidungen und öffentlichen Urkunden auf dem Gebiet des Zivil- und Handelsrechts;
- das am 16. November 1971 in Rom unterzeichnete italienisch-österreichische Abkommen über die Anerkennung und Vollstreckung von gerichtlichen Entscheidungen in Zivil- und Handelssachen, von gerichtlichen Vergleichen und von Notariatsakten;
- das am 22. Mai 1973 in Madrid unterzeichnete italienisch-spanische Abkommen über die Rechtshilfe und die Anerkennung und Vollstreckung gerichtlicher Entscheidungen in Zivil- und Handelssachen;
- das am 11. Oktober 1977 in Kopenhagen unterzeichnete Übereinkommen zwischen Dänemark, Finnland, Island, Norwegen und Schweden über die Anerkennung und Vollstreckung gerichtlicher Entscheidungen in Zivilsachen;
- das am 24. Oktober 1979 in Athen unterzeichnete polnisch-griechische Abkommen über Rechtshilfe in Zivil- und Strafsachen;
- das am 16. September 1982 in Stockholm unterzeichnete österreichisch-schwedische Abkommen über die Anerkennung und die Vollstreckung von Entscheidungen in Zivilsachen;
- den am 14. November 1983 in Bonn unterzeichneten deutsch-spanischen Vertrag über die Anerkennung und

Vollstreckung von gerichtlichen Entscheidungen und Vergleichen sowie vollstreckbaren öffentlichen Urkunden in Zivil- und Handelssachen;
- **das am 17. Februar 1984 in Wien unterzeichnete österreichisch-spanische Abkommen über die Anerkennung und die Vollstreckung von gerichtlichen Entscheidungen, Vergleichen und vollstreckbaren öffentlichen Urkunden in Zivil- und Handelssachen;**
- **das am 17. November 1986 in Wien unterzeichnete finnisch-österreichische Abkommen über die Anerkennung und die Vollstreckung von Entscheidungen in Zivilsachen;**
- **das am 28. April 1989 in Warschau unterzeichnete polnisch-italienische Abkommen über Rechtshilfe sowie die Anerkennung und Vollstreckung gerichtlicher Entscheidungen in Zivilsachen;**

und, insoweit als er in Kraft ist,
- **den am 24. November 1961 in Brüssel unterzeichneten belgisch-niederländisch-luxemburgischen Vertrag über die gerichtliche Zuständigkeit, den Konkurs, die Anerkennung und die Vollstreckung von gerichtlichen Entscheidungen, Schiedssprüchen und öffentlichen Urkunden.**

Textgeschichte: Die Vorschrift stimmt mit einer Ausnahme wörtlich mit Art. 55 EuGV/LÜ i. d. F. des Beitritts Polens (BGBl. 2000 II 1246) überein; nur die Bezugnahme (EuGVÜ Art. 54 Abs. 2, Art. 56) im Einleitungssatz ist aus redaktioneller Zwangsläufigkeit geändert.

in Art. 55 LÜ sind zusätzlich noch genannt:

„– das am 15. Juni 1869 in Paris unterzeichnete französich-schweizerische Abkommen über die gerichtliche Zuständigkeit und die Vollstreckung gerichtlicher Urteile in Zivilsachen;
- den am 19. November 1896 in Madrid unterzeichneten spanisch-schweizerischen Vertrag über die gegenseitige Vollstreckung gerichtlicher Urteile und Entscheidungen in Zivil- und Handelssachen;
- das am 2. November 1929 in Bern unterzeichnete deutsch-schweizerische Abkommen über die gegenseitige Anerkennung und Vollstreckung von gerichtlichen Entscheidugen und Schiedssprüchen;
- das am 16. März 1932 in Kopenhagen unterzeichnete Übereinkommen zwischen Dänemark, Finnland, Island, Norwegen und Schweden über die Anerkennung und Vollstreckung gerichtlicher Entscheidungen;

- das am 3. Januar 1933 in Rom unterzeichnete italienisch-schweizerische Abkommen über die Anerkennung und Vollstreckung gerichtlicher Entscheidungen;
- das am 15. Januar 1936 in Stockholm unterzeichnete schwedisch-schweizerische Abkommen über die Anerkennung und Vollstreckung von gerichtlichen Entscheidungen und Schiedssprüchen;
- das am 29. April 1959 in Bern unterzeichnete belgisch-schweizerische Abkommen über die Anerkennung und Vollstreckung von gerichtlichen Entscheidungen und Schiedssprüchen;
- den am 16. Dezember 1960 in Bern unterzeichneten österreichisch-schweizerischen Vertrag über die Anerkennung und Vollstreckung gerichtlicher Entscheidungen;
- das am 12. Juni 1961 in London unterzeichnete britisch-norwegische Abkommen über die gegenseitige Anerkennung und Vollstreckung gerichtlicher Entscheidungen in Zivilsachen;
- das am 11. Dezember 1963 in Wien unterzeichnete polnisch-österreichische Abkommen über die beiderseitigen Beziehnungen in Zivilsachen und in Bezug auf Dokumente;
- den am 17. Juni 1977 in Oslo unterzeichneten deutsch-norwegischen Vertrag über die gegenseitige Anerkennung und Vollstreckung gerichtlicher Entscheidungen und anderer Schuldtitel in Zivil- und Handelssachen;
- das am 11. Oktober 1977 in Kopenhagen unterzeichnete Übereinkommen zwischen Dänemark, Finnland, Island, Norwegen und Schweden über die Anerkennung und Vollstreckung gerichtlicher Entscheidungen in Zivilsachen;
- das am 21. Mai 1984 in Wien unterzeichnete norwegisch-österreichische Abkommen über die Anerkennung und die Vollstreckung von Entschuldigungen in Zivilsachen und“

Da der Inhalt von Art. 69 deklaratorisch ist, weil er aus dem Grundsatz lex posterior derogat priori folgt, gilt er auch für die vom V.K. mit Mitgliedsstaaten abgeschlossenen Verträge, also vor allem für

- das am 14. Juli in Bonn unterzeichnete deutsch-britische Abkommen über die gegenseitige Anerkennung und Vollstreckung von gerichtlichen Entscheidungen in Zivlil- und Handelssachen;
- den am 14. Juli 1961 in Wien unterzeichneten britisch-österreichischen Vertrag über die gegenseitige Anerkennung und Vollstreckung gerichtlicher Entscheidungen in Zivil- und Handelssachen und das am 6. März in London unterzeichnete Protokoll zur Abänderung dieses Vertrags.“

Art. 70 [Fortgeltung anderer Abkommen in von der EuGVVO unberührten Rechtsgebieten]

(1) **Die in Artikel 69 angeführten Abkommen und Verträge behalten ihre Wirksamkeit für die Rechtsgeschäfte, auf diese Verordnung nicht anzuwenden ist.**

(2) **Sie bleiben auch weiterhin für die Entscheidungen und die öffentlichen Urkunden wirksam, die vor Inkrafttreten dieses Übereinkommens ergangen oder aufgenommen sind.**

Textgeschichte: unverändert, EuGVVO nur redaktionell angepasst.

1 Die Hauptbedeutung der Vorschrift liegt in ihrem Abs. 1. Die von Deutschland abgeschlossenen bilateralen Anerkennungs- und Vollstreckungsverträge erfassen zum großen Teil auch **familien- und erbrechtliche Angelegenheiten.** Die vom EuGH favorisierte vertragsautonome Auslegung von Begriffen kann dazu führen, dass in bilateralen Anerkennung- und Vollstreckungsverträgen Begriffe, die wortgleich mit jenen sind, die in EuGVVO, EuGVÜ bzw. LÜ verwandt werden, weiter als dort auszulegen sind, so dass ein Restanwendungsbereich des bilateralen Abkommens bleibt. Eine rechtliche Sondermaterie, die der EuGH nicht als Zivil- oder Handelssache angesehen hat, Art. 1 Rn 7, hat mit seiner Billigung (EuGHE 1977, 1527 = NJW 78, 483 – *Geimer*) der BGH (NJW 78, 1113) als Zivil- und Handelssache im Sinne des deutsch-belgischen Abkommens eingeordnet.

2 Abs. 2 regelt den intertemporalen Anwendungsbereich des Übereinkommens. Ergänzt wird die Vorschrift durch Art. 66 Abs. 2 und die in der Erläuterung dazu genannten Übergangsvorschriften aus Beitrittsübereinkommen. Auf diese Weise kann dem bilateralen Übereinkommen auch bezüglich Urteilen, die nach Inkrafttreten des EuGVÜ/LÜ im Urteilsstaat ergangen sind, noch Bedeutung zuwachsen.

Art. 71 [Fortgeltung anderer Abkommen in von EuGVVO, EuGVÜ bzw. LÜ berührten Rechtsgebieten]

(1) **Diese Verordnung läßt Übereinkommen unberührt, denen die Mitgliedsstaaten angehören und die für besondere Rechtsgebiete die gerichtliche Zuständigkeit, die Anerkennung oder die Vollstreckung von Entscheidungen regeln.**

(2) Um eine einheitliche Auslegung des Abs. 1 zu sichern, wird dieser Absatz 1 in folgender Weise angewandt:

a) Diese Verordnung schließt nicht aus, dass ein Gericht eines Mitgliedstaats, der Vertragspartei eines Übereinkommens über ein besonderes Rechtsgebiet ist, seine Zuständigkeit auf ein solches Übereinkommen stützt, und zwar auch dann, wenn der Beklagte seinen Wohnsitz in dem Hoheitsgebiet eines Mitgliedstaats hat, der nicht Vertragspartei eines solchen Übereinkommens ist. In jedem Fall wendet dieses Gericht Art. 26 der vorliegenden Verordnung an;

b) Entscheidungen, die in einem Mitgliedsstaat von einem Gericht erlassen worden sind, das seine Zuständigkeit auf ein Übereinkommen über ein besonderes Rechtsgebiet gestützt hat, werden in den anderen Vertragsstaaten nach dieser Verordnung anerkannt und vollstreckt.

Sind der Ursprungsstaat und der ersuchte Staat Vertragsparteien eines Übereinkommens über ein besonderes Rechtsgebiet, welches die Voraussetzungen für die Anerkennung und Vollstreckung von Entscheidungen regelt, so gelten diese Vorschriften. In jedem Fall können die Bestimmungen dieser Verordnung über das Verfahren zur Anerkennung und Vollstreckung von Entscheidungen angewandt werden.

EuGVÜ: (3) [Nur EuGVÜ] Dieses Übereinkommen berührt nicht die Anwendung der Bestimmungen, die für besondere Rechtsgebiete die gerichtliche Zuständigkeit, die Anerkennung oder Vollstreckung von Entscheidungen regeln und in Rechtsakten der Organe der Europäischen Gemeinschaften oder in dem in Ausführung dieser Akte harmonisierten einzelstaatlichen Rechte enthalten sind.

Art. 57 Abs. 2–5 LÜ sind etwas anders redigiert:

(2) Dieses Übereinkommen schließt nicht aus, daß ein Gericht eines Vertragsstaats, der Vertragspartei eines Übereinkommens nach Abs. 1 ist, seine Zuständigkeit auf ein solches Übereinkommen stützt, und zwar auch dann, wenn der Beklagte seinen Wohnsitz in dem Hoheitsgebiet eines Vertragsstaats hat, der nicht Vertragspartei eines solchen Übereinkommens ist. In jedem Fall wendet das Gericht Art. 20 an.

(3) Entscheidungen, die in einem Vertragsstaat von einem Gericht erlassen worden sind, das seine Zuständigkeit auf ein in Abs. 1 bezeichnetes Übereinkommen gestützt hat, werden in den anderen Vertragsstaaten nach Titel III anerkannt und vollstreckt.

(4) Außer aus den in Titel III vorgesehenen Gründen kann die Anerkennung und Vollstreckung versagt werden, wenn der ersuchte Staat nicht Vertragspartei eines in Abs. 1 bezeichneten Übereinkommens ist und wenn die Person, gegen die die Anerkennung und Vollstreckung geltend gemacht wird, ihren Wohnsitz in diesem Staat hat, es sei denn, daß die Entscheidung nach einer anderen Rechtsvorschrift des ersuchten Staates anerkannt oder vollstreckt werden kann.

(5) Sind der Ursprungsstaat und der ersuchte Staat Vertragsparteien eines in Abs. 1 bezeichneten Übereinkommens, welches die Voraussetzungen für die Anerkennung und Vollstreckung von Entscheidungen regelt, so gelten diese Voraussetzungen. In jedem Fall können die Bestimmungen des vorliegenden Übereinkommens über das Verfahren zur Anerkennung und Vollstreckung von Entscheidungen angewandt werden.

Textgeschichte: Der jetzige Abs. 2 war ursprünglich eine im 1. Beitrittsübereinkommen vorgenommene authentische Interpretation. Sie ist durch das 3. Beitrittsübereinkommen in den Text von Art. 57 überführt worden. Dabei wurden die Abs. 1 und 3 redaktionell in einer inhaltlich unbedeutenden Kleinigkeit geändert. Die EuGVVO hat „Übereinkommen" durch „Verordnung" und „Vertragsstaat" durch „Mitgliedstaat" ersetzt. Nach „angehören" fehlt der Zusatz „oder angehören werden". Die redaktionelle Sondergestaltung im LÜ hat auch einen inhaltlichen Grund, Rn 10.

Literatur: G. *Gaja* Sui rapporti fra la convenzione di Bruxelles e le altre norme concernenti la giurisdizione e il riconoscimento di sentenze straniere, Riv.dir.int.priv.proc. 91, 253ff.; *Paul Volken* La Convention de Lugano dans ses rapports avec la loi de LDIP et avec d'autres conventions internationales, in Gillard, L'espace judiciaire européen (1992) 154ff.

1 Art. 71 und seine Vorgänger gelten nur für multilaterale Bindungen („Übereinkommen") zu den bilateralen Staatsverträgen s. Art. 70 u. 72. Die Vorschrift hatte im EuGVÜ/LÜ nicht nur den Sinn, den Vertragsstaaten die Situation zu ersparen, nach dem EuGVÜ/LÜ zu etwas verpflichtet zu sein, was Verpflichtungen aus früheren Verträgen zuwiderläuft. Vielmehr sollten EuGVÜ/LÜ generell die Entwicklung des Rechts auf Spezialgebieten nicht hemmen. Daher hatte man den Staaten eine Blankoermächtigung gegeben, mit anderen Staaten, auch Drittstaaten, auf Spezialgebieten beliebige Verträge über die gerichtliche Zuständigkeit sowie die Anerkennung und Vollstreckung gerichtlicher Entscheidungen zu schließen. Die EuGVVO hat den Mitgliedstaaten den Abschluss vorrangiger völkerrechtlicher Verträge für die Zukunft verbaut. Art. 71 ist auch anwendbar auf nationales Recht, das internationale Verträge umsetzt (*The Po* 2 Lloyds Rep [1991] 206).

Die denkbaren Konstellationen des Verhältnisses von Spezialübereinkommen zum EuGVÜ/LÜ und jetzt zur EuGVVO sind unüberschaubar vielgestaltig (dazu *Schlosser*-Bericht Rn 239). Die wichtigsten werden nachfolgend besprochen. Rechtsprechungsfall zum Schiffskollisionsübereinkommen von 1952: Supreme Court Ireland ILPr [1997] 52.

I. Fälle, die keine Beziehungen zu Drittstaaten aufweisen

2 **1.** Es kann sein, dass in einem Mitgliedstaat gegenüber einer Person mit Wohnsitz in einem anderen Mitgliedstaat aufgrund eines in **beiden Staaten geltenden Spezialübereinkommens** eine Zuständigkeitsvorschrift geltend gemacht wird, die in der EuGVVO kein Gegenstück hat, etwa der Gerichtsstand des Bestimmungsortes aus einem Verkehrsübereinkommen. Das Gericht ist aufgrund dieser Sonderbestimmung zuständig. Soweit das Spezialübereinkommen keine Zuständigkeitsregelungen enthält, gilt die EuGVVO. Nach Absatz 2 Buchst. b) S. 1 bzw. Abs. 3 (LÜ) werden in diesem Gerichtsstand erlassene Entscheidungen anerkannt und vollstreckt. Es gilt demnach auch Art. 35 Abs 3. Ob das Gericht seine Zuständigkeit zu Recht angenommen hat, darf nicht mehr nachgeprüft werden. Letzteres ergibt sich auch schon daraus, dass es nur darauf ankommt, ob das Gericht im Ursprungsstaat seine Zuständigkeit auf eine Norm eines Spezialübereinkommens „gestützt“ hat (*MünchKommZPO-Gottwald*[2] Rn 6).

Art. 20 Abs. 1 EuGVÜ gilt, auch wenn nur im LÜ dessen Art. 20 erwähnt ist. Das Gericht hat aber dann zu prüfen, ob es aufgrund eines Spezialübereinkommens zuständig ist (Hamm RIW 02, 152; *Haubold* IPRax 00, 91. **a. A.** Dresden IPRax 00, 121).

Gerichtsstandvorschriften in EuGVVO/EuGVÜ/LÜ sind aber **wahlweise anwendbar,** wenn die im Spezialübereinkommen vorgesehenen Gerichtsstände nicht ihrem Sinn nach abschließend gemeint sind (*The Deichland* [1984] 3 WLR 478, 489, 498, C. A.). Bei Regelungen in Spezialübereinkommen ist auch sonst zu fragen, ob nach deren Sinn die Vorschriften von EuGVVO/EuGVÜ/LÜ ganz oder teilweise daneben anwendbar bleiben (*MünchKommZPO-Gottwald*[2] Rn 4). Ob eine Gerichtsstandsvereinbarung nach Art. 31 Abs. 1 CMR durch Art. 17 EuGVÜ/Art. 23 EuGVVO formbedürftig geworden ist, ist strittig (bejahend Tribunale Turin, Riv.dir.int.priv.proc. 84, 586; *Kropholler*[7] Rn 5. **a. A.** LG Aachen RIW 76, 588; *Majoros RabelsZ* 82, 108). Bezüglich des Verbots der Ausschließlichkeit einer Gerichtsstandsvereinbarung beansprucht das CMR aber Vorrang (Kh Antwerpen Europ. trans. L. 76, 691; Oldenburg TransportR 00, 128).

Das wohl wichtigste Spezialübereinkommen ist das Brüsseler Übereinkommen vom 10. 5. 1952 (BGBl. V 1972 S. 653) über die Vereinheitlichung von Regeln über den Arrest in Seeschiffe. Es gilt aber nicht, sobald ein Arrest wegen der Leistung von Sicherheit aufgehoben worden ist (*The Deichland* [1989] 3 W.L.R 478, 498). Soweit es auf das „domestic law" des Arreststaates verweist, ist auch die EuGVVO (wie das übrige Europarecht) erfasst. Das Arrestübereinkommen hat insbesondere auch Vorrang vor Art. 23 (The Bergen [1997] 1 Ll. R. 380).

2. Ein Spezialübereinkommen kann sowohl die Voraussetzungen für **Anerkennung und Vollstreckung regeln als auch ausschließlich ein bestimmtes Anerkennungs- und Vollstreckungsverfahren** zur Verfügung stellen (*Baumann* Anerkennung und Vollstreckung ausländischer Entscheidungen in Unterhaltssachen [1989] 171; *Geimer* IPRax 92, 8) Beispiel: Kindesentführungsfälle sind meist Zivilsachen. Nach den einschlägigen Übereinkommen (v. 20. 5. 80, BGBl. 90 II S. 220 und v. 25. 10. 80, BGBl. 90 II S. 207) ist aber das Verfahren der Vollstreckung ausländischer Entscheidungen dort abschließend geregelt. Trotz Abs. 2 Buchst. b) S. 3 ist dies zulässig. **3**

3. Letzter Satz von Absatz 2 gilt nämlich nur, wenn die Anwendung der Verfahrensvorschriften des EuGVÜ/LÜ nicht einem Ausschließlichkeitsanspruch des Spezialübereinkommens, insbesondere auch seinem Sinn, widerspricht. Meist enthalten die Spezialübereinkommen aber keine oder nur rudimentäre Bestimmungen über das Vollstreckbarkeitsverfahren, gelegentlich sogar ausdrücklich eine Meistbegünstigungsklausel. Solche „offenen" Übereinkommen fängt Absatz 2 Buchst. b S. 3 ein. Das gilt insbesondere **4**

für das HUVÜ 1973 (BGBl. 86 II S. 826). Das bedeutet folgendes: Schon aufgrund von Absatz 2 Buchst. b S. 3 sind die Artt. 38ff. anwendbar. Der Antragsteller kann aber wahlweise auch das autonome Vollstreckbarerklärungsverfahren des ersuchten Staates wählen (Koblenz IPRax 92, 35, zust. *Geimer* 5ff. m.w.N.). In Deutschland gilt nach § 1 Abs. 1 Nr. 1c) AVAG das ganz dem EuGVÜ nachgebildete vereinfachte Vollstreckbarerklärungsverfahren dieses Gesetzes. Artt. 38ff. können nicht nur anstatt des Rechts des Vollstreckungsstaates, Art. 13 HUVÜ, angewandt werden, sondern auch Erleichterungen in Formalien bringen, also etwa die Vorlage eines Zeugnisses, dass gegen die Entscheidung im Ursprungsstaat kein ordentliches Rechtsmittel zulässig ist, Art. 17 Abs. 1 Nr. 3 HUVÜ, entbehrlich machen oder die Zustellung eines verfahrenseinleitenden Schriftstücks genügend sein lassen, das nicht die wesentlichen Klagegründe, Art. 17 Abs. 1 Nr. 3 HUVÜ, enthielt.

5 **4.** Einige Spezialübereinkommen regeln die Voraussetzungen der Anerkennung. So sind diese Voraussetzungen in Art. 5 HUVÜ teils liberaler (keine dem Art. 27 Nr. 4 EuGVÜ entsprechende Vorschrift, die aber in der EuGVVO auch fehlt), teils strenger (Missachtung der Rechtshängigkeit ist Versagungsgrund, s. Artt. 34ff. Rn 25) als jene des EuGVÜ. Der Gläubiger kann sich dann auf das Nichtvorliegen von Anerkennungsversagungsgründen nach dem HUVÜ stützen, Abs. 2 Buchst. b) S. 2. Nach der Meistbegünstigungsregel des Art. 23 kann er sich aber auch auf das Fehlen eines Anerkennungsversagungsgrundes nach dem EuGVÜ berufen (*Cour de Cassation* Rev.crit. 95, 68ff. Anm. *B. Ancel*). Der Richter hat sogar von Amts wegen die anerkennungsfreundlichere Rechtsgrundlage anzuwenden, was vor allem bedeutet, dass im ersuchten Staat eine Prüfung der Zuständigkeit des Gerichts im Ursprungsstaat unterbleibt.

6 Die Einbeziehung von Art. 26 durch Abs. 2 Buchst. a) S. 2 bedeutet, dass dessen Abs. 2, 3 auch gelten, wenn das angegangene Gericht nur aufgrund einer Vorschrift in einem Spezialübereinkommen zuständig sein kann. Die Anwendung von Art. 26 Abs. 1 besagt, dass die Klage nur dann abzuweisen ist, wenn sich eine Zuständigkeit auch nicht aufgrund eines Spezialübereinkommens ergibt (*MünchKommZPO-Gottwald*[2] Rn 5). Ohne ausdrückliche Erwähnung gilt das Gleiche auch in der EuGVVO, s. Rn 2.

Die Bestimmungen des EuGVÜ/LÜ über **Rechtshängigkeit und Konnexität** von Verfahren finden immer Anwendung, auch wenn das Gericht in einem anderen Vertragsstaat aufgrund der Vorschriften eines Spezialübereinkommens angerufen wird (EuGHE 1994, 5439 *Tatry*), sofern die Frage im Spezialübereinkommen ungeregelt geblieben ist (Maas v. CDR Trading 2 Ll.R. [1999] 180). Nach seinem Sinn muss Art. 27 EuGVVO auch unanwendbar bleiben, wenn das Warschauer Übereinkommen (oder ein anderes Spezialübereinkommen) anwendbar ist, das angegangene Gericht nach diesem Übereinkommen aber international eindeutig nicht zuständig ist (*Deauville v. Aeroflot* [1997] 2 Ll.R. 67 H.Ct.).

II. Fälle mit Beziehungen zu Drittstaaten

6 **1.** Hat der Beklagte Wohnsitz in einem Drittstaat, so geht eine Zuständigkeitsvorschrift in einem Spezialübereinkommen, etwa die die möglichen Gerichtsstände beschränkenden Vorschriften in den internationalen Transportübereinkommen, dem Art. 4 vor.

7 **2.** Ein Urteil aus einem Drittstaat kann ausschließlich aufgrund des Spezialübereinkommens, mit dem der ersuchte Staat verbunden ist, anerkannt und für vollstreckbar erklärt werden. Daneben bleibt in Deutschland freilich der Weg über §§ 328, 722f. ZPO.

8 **3.** Selbst wenn der ersuchte Staat nicht am Spezialübereinkommen beteiligt ist, hat das dortige Gericht ein Urteil auch dann anzuerkennen, wenn das Gericht im Ursprungsstaat seine Zuständigkeit auf ein solches Spezialübereinkommen „gestützt" hat (*Schlosser*-Bericht Rn 245; allg. M.), Rn 2. Diese Regelung hat im LÜ kein Gegenstück, s. Rn 10.

III. Sekundäres und anderes staatsvertragliches Gemeinschaftsrecht

9 Absatz 3 EuGVÜ ist nunmehr Art. 67 geworden.

Sonderregelungen gelten im **Patentrecht.** Das Luxemburger Übereinkommen über das Europäische Patent i.d.F. v. 21. 12. 1989 (BGBl. 1991 II 1354 – noch nicht in Kraft) und insbesondere das dazugehörende sog. Streitbeilegungsprotokoll enthalten dem EuGVÜ vorgehende Sonderregelungen sowohl im Zuständigkeits- wie im Anerkennungsbereich (s. *Ullmann* PatG Intl. Rn 156 ff. mLitN). Auch zu dem über den EG-Bereich hinausgreifenden Münchner Übereinkommen, das das Patenterteilungsverfahren für ein Bündel nationaler Patente regelt, gibt es ein besonderes „Anerkennungsprotokoll" (BGBl. 1976 II 982).

IV. Lugano-Übereinkommen

10 Der sachliche Unterschied in der Regelung des LÜ besteht darin, dass sich die Staaten, die nicht der EU angehören, nicht bereit finden wollten, im ersuchten Staat auf die Überprüfung der internationalen Zuständigkeit des Gerichts des Ursprungsstaats zu verzichten, wenn diese nur auf ein Spezialübereinkommen zu stützen war, dem der ersuchte Staat nicht angehört, Abs. 4 (näher erläutert im *Jenard/Möller*-Bericht Rn 82). Auch dies gilt aber wiederum nur, wenn der Antragsgegner seinen Wohnsitz im Vollstreckungsstaat hat. Voraussetzung ist freilich, dass das Gericht im Ursprungsstaat seine Entscheidung wirklich auf die Zuständigkeitsnormen in einem Spezialübereinkommen „gestützt" hat, nicht aber wenn das Gericht im ersuchten Staat nur meint, lediglich auf ein Spezialübereinkommen hätte diese Zuständigkeit richtigerweise gestützt werden können.

Art. 72

Diese Verordnung lässt Vereinbarungen unberührt, durch die sich die Mitgliedstaaten vor Inkrafttreten dieser Verordnung nach Artikel 59 des Brüsseler Übereinkommens verpflichtet haben, Entscheidungen der Gerichte eines anderen Vertragsstaats des genannten Übereinkommens gegen Beklagte, die ihren Wohnsitz oder gewöhnlichen Aufenthalt im Hoheitsgebiet eines dritten Staates haben, nicht anzuerkennen, wenn die Entscheidungen in den Fällen des Artikels 4 des genannten Übereinkommens nur in einem der in Artikel 3 Absatz 2 des genannten Übereinkommens angeführten Gerichtsstände ergehen können.

Art. 59 EuGVÜ/LÜ s. Anh. zu Art. 72.

Anhang zu Artikel 72. Gesetzestexte aus EuGVÜ oder LÜ ohne Gegenstück in der EuGVVO

Titel VII. EuGVÜ und LÜ

Der Titel VII (entsprechend Kapitel VII EuGVVO) hat in LÜ den Text

„Titel VII. Verhältnis zum Brüsseler Übereinkommen und zu anderen Abkommen"

Im EuGVÜ fehlen die Worte „zum Brüsseler Übereinkommen und" Artt. 55–57 sind in den Erläuterungen zu Artt. 68–71 mit behandelt. Art. 54a ist durch Zeitablauf gegenstandslos geworden. Es bleiben Art. 54b LÜ und Art. 59 EuGVÜ/LÜ.

Art. 54b LÜ [Verhältnis zum Brüsseler Übereinkommen] (1) Dieses Übereinkommen läßt die Anwendung des am 27. September 1968 in Brüssel unterzeichneten Übereinkommens über die gerichtliche Zuständigkeit und die Vollstreckung gerichtlicher Entscheidungen in Zivil- und Handelssachen und des am 3. Juni 1971 in Luxemburg unterzeichneten Protokolls über die Auslegung des genannten Übereinkommens durch den Gerichtshof in der Fassung des Übereinkommens, mit denen die neuen Mitgliedstaaten der Europäischen Gemeinschaften jenem Übereinkommen und dessen Protokoll beigetreten sind, durch die Mitgliedstaaten der Europäischen Gemeinschaft unberührt. Das genannte Übereinkommen und dessen Protokoll zusammen werden nachstehend als „Brüsseler Übereinkommen" bezeichnet.

(2) Dieses Übereinkommen wird jedoch in jedem Fall angewandt

a) in Fragen der gerichtlichen Zuständigkeit, wenn der Beklagte seinen Wohnsitz in dem Hoheitsgebiet eines Vertragsstaats hat, der nicht Mitglied der Europäischen Gemeinschaften ist, oder wenn die Gerichte eines solchen Vertragsstaats nach den Artikeln 16 oder 17 zuständig sind;
b) bei Rechtshängigkeit oder im Zusammenhang stehenden Verfahren im Sinne der Artikel 21 und 22, wenn Verfahren in einem den Europäischen Gemeinschaften nicht angehörenden und in einem den Europäischen Gemeinschaften angehörenden Vertragsstaat anhängig gemacht werden;
c) in Fragen der Anerkennung und Vollstreckung, wenn entweder der Ursprungsstaat oder der ersuchte Staat nicht Mitglied der Europäischen Gemeinschaften ist.

(3) Außer aus den in Titel III vorgesehenen Gründen kann die Anerkennung oder Vollstreckung versagt werden, wenn sich der der Entscheidung zugrunde liegende Zuständigkeitsgrund von demjenigen unterscheidet, der sich aus diesem Übereinkommen ergibt, und wenn die Anerkennung oder

Vollstreckung gegen eine Partei geltend gemacht wird, die ihren Wohnsitz in einem nicht den Europäischen Gemeinschaften angehörenden Vertragsstaat hat, es sei denn, daß die Entscheidung anderweitig nach dem Recht des ersuchten Staats anerkannt oder vollstreckt werden kann.

Literatur: *Droz* Problèmes provoqués par l'imbrication des Conventions de Bruxelles de Lugano et de San Sebastian, in Etudes en l'honneur Pierre Lalive (1993) 21 ff.; *Saggio* in EuGH (Hrsg.) Internationale Zuständigkeit und Urteilsanerkennung in Europa (1993) 177 ff.; *Carpenter* ebenda 213 ff.

1 **1.** Der Angelpunkt der Vorschrift ist ihr Absatz 2, der die Anwendung des LÜ regelt. Man ging zur Zeit seiner Redaktion davon aus, dass zum Zeitpunkt des Inkrafttretens des LÜ alle Staaten der EU auch Mitgliedstaaten des EuGVÜ sein würden. Wegen des Beitritts neuer Mitgliedstaaten zur EU zum 1. 1. 1995 musste man die Vorschrift einschränkend auslegen und zwischen solchen Mitgliedstaaten der EU unterscheiden, die auch Mitgliedstaaten des EuGVÜ sind, den Mitgliedsstaaten, die nur Mitgliedstaaten des LÜ sind, Österreich (das weder Mitgliedsstaat des EuGVÜ, noch des LÜ war), Norwegen, das nur Mitgliedsstaat des LÜ aber nicht der Europäischen Union ist, und Drittstaaten. Inzwischen sind alle Mitgliedstaaten der EU auch Vertragsstaaten des EuGVÜ geworden, mit Ausnahme Dänemarks auch Mitgliedsstaaten der EuGVVO. Verweise des LÜ auf das EuGVÜ sind heute solche auf die EuGVVO, s. Art. 68 Rn 2.

2 **2.** Abs. 3 betrifft den höchst seltenen Fall, dass sich die Zuständigkeitsgründe des EuGVÜ und des LÜ unterscheiden. Beispiel: Für die Kaufpreisklage aus einem Verkauf aus der Schweiz nach Deutschland ist nach Art. 5 Nr. 1 EuGVVO Deutschland als Lieferland oder Dienstleistungsland international auch für die Entgeltsklage zuständig. Nach dem LÜ wäre der entsprechende Gerichtsstand der Wohnsitz des Gläubigers, Art. 74 Abs. 2 Nr. 1 OR. Wenn der Käufer nicht auch seinen Sitz in Deutschland hat, sind nach dem LÜ die deutschen Gerichte unzuständig. Das deutsche Urteil muss nach der EuGVVO in Frankreich und Österreich anerkannt werden, nach dem LÜ nicht aber in Norwegen, Polen und der Schweiz.

Art. 59 EuGVÜ/LÜ [Maßgaben für bilaterale Abkommen mit Drittstaaten] (1) Dieses Übereinkommen hindert einen Vertragsstaat nicht, sich gegenüber einem dritten Staat im Rahmen eines Abkommens über die

Anerkennung und Vollstreckung von Urteilen zu verpflichten, Entscheidungen der Gerichte eines anderen Vertragsstaats gegen Beklagte, die ihren Wohnsitz oder gewöhnlichen Aufenthalt in dem Hoheitsgebiet des dritten Staates haben, nicht anzuerkennen, wenn die Entscheidungen in den Fällen des Artikels 4 nur in einem der in Artikel 3 Absatz 2 angeführten Gerichtstände ergehen können.

(2) Kein Vertragsstaat kann sich jedoch gegenüber einem dritten Staat verpflichten, eine Entscheidung nicht anzuerkennen, die in einem anderen Vertragsstaat durch ein Gericht gefällt wurde, dessen Zuständigkeit auf das Vorhandensein von Vermögenswerten des Beklagten in diesem Staat oder die Beschlagnahme von dort vorhandenem Vermögen durch den Kläger gegründet ist,

1. wenn die Klage erhoben wird, um Eigentums- oder Inhaberrechte hinsichtlich dieses Vermögens festzustellen oder anzumelden oder um Verfügungsgewalt darüber zu erhalten, oder wenn die Klage sich aus einer anderen Streitsache im Zusammenhang mit diesem Vermögen ergibt, oder
2. wenn das Vermögen die Sicherheit für einen Anspruch darstellt, der Gegenstand des Verfahrens ist.

Verbleibende Bedeutung in EuGVVO-Staaten. Art. 72.

Kapitel VI. Schlussvorschriften

Art. 73

Die Kommission legt dem Europäischen Parlament, dem Rat und dem Wirtschafts- und Sozialausschuss spätestens fünf Jahre nach Inkrafttreten dieser Verordnung einen Bericht über deren Anwendung vor. Diesem Bericht sind gegebenenfalls Vorschläge zur Anpassung der Verordnung beizufügen.

Art. 74

(1) **Die Mitgliedstaaten notifizieren der Kommision die Texte, durch welche die Listen in den Anhängen I bis IV geändert werden. Die Kommision passt die betreffenden Anhänge entsprechend an.**

(2) **Aktualisierungen oder technische Anpassungen der in den Anhängen V und VI wiedergegebenen Formblätter**

werden nach dem in Artikel 75 Absatz 2 genannten Beratungsverfahren beschlossen.

1 Im EuGVÜ hätten sich die Vertragsstaaten verpflichten können, die gerichtsorganisatorischen Vorgaben, auf denen das Übereinkommen aufbaut, beizubehalten. Statt dessen steht in Art. VI des Protokolls:

„Die Vertragsstaaten teilen dem Generalsekretär des Rates der Europäischen Gemeinschaften den Wortlaut ihrer gesetzlichen Vorschriften mit, durch die in diesem Übereinkommen angeführten Vorschriften mit, durch welche die in diesem Übereinkommen angeführten Vorschriften ihrer Gesetzgebung oder die in Titel III Abschnitt 2 dieses Übereinkommens angeführten Gerichtsstände geändert werden."

Ganz Entsprechendes steht im Protokoll zum LÜ.

Was der Generalsekretär mit den Mitteilungen anzufangen hat und ob das Mitgeteilte die Rechtsnatur einer Änderung des Übereinkommens hat, bleibt im Dunkeln. Portugal hat schlicht „Änderungen des Übereinkommens" angezeigt (BGBl. 2000 II S. 1247), was widerspruchslos in den Amtlichen Gesetzblättern der Vertagsstaaten verkündet wurde. Allem Anschein nach haben die Vertragsstaaten sich das Recht zur einseitigen Übereinkommensänderung gewährt.

2 Für das (sekundäre) Europarecht ist ein derartiges compositum mixtum von Gemeinschaftsrecht und nationalem Recht nicht möglich. Daher ist die Kommision zur konstitutiven Anpassung von Europarecht ermächtigt. Sobald im Amtsblatt erschienen, haben die Anpassungen den Rechtscharakter von Durchführungsbestimmungen i. S. v. Art. 211 EGV, der zu den Aufgaben der Kommission auch zählt: „die Befugnisse auszuüben, die ihr der Rat zur Durchführung der von ihm erlassenen Vorschriften überträgt." Dazu gehören auch „Rechtsakte allgemeiner Art" (Geiger EUV/EGV3 [2000] Art. 202 Rn 15), gewissermaßén „tertiäres Europarecht." Wenn deutsche Gerichte somit nicht Kompetenzen gegen den Willen der deutschen Regierung erlangen können, so ist doch eine neue Qualität von Europarecht unverkennbar. Europäische Gesetzgebungsorgane legen die sachliche und örtliche Zuständigkeit nationaler Gerichte fest.

3 Die Anpassung von Formblättern geschieht nach dem in Art. 75 Abs. 2 genannten Verfahren, das als eines seiner Unterverfahrensarten neben dem Verwaltungsverfahren und dem Regelungsver-

fahren das „Beratungsverfahren" kennt (*Geiger* aaO Art. 220 Rn 21). Ob dieser technische Begriff gemeint ist, ist nicht ausfindig zu machen. Der Gegenschluß, dass die Anpassung der Anhänge I bis IV nicht nach Art. 75 Abs. 2 geschieht, ist zwingend. Es gibt auch nichts mehr zu beraten.

Art. 75

(1) **Die Kommission wird von einem Ausschuss unterstützt.**

(2) **Wird auf diesen Absatz Bezug genommen, so gelten die Artikel 3 und 7 des Beschlusses 1999/468/EG.**

(3) **Der Ausschuss gibt sich eine Geschäftsordnung.**

Zu Absatz 2: s. Art. 74 Rn 3. **1**

Art. 76

Diese Verordnung tritt am 1. März 2002 in Kraft.

Diese Verordnung ist in allen ihren Teilen verbindlich und gilt gemäß dem Vertrag zur Gründung der Europäischen Gemeinschaft unmittelbar in den Mitgliedstaaten.

Anhang I

Innerstaatliche Zuständigkeitsvorschriften im Sinne von Artikel 3 Absatz 2 und Artikel 4 Absatz 2

Die innerstaatlichen Zuständigkeitsvorschriften im Sinne von Artikel 3 Absatz 2 und Artikel 4 Absatz 2 sind die folgenden:

- **in Belgien: Artikel 15 des Zivilgesetzbuches (Code civil – Burgerlijk Wetboek) sowie Artikel 638 der Zivilprozessordnung (Code judiciaire – Gerchtelijk Wetboek);**
- **in Deutschland: § 23 der Zivilprozessordnung;**
- **in Griechenland: Artikel 40 der Ziviliprozessordnung (Κώδικας Πολιτικής Δικονομίας);**
- **in Frankreich: Artikel 14 und 15 des Zivilgesetzbuches (Code civil);**

- in Irland: Vorschriften, nach denen die Zuständigkeit durch Zustellung eines verfahrenseinleitenden Schriftstücks an den Beklagten während dessen vorübergehender Anwesenheit in Irland begründet wird;
- in Italien: Artikel 3 und 4 des Gesetzes Nr. 218 vom 31. Mai 1995;
- in Luxemburg: Artikel 14 und 15 des Zivilgesetzbuches (Code civil);
- in den Niederlanden: Artikel 126 Absatz 3 und Artikel 127 der Zivilprozessordnung (Wetboek van Burgerlijke Rechtsvordering);
- in Österreich: § 99 der Jurisdiktionsnorm;
- in Portugal: Artikel 65 und Artikel 65 A der Zivilprozessordnung (Código de Processo Civil) und Artikel 11 der Arbeitsprozessordnung (Código de Processo de Trabalho);
- in Finnland: Kapitel 10 § 1 Absatz 1 Sätze 2, 3 und 4 der Prozessordnung (oikeudenkäymiskaari/rättegångsbalken);
- im Vereinigten Königreich: Vorschriften, nach denen die Zuständigkeit begründet wird durch:
  a) die Zustellung eines verfahrenseinleitenden Schriftstücks an den Beklagten während dessen vorübergehender Anwesenheit im Vereinigten Königreich;
  b) das Vorhandensein von Vermögenswerten des Beklagten im Vereinigten Königreich oder
  c) die Beschlagnahme von Vermögenswerten im Vereinigten Königreich durch den Kläger.

Anhang II

Anträge nach Artikel 39 sind bei folgenden Gerichten oder sonst befugten Stellen einzubringen:

- in Belgien beim tribunal de premiére instance oder bie der rechtbank van eerste aanleg oder beim erstinstanzlichen Gericht;
- in Deutschland beim Vorsitzenden einer Kammer des Landgerichts;

- in Griechenland beim Μονομελὲς Πρωτοδικείο;
- in Spanien beim Juzgado de Primera Instancia;
- in Frankreich beim Präsidenten des tribunal de grande instance;
- in Irland beim High Court;
- in Italien bei der Corte d'appello;
- in Luxemburg beim Präsidenten des tribunal d'arrondissement;
- in den Niederlanden beim Präsidenten der arrondissementsrechtbank;
- in Österreich beim Bezirksgericht;
- in Portugal beim Tribunal de Comarca;
- in Finnland beim käräjäoikeus/tingsrätt;
- in Schweden beim Svea hovrätt;
- im Vereingten Königreich:
  a) in England und Wales beim High Court of Justice oder für Entscheidungen in Unterhaltssachen beim Magistrates' Court über den Secretary of State;
  b) in Schottland beim Court of Session oder für Entscheidungen in Unterhaltssachen beim Sheriff Court über den Secretary of State;
  c) in Nordirland beim High Court of Justice oder für Entscheidungen in Unterhaltssachen beim Magistrates' Court über den Secretary of State;
  d) In Gibraltar beim Supreme Court of Gibraltar oder für Entscheidungen in Unterhaltssachen beim Magistrates' Court über den Attorney General of Gibraltar.

Anhang III

Die Rechtsbehelfe nach Artikel 43 Absatz 2 sind bei folgenden Gerichten der Mitgliedstaaten einzulegen:

- in Belgien:
  a) im Falle des Schuldners beim tribunal de première instance oder bei der rechtbank van eerste aanleg oder beim erstinstanzlichen Gericht;
  b) im Falle des Antragstellers bei der cour d'appel oder beim hof van beroep;

– in Deutschland beim Oberlandesgericht;
– in Griechenland beim Εψετείο;
– in Spanien beim Audiencia Provincial;
– in Frankreich bei der cour d'appel;
– in Irland beim High Court;
– in Italien bei der corte d'appello;
– in Luxemburg bei der Cour supérieure de Justice als Berufungsinstanz für Zivilsachen;
– in den Niederlanden:
  a) im Falle des Schuldners bei der arrondissementsrechtbank;
  b) im Falle des Antragstellers beim gerechtshof;
– in Österreich beim Bezirksgericht;
– in Portugal beim Tribunal de Relação;
– in Finnland beim hovioikeus/hovrätt;
– in Schweden beim Svea hovrätt;
– im Vereingten Königreich:
  a) in England und Wales beim High Court of Justice oder für Entscheidungen in Unterhaltssachen beim Magistrates' Court;
  b) in Schottland beim Court of Session oder für Entscheidungen in Unterhaltssachen beim Sheriff Court;
  c) in Nordirland beim High Court of Justice oder für Entscheidungen in Unterhaltssachen beim Magistrates' Court;
  d) In Gibraltar beim Supreme Court of Gibraltar oder für Entscheidungen in Unterhaltssachen beim Magistrates' Court.

Anhang IV

Nach Artikel 44 können folgende Rechtsbehelfe eingelegt werden:
– in Belgien, Griechenland, Spanien, Frankreich, Italien, Luxemburg und den Niederlanden: die Kassationsbeschwerde,
– in Deutschland: die Rechtsbeschwerde,

- **in Irland: ein auf Rechtsfragen beschränkter Rechtsbehelf beim Supreme Court,**
- **in Österreich: der Revisionsrekurs,**
- **in Portugal: ein auf Rechtsfragen beschränkter Rechtsbehelf,**
- **in Finnland: ein Rechtsbehelf beim korkein oikeus/högsta domstolen,**
- **in Schweden: ein Rechtsbehelf beim Högsta domstolen,**
- **im Vereinigten Königreich: ein einziger auf Rechtsfragen beschränkter Rechtsbehelf.**

Anhang V

Bescheinigung nach den Artikeln 54 und 58 der Verordnung betreffend gerichtliche Entscheidungen und Prozessvergleiche

(Deutsch, alemán, allemand, tedesco, ...)

1. Ursprungsmitgliedstaat

2. Gericht oder sonst befugte Stelle, das/die die vorliegende Beischeinigung ausgestellt hat

2.1. Name

2.2. Anschrift

2.3. Tel./Fax/E-mail

3. Gericht, das die Entscheidung erlassen hat/vor dem der Prozessvergleich geschlossen wurde (1)

3.1. Bezeichnung des Gerichts

3.2. Gerichtsort

4. Entscheidung/Prozessvergleich (2)

4.1. Datum

4.2. Aktenzeichen

4.3. Die Parteien der Entscheidung/des Prozessvergleichs (3)

4.3.1. Name(n) des (der) Kläger(s)

4.3.2. Name(n) des (der) Beklagten

4.3.3. gegebenenfalls Name(n) (der) anderen(r) Partei(en)

4.4. Datum der Zustellung des verfahrenseinleitenden Schriftstücks, wenn die Entscheidungen in einem Verahren erging, auf das sich der Beklagte nicht eingelassen hat
4.5. Wortlaut des Urteilsspruchs/des Prozessvergleichs (4) in der Anlage zu dieser Bescheinigung
5. Namen der Parteien, denen Prozesskostenhilfe gewährt wurde
Die Entscheidung/der Prozessvergleich (5) ist im Ursprungsmitgliedstaat vollstreckbar (Artikel 38 und 58 der Verordnung) gegen:
Name:
Geschehen zu ... am ...
Unterschrift und/oder Dienstsiegel ...

(1) Nichtzutreffendes streichen.
(2) Nichtzutreffendes streichen.
(3) Nichtzutreffendes streichen.
(4) Nichtzutreffendes streichen.
(5) Nichtzutreffendes streichen.

Anhang VI

Bescheinigung nach Artikel 57 Absatz 4 der Verordnung betreffend öffentliche Urkunden
(Deutsch, alemán, allemand, tedesco, ...)

1. Ursprungsmitgliedstaat
2. Befugte Stelle, die die vorliegende Bescheinigung ausgestellt hat
   2.1. Name
   2.2. Anschrift
   2.3. Tel./Fax/E-Mail
      3.2.1 Befugte Stelle, aufgrund deren Mitwirkung eine öffentliche Urkunde vorliegt
   3.1. Stelle, die an der Anfnahme der öffentlichen Urkunde beteiligt war (falls zutreffend)
      3.1.1 Name und Bezeichnung dieser Stelle
      3.2.1 Sitz dieser Stelle

3.2. Stelle, die die öffentliche Urkunde registriert hat (falls zutreffend)

3. Art der Stelle

3.2.2 Sitz dieser Stelle

4. Öffentliche Urkunde

4.1 Bezeichnung der Urkunde

4.2 Datum

4.2.1. an dem die Urkunde aufgenommen wurde

4.2.2. falls abweichend: an dem die Urkunde registriert wurde

4.3 Aktenzeichen

4.4 Die Parteien der Urkunde

4.4.1. Name des Gläubigers

4.4.2. Name des Schuldners

5. Wortlaut der vollstreckbaren Verpflichtung in der Anlage zu dieser Bescheinigung

Die öffentliche Urkunde ist im Ursprungsmitgliedstaat gegen den Schuldner vollstreckbar (Artikel 57 Absatz 1 der Verordnung)

Geschehen zu ... am ...

Unterschrift und/oder Dienstsiegel

II. Verordnung (EG) Nr. 1347/2000 des Rates vom 29. Mai 2000 über die Zuständigkeit und die Anerkennung und Vollstreckung von Entscheidungen in Ehesachen und in Verfahren betreffend die elterliche Verantwortung für die gemeinsamen Kinder der Ehegatten – EuEheVO

(ABl. L 160/19 v. 30. 6. 2000)

DER RAT DER EUROPÄISCHEN UNION* –

gestützt auf den Vertrag zur Gründung der Europäischen Gemeinschaft, insbesondere auf Artikel 61 Buchstabe c) und Artikel 67 Absatz 1,

auf Vorschlag der Kommission (ABl. C 247 vom 31. 8. 1999, S. 1),

nach Stellungnahme des Europäischen Parlaments (Stellungnahme vom 17. November 1999 [noch nicht im Amtsblatt veröffentlicht]),

nach Stellungnahme des Wirtschafts- und Sozialausschusses, (ABl. C 368 vom 20. 12. 1999, S. 23).

in Erwägung nachstehender Gründe:

(1) Die Mitgliedstaaten haben sich zum Ziel gesetzt, die Union als einen Raum der Freiheit, der Sicherheit und des Rechts, in dem der freie Personenverkehr gewährleistet ist, zu erhalten und weiterzuentwickeln. Zum schrittweißen Aufbau dieses Raums hat die Gemeinschaft unter anderem im Bereich der justitiellen Zusammenarbeit in Zivilsachen die für das reibungslose Funktionieren des Binnenmarkts erforderlichen Maßnahmen zu erlassen.

(2) Für das reibungslose Funktionieren des Binnenmarkts muss der freie Verkehr der Entscheidungen in Zivilsachen verbessert und beschleunigt werden.

(3) Dieser Bereich unterliegt nunmehr der justitiellen Zusammenarbeit in Zivilsachen im Sinne von Artikel 65 des Vertrags.

---

* Die Klammerzusätze sind amtliche Fußnoten.

(4) Die Unterschiede zwischen einzelstaatlichen Zuständigkeitsregeln und bestimmten Rechtsvorschriften über die Vollstreckung von Entscheidungen erschweren sowohl den freien Personenverkehr als auch das reibungslose Funktionieren des Binnenmarkts. Es ist daher gerechtfertigt, Bestimmungen zu erlassen, um die Vorschriften über die internationale Zuständigkeit in Ehesachen und in Verfahren über die elterliche Verantwortung zu vereinfachen und die Formalitäten im Hinblick auf eine rasche und unkomplizierte Anerkennung von Entscheidungen und deren Vollstreckung zu vereinfachen.

(5) Nach Maßgabe des in Artikel 5 des Vertrages niedergelegten Subsidiaritäts- und Verhältnismäßigkeitsprinzips können die Ziele dieser Verordnung auf der Ebene der Mitgliedstaaten nicht ausreichend erreicht werden; sie können daher besser auf Gemeinschaftsebene verwirklicht werden. Diese Verordnung geht nicht über das für die Erreichung dieser Ziele erforderliche Maß hinaus.

(6) Der Rat mit Rechtsakt vom 28. Mai 1998 (ABl. C 221 vom 16. 7. 1998, S. 1) ein Übereinkommen über die Zuständigkeit und die Anerkennung und Vollstreckung von Entscheidungen in Ehesachen erstellt und das Übereinkommen den Mitgliedstaaten zur Annahme gemäß ihren verfassungsrechtlichen Vorschriften empfohlen. Die bei der Aushandlung dieses Übereinkommens erzielten Ergebnisse sollten gewahrt werden; diese Verordnung übernimmt den wesentlichen Inhalt des Übereinkommens. Sie enthält jedoch einige nicht im Übereinkommen enthaltene neue Bestimmungen, um eine Übereinstimmung mit einigen Bestimmungen der vorgeschlagenen Verordnung über die gerichtliche Zuständigkeit und die Anerkennung und Vollstreckung von Urteilen in Zivil- und Handelssachen sicherzustellen.

(7) Um den freien Verkehr der Entscheidungen in Ehesachen und in Verfahren über die elterliche Verantwortung innerhalb der Gemeinschaft zu gewährleisten, ist es angemessen und erforderlich, dass die grenzübergreifende Anerkennung der Zuständigkeiten und der Entscheidungen über die Auflösung einer Ehe und über die elterliche Verantwortung für die gemeinsamen Kinder der Ehegatten im Wege eines Gemeinschaftsrechtsakts erfolgt, der verbindlich und unmittelbar anwendbar ist.

(8) In der vorliegenden Verordnung sind kohärente und einheitliche Maßnahmen vorzusehen, die einen möglichst umfassenden

Personenverkehr ermöglichen. Daher muss die Verordnung auch auf Staatsangehörige von Drittstaaten Anwendung finden, bei denen eine hinreichend enge Verbindung zu dem Hoheitsgebiet eines Mitgliedsstaates gemäß den in der Verordnung vorgesehenen Zuständigkeitskriterien gegeben ist.

(9) Der Anwendungsbereich dieser Verordnung sollte zivilgerichtliche Verfahren sowie außergerichtliche Verfahren einschließen, die in einigen Mitgliedstaaten in Ehesachen zugelassen sind, mit Ausnahme von Verfahren, die nur innerhalb einer Religionsgemeinschaft gelten. Es muss daher darauf hingewiesen werden, dass die Bezeichnung „Gericht“ alle gerichtlichen und außergerichtlichen Behörden einschließt, die für Ehesachen zuständig sind.

(10) Diese Verordnung sollte nur für Verfahren gelten, die sich auf die Ehescheidung, die Trennung ohne Auflösung des Ehebandes oder die Ungültigkeitserklärung einer Ehe beziehen. Die Anerkennung einer Ehescheidung oder der Ungültigerklärung einer Ehe betrifft nur die Auflösung des Ehebandes. Dementsprechend erstreckt sich die Anerkennung von Entscheidungen nicht auf Fragen wie das Scheidungsverschulden, das Ehegüterecht, die Unterhaltspflicht oder sonstige mögliche Nebenaspekte, auch wenn sie mit dem vorgenannten Verfahren zusammenhängen.

(11) Diese Verordnung betrifft die elterliche Verantwortung für die gemeinsamen Kinder der Ehegatten in Fragen, die in engem Zusammenhang mit einem Antrag auf Scheidung, Trennung ohne Auflösung des Ehebandes oder Ungültigerklärung einer Ehe stehen.

(12) Die Zuständigkeitskriterien gehen von dem Grundsatz aus, dass zwischen dem Verfahrensbeteiligten und dem Mitgliedstaat, der die Zuständigkeit wahrnimmt, eine tatsächliche Beziehung bestehen muss. Die Auswahl dieser Kriterien ist darauf zurückzuführen, dass sie in verschiedenen einzelstaatlichen Rechtsordnungen bestehen und von den anderen Mitgliedstaaten anerkannt werden.

(13) Eine Eventualität, die im Rahmen des Schutzes der gemeinsamen Kinder der Ehegatten bei einer Ehekrise berücksichtigt werden muss, besteht in der Gefahr, dass das Kind von einem Elternteil in ein anderes Land verbracht wird. Die grundlegenden Interessen der Kinder sind daher insbesondere in Übereinstimmung mit dem Haager Übereinkommen vom 25. Oktober 1980 über

die zivilrechtlichen Aspekte internationaler Kindesentführung zu schützen. Der rechtmäßige gewöhnliche Aufenthalt wird daher als Zuständigkeitskriterium auch in den Fällen beibehalten, in denen sich der Ort des gewöhnlichen Aufenthalts aufgrund eines widerrechtlichen Verbringens oder Zurückhaltens des Kindes faktisch geändert hat.

(14) Diese Verordnung hindert die Gerichte eines Mitgliedstaats nicht daran, in dringenden Fällen einstweilige Maßnahmen einschließlich Sicherungsmaßnahmen in bezug auf Personen oder Vermögensgegenstände, die sich in diesem Staat befinden, anzuordnen.

(15) Der Begriff „Entscheidung" bezieht sich nur auf Entscheidungen, mit denen eine Ehescheidung, Trennung ohne Auflösung des Ehebandes oder Ungültigerklärung einer Ehe herbeigeführt wird. Öffentliche Urkunden, die im Ursprungsmitgliedstaat aufgenommen und vollstreckbar sind, sind solchen „Entscheidungen" gleichgestellt.

(16) Die Anerkennung und Vollstreckung von Entscheidungen der Gerichte der Mitgliedstaaten beruhen auf dem Grundsatz des gegenseitigen Vertrauens. Die Gründe für die Nichtanerkennung einer Entscheidung sind auf das notwendige Mindestmaß beschränkt. Im Rahmen des Verfahrens sollten allerdings Bestimmungen gelten, mit denen die Wahrung der öffentlichen Ordnung des ersuchten Staats und die Verteidigungsrechte der Parteien, einschließlich der persönlichen Rechte aller betroffenen Kinder, gewährleistet werden und zugleich vermieden wird, dass miteinander nicht zu vereinbarende Entscheidungen anerkannt werden.

(17) Der ersuchte Staat darf weder die Zuständigkeit des Ursprungsstaats noch die Entscheidung in der Sache überprüfen.

(18) Für die Beischreibung in den Personenstandsbüchern eines Mitgliedsstaats aufgrund einer in einem anderen Mitgliedstaat ergangenen rechtskräftigen Entscheidung kann kein besonderes Verfahren vorgeschrieben werden.

(19) Das Übereinkommen von 1931 zwischen den nordischen Staaten sollte in den Grenzen dieser Verordnung weiter angewandt werden können.

(20) Spanien, Italien und Portugal haben vor Aufnahme der in dieser Verordnung geregelten Materien in den EG-Vertrag Kon-

kordate mit dem Heiligen Stuhl geschlossen. Es gilt daher zu vermeiden, dass diese Mitgliedstaaten gegen ihre internationalen Verpflichtungen gegenüber dem Heiligen Stuhl verstoßen.

(21) Den Mitgliedstaaten muss es freistehen, untereinander Modalitäten zur Durchführung dieser Verordnung festzulegen, solange kein diesbezüglichen Maßnahmen auf Gemeinschaftsebene getroffen wurden.

(22) Die Anhänge I bis III betreffend die zuständigen Gerichte und die Rechtsbehelfe sollten von der Kommission anhand der von dem betreffenden Mitgliedstaat mitgeteilten Änderungen angepasst werden. Änderungen der Anhänge IV und V sind gemäß dem Beschluss 1999/468/EG des Rates vom 28. Juni 1999 zur Festlegung der Modalitäten für Ausübung der der Kommission übertragenen Durchführungsbefugnisse (ABl. L 184 vom 17. 7. 1999, S. 23) zu beschließen.

(23) Spätestens fünf Jahre nach Inkrafttreten dieser Verordnung sollte die Kommission die Anwendung der Verordnung prüfen und gegebenenfalls erforderliche Änderungen vorschlagen.

(24) Das Vereinigte Königreich und Irland haben gemäß Artikel 3 des dem Vertrag über die Europäische Union und dem Vertrag zur Gründung der Europäischen Gemeinschaft beigefügten Protokolls über die Position des Vereinigten Königreichs und Irlands mitgeteilt, dass sie sich an der Annahme und Anwendung dieser Verordnung beteiligen möchten.

(25) Dänemark wirkt gemäß den Artikeln 1 und 2 des dem Vertrag über die Europäische Union und dem Vertrag zur Gründung der Europäischen Gemeinschaft beigefügten Protokolls über die Position Dänemarks an der Annahme dieser Verordnung nicht mit. Diese Verordnung ist daher für diesen Staat nicht verbindlich und ihm gegenüber nicht anwendbar –

HAT FOLGENDE VERORDNUNG ERLASSEN:

Literatur: *Pirrung* Uniform Law Review 1998, 629 ff.; *Hau* FamRZ 1999, 484; *Hau* FamRZ 00, 1333; *Gruber* FamRZ 00, 1129; *Vogel* MDR 00, 1145; *Kohler* NJW 01, 10; *Wagner* IPRax 01, 73; *Coester-Waltjen* FS Lorenz (2001) 305 ff.; *Gaudemet-Tallon* Journal du droit international 2001, 381; *Hausmann* EuLF 2000/01, 271 ff., 345 ff.; *Lupoi* in Carpi/Lupoi (ed.) Essays on Transnational and Comparative Civil Pocedure (2002) 105 ff.; *Simotta* Die internationale Zuständigkeit Österreichs in eherechtlichen Angelegenheiten – Ein Vergleich zwischen der EheVO und dem autonomen österreichischen Recht FS Geimer (2002) 1115 ff.

Kapitel I. Anwendungsbereich

Vorbemerkungen zu Artikel 1

I. Entstehungsgeschichte und Ziel der Verordnung

1 Die VO ist aus einem Entwurf zu einem staatsvertraglichen Parallelübereinkommen zum EuGVÜ hervorgegangen, der deshalb auch die inoffizielle Bezeichnung „Brüssel II" trug (ABl. EG 1998 C 222/1 mit Bericht von Borrás 27 ff. s. Einleitung Rn 22). Unwidersprochen durch offizielle Instanzen hat der Rat auch insoweit, s. Einl. Rn 1, 17 die Kompetenz in Anspruch genommen, die Materie als Maßnahme im Bereich der justitiellen Zusammenarbeit im Verordnungswege zu regeln.

2 Das Ziel von Brüssel II war es, und der EuEheVO ist es, in der **Freizügigkeit der Gerichtsentscheidungen** die Lücke zu verkleinern, die durch die Ausklammerung der in Art. 1 Abs. 2 Nr. 1 EuGVÜ erwähnten Materien vom Anwendungsbereich des Übereinkommens entstanden war. Wie schon im EuGVÜ und jetzt in der EuGVVO bedingte das Postulat der Freizügigkeit der Urteile die Notwendigkeit, auch die direkte internationale Zuständigkeit der Gerichte EG-einheitlich zu regeln. Das EuGVÜ hat als Regelungs-Grundmodell gedient. Die Lücke wurde allerdings nicht ganz geschlossen. In kindschaftsrechtlichen Sachen wollte man das im Rahmen des Europarates zustandegekommene Europäische Übereinkommen vom 20. 5. 1980 über die Anerkennung und Vollstreckung der Entscheidungen über das Sorgerecht für Kinder und die Wiederherstellung des Sorgeverhältnisses (BGBl. 1990 II S. 206), das alle EU-Staaten ratifiziert haben, sowie die Arbeiten an dem inzwischen auch fertiggestellten neuen Haager Kindesschutz-Übereinkommen (RabelsZ 62 (1998) 502) nicht obsolet werden lassen (Zum „staatsvertraglichen Umfeld" der VO im Einzelnen *Wagner* aaO 74). Aufgrund eines politischen Kompromisses hat man die Lücke aber auch im übrigen nicht ganz geschlossen, vor allem auch nicht im Erbrecht. Eine nähere Motivation dazu findet man nirgendwo erläu-

tert. Vermutlich empfand man nur die Regelung von Scheidungsverfahren als vordringlich und wollte die Verhandlungen darüber nicht mit anderen als weniger vordringlich empfundenen Aufgaben belasten. Nur Kindschaftssachen, die aus Anlass einer Eheauflösung entscheidungsbedürftig werden, hat man dann doch noch in den Geltungsbereich des Regelungswerkes einbezogen.

3 Wie bezüglich der EuGVVO, s. Einl. Rn 17 weicht die Regelung der **Interpretationsvorlage an den EuGH** von der Normalregelung in Art. 234 EGV ab. Nur Gerichte, deren Entscheidungen „selbst nicht mehr mit Rechtsmitteln des innerstaatlichen Rechts angefochten werden können", können vorlegen. Außerdem können nach Art. 68 EGV Rat, Kommission und jeder Mitgliedstaat den EuGH anrufen. Für die sachlichen Auslegungsmethoden und Auslegungsziele gilt das gleiche wie für die EuGVVO s. Einl. Rn 28 ff.

II. Verhältnis der Verordnung zu anderen Rechtsquellen

4 Auf dem Gebiet des Rechts der internationalen Zuständigkeit, der Anerkennung und Vollstreckung gerichtlicher Entscheidungen und der Koordination mehrerer in EU-Mitgliedsstaaten laufender Verfahren reihen sich **EuGVVO** und EuEheVO leider nicht ebenso nahtlos aneinander wie das Erstere und die EuInsO, s. Art. 1 Rn 21 ff. Was vom sachlichen Anwendungsbereich des Art. 1 nicht erfasst ist, kann gleichwohl als unter Art. 1 Abs. 2 Nr. 1 EuGVVO fallend auch von dessen Anwendungsbereich ausgenommen sein. Ehelicher, nachehelicher und Kindesunterhalt sind vom EuGVVO gedeckt.

5 Staatsverträge über die gerichtliche Zuständigkeit und die Anerkennung und Vollstreckung von Entscheidungen bezüglich des Ehebands hat Deutschland nicht abgeschossen. Auf dem Gebiet des Kindschaftsrechtes hat im Verhältnis von Mitgliedsstaaten der EU die EuEheVO als lex posterior Vorrang, Art. 36 Abs. 1, 37, s. Einzelheiten dort. Art. 4 bestimmt freilich demgegenüber, dass das Haager Kindesentführungsübereinkommen Vorrang vor der EuEheVO hat, Einzelheiten s. dort.

6 Das Verhältnis der EuEheVO **zum nationalen Recht** ist nur für den Bereich Anerkennung, Vollstreckung und Rechtshängigkeit leicht zu bestimmen. Das Verhältnis der Gerichte der Mitgliedstaaten zueinander ist ausschließlich in der EuEheVO geregelt. §§ 328, 322f. ZPO und § 16a FGG werden verdrängt. Vor allen Dingen ist im Verhältnis zu den Mitgliedsstaaten das gänzlich antiquierte Anerkennungsverfahren nach Art. 7 § 1 FamRÄG obsolet geworden. Für die Zuständigkeitsvorschriften gilt, wie für jene der EuGVVO auch, das Prinzip der **persönlich universellen Geltung** mit der Maßgabe, dass die EuEheVO in Art. 8, wie die EuGVVO in Art. 4, auf nationale Vorschriften über die internationale Zuständigkeit verweisen kann. Die örtliche Zuständigkeit regelt die EuEheVO, anders als die EuGVVO, nirgendwo.

Eine klare Aussage zum **persönlichen Anwendungsbereich** des Zuständigkeitskatalogs zu machen, ist deshalb schwierig, weil in Nr. 8 (2) der Erwägensgründe nur steht: „... muss die Verordnung auch auf Staatsangehörige von Drittstaaten Anwendung finden, bei denen eine hinreichend enge Verbindung zu dem Hoheitsgebiet eines Mitgliedstaates gemäß den in der Verordnung vorgesehenen Zuständigkeitskriterien gegeben ist". Sachlich kann dies nur folgendes bedeuten: Sind die Zuständigkeitskriterien der EuEheVO erfüllt, so bestimmt sich die internationale Zuständigkeit des angegangen Gerichts auch dann nach diesem Regelungswerk, wenn alle Beteiligten EU-Ausländer sind. Sind die Zuständigkeitskriterien in keinem der EU-Staaten erfüllt, dann bestimmt sich die Zuständigkeit nach nationalem Recht. Die internationale Zuständigkeit kann also aufgrund der EuEheVO und damit unter Ausschluss irgendwelchen nationalen Rechts auch gegeben sein, wenn der Antragsgegner seinen gewöhnlichen Aufenthalt nicht in einem EU-Staat hat, wenn bei beiderseits inländischer Staatsangehörigkeit keiner der Verfahrensbeteiligten gewöhnlichen Aufenthalt in einem EU-Staat hat.

III. Reformbestrebungen

7 Sehr rasch hat man sich in Brüssel vom missratenen Zuschnitt der EuEheVO überzeugt. Zwei Jahre nach ihrem Inkrafttreten hat die Kommission einen Vorschlag für eine neue EuEheVO veröffentlicht (KOM/2002/0222 endg.). Sie soll auf alle Sorgerechts- und Unterhaltssachen anwendbar sein.

Art. 1

(1) **Die vorliegende Verordnung ist anzuwenden auf**

a) zivilgerichtliche Verfahren, die die Ehescheidung, die Trennung ohne Auflösung des Ehebandes oder die Ungültigerklärung einer Ehe betreffen:

b) zivilgerichtliche Verfahren, die die elterliche Verantwortung für die gemeinsamen Kinder der Ehegatten betreffen und aus Anlass der unter Buchstabe a) genannten Verfahren in Ehesachen betrieben werden.

(2) **Gerichtlichen Verfahren stehen andere in einem Mitgliedstaat amtlich anerkannte Verfahren gleich. Die Bezeichnung „Gericht" schließt alle in Ehesachen zuständigen Behörden der Mitgliedstaaten ein.**

(3) **In dieser Verordnung bedeutet der Begriff „Mitgliedstaat" jeden Mitgliedstaat mit Ausnahme des Königreichs Dänemark.**

I. Regelungsziel der Vorschrift

1 Die Vorschrift regelt in ihrer zentralen Aussage den sachlichen Anwendungsbereich der VO. Absatz 3 bestimmt den territorialen Anwendungsbereich der Verordnung dahingehend, dass Sie für die Gerichte und Behörden aller Mitgliedstaaten mit Ausnahme von Dänemark gilt, siehe ErwGr 24 und 25. Der zeitliche Anwendungsbereich ist in Art. 42 geregelt. Zum persönlichen Anwendungsbereich s. vor § 1 Rn 6. Absatz 2 stellt klar, dass die EuEheVO auch Anwendung findet, wenn die Ehe- oder die entsprechende Sorgerechtssache anderen Behörden als Gerichten anvertraut sind. In Deutschland haben andere Behörden als Gerichte keine Zuständigkeit, jedoch muss Deutschland auch Ehe-Auflösungen und damit zusammenhängende Sorgerechtsentscheidungen anerkennen, die nicht von Gerichten, sondern von anderen Behörden getroffen worden sind. Das Adjektiv „zivilgerichtliche" Verfahren in beiden Buchstaben des Absatzes 1 ist ohne Aussagekraft. Nicht nur sind vor anderen als Zivilgerichten ablaufende Ehe-Verfahren eingeschlossen. Auch ein von einer Amtsperson eingeleitetes Verfahren

auf Nichtigerklärung einer Ehe unterfällt der VO. Nach Absatz 2 sind auch Verfahren vor nicht gerichtlichen Behörden gleichgestellt. Im Kindschaftsrecht gibt es weder in Deutschland, noch soweit ersichtlich in anderen EU-Ländern nicht-zivilgerichtliche Verfahren, die die Verantwortung für ein gemeinsames Kind von Ehegatten beträfen.

In einem anderen Mitgliedstaat etwa wirksam ausgesprochene **Privatscheidungen** unterfallen dem Übereinkommen aber nicht (*Gruber* FamRZ 00, 1129, 1130 – *Borrás* Bericht Nr. 20; allg. M.). Wie bezüglich des EuGVÜ und der EuGVVO, s. Art. 1 Rn 2, muss zwar ein Auslandsbezug vorliegen, um das Regelungswerk anwendbar zu machen. Der Auslandsbezug muss aber im Einzelfall nicht eigens geprüft werden. Fehlt ein Auslandsbezug, dann sind die Gerichte des Einzelstaates zuständig, zu dem der Fall einen Bezug hat. Die Anerkennung und Vollstreckung im Ausland hängt ohnehin nur davon ab, dass die Entscheidung der Gerichte eines Staates in einem anderen Staat geltend gemacht werden.

II. Ehesachen

2 Alle Staaten der Europäischen Union kennen die Ehe als Rechtsinstitut, nämlich die wenn nicht auf Lebenszeit, so doch tendenziell auf Dauerhaftigkeit angelegte exklusive rechtliche Verbindung von Mann und Frau zur gemeinsamen Lebensführung, die in einer diesem Rechtsinstitut vorbehaltenen besonderen Form eingegangen wird. Alle Verfahren, die sich unmittelbar auf die Ehe beziehen, unterfallen der EuEheVO, mit Ausnahme des Aktes der Eheschließung. Mindestens analog anwendbar ist die EuEheVO auch auf positive und negative Feststellungsverfahren über das Vorliegen einer Ehe (*Gruber* aaO 1130; *Vogel* aaO; *Hau* aaO 488; *Wagner* IPRax 01, 76; *Pirrung* ZEuP 99, 843. **a. A.** *Simotta* aaO 1145 ff.; MünchKommZPO-*Gottwald* Rn 2). Die Gründe, die zum Ausschluss der Anerkennungspflicht von Antragsabweisungen geführt haben, Art. 13 Rn 1, sind nicht einschlägig (**a. A.** zu Feststellungsverfahren *Helms* FamRZ 01, 247, 259). Die Verordnung bezieht sich aber nicht auf die Auflösung von anderen Formen von rechtlichen Lebensgemeinschaften von Mann und Frau oder von gleichgeschlechtlichen Paaren (*Kohler* NJW 01, 10, 15). Hauptanwendungsfall ist vor allem eine Ehescheidung. Es können aber auch

andere Verfahren der Auflösung des Ehebandes oder der Feststellung zum Bestehen oder Nichtbestehen eines Ehebandes der Verordnung unterfallen. Die Verordnung selbst nennt die Trennung der Ehegatten ohne Auflösung des Ehebandes. Dazu muss man auch die in Deutschland praktisch bedeutungslose Klage auf Feststellung des Rechts zum Getrenntleben und auf Herstellung des ehelichen Lebens rechnen. Warum die EuEheVO für Verfahren auf Ungültigerklärung einer Ehe nach dem Tode eines Ehegatten nicht gelten soll (*Thomas/Putzo/Hüstege*[24] Rn 3), ist schwer einzusehen.

Die in §§ 621 Nr. 4–12 ZPO genannten Angelegenheiten und ihre Entsprechungen in ausländischen Rechtsordnungen unterfallen der EuEheVO nicht. Das gleiche gilt für die Behandlung anderer Nebenfolgen der Ehescheidung, wie des Rechtes zur Namensführung. Zuständigkeiten und grenzüberschreitende Wirkungen von Entscheidungen auf diesen Gebieten richten sich nach anderen Staatsverträgen und subsidiär nach originär nationalem Recht.

III. Sorgerechtssachen

3 Buchstabe b) betrifft alle Verfahren, die in § 621 Nr. 1–3 ZPO genannt sind und vergleichbare Verfahren nach ausländischem Recht, sofern es sich um ein gemeinsames Kind der Ehegatten handelt und das Verfahren „aus Anlass“ eines Ehe-Verfahrens betrieben wird. Zu den gemeinsamen Kindern gehören auch gemeinsam adoptierte Kinder, allg. M., und alle leiblichen Kinder des einen Teils, zu denen der andere Teil durch einen statusbegründenden Rechtsakt eine elternähnliche Position erworben hat. Nicht aber unterfallen der VO Kinder, zu denen einer der Ehegatten im Stiefelternverhältnis steht. Der Rechtssicherheit dient eine Interpretation, wonach „aus Anlass“ eines Ehe-Verfahrens ein Sorgerechtsverfahren nur dann betrieben wird, wenn es im Sinne von Art. 3 Abs. 3 nach Rechtshängigkeit und vor Rechtskraft der in der Ehesache ergehenden Entscheidung eingeleitet wird (*Thomas/Putzo/Hüstege*[24] Rn 7). Eine Verfahrensverbindung wird nicht vorausgesetzt (*Vogel* aaO 1147. **a. A.** wohl *MünchKommZPO-Gottwald*[2] Rn 3). Ergeht aus Anlass einer Ehescheidung keine Sorgerechtsentscheidung, weil man beiden Elternteilen den Fortbestand des Sorgerechts wahren will, ist die VO nicht anwendbar. Für jedes Kind ist dann nach der gemäß Art. 21 EGBGB anwendbaren Rechtsordnung die Sorgerechtslage zu ermitteln, ohne dass es auf die „Anerkennungsfähigkeit" einer ausländischen Entscheidung ankäme.

Die EuEheVO regelt nicht, wann die elterliche Verantwortung für ein Kind altersbedingt endet. Jedoch ist sie sinnvollerweise auch anwendbar, wenn den Eltern wegen einer geistigen Behinderung eines Kindes rechtlich institutionalisierte Personensorge oder Vermögenssorge zukommt.

Zu den Besonderheiten einer von Kindesentführungsfällen s. Bemerkung zu Art. 4.

Kapitel II. Gerichtliche Zuständigkeit

Abschnitt I. Allgemeine Bestimmungen

Art. 2 Ehescheidung, Trennung ohne Auflösung des Ehebandes und Ungültigerklärung einer Ehe

(1) **Für Entscheidungen, die die Ehescheidung, die Trennung ohne Auflösung des Ehebandes oder die Ungültigerklärung einer Ehe betreffen, sind die Gerichte des Mitgliedstaates zuständig,**

a) in dessen Hoheitsgebiet
- **beide Ehegatten ihren gewöhnlichen Aufenthalt haben oder**
- **die Ehegatten zuletzt beide ihren gewöhnlichen Aufenthalt hatten, sofern einer von ihnen dort noch seinen gewöhnlichen Aufenthalt hat, oder**
- **der Antragsgegner seinen gewöhnlichen Aufenthalt hat oder**
- **im Falle eines gemeinsamen Antrags einer der Ehegatten seinen gewöhnlichen Aufenthalt hat oder**
- **der Antragsteller seinen gewöhnlichen Aufenthalt hat, wenn er sich dort seit mindestens einem Jahr unmittelbar vor der Antragstellung aufgehalten hat, oder**
- **der Antragsteller seinen gewöhnlichen Aufenthalt hat, wenn er sich dort seit mindestens sechs Monaten un-**

mittelbar vor der Antragstellung aufgehalten hat und entweder Staatsangehöriger des betreffenden Mitgliedstaats ist oder, im Falle des Vereinigten Königreichs und Irlands, dort sein „domicile“ hat;

b) **dessen Staatsangehörigkeit beide Ehegatten besitzen, oder, im Falle des Vereinigten Königreichs und Irlands, in dem sie ihr gemeinsames „domicile“ haben.**

(2) **Der Begriff „domicile“ im Sinne dieser Verordnung bestimmt sich nach britischem und irischem Recht.**

I. Grundaussage der Norm

1 Die Vorschrift stellt einem scheidungswilligen (oder sonst zur Einleitung eines Ehe-Verfahrens willigen) Ehegatten nicht weniger als sieben Alternativen eines internationalen Gerichtsstands zur Verfügung, zwischen denen er wählen kann, wenn die Anknüpfung zu einem Gericht in einem Staat der Gemeinschaft führt. Dem in Scheidungsangelegenheiten besonders misslichen forum-shopping wird dadurch in kaum gerechtfertigter Weise Vorschub geleistet. Der sich aus der häuslichen Gemeinschaft lösende, aus einem anderen EU-Staat stammende Ehegatte kann nach seiner Rückkehr in seinen Heimatstaat schon nach 6 Monaten bei den Gerichten dort Scheidungsantrag stellen. Das wirkt sich vor allem aus, wenn nach Art. 17 Abs. 1 i.V.m. Art. 14 Abs. 1 Nr. 2 EGBGB für deutsche Gerichte deutsches Recht Scheidungsstatut ist. Dann wird nämlich der in Deutschland verbleibende Ehegatte einen Scheidungsantrag wegen § 1565 Abs. 2 BGB häufig vor Ablauf eines Jahres nicht stellen und riskieren, dass ihm der andere Ehegatte, gestützt auf Abs. 1 Buchst. a) 6. Spiegelstrich in seinem Heimatstaat zuvorkommt. Zur Abwehr strategisch konzipierter, allzu verfeinerter Versuche eines forum-shopping muss man verlangen, dass die Zuständigkeitsvoraussetzungen bereits beim Eintritt der Rechtshängigkeit vorliegen. Sonst könnte man allzu leicht die Rechtshängigkeit in einem anderen Land blockieren, in dem man lange vor Ablauf der Jahres- bzw. 6-Monatsfrist des Absatzes 1, 5. und 6. Spiegelstrich Scheidungsantrag in der Erwartung stellt, vor Ablauf der Frist werde ohnehin nicht entschieden. Siehe auch Art. 11 Rn 4.

II. Die wichtigsten Tatbestandsmerkmale der Norm

1. Der gewöhnliche Aufenthalt

2 Was ein gewöhnlicher Aufenthalt ist, ist zwar autonom zu bestimmen, allg. M. Jedoch muss insoweit ein Begriff festgelegt werden, der auch über den Anwendungsbereich der EuEheVO hinaus einheitlich ist, möglichst auch die Verwendung des Begriffs in Staatsverträgen umfasst, denen nicht nur EU-Staaten angehören (wie etwa dem Haager MSÜ und seinem von Deutschland noch nicht ratifizierten Nachfolgeübereinkommen, dem KSÜ von 1996). Da der Begriff des „gewöhnlichen Aufenthalts" im Gegensatz zu dem des „Wohnsitzes" einen rein faktischen Zustand beschreibt und keine durch andere Rechtsnormen gefärbte Begriffsinhalte hat, kann man aber im Allgemeinen an die Rechtssprechung anknüpfen, die zu dem Begriff des gewöhnlichen Aufenthalts i. S. v. §§ 606, 606 a ZPO entstanden ist. So hat etwa der Standpunkt des BayObLG (NJW 1990, 3099), die Begründung eines Aufenthalts zum Zwecke die Zuständigkeit der Gerichte für ein Scheidungsverfahren zu begründen, reiche nicht aus, durchaus allgemein Überzeugungskraft. Nach Ablehnung eines Asylantrags ist auch der weiter kurzfristig geduldete Aufenthalt im Rechtssinne kein „gewöhnlicher" (*OLG Bremen* FamRZ 92, 962). Das gleiche gilt bei offensichtlicher Unzulässigkeit eines Asylantrags (*LG Berlin* DA-Vorm 78, 679; *AG Moeres* DAVorm 91, 963). In einem Fall, in dem es um den gewöhnlichen Aufenthalt eines Minderjährigen ging, hat der BGH den in Art. 1 MSÜ verwandten Begriff folgendermaßen definiert: (*BGHZ* 78, 293 = NJW 81, 520; *BGH* NJW 97, 3024):

3 „Der Ort oder das Land..., in dem der Schwerpunkt der Bindungen der betreffenden Person, ihr Daseinsmittelpunkt liegt".

Der Begriff ist jedoch, wie sich aus dem Zusammenhang der Ausführungen des BGH ergibt, auch auf Erwachsene anwendbar. Denn der BGH sagt, gefordert sei außer einer gewissen Dauer auch das „Vorhandensein weiterer Beziehungen, insbesondere in familiärer oder beruflicher Hinsicht, in denen – im Vergleich zu einem sonst in Betracht kommenden Aufenthaltsort – der Schwerpunkt der betroffenen Person zu sehen ist".

Der BGH betont aber, dass im Falle eines Aufenthaltswechsels der neue Aufenthalt sofort zum gewöhnlichen wird, wenn er „auf Dauer angelegt ist". Daher passt die folgende, für Minderjährige entwickelte Formel des BGH für Erwachsene nur sehr beschränkt:

„Vom Wohnsitz unterscheidet sich der gewöhnliche Aufenthalt dadurch, dass der Wille, den Aufenthaltsort zum Mittelpunkt oder Schwerpunkt der Lebensverhältnisse zu machen, nicht erforderlich ist."

Außer bei lange Haftstrafen verbüßenden Strafgefangenen oder zwangsweise untergebrachten Personen ist bezüglich erwachsener Personen schwer vorstellbar, dass ein gewöhnlicher Aufenthalt ohne den besagten Willen begründet werden kann.

Der Versuch (*Lupoi* aaO 117 ff.), aus dem praktischen Umgang mit dem Begriff „gewöhnlicher Aufenthalt" im Haager Kindesentführungsübereinkommen Nutzen zu ziehen, hat nichts Greifbares gebracht.

2. Die Staatsangehörigkeit

4 Die Staatsangehörigkeit einer Person wird wie im IPR danach bestimmt, ob ein bestimmter Staat die Staatsangehörigkeit in Anspruch nimmt. Für die Zuständigkeit der deutschen Gerichte kommt nur die deutsche Staatsangehörigkeit in Betracht, auch bei Mehrstaatlern (s. *Hau* FamRZ 00, 1336). Art. 5 Abs. 1 S. 2 EGBGB ist ebenso anwendbar wie im Rahmen von § 606 a AZPO (*BayObLG* FamRZ 97, 959. **a. A.** *KG* FamRZ 98, 440). Die Sonderregelung für „domicile" im VK und in Irland hat seinen Grund darin, dass dort dieses Institut im Privatrecht die wesentlichen Funktionen unserer Staatsangehörigkeit übernimmt (näher Art. 52 EuGVVO Rn 5). Bei Mehrstaatlern mit Staatsangehörigkeit eines Drittstaates hat die Staatsangehörigkeit eines Mitgliedstaates Vorrang (*Gaudemet-Tallon* aaO Nr. 28 mit Hinweis auf EuGHE 1992 I 4239). Bei Staatenlosen kann das auf Staatsangehörigkeit bezogene Tatbestandsmerkmal nie eintreten.

Nach *Hau* (aaO 1336; ebenso *Simotta* aaO 1154) ist die Anknüpfung an die Staatsangehörigkeit eine unzulässige Diskriminierung der Fremdstaatler, die ihren gewöhnlichen Aufenthalt von einem Mitgliedstaat in einen anderen verlegen, weil auch EU-Sekundärrecht nicht nach der Staatsangehörigkeit diskriminieren darf. Dem ist jedoch zu widersprechen. Es gibt noch keine europäische Staatsbürgerschaft. Die Zuständigkeit der EU für die justizielle Zusammenarbeit kann nicht dazu führen, dass mit der Staatsangehörigkeit einer Person keinerlei Sonderstellung mehr verbunden sein dürfte. Im höchstpersönlichen Bereich wie der Ehe ist eine Unterscheidung nach Staatsangehörigkeit nach wie vor zulässig.

III. Die Rechtsfolgen der Tatbestandsverwirklichung

5 Ist einer der sieben Zuständigkeitstatbestände erfüllt, so ist das in Art. 1 bezeichnete Gericht international zuständig. Die örtliche oder gar die sachliche Zuständigkeit regelt die EuEheVO nicht. Beide richten sich allein nach nationalem Recht, in Deutschland also nach § 606 ZPO. Dessen Struktur unterscheidet sich von der des Art. 2 dadurch, dass der scheidungswillige Ehegatte kein Wahlrecht hat, die Zuständigkeitstatbestände vielmehr in einem gestuften Subsidiaritätsverhältnis stehen. Zuständigkeitsvereinbarungen sind auch im Anwendungsbereich der EuEheVO nicht zulässig, Art. 7. Auch durch rügelose Einlassung wird kein Gericht international zuständig.

Der Grundsatz der **perpetuatio fori** gilt (*Hau* aaO 1340) kraft § 261 Abs. 3, Nr. 2 ZPO, weil das Problem in der EuEheVO nicht geregelt ist. Zum umgekehrten Problem der Verwirklichung der Tatbestandsmerkmale einer Zuständigkeitsnorm erst während des Verfahrens s. Rn 1.

Art. 3 Elterliche Verantwortung

(1) **Die Gerichte des Mitgliedstaats, in dem nach Art. 2 über einen Antrag auf Ehescheidung, Trennung ohne Auflösung des Ehebandes oder Ungültigerklärung einer Ehe zu entscheiden ist, sind zuständig für alle Entscheidungen, die die elterliche Verantwortung für ein gemeinsames Kind der beiden Ehegatten betreffen, wenn dieses Kind seinen gewöhnlichen Aufenthalt in diesem Mitgliedsstaat hat.**

(2) **Hat das Kind seinen gewöhnlichen Aufenthalt nicht in dem in Abs. 1 genannten Mitgliedstaat, so sind die Gerichte dieses Staates für diese Entscheidungen zuständig, wenn das Kind seinen gewöhnlichen Aufenthalt in einem der Mitgliedstaaten hat und**

a) zumindest einer der Ehegatten die elterliche Verantwortung für das Kind hat und
b) die Zuständigkeit der betreffenden Gerichte von den Ehegatten anerkannt worden ist und im Einklang mit dem Wohl des Kindes steht.

(3) **Die Zuständigkeit gemäß den Absätzen 1 und 2 endet,**

a) sobald die stattgebende oder abweisende Entscheidung über den Antrag auf Ehescheidung, Trennung ohne Auflösung des Ehebandes oder Ungültigerklärung einer Ehe rechtskräftig geworden ist oder aber
b) in den Fällen, in denen zu dem unter Buchstabe a) genannten Zeitpunkt noch ein Verfahren betreffend die elterliche Verantwortung anhängig ist, sobald die Entscheidung in diesem Verfahren rechtskräftig geworden ist oder aber
c) sobald die unter den Buchstaben a) und b) genannten Verfahren aus einem anderen Grund beendet worden sind.

I. Zentrales Regelungsanliegen der Norm

1 Die EuEheVO regelt grundsätzlich nicht die Zuständigkeit für Entscheidungen über die Folgen der Ehescheidung oder für die Wirkungen der noch fortbestehenden Ehe, s. Art. 1 Rn. 2. Ein Verfahren über das Schicksal der Kinder soll demgegenüber vor dem Gericht geführt werden, vor dem auch das Ehe-Verfahren läuft, wenn das Kind noch bei den Eltern oder einem Elternteil in der Ehe-Wohnung lebt. Allerdings hat die Verordnung, wie die Verwendung des Plurals „die Gerichte“ zeigt, darauf verzichtet, auch die örtliche und sachliche Zuständigkeit zu regeln, allg. M. Sie vertraut aber darauf, dass die Mitgliedstaaten diese Frage in der Weise regeln, dass eine vernünftige Verbindung zum Ehe-Verfahren hergestellt wird. Art. 3 gilt auch für einstweilige Anordnungen, Absatz 2 aber nicht, solange die Zuständigkeit des Gerichts nicht von den Eltern anerkannt worden ist. Absatz 2 ist Art. 10 Abs. 1 Haager KSÜ von 1996 nachgebildet (*Borrás*-Bericht Nr. 38).

II. Der gewöhnliche Aufenthalt des Kindes

2 Für die Subsumtion unter den zentralen Begriff „gewöhnlicher Aufenthalt" kommt es bei Minderjährigen darauf an, ob der Wille, den Aufenthalt zum Mittelpunkt der Lebensverhältnisse zu machen, erforderlich ist. Mit Recht hat der BGH dies geleugnet, s. Art. 2 Rn 2. Auch wenn das Kind liebend gerne zum anderen Elternteil in ein anderes Land ziehen würde, hat es seinen gewöhnlichen Aufenthalt da, wo es sich befindet und nach dem Willen des ihn faktisch betreuenden Elternteils auf unbestimmte Zeit verbleiben soll, insbesondere dort, wo es zur Schule geht (*Hamburg* FamRZ 72, 514; *BayObLG* DAVorm 84, 931; *Düsseldorf* FamRZ 94, 108). Rechtlich gesehen leitet sich freilich der gewöhnliche Aufenthalt des Kindes nicht vom gewöhnlichen Aufenthalt irgendeines Elternteils ab. Das Kind kann seinen gewöhnlichen Aufenthalt auch in einem Staat haben, in dem keiner der Elternteile wohnt (*BGH* NJW 97, 3024, 3025).

Im allgemeinen wird als Faustregel für die Begründung gewöhnlichen Aufenthalts eine Aufenthaltsdauer von 6 Monaten im Zeitpunkt der gerichtlichen Entscheidung (BGHZ 78, 293 = NJW 81, 520) angegeben (*München* FamRZ 81, 389; *Düsseldorf* FamRZ 84, 194, *Köln* FamRZ 91, 364), was der BGH (aaO) vor Inkrafttreten des Haager Kindesentführungsübereinkommens auch in Entführungsfällen angenommen hat, s. Art. 4 Rn 1. Die EuEheVO geht davon aus, dass jede Person in irgendeinem Staat gewöhnlichen Aufenthalt hat. Unterbrechungen, die nicht zur Begründung eines neuen gewöhnlichen Aufenthalts ausreichen, ändern am gewöhnlichen Aufenthalt nichts (*Stuttgart* NJW 83, 1981; *Hamm* NJW 92, 617; *Karlsruhe* NJW-RR 94, 1420; *Düsseldorf* FamRZ 98, 1318).

III. Einzelheiten der Tatbestandsmerkmale der Absätze 2 und 3

3 Nach **Absatz 2** sind die Gerichte im Staate des Ehe-Verfahrens unter zwei kumulativ erforderlichen Voraussetzungen auch für das Sorgerechtsverfahren zuständig, wenn das Kind gewöhnlichen Aufenthalt in einem anderen Mitgliedsstaat hat. Das elterliche Sorgerecht liegt bei einem Ehegatten, wenn nach dem IPR des angegan-

genen Gerichts, also gemäß Art. 21 EGBGB für deutsche Gerichte nach dem Recht des gewöhnlichen Aufenthalts des Kindes, ex lege oder Kraft einer gerichtlichen Entscheidung ein Sorgerechtsverhältnis zu ihm besteht. Die fragliche ausländische Gerichtsentscheidung, auch aus dem Staat des gewöhnlichen Aufenthalts des Kindes, muss auch in Deutschland anerkennungsfähig sein (*Thomas/Putzo/Hüsteke*[24] Rn 7), was als Vorfrage von dem Gericht des Ehe-Verfahrens geprüft werden kann. Die Anerkennungsfähigkeit richtet sich nach Art. 7 MSÜ, subsidiär nach § 16a FGG. „Anerkannt" haben die Ehegatten die Zuständigkeit des Gerichts des Ehe-Verfahrens für die Sorgerechtsentscheidung, wenn sie beide einen dahingehenden Willen bei oder nach Einleitung des Ehe-Verfahrens bekundet haben. Rügelose Einlassung reicht aus (*Vogel* MDR 00, 1045, 1048). Widerruflich ist das einmal erklärte Einverständnis nicht. Wie unter der Voraussetzung eines einmal erklärten Einverständnisses allein die Zuständigkeit des Gerichts der Ehesachen dem Wohl des Kindes widersprechen können soll, ist schwer vorstellbar. Der einzig denkbare Fall ist ein Kind, das der deutschen Sprache nicht oder kaum mächtig ist und dessen Sorgerechtsschicksal erst nach einer psychologischen Begutachtung entschieden werden kann. Generelle Bevorzugung des Gerichts und der Behörden des Staates des gewöhnlichen Aufenthalts des Kindes (*BGH* NJW 97, 3034, 3025f) kann schwer gelten, wenn beide Eltern mit der Entscheidung durch das Gericht des Ehe-Verfahrens einverstanden sind, vor allem nicht, wenn die Eltern i.S.v. § 630 Abs. 1 Nr. 3 ZPO übereinstimmende Erklärung abgegeben haben.

Die Vorschrift verlangt theoretisch nicht, dass eine Ehesache schon anhängig ist. Es genügt, dass die Sorgerechtsentscheidung „aus Anlass eines Ehe-Verfahrens" begehrt wird. Praktisch ist dies aber ohne Anhängigkeit der Ehesache so gut wie nicht denkbar. Für die Begründung der Zuständigkeit kommt es auf den Zeitpunkt der Entscheidung des Gerichts an.

4 Sinn des Absatzes 3 ist es, dreierlei klarzustellen: Erstens kann das Sorgerechtsverfahren in dem Staat des Ehe-Verfahrens bis zu einer rechtskräftigen Entscheidung fortgesetzt werden, auch wenn die Ehescheidung oder Auflösung des Ehebandes bereits rechtskräftig ist. Zweitens ist nach Rechtskraft der Entscheidungen in der Ehesache für einen notwendigen Änderungsbedarf bezüglich der Sorgerechtsentscheidung nicht mehr das Gericht zuständig, welches die Ausgangsentscheidung getroffen hat. Drittens ist nach Ende der

Rechtshängigkeit durch rechtskräftige Sachentscheidung oder sonstige Erledigung des Antrags ein neues Verfahren über das Sorgerecht nicht mehr in den von der EuEheVO vorgesehenen Zuständigkeiten einleitbar. Buchstabe c) ist überflüssig, weil „aus Anlass eines Ehe-Verfahrens" keine Sorgerechtsentscheidung mehr ansteht, wenn das Ehe-Verfahren geendet hat. Eine perpetuatio fori gibt es auch ohne Buchstabe c) nicht (Einzelheiten dazu *Stein/Jonas/Schlosser*[21] § 621 Rn 57). Wann eine Entscheidung „rechtskräftig" ist, bestimmt das nationale Recht. Für Deutschland ist formelle Rechtskraft gemeint. § 629b ZPO ist zu beachten.

Insgesamt ist Abs. 2 eine Begrenzung des Grundsatzes von der perpetuatio fori, nicht seine Aufhebung.

5 Daraus ergibt sich für einen Aufenthaltswechsel des Kindes folgendes: Wenn das Kind, das seinen gewöhnlichen Aufenthalt im Gerichtsstaat hat (Art. 3 Abs. 1), in einen anderen Staat (Mitgliedsstaat oder Drittstaat) verbracht wird und dort gewöhnlichen Aufenthalt begründet, so ändert dies am Fortbestand der Zuständigkeit nichts, solange „die Zuständigkeit" nicht nach Abs. 3 endet.

Wenn das Kind seinen gewöhnlichen Aufenthalt nicht im Gerichtsstaat der Ehesache hat, sondern in einem anderen Mitgliedsstaat, so werden die Gerichte des Gerichtsstaats der Ehesache international zuständig, wenn der gewöhnliche Aufenthalt des Kindes in diesen Staat verlegt wird. Für eine perpetuatio fori des bisher mit der Sache befassten Gerichts, dessen Zuständigkeit sich nicht nach der EuEheVO richtete, ist kein Raum. Der Aufenthaltswechsel von einem nicht mit dem Gerichtsstaat der Ehesache identischen Mitgliedsstaat in einen anderen ist unerheblich.

Wird der gewöhnliche Aufenthalt des Kindes aus einem Nicht-Mitgliedstaat in den Gerichtsstaat verlegt, so werden dessen Gerichte zuständig.

Wird der gewöhnliche Aufenthalt des Kindes von einem Mitgliedsstaat, der nicht der Gerichtsstaat der Ehesache ist, in einen Nicht-Mitgliedsstaat verlegt, so bleibt es im Rahmen von Absatz 1 bei der Zuständigkeit der Gerichte des Staates der Ehesache, wenn diese zuvor begründet war.

Art. 4 Kindesentführung

Die nach Maßgabe von Art. 3 zuständigen Gerichte haben ihre Zuständigkeit im Einklang mit den Bestimmun-

gen des Haager Übereinkommens vom 25. 10. 1980 über die zivilrechtlichen Aspekte internationaler Kindesentführung, insbesondere dessen Art. 3 und 16, auszuüben.

1 Der Begriff „Zuständigkeit ausüben" ist der deutschen Rechtssprache fremd. Im Zivilprozess unterscheidet man strikt zwischen der Zuständigkeit der Gerichte und den diesen zukommenden Befugnissen. In der freiwilligen Gerichtsbarkeit können „Zuständigkeiten" für eng umgrenzte Befugnisse eines Gerichts vorkommen. Jedenfalls besagt Art. 4, dass auch dem Gericht des Ehe-Verfahrens Befugnisse nicht zukommen, die ihm nach dem erwähnten Haager Übereinkommen vorenthalten sind. Praktisch geht es vor allem um folgende Situation: Ein Elternteil ist unter eigenmächtiger Mitnahme des Kindes in das Land seiner Herkunft zurückgekehrt und leitet dort, gestützt auf Art. 2 Abs. 1 Buchst. a) 5. und 6. Spiegelstrich ein Scheidungsverfahren ein; dann kann das Gericht oder ein anderes Gericht dieses Landes keine Sorgerechtsentscheidung treffen, solange diese nach Art. 16 Haager Übereinkommen gesperrt ist. Dieser lautet (abgedruckt in Jayme/Hausmann Internationales Privat- und Verfahrensrecht Nr. 222, BGBl. 90 II S. 207):

„Ist den Gerichten oder Verwaltungsbehörden des Vertragsstaats, in den das Kind verbracht oder in dem es zurückgehalten wurde, das widerrechtliche Verbringen oder Zurückhalten des Kindes im Sinne des Artikels 3 mitgeteilt worden, so dürfen sie eine Sachentscheidung über das Sorgerecht erst treffen, wenn entschieden ist, dass das Kind aufgrund dieses Übereinkommens nicht zurückzugeben ist, oder sofern innerhalb angemessener Frist nach der Mitteilung kein Antrag nach dem Übereinkommen gestellt wird. Wie die Mitteilung von dem widerrechtlichen Verbringen eines Kindes auf das Territorium des Gerichtsstaates das dortige Gericht erreicht, ist gleichgültig. Dieses Gericht hat aber voll nachzuprüfen, ob die Tatbestandsvoraussetzungen von Art. 3 des Haager Übereinkommens tatsächlich erfüllt sind."

2 Der Umstand, dass nicht „die Zuständigkeit", sondern die Befugnisse des Gerichts am Zielort der Entführung eingeschränkt sind, führt dazu, dass es, wenn angegangen, das **Verfahren auch aussetzen kann,** um entweder selbst über einen Rückführungsantrag zu befinden oder einen Antrag auf Anerkennung und Vollstreckung einer Rückführungsanordnung aus dem Staat abzuwarten, aus dem das Kind entführt worden ist. Liegt eine deutsche Rückführungsentscheidung vor, so ist ein Antrag zur Änderung des

Sorgerechts unzulässig (*BGH* NJW 00, 3349). Bei einer anerkennungspflichtigen Entscheidung ausländischer Behörden ist ebenso zu verfahren.

3 Das notwendige Gegenstück zu dieser Regelung ist, dass für Sorgerechtsentscheidungen die im Haager Übereinkommen vorgesehenen Gerichte zuständig sind, solange ein Tätigwerden des Gerichts am Entführungsort gesperrt ist.

4 Artikel 4 bezieht sich nicht auf vorläufige Anordnungen, etwa für den Fall, dass an dem Ort des tatsächlichen Aufenthalts des Kindes ein dringender Vertretungs- oder Einwilligungsbedarf (medizinische Behandlung) besteht (*Palandt/Heldrich*[60] Anh. Art. 24 EGBGB Rn 82).

5 Die EuEheVO sagt nirgendwo ausdrücklich, wie sie sich im übrigen zum Haager Kindesentführungsübereinkommen verhält. So weit Verfahrenshandlungen in Bezug auf Kindesentführungen anstehen, die nicht „aus Anlass" eines Ehe-Verfahrens betrieben werden, bleibt das Übereinkommen unberührt. Gerade die Existenz von Art. 4 zeigt aber, dass der Verordnungsgeber durchaus die Möglichkeit sah, das Verfahren wegen Kindesentführung könne aus Anlass eines Ehe-Verfahrens betrieben werden. Deshalb und weil sonst die gesamten Vorschriften über die Vollstreckung von Sorgerechtentscheidungen keinen Anwendungsbereich hätten, kann man auch nicht Herausgabeanordnungen vom Anwendungsbereich der Verordnung ausnehmen. Art. 4 steht auch wiederum der Annahme entgegen, dass die Aufhebung aller völkerrechtlichen Verträge, die Art. 36 Abs. 1 verfügt, auch das Haager Kindesübereinkommen umfasst. Man muss daher in Art. 4 generell angeordnet sehen, dass die Zuständigkeiten und Befugnisse, die das Haager Kindesentführungsübereinkommen Behörden und Gerichten einräumt, unberührt bleiben. Die Folgen, die sich sonst in Kindesentführungsfällen aus Anlass einer Ehescheidung ergäben, wären unerträglich. Die Zuständigkeit der Zentralen Stellen wäre aufgehoben; bezüglich eines gemeinsamen Kindes der Ehegatten könnten die Gerichte eines anderen Staates als des Gerichtsstaats der Ehesache keine originäre Rückführungsanordnung treffen, sondern nur Rückführungsanordnungen dieses Gerichtes für vollstreckbar erklären. Diese Vollstreckbarerklärung würde wiederum erst mit der Rechtskraft wirksam s. Art. 24 Rn 2. Art. 4 erweitert also die für Rückführungsanordnungen zuständigen Gerichte, beschneidet aber die nach dem Haager Übereinkommen bestehenden Zustän-

digkeiten nicht. Darauf, ob der Entführungsstaat ein EG-Staat oder ein Vertragsstaat des Haager Übereinkommens ist, kommt es nicht an (*Coester-Waltjen* FS Lorenz (2001) 309).

6 Der Anwendungswille des Haager Übereinkommens endet auch für Zwecke der EuEheVO mit Vollendung des 16. Lebensjahres des Kindes (**a. A.** *Coester-Waltjen* FS Lorenz [2001] 308).

7 Auslegungskompetenzen zum Haager Übereinkommen hat der EuGH nicht (*Coester-Waltjen* aaO 311 ff.).

Art. 5 Gegenantrag

Das Gericht, bei dem ein Antrag auf der Grundlage der Art. 2 bis 4 anhängig ist, ist auch für einen Gegenantrag zuständig, sofern dieser in den Anwendungsbereich dieser Verordnung fällt.

Gegenanträge im Ehe-Verfahren sind in Deutschland selten. Die Vorschrift erfasst aber auch konkurrierende Scheidungsanträge. Ist auf die Ehescheidung ausländisches Recht anwendbar, so kann es bei geltend gemachten Zerrüttungsscheidungen zu einem Gegenantrag auf Scheidung aus Verschulden kommen und umgekehrt.

Gegenanträge sind in Sorgerechtsverfahren häufiger. Meist handelt es sich allerdings nicht um echte Gegenanträge, weil das Gericht nicht an Anträge der Beteiligten gebunden ist. Dann ist das mit der Angelegenheit befasste Gericht ohnehin für alle denkbaren Maßnahmen „zuständig", weil die Verordnung insofern das nationale Recht unberührt lässt, als dieses entscheidet, ob der Dispositionsgrundsatz oder das Offizialprinzip gilt.

Die Vorschrift regelt nur die internationale Zuständigkeit, nicht die Verbindungsfähigkeit von Verfahren. §§ 610 Abs. 2, 632, Abs. 2 ZPO bleiben also unberührt.

Art. 6 Umwandlung einer Trennung ohne Auflösung des Ehebandes in eine Ehescheidung

Unbeschadet des Art. 2 ist das Gericht eines Mitgliedstaates, das eine Entscheidung über eine Trennung ohne

Auflösung des Ehebandes erlassen hat, auch für die Umwandlung dieser Entscheidung in eine Ehescheidung zuständig, sofern dies im Recht dieses Mitgliedstaates vorgesehen ist.

Es handelt sich um eine Sonderregelung für die seltenen Ausnahmefälle in denen nach der EuEheVO zwar eine Zuständigkeit für die in manchen Rechtsordnungen der Gemeinschaft vorgesehene „Trennung von Tisch und Bett" bestand, die Zuständigkeit für die Umwandlung des Trennungsurteils in eine Scheidung wegen eines Wechsels im gewöhnlichen Aufenthalt nach Art. 2 aber fehlt. Auch deutsche Gerichte können betroffen sein (*BGHZ* 47, 324 = NJW 67, 2109).

Art. 7 Ausschließlicher Charakter der Zuständigkeiten nach Art. 2 bis 6

Gegen einen Ehegatten, der

a) seinen gewöhnlichen Aufenthalt im Hoheitsgebiet eines Mitgliedstaats hat oder

b) Staatangehöriger eines Mitgliedstaats ist oder – im Falle des Vereinigten Königreichs und Irlands – sein „domicile" im Hoheitsgebiet eines dieser Mitgliedstaaten hat,

darf ein Verfahren vor den Gerichten eines anderen Mitgliedstaats nur nach Maßgabe der Art. 2 bis 6 geführt werden.

1 Die Vorschrift besagt zweierlei. Einmal ordnet sie die Selbstverständlichkeit an, dass dann, wenn der Passivbeteiligte des Ehe-Verfahrens seinen gewöhnlichen Aufenthalt in einem Mitgliedstaat hat, sich die internationale Zuständigkeit ausschließlich nach der EuEheVO richtet. Zum zweiten versagt sie einer Gerichtsstandsvereinbarung oder der widerspruchslosen Einlassung zuständigkeitsbegründende Wirkung. Deshalb muss der Vorschrift auch der gemeinsame Antrag beider Ehegatten unterfallen, wenn einer von ihnen seinen gewöhnlichen Aufenthalt in einem Mitgliedstaat hat (*Simotta* aaO 1119f.). Hat sonst nur der Antragsteller, aber nicht

der Antragsgegner seinen gewöhnlichen Aufenthalt in einem Mitgliedsstaat, so kann jeder Mitgliedstaat nach Art. 8 eine internationale Zuständigkeit nach seinem nationalen Recht begründen. Wohnt also der „Antragsgegner" in der Schweiz, hat aber der Antragsteller die deutsche Staatsangehörigkeit und gewöhnlichen Aufenthalt in Deutschland, so kann er nach § 606a ZPO die Zuständigkeit der deutschen Gerichte in Anspruch nehmen, ohne an die Frist von Art. 3 Abs. 1 Buchst. a) 5. oder 6. Spiegelstrich gebunden zu sein (was natürlich nicht ausschließt, dass Trennungsfristen materielle Scheidungsvoraussetzungen sind).

2 Etwas systemwidrig ist die Staatsangehörigkeit eines Mitgliedstaates dem gewöhnlichen Aufenthalt gleichgestellt. Hat in dem in Rn 1 gebrauchten Beispiel der in der Schweiz wohnhafte Antragsgegner die deutsche Staatsangehörigkeit, so ist § 606a unanwendbar. Zum „domicile" im V.K und Irland siehe Art. 2 Rn 4.

Art. 8 Restzuständigkeiten

(1) **Soweit sich aus den Art. 2 bis 6 keine Zuständigkeit eines Gerichts eines Mitgliedstaats ergibt, bestimmt sich die Zuständigkeit in jedem Mitgliedstaat nach dessen eigenem Recht.**

(2) **Jeder Staatsangehörige eines Mitgliedstaats, der seinen gewöhnlichen Aufenthalt im Hoheitsgebiet eines anderen Mitgliedstaats hat, kann die in diesem Staat geltenden Zuständigkeitsvorschriften wie ein Inländer gegenüber einem Antragsgegner geltend machen, wenn dieser weder seinen gewöhnlichen Aufenthalt im Hoheitsgebiet eines Mitgliedstaats hat noch die Staatsangehörigkeit eines Mitgliedstaats besitzt oder – im Falle des Vereinigten Königreichs und Irlands – sein „domicile" im Hoheitsgebiet eines dieser Mitgliedsstaaten hat.**

1 Die beiden Absätze haben völlig unterschiedliche Regelungsziele. Die amtliche Überschrift bezieht sich nur auf Absatz 1. Der nicht ganz klar formulierte Text ist folgendermaßen zu verstehen: Immer wenn sich aufgrund der Artikel 2 bis 6 eine Zuständigkeit eines Gerichts in irgendeinem Mitgliedstaat (nicht etwa: nur des

Staates des angegangenen Gerichts) ergibt, ist der Rückgriff auf nationales Zuständigkeitsrecht ausgeschlossen. Ob es sich um eine Ehesache oder eine Sorgerechtssache handelt, gilt gleich. Im *Borrás*-Bericht ist im Einzelnen aufgeführt, welche nationalen Zuständigkeitsvorschriften in Betracht kommen (Rn 47).

2 Von wenigen Ausnahmen abgesehen, ist in Ehesachen das nationale Zuständigkeitsrecht verdrängt, wenn einer der Ehegatten seinen gewöhnlichen Aufenthalt in einem Mitgliedstaat hat. Das nationale Zuständigkeitsrecht, in Deutschland also § 606a ZPO, gilt vornehmlich dann, wenn nur einer der Ehegatten die Staatsangehörigkeit des Gerichtsstaats, keiner der Ehegatten aber gewöhnlichen Aufenthalt in einem Mitgliedstaat hat. Wenn ein deutsch-französisches Ehepaar in der Schweiz lebt und nach der Trennung weiter lebt, so kann jeder Teil, gestützt auf § 606a Abs. 1 Nr. 1 ZPO, vor deutschen Gerichten Scheidungsantrag stellen. Für die Sonderfälle von Anträgen von Ehegatten vor Ablauf der Fristen von Art. 2 Abs. 1 Buchst. a 5. oder 6. Spiegelstrich, siehe Art. 7 Rn 1. In Österreich gibt es keine Restzuständigkeit nach Art. 8 Abs. 1 (*Simotta* aaO 1121).

Nach dem Sinn der Vorschrift, kann eine perpetuatio fori aber nicht gelten. Denn sonst könnte jeder Ehegatte durch einen frühzeitig gestellten Scheidungsantrag sich die aufgrund nationalen Rechts gegebene Zuständigkeit erhalten.

3 In Sorgerechtssachen ist das nationale Zuständigkeitsrecht immer anwendbar, wenn in keinem Mitgliedstaat eine Ehesache anhängig ist oder trotz Anhängigkeit einer Ehesache in einem Mitgliedstaat die Gerichte dieses Staates für das Sorgerechtsverfahren nicht zuständig sind. Nationales Recht ist auch das durch Staatsverträge geschaffene Recht, für Deutschland etwa das MSÜ.

4 Absatz 2 bezieht sich auf den Fall, dass Abs. 1 den Weg zum nationalen Recht der internationalen Zuständigkeit freigibt. In einem Akt grotesker Perfektionierung des Diskriminierungsverbotes verbietet er dann eine Diskriminierung von Staatsangehörigen eines anderen Mitgliedstaats. Ein in Deutschland wohnhafter Franzose kann also wie ein Deutscher Staatsangehöriger von § 606a ZPO Gebrauch machen. Der Weg zu dieser Norm ist aber ohnehin nur vor Ablauf der Frist des Art. 1 Abs. 1 Buchst. a, 6. Spiegelstrich eröffnet. Wegen des Fehlens einer perpetuatio-fori-Regelung wird von der Möglichkeit eines vorfristig gestellten Antrags kaum je Gebrauch gemacht werden.

Abschnitt 2. Prüfung der Zuständigkeit und der Zulässigkeit des Verfahrens

Art. 9 Prüfung der Zuständigkeit

Das Gericht eines Mitgliedstaats hat sich von Amts wegen für unzuständig zu erklären, wenn es in einer Sache angerufen wird, für die es nach dieser Verordnung keine Zuständigkeit hat und für die das Gericht eines anderen Mitgliedstaats aufgrund dieser Verordnung zuständig ist.

Die Vorschrift besagt für Deutschland nur eine Selbstverständlichkeit, siehe Art. 26 Rn 1.

Art. 10 Prüfung der Zulässigkeit

(1) **Lässt sich eine Person, die ihren gewöhnlichen Aufenthalt nicht in dem Mitgliedstaat hat, in welchem das Verfahren eingeleitet wurde, auf das Verfahren nicht ein, so hat das zuständige Gericht das Verfahren so lange auszusetzen, bis festgestellt ist, dass es dem Antragsgegner möglich war, das verfahrenseinleitende Schriftstück oder ein gleichwertiges Schriftstück so rechtzeitig zu empfangen, dass er sich verteidigen konnte, oder dass alle hierzu erforderlichen Maßnahmen getroffen worden sind.**

(2) **An die Stelle von Abs. 1 tritt Art. 19 der Verordnung (EG) Nr. 1348/2000 des Rates vom 29. 5. 2000 über die Zustellung gerichtlicher und außergerichtlicher Schriftstücke in Zivil- oder Handelssachen in den Mitgliedstaaten, wenn das verfahrenseinleitende Schriftstück oder ein gleichwertiges Schriftstück nach Maßgabe jener Verordnung von einem Mitgliedstaat in einen anderen zu übermitteln war.**

(3) **Sind die Bestimmungen der Verordnung (EG) Nr. 1348/2000 nicht anwendbar, so gilt Art. 15 des Haager Übereinkommens vom 15. November 1965 über die Zu-**

stellung gerichtlicher und außergerichtlicher Schriftstücke im Ausland in Zivil- und Handelssachen, wenn das verfahrenseinleitende Schriftstück oder ein gleichwertiges Schriftstück nach Maßgabe des genannten Übereinkommens ins Ausland zu übermitteln war.

Die Vorschrift entspricht genau dem Art. 26 Abs. 2 bis 4 EuGVVO, siehe dort. Nur der rechtspolitisch antiquierte Begriff des Wohnsitzes, der aus dem EuGVÜ in die EuGVVO weitertradiert wurde, wurde durch den die EuEheVO prägenden „gewöhnlichen Aufenthalt“ ersetzt. Art. 50 AVAG enthält für die Beschwerdeverfahren bezogen auf die EuEheVO keine Besonderheiten, so dass es nach § 11 bei den Vorschriften verbleibt, die zur Durchführung der EuGVVO gelten.

Abschnitt 3. Rechtshängigkeit und abhängige Verfahren

Art. 11 Doppelte Rechtshängigkeit

(1) **Werden bei Gerichten verschiedener Mitgliedstaaten Anträge wegen desselben Anspruchs zwischen denselben Parteien gestellt, so setzt das später angerufene Gericht das Verfahren von Amts wegen aus, bis die Zuständigkeit des zuerst angerufenen Gerichts geklärt ist.**

(2) **Werden bei Gerichten verschiedener Mitgliedstaaten Anträge auf Ehescheidung, Trennung ohne Auflösung des Ehebandes oder Ungültigerklärung einer Ehe, die nicht denselben Anspruch betreffen, zwischen denselben Parteien gestellt, so setzt das später angerufene Gericht das Verfahren von Amts wegen aus, bis die Zuständigkeit des zuerst angerufenen Gerichts geklärt ist.**

(3) **Sobald die Zuständigkeit des zuerst angerufenen Gerichts feststeht, erklärt sich das später angerufene Gericht zu Gunsten dieses Gerichts für unzuständig.**

In diesem Fall kann der Antragsteller, der den Antrag bei dem später angerufenen Gericht gestellt hat, diesen Antrag dem zuerst angerufenen Gericht vorlegen.

(4) **Für die Zwecke dieses Artikels gilt ein Gericht als angerufen**

a) zu dem Zeitpunkt, zu dem das verfahrenseinleitende Schriftstück oder ein gleichwertiges Schriftstück bei Gericht eingereicht worden ist, vorausgesetzt, dass der Antragsteller es in der Folge nicht versäumt hat, die ihm obliegenden Maßnahmen zu treffen, um die Zustellung des Schriftstücks an den Antragsgegner zu bewirken, oder

b) falls die Zustellung an den Antragsgegner vor Einreichung des Schriftstücks bei Gericht zu bewirken ist, zu dem Zeitpunkt, zu dem die für die Zustellung verantwortliche Stelle das Schriftstück erhalten hat, vorausgesetzt, dass der Antragsteller es in der Folge nicht versäumt hat, die ihm obliegenden Maßnahmen zu treffen, um das Schriftstück bei Gericht einzureichen.

Literatur: *Heiderhoff* Die Berücksichtigung ausländischer Rechtshängigkeit im Ehescheidungsverfahren (1998) – Die die EuEheVO freilich noch nicht berücksichtigend.

I. Kernaussage der Vorschrift

1 Die Vorschrift übernimmt den Regelungsgehalt von Art. 27 bis 30 EuGVVO mit folgenden Abweichungen: Bei konnexen Klagen wird nicht zwischen Anhängigkeit in 1. und 2. Instanz unterschieden und – vor allem – besteht für Ehesachen ein Zwang des später angerufenen Gerichts auch bezüglich eines nur konnexen Antrags sich für unzuständig zu erklären, wenn für den primären Antrag die Zuständigkeit des angegangen Gerichts eines anderen Staats feststeht. Abs. 3 Satz 2 ist der erste Fall in der europäischen Justizgeschichte, in dem praktisch eine Verweisung eines Gerichtsverfahrens über die Grenzen eines Staates hinaus möglich ist, ohne dass nach dem Einverständnis des Verweisungsadressaten gefragt würde. Darüber kann die Formalität nicht hinwegtäuschen, dass es der Antragsteller des späteren Verfahren ist, der die Sache dem zuerst angerufenen Gericht „vorzulegen" hat.

II. Verfahrensidentität und -konnexität in Ehesachen

2 Die EuEheVO unterscheidet zwischen Anträgen wegen desselben Anspruchs und Anträgen, die nicht denselben Anspruch betreffen. Außer Sorgerechtsanträgen, die verschiedene Kinder betreffen, ist aber die Unterscheidung nicht möglich, wenn man der Kernpunkttheorie folgt, die der EuGH zu Art. 21 EuGVÜ (= Art. 27 EuGVVO) entwickelt hat, siehe Art. 27 EuGVVO Rn 4. Einer Eheauflösungs-, Ehetrennungs- oder Ehe-Nichtigkeitsklage liegt immer dasselbe Konfliktsbündel zwischen den Ehegatten zu Grunde. Der Verordnungsgeber setzt aber voraus, dass es verschiedene Streitgegenstände auch in Ehesachen zwischen denselben Ehegatten gibt. Deshalb verbietet es sich für alle denkbaren Ehesachen einen einzigen Streitgegenstand zu postulieren (**a. A.** *Kohler* NJW 01, 12; *Hau* FamRZ 00 1039; *Thomas/Putzo/Hüstege*[24] Rn 7). Mit der Bezeichnung „Anträge wegen desselben Anspruchs" meint Art. 11 wie Art. 27 EuGVVO mit dem Ausdruck „Klage wegen desselben Anspruchs" den Streitgegenstand des Verfahrens, wie aus der französischen Fassung („demandes ayant le même objet et la même cause") hervorgeht. Um nicht in Spitzfindigkeiten der nationalen Streitgegenstandsdoktrin zu verfallen, bietet sich als europäische Einheitsbestimmung des Streitgegenstands in Ehesachen die Anknüpfung an die drei im Verordnungstext genannten Verfahrenskategorien, Ehe-Auflösung, Trennung ohne Auflösung des Ehebandes und Ungültigerklärung einer Ehe an (*MünchKommZPO-Gottwald*[2] Rn 3). Das gilt vor allem auch bei Anwendung eines materiellen Scheidungsrechts, das zwischen Zerüttungs- und Verschuldensscheidung differenziert (*Gaudemet-Tallon* aaO Nr. 48). Die Rechtsfolgen von Verfahrensidentität und Konnexität sind aber ohnehin dieselben, sowohl was die Verpflichtung zur Aussetzung, als auch was die Folge der Zuständigkeitserklärung des zuerst angerufenen Gerichts anbelangt. Darin liegt eine wahre Revolution des EG-Zivilprozessrechts (*Lupoi* aaO 138). Deshalb kann die Frage nach der Streitgegenstandsidentität meist offen bleiben (*Gruber* aaO 1131).

III. Verfahrensidentität in Kindschaftssachen

3 Absätze 1 und 3 erfassen, anders als Absatz 2, auch Sorgerechtssachen, obwohl die Verbindung der Begriffe „Antrag“ und „Anspruch“ in der deutschen Sprache der Verordnung besonders gedankenlos ist. Man muss sinnvollerweise alle ein Kind betreffenden Sorgerechtsverfahren in Verfahrensidentität stehend sehen, etwa auch Verfahren betreffend das Stammrecht der Verantwortung über das Kind und des Umgangsrechts. Denn alle diese Verfahren können sinnvollerweise nur in der Hand eines Gerichts durchgeführt werden.

IV. Zeitpunkt der Befassung eines Gerichts

4 Für die Frage, welches von zwei Gerichten früher befasst wurde, übernimmt Absatz 4 wörtlich die Regelung von Art. 30 EuGVVO, siehe Erläuterungen dort. Nach deutschem Recht sind nunmehr sämtliche Sorgerechtsentscheidungen, die aus Anlass eines Eheverfahrens anstehen, antragsabhängig, § 671 BGB. Meist wird auch das Umgangsrecht erst auf Antrag eines Elternteils geregelt, soweit dies nicht Voraussetzung der Regelungsbefugnis ist, § 1684 BGB. Soweit ein ausländisches Gericht aus Anlass einer Ehescheidung von amtswegen Entscheidungen zur „elterlichen Verantwortung“ für das gemeinsame Kind einzuleiten und zu treffen hat, steht anstelle des verfahrenseinleitenden Schriftsatzes der erste aktenkundige Niederschlag einer Verfahrenseinleitung. Ein obligatorisches Sühneverfahren soll nicht dem Passivbeteiligten des Verfahrens die Gelegenheit geben, dem Initiator des Sühneverfahrens mit einem Antrag vor einem ausländischem Gericht zuvorkommen zu können. Daher ist auch die obligationsmäßige Einleitung eines Schlichtungsverfahrens vor förmlicher Einleitung des Scheidungsverfahrens im Sinne der EuEheVO bereits dessen Einleitung (Fallbezogene Entscheidung befürwortend: *Gruber* aaO 1132; *MünchKommZPO-Gottwald*[2] Rn 4).

V. Unzuständigerklärung und Verweisung an ein ausländisches Gericht

5 Das als zweites angerufene Gericht hat sich auch bei nur konnexen Sachen zwingend für unzuständig zu erklären, wenn die internationale Zuständigkeit des vorher in der Ehesache angerufenen Gerichts rechtskräftig (*Gruber* aaO 1133) oder infolge von Präklusion wegen Zeitablaufs feststeht. Das kann aber sinnvollerweise nicht gelten, wenn die Zuständigkeit des zuerst angegangen Gerichts erst mit der Rechtskraft der Sachentscheidung feststeht (*Gruber* aaO). Die Berechtigung des Antragstellers, dem zuerst angerufenen Gericht auch die konnexe Sache „vorzulegen", kann nur bedeuten, dass dieses Gericht seine eigene Zuständigkeit nicht mit der Begründung leugnen kann, dass als zweites angerufene Gericht sei zuständig. Ganz zutreffend ist in diesem Zusammenhang der Begriff der grenzüberschreitenden Verweisung gebraucht worden (*Gaudemet-Tallon* aaO Nr. 53; *Lupoi* aaO 140). Kraft dieser Verweisung wird das ausländische Gericht ohne Rücksicht auf dort geltende Präklusionsvorschriften zuständig, selbst ein Rechtsmittelgericht (*Lupoi* aaO 140). Da Fälle, in denen ein Gericht eines Drittstaates zuständig ist, nur theoretisch denkbar sind, bedeutet die Vorlagebefugnis faktisch, dass eine Zuständigkeit des zuerst angegangenen Gerichts kraft Sachzusammenhangs besteht. Dann ist es aber nur konsequent, eine solche Zuständigkeit auch anzunehmen, wenn nicht zuvor bereits ein Gericht eines anderen Staats mit der Sache befasst worden war. Das zuerst angegangene Gericht wird kraft Konnexität auch zuständig für eine weitere Ehesache, die einer der Ehegatten ihm vorlegen will.

6 Für deutsche Gerichte erwächst aus dieser Gegebenheit auch dann eine zusätzliche internationale Zuständigkeit, wenn man voraussetzt, dass sie für eine Ehesache zu Unrecht ihre internationale Zuständigkeit angenommen haben und dann ohne die Existenz von Absatz 3 bei konnexen Sachen selbständig ihre internationale Zuständigkeit prüfen müssten. Die rechtskräftigen Aussagen zur internationalen Zuständigkeit für die primäre Sache werden auf die konnexe Sache erstreckt.

7 Nach formeller Rechtskraft der im ersten Verfahren ergehenden Sachentscheidung ist nur deren materielle Rechtskraft zu beachten, die der Eröffnung eines Verfahrens in einem anderen Staat nicht im

Wege steht, das zuvor wegen Konnexität dort nicht hätte geführt werden können (*Gruber* aaO 1135). Der Sinn der Vorschrift verlangt auch, dass das Gericht, dem der Antrag „vorgelegt" wird, ihn nicht aus prozessualen Gründen zurückweisen kann, die ihm vor dem ursprünglich angegangenen Gericht nicht entgegengestanden hätten (*Gruber* aaO 1134; **a. A.** *Vogel* aaO 1049). Der *Borrás*-Bericht (Rn 57) nennt folgendes Beispiel: In Schweden wird ein Scheidungsantrag gestellt, sodann in Österreich ein Antrag auf Ungültig-Erklärung der Ehe. Wenn sich das schwedische Gericht für zuständig erklärt hat, muss sich das österreichische Gericht für unzuständig erklären, obwohl Schweden die Ungültigerklärung der Ehe nicht kennt (sondern nur die Scheidung). Nach Rechtskraft der schwedischen Scheidung kann jedoch in Österreich die Ehe mit Wirkung ex tunc für ungültig erklärt werden. (Ob nicht schwedische Gerichte in Anwendung österreichischen Rechts auch eine Ehe für ungültig erklären können, ist in den Beispielen nicht erörtert).

8 Erklärt sich das zuerst befasste Gericht für unzuständig, so muss natürlich das Verfahren vor dem zweitbefassten Gericht weitergeführt werden. Wenn dieses es versäumt, sich für unzuständig zu erklären, bevor das erstbefasste Gericht eine rechtskräftige Entscheidung zur Sache gefällt hat, muss man ebenfalls eine Verfahrensfortsetzungsbefugnis annehmen, um den Antragsteller nicht rechtlos zu stellen (*Gruber* aaO 1135).

Abschnitt 4. Einstweilige Maßnahmen einschließlich Sicherungsmaßnahmen

Art. 12 Einstweilige Maßnahmen

In dringenden Fällen können die Gerichte eines Mitgliedstaats ungeachtet der Bestimmungen dieser Verordnung die nach dem Recht diese Mitgliedstaats vorgesehenen einstweiligen Maßnahmen einschließlich Sicherungsmaßnahmen in Bezug auf in diesem Staat befindliche Personen oder Güter auch dann ergreifen, wenn für die Entscheidung in der Hauptsache gemäß dieser Verordnung ein Gericht eines anderen Mitgliedstaats zuständig ist.

Die Vorschrift entspricht Art. 31 EuGVVO. Das bedeutet einmal, dass vornehmlich die nach Art. 2 bis 6 für die Hauptsache zuständigen Gerichte auch für den Erlass einstweiliger Maßnahmen zuständig sind. Zum anderen ist nach der Rechtssprechung des EuGH zu Art. 24 EuGVÜ (= Art. 31 EuGVVO) eine einstweilige Maßnahme aufgrund einer nach nationalem Recht begründeten Zuständigkeit nur zulässig, wenn sie Vermögensgegenstände betrifft, die sich im örtlichen Zuständigkeitsbereich des angerufenen Gerichtes befinden oder aller Wahrscheinlichkeit nach befinden, Art. 31 EuGVVO Rn 21, 22. Dieses letztere Erfordernis hat zwar nicht die EuGVVO, wohl aber Art. 12 EuEheVO textlich übernommen, es allerdings auch auf Personen erstreckt, die sich im „Gerichtsstaat" befinden. **1**

In Bezug auf Ehesachen sind einstweilige Maßnahmen kaum denkbar. Die in § 620 Nr. 5 ZPO genannte Gestattung des Getrenntlebens kommt kaum mehr vor. In Art. 12 angesprochene Gerichte und damit erst recht die Gerichte, die in der Hauptsache zuständig sind, können einstweilige Maßnahmen auch mit einem Inhalt erlassen, der als angestrebter Entscheidungsinhalt für die Endentscheidung der EuEheVO nicht unterfiele (*MünchKomm ZPO – Gottwald*[2] Rn 3, 4; wohl auch *Borrás*-Bericht 59). Anders hätte die Bezugnahme auf „Güter" auch keinen Anwendungsbereich. Die weitgehende Zuständigkeit für Maßnahmen des einstweiligen Rechtschutzes ist aber nur erträglich, wenn diese höchstens bis zur Rechtskraft des Urteils in der Ehesache wirken können. Eine einstweilige Maßnahme kann auch zusammen mit der Hauptsachentscheidung getroffen werden, um die bis zur Rechtskraft bestehende Vollstreckungsunfähigkeit, s. vor Art. 21 zu überbrücken. **2**

Kapitel III. Anerkennung und Vollstreckung

Vorbemerkung zu Art. 13

Literatur: *Helms* FamRZ 01, 257.

Wie die EuGVVO unterscheidet die EuEheVO zwischen Anerkennung und Vollstreckung. Beide Abschnitte beziehen sich aber nur auf Entscheidungen, die im Anwendungsbereich der EuGVVO ergangen sind, s. Art. 1 Rn 2 und 3. Verhältnis zu anderen Rechtsquellen s. vor Art. 1 Rn 4ff.

Art. 13 Bedeutung des Begriffs „Entscheidung“

(1) **Unter „Entscheidung“ im Sinne dieser Verordnung ist jede von einem Gericht eines Mitgliedstaats erlassene Entscheidung über die Ehescheidung, die Trennung ohne Auflösung des Ehebandes oder die Ungültigerklärung einer Ehe sowie jede aus Anlass eines solchen Verfahrens in Ehesachen ergangene Entscheidung über die elterliche Verantwortung der Ehegatten zu verstehen, ohne Rücksicht auf die Bezeichnung der jeweiligen Entscheidung, wie Urteil oder Beschluss.**

(2) **Die Bestimmungen dieses Kapitels gelten auch für die Festsetzung der Kosten für die nach dieser Verordnung eingeleiteten Verfahren und die Vollstreckung eines Kostenfestsetzungsbeschlusses.**

(3) **Für die Durchführung dieser Vorordnung werden öffentliche Urkunden, die in einem Mitgliedstaat aufgenommenen und vollstreckbar sind, sowie vor einem Richter im Laufe eines Verfahrens geschlossene Vergleiche, die in dem Mitgliedstaat, in dem sie zu Stande gekommen sind, vollstreckbar sind, unter denselben Bedingungen wie die in Abs. 1 genannten Entscheidungen anerkannt und für vollstreckbar erklärt.**

1 **Absatz 1** übernimmt die tautologische Ausdrucksweise von Art. 32 EGVVO, angereichert durch eine wiederholte Bezugnahme auf den sachlichen Anwendungsbereich der VO. In Nr. 15 der Erwägungsgründe steht ausdrücklich, nur Entscheidungen, die „eine Ehescheidung, Trennung ohne Auflösung des Ehebandes oder Ungültigkeit einer Ehe [herbeiführen]“ seien anerkennungspflichtig (so auch schon der *Borrás*-Bericht Rn 60). Das stimmt auch mit der Fassung der Verordnung in anderen Sprachen überein und ist Ergebnis einer direkten Diskussion dieses Punktes in Beratungen des europäischen Parlaments. Motiv war, dass im Falle einer Antragsabweisung in einem in einem anderen Staat erneut einge-

leiteten Verfahren keine Bindung entstehen soll (*Helms* aaO 257, 258). Feststellungsverfahren s. Art. 1 Rn 2. Anzuerkennen sind die Wirkungen, die der Entscheidung in ihrem Ursprungsstaat zukommen (*Helms* aaO 260). Auch wenn die Gestaltungswirkung schon vor der formellen Rechtskraft eintritt, ist sie anzuerkennen, s. Art. 14 Rn 2. Zum Gerichtsbegriff s. Art. 1 Rn 1. Für die Anerkennung von Eilmaßnahmen gilt das gleiche (*Helms* aaO 260) wie im Zusammenhang mit Art. 31, s. dort Rn 29.

2 **Absatz 2** gilt sicher für Kostenentscheidungen ohne Rücksicht darauf, ob das Hauptsacheverfahren mit einem für den Antragsteller positiven oder negativen Ergebnis geendet hat. Da wegen Art. 1 Abs. 2 Nr. 1 EuGVVO auch Kostenentscheidungen zu ausgeschlossenen Rechtsgebieten nicht anerkennungspflichtig sind, würde sonst eine durch nichts zu rechtfertigende Lücke in der Freizügigkeit von gerichtlichen Kostenentscheidungen entstehen. Auch die Gründe, die dafür maßgebend waren, dass Antragsabweisungen in Ehesachen nicht anerkennungspflichtig wurden, s. Rn 1, treffen auf Kostenentscheidungen nicht zu. Um den Kostengläubiger nicht wegen der praktischen Unmöglichkeit der Differenzierung rechtlos zu stellen, sollte man bei Verbundentscheidungen, die von der Verordnung nicht gedeckte Ansprüche enthalten, die Kostenentscheidung insgesamt vollstrecken.

3 Welche öffentlichen Urkunden und gerichtlichen Vergleiche i.S.v. **Absatz 3** auf den von der EuEheVO erfassten Rechtsgebieten denkbar sind, bleibt ziemlich im Dunkeln. Gedacht hat man wohl nur an öffentlich beurkundete Sorgerechtsvereinbarungen. Sollte es einmal in einem Mitgliedsstaat eine Privatscheidung durch öffentliche Beurkundung des Scheidungseinverständnisses der Ehegatten geben, so würden derartige Urkunden erfasst sein. Denkbar ist auch, dass es in irgendeinem Mitgliedstaat einvernehmliche Regelungen über das Sorgerecht gibt, die öffentlich beurkundet werden können.

Abschnitt 1. Anerkennung

Art. 14 Anerkennung einer Entscheidung

(1) **Die in einem Mitgliedstaat ergangenen Entscheidungen werden in den anderen Mitgliedstaaten anerkannt, ohne dass es hierfür eines besonderen Verfahrens bedarf.**

(2) **Insbesondere bedarf es unbeschadet des Absatz 3 keines besonderen Verfahrens für die Beischreibung in den Personenstandsbüchern eines Mitgliedstaats auf der Grundlage einer in einem anderen Mitgliedstaat ergangenen Entscheidung über Ehescheidung, Trennung ohne Auflösung des Ehebandes oder Ungültigerklärung einer Ehe, gegen die nach dessen Recht keine weiteren Rechtsbehelfe eingelegt werden können.**

(3) **Jede Partei, die ein Interesse hat, kann im Rahmen der Verfahren nach den Abschnitten 2 und 3 dieses Kapitels die Feststellung beantragen, dass eine Entscheidung anzuerkennen oder nicht anzuerkennen ist.**

(4) **Ist in einem Rechtsstreit vor einem Gericht eines Mitgliedstaats die Frage der Anerkennung einer Entscheidung als Vorfrage zu klären, so kann dieses Gericht hierüber befinden.**

I. Grundaussage der Norm

1 Die EuEheVO hat das System des EuGVÜ (und jetzt der EuGVVO) zur Anerkennung und Vollstreckung ausländischer Entscheidungen übernommen. Damit hat das Europarecht sehr viel stärker als in das sonstige Anerkennungsrecht in das bisher in Deutschland geltende System der Anerkennung ausländischer Ehescheidungen eingegriffen. Bezüglich der Entscheidungen aus Mitgliedstaaten ist das obligatorische Feststellungsverfahren nach Art. 7 § 1 FamRÄG durch ein fakultatives Feststellungsverfahren ersetzt worden. Dessen bedarf es aber im allgemeinen nicht, weil auch ohne gerichtliche Feststellung im Anerkennungsstaat eine Beischreibung der ausländischen Entscheidung in den Personenstandsbüchern möglich ist.

II. Einzelheiten

2 Zu den Anerkennungsversagungsgründen s. Art. 15 ff. Zur Unterscheidung zwischen positiven und negativen Entscheidungen s. Art. 13 Rn 1. Grundsätzlich sind alle Wirkungen ausländischer Entscheidungen für den Zeitpunkt anzuerkennen, zu dem sie nach dem Recht des Ursprungsstaates eintreten, s. Art. 33 EuGVVO Rn 2ff. Sorgerechtsentscheidungen werden häufig schon vor ihrer formellen Rechtskraft wirksam und sind daher schon vorher anzuerkennen. Die Gestaltungswirkung niederländischer und belgischer Scheidungsurteile tritt erst nach Eintragung in Personenstandsbücher ein. Auch das ist zu respektieren (*Borrás* Bericht Nr. 60). Nur Beischreibungen in die Personenstandsbücher sind von der Rechtskraft der Statusentscheidung abhängig, Abs. 2. Wie aus Absatz 4 ersichtlich ist, ist auch eine Inzidentanerkennung durch Behörden möglich. Dies gilt in Sorgerechtsangelegenheiten ohnehin, da § 16a FGG kein besonderes Anerkennungsverfahren vorsieht. Im übrigen muss eine Behörde ein ausländisches Statusurteil auch zu Lasten der in Deutschland wohnenden Personen anerkennen, etwa wenn bestimmte öffentlich-rechtliche Leistungen und Vergünstigungen für Verheiratete wegfallen.

Das in Abs. 3 erwähnte Rechtschutzinteresse sollte man großzügig handhaben. Auch Personen, die nicht Partei des Ehescheidungsverfahrens waren, können den Antrag stellen (*Lupoi* aaO 143; *Helms* aaO Rn 61). Eine Partei, die eine gerichtliche Feststellung erreichen möchte, wird den Aufwand ohne vernünftiges Interesse kaum auf sich nehmen. Die Entscheidung wirkt aber nur unter den Verfahrensbeteiligten, s. Art. 33 EuGVVO Rn 4 a.E. Einzelheiten: §§ 50ff. AVAG sowie generell die entsprechende Anwendung der §§ 2ff. AVAG. Aus Absatz 4 folgt auch, dass durch Zwischenfeststellungsantrag über die Anerkennung entschieden werden kann (*Thomas/Putzo/Hüstege*[24] Rn 12), aber nur inter partes. Vor anderen als vor Familiengerichten kann ein Zwischenfeststellungsantrag über die Anerkennung eines Ehe-Urteils nicht gestellt werden (*Helms* aaO Rn 257), weil deren Zuständigkeit ausschließliche ist und eine ausschließlicher Gerichtsstand auch sonst die Zulässigkeit einer Zwischenfeststellungsklage vor einem anderen Gericht blockiert.

III. Besonderheiten (Abänderbarkeit) von Sorgerechtsentscheidungen?

3 Sorgerechtsentscheidungen sind auch über die Anhängigkeit der Ehesache hinaus für die durch die EuEheVO gebundenen Staaten anerkennungspflichtig. Im Rahmen des MSÜ hat sich durchgesetzt, dass die Pflicht, eine ausländische Entscheidung anzuerkennen, der Abänderbarkeit durch Gerichte eines anderen Staats nicht grundsätzlich im Wege steht, s. Art. 19 Rn 2. Jedoch muss das um eine Änderung ersuchte Gericht auch zuständig sein s. Art. 3 Rn 4.

Art. 15 Gründe für die Nichtanerkennung einer Entscheidung

(1) **Eine Entscheidung, die die Ehescheidung, die Trennung ohne Auflösung des Ehebandes oder die Ungültigerklärung einer Ehe betrifft, wird nicht anerkannt,**

a) wenn die Anerkennung der öffentlichen Ordnung (ordre public) des Mitgliedstaats, in dem sie beantragt wird, offensichtlich widerspricht;

b) wenn dem Antragsgegner, der sich auf das Verfahren nicht eingelassen hat, das verfahrenseinleitende Schriftstück oder ein gleichwertiges Schriftstück nicht so rechtzeitig und in einer Weise zugestellt worden ist, dass er sich verteidigen konnte, es sei denn, es wird festgestellt, dass er mit der Entscheidung eindeutig einverstanden ist;

c) wenn die Entscheidung mit einer Entscheidung unvereinbar ist, die in einem Verfahren zwischen denselben Parteien in dem Mitgliedstaat, in dem die Anerkennung beantragt wird, ergangen ist oder

d) wenn die Entscheidung mit einer früheren Entscheidung unvereinbar ist, die in einem anderen Mitgliedstaat oder in einem Drittland zwischen denselben Parteien ergangen ist, sofern die frühere Entscheidung die notwendigen Voraussetzungen für ihre Anerkennung in dem Mitgliedstaat erfüllt, in dem die Anerkennung beantragt wird.

(2) **Eine Entscheidung betreffend die elterliche Verantwortung, die aus Anlass der in Art. 13 genannten Verfahren in Ehesachen ergangen ist, wird nicht anerkannt,**

a) wenn die Anerkennung der öffentlichen Ordnung (ordre public) des Mitgliedstaats, in dem sie beantragt wird,

offensichtlich widerspricht, wobei das Wohl des Kindes zu berücksichtigen ist;

b) wenn die Entscheidung – ausgenommen in dringenden Fällen – ergangen ist, ohne dass das Kind die Möglichkeit hatte, gehört zu werden, und damit wesentliche verfahrensrechtliche Grundsätze des Mitgliedstaats, in dem die Anerkennung beantragt wird, verletzt werden;

c) wenn der betreffenden Person, die sich auf das Verfahren nicht eingelassen hat, das verfahrenseinleitende Schriftstück oder ein gleichwertiges Schriftstück nicht so rechtzeitig und in einer Weise zugestellt worden ist, dass sie sich verteidigen konnte, es sei denn, es wird festgestellt, dass sie mit der Entscheidung eindeutig einverstanden ist;

d) wenn eine Person dies mit der Begründung beantragt, dass die Entscheidung in ihre elterliche Verantwortung eingreift, falls die Entscheidung ergangen ist, ohne dass die Person die Möglichkeit hatte, gehört zu werden;

e) wenn die Entscheidung mit einer späteren Entscheidung betreffend die elterliche Verantwortung unvereinbar ist, die in dem Mitgliedstaat, in dem die Anerkennung beantragt wird, ergangen ist; oder

f) wenn die Entscheidung mit einer späteren Entscheidung betreffend die elterliche Verantwortung unvereinbar ist, die in einem anderen Mitgliedstaat oder in dem Drittland, in dem das Kind seinen gewöhnlichen Aufenthalt hat, ergangen ist, sofern die spätere Entscheidung die notwendigen Voraussetzungen für ihre Anerkennung in dem Mitgliedstaat erfüllt, in dem die Anerkennung beantragt wird.

1 Der langatmige Verordnungstext ist die Folge davon, dass man nicht einfach den Anwendungsbereich des EuGVÜ (EuGVVO) erweitert und dass man nicht einmal den systematischen Aufwand gefunden hat, in Art. 15 selbst das vor die Klammer zu ziehen, was für Entscheidungen in Ehesachen und Sorgerechtsachen gemeinsam gilt. Das, was zu den Artikeln 34 bis 36 EuGVVO ausgeführt worden ist, ist entsprechend anwendbar.

I. Absätze 1 u. 2, jeweils Buchstabe a)

2 **a)** Schon sehr lange ist keine Gerichtsentscheidung mehr publiziert worden, in der eine Ehescheidung als gegen den ordre public verstoßend nicht anerkannt worden wäre (z.B. Justizministerium NRW IPRax 1986, 167 – Proforma-Scheidung). Die Rechtsprechung hat seit langem erkannt, dass auch Konsensualscheidungen nicht gegen den deutschen ordre public verstoßen, wenn ausschließlich Angehörige des Scheidungsstaats betroffen sind (*Düsseldorf* FamRZ 1975, 584, 586 – sogar immer bei Betroffenheit nur von Ausländern) oder wenn die Ehegatten auch in Deutschland hätten geschieden werden können (*Frankfurt* OLGZ 80, 134f). In einem Fall, in dem der Verstoß gegen den deutschen ordre public geleugnet wurde, war sogar eine deutsche Ehefrau betroffen (Bremen FamRZ 1966, 373, 376). Auf die zu Art. 6 EGBGB entstandene Judikatur kann zur Beantwortung der Frage zurückgegriffen werden, inwieweit im Anerkennungsrecht noch stärkere Anforderungen an einen Verstoß gegen den deutschen ordre public gestellt werden als im Bereich der unmittelbaren Gesetzesanwendung, s. Art. 33–35 EuGVVO Rn 2ff. Die im Familienrecht Art. 6 EGBGB prägenden Fälle der Verstoßungsscheidung fallen als nicht gerichtliche oder behördliche Akte nicht in den Anwendungsbereich der EuEheVO. Eine durch ein Gericht ohne Scheidungsgrund aufgrund der Willkür des scheidungswilligen Ehegatten ausgesprochene Scheidung verstößt gegen den inländischen ordre-public (wohl generell *Helms* aaO 262), wenn der andere Ehegatte dadurch ohne Möglichkeit einer wirtschaftlichen Versorgung dasteht und nicht im Eheauflösungs-Folgenrecht eine Lösung gefunden werden kann.

3 **b)** In Kindschaftssachen ist als Element dafür, dass die ausländische Entscheidung als unvereinbar mit dem deutschen ordre public ausgewiesen werden kann, eine nicht hinreichende Beachtung des Kindeswohls genannt. In diesem Bereich muss man sich aber vor verfassungsideologischem Übereifer hüten und sich auf die eingeschränkte Bedeutung des ordre-public-Vorbehalts im Anerkennungsrecht besinnen. Auch wenn das entscheidende Gericht Mutter oder Vater bei der Überantwortung der elterlichen Sorge schematisch bevorzugt oder benachteiligt hat und im Bereich di-

rekter Gesetzesanwendung Art. 6 EG-BGB zur Anwendung käme, ist die Anerkennung einer solchen Entscheidung ein Verstoß gegen den deutschen ordre public nur dann, wenn dies gegenüber realistischer Weise denkbaren Alternativen eine massive Beeinträchtigung des Kindes-Wohls bedeutete. Im Anerkennungsverfahren kann die optimale Entscheidung für das Kind nicht nachgeholt werden. Die für Deutschland u. U. ein Verfassungsgebot (BVerfGE 99, 145, 163 = FamRZ 99, 85) darstellende Pflicht zur Bestellung eines Verfahrenspflegers für das Kind kann in das Anerkennungsrecht nicht übertragen werden (*Helms* aaO 263), wohl aber in eindeutigen Fällen das Gebot, ein psychologisches Gutachten einzuholen (s. *EuGHMR* DAVorm 00, 681). Die Rechtssprechung zu Art. 16 Haager MSÜ hat es mit den gleichen Problemen zu tun. Auch in diesem Zusammenhang hat man entschieden, dass Regelungen, die unter Deutschen getroffen, dem GG widersprächen, nicht gegen den deutschen ordre public verstoßen müssen, wenn alle Beteiligten Ausländer sind (*KG* IPRax 85, 110; *Celle* IPRax 89, 391). Darauf, ob die Ausgangsmaßstäbe des ausländischen Gesetzes mit dem deutschen GG überstimmen, kommt es im übrigen nicht einmal im Rahmen der direkten Gesetzesanwendung an (BGHZ 60, 68 = NJW 73, 417), wenn das anstehende Entscheidungsergebnis tragbar ist.

II. Absätze 1 Buchst. b) und 2 Buchst. c)

4 Der Anerkennungsversagungsgrund entspricht genau dem von Art 34 Nr. 2 EuGVVO. Auf die Ordnungsmäßigkeit der Zustellung kommt es auch im Geltungsbereich der EuEheVO nicht an. Der Ersatz des Begriffs „Antragsgegner", wie er üblicherweise verwandt wird, durch „betreffende Personen" ist deshalb gerechtfertigt, weil der Antragsteller des Ehe-Verfahrens sonst leicht mit dem Antragsteller für eine Sorgerechtsentscheidung verwechselt werden könnte. Besser hätte man von „Elternteil" gesprochen. Das Kind ist nicht gemeint, weil es selbst durch Buchstaben b) u. d) erfasst wird. Wenn Sorgerechtsentscheidungen von amtswegen zu treffen sind und kein Elternteil unter Übermittlung eines Schriftstücks an den anderen eine Sorgerechtsentscheidung beantragt hat, so kommt es auf die erste amtliche Benachrichtigung eines Elternteils davon an, dass das Gericht den Erlass einer Sorgerechtsentscheidung erwägt. Für die Vorenthaltung des rechtlichen Gehörs nach Verfahrenseinleitung s. Art. 34–36 EuGVVO Rn 7. Das Unterlassen einer Rechtsmitteleinlegung ist einem Einverständnis nicht gleichzusetzen (*Helms* aaO 264), weil die Nichterwähnung dieses Umstandes im Vergleich zu Artikel 33 Abs. 1 EuGVVO nur auf Absicht des Verordnungsgebers beruhen kann.

III. Abs. 1 Buchst. c)

5 Es gelten die gleichen Grundsätze wie in Art. 27 Nr. 3 EuGVVO. Es muss nicht derselbe Streitgegenstand vorgelegen haben. Jedoch ist schwer einsehbar, wieso ein nicht in einer Ehesache ergehendes Urteil den Widerspruch soll auslösen können. Dass in einem inländischen Urteil, etwa einem Unterhaltsurteil, ein Eheverhältnis angenommen wurde, dessen Nichtexistenz inzwischen festgestellt oder das aufgelöst worden ist – und sei es auch schon vor Erlass des inländischen Urteils – stellt noch keinen die Anerkennung hindernden Widerspruch dar. Es kann sich dann nur fragen, wie das frühere inländische Urteil an das anerkennungspflichtige Urteil in der Ehesache angepasst werden soll.

Beispiel: Ein inländisches Urteil über den Ehegattenunterhalt ist ergangen

a) bevor die Ehe durch ausländisches Urteil rechtskräftig geschieden worden ist;
b) nachdem die Ehe durch ausländisches Urteil rechtskräftig geschieden worden ist, aber in Unkenntnis dieses Umstands.

War deutsches Recht Unterhaltsstatut, so verliert im Falle a) mit Eintritt der Anerkennungsfähigkeit des ausländischen Urteils das Urteil von selbst seine Wirkung, weil das ausländische Statusurteil einem inländischen gleichgestellt wird, das die Pflicht zur Zahlung von Trennungsunterhalt beendet (*BGHZ* 103, 62 = NJW 88, 1137; *BGH* FamRZ 90, 283). Im Falle b) ist § 580 Nr. 7a ZPO anzuwenden, weil die Anerkennungspflicht gebietet, auch im Rahmen dieser Norm ausländische Urteile den inländischen gleichzustellen.

Das den Widerspruch auslösende Urteil muss nicht in den Anwendungsbereich der EuEheVO oder des EuGVVÜ fallen. Daher kann auch eine den Eheauflösungs- oder Nichtigerklärungsantrag abweisende Entscheidung den Widerspruch auslösen (*Helms* aaO 267, **a. A.** *Kohler* NJW 01, 10, 13). Ein Scheidungsurteil steht mit einem Trennungsurteil nie in Widerspruch (*Gaudemt-Tallon* aaO Nr. 77).

IV. Absatz 1 Buchst. d)

6 Die Vorschrift entspricht Art. 33 Nr. 5 EuGVVO, soweit Drittstaats-Entscheidungen zur Debatte stehen, s. Art. 33–36 Rn 29. Dort ist ein Widerspruch zu einem Urteil aus einem anderen Mitgliedstaat ebensowenig wie in Nr. 3 erwähnt, s. Art. 33–36 EuGVVO Rn 26. Verallgemeinerungsfähig stellt Buchst. d) jetzt klar, dass unter den hier maßgeblichen Gesichtspunkt Entscheidungen aus Drittstaaten den Entscheidungen aus anderen Mitgliedstaaten gleichgestellt sind.

V. Besonderheiten in Sorgerechtsentscheidungen

7 Abs. 2 Buchst. b) sowie Buchst. f) betreffen Besonderheiten von Sorgerechtsentscheidungen.

a) Wann in einem Sorgerechtsverfahren das betroffene Kind im Sinne von Buchst. b) und in welcher Eigenschaft zu hören ist, ist eine außerordentlich schwierige Frage. Eine „Anhörung“ des Kindes kann mehr verderben als Sinn stiften. Vor allen Dingen werden im Ausland dann, wenn die beiden Eltern sich einig sind, vielfach Sorgerechtsentscheidungen getroffen, ohne dass das Kind vom Gericht angehört wird. § 50b FGG kann daher keinesfalls so, wie er in Deutschland angewandt wird, ins Anerkennungsrecht übertragen werden. Vor allem dann, wenn das Kind sich mit der getroffenen Regelung nachträglich einverstanden zeigt, wäre es absurd, ihr die Anerkennung deshalb zu versagen, weil das Kind seinerzeit nicht angehört wurde. Auch in Deutschland werden Kinder nicht angehört, wenn kein Ehegatte die Übertragung des alleinigen Sorgerechts auf sich beantragt. Es geht nur um die Fälle, in denen eine Sorgerechtsentscheidung gegen den klaren Willen des Kindes getroffen worden ist und das Kind nicht angehört wurde. Im *Borrás*-Bericht (Rn 73) wird zwar auf das UN-Übereinkommen vom

25. 11. 1989 über die Rechte des Kindes hingewiesen, in dessen Art. 12 das Recht des Kindes auf Anhörung in ähnlicher Weise garantiert ist, wie in § 50b FGG. Solange dieses Übereinkommen in Deutschland nicht ratifiziert ist, kann es aber keine Bedeutung haben.

8 **b)** Welche Fälle Buchst. d) neben den Buchst. b) u. c) erfassen soll, bleibt im Dunkeln. Auch der *Borrás*-Bericht gibt keine Aufklärung. Denkbar ist allein, dass jemand Elternverantwortung geltend macht, der nicht Ehegatte der geschiedenen Ehe ist, dass also ein Stiefkind fälschlicherweise als gemeinsames Kind der Ehegatten behandelt wurde.

9 **c)** Auch die Buchst. e) und f) entspringen dem Streben nach theoretischer Perfektion und nicht praktischem Regelungsbedarf. Im *Borrás*-Bericht ist eine spätere inländische Entscheidung über die Anfechtung der Vaterschaft genannt, die im Ehescheidungsverfahren gefällte Sorgerechtsentscheidung in der Weise im Wege stehen kann, dass der Ehemann nicht mehr der Vater des Kindes ist. Auf keinen Fall können Entscheidungen zum Sorgerecht selbst gemeint sein, die in Missachtung der Anerkennungspflicht ergangen sind. Dann besteht vielmehr eine völkerrechtliche Verpflichtung, die Entscheidung wieder aufzuheben, was auch in einem wiederaufnahmeähnlichen Verfahren der freiwilligen Gerichtsbarkeit möglich ist (*Keidel/Schmidt* FGG 14 § 18 Rn 67).

Art. 16 Übereinkünfte mit Drittstaaten

Ein Gericht eines Mitgliedstaats hat die Möglichkeit, auf der Grundlage einer Übereinkunft über die Anerkennung und Vollstreckung von Entscheidungen eine in einem anderen Mitgliedstaat ergangene Entscheidung nicht anzuerkennen, wenn in Fällen des Art. 8 die Entscheidung nur auf in den Art. 2 bis 7 nicht genannte Zuständigkeitskriterien gestützt werden konnte.

1 Die Norm soll verhindern, dass Mitgliedstaaten gegen völkerrechtliche Übereinkünfte verstoßen müssen (Näher *Borrás*-Bericht Rn 75). In Deutschland gibt es gegenwärtig keinen Anwendungsbereich für die Vorschrift (*Helms* aaO 262).

Art. 17 Verbot der Nachprüfung der Zuständigkeit des Gerichts des Ursprungsmitgliedstaats.

Die Zuständigkeit des Gerichts des Ursprungsmitgliedstaats darf nicht nachgeprüft werden. Die Überprüfung der Vereinbarkeit mit der öffentlichen Ordnung (ordre public) gem. Art. 15 I lit. a) und II lit. 2a) darf sich nicht auf die in den Art. 2 bis 8 vorgesehenen Vorschriften über die Zuständigkeit erstrecken.

Die Vorschrift entspricht Art. 35 Abs. 3 EuGVVO. Ein Gegenstück zu den Absätzen 1 u. 2 der letzteren Norm kennt die EuEheVO nicht. Entscheidungen aufgrund betrügerischer Erschleichung von Zuständigkeiten verstoßen aber gegen den ordre public (*Gaudemt-Tallon* aaO Nr. 71).

Art. 18 Unterschiede beim anzuwendenden Recht

Die Anerkennung einer Entscheidung, die die Ehescheidung, die Trennung ohne Auflösung des Ehebandes oder die Ungültigerklärung einer Ehe betrifft, darf nicht deshalb abgelehnt werden, weil eine Ehescheidung, Trennung ohne Auflösung des Ehebandes oder Ungültigerklärung einer Ehe nach dem Recht des Mitgliedstaats, in dem die Anerkennung beantragt wird, unter Zugrundelegung desselben Sachverhalts nicht zulässig wäre.

Die Vorschrift steht im bewussten Gegensatz zu Art. 27 Nr. 4 EuGVÜ/LÜ, eine Bestimmung, die aber in Art. 34 EuGVVO ohnehin nicht übernommen worden ist. Ohne Existenz von Art. 18 würde nichts anderes gelten. Zum Vorbehalt des ordre-puplic s. Art. 15 Rn 2.

Art. 19 Ausschluss einer Nachprüfung in der Sache

Die Entscheidung darf keinesfalls in der Sache selbst nachgeprüft werden.

1 Die Vorschrift entspricht Art. 36 EuGVVO. Sie ist eine bare Selbständigkeit ohne welche die „Anerkennung" einer ausländischen Entscheidung keinen Sinn hätte.

2 Man ist sich einig, dass die Vorschrift einer späteren Änderung einer anerkennungspflichtigen Sorgerechtsentscheidung im Anerkennungsstaat nicht entgegensteht und fügt hinzu „aufgrund veränderter Tatsachen" (*Borrás*-Bericht Nr. 78; *MünchKommZPO-Gottwald*[2] Rn 2; *Helms* aaO). Das kann aber, solange das Ehe-Verfahren noch anhängig ist, nur ein nach Art. 3 international zuständiges Gericht tun. Im Übrigen darf der „Abänderungsvorbehalt" nicht dahin missverstanden werden, bei Änderung der Verhältnisse, womöglich durch bloßen Wechsel des gewöhnlichen Aufenthalts des Kindes, sei der Weg für eine völlige Neuentscheidung frei. Vielmehr darf nur aufgrund der in der anerkennungspflichtigen Entscheidung gesetzten Prämissen eine diese nicht negierende Änderungsentscheidung getroffen werden. Diese Bindung ergibt sich aus folgenden: In der EuEheVO findet sich kein Gegenstück zu den Artikeln 5, 8 MSÜ, in der sehr feinsinnig geregelt ist, wie sich Maßnahmen von zwei Staaten zusammenfügen können; die in den Zuständigkeiten der von Artikel 3 ergehenden Änderungsentscheidungen müssen aber in den Vertragsstaaten ihrerseits anerkannt werden.

Art. 20 Aussetzung des Anerkennungsverfahrens

(1) **Das Gericht eines Mitgliedstaats, vor dem die Anerkennung einer in einem anderen Mitgliedstaat ergangenen Entscheidung beantragt wird, kann das Verfahren aussetzen, wenn gegen die Entscheidung ein ordentlicher Rechtsbehelf eingelegt worden ist.**

(2) **Das Gericht eines Mitgliedstaats, bei dem die Anerkennung einer in Irland oder im Vereinigten Königreich ergangenen Entscheidung beantragt wird, kann das Verfahren aussetzen, wenn die Vollstreckung der Entscheidung im Ursprungsmitgliedstaat wegen der Einlegung eines Rechtsbehelfs einstweilen eingestellt ist.**

1 Die Vorschrift bezieht sich nur auf Anerkennung, nicht auf Anträge, eine ausländische Entscheidung für vollstreckbar zu erklären. Sie entspricht Art. 37 EuGVVO. Dort auch Erläuterung zu dem besonderen Anliegen von Absatz 2.

Häufig ist eine Entscheidung, gegen die ein ordentlicher Rechtsbehelf eingelegt worden ist, noch gar nicht wirksam. Es kann dann auch nichts „anerkannt" werden. Auch in einem solchen Fall ist es aber aus praktischen Gründen empfehlenswert, die Norm für anwendbar zu halten. Es braucht dann nicht nach Eintritt der formellen Rechtskraft ein neues Verfahren eingeleitet zu werden. Ob es sinnvoll ist, von der in Abs. 1 dem Gericht gewährten Befugnis Gebrauch zu machen, richtet sich nach den Umständen. **2**

Abschnitt 2. Vollstreckung

Vorbemerkungen

Auch die Vorschriften über die transnationale Vollstreckung der in den Anwendungsbereichen der EuEheVO fallenden Entscheidungen lehnen sich ziemlich genau an die entsprechenden Vorschriften der EuGVVO an. Allerdings ist schon in der ersten Norm des Abschnitts der Tatsache Rechnung getragen, dass die in der Ehesache zu erwartende Entscheidung als Gestaltungsentscheidung einer Vollstreckung nicht bedarf und daher in der Hauptsache nur Sorgerechtsentscheidungen vollstreckungsfähig sein können. Sie sind es aber auch nur, wenn jemand zur Herausgabe eines Kindes oder zur Duldung des Umganges des nicht sorgeberichtigten Elternteils mit dem Kind verurteilt worden ist.

Der wichtigste Unterschied zur EuGVVO besteht darin, dass eine dessen Art. 47 entsprechende Norm fehlt. Die Mitgliedstaaten sind also frei, der Vollstreckbarerklärung Vollstreckungswirkung erst nach Abschluss des Rechtsbehelfsverfahrens zu gewähren. Deutschland hat in Gestalt von § 53 AVAG davon Gebrauch gemacht, Einzelheiten s. Art. 24 Rn 2. Damit ist freilich eine Reihe von Systembestandteilen sinnlos geworden, was der Verordnungsgeber nicht erkannt hat. Gemäß Art. 13 Abs. 2 unterliegen dem Abschnitt über die Vollstreckung auch Kostenfestsetzungsbeschlüsse, s. dort Rn 2.

Art. 21 Vollstreckbare Entscheidungen

(1) **Die in einem Mitgliedstaat ergangenen Entscheidungen betreffend die elterliche Verantwortung für ein ge-**

meinsames Kind, die in diesem Mitgliedstaat vollstreckbar sind und die zugestellt worden sind, werden in einem anderen Mitgliedstaat vollstreckt, wenn sie dort auf Antrag einer berechtigten Partei für vollstreckbar erklärt worden sind.

(2) **Im Vereinigten Königreich jedoch wird eine derartige Entscheidung in England und Wales, in Schottland oder in Nordirland vollstreckt, wenn sie auf Antrag einer berechtigten Partei zur Vollstreckung in dem betreffenden Teil des Vereinigten Königreichs registriert worden ist.**

1 Art. 21 bezieht sich auf alle anerkennungspflichtigen vollstreckbaren Entscheidungen zum Schicksal des Kindes. Zum ersten Mal in einer EG-Verordnung sind die sachlichen und örtlichen Zuständigkeiten der Gerichte geregelt, Art. 22. Der Text von Absatz 1 unterscheidet sich von dem des Art. 38 EuGVVO nur dadurch, dass vorherige Zustellung des Titels verlangt wird. Das entsprach dem Artikel 47 Nr. 1 EuGVÜ/LÜ. Die EuGVVO enthält zur Sicherung des Überraschungscharakters einer grenzüberschreitenden Vollstreckung kein Erfordernis der vorherigen Zustellung der Entscheidung mehr. Die EuEheVO ist aber nicht auf die Sicherung eines Überraschungseffekts angelegt, s. Vorbemerkung. Der Ausdruck „Zustellung" ist nicht rechtstechnisch gemeint. Die EuEhe-VO will in die Vorschriften des nationalen Rechts über die Arten der Bekanntmachung von Entscheidungen nicht eingreifen.

2 Vollstreckt wird wie im Falle einer deutschen auf Herausgabe des Kindes oder die Duldung des Umgangs gerichteten Entscheidung, s. § 32 FGG und Erläuterungen hierzu.

3 Abs. 2 nimmt wie Art. 38 Abs. 2 EuGVVO auf Besonderheiten des Vereinigten Königreichs Rücksicht.

Art. 22 Örtlich zuständige Gerichte

(1) **Ein Antrag auf Vollstreckbarerklärung ist bei dem Gericht zu stellen, das in der Liste in Anhang I aufgeführt ist.**

(2) **Das örtlich zuständige Gericht wird durch den gewöhnlichen Aufenthalt der Person, gegen die die Vollstre-**

ckung erwirkt werden soll, oder durch den gewöhnlichen Aufenthalt eines Kindes, auf das sich der Antrag bezieht, bestimmt. Befindet sich keiner der in Unterabsatz 1 angegeben Orte in dem Mitgliedstaat, in dem die Vollstreckung erwirkt werden soll, so wird das örtlich zuständige Gericht durch den Ort der Vollstreckung bestimmt.

(3) **Hinsichtlich der Verfahren nach Art. 14 Absatz 3 wird das örtlich zuständige Gericht durch das innerstaatliche Recht des Mitgliedstaats bestimmt, in dem der Antrag auf Anerkennung oder Nichtanerkennung gestellt wird.**

1 Das sekundäre EG-Recht selbst legt die internationale, sachliche und örtliche Zuständigkeit der Gerichte der Mitgliedstaaten fest, soweit es sich um Vollstreckbarerklärungsverfahren handelt. Seltsamerweise überlässt es in Absatz 3 den einzelnen Mitgliedsstaaten, das örtlich zuständige Gericht für Verfahren auf Feststellung der Anerkennung festzulegen. Für Deutschland siehe § 51 AVAG. S. auch Art. 44.

Art. 23 Stellung des Antrags auf Vollstreckbarerklärung

(1) **Für die Stellung des Antrags ist das Recht des Mitgliedstaats maßgebend, in dem die Vollstreckung erwirkt werden soll.**

(2) **Der Antragsteller hat für die Zustellung im Bezirk des angerufenen Gerichts ein Wahldomizil zu begründen. Ist das Wahldomizil im Recht des Mitgliedstaats, in dem die Vollstreckung erwirkt werden soll, nicht vorgesehen, so hat der Antragsteller einen Zustellungsbevollmächtigten zu benennen.**

(3) **Dem Antrag sind die in den Art. 32 und 33 aufgeführten Urkunden beizufügen.**

1 Die Vorschrift entspricht, abgesehen von kleineren, inhaltlich bedeutungslosen redaktionellen Änderungen, dem Art. 40 EuGVVO. Lediglich die Art der vorzulegenden Urkunden ist in den in Bezug genommenen Normen anders geregelt. Einzelheiten: § 50 AVAG.

Art. 24 Entscheidung des Gerichts

(1) **Das mit dem Antrag befasste Gericht erlässt seine Entscheidung ohne Verzug, ohne dass die Person, gegen die die Vollstreckung erwirkt werden soll, in diesem Abschnitt des Verfahrens Gelegenheit erhält, eine Erklärung abzugeben.**

(2) **Der Antrag darf nur aus einem der in den Art. 15, 16 und 17 aufgeführten Gründe abgelehnt werden.**

(3) **Die ausländische Entscheidung darf keinesfalls in der Sache selbst nachgeprüft werden.**

1 Absatz 1 entspricht sachlich dem Art. 41 EuGVVO. In einem gewissen Spannungsverhältnis zum Kindeswohl steht das Verbot, dem der zugrundeliegenden Anordnung sich widersetzenden Elternteil Gelegenheit zur Äußerung zu geben. Die einzelnen, nach § 33 FGG zulässigen Zwangsmittel können aber immer so angedroht, festgesetzt oder angewandt werden, dass den Beteiligten alle vertretbare Schonung zuteil wird.

2 Die wichtigste Abweichung vom Vollstreckungssystem der EuGVVO besteht darin, dass die Vollstreckbarerklärungsentscheidung erst mit Rechtskraft wirksam wird (s. vor Art. 21). Ab Einlegung des Rechtsbehelfs kann nach § 53 AVAG die sofortige Wirksamkeit der Vollstreckbarerklärung des Familiengerichts angeordnet werden. Zu einstweiligen Anordnungen des FamG s. Art. 12 Rn 2. Rechtskräftig ist der Beschluss erst nach Ablauf der zur Einlegung der Rechtsbeschwerde geltenden Frist oder nach der Entscheidung des BGH.

3 Bezifferte **Kostenentscheidungen** sind als Kostenfestsetzungsbeschlüsse i. S. v. § 13 a Abs. 3 FGG für vollstreckbar zu erklären. Die Zwangsvollstreckung richtet sich dann nach der ZPO (*Keidel/Zimmermann*[14] § 13 a Rn 72).

4 Absatz 2 stimmt sachlich mit Art. 34 EuGVÜ/LÜ überein. Anders als Art. 40 EuGVVO ist die Ablehnung aus Sachgründen nicht dem Beschwerdegericht vorbehalten. Anerkennungsversagungsgründe, insbesondere das Kindeswohl i. S. v. Art. 15 Abs. 2 Buchst. a) können aber der Vollstreckbarerklärung nur entgegenstehen, wenn der betreffende Sachverhalt feststeht, ohne dass der

Elternteil, gegen den sich der Vollstreckungsantrag richtet, vorher gehört worden wäre. Auch eine für die EuGVVO bedeutungslos gewordene Schutzschrift, s. Art. 41 EuGVVO Rn 2, kann das Familiengericht zum Anlass nehmen, die Vollstreckbarerklärung zu versagen. Das um Vollstreckbarerklärung angegangene Gericht ist immer identisch mit dem Gericht, das nach § 33 FGG über Einzelzwangsvollstreckungsmaßnahmen entscheidet. Daher ist es, wenn nicht die Anerkennungsunfähigkeit der Entscheidung sicher feststeht, besser, die ausländische Entscheidung für vollstreckbar zu erklären, bei Festsetzung von Zwangsvollstreckungsmaßen aber darauf zu achten, dass es nicht zur Beeinträchtigung des Kindeswohls kommt.

5 Absatz 3 entspricht dem Art. 19 der Verordnung und damit dem Art. 36 EuGVVO.

6 Insgesamt ist das Vollstreckbarerklärungssystem der EuEheVO nicht durchdacht. Wenn ein Überraschungseffekt wenigstens zur Verhängung von einstweiligen Maßnahmen aufgrund der einseitig erwirkten Vollstreckbarerklärung nicht gewährleistet und nicht einmal wünschenswert ist, ist das Verfahren vor dem Familiengericht eine sinnlose Durchlaufstation.

Art. 25 Mitteilung der Entscheidung

Die Entscheidung, die über den Antrag ergangen ist, wird dem Antragsteller vom Urkundsbeamten der Geschäftsstelle unverzüglich in der Form mitgeteilt, die das Recht des Mitgliedstaats, in dem die Vollstreckung erwirkt werden soll, vorsieht.

1 § 50 Abs. 2 AVAG organisiert die Mitteilung abweichend von der allgemeinen Regel, s. Bemerkung zu Art. 42. Der Grund hierfür liegt darin, dass es keinen Überraschungseffekt zu wahren gilt, s. Art. 24 Rn 2. Zusätzlich sieht § 52 Abs. 2 AVAG noch weitere Zustellungsadressaten vor. Durch die Verwendung des Wortes „Zustellung" ist klargestellt, dass es sich um förmliche Zustellung handelt.

Art. 26 Rechtsbehelf gegen eine Entscheidung über die Zulassung der Vollstreckung

(1) **Gegen die Entscheidung über den Antrag auf Vollstreckbarerklärung kann jede Partei einen Rechtsbehelf einlegen.**

(2) **Der Rechtsbehelf wird bei dem Gericht eingelegt, das in der Liste in Anhang II aufgeführt ist.**

(3) **Über den Rechtsbehelf wird nach den Vorschriften entschieden, die für Verhalten mit beiderseitigen rechtlichen Gehör maßgebend sind.**

(4) **Wird der Rechtsbehelf von der Person eingelegt, die den Antrag auf Vollstreckbarerklärung gestellt hat, so wird die Partei, gegen die die Vollstreckung erwirkt werden soll, aufgefordert, sich auf das Verfahren einzulassen, das bei dem mit dem Rechtsbehelf befassten Gericht anhängig ist. Lässt sich die betreffende Person auf das Verfahren nicht ein, so gelten die Bestimmungen des Art. 10.**

(5) **Der Rechtsbehelf gegen die Vollstreckbarerklärung ist innerhalb eines Monats nach ihrer Zustellung einzulegen. Hat die Partei gegen die die Vollstreckung erwirkt werden soll, ihren gewöhnlichen Aufenthalt in einem anderen Mitgliedstaat als dem, in dem die Vollstreckbarerklärung erteilt worden ist, so beträgt die Frist für den Rechtsbehelf zwei Monate und beginnt mit dem Tag, an dem die Vollstreckbarerklärung ihr entweder persönlich oder in ihrer Wohnung zugestellt worden ist. Eine Verlängerung dieser Frist wegen weiter Entfernung ist ausgeschlossen.**

1 Bemerkungen zu Art. 26: Die Organisation des in Deutschland „Beschwerde" genannten Rechtsbehelfs gegen die im einseitigen Verfahren ergangene Entscheidung über den Vollstreckbarerklärungsantrag folgt genau dem Modell von Art. 43 EuGVVO. Die Absätze 1 bis 3, 5 stimmen, von geringfügigen redaktionellen Abweichungen abgesehen, sogar wörtlich überein. S. Erl. zu Art. 43 EuGVVO. Auch Absatz 4 entspricht inhaltlich voll dem Art. 43

Abs. 4 EuGVVO. Lediglich die Verweisungstechnik musste etwas anders ausfallen.

2 Die Einlegung der Beschwerde gegen die Ablehnung der Vollstreckbarerklärung ist unbefristet. Die neuen Regeln über die sofortige Beschwerde der ZPO (§ 567ff. n.F.) können nicht angewandt werden.

Art. 27 Für den Rechtsbehelf zuständiges Gericht und Anfechtung der Entscheidung über den Rechtsbehelf

Die Entscheidung, die über den Rechtsbehelf ergangen ist, kann nur im Wege der in Anhang III genannten Verfahren angefochten werden.

1 Erläuterungen zu Art. 27: Wie in Art. 44 EuGVVO ist „die Rechtsbeschwerde" kraft Europarechts statthaft. Nach § 50 Abs. 3 S. 3 AVAG gilt die in § 17 Abs. 3 AVAG grundsätzlich ausgesprochene Verweisung auf Vorschriften des Revisionsrechts für einige Bestimmungen nicht.

Art. 28 Aussetzung des Verfahrens

(1) **Das nach Art. 26 oder Art. 27 mit dem Rechtsbehelf befasste Gericht kann auf Antrag der Partei, gegen die die Vollstreckung erwirkt werden soll, das Verfahren aussetzen, wenn im Ursprungsmitgliedstaat ein ordentlicher Rechtsbehelf eingelegt oder die Frist für einen solchen Rechtsbehelf noch nicht verstrichen ist. In letzterem Fall kann das Gericht eine Frist bestimmen, innerhalb deren der Rechtsbehelf einzulegen ist.**

(2) **Ist die Entscheidung in Irland oder im Vereinigten Königreich ergangen, so gilt jeder im Ursprungsmitgliedstaat statthafte Rechtsbehelf als ordentlicher Rechtsbehelf im Sinne von Abs. 1.**

1 Die Vorschrift entspricht, abgesehen von einer bedeutungslosen redaktionellen Abweichung, dem Art. 46 Abs. 1 u. 2 EuGVVO. Ein Gegenstück zu Art. 46 Abs. 3 EuGVVO fehlt deshalb, weil man die Vollstreckung von Sorgerechtsentscheidungen nicht mit „Sicherheitsleistungen" in Verbindung bringen wollte.

Art. 29 Teilvollstreckung

(1) **Ist durch die Entscheidung über mehrere geltend gemachte Ansprüche erkannt worden und kann die Entscheidung nicht in vollem Umfang zur Vollstreckung zugelassen werden, so lässt das Gericht sie für einen oder mehrere Ansprüche zu.**

(2) **Der Antragsteller kann auch eine teilweise Vollstreckung der Entscheidung beantragen.**

1 Die Vorschrift entspricht, von bedeutungslosen redaktionellen Abweichungen abgesehen, dem Art. 48 EuGVVO. Ein Anwendungsfall ist allerdings kaum vorstellbar. Allenfalls bei Herausgabeanordnungen bezüglich mehrerer Kinder könnte es einmal zur Anwendung der Norm kommen.

Art. 30 Prozesskostenhilfe

Ist dem Antragsteller in dem Ursprungsmitgliedstaat ganz oder teilweise Prozesskostenhilfe oder Kostenbefreiung gewährt worden, so genießt er in dem Verfahren nach den Art. 22 bis 25 hinsichtlich der Prozesskostenhilfe oder der Kostenbefreiung die günstigste Behandlung, die das Recht des Mitgliedstaats, in dem er die Vollstreckung beantragt, vorsieht.

1 Die Vorschrift entspricht, von bedeutungslosen redaktionellen Abweichungen abgesehen, Art. 50 EuGVVO.

Art. 31 Sicherheitsleistung oder Hinterlegung

Der Partei, die in einem Mitgliedstaat die Vollstreckung einer in einem anderen Mitgliedstaat ergangenen Entscheidung beantragt, darf eine Sicherheitsleistung oder Hinterlegung, unter welcher Bezeichnung es auch sei, nicht aus einem der folgenden Gründe auferlegt werden:

a) weil sie in dem Mitgliedstaat, in dem die Vollstreckung erwirkt werden soll, nicht ihren gewöhnlichen Aufenthalt hat,

b) weil sie nicht die Staatsangehörigkeit dieses Staates besitzt oder, wenn die Vollstreckung im Vereinigten Königreich oder in Irland erwirkt werden soll, ihr „domicile" nicht in einem dieser Mitgliedstaaten hat.

1 Die Vorschrift entspricht sachlich dem Art. 51 EuGVVO. Warum die knappe Fassung der letzten Vorschrift durch eine wortreichere ersetzt wurde, ist nicht ausfindig zu machen.

Abschnitt 3. Gemeinsame Vorschriften

Art. 32 Urkunden

(1) **Die Partei, die die Anmerkung oder Nichtanerkennung einer Entscheidung anstrebt oder den Antrag auf Vollstreckbarerklärung stellt, hat vorzulegen:**

a) eine Ausfertigung der Entscheidung, die die für ihre Beweiskraft erforderlichen Voraussetzungen erfüllt, und

b) eine Bescheinigung nach Art. 33.

(2) **Bei einer im Versäumnisverfahren ergangenen Entscheidung hat die Partei, die die Anerkennung einer Entscheidung anstrebt oder deren Vollstreckbarerklärung, ferner vorzulegen**

a) entweder die Urschrift oder eine beglaubigte Abschrift der Urkunde, aus der sich ergibt, dass das verfahrenseinleitende Schriftstück oder ein gleichwertiges Schriftstück der säumigen Partei zugestellt worden ist, oder

b) eine Urkunde, aus der hervorgeht, dass der Antragsgegner mit der Entscheidung eindeutig einverstanden ist.

1 Absatz 1 der Vorschrift entspricht Art. 53 EuGVVO. Absatz 2 entspricht Art. 46 Nr. 2 EuGVÜ/LÜ, hat aber in der EuGVVO kein Gegenstück mehr. Erläutert wird der Unterschied nirgendwo. Vermutlich hängt er damit zusammen, dass nach Art. 34 Nr. 2 EuGVVO die Entscheidung trotz verspäteter oder unterbliebener

Zustellung des verfahrenseinleitenden Schriftstücks anerkannt wird, wenn ein statthafter Rechtsbehelf im Urteilsstaat nicht eingelegt worden ist.

2 Zu dem in Art. 33 vorgesehenen Formblatt s. dort.

3 Absatz 2 meint keine Versäumnisentscheidung im technischen Sinne. Vielmehr geht es darum, dass der Verdacht, das verfahrenseinleitende Schriftstück habe den anderen Ehegatten nicht erreicht, groß ist, wenn dieser sich im Verfahren nicht meldet. Es geht also um Verfahren, die ohne jede aktive Beteiligung einer vorgesehenen Verfahrenspartei, insbesondere des anderen Ehegatten, durchgeführt worden sind.

Art. 33 Weitere Urkunden

Das zuständige Gericht oder die zuständige Behörde eines Mitgliedstaates, in dem eine Entscheidung ergangen ist, stellt auf Antrag einer berechtigten Partei eine Bescheinigung unter Verwendung des Formblatts in Anhang IV (Entscheidungen in Ehesachen) oder Anhang V (Entscheidungen betreffend die elterliche Verantwortung) aus.

1 Zuständig ist in Deutschland der Urkundsbeamte der Geschäftsstelle des Familiengerichts, wenn das Verfahren nicht bei einem Gericht höherer Ordnung anhängig ist. In letzterem Fall ist der Urkundsbeamte dieses Gerichts zuständig. Dieser hat auch am Ende seine Unterschrift zu leisten. Unerlässliche individuelle Anpassungen des Formulars muss er vornehmen. Ein auswärtiger Spruchkörper eines Gerichts soll als solcher bezeichnet werden, damit von der Ortsangabe bei der Unterschrift des oder der Richter keine Irritationen ausgehen. Im Falle einer Ehe-Aufhebung soll er „Ehescheidung" ankreuzen, aber „Aufhebung i. S. v. §§ 1313 ff. deutsches BGB" hinzusetzen. Um das Datum der Rechtswirksamkeit der Entscheidung einsetzen zu können, bleibt es dem Urkundsbeamten unter Umständen nicht erspart, komplizierte Erwägungen zum Eintritt der Rechtskraft anzustellen. Er muss sich anders, als bei Ausstellung eines Rechtskraftzeugnisses nach § 706 ZPO, beim Rechtsmittelgericht kundig machen, ob ein Rechtsmittel eingelegt worden ist und ggf. selbständig entscheiden, ob dieses rechtzeitig war oder nicht.

Für Formblatt Anl. V gilt wiederum, dass der Ausdruck „Zustellung“ nicht im technischen Sinne zu verstehen ist. Wenn eine Entscheidung nicht förmlich zugestellt wurde, sollte am Besten die Art der Bekanntgabe kurz erläutert werden. 2

Art. 34 Fehlen von Urkunden

(1) **Werden die in Art. 32 I lit. b) oder Abs. 2 aufgeführten Urkunden nicht vorgelegt, so kann das Gericht eine Frist einräumen, innerhalb deren die Urkunden vorzulegen sind, oder sich mit gleichwertigen Urkunden begnügen oder von der Vorlage der Urkunden befreien, wenn es eine weitere Klärung nicht für erforderlich hält.**

(2) **Auf Verlangen des Gerichts ist eine Übersetzung dieser Urkunden vorzulegen. Die Übersetzung ist von einer hierzu in einem der Mitgliedstaaten befugten Personen zu beglaubigen.**

1 Die Vorschrift entspricht, von bedeutungslosen redaktionellen Abweichungen abgesehen, dem Art. 48 EuGVÜ/LÜ. In deren Nachfolgevorschrift, Art. 55 EuGVVO, ist nicht mehr geregelt, was zu geschehen hat, wenn die „Ausfertigung der Entscheidung“ nicht vorgelegt wird, „die die für ihre Beweiskraft erforderlichen Voraussetzungen erfüllt“, s. Bemerkungen dort. Wird diese Ausfertigung nicht rechtzeitig vorgelegt, so gelten die gleichen Grundsätze wie im Rahmen von Art. 55 bei nicht rechtzeitiger Vorlage des dort erwähnten Bestätigungsformulars.

2 Bei der Übersetzung des ausgefüllten Formblatts nach Anlage IV und V brauchen die Namen der Gerichte nicht übersetzt zu werden.

Art. 35 Legalisation oder ähnliche Förmlichkeit

Die in den Art. 32 und 33 und in Art. 34 II aufgeführten Urkunden sowie die Urkunde über die Prozessvollmacht, falls eine solche erteilt wird, bedürfen weder der Legalisation noch einer ähnlichen Förmlichkeit.

1 Die Vorschrift stimmt wörtlich mit Art. 56 EuGVVO überein.

Kapitel IV.
Allgemeine Bestimmungen

Art. 36 Verhältnis zu anderen Übereinkünften

(1) **Diese Verordnung ersetzt – unbeschadet der Art. 38 und 42 und des nachstehenden Absatzes 2 – die zum Zeitpunkt des In-Kraft-Tretens dieser Verordnung bestehenden, zwischen zwei oder mehr Mitgliedstaaten geschlossenen Übereinkünfte, die in dieser Verordnung geregelte Bereiche betreffen.**

(2) **a) Finnland und Schweden steht es frei zu erklären, dass an Stelle dieser Verordnung das Übereinkommen vom 6. 2. 1931 zwischen Dänemark, Finnland, Island, Norwegen und Schweden mit Bestimmungen des internationalen Verfahrensrechts über Ehe, Adoption und Vormundschaft einschließlich des Schlussprotokolls ganz oder teilweise auf ihre gegenseitigen Beziehungen anwendbar ist. Diese Erklärungen werden in den Anhang zu der Verordnung aufgenommen und im Amtsblatt der europäischen Gemeinschaften veröffentlicht. Die betreffenden Mitgliedstaaten können ihre Erklärung jederzeit ganz oder teilweise widerrufen.**

b) Eine Diskriminierung von Bürgern der Union aus Gründen der Staatsangehörigkeit ist verboten.

c) Die Zuständigkeitskriterien in künftigen Übereinkünften zwischen den unter lit. a) genannten Mitgliedstaaten, die in dieser Verordnung geregelte Bereiche betreffen, müssen mit den Kriterien dieser Verordnung im Einklang stehen.

d) Entscheidungen, die in einem der nordischen Staaten, der eine Erklärung nach lit. a) abgegeben hat, auf Grund eines Zuständigkeitskriteriums erlassen werden, das einem der in Kapitel II vorgesehenen Zuständigkeitskriterien entspricht, werden in anderen Mitgliedstaaten gemäß den Bestimmungen des Kapitels III anerkannt und vollstreckt.

(3) Die Mitgliedstaaten übermitteln der Kommission

a) eine Abschrift der Übereinkünfte sowie der einheitlichen Gesetze zur Durchführung dieser Übereinkünfte gem. Abs. 2 lit. a) und c).
b) jede Kündigung oder Änderung dieser Übereinkünfte oder dieser einheitlichen Gesetze.

1 Für Deutschland ist nur Abs. 1 von Bedeutung. Anders als in Art. 68 EuGVVO sind die obsolet gewordenen völkerrechtlichen Verträge nicht im Einzelnen aufgezählt. Betroffen sind vor allem die dort genannten bilateralen Abkommen, die für Ehesachen weiter galten. Sie gelten jetzt für Materien weiter, die in den Anwendungsbereich weder der EuGVVO noch der EuEheVO fallen. Zum Haager Kindesentführungsübereinkommen s. Art. 4 Rn 5. Sonst sind außer den in Art. 37 genannten keine Staatsverträge ersichtlich, an denen Deutschland beteiligt ist. Schwedische und finnische Erklärungen ABl.EG L 58 (2000) 22.

Art. 37 Verhalten zu bestimmten multilateralen Übereinkommen

Diese Verordnung hat in den Beziehungen zwischen den Mitgliedstaaten insoweit Vorrang vor den nachstehenden Übereinkommen, als diese Bereiche betreffen, die in dieser Verordnung geregelt sind:
- **Haager Übereinkommen vom 5. 10. 1961 über die Zuständigkeit der Behörden und das anzuwendende Recht auf dem Gebiet des Schutzes von Minderjährigen,**
- **Luxemburger Übereinkommen vom 8. 9. 1967 über die Anerkennung von Entscheidungen in Ehesachen,**
- **Haager Übereinkommen vom 1. 6. 1970 über die Anerkennung von Ehescheidungen und der Trennung von Tisch und Bett,**
- **Europäisches Übereinkommen vom 20. 5. 1980 über die Anerkennung und Vollstreckung von Entscheidungen über das Sorgerecht für Kinder und die Wiederherstellung des Sorgeverhältnisses,**

– Haager Übereinkommen vom 19. 10. 1996 über die Zuständigkeit, das anzuwendende Recht, die Anerkennung, Vollstreckung und Zusammenarbeit auf dem Gebiet der elterlichen Verantwortung und der Maßnahmen zum Schutz von Kindern, sofern das Kind seinen gewöhnlichen Aufenthalt in einem Mitgliedstaat hat.

Art. 38 Fortbestand der Wirksamkeit

(1) Die in Art. 36 I und Art. 37 genannten Übereinkünfte behalten ihre Wirksamkeit für die Rechtsgebiete, auf die diese Verordnung nicht anwendbar ist.

(2) Sie bleiben auch weiterhin für die Entscheidungen und die öffentlichen Urkunden wirksam, die vor In-Kraft-Treten dieser Verordnung ergangen beziehungsweise aufgenommen sind.

Art. 39 Übereinkünfte zwischen den Mitgliedstaaten

(1) Zwei oder mehr Mitgliedstaaten können untereinander Übereinkünfte zur Ergänzung dieser Verordnung oder zur Erleichterung ihrer Durchführung schließen.

Die Mitgliedstaaten übermitteln der Kommission

a) eine Abschrift der Entwürfe dieser Übereinkünfte sowie
b) jede Kündigung oder Änderung dieser Übereinkünfte.

(2) Die Übereinkünfte dürfen keinesfalls von Kapitel II und Kapitel III dieser Verordnung abweichen.

Art. 40 Verträge mit dem Heiligen Stuhl

(1) Diese Verordnung gilt unbeschadet des am 7. 5. 1940 in der Vatikanstadt zwischen dem Heiligen Stuhl und Portugal unterzeichneten Internationalen Vertrags (Konkordats).

(2) Eine Entscheidung über die Ungültigkeit der Ehe gemäß dem in Absatz 1 genannten Vertrag wird in den Mitgliedstaaten unter den in Kapitel III vorgesehenen Bedingungen anerkannt,

(3) **Die Absätze 1 und 2 gelten auch für die folgenden internationalen Verträge (Konkordate) mit dem Heiligen Stuhl:**

a) Lateranvertrag vom 11. Februar 1929 zwischen Italien und dem Heiligen Stuhl, geändert durch die am 18. Februar 1984 in Rom unterzeichnete Vereinbarung mit Zusatzprotokoll;
b) Vereinbarung vom 3. Januar 1979 über Rechtsangelegenheiten zwischen dem Heiligen Stuhl und Spanien.

(4) **Für die Anerkennung der Entscheidungen im Sinne des Absatzes 2 können in Italien oder in Spanien dieselben Verfahren und Nachprüfungen vorgegeben werden, die auch für Entscheidungen der Kirchengerichte gemäß den in Absatz 3 genannten internationalen Verträgen mit dem Heiligen Stuhl gelten.**

(5) **Die Mitgliedstaaten übermitteln der Kommission**

a) eine Abschrift der in den Absätzen 1 und 3 genannten Verträge sowie
b) jede Kündigung oder Änderung dieser Verträge.

Art. 41 Mitgliedstaaten mit zwei oder mehr Rechtssystemen

Für einen Mitgliedstaat, in dem die in dieser Verordnung behandelten Fragen in verschiedenen Gebietseinheiten durch zwei oder mehr Rechtssysteme oder Regelwerke geregelt werden, gilt folgendes:

a) Jede Bezugnahme auf den gewöhnlichen Aufenthalt in diesem Mitgliedstaat betrifft den gewöhnlichen Aufenthalt in einer Gebietseinheit;
b) jede Bezugnahme auf die Staatsangehörigkeit oder, im Falle des Vereinigten Königreichs, auf das „domicile" betrifft die durch die Rechtsvorschriften dieses Staats bezeichnete Gebietseinheit;
c) Jede Bezugnahme auf den Mitgliedstaat, dessen Behörde mit einem Antrag auf Ehescheidung, Trennung ohne Auflösung des Ehebandes oder Ungültigerklärung einer

Ehe befasst ist, betrifft die Gebietseinheit, deren Behörde mit einem solchen Antrag befasst ist;

d) Jede Bezugnahme auf die Vorschriften des ersuchten Mitgliedstaats betrifft die Vorschriften der Gebietseinheit, in der die Zuständigkeit geltend gemacht oder die Anerkennung oder die Vollstreckung beantragt wird.

1 Die Vorschrift soll der Tatsache Rechnung tragen, dass das Vereinigte Königreich in die Gebietseinheiten England und Wales, Schottland sowie Nordirland gegliedert ist. Die Vorschrift dient der Harmonisierung mit Art. 47–49 Haager Kindesschutzübereinkommen 1996.

Kapitel V. Übergangsvorschriften

Art. 42 Zeitlicher Anwendungsbereich

(1) **Diese Verordnung gilt nur für gerichtliche Verfahren, öffentliche Urkunden und vor einem Richter im Laufe eines Verfahrens geschlossene Vergleiche, die nach Inkrafttreten dieser Verordnung eingeleitet, aufgenommen beziehungsweise geschlossen worden sind.**

(2) **Entscheidungen, die nach Inkrafttreten dieser Verordnung in einem vor diesem Inkrafttreten eingeleiteten Verfahren ergangen sind, werden nach Maßgabe des Kapitels III anerkannt und vollstreckt, sofern das Gericht aufgrund von Vorschriften zuständig war, die mit den Zuständigkeitsvorschriften des Kapitels II oder eines Abkommens übereinstimmen, das zum Zeitpunkt der Einleitung des Verfahrens zwischen dem Ursprungsmitgliedstaat und dem ersuchten Mitgliedstaat in Kraft war.**

Kapitel VI. Schlussbestimmungen

Art. 43 Überprüfung

Die Kommission legt dem Europäischen Parlament, dem Rat und dem Wirtschafts- und Sozialausschuss spätestens

am 1. März 2006 einen Bericht über die Anwendung dieser Verordnung, insbesondere der Artikel 36 und 39 und des Artikels 40 Absatz 2, vor. Diesem Bericht werden gegebenenfalls Vorschläge zur Anpassung dieser Verordnung beigefügt.

Art. 44 Änderung der Listen mit den zuständigen Gerichten und den Rechtsbehelfen

(1) **Die Mitgliedstaaten teilen der Kommission die Texte zur Änderung der in den Anhängen I bis III enthaltenen Listen mit den zuständigen Gerichten und den Rechtsbehelfen mit. Die Kommission passt die betreffenden Anhänge entsprechend an.**

(2) **Die Aktualisierung oder technische Anpassungen der in den Anhängen IV und V wiedergegebenen Formblätter werden nach dem Verfahren der beratenden Ausschusses gemäß Artikel 45 Absatz 2 beschlossen.**

1 Die Regelung wirkt sehr pragmatisch. Sie stellt aber große rechtsstaatliche Probleme. Einzelheiten bei Bemerkungen zu Art. 38 EuGVVO.

Art. 45 *[nicht abgedruckt]*

Anhang I

Anträge gemäß Artikel 22 sind bei folgenden Gerichten oder zuständigen Behörden zu stellen:
- **in Belgien beim „tribunal de première instance"/bei der „rechtbank van eerste anleg"/beim" erstinstanzlichen Gericht"**
- **in Deutschland:**
  - **im Bezirk des Kammergerichts: beim „Familiengericht Pankow/Weißensee"**

– in den Bezirken der übrigen Oberlandesgerichte: beim „Familiengericht am Sitz des betreffenden Oberlandesgerichts“
– in Griechenland beim „Μοωομελέζ Πρωτοδικείο“
– in Spanien beim „Juzgado de Primera Instancia“
– in Frankreich beim Präsidenten des „Tribunal de grande instance“
– in Irland beim „High Court“
– in Italien bei der „Corte d'appello“
– in Luxemburg beim Präsidenten des „Tribunal d'arrondissement“
– in den Niederlanden beim Präsidenten der „Arrondissementrechtbank“
– in Österreich beim „Bezirksgericht“
– in Portugal beim „Tribunal de Comarca“ oder „Tribunal de Família“
– in Finnland beim „käräjäoikeus“/“tingsrätt“
– in Schweden beim „Svea hovrätt“
– im Vereinigten Königreich:
  a) in England und Wales beim „High Court of Justice“
  b) in Schottland beim „Court of Session“
  c) in Nordirland beim „High Court of Justice“
  d) in Gibraltar beim „Supreme Court“.

Anhang II

Der Rechtsbehelf gemäß Artikel 26 ist bei folgenden Gerichten einzulegen:
– in Belgien
  a) Die Person, die den Antrag auf Vollstreckbarerklärung gestellt hat, kann einen Rechtsbehelf beim „cour d'appel“ oder beim „hof van beroep“ einlegen.
  b) Die Person, gegen die die Vollstreckung erwirktwerden soll, kann beim „tribunal de première instance“/ bei der „rechtbank van eerste aanleg“/beim „erstinstanzlichen Gericht“ Einspruch einlegen.
– in Deutschland beim „Oberlandesgericht“
– in Griechenland beim „Εφετείο“

– in Spanien bei der „Audiencia Provincial“
– in Frankreich bei der „Cour d’appel“
– in Irland bei der „Corte d’appello“
– in Luxemburg bei der „Cour d’appel“
– in den Niederlanden:
a) Wird der Rechtsbehelf vom Antragsteller oder vom Antragsgegner, der sich auf das Verfahren eingelassen hat, eingelegt: beim „Gerechtshof“.
b) Wird der Rechtsbehelf vom Antragsgegner, gegen den ein Versäumnisurteil ergangen ist, eingelegt: bei der „Arrondissementsrechtbank“.
– in Österreich beim „Bezirksgericht“
– in Portugal beim „Tribunal de Relação“
– in Finnland beim „hovioikeus/“hovrätt“
– in Schweden beim „Svea hovrätt“
– im Vereinigten Königreich:
a) in England und Wales beim „High Court of Justice“
b) in Schottland beim „Court of Justice“
c) in Nordirland beim „High Court of Justice“
d) in Gibraltar beim „Court of appeal“.

Anhang III

Rechtsbehelfe gemäß Artikel 27 können nur eingelegt werden:
– in Belgien, Griechenland, Spanien, Frankreich, Italien, Luxemburg und den Niederlanden; mit der „Kassationsbeschwerde“;
– in Deutschland: mit der „Rechtsbeschwerde“;
– in Irland: mit einem auf Rechtsfragen beschränkten Rechtsbehelf beim „Supreme Court“;
– in Österreich: mit dem „Revisionsrekurs“;
– in Portugal: mit einem „recurso restrito à matéria de direito“;
– in Finnland: mit einem Rechtsbehelf beim „korkein oikeus/högsta domstolen“;
– im Vereinigten Königreich mit einem einzigen weiteren, auf Rechtsfragen beschränkten Rechtsbehelf.

Anhang IV

Bescheinigung gemäß Artikel 33 bei Entscheidungen in Ehesachen

1. Ursprungsmitgliedstaat

....

2. Ausstellendes Gericht bzw. ausstellende Behörde

2.1. Name

....

2.2. Anschrift

....

2.3. Tel./Fax/E-mail

....

3. Angaben zur Ehe

3.1. Ehefrau

3.1.1. Vollständiger Name

....

3.1.2. Staat und Ort der Geburt

....

3.1.3. Geburtsdatum

....

3.2. Ehemann

3.2.1. Vollständiger Name

....

3.2.2. Staat und Ort der Geburt

....

3.2.3. Geburtsdatum

....

3.3. Land, Ort (soweit bekannt) und Datum der Eheschließung

3.3.1. Staat der Eheschließung

....

3.3.2. Ort der Eheschließung (soweit bekannt)

....

3.3.3. Datum der Eheschließung

....

4. Angaben zu dem Gericht, das die Entscheidung erlassen hat

4.1. Bezeichnung des Gerichts

....

4.2. Gerichtsort

....

5. Angaben zur Entscheidung

5.1. Datum

....

5.2. Aktenzeichen

....

5.3. Art der Entscheidung

5.3.1. Scheidung

☐

5.3.1. Ungültigerklärung der Ehe

☐

5.3.3. Trennung ohne Auflösung des Ehebandes

☐

5.4. Erging die Entscheidung im Versäumnisverfahren?

5.4.1. nein ☐

5.4.2. ja[1] ☐

6. Namen der Parteien, denen Prozesskostenhilfe gewährt wurde ....

7. Können gegen die Entscheidung nach dem Recht des Ursprungsmitgliedstaats weitere Rechtsmittel eingelegt werden?

7.1. nein ☐

7.2. ja ☐

8. Datum der Rechtswirksamkeit in dem Mitgliedstaat, in dem die Entscheidung erging

8.1. Scheidung

....

---

[1] In diesem Fall sind die in Art. 32 Abs. 2 genannten Urkunden vorzulegen.

8.2. Trennung ohne Auflösung des Ehebandes

....

Geschehen zu .... am ....
Unterschrift und/oder Dienststempel

Anhang V

Bescheinigung gemäß Artikel 33 bei Entscheidungen betreffend die elterliche Verantwortung

1. Ursprungsmitgliedstaat

....

2. Ausstellendes Gericht bzw. ausstellende Behörde

2.1. Name

....

2.2. Anschrift

....

2.3. Tel./Fax/E-mail

....

3. Angaben zu den Eltern

3.1. Mutter

3.1.1. Vollständiger Name

....

3.1.2. Geburtsdatum und Geburtsort

....

3.2. Vater

3.2.1. Vollständiger Name

....

3.2.2. Geburtsdatum u. Geburtsort

....

4. Angaben zu dem Gericht, das die Entscheidung erlassen hat

4.1. Bezeichnung des Gerichts

....

4.2. Gerichtsort

....

5. Angaben zur Entscheidung

5.1. Datum

....

5.2. Aktenzeichen

....

5.3. Erging die Entscheidung im Versäumnisurteil?

5.3.1. Scheidung

☐

5.3.1. Ungültigerklärung der Ehe

☐

5.3.3. Trennung ohne Auflösung des Ehebandes

☐

5.4. Erging die Entscheidung im Versäumnisverfahren?

5.4.1. nein ☐

5.4.2. ja[2] ☐

6. Von der Entscheidung erfasste Kinder[3]

6.1. Vollständiger Name und Geburtsdatum

....

6.2. Vollständiger Name und Geburtsdatum

....

6.3. Vollständiger Name und Geburtsdatum

....

6.4. Vollständiger Name und Geburtsdatum

....

7. Namen der Parteien, denen Prozesskostenhilfe gewährt wurde ....

8. Bescheinigung über die Vollstreckbarkeit und die Zustellung

8.1. Ist die Entscheidung nach dem Recht des Ursprungsmitgliedstaats vollstreckbar?

8.1.1. ja ☐

8.1.2. nein ☐

---

[2] In diesem Fall sind die in Art. 32 Abs. 2 genannten Urkunden vorzulegen.

[3] Werden mehr als vier Kinder erfasst, so ist ein zweites Formblatt zu verwenden.

8.2. Wurde die Entscheidung der Partei, gegen die die Vollstreckung beantragt wird, zugestellt?

8.2.1. ja ☐

8.2.1.1. Vollständiger Name der Partei

....

8.2.1.2. Zustellungsdatum

....

8.2.2. nein ☐

Geschehen zu .... am .... Unterschrift und/oder Dienststempel

III. Gesetz
Zur Ausführung zwischenstaatlicher Verträge und zur Durchführung von Verordnungen der Europäischen Gemeinschaft auf dem Gebiet der Anerkennung und Vollstreckung in Zivil- und Handelssachen (Anerkennungs- und Vollstreckungsausführungsgesetz – AVAG)

Vom 19. Februar 2001

(BGBl. 2001 I S. 288) i.d.F.d. G. v. 30. Januar BGBl. 2002 (I S. 564)

Teil 1. Allgemeines

Abschnitt 1. Anwendungsbereich; Begriffsbestimmungen

§ 1 Anwendungsbereich

(1) **Diesem Gesetz unterliegen**

1. **die Ausführung folgender zwischenstaatlicher Verträge (Anerkennungs- und Vollstreckungsverträge):**
   a) **Übereinkommen vom 27. September 1968 über die gerichtliche Zuständigkeit und die Vollstreckung gerichtlicher Entscheidungen in Zivil- und Handelssachen (BGBl. 1972 II S. 773);**
   b) **Übereinkommen vom 16. September 1988 über die gerichtliche Zuständigkeit und die Vollstreckung gerichtlicher Entscheidungen in Zivil- und Handelssachen (BGBl. 1994 II S. 2658);**
   c) **Haager Übereinkommen vom 2. Oktober 1973 über die Anerkennung und Vollstreckung von Unterhaltsentscheidungen (BGBl. 1986 II S. 825);**
   d) **Vertrag vom 17. Juni 1977 zwischen der Bundesrepublik Deutschland und dem Königreich Norwegen**

über die gegenseitige Anerkennung und Vollstreckung gerichtlicher Entscheidungen und anderer Schuldtitel in Zivil- und Handelssachen (BGBl. 1981 II S. 341);

e) Vertrag vom 20. Juli 1977 zwischen der Bundesrepublik Deutschland und dem Staat Israel über die gegenseitige Anerkennung und Vollstreckung gerichtlicher Entscheidungen in Zivil- und Handelssachen (BGBl. 1980 II S. 925);

f) Vertrag vom 14. November 1983 zwischen der Bundesrepublik Deutschland und Spanien über die Anerkennung und Vollstreckung von gerichtlichen Entscheidungen und Vergleichen sowie vollstreckbaren öffentlichen Urkunden in Zivil- und Handelssachen (BGBl. 1987 II S. 34);

2. Die Durchführung folgender Verordnungen der Europäischen Gemeinschaften:

a) der Verordnung (EG) Nr. 1347/2000 des Rates vom 29. Mai 2000 über die Zuständigkeit und die Anerkennung und Vollstreckung von Entscheidungen in Ehesachen und in Verfahren betreffend die elterliche Verantwortung für die gemeinsamen Kinder der Ehegatten (ABl. EG Nr. L 160 S. 19).

b) der Verordnung (EG) Nr. 44/2001 des Rates vom 22. Dezember 2000 über die gerichtliche Zuständigkeit und die Anerkennung und Vollstreckung von Entscheidungen in Zivil- und Handelssachen (ABl. EG Nr. L 12 S. 1).“

(2) Die Regelungen der in Absatz 1 Nr. 2 genannten Verordnungen werden als unmittelbar geltendes Recht der Europäischen Gemeinschaft durch die Durchführungsbestimmungen dieses Gesetzes nicht berührt. Unberührt bleiben auch die Regelungen der zwischenstaatlichen Verträge; dies gilt insbesondere für die Regelungen über

1. den sachlichen Anwendungsbereich,
2. die Art der Entscheidungen und sonstigen Titel, die im Inland anerkannt oder zur Zwangsvollstreckung zugelassen werden können,

3. das Erfordernis der Rechtskraft der Entscheidungen,
4. die Art der Urkunden, die im Verfahren vorzulegen sind, und
5. die Gründe, die zur Versagung der Anerkennung oder Zulassung der Zwangsvollstreckung führen.

§ 2 Begriffsbestimmungen

Im Sinne dieses Gesetzes sind

1. unter Mitgliedstaaten die Mitgliedstaaten der Europäischen Union, in denen die in § 1 Abs. 1 Nr. 2 genannten Verordnungen gelten, und
2. unter Titeln Entscheidungen, gerichtliche Vergleiche und öffentliche Urkunden, auf welche der jeweils auszuführende Anerkennungs- und Vollstreckungsvertrag oder jeweils durchzuführende Verordnung Anwendung findet,

zu verstehen.

Abschnitt 2. Zulassung der Zwangsvollstreckung aus ausländischen Titeln

§ 3 Zuständigkeit

(1) Für die Vollstreckbarerklärung von Titeln aus einem anderen Staat ist das Landgericht ausschließlich zuständig.

(2) Örtlich zuständig ist ausschließlich das Gericht, in dessen Bezirk der Verpflichtete seinen Wohnsitz hat, oder, wenn er im Inland keinen Wohnsitz hat, das Gericht, in dessen Bezirk die Zwangsvollstreckung durchgeführt werden soll. Der Sitz von Gesellschaften und juristischen Personen steht dem Wohnsitz gleich.

(3) Über den Antrag auf Erteilung der Vollstreckungsklausel entscheidet der Vorsitzende einer Zivilkammer.

1 Die Vorschrift gilt nur, wenn auch der Ursprungsstaat des Titels Vertragsstaat ist (Zweibrücken RJW 01, 700). S. Art. 38 Rn 5, Art. 41 Rn 1.

§ 4 Antragstellung

(1) **Der in einem anderen Staat vollstreckbare Titel wird dadurch zur Zwangsvollstreckung zugelassen, dass er auf Antrag mit der Vollstreckungsklausel versehen wird.**

(2) **Der Antrag auf Erteilung der Vollstreckungsklausel kann bei dem zuständigen Gericht schriftlich eingereicht oder mündlich zu Protokoll der Geschäftsstelle erklärt werden.**

(3) **Ist der Antrag entgegen § 184 des Gerichtsverfassungsgesetzes nicht in deutscher Sprache abgefasst, so kann das Gericht dem Antragsteller aufgeben, eine Übersetzung des Antrags beizubringen, deren Richtigkeit von einer**

1. in einem Mitgliedstaat der Europäischen Union oder in einem anderen Vertragsstaat des Abkommens über den Europäischen Wirtschaftsraum oder

2. in einem Vertragsstaat des jeweils auszuführenden Anerkennungs- und Vollstreckungsvertrags

hierzu befugten Person bestätigt worden ist.

(4) **Der Ausfertigung des Titels, der mit der Vollstreckungsklausel versehen werden soll, und seiner Übersetzung, soweit eine solche vorgelegt wird, sollen zwei Abschriften beigefügt werden.**

1 Übersetzung des Titels: Art. 55 Abs. 2. Wenn der Vorsitzende die Sprache des Antrags versteht, hat er in dieser Phase des Verfahrens keinen Anlass, die Beibringung einer Übersetzung anzuordnen.

§ 5 Erfordernis eines Zustellungsbevollmächtigten

(1) **Hat der Antragsteller in dem Antrag keinen Zustellungsbevollmächtigten benannt, so können bis zur nach-**

träglichen Benennung eines Zustellungsbevollmächtigten alle Zustellungen an ihn durch Aufgabe zur Post (§ 184 Abs. 1 Satz 2, Abs. 2 der Zivilprozessordnung) bewirkt werden.

(2) **Zustellungsbevollmächtigter im Sinne des Absatzes 1 kann nur sein, wer im Bezirk des angerufenen Gerichts wohnt. Das Gericht kann die Bestellung einer Person mit einem anderen inländischen Wohnsitz zulassen**

(3) **Absatz 1 gilt nicht, wenn der Antragsteller einen bei einem deutschen Gericht zugelassenen Rechtsanwalt oder eine andere Person zu seinem Bevollmächtigten für das Verfahren bestellt hat. Der Bevollmächtigte, der nicht bei einem deutschen Gericht zugelassener Rechtsanwalt ist, muss im Bezirk des angerufenen Gerichts wohnen; das Gericht kann von diesem Erfordernis absehen, wenn der Bevollmächtigte einen anderen Wohnsitz im Inland hat.**

(4) **§ 31 des Gesetzes über die Tätigkeit europäischer Rechtsanwälte in Deutschland vom 9. März 2000 (BGBl. I S. 182) bleibt unberührt.**

§ 6 Verfahren

(1) **Das Gericht entscheidet ohne Anhörung des Verpflichteten.**

(2) **Die Entscheidung ergeht ohne mündliche Verhandlung. Jedoch kann eine mündliche Erörterung mit dem Antragsteller oder seinem Bevollmächtigten stattfinden, wenn der Antragsteller oder der Bevollmächtigte hiermit einverstanden ist und die Erörterung der Beschleunigung dient.**

(3) **Im ersten Rechtszug ist die Vertretung durch einen Rechtsanwalt nicht erforderlich.**

S. Art. 38 Rn 1. 1

§ 7 Vollstreckbarkeit ausländischer Titel in Sonderfällen

(1) **Hängt die Zwangsvollstreckung nach dem Inhalt des Titels von einer dem Berechtigten obliegenden Sicher-**

heitsleistung, dem Ablauf einer Frist oder dem Eintritt einer anderen Tatsache ab oder wird die Vollstreckungsklausel zugunsten eines anderen als des in dem Titel bezeichneten Berechtigten oder gegen einen anderen als den darin bezeichneten Verpflichteten beantragt, so ist die Frage, inwieweit die Zulassung der Zwangsvollstreckung von dem Nachweis besonderer Voraussetzungen abhängig oder ob der Titel für oder gegen den anderen vollstreckbar ist, nach dem Recht des Staates zu entscheiden, in dem der Titel errichtet ist. Der Nachweis ist durch Urkunden zu führen, es sei denn, dass die Tatsachen bei dem Gericht offenkundig sind.

(2) **Kann der Nachweis durch Urkunden nicht geführt werden, so ist der Antrag des Berechtigen der Verpflichtete zu hören. In diesem Falle sind alle Beweismittel zulässig. Das Gericht kann auch die mündliche Verhandlung anordnen.**

1 S. Art. 38 Rn 10.

§ 8 Entscheidung

(1) **Ist die Zwangsvollstreckung aus dem Titel zuzulassen, so beschließt das Gericht, dass der Titel mit der Vollstreckungsklausel zu versehen ist. In dem Beschluss ist die zu vollstreckende Verpflichtung in deutscher Spreche wiederzugeben. Zur Begründung des Beschlusses genügt in der Regel die Bezugnahme auf die durchzuführende Verordnung der Europäischen Gemeinschaft oder den auszuführenden Anerkennungs- und Vollstreckungsvertrag sowie auf von dem Antragsteller vorgelegte Urkunden. Auf die Kosten des Verfahrens ist § 788 der Zivilprozessordnung entsprechend anzuwenden.**

(2) **Ist der Antrag nicht zulässig oder nicht begründet, so lehnt ihn das Gericht durch mit Gründen versehenen Beschluss ab. Die Kosten sind am Antragsteller aufzuerlegen.**

1 S. Art. 38 Rn 5, 11; Art. 41 Rn 1, 14.

§ 9 Vollstreckungsklausel

(1) **Auf Grund des Beschlusses nach § 8 Abs. 1 erteilt der Urkundsbeamte der Geschäftsstelle die Vollstreckungsklausel in folgender Form:**

„Vollstreckungsklausel nach § 4 des Anerkennungs- und Vollstreckungsausführungsgesetzes vom 19. Februar 2001 (BGBl. I S. 288). Gemäß dem Beschluss des .... (Bezeichnung des Gerichts und des Beschlusses) ist die Zwangsvollstreckung aus .... (Bezeichnung des Titels) zugunsten .... (Bezeichnung des Berechtigten) gegen .... (Bezeichnung des Verpflichteten) zulässig.

Die zu vollstreckende Verpflichtung lautet:

.... (Angabe der dem Verpflichteten aus dem ausländischen Titel obliegenden Verpflichtung in deutscher Sprache; aus dem Beschluss nach § 8 Abs. 1 zu übernehmen).

Die Zwangsvollstreckung darf über Maßregeln zur Sicherung nicht hinausgehen, bis der Gläubiger eine gerichtliche Anordnung oder ein Zeugnis vorlegt, dass die Zwangsvollstreckung unbeschränkt stattfinden darf."

Lautet der Titel auf Leistung von Geld, so ist der Vollstreckungsklausel folgender Zusatz anzufügen:

„Solange die Zwangsvollstreckung über Maßregeln zur Sicherung nicht hinausgehen darf, kann der Schuldner die Zwangsvollstreckung durch Leistung einer Sicherheit in Höhe von .... (Angabe des Betrages, wegen dessen der Berechtigte vollstrecken darf) abwenden."

(2) **Wird die Zwangsvollstreckung nur für einen oder mehrere der durch die ausländische Entscheidung zuerkannten oder in einem anderen ausländischen Titel niedergelegten Ansprüche oder nur für einen Teil des Gegenstands der Verpflichtung zugelassen, so ist die Vollstreckungsklausel als „Teil-Vollstreckungsklausel nach § 4 des Anerkennungs- und Vollstreckungsausführungsgesetzes vom 19. Februar 2001 (BGBl. I S. 288)" zu bezeichnen.**

(3) **Die Vollstreckungsklausel ist von dem Urkundsbeamten der Geschäftsstelle zu unterschreiben und mit dem Gerichtssiegel zu versehen. Sie ist entweder auf die Ausfertigung des Titels oder auf ein damit zu verbindendes Blatt zu setzen. Falls eine Übersetzung des Titels vorliegt, ist sie mit der Ausfertigung zu verbinden.**

1 S. Art. 38 Rn 15; Art. 47 Rn 1.

§ 10 Bekanntgabe der Entscheidung

(1) **Im Falle des § 8 Abs. 1 sind dem Verpflichteten eine beglaubigte Abschrift des Beschlusses, eine beglaubigte Abschrift des mit der Vollstreckungsklausel versehenen Titels und gegebenenfalls seiner Übersetzung sowie der gemäß § 8 Abs. 1 Satz 3 in Bezug genommenen Urkunden von Amts wegen zuzustellen.**

(2) **Muss die Zustellung an den Verpflichteten im Ausland oder durch öffentliche Bekanntmachung erfolgen und hält das Gericht die Beschwerdefrist nach § 11 Abs. 3 Satz 1 nicht für ausreichend, so bestimmt es in dem Beschluss nach § 8 Abs. 1 oder nachträglich durch besonderen Beschluss, der ohne mündliche Verhandlung ergeht, eine längere Beschwerdefrist. Die Bestimmungen über den Beginn der Beschwerdefrist bleiben auch im Falle der nachträglichen Festsetzung unberührt.**

(3) **Dem Antragsteller sind eine beglaubigte Abschrift des Beschlusses nach § 8, im Falle des § 8 Abs. 1 ferner die mit der Vollstreckungsklausel versehene Ausfertigung des Titels und eine Bescheinigung über die bewirkte Zustellung, zu übersenden. In den Fällen des Absatzes 2 ist die festgesetzte Frist für die Einlegung der Beschwerde auf der Bescheinigung über die bewirkte Zustellung zu vermerken.**

1 S. Art. 43 Rn 5.

Abschnitt 3. Beschwerde, Vollstreckungsgegenklage

§ 11 Einlegung der Beschwerde; Beschwerdefrist

(1) **Die Beschwerde gegen die im ersten Rechtszug ergangene Entscheidung über den Antrag auf Erteilung der Vollstreckungsklausel wird bei dem Beschwerdegericht durch Einreichen einer Beschwerdeschrift oder durch Erklärung zu Protokoll der Geschäftsstelle eingelegt. Beschwerdegericht ist das Oberlandesgericht. Der Beschwerdeschrift soll die für ihre Zustellung erforderliche Zahl von Abschriften beigefügt werden.**

(2) **Die Zulässigkeit der Beschwerde wird nicht dadurch berührt, dass sie statt bei dem Beschwerdegericht bei dem Gericht des ersten Rechtszuges eingelegt wird; die Beschwerde ist unverzüglich von Amts wegen an das Beschwerdegericht abzugeben.**

(3) **Die Beschwerde des Verpflichteten gegen die Zulassung der Zwangsvollstreckung ist innerhalb eines Monats, im Falle des § 10 Abs. 2 Satz 1 innerhalb der nach dieser Vorschrift bestimmten längeren Frist einzulegen. Die Beschwerdefrist beginnt mit der Zustellung nach § 10 Abs. 1. Sie ist eine Notfrist.**

(4) **Die Beschwerde ist dem Beschwerdegegner von Amts wegen zuzustellen.**

S. Art. 43 Rn 2, 6, 8, 10. **1**

§ 12 Einwendungen gegen den zu vollstreckenden Anspruch im Beschwerdeverfahren

(1) **Der Verpflichtete kann mit der Beschwerde, die sich gegen die Zulassung der Zwangsvollstreckung aus einer Entscheidung richtet, auch Einwendungen gegen den Anspruch selbst insoweit geltend machen, als die Gründe, auf denen sie beruhen, erst nach dem Erlass der Entscheidung entstanden sind.**

(2) **Mit der Beschwerde, die sich gegen die Zulassung der Zwangsvollstreckung aus einem gerichtlichen Vergleich oder einer öffentlichen Urkunde richtet, kann der Verpflichtete die Einwendungen gegen den Anspruch selbst ungeachtet der in Absatz 1 enthaltenen Beschränkung geltend machen.**

§ 13 Verfahren und Entscheidung über Beschwerde

(1) **Das Beschwerdegericht entscheidet durch Beschluss, der mit Gründen zu versehen ist und ohne mündliche Verhandlung ergehen kann. Der Beschwerdegegner ist vor der Entscheidung zu hören.**

(2) **Solange eine mündliche Verhandlung nicht angeordnet ist, können zu Protokoll der Geschäftsstelle Anträge gestellt und Erklärungen abgegeben werden. Wird die mündliche Verhandlung angeordnet, so gilt für die Ladung § 215 der Zivilprozessordnung.**

(3) **Eine vollständige Ausfertigung des Beschlusses ist dem Berechtigten und dem Verpflichteten auch dann von Amts wegen zuzustellen, wenn der Beschluss verkündet worden ist.**

(4) **Soweit nach dem Beschluss des Beschwerdegerichts die Zwangsvollstreckung aus dem Titel erstmals zuzulassen ist, erteilt der Urkundsbeamte der Geschäftsstelle des Beschwerdegerichts die Vollstreckungsklausel. § 8 Abs. 1 Satz 2 und 4, §§ 9 und 10 Abs. 1 und 3 Satz 1 sind entsprechend anzuwenden. Ein Zusatz, dass die Zwangsvollstreckung über Maßregeln zur Sicherung nicht hinausgehen darf, ist nur aufzunehmen, wenn das Beschwerdegericht eine Anordnung nach diesem Gesetz (§ 22 Abs. 2, § 40 Abs. 1 Nr. 1 oder § 45 Abs. 1 Nr. 1) erlassen hat. Der Inhalt des Zusatzes bestimmt sich nach dem Inhalt der Anordnung.**

§ 14 Vollstreckungsgegenklage

(1) **Ist die Zwangsvollstreckung aus einem Titel zugelassen, so kann der Verpflichtete Einwendungen gegen**

den Anspruch selbst in einem Verfahren nach § 767 der Zivilprozessordnung nur geltend machen, wenn die Gründe, auf denen seine Einwendungen beruhen, erst

1. nach Ablauf der Frist, innerhalb deren er die Beschwerde hätte einlegen können, oder
2. falls die Beschwerde eingelegt worden ist, nach Beendigung dieses Verfahrens

entstanden sind.

(2) **Die Klage nach § 767 der Zivilprozessordnung ist bei dem Gericht zu erheben, das über den Antrag auf Erteilung der Vollstreckungsklausel entschieden hat. Soweit die Klage einen Unterhaltstitel zum Gegenstand hat, ist das Familiengericht zuständig; für die örtliche Zuständigkeit gelten die Vorschriften der Zivilprozessordnung für Unterhaltssachen.**

S. Art. 43 Rn 14. **1**

Abschnitt 4. Rechtsbeschwerde

§ 15 Statthaftigkeit und Frist

(1) **Gegen den Beschluss des Beschwerdegerichts findet die Rechtsbeschwerde nach Maßgabe des § 574 Abs. 1 Nr. 1, Abs. 2 der Zivilprozessordnung statt.**

(2) **Die Rechtsbeschwerde ist innerhalb eines Monats einzulegen.**

(3) **Die Rechtsbeschwerdefrist ist eine Notfrist und beginnt mit der Zustellung des Beschlusses (§ 13 Abs. 3).**

§ 16 Einlegung und Begründung

(1) **Die Rechtsbeschwerde wird durch Einreichen der Beschwerdeschrift bei dem Bundesgerichtshof eingelegt.**

(2) **Die Rechtsbeschwerde ist zu begründen. § 575 Abs. 2 bis 4 der Zivilprozessordnung ist entsprechend anzuwen-**

den. Soweit die Rechtsbeschwerde darauf gestützt wird, dass das Beschwerdegericht von einer Entscheidung des Gerichtshofs der Europäischen Gemeinschaften abgewichen sei, muss die Entscheidung, von der der angefochtene Beschluss abweicht, bezeichnet werden.

(3) **Mit der Beschwerdeschrift soll eine Ausfertigung oder beglaubigte Abschrift des Beschlusses, gegen den sich die Rechtsbeschwerde richtet, vorgelegt werden.**

1 § 170 Abs. 2 ZPO analog anwendbar.

§ 17 Verfahren und Entscheidung

(1) **Der Bundesgerichtshof kann nur überprüfen, ob der Beschluss auf einer Verletzung des Rechts der Europäischen Gemeinschaft, eines Anerkennungs- und Vollstreckungsvertrags, sonstigen Bundesrechts oder einer anderen Vorschrift beruht, deren Geltungsbereich sich über den Bezirk eines Oberlandesgerichts hinaus erstreckt. Er darf nicht prüfen, ob das Gericht seine örtliche Zuständigkeit zu Unrecht angenommen hat.**

(2) **Der Bundesgerichtshof kann über die Rechtsbeschwerde ohne mündliche Verhandlung entscheiden. Auf das Verfahren über die Rechtsbeschwerde sind § 574 Abs. 4, § 576 Abs. 3 und § 577 der Zivilprozessordnung entsprechend anzuwenden.**

(3) **Soweit die Zwangsvollstreckung aus dem Titel erstmals durch den Bundesgerichtshof zugelassen wird, erteilt der Urkundsbeamte der Geschäftsstelle dieses Gerichts die Vollstreckungsklausel. § 8 Abs. 1 Satz 2 und 4, §§ 9 und 10 Abs. 1 und 3 Satz 1 gelten entsprechend. Ein Zusatz über die Beschränkung der Zwangsvollstreckung entfällt.**

Abschnitt 5. Beschränkung der Zwangsvollstreckung auf Sicherungsmaßregeln und unbeschränkte Fortsetzung der Zwangsvollstreckung

§ 18 Beschränkung kraft Gesetzes

Die Zwangsvollstreckung ist auf Sicherungsmaßregeln beschränkt, solange die Frist zur Einlegung der Beschwerde noch läuft und solange über die Beschwerde noch nicht entschieden ist.

§ 19 Prüfung der Beschränkung

Einwendungen des Verpflichteten, dass bei der Zwangsvollstreckung die Beschränkung auf Sicherungsmaßregeln nach der durchzuführenden Verordnung der Europäischen Gemeinschaft, nach dem auszuführenden Anerkennungs- und Vollstreckungsvertrag, nach § 18 dieses Gesetzes oder auf Grund einer auf diesem Gesetz beruhenden Anordnung (§ 22 Abs. 2, §§ 40, 45) nicht eingehalten werde, oder Einwendungen des Berechtigten, dass eine bestimmte Maßnahme der Zwangsvollstreckung mit dieser Beschränkung vereinbar sei, sind im Wege der Erinnerung nach § 766 der Zivilprozessordnung bei dem Vollstreckungsgericht (§ 764 der Zivilprozessordnung) geltend zu machen.

§ 20 Sicherheitsleistung durch den Verpflichteten

(1) Solange die Zwangsvollstreckung aus einem Titel, der auf Leistung von Geld lautet, nicht über Maßregeln der Sicherung hinausgehen darf, ist der Verpflichtete befugt, die Zwangsvollstreckung durch Leistung einer Sicherheit in Höhe des Betrages abzuwenden, wegen dessen der Berechtigte vollstrecken darf.

(2) Die Zwangsvollstreckung ist einzustellen und bereits getroffene Vollstreckungsmaßregeln sind aufzuheben, wenn der Verpflichtete durch eine öffentliche Urkunde die zur

Abwendung der Zwangsvollstreckung erforderliche Sicherheitsleistung nachweist.

§ 21 Versteigerung beweglicher Sachen

Ist eine bewegliche Sache gepfändet und darf die Zwangsvollstreckung nicht über Maßregeln zur Sicherung hinausgehen, so kann das Vollstreckungsgericht auf Antrag anordnen, dass die Sache versteigert und der Erlös hinterlegt werde, wenn sie der Gefahr einer beträchtlichen Wertminderung ausgesetzt ist oder wenn ihre Aufbewahrung unverhältnismäßige Kosten verursachen würde.

§ 22 Unbeschränkte Fortsetzung der Zwangsvollstreckung; besondere gerichtliche Anordnungen

(1) **Weist das Beschwerdegericht die Beschwerde des Verpflichteten gegen die Zulassung der Zwangsvollstreckung zurück oder lässt es auf die Beschwerde des Berechtigen die Zwangsvollstreckung aus dem Titel zu, so kann die Zwangsvollstreckung über Maßregeln zur Sicherung hinaus fortgesetzt werden.**

(2) **Auf Antrag des Verpflichteten kann das Beschwerdegericht anordnen, dass bis zum Ablauf der Frist zur Einlegung der Rechtsbeschwerde (§ 15) oder bis zur Entscheidung über dieses Beschwerde die Zwangsvollstreckung nicht oder nur gegen Sicherheitsleistung über Maßregeln zur Sicherung hinausgehen darf. Die Anordnung darf nur erlassen werden, wenn glaubhaft gemacht wird, dass die weitergehende Vollstreckung dem Verpflichteten einen nicht zu ersetzenden Nachteil bringen würde. § 713 der Zivilprozessordnung ist entsprechend anzuwenden.**

(3) **Wird Rechtsbeschwerde eingelegt, so kann der Bundesgerichtshof auf Antrag des Verpflichteten eine Anordnung nach Absatz 2 erlassen. Der Bundesgerichtshof kann auf Antrag des Berechtigten eine nach Absatz 2 erlassene Anordnung des Beschwerdegerichts abändern oder aufheben.**

§ 23 Unbeschränkte Fortsetzung der durch das Gericht des ersten Rechtszuges zugelassenen Zwangsvollstreckung

(1) Die Zwangsvollstreckung aus dem Titel, den der Urkundsbeamte der Geschäftsstelle des Gerichts des ersten Rechtszuges mit der Vollstreckungsklausel versehen hat, ist auf Antrag des Berechtigten über Maßregeln zur Sicherung hinaus fortzusetzen, wenn das Zeugnis des Urkundsbeamten der Geschäftsstelle dieses Gerichts vorgelegt wird, dass die Zwangsvollstreckung unbeschränkt stattfinden darf.

(2) Das Zeugnis ist dem Berechtigten auf seinen Antrag zu erteilen,

1. wenn der Verpflichtete bis zum Ablauf der Beschwerdefrist keine Beschwerdeschrift eingereicht hat,
2. wenn das Beschwerdegericht die Beschwerde des Verpflichteten zurückgewiesen und keine Anordnung nach § 22 Abs. 2 erlassen hat,
3. wenn der Bundesgerichtshof die Anordnung des Beschwerdegerichts nach § 22 Abs. 2 aufgehoben hat (§ 22 Abs. 3 Satz 2) oder
4. wenn der Bundesgerichtshof den Titel zur Zwangsvollstreckung zugelassen hat.

(3) auf dem Titel darf die Zwangsvollstreckung, selbst wenn sie auf Maßregeln der Sicherung beschränkt ist, nicht mehr stattfinden, sobald ein Beschluss des Beschwerdegerichts, dass der Titel zur Zwangsvollstreckung nicht zugelassen werde, verkündet oder zugestellt ist.

§ 24 Unbeschränkte Fortsetzung der durch das Beschwerdegericht zugelassenen Zwangsvollstreckung

(1) Die Zwangsvollstreckung aus dem Titel, zu dem der Urkundsbeamte der Geschäftsstelle des Beschwerdegerichts die Vollstreckungsklausel mit dem Zusatz erteilt hat, dass die Zwangsvollstreckung auf Grund der Anordnung des Gerichts nicht über Maßregeln zur Sicherung hinausgehen darf (§ 13 Abs. 4 Satz 3), ist auf Antrag des Berechtigten

über Maßregeln zur Sicherung hinaus fortzusetzen, wenn das Zeugnis des Urkundsbeamten der Geschäftsstelle dieses Gerichts vorgelegt wird, dass die Zwangsvollstreckung unbeschränkt stattfinden darf.

(2) Das Zeugnis ist dem Berechtigten auf seinen Antrag zu erteilen,

1. wenn der Verpflichtete bis zum Ablauf der Frist zur Einlegung der Rechtsbeschwerde (§ 15 Abs. 2) keine Beschwerdeschrift eingereicht hat,
2. wenn der Bundesgerichtshof die Anordnung des Beschwerdegerichts nach § 22 Abs. 2 aufgehoben hat (§ 22 Abs. 3 Satz 2) oder
3. wenn der Bundesgerichtshof die Rechtsbeschwerde des Verpflichteten zurückgewiesen hat.

Abschnitt 6. Feststellung der Anerkennung einer ausländischen Entscheidung

§ 25 Verfahren und Entscheidung in der Hauptsache

(1) Auf das Verfahren, das die Feststellung zum Gegenstand hat, ob eine Entscheidung aus einem anderen Staat anzuerkennen ist, sind die §§ 3 bis 6, 8 Abs. 2, die §§ 10 bis 12, § 13 Abs. 1 bis 3, die §§ 15 und 16 sowie § 17 Abs. 1 bis 3 entsprechend anzuwenden.

(2) Ist der Antrag auf Feststellung begründet, so beschließt das Gericht, dass die Entscheidung anzuerkennen ist.

§ 26 Kostenentscheidung

In den Fällen des § 25 Abs. 2 sind die Kosten dem Antragsgegner aufzuerlegen. Dieser kann die Beschwerde (§ 11) auf die Entscheidung über den Kostenpunkt beschränken. In diesem Falle sind die Kosten dem Antragsteller aufzuerlegen, wenn der Antragsgegner nicht durch sein Verhalten zu dem Antrag auf Feststellung Veranlassung gegeben hat.

Abschnitt 7. Aufhebung oder Änderung der Beschlüsse über die Zulassung der Zwangsvollstreckung oder die Anerkennung

§ 27 Verfahren nach Aufhebung oder Änderung des für vollstreckbar erklärten ausländischen Titels im Ursprungsstaat

(1) **Wird der Titel in dem Staat, in dem er errichtet worden ist, aufgehoben oder geändert und kann der Verpflichtete dieses Tatsache in dem Verfahren der Zulassung der Zwangsvollstreckung nicht mehr geltend machen, so kann er die Aufhebung oder Änderung der Zulassung in einem besonderen Verfahren beantragen.**

(2) **Für die Entscheidung über den Antrag ist das Gericht ausschließlich zuständig, das im ersten Rechtszug über den Antrag auf Erteilung der Vollstreckungsklausel entschieden hat.**

(3) **Der Antrag kann bei dem Gericht schriftlich oder durch Erklärung zu Protokoll der Geschäftsstelle gestellt werden. Über den Antrag kann ohne mündliche Verhandlung entschieden werden. Vor der Entscheidung, die durch Beschluss ergeht, ist der Berechtigte zu hören. § 13 Abs. 2 und 3 gilt entsprechend.**

(4) **Der Beschluss unterliegt der Beschwerde nach den §§ 567 bis 577 der Zivilprozessordnung. Die Notfrist für die Einlegung der sofortigen Beschwerde beträgt einen Monat.**

(5) **Für die Einstellung der Zwangsvollstreckung und die Aufhebung bereits getroffener Vollstreckungsmaßregeln sind die §§ 769 und 770 der Zivilprozessordnung entsprechend anzuwenden. Die Aufhebung einer Vollstreckungsmaßregel ist auch ohne Sicherheitsleistung zulässig.**

§ 28 Schadenersatz wegen ungerechtfertigter Vollstreckung

(1) wird die Zulassung der Zwangsvollstreckung auf die Beschwerde (§ 11) oder die Rechtsbeschwerde (§ 15) aufgehoben oder abgeändert, so ist der Berechtigte zum Ersatz des Schadens verpflichtet, der dem Verpflichteten durch die Vollstreckung des Titels oder durch eine Leistung zur Abwendung der Vollstreckung entstanden ist. Das Gleiche gilt, wenn die Zulassung der Zwangsvollstreckung nach § 27 aufgehoben oder abgeändert wird, sofern die zur Zwangsvollstreckung zugelassene Entscheidung zum Zeitpunkt der Zulassung nach dem Recht des Staats, in dem sie ergangen ist, noch mit einem ordentlichen Rechtsmittel angefochten werden konnte.

(2) Für die Geltendmachung des Anspruchs ist das Gericht ausschließlich zuständig, das im ersten Rechtszug über den Antrag, den Titel mit der Vollstreckungsklausel zu versehen, entschieden hat.

§ 29 Aufhebung oder Änderung ausländischer Entscheidungen, deren Anerkennung festgestellt ist

Wird die Entscheidung in dem Staat, in dem sie ergangen ist, aufgehoben oder abgeändert und kann die davon begünstigte Partei diese Tatsache nicht mehr in dem Verfahren über den Antrag auf Feststellung der Anerkennung (§ 25) geltend machen, so ist § 27 Abs. 1 bis 4 entsprechend anzuwenden.

Abschnitt 8. Vorschriften für Entscheidungen deutscher Gerichte und für das Mahnverfahren

§ 30 Vervollständigung inländischer Entscheidungen zur Verwendung im Ausland

(1) Will eine Partei ein Versäumnis- oder Anerkenntnisurteil, das nach § 313 b der Zivilprozessordnung in ver-

kürzter Form abgefasst worden ist, in einem anderen Vertrags- oder Mitgliedstaat geltend machen, so ist das Urteil auf ihren Antrag zu vervollständigen. Der Antrag kann bei dem Gericht schriftlich oder durch Erklärung zu Protokoll der Geschäftsstelle gestellt werden. Über den Antrag wird ohne mündliche Verhandlung entschieden.

(2) Zu Vervollständigung des Urteils sind der Tatbestand und die Entscheidungsgründe nachträglich abzufassen, von den Richtern besonders zu unterschreiben und der Geschäftsstelle zu übergeben; der Tatbestand und die Entscheidungsgründe können auch von Richtern unterschrieben werden, die bei dem Urteil nicht mitgewirkt haben.

(3) Für die Berichtigung des nachträglich abgefassten Tatbestands gilt § 320 der Zivilprozessordnung entsprechend. Jedoch können bei der Entscheidung über einen Antrag auf Berichtigung auch solche Richter mitwirken, die bei dem Urteil oder der nachträglichen Anfertigung des Tatbestands nicht mitgewirkt haben.

(4) Die vorstehenden Absätze gelten entsprechend für die Vervollständigung von Arrestbefehlen, einstweiligen Anordnungen und einstweiligen Verfügungen, die in einem anderen Vertrags- oder Mitgliedstaat geltend gemacht werden sollen und nicht mit einer Begründung versehen sind.

§ 31 Vollstreckungsklausel zur Verwendung im Ausland

Vollstreckungsbescheide, Arrestbefehle und einstweilige Verfügungen, deren Zwangsvollstreckung in einem anderen Vertrags- oder Mitgliedstaat betrieben werden soll, sind auch dann mit der Vollstreckungsklausel zu versehen, wenn dies für eine Zwangsvollstreckung im Inland nach § 796 Abs. 1, § 929 Abs. 1 und § 936 der Zivilprozessordnung nicht erforderlich wäre.

§ 32 Mahnverfahren mit Zustellung im Ausland

(1) Das Mahnverfahren findet auch statt, wenn die Zustellung des Mahnbescheids in einem anderen Vertrags-

oder Mitgliedstaat erfolgen muss. In diesem Falle kann der Anspruch auch die Zahlung einer bestimmten Geldsumme in ausländischer Währung zum Gegenstand haben.

(2) Macht der Antragsteller geltend, dass das Gericht auf Grund einer Gerichtsstandsvereinbarung zuständig sei, so hat er dem Mahnantrag die erforderlichen Schriftstücke über die Vereinbarung beizufügen.

(3) Die Widerspruchsfrist (§ 692 Abs. 1 Nr. 3 der Zivilprozessordnung) beträgt einen Monat.

Abschnitt 9. Verhältnis zu besonderen Anerkennungsverfahren; Konzentrationsermächtigung

§ 33 Verhältnis zu besonderen Anerkennungsverfahren

Soweit nicht anders bestimmt, bleibt Artikel 7 des Familienrechtsänderungsgesetzes vom 11. August 1961 (BGBl. I S. 1221), zuletzt geändert durch Artikel 3 § 5 des Gesetzes vom 25. Juni 1998 (BGBl. I S. 1580), unberührt.

§ 34 Konzentrationsermächtigung

(1) Die Landesregierungen werden für die Ausführung von Anerkennungs- und Vollstreckungsverträgen nach diesem Gesetz und die Durchführung der Verordnung (EG) Nr. 44/2001 ermächtigt, durch Rechtsverordnung die Entscheidung über Anträge auf Erteilung der Vollstreckungsklausel zu ausländischen Titeln in Zivil- und Handelssachen, über Anträge auf Aufhebung oder Abänderung dieser Vollstreckungsklausel und über Anträge auf Feststellung der Anerkennung einer ausländischen Entscheidung für die Bezirke mehrerer Landgerichte einem von ihnen zuzuweisen, sofern dies der sachlichen Förderung oder schnelleren Erledigung der Verfahren dient. Die Ermächtigung kann für die Übereinkommen über die gerichtliche Zuständigkeit und die Vollstreckung gerichtlicher Entscheidung in

Zivil- und Handelssachen vom 27. September 1968 (BGBl. 1972 II S. 773) und vom 16. September 1988 (BGBl. 1994 II S. 2658) und die Verordnung (EG Nr. 44/2001) jeweils allein ausgeübt werden.

(2) **Die Landesregierungen können die Ermächtigung durch Rechtsverordnung auf die Landesjustizverwaltungen übertragen.**

Teil 2. Besonderes

Abschnitt 1. Übereinkommen über die gerichtliche Zuständigkeit und die Vollstreckung gerichtlicher Entscheidungen in zivil- und Handelssachen vom 27. September 1968 und vom 16. September 1988

§ 35 Sonderregelungen über die Beschwerdefrist

Die Frist für die Beschwerde des Verpflichteten gegen die Entscheidung über die Zulassung der Zwangsvollstreckung beträgt zwei Monate und beginnt von dem Tage an zu laufen, an dem die Entscheidung dem Verpflichteten entweder in Person oder in seiner Wohnung zugestellt worden ist, wenn der Verpflichtete seinen Wohnsitz oder seinen Sitz in einem anderen Vertragsstaat dieser Übereinkommen hat. Eine Verlängerung dieser Frist wegen weiter Entfernung ist ausgeschlossen. § 10 Abs. 2 und 3 Satz 2 sowie § 11 Abs. 3 Satz 1 und 2 finden in diesen Fällen Anwendung.

§ 36 Aussetzung des Beschwerdeverfahrens

(1) **Das Oberlandesgericht kann auf Antrag des Verpflichteten seine Entscheidung über die Beschwerde gegen die Zulassung der Zwangsvollstreckung aussetzen, wenn gegen die Entscheidung im Ursprungsstaat ein ordentliches**

Rechtsmittel eingelegt oder die Frist hierfür noch nicht verstrichen ist; im letzteren Falle kann das Oberlandesgericht eine Frist bestimmen, innerhalb deren das Rechtsmittel einzulegen ist. Das Gericht kann die Zwangsvollstreckung auch von einer Sicherheitsleistung abhängig machen.

(2) Absatz 1 ist im Verfahren auf Feststellung der Anerkennung einer Entscheidung (§§ 25 und 26) entsprechend anzuwenden.

Abschnitt 2. Haager Übereinkommen vom 2. Oktober 1973 über die Anerkennung und Vollstreckung von Unterhaltsentscheidungen

§ 37 Einschränkungen der Anerkennung und Vollstreckung

(1) Die Anerkennung und Vollstreckung von öffentlichen Urkunden aus einem anderen Vertragsstaat findet nur statt, wenn der andere Vertragsstaat die Erklärung nach Artikel 25 des Übereinkommens abgegeben hat.

(2) Die Anerkennung und Vollstreckung von Entscheidungen aus einem anderen Vertragsstaat in Unterhaltssachen zwischen Verwandten in der Seitenlinie und zwischen Verschwägerten ist auf Verlangen des Verpflichteten zu versagen, wenn nach den Sachvorschriften des Rechts des Staates, dem der Verpflichtete und der Berechtigte angehören, eine Unterhaltspflicht nicht besteht; dasselbe gilt, wenn sie keine gemeinsame Staatsangehörigkeit haben und nach dem am gewöhnlichen Aufenthaltsort des Verpflichteten geltenden Recht eine Unterhaltspflicht nicht besteht.

§ 38 Sonderregelungen für das Beschwerdeverfahren

(1) Die Frist für die Beschwerde des Verpflichteten gegen die Zulassung der Zwangsvollstreckung beträgt zwei Monate, wenn die Zustellung an den Verpflichteten im Ausland erfolgen muss.

(2) § 10 Abs. 2 Satz 1 ist nur auf die Zustellung durch öffentliche Bekanntmachung anzuwenden.

(3) Die Vorschriften über die Aussetzung des Verfahrens vor dem Oberlandesgericht und die Zulassung der Zwangsvollstreckung gegen Sicherheitsleistung (§ 36 Abs. 1) sind entsprechend anzuwenden.

§ 39 Weitere Sonderregelungen

Die Vorschriften über die Feststellung der Anerkennung einer Entscheidung (§§ 25 und 26), über die Aufhebung oder Änderung dieser Feststellung (§ 29 in Verbindung mit § 27) sowie über das Mahnverfahren (§ 32) finden keine Anwendung.

Abschnitt 3. Vertrag vom 17. Juni 1977 zwischen der Bundesrepublik Deutschland und dem Königreich Norwegen über die gegenseitige Anerkennung und Vollstreckung gerichtlicher Entscheidungen und anderer Schuldtitel in Zivil- und Handelssachen

§ 40 Abweichungen von § 22

(1) Weist das Oberlandesgericht die Beschwerde des Verpflichteten gegen die Zulassung der Zwangsvollstreckung zurück oder lässt es auf die Beschwerde des Berechtigten die Zwangsvollstreckung aus dem Titel zu, so entscheidet es abweichend von § 22 Abs. 1 zugleich darüber, ob die Zwangsvollstreckung über Maßregeln zur Sicherung hinaus fortgesetzt werden kann;

1. Ist bei einer auf eine bestimmt Geldsumme lautenden Entscheidung der Nachweis, dass die Entscheidung rechtskräftig ist, nicht geführt, so ordnet das Oberlandesgericht an, dass die Vollstreckung erst nach Vorlage einer norwegischen Rechtskraftbescheinigung nebst

Übersetzung (Artikel 14 Abs. 1 Nr. 2 und 6 und Abs. 2 des Vertrags) unbeschränkt stattfinden kann.

2. Ist der Nachweis, dass die Entscheidung rechtskräftig ist, geführt oder ist der Titel ein gerichtlicher Vergleich, so ordnet das Oberlandesgericht an, dass die Zwangsvollstreckung unbeschränkt stattfinden darf.

(2) § 22 Abs. 2 und 3 bleibt unberührt.

§ 41 Abweichungen von § 23

(1) Die Zwangsvollstreckung aus dem Titel, den der Urkundsbeamte der Geschäftsstelle des Landgerichts mit der Vollstreckungsklausel versehen hat, ist auf Antrag des Berechtigten auch dann über Maßregeln zur Sicherung hinaus fortzusetzen (§ 23 Abs. 1), wenn eine gerichtliche Anordnung nach § 40 Abs. 1 Nr. 1 oder § 22 Abs. 2 und 3 vorgelegt wird und die darin bestimmten Voraussetzungen erfüllt sind.

(2) Ein Zeugnis gemäß § 23 Abs. 1 ist dem Berechtigten auf seinen Antrag abweichend von § 23 Abs. 2 Nr. 1 nur zu erteilen, wenn der Verpflichtete bis zum Ablauf der Beschwerdefrist keine Beschwerdeschrift eingereicht hat und wenn

1. der Berechtigte bei einer auf eine bestimmte Geldsumme lautenden Entscheidung nachweist, dass die Entscheidung rechtskräftig ist (Artikel 14 Abs. 1 Nr. 2 und 6 und Abs. 2 des Vertrags),
2. die Entscheidung nicht auf eine bestimmte Geldsumme lautet oder
3. der Titel ein gerichtlicher Vergleich ist.

§ 23 Abs. 2 Nr. 2 bis 4 findet keine Anwendung.

(3) § 23 Abs. 3 bleibt unberührt.

§ 42 Abweichungen von § 24

Die Zwangsvollstreckung aus dem Titel, zu dem der Urkundsbeamte der Geschäftsstelle des Oberlandesgerichts die

Vollstreckungsklausel erteilt hat, ist abweichend von § 24 Abs. 1 auf Antrag des Berechtigten nur im Rahmen einer gerichtlichen Anordnung nach § 40 oder § 22 Abs. 2 und 3 fortzusetzen. Eines besonderen Zeugnisses des Urkundsbeamten der Geschäftsstelle bedarf es nicht.

§ 43 Folgeregelungen für das Rechtsbeschwerdeverfahren

(1) **Auf das Verfahren über die Rechtsbeschwerde sind neben den in § 17 Abs. 3 Satz 3 aufgeführten Vorschriften auch die §§ 40 und 42 sinngemäß anzuwenden.**

(2) **Hat der Bundesgerichtshof eine Anordnung nach Absatz 1 in Verbindung mit § 40 Abs. 1 Nr. 1 erlassen, so ist in Abweichung von § 17 Abs. 2 Satz 2 ein Zusatz aufzunehmen, dass die Zwangsvollstreckung über Maßregeln zur Sicherung nicht hinausgehen darf. Der Inhalt des Zusatzes bestimmt sich nach dem Inhalt der Anordnung.**

§ 44 Weitere Sonderregelungen

(1) **Hat der Verpflichtete keinen Wohnsitz im Inland, so ist für die Vollstreckbarerklärung von Entscheidungen und gerichtlichen Vergleichen auch das Landgericht örtlich zuständig, in dessen Bezirk der Verpflichtete Vermögen hat.**

(2) **Ist die Entscheidung auf die Leistung einer bestimmten Geldsumme gerichtet, so bedarf es für die Zulassung zur Zwangsvollstreckung nicht des Nachweises, dass die Entscheidung rechtskräftig ist (Artikel 10 Abs. 2 und Artikel 17 Abs. 1 Satz 2 des Vertrags).**

(3) **Auf das Verfahren über die Beschwerde des Verpflichteten gegen die Zulassung der Zwangsvollstreckung findet § 12 Abs. 2 keine Anwendung. § 12 Abs. 1 gilt für die Beschwerde, die sich gegen die Zulassung der Zwangsvollstreckung aus einem gerichtlichen Vergleich richtet, sinngemäß.**

(4) **Die Vorschriften über die Feststellung der Anerkennung einer Entscheidung (§§ 25 und 26) und über die Aufhebung oder Änderung dieser Feststellung (§ 29 in Verbindung mit § 27) finden keine Anwendung.**

Abschnitt 4 (betr. deutsch-israelischer Vertrag) nicht abgedruckt.

Abschnitt 5. Verordnung (EG) Nr. 1347/2000 des Rates vom 29. Mai 2000 über die Zuständigkeit und die Anerkennung und Vollstreckung von Entscheidungen in Ehesachen und in Verfahren betreffend die elterliche Verantwortung für die gemeinsamen Kinder der Ehegatten

§ 50 Abweichungen von Vorschriften des Allgemeinen Teils; ergänzende Regelungen

(1) **Die §§ 3, 4 Abs. 4, § 6 Abs. 1 und 3, § 7 Abs. 1 Satz 2 und Abs. 2, § 11 Abs. 1 Satz 2 und 3, Abs. 3 Satz 1 erster Halbsatz und Satz 2, § 13 Abs. 2 Satz 2, § 16 Abs. 4 Satz 2, §§ 18 bis 24 und 33 finden keine Anwendung. Für die Kostenerstattung gelten abweichend von § 8 Abs. 1 Satz 4 und Abs. 2 Satz 2 und von § 26 die Bestimmungen des § 13 a Abs. 1 und 3 des Gesetzes über die Angelegenheiten der freiwilligen Gerichtsbarkeit.**

(2) **§ 9 gilt mit der Maßgabe, dass der letzte Satz des in Absatz 1 Satz 1 vorgesehenen Wortlauts der Vollstreckungsklausel und der Zusatz nach Absatz 1 Satz 2 entfallen. § 10 ist mit der Maßgabe anzuwenden, dass im Falle des § 8 Abs. 1 dem Verpflichteten eine beglaubigte Abschrift des noch nicht mit der Vollstreckungsklausel versehenen Titels zuzustellen und dem Berechtigten die mit der Vollstreckungsklausel versehene Ausfertigung des Titels erst dann zu übersenden ist, wenn der Beschluss nach § 8 Abs. 1 wirksam geworden (§ 53 Abs. 1 Satz 1) und die Vollstreckungsklausel erteilt ist. Ein Beschluss nach § 8 Abs. 2 ist dem Verpflichteten formlos mitzuteilen. Artikel 26 Abs. 5**

Satz 2 und 3 der Verordnung ist sinngemäß auch dann anzuwenden, wenn der Verpflichtete seinen gewöhnlichen Aufenthalt in einem Mitgliedstaat der Europäischen Union, in dem die Verordnung nicht gilt, oder in einem nicht der Europäischen Union angehörenden Vertragsstaat des Übereinkommens vom 16. September 1988 über die gerichtliche Zuständigkeit und die Vollstreckung gerichtlicher Entscheidungen in Zivil- und Handelssachen (BGBl. 1994 II S. 2658) hat. Dementsprechend finden § 10 Abs. 2 und 3 Satz 2 sowie § 11 Abs. 3 Satz 1 zweiter Halbsatz keine Anwendung, wenn der Verpflichtete seinen gewöhnlichen Aufenthalt in einem anderen Mitgliedstaat der Europäischen Union oder einem anderen Vertragsstaat dieses Übereinkommens hat.

(3) Die §§ 12, 14, 27 Abs. 5 und § 28 gelten nur, soweit der zu vollstreckende Titel auf Leistung von Geld lautet. § 12 Abs. 2 findet keine Anwendung; § 12 Abs. 1 gilt nur für die Beschwerde, die sich gegen die Zulassung der Zwangsvollstreckung aus einem gerichtlichen Vergleich oder einer öffentlichen Urkunde richtet, sinngemäß. Bei der Anwendung des § 17 Abs. 3 bleibt die Verweisung auf die §§ 574 Abs. 4 und 577 Abs. 2 Satz 1 bis 3 sowie die Verweisung auf § 556 in § 576 Abs. 3 der Zivilprozessordnung außer Betracht.

(4) Ergänzend sind § 6 Abs. 1 und 2 Satz 1 und § 14 des Sorgerechtsübereinkommens-Ausführungsgesetzes vom 5. April 1990 (BGBl. I S. 701), das zuletzt durch Artikel 2 Abs. 6 des Gesetzes vom 19. Februar 2001 (BGBl. I S. 288) geändert worden ist, entsprechend anzuwenden.

§ 51 Zuständigkeit für Verfahren auf Feststellung der Anerkennung

Für ein Verfahren, das die Feststellung zum Gegenstand hat, ob eine in einem anderen Mitgliedstaat ergangene Entscheidung anzuerkennen ist (Artikel 14 Abs. 3 der Verordnung), ist das Familiengericht, in dessen Zuständigkeitsbereich gemäß Anhang I zu der Verordnung

1. der Antragsgegner oder ein Kind, auf das sich die Entscheidung bezieht, sich gewöhnlich aufhält oder
2. bei Fehlen einer Zuständigkeit nach Nummer 1 das Interesse an der Feststellung hervortritt,
3. sonst das im Bezirk des Kammergerichts zur Entscheidung berufene Gericht

örtlich ausschließlich zuständig.

§ 52 Äußerung im Verfahren vor dem Familiengericht; weitere Zustellungsempfänger

(1) im Verfahren vor dem Familiengericht erhält nur der Antragsteller Gelegenheit, sich zu dem Antrag auf Erteilung der Vollstreckungsklausel oder auf Feststellung, ob die Entscheidung anzuerkennen ist, zu äußern.

(2) In einem Verfahren, das die Vollstreckbarerklärung oder die Feststellung der Anerkennung oder Nichtanerkennung einer die elterliche Verantwortung betreffenden Entscheidung zum Gegenstand hat, sind Zustellungen auch an den gesetzlichen Vertreter des Kindes, an dessen Vertreter im Verfahren und an das mindestens vierzehn Jahre alte Kind selbst sowie an einem Elternteil, der nicht am Verfahren beteiligt war, zu bewirken.

§ 53 Wirksamwerden von Entscheidungen

(1) Ein Beschluss des Familiengerichts oder des Oberlandesgerichts nach den §§ 8, 13, 25 bis 27 oder § 29 wird erst mit der Rechtskraft wirksam. Hierauf ist in dem Beschluss hinzuweisen.

(2) Das Oberlandesgericht kann in Verbindung mit der Entscheidung über die Beschwerde die sofortige Wirksamkeit eines Beschlusses anordnen; § 8 Abs. 1 Satz 2, §§ 9 und 10 Abs. 1 und 3 Satz 1 gelten entsprechend. Wird Rechtsbeschwerde eingelegt, so kann der Bundesgerichtshof auf Antrag des Verpflichteten eine Anordnung nach

Satz 1 aufheben oder auf Antrag des Berechtigten erstmals eine Anordnung nach Satz 1 treffen.

§ 54 Bescheinigungen zu inländischen Titeln

Die Bescheinigung nach Artikel 33 der Verordnung wird von dem Urkundsbeamten der Geschäftsstelle des Gerichts des ersten Rechtszuges und, wenn das Verfahren bei einem höheren Gericht anhängig ist, von dem Urkundsbeamten der Geschäftsstelle dieses Gerichts ausgestellt.

Abschnitt 6. Verordnung (EG) Nr. 44/2001 des Rates vom 22. Dezember 2000 über die gerichtliche Zuständigkeit und die Anerkennung und Vollstreckung von Entscheidungen in Zivil- und Handelssachen

§ 55 Abweichungen von Vorschriften des Allgemeinen Teils; ergänzende Regelungen

(1) **Die §§ 3, 6 Abs. 1, § 7 Abs. 1 Satz 2 und Abs. 2, § 11 Abs. 1 Satz 2 und Abs. 3 Satz 1 erster Halbsatz und Satz 2 sowie § 18 finden keine Anwendung.**

(2) **Artikel 43 Abs. 5 Satz 2 und 3 der Verordnung ist sinngemäß auch dann anzuwenden, wenn der Verpflichtete seinen Wohnsitz oder seinen Sitz in einem Mitgliedstaat der Europäischen Union, in dem die Verordnung nicht gilt, oder in einem nicht der Europäischen Union angehörenden Vertragsstaat des Übereinkommens vom 16. September 1988 über die gerichtliche Zuständigkeit und die Vollstreckung gerichtlicher Entscheidungen in Zivil- und Handelssachen (BGBl. 1994 II S. 2658) hat. Dementsprechend finden die § 10 Abs. 2 und 3 Satz 2 sowie § 11 Abs. 3 Satz 1 zweiter Halbsatz keine Anwendung, wenn der Verpflichtete seinen Wohnsitz oder seinen Sitz in einem anderen Mitgliedstaat der Europäische Union oder in einem anderen Vertragsstaat dieses Übereinkommens hat.**

(3) in einem Verfahren, das die Vollstreckbarerklärung einer notariellen Urkunde zum Gegenstand hat, kann diese Urkunde auch von einem Notar für vollstreckbar erklärt werden. Die Vorschriften für das Verfahren der Vollstreckbarerklärung durch ein Gericht gelten sinngemäß.

§ 56 Bescheinigungen zu inländischen Titeln

Die Bescheinigungen nach den Artikeln 54, 57 und 58 der Verordnung werden von dem Gericht, der Behörde oder der mit öffentlichem Glauben versehenen Person ausgestellt, der die Erteilung einer vollstreckbaren Ausfertigung des Titels obliegt. Soweit danach die Gerichte für die Ausstellung der Bescheinigung zuständig sind, wird dieses von dem Gericht des ersten Rechtszuges und, wenn das Verfahren bei einem höheren Gericht anhängig ist, von diesem Gericht ausgestellt. Funktionell zuständig ist die Stelle, der die Erteilung einer vollstreckbaren Ausfertigung des Titels obliegt. Für die Anfechtbarkeit der Entscheidung über die Ausstellung der Bescheinigung gelten die Vorschriften über die Anfechtbarkeit der Entscheidung über Erteilung der Vollstreckungsklausel sinngemäß.

Anhang zu Teil 1. Schlussvorschriften außerhalb der EuGVVO

I. Schlussvorschriften EuGVÜ

Art. 65 [Protokoll]

1 Das diesem Übereinkommen in gegenseitigem Einverständnis beigefügte Protokoll ist Bestandteil dieses Übereinkommens

Rest (Art. 60–64, 67, 68) nicht abgedruckt

II. Protokoll EuGVÜ

Art. I: s. Art. 63, **Art. II:** s. Art. 61; **Art. III:** s. Art. 52; **Art. IV:** obsolet durch EuGZVO; **Art. V:** Art. 65.

Art. V a: 2

In Unterhaltssachen umfasst der Begriff Gericht auch dänische Verwaltungsbehörden.

Art. V

Art. 22 Nr. 5
Rest nicht behandelt.

3

III. Protokoll betreffend die Auslegung des Übereinkommens vom 27. September 1968 über die gerichtliche Zuständigkeit und die Vollstreckung gerichtlicher Entscheidungen in Zivil- und Handelssachen durch den Gerichtshof

Vom 3. 6. 1971 (BGBl. 1972 II S. 846)
i. d. F. des 4. Beitrittsübereinkommens vom 29. 11. 96 (BGBl. 1998 II S. 1412)

Nicht abgedruckt. Nur noch einschlägig in Verfahren zur Vollstreckbarerklärung dänischer Entscheidungen und bei Verfahren in Deutschland gegen Personen mit (Wohn-) Sitz in Dänemark.

IV. Schlussbestimmungen LÜ

Art. 60

Vertragsparteien dieses Übereinkommens können sein

a) die Staaten, die in dem Zeitpunkt, zu dem das Übereinkommen zur Unterzeichnung aufgelegt wird, Mitglieder der Europäischen Gemeinschaften oder der Europäischen Freihandelsassoziation sind;

b) die Staaten, die nach diesem Zeitpunkt Mitglieder der Europäischen Gemeinschaften oder der Europäischen Freihandelsassoziation werden;
c) die Staaten, die nach Artikel 62 Absatz 1 Buchstabe b) zum Beitritt eingeladen werden.

Art. 61

(1) Dieses Übereinkommen liegt für die Staaten, die Mitglieder der Europäischen Gemeinschaften oder der Europäischen Freihandelsassoziation sind, zur Unterzeichnung auf.

(2) Das Übereinkommen bedarf der Ratifikation durch die Unterzeichnerstaaten. Die Ratifikationsurkunden werden beim Schweizerischen Bundesrat hinterlegt.

(3) Das Übereinkommen tritt am ersten Tag des dritten Monats in Kraft, der auf den Tag folgt, an dem zwei Staaten, von denen einer Mitglied der Europäischen Gemeinschaften und der andere Mitglied der Europäischen Freihandelsassoziation ist, ihre Ratifikationsurkunden hinterlegt haben.

(4) Für jeden anderen Unterzeichnerstaat tritt das Übereinkommen am ersten Tag des dritten Monats in Kraft, der auf die Hinterlegung seiner Ratifikationsurkunde folgt.

Art. 62

(1) Dem Übereinkommen können nach seinem Inkrafttreten beitreten

a) die in Artikel 60 Buchstabe b) bezeichneten Staaten,
b) andere Staaten, die auf ein an den Depositarstaat gerichtetes Ersuchen eines Vertragsstaats hin zum Beitritt eingeladen worden sind. Der Depositarstaat lädt den betreffenden Staat zum Beitritt nur ein, wenn ihm nach Übermittlung des Inhalts der Mitteilungen, die der betreffende Staat nach Artikel 63 zu machen beabsichtigt, die Zustimmung aller Unterzeichnerstaaten sowie

aller in Artikel 60 Buchstaben a) und b) bezeichneten Vertragsstaaten vorliegt.

(2) **Wünscht ein beitretender Staat Erklärungen im Sinne des Protokolls Nr. 1 abzugeben, so werden zu diesem Zweck Verhandlungen aufgenommen. Eine Verhandlungskonferenz wird durch den Schweizerischen Bundesrat einberufen.**

(3) **Für jeden beitretenden Staat tritt das Übereinkommen am ersten Tag des dritten Monats in Kraft, der auf die Hinterlegung seiner Beitrittsurkunde folgt.**

(4) **Für einen in Absatz 1 Buchstaben a) oder b) bezeichneten Staat tritt das Übereinkommen jedoch nur im Verhältnis zu den Vertragsstaaten in Kraft, die vor dem ersten Tag des dritten Monats, der auf die Hinterlegung der Beitrittsurkunde folgt, keine Einwände gegen den Beitritt erhoben haben.**

Art. 63–67 (nicht abgedruckt)

Art. 68

Dieses Übereinkommen ist in einer Urschrift in dänischer, deutscher, englischer, finnischer, französischer, griechischer, irischer, isländischer, italienischer, niederländischer, norwegischer, portugiesischer, schwedischer und spanischer Sprache abgefasst, wobei jeder Wortlaut gleichermaßen verbindlich ist; es wird im Archiv des Schweizerischen Bundesrates hinterlegt, der den Regierungen der Staaten, die auf der diplomatischen Konferenz von Lugano vertreten waren, und jedem beitretenden Staat eine beglaubigte Abschrift übermittelt.

V. Protokoll Nr. 1 zu LÜ

Art. I

vom Abdruck abgesehen. Entspricht ohne zeitliche Begrenzung Art. I Protokoll EuGVÜ;

Art. Ia

durch Zeitablauf obsolet; Art. II–IV Vom Abdruck wurde abgesehen. Entspricht Art. II–IV:
Protokoll EuGVÜ; Art Vc–VI Vom Abdruck wurde abgesehen.

Art. Ib [Allgemeine Vorbehaltsmöglichkeit]

4 **Jeder Vertragsstaat kann sich durch eine bei der Hinterlegung seiner Ratifikations- oder Beitrittsurkunde abgegebene Erklärung unbeschadet der Bestimmungen des Artikels 28 das Recht vorbehalten, in anderen Vertragsstaaten ergangene Entscheidungen nicht anzuerkennen und zu vollstrecken, wenn die Zuständigkeit des Gerichts des Ursprungsstaats nach Artikel 16 Nr. 1 Buchstabe b) ausschließlich dadurch begründet ist, dass der Beklagte seinen Wohnsitz in dem Ursprungsstaat hat und die unbewegliche Sache in dem Hoheitsgebiet des Staates belegen ist, der den Vorbehalt angebracht hat.**

Beispiel: Tribunal cantonal Jura SZEIR 94, 411.
Polen: BGBl. 2000 II 124

5 Art. V [Begrenzte Geltendmachung der Zuständigkeit nach Art. 6 Nr. 2 und Art. 10]

(1) **Die in Artikel 6 Nummer 2 und Artikel 10 für eine Gewährleistungs- oder Interventionsklage vorgesehene Zuständigkeit kann in der Bundesrepublik Deutschland, in Spanien, in Österreich und in der Schweiz nicht geltend gemacht werden. Jede Person, die ihren Wohnsitz in einem anderen Vertragsstaat hat, kann vor Gericht geladen werden.**
- **in der Bundesrepublik Deutschland nach den §§ 68 und 72 bis 74 der Zivilprozessordnung, die für die Streitverkündung gelten,**
- **in Spanien nach Artikel 1482 des Zivilgesetzbuches,**
- **in Österreich nach § 21 der Zivilprozessordnung, der für die Streitverkündung gilt,**

– in der Schweiz nach den einschlägigen Vorschriften der kantonalen Zivilprozessordnung über die Streitverkündung (litis denuntiatio).

(2) **Entscheidungen, die in den anderen Vertragsstaaten aufgrund des Artikels 6 Nr. 2 und des Artikels 10 ergangen sind, werden in der Bundesrepublik Deutschland, in Spanien, in Österreich und in der Schweiz nach Titel III anerkannt und vollstreckt. Die Wirkungen, welche die in diesen Staaten ergangen Entscheidungen nach Absatz 1 gegenüber Dritten haben, werden auch in den anderen Vertragsstaaten anerkannt.**

Literatur: *Mansel* s. Art. 6 EuGVÜ/LÜ

In der Schweiz ist die Vorschrift bezüglich jener Kantone nicht anzuwenden, die die Zuständigkeit für Gewährleistungsklagen kennen (*Jametti-Greiner* ZBJV 128 [1992] 58; Walter ZZP 108 [1994] 308. **a. A.** *Poudret* in Gillard L'espace judiciaire européen [1992] 77).

Art. Va [Erweiterung des Gerichtsbegriffs in Dänemark, Island, Norwegen und Finnland]

(1) **In Unterhaltssachen umfasst der Begriff „Gericht" auch dänische, isländische und norwegische Verwaltungsbehörden.**

(2) **In Zivil- und Handelssachen umfasst der Begriff „Gericht" auch das finnische „ulosotonhaltija/överexekutor".**

Art. Vb [Diplomatische oder konsularische Vertreter in Seedienstsachen]

Bei Streitigkeiten zwischen dem Kapitän und einem Mitglied der Mannschaft eines in Dänemark, in Griechenland, in Irland, in Island, in Norwegen, in Portugal oder in Schweden eingetragenen Seeschiffes übe die Heuer oder sonstige Bedingungen des Dienstverhältnisses haben die Gerichte eines Vertragsstaates zu überprüfen, ob der für das Schiff zuständige diplomatische oder konsularische

Vertreter von der Streitigkeit unterrichtet worden ist. Sie haben das Verfahren auszusetzen, solange dieser Vertreter nicht unterrichtet worden ist. Sie haben sich von Amts wegen für unzuständig zu erklären, wenn dieser Vertreter, nachdem der ordnungsgemäß unterrichtet worden ist, die Befugnisse ausgeübt hat, die ihm insoweit aufgrund eines Konsularabkommens zustehen, oder, falls ein derartiges Abkommen nicht besteht, innerhalb der festgesetzten Frist Einwände gegen die Zuständigkeit geltend macht.

VI. Protokoll Nr. 2 zum LÜ über die einheitliche Auslegung des Übereinkommens

Art. 1 [Gebot der Beachtung maßgeblicher Entscheidungen]

Die Gerichte jedes Vertragsstaats tragen bei der Anwendung und Auslegung der Bestimmungen dieses Übereinkommens den Grundsätzen gebührend Rechnung, die in maßgeblichen Entscheidungen von Gerichten der anderen Vertragsstaaten zu den Bestimmungen des genannten Übereinkommens entwickelt worden sind.

Art. 2 [Informationsaustausch]

(1) Die Vertragsparteien kommen überein, ein System für den Austausch von Informationen über die Anwendung dieses Übereinkommens ergangenen Entscheidungen sowie über die in Anwendung des Brüsseler Übereinkommens ergangenen maßgeblichen Entscheidungen einzurichten. Dieses System umfasst

- die von den zuständigen Behörden vorzunehmende Übermittlung der Entscheidungen letztinstanzlicher Gerichte und des Gerichtshofs der Europäischen Gemeinschaften sowie anderer besonders wichtiger, rechtskräftig gewordener Entscheidungen, die in Anwendung dieses Übereinkommens oder des Brüsseler Übereinkommens ergangen sind, an eine Zentralstelle;

- **die Klassifizierung dieser Entscheidungen durch die Zentralstelle, erforderlichenfalls einschließlich der Erstellung und Veröffentlichung von Übersetzungen und Zusammenfassungen;**
- **die von der Zentralstelle vorzunehmende Übermittlung der einschlägigen Dokumente an die zuständigen nationalen Behörden aller Unterzeichnerstaaten dieses Übereinkommens und aller beitretenden Staaten sowie an die Kommission der Europäischen Gemeinschaften.**

(2) **Zentralstelle ist der Kanzler des Gerichtshofs der Europäischen Gemeinschaften.**

Art. 3, 4

Vom Abdruck wurde abgesehen.

VII. Protokoll Nr. 3 zum LÜ

Vom Abdruck wurde abgesehen.

2. Teil. Internationale und Europäische Rechtshilfe

Vorbemerkungen zu Teil 2

1 Die Zusammenarbeit der Justizbehörden mehrerer Staaten während eines laufenden Verfahrens nennt man „Rechtshilfe“. Sie ist in allen Staaten systematisch klar von der Anerkennung und Vollstreckung von Gerichtsentscheidungen aus fremden Staaten geschieden. Es geht hauptsächlich um grenzüberschreitende Zustellungen und andere amtliche Mitteilungen einerseits und Informationsbeschaffung – meist etwas verkürzt „Beweisaufnahme“ genannt – andererseits. Den Rest schlägt man allseits der Informationsbeschaffung hinzu, weil das einschlägige Regelungswerk, nämlich das Haager Übereinkommen vom 18. 3. 1970 auch das Ersuchen um Vornahme einer „andere[n] gerichtliche[n] Handlung“ regelt.

2 Im letzten Drittel des 20. Jahrhunderts waren – jedenfalls aus der Sicht Deutschlands – die beiden zentralen Regelungswerke die hier näher erläuterten **Haager Übereinkommen** über die Zustellung gerichtlicher und außergerichtlicher Schriftstücke im Ausland in Zivil- und Handelssachen vom 15. 11. 1965 und über die Beweisaufnahme im Ausland in Zivil- und Handelssachen vom 18. 3. 1970. 1980 hat eine „Special Commission“ der Haager Konferenz für Internationales Privatrecht einen Bericht „on the Operation of the Hague Service and the Hague Evidence Convention“ vorgelegt (28 ILM 1556ff.; SchwJbR 1989, 175ff.).

Eine der von ihr behandelten und in der Tat auch schwierigen Rechtsfragen ist die Bestimmung des Begriffs „Zivil- und Handelssachen“. Ihr zufolge soll dieser Begriff vertragsautonom ausgelegt werden (aaO 1568) Zur Unrichtigkeit eines solchen Ansatzes Art. 1 HZÜ Rn 2.

3 Die Schaffung der entsprechenden Grundlagen im Vertrag von Amsterdam (Allg. Einl. Rn 29) hat auch auf dem Gebiet der grenzüberschreitenden Zustellungen und der Beweisaufnahmen im Ausland sekundäres EG-Recht in Gestalt von **Verordnungen** ermöglicht. Insoweit gilt der Grundsatz der **vertragsautonomen Auslegung** der verwendeten Begriffe Zivil- und Handelssachen, wie er für die EuGVVO und die EuEheVO gilt und für das EuGVÜ gegolten hat, s. Allg. Einl. Rn 24.

I. Übereinkommen über die Zustellung gerichtlicher und außergerichtlicher Schriftstücke im Ausland in Zivil- oder Handelssachen - HZÜ -

Vom 15. 11. 1965[1]
BGBl. 1977 II S. 1453

(amtliche Übersetzung)[2]

Vorbemerkung

Literatur: *Taborda Ferreira* Rapport Explicatif Conférence de la Haye, Actes et documents 10 ième série t. III, 363 ff.; Denkschrift BundesR BT 7, 4892; *Pfeil-Kammerer* Deutsch-amerikanischer Rechtshilfeverkehr in Zivilsachen, 1987; *Pfennig* Die internationale Zustellung in Zivil- und Handelssachen, 1988; *Karen Jeka Mössle* Internationale Forderungspfändung, 1991;

---

[1] Vertragsstaaten: Ägypten, Barbados (BGBl. 1988 II S. 966), Belgien, Botswana, Dänemark, Finnland, Frankreich, Israel, Japan, Luxemburg, Malawi, die Niederlande, Norwegen, Portugal, Schweden, Türkei, Vereinigtes Königreich, Vereinigte Staaten (Bek. v. 21. 6. 1979, BGBl. II S. 779 und v. 23. 6. 1980, BGBl. II S. 907); ferner die Seychellen (seit 1. 7. 1981, BGBl. II S. 1029), Antigua und Barbuda (seit 1. 11. 81 BGBl. 87 II, S. 614), Italien (seit 24. 1. 82 BGBl. II. S. 522) die CSFR (seit 1. 6. 1982, BGBl. II S. 722) und ihre beiden Nachfolgestaaten (BGBl. 93 II S. 2164); Zypern (seit 1. 6. 1983, BGBl. 1984 II S. 506), Griechenland (seit 18. 9. 1983, BGBl. II S. 575), Spanien (seit 3. 8. 1987, BGBl. II S. 613), Kanada (seit 1. 5. 1989, BGBl. II S. 807), Pakistan (seit 1. 8. 1989, BGBl. II S. 1650), Volksrepublik China (seit 1. 1. 1992, BGBl. II S. 146 – dazu *Ma Lin* IPRax 1997, 52), Slowakei (BGBl. 1993 II S. 2164); Schweiz (seit 1. 1. 1995, BGBl. II S. 755), Venezuela (BGBl. 1995 II S. 55); Lettland (BGBl. 1995 II S. 1065); Polen (BGBl. 1996 II S. 2531); Estland (BGBl. 1996 II S. 2759); Bahamas (BGBl. 1998 II S. 288); Weißrussland (BGBl. 1998 II S. 288); Bulgarien, Korea, Mexiko (alle BGBl. 2001 II S. 270).

[2] Der englische und der französische Text sind gleichberechtigt authentisch.

Koch Neuere Probleme der internationalen Zwangsvollstreckung in Schlosser, Materielles Recht u. Prozessrecht, 1992, 171 ff.; *Mc Clean* International Judicial Anistana, Oxford 1992; *Wieke* Zustellungen, Zustellungsmängel und Urteilsanerkennung am Beispiel fiktiver Inlandszustellungen in Deutschland, Frankreich und den USA, 1993 (Ausführliche Detailschilderung); *Merkt* Abwehr der Zustellung von „punitive damages"-Klagen, 1995; Practical Handbook on the Operation of the Hagne Convention of 15. November 1965, Maklu Utgevers, Antwerpen 1992; *Volken* Die internationale Rechtshilfe in Zivilsachen (1996); *Kondring* Die Heilung von Zustellungsfehlern im internationalen Zivilrechtsverkehr, 1995; *Fleischhauer* Inlandszustellung an Ausländer, 1996; *Bischof* Die Zustellung im internationalen Rechtsverkehr in Zivil- und Handelssachen, 1997; *Linke* Probleme der internationalen Zustellung in: Gottwald Grundfragen der Gerichtsverfassung ..., 1999, 95 ff.; *Schlosser* Jurisdiction ... 284 Recueil des Cours, 2001, 9 ff., 89 ff.; *Heß* Die Zustellung von Schriftstücken im europäischen Justizraum, NJW 2001, 15; *Gregor Geimer* Neuordnung des internationalen Zustellungsrechts 1999.

Elektronische Datenbanken: www.hcch.net/e/conventions/menu14e.html>

1 Das Übereinkommen beruht auf der Vorstellung, es stehe den Vertragsstaaten frei, aufgrund ihrer Souveränität eine amtliche Zustellung, veranlasst durch eine ausländische Behörde, auf ihrem Territorium nicht zu dulden. Diese Vorstellung ist veraltet und steht in Wertungswiderspruch dazu, dass eine amtliche Mitteilung von einer erfolgten Zustellung – und sei sie noch so fiktiv, s. Art. 15 Rn 1 – die Souveränität nicht berühren soll (so mit Recht *Fleischhauer* aaO 59 ff.). Durch die EuZVO, s. dort Art. 14, ist dieser Grundsatz im Verhältnis zu den EG-Staaten auch aufgegeben worden. Es ist daher fraglich, ob er sich gegenüber anderen Staaten noch lange wird halten können.

Zustellungen im Inland, veranlasst durch deutsche Justizbehörden, werden in diesem Kommentar nicht behandelt, auch wenn sie mit Wirkung gegenüber auslandsansässigen Personen vorgenommen werden, s. Art. 1 Rn 5 ff. Sie stoßen auf Grenzen gezogen durch die völkerrechtlichen Grundsätze über justizielle Menschenrechte (dazu *Fleischhauer* aaO 72 ff., 212 ff.; *Stadler* FS BGH (2000) 645, 652), die der BGH leider sehr restriktiv auslegt (NJW 99, 454, 1187, 1871 – zu § 175 ZPO).

2 Für das Verhältnis der EU-Staaten zueinander (ausgenommen Dänemark) ist das Übereinkommen durch EuZVO ersetzt, s. Art. 1 EuZVO.

Art. 1 [Anwendungsbereich]

(1) **Dieses Übereinkommen ist in Zivil- und Handelssachen in allen Fällen anzuwenden, in denen ein gerichtliches oder außergerichtliches Schriftstück zum Zweck der Zustellung in das Ausland zu übermitteln ist.**

(2) **Das Übereinkommen gilt nicht, wenn die Anschrift des Empfängers des Schriftstücks unbekannt ist.**

1 **1.** Das HZÜ ist in **Zivil- oder Handelssachen** anzuwenden. Insoweit entspricht seine Terminologie der der EuGVVO und des HBÜ s. Art. 1 EuGVVO Rn 3–6; Art. 1 HBÜ Rn 2. Auch die in Art. 1 Abs. 2 EuGVVO Nr. 1 und 2 genannten Rechtsgebiete fallen darunter (SchwBG st. Rspr. Zuletzt *BGE* 96 III 62 – Insolvenzverfahren; *Hoge Raad* ILM 1986, 1577, 1582 – Insolvenzverfahren), wenn eine der beteiligten Rechtsordnungen, s. Rn 2, sie privatrechtlich einordnet. Enteignungsverfahren sind aber nirgendwo zivilrechtlich, auch wenn in die Kontrolle Zivilgerichte eingeschaltet sind (*Walther* Lit. HBÜ Rn 33) Wegen des jeweils unterschiedlichen Kreises von gebundenen Staaten und des Fehlens einer übergeordneten Auslegungsinstanz ist jedoch eine autonome oder gar eine für alle drei Übereinkommen einheitliche Auslegung nicht möglich (**a. A.** Expertenkommission zum HZÜ [1989] Practical Handbook[2] Maklu Utgevers Antwerpen 28 ff.; *Schack*[3] Rn 605).

2 **a)** Lediglich **soweit sich der EuGH für die Zwecke des EuGVÜ (EuGVVO) für die Annahme einer Zivil- oder Handelssache entschieden hat** (s. Art. 1 EuGVVO Rn 7 ff.), ist dies von den Gerichten der EuGVVO-Staaten auch für die Auslegung des HZÜ zu beachten. Denn die EuGVVO setzt ihre Ergänzung durch die EuGZVO voraus, s. Art. 26 Abs. 4 EuGVVO. Für den Fall der Klage auf Schadenersatz wegen rechtswidriger und schuldhafter Aufsichtspflichtverletzung durch einen Lehrer anlässlich einer Klassenfahrt bedeutet dies, dass im Verhältnis von EuGVVO-Staaten gem. der Rechtsprechung des EuGH (NJW 93, 2091 = IPRax 94, 37 – *Heß* 10) auch im Sinne des HZÜ eine Zivilsache anzunehmen ist, während die h. M. in Deutschland die Beamtenhaftung nach deutschem Recht als öffentlich-rechtlich qualifiziert. Die Expertenkommission 1989 (Einl. 2. Teil Rn 2) hat eine

sehr liberale Handhabung des Übereinkommens festgestellt (Practical Handbook S. 29). Im übrigen ist im Interesse einer möglichst effizienten transnationalen Rechtsdurchsetzung wie bei bilateralen Anerkennungs- und Vollstreckungsverträgen (dazu *Cramer-Frank* Auslegung und Qualifikation bilateraler Anerkennungs- und Vollstreckungsverträge [1987] 43 ff.) **alternativ zu qualifizieren** (*Basedow* in Schlosser (Hsg) Materielles und Prozessrecht ... [1992] 131 ff.). Das HZÜ findet Anwendung, wenn entweder nach dem Recht des ersuchenden oder des ersuchten Staates eine Zivil- oder Handelssache vorliegt. Nur so bleibt im jeweils bilateralen Verhältnis das Gleichgewicht in der Anwendbarkeit des Übereinkommens gewahrt, und doch kann ein Staat sicher sein, dass die Einheit seiner Privatrechtsordnung auch in der internationalen Rechtshilfe respektiert wird. Dass damit Gerichtsverfahren aus common-law-Staaten rechtshilfepflichtig werden, die, in unseren Kategorien betrachtet, verwaltungsrechtliche Sachen betreffen, ist nicht erschreckend (a.A. *Bischof*[51], aber ohne griffige Gegenthese). Verwaltungs*behördliche* Sachen sind auf jeden Fall als nicht zivil- oder handelsrechtlich zu qualifizieren und vom Anwendungsbereich des HZÜ ausgeschlossen (*Junker* Discovery 263 ff., 276). Sind sich beide Parteien des Ausgangsverfahrens über die privatrechtliche Natur ihres Rechtsstreits einig, so besteht kein Grund, ihnen nicht zu folgen.

Die Frage ist heftig **umstritten:** Je nachdem, ob das Hauptaugenmerk auf einen möglichst weiten Anwendungsbereich des HZÜ oder einen möglichst effektiven Schutz der Vertragsstaaten vor fremden Rechtsvorstellungen gerichtet ist, wird eine Qualifikation nach dem Recht des ersuchenden (BGHZ 65, 291 = NJW 76, 478 – noch zum HZPrÜ 54; *Nagel* 233; *Pfennig* 74; *Böckstiegel/Schlafen* NJW 79, 1073; *Bülow/Böckstiegel* 351.2 Anm 2) oder des ersuchten Staates (*Junker* IPRax 86, 206; *ders.* – für HBÜ – Discovery 254 ff.; *Hollmann* RIW 82, 784) oder auch eine kumulative Qualifikation nach dem Recht beider Staaten (House of Lords, *In re State of Norway's application* [1989] 3 WLR 458, 473 für die Qualifikation einer norwegischen Steuerforderung nach Art. 1 HBÜ – aber wohl nur als „jedenfalls dann" zu verstehen; *Schütze* IZPR S. 232; *Löber* Intern. Wirtschaftsbriefe 88, 375) oder eine autonome möglichst weitreichende (*Schack* IZPR[3] Rn 605; *Stein/Jonas/Roth*[21] § 199 Rn 20) vorgeschlagen. Jedoch laufen alle Alternativen der hier favorisierten Lösung auf unnötige Umständlichkeiten hinaus. Fast immer kann man sich bei eingehenden Ersuchen darauf verlassen, dass sie im Ursprungsland einer zivilrechtlichen Angelegenheit entspringen. Besteht der Verdacht, dass der Ursprungsstaat den eigenen Zivilrechtsbegriff tendenziös strapaziert, dann muss er sich das Gutachten eines unabhängigen Sachverständigen vorhalten lassen.

b) Kommt es im Rahmen alternativer Qualifikation auf das deutsche Verständnis des Begriffs „Zivil- oder Handelssache" an, so ist nach der **Natur des Rechtsverhältnisses** zu entscheiden, aus dem der Klageanspruch hergeleitet wird (GSOBG BGHZ 97, 313 = NJW 86, 2359; BGHZ 106, 135 = NJW 89, 303). Auf eine hiervon abweichende Rechtswegzuweisung kommt es nicht an. Für Staaten, die den Unterschied zwischen Privatrecht und öffentlichem Recht nur rudimentär entwickelt haben (weil es keine gesonderte Verwaltungsgerichtsbarkeit gibt) – Rn 2, ist freilich das HZÜ auch unanwendbar, wenn das Ausgangsverfahren aus einer klar hoheitlichen Beziehung stammt. Klagen auf **„punitive damages"** (BGHZ 118, 312 = NJW 92, 3096 ff., 3102 – für § 328 ZPO; *Bischof* aaO 56 ff. m. w. N.; ZG Basel Baseler Jur. Mitt. 91, 31, 33) und „class actions" (Frankfurt RIW 91, 419) sind aber Zivilsachen. Beansprucht der Staat am zuzuerkennenden Betrag eine massive Beteiligung, so mag man insoweit eine Strafnatur annehmen. Ebenso wie man zivilrechtliche Adhäsionsverfahren im Strafrecht anerkennt, muss man auch eine strafrechtliche Adhäsion im Zivilverfahren gutheißen (**a. A.** *Merkt* aaO 63 ff.). 3

c) Beispiele aus der Rechtsprechung, die aber die Qualifikationsfrage nicht oder nur rudimentär herausarbeitet: Als Zivil- und Handelssache gewertet: Strafähnliche Arretierung durch UR Security und Exchange Commission (Magistrate's Court Tel Aviv v. 5. 8. 92 Practical Handbook Suppl. 1994 102 f.), Beitragsschulden an staatliche Sozialversicherungsanstalten (Cour de cassation (B) Pasicrisie 86 I 62. **a. A.** Tribunal de Commerce Luxembourg Journal des Tribunaux 91, 483); zur literarischen Wertung vieler Rechtsgebiete s. *Bischof* aaO 58 ff. 4

2. Ist ein gerichtliches Schriftstück amtlich ins Ausland zu übermitteln, so sind ausschließlich die vom HZÜ bestimmten oder zugelassenen Wege einzuhalten. In welchen Fällen ein Schriftstück **zum Zweck der Zustellung in das Ausland** zu übermitteln ist, legt jedoch weder Art IV Protokoll EuGVÜ/LÜ (*Stürner* JZ 92, 5

328f) noch das HZÜ fest. Diese Frage **richtet sich vielmehr nach den Bestimmungen der lex fori** (Denkschrift der Bundesregierung BT-Drucks. 7/4892 S. 40, BGH RIW 99,456; *Hoge Raad* [1997], ILPr. 338; Düsseldorf IPRax 85, 289; Oldenburg IPRax 92, 169; Köln RIW 89, 815; *Stürner* JZ 92, 327). Wie in den USA (*S.T.R Industries, Inc. v. Palmer Industries, Inc.* 1996 WL 717468 [ND III]) so kann auch in Deutschland einer zufällig im Inland anwesenden Person zugestellt werden. Eine (Ersatz-) Zustellung im Inland unterfällt dem HZÜ auch dann nicht, wenn der Zustellungsadressat im Ausland wohnt und das Schriftstück zu seiner Kenntniserlangung bestimmt ist. Insbesondere wird § 184 Abs. 1 ZPO vom HZÜ nicht tangiert (BGH IPRax 88, 159; München IPRax 90, 111 – *Herbert Roth* 90 mit gut dokumentierten Ausführungen zu rechtsstaatlich gebotener Handhabung von Fristen), auch nicht insoweit, als man ihn in der FG schon für die Benachrichtigung eines Verfahrensbeteiligten zu der Verfahrenseinleitung heranzieht (*Bamberg* NJW-RR 99, 659). Hierüber besteht im Grundsatz Einigkeit; umstritten ist jedoch die Frage, ob und ggf. **in welchem Umfang diese Regel einzuschränken ist.**

6 **a)** Ausgangspunkt für diesen Streit ist die *remise au parquet* des französischen Rechts, die in vielfältig variierter Weise von anderen Rechtsordnungen übernommen worden ist. Sie ermöglicht die als solche für wirksam erachtete Zustellung an eine im Ausland befindliche Partei durch Übergabe des Schriftstücks an die Staatsanwaltschaft im Inland, Art. 684 n.c.pr.c. Daneben ist zwar gem. Art. 686 n.c.pr.c. eine Benachrichtigung des Beklagten durch den Gerichtsvollzieher auf dem Postweg mittels eingeschriebenen Briefs sowie die Übermittlung einer beglaubigten Abschrift entsprechend der geltenden Vereinbarungen (also des HZÜ und der in Kraft gebliebenen bilateralen Vereinbarungen s. Anh. Art. 24 Rn 2ff.) vorgeschrieben (Art. 685 Abs. 2 n.c.pr.c.); beides ist jedoch nicht mehr Voraussetzung für die Wirksamkeit der Zustellung und den Eintritt der mit ihr verbundenen Rechtsfolgen (hierzu *Dubois* IPRax 88, 85). Ausweislich des textlich nicht ganz stimmig formulierten Art. 15, s. Art. 15 Rn 3, haben die Vertragsstaaten dies akzeptiert, weshalb die genannte Norm auch im Falle einer *remise au parquet* anzuwenden ist (Koblenz IPRax 88, 97; *Saarbrücken* RIS 98, 632; People v. Mendocino County Assessor's Parcel 68 Cal.-Rptr. 2d 51 [Ct. App. 1997] – öffentliche Zustellung; *Hoge Raad*

[1997] ILPr. 338; *Schumacher* IPRax 85, 265; *Rauscher* IPRax 91, 155). Überlässt man jedoch die Festlegung, wann ein Schriftstück zum Zweck der Zustellung ins Ausland zu übermitteln ist, uneingeschränkt dem Forumstaat (*US S.Ct.* 486 U.S. 694, 700 [1987] *Volkswagen AG vs. Schlunk,* wiedergegeben von *Heidenberger/Barde* RIW 88, 683; Düsseldorf IPRax 85, 289 = RIW 85, 493; Köln RIW 89, 815; Oldenburg IPRax 92, 169; Saarbrücken RIW 98, 632; *Nagel* IPRax 92, 150; *Junker* JZ 89, 121 und IPRax 86, 197, 202; *Hausmann* IPRax 88, 141, 143; *Dubois* IPRax 88, 85; *Bertele* Subsidiarität und Verfahrensrecht [1998] 347), so wäre grotesken Umgehungen der Vorschriften des HZÜ zum Schutz der Zustellungsadressaten Tür und Tor geöffnet, auch wenn das zu erwartende Urteil dann in anderen Staaten nicht anerkannt werden muss, dazu Art 27 EuGVVO Rn 17ff.

7 **b)** Zu folgen ist daher dem von der concurring opinion im Urteil des *US S.Ct.* (aaO) entwickelten Ansatz, wonach das HZÜ selbst, im Licht seiner Verhandlungsgeschichte betrachtet, eine verbindliche Grenze für die Freiheit des Forumstaates enthält, eine Zustellung als Inlandszustellung anzusehen (ebenso, aber ohne Konkretisierung *Volken* aaO Rn 66ff.). Daraus kann jedoch noch nicht gefolgert werden, Inlandszustellungen seien bereits vertragswidrig, wenn sie als fiktive die Sicherungen der Art. 15, 16 HZÜ unterlaufen (*Stürner* JZ 92, 325, 327ff.). Durch das HZÜ ausgeschlossen sind vielmehr nur Ersatzzustellungen, die eine rechtzeitige Kenntniserlangung durch den Zustellungsadressaten nicht wahrscheinlich machen und die angesichts von dessen Erreichbarkeit durch die vom HZÜ eröffneten Wege nicht nötig sind. Bei Inlandszustellungen an Personen, die sich nur vorübergehend im Inland befinden, müssen besondere rechtsstaatliche Vorkehrungen (Übersetzungen!) getroffen werden (*Koch* aaO 203).

Beispiele: Die Zustellung an eine annähernd namensgleiche **Tochtergesellschaft** des beklagten Konzerns ist hiernach nicht als Umgehung des HZÜ anzusehen (völlig zu Recht *US S.Ct.* aaO). Ebenso wie bei der Zustellung an den Prozessbevollmächtigten des ersten Rechtszuges nach § 172 Nr. 2 ZPO kann in einem solchen Fall davon ausgegangen werden, dass der Beklagte unverzüglich die notwendige Kenntnis erhält. Der Zwang zur Bestellung eines inländischen **Zustellungsbevollmächtigten** wird durch das HZÜ nicht ausgeschlossen, wohl aber die mit der bloßen Aufgabe zur

Post nach § 184 Nr. 1 S. 2 ZPO schon als bewirkt angesehene „Inlandszustellung“ (hierzu eingehend *Schlosser* FS Stiefel [1987] 683; *Stadler* FS BGH [2000] III 652f.; *Stein/Jonas/Roth*[21] § 175 Rn 11m. Ratschlägen zur verfassungskonformen Handhabung. **a. A.** BGH NJW 99, 1187; BGH NJW 92, 1701, der den Zustellungsadressaten durch die Möglichkeit der Wiedereinsetzung als ausreichend geschützt ansieht).

8 **c)** Das Dokument muss **zum Zwecke der Zustellung** übermittelt werden. In den authentischen Sprachen heißt es „signification ou notification“ bzw. „service“. Es war also an gesetzlich formalisierte Formen der Bekanntgabe gedacht. Da aber Deutschland in der amtlichen Bekanntmachung einen Hoheitsakt sieht, der auf fremdem Territorium nicht vorgenommen werden darf, muss man auch die formlose Mitteilung dem Übereinkommen unterstellen. Man kann den Verfahrensbeteiligten keine Unklarheit darüber zumuten, ob eine „formlose Mitteilung“ als „einfache Mitteilung“ völkerrechtlich auch im postalischen Verkehr zulässig ist, s. vor Art. 1.

9 **3.** Das HZÜ ist anwendbar auf **„gerichtliche oder außergerichtliche Schriftstücke“,** Art. 1 Abs. 1 HZÜ. Dieses Begriffspaar wurde bereits in den Zivilprozessübereinkommen von 1905 und 1954 verwendet und hat dieselbe Bedeutung wie in diesen Konventionen (BT-Drucks. 7/4892, 42; Bericht *Taborda Ferreira,* 366).

10 **a)** Danach sind **gerichtliche Schriftstücke** („actes judiciaires“) solche, die aus einem bereits eingeleiteten gerichtlichen Verfahren herrühren – einschließlich der gerichtlichen Entscheidungen – oder für die Einleitung eines solchen Verfahrens bestimmt sind (*Bülow/Böckstiegel* 101.2 Anm. 8 zum Zivilprozessübereinkommen von 1954). Zu beweisbezogenen Schriftstücken s. Art. 13 Rn 6. Zu den Initiativberechtigten s. Art. 3. Es muss sich um den Transport verkörperter Erklärungen handeln. Fax- und E-mailübertragungen sind nicht erfasst.

11 **b)** Dagegen stehen **außergerichtliche Schriftstücke** nicht in unmittelbarem Zusammenhang mit Gerichtsverfahren, unterscheiden sich aber von rein privaten Dokumenten und Mitteilungen dadurch, dass die Übermittlung die Beteiligung einer Behörde oder eines Justizbeamten erfordert (Practical Handbook S. 50). Dazu ge-

hören auch Notare (BT-Drucks. 7/4892 S. 49) u. Gerichtsvollzieher welch' letztere in manchen Ländern formalisierte Mitteilungen zu machen haben, um gewisse zivilrechtliche Wirkungen auszulösen, etwa nach Art. 1130 code civil eine Zahlungsaufforderung als Voraussetzung des Verzugs (näher *Ferid/Sonnenberger* Das französische Zivilrecht Bd. 1/1[2] 1 A 97).

12 Für **außergerichtliche Schriftstücke** sind im deutschen Recht Beispiele: Schiedssprüche (näher *Stein/Jonas/Schlosser*[22] § 1054 Rn 16), die vollstreckbare Ausfertigung einer nach § 794 Abs 1 Nr 5 ZPO errichteten Urkunde, wenn im Inland vollstreckt werden soll, der Mahnbescheid (wenn man ihn nicht als gerichtliches Schriftstück werten will), Wechselproteste (Practical Handbook aaO) sowie nach § 132 BGB zuzustellende Schriftstücke. Im französischen Recht, dem der Terminus „acte extrajudiciaire" unmittelbar entlehnt ist, sind dies zum Beispiel von einem „huissier de justice" ausgehende Zwangsvollstreckungsmaßnahmen, das Mahnschreiben, Art. 1139 code civil, oder die Aufforderung, einem Urteil zu entsprechen, Art. 2244 code civil). Aus französischer Sicht kann ein solches Dokument nur von einem Gerichtsvollzieher („huissier") stammen (Cour de Cassation Bull. civ. 1990 III 153; D 1991, 357). Das bekannteste Beispiel ist das an Zustellung durch einen Gerichtsvollzieher gebundene Verlangen nach Verlängerung einer Geschäftsraummiete (Art. 6 decrêt 53–960 [Fr]). Zu Vorpfändungen s. Art. 13 Rn 4. Bei außergerichtlichen Schriftstücken verstößt die Zustellung durch unmittelbare Beauftragung eines Zustellungsbeamten im Empfangsstaat kaum je gegen das HZÜ. Zustellungen nach § 132 BGB können auch im Auftrag eines auslandsansässigen Auftraggebers vorgenommen werden; ebenso Wechselproteste. Ein im Privatauftrag handelnder französischer „huissier" kann auch auf deutschem Boden einen „constat d'huissier" vornehmen.

13 **4.** Ist nach den vorstehenden Erläuterungen das HZÜ anzuwenden, **wurden aber die einschlägigen Zustellungsvorschriften bei einem konkreten Zustellungsversuch außer acht gelassen,** so ist die dem Zustellungsadressaten anzuratende Vorgehensweise naturgemäß vom Prozessrecht des Forumstaates abhängig. Praktische Erfahrungen bestehen vor allem **im Verhältnis zu den USA:**

14 **a)** Da die dortigen Gerichte Zustellungsmängel nicht von Amts wegen, sondern nur auf Rüge hin beachten, muss der Zustellungs-

adressat bei völliger Untätigkeit mit einem Versäumnisurteil rechnen. Dessen Anerkennung und Vollstreckung scheitert in Deutschland zwar an § 328 Abs 1 Nr 2 ZPO; häufig wird jedoch auf Seiten des Beklagten in den USA belegenes Vermögen vorhanden sein. Eine dem deutschen Einspruch (§§ 338, 342 ZPO) vergleichbare, unkomplizierte Möglichkeit der Beseitigung eines Versäumnisurteils fehlt in den USA. Stellt der Beklagte Antrag auf Aufhebung des Versäumnisurteils mit der Begründung, die Zustellung der Klageschrift sei nicht ordnungsgemäß erfolgt, so sieht er sich zudem möglicherweise mit dem Einwand konfrontiert, er habe die zur Verfügung stehenden verfahrensrechtlichen Möglichkeiten, den Mangel umgehend zu rügen (motion to quash service), nicht genutzt und sei deshalb jetzt mit seiner Rüge präkludiert (s. *Hollmann* RIW 82, 784, 795).

15 **b)** Die **motion to quash service** ist allerdings nur dann zu empfehlen, wenn ein weiterer Zustellungsversuch nicht mehr innerhalb der (nach amerikanischem Recht prozessrechtlich zu qualifizierenden) Verjährungsfrist möglich erscheint. Dabei ist zu beachten, dass nach einigen Prozessrechten der USA die Rechtshängigkeit bereits mit Einreichung der Klage bei Gericht eintritt, wenn danach innerhalb bestimmter Frist ordnungsgemäß zugestellt wird (dazu *Junker* JZ 89, 121, 124 m. N.). Kann also der Eintritt der Verjährung noch durch einen weiteren Zustellungsversuch verhindert werden, so führt die motion to quash service zwar zu einem Zeitgewinn, verursacht aber Anwaltskosten, die auch im Falle des Erfolgs allenfalls teilweise erstattungsfähig sind. In diesem Fall ist dem Zustellungsadressaten zu empfehlen, sich trotz Zustellungsmangels auf das Verfahren einzulassen (*Junker* aaO; *ders.* IPRax 86, 197, 207).

16 **5.** Für Zustellungsersuchen nach oder aus Nicht-Vertragsstaaten gilt das HZÜ nicht. „Zwangszustellungen" dann im Inland für unmöglich zu erklären, s. §§ 70 Abs. 2, 68 Abs 2 ZRH, verstößt gegen die justiziellen Menschenrechte des ausländischen Klägers (*Schlosser* FS Matscher [1992] 388 f.).

17 **6.** Das HZÜ regelt naturgemäß auch nicht die Frage, ob der **Bürger** einen **Rechtsanspruch** darauf hat, dass die Zentrale Behörde eines Staates jedenfalls einen Versuch macht, gewünschte Auslandszustellungen vorzunehmen. Für das deutsche Recht muss man annehmen, dass die Behörden verpflichtet sind, dem

Bürger die ihnen rechtlich zur Verfügung stehenden Mittel zur Rechtsdurchsetzung im Ausland auch einzusetzen (*Stein/Jonas/Roth*[21] § 199 Rn 42). Zur Gewährleistung effektiven Rechtsschutzes, ja auf Wunsch der fraglichen Partei nach dem sichereren Weg (**a. A.** unverständlicherweise BGH NJW 87, 3086) kann es geboten sein, anstatt nach § 175 ZPO zu verfahren, eine Auslandszustellung auf offiziellem Weg zu betreiben (Stuttgart IPRax 88, 163 – *Hausmann*). Rechtsbehelf bei Ablehnung: § 567 Abs. 1 Nr. 2 ZPO. Rechtshilfe ist gewiss Pflege auswärtiger Beziehungen (BVerfG DRiZ 79, 219; BGHZ 87, 389; *Schack* IZPR Rn 171). Jedoch muss auch die Pflege auswärtiger Beziehungen in den Dienst der effektiven Rechtsdurchsetzung gestellt werden. Daher ist im Zweifel ein Versuch der Zustellung zu machen. Die bloße und immer wieder beschworene „Möglichkeit" dass der betreffende auswärtige Staat diesen Versuch als Verletzung seiner Hoheit auffassen und deshalb die Zustellung ablehnen könnte, genügt nicht, um von vornherein den Versuch nicht zu unternehmen. Meist steht hinter derartiger Argumentation auch nur das strenge und starre eigene Souveränitätsdenken und der Wunsch, sich Vorhaltungen bezüglich inkonsequenten Verhaltens zu ersparen. Rechtsbehelf bei Ablehnung s. Art. 13 Rn 8 ff.

18 **7.** Eine Zustellung von **Einstweiligen Verfügungen, Pfändungs- (und Überweisungs-) beschlüssen** (Zu der seit 1998 liberalen Praxis BayJMBl. 99, 48), erst recht von **Arrestanordnungen,** die ja als solche noch keine Beschlagnahmewirkung haben, bedeutet noch keine Anerkennung von Entscheidungswirkungen im ersuchten Staat. Sie kann deshalb nicht mit der Begründung abgelehnt werden, sie führe zu einer Verletzung von dessen Souveränität, s. Art. 13 Rn 2. Auch eingehende Ersuchen müssen erledigt werden, schon deswegen, um den Drittschuldner zu warnen. Denn die Pfändungswirkung kann vom ausländischen Staat an die Zustellung an den Schuldner geknüpft werden, was keineswegs gegen das Völkerrecht verstößt. S. aber Art. 16 EuGVVO Rn 27. Unter welcher Voraussetzung, wenn überhaupt, ausländische Pfändungs- und Verwertungsmaßnahmen gegenüber inlandsansässigen Drittschuldnern mit welchen Wirkungen gelten, ist noch unerforscht. Wenn man § 828 Abs. 2 ZPO spiegelbildlich anwendet, müsste die deutsche Rechtsordnung solche ausländischen Zwangsvollstreckungsmaßnahmen weitgehend anerkennen.

19 **8.** Der Adressat kann auf amtliche Zustellung **verzichten.** Das folgt daraus, dass ihr Fehlen keinen Anerkennungsversagungsgrund darstellt, wenn sich die in einer Klage als Beklagter bezeichnete Person auf das Verfahren einlässt (§ 328 Abs. 1 Nr. 2 ZPO, Art. 34 Nr. 2 EuGVVO). Praktisch wird dies im Hinblick auf new rule 4 (d) Federal Rules of Civil Procedure (U. S. A.). Der Beklagte wird aufgefordert, sich mit einer bloßen „notice" zufriedenzugeben, andernfalls er die Kosten der Zustellung zu tragen hat, auch wenn er in der Sache obsiegen sollte. Eine bloße Mitteilung, vor allem wenn von dem Anwalt der Gegenseite vorgenommen, ist auch in Deutschland kein Hoheitsakt, kann daher nach Deutschland übermittelt werden. Auch gegen die postalische Benachrichtigung von der *„remise au parquet"*, Art. 15 Rn 1, hat noch kein Staat Einwendungen erhoben.

20 **9.** Neben dem HZÜ gilt Art. IV Abs. 2 ProtLÜ, der aber wegen des von Deutschland erklärten Widerspruchs (BGBl. 1973 II S. 60) für Zustellungen im Inland keine Bedeutung hat. Bezüglich der EuGVVO-Staaten s. Art. 15 Abs. 2 EuZVO.

21 **10.** Absatz 2 ist restriktiv zu handhaben. Gewohnheitsrechtlich forscht die Zentrale Behörde nach der richtigen Anschrift des Adressaten, wenn er unter der angegebenen nicht erreichbar ist (BGH JZ 99, 414 Anm. *H. Roth*).

22 **11.** Heilung von Zustellungsmängeln: Art. 27 Rn 12/13.

Kapitel I. Gerichtliche Schriftstücke

Art. 2 [Zentrale Behörde]

(1) **Jeder Vertragsstaat bestimmt eine Zentrale Behörde, die nach den Artikeln 3 bis 6 Anträge auf Zustellung von Schriftstücken aus einem anderen Vertragsstaat entgegenzunehmen und das Erforderliche zu veranlassen hat.**

(2) **Jeder Staat richtet die Zentrale Behörde nach Maßgabe seines Rechts ein.**

1 Bezeichnung und Anschrift der von den Vertragsstaaten bestimmten zentralen Behörden sind – soweit ermittelbar – im An-

hang zu Art. 2 abgedruckt. Art. 2 wird ergänzt durch Art. 18. Von der in Art. 18 Abs. 1 vorgesehenen Möglichkeit, neben der zentralen Behörde weitere Behörden zu bestimmen, hat nur Großbritannien Gebrauch gemacht. Art. 18 Abs. 3 stellt es ferner Bundesstaaten frei, mehrere zentrale Behörden zu bestimmen. Dies haben Deutschland, Kanada und die Schweiz getan.

Anh. Art. 2 HZÜ (Zentrale Behörden der Vertragsstaaten, s. BGBl. 1995 II S 755, 1065; 1996 II S. 2531; 1998 II S. 228; 1999 II S. 714):

Ägypten: Ministry of Justice, Office for International Judicial Cooperation, Cairo.

Antigua und Barbuda: The Covernor-General, Antigua und Barbuda.

Bahamas: The Honourable Attorney General

Barbados: The Registrar of the Supreme Court of Barbados, Law Courts, Bridgetown, Barbados.

Belgien: Ministère de la Justice, Service d'entraide civile et judiciaire internationale, Place Poelaert 3, 1000 Bruxelles.

Botswana: The Minister of State in the Office of the President of Botswana, Lobatse, Botswana.

China: Ministry of Justice, Bureau of International Judicial Assistance N. 26 Nanheyan, Chaaowai, Chaoyong District, Beijing, 100020, The People's Republic of China

Dänemark: Justitsministeriet, Slotsholmsgade 10, 1216 Kobenhavn K

Deutschland:

- Baden-Württemberg: Justizministerium Baden-Württemberg, Schillerplatz 4, Stuttgart
- Bayern: Bayerisches Staatsministerium der Justiz, Justizpalast, Prielmayerstraße 7, München
- Berlin: Senatsverwaltung für Justiz, Salzburgerstr. 21–25, Berlin
- Brandenburg: Ministerium der Justiz des Landes Brandenburg, Heinrich-Mann-Allee 107, Potsdam
- Bremen: Präsident des Landgerichts Bremen, Domsheide 16, Bremen
- Hamburg: Präsident des Amtsgerichts Hamburg, Sievekingplatz 1, Hamburg
- Hessen: Hessisches Ministerium der Justiz, Luisenstr. 13, Wiesbaden

– Mecklenburg-Vorpommern: Ministerium für Justiz, Bundes- und Europaangelegenheiten des Landes Mecklenburg-Vorpommern, Demmlerplatz 1–2, Schwerin
– Niedersachsen: Niedersächsisches Justizministerium, Am Waterlooplatz 1, Hannover
– Nordrhein-Westfalen: Präsident des Oberlandesgerichts Düsseldorf, Cecilienallee 3, Düsseldorf
– Rheinland-Pfalz: Ministerium der Justiz, Ernst-Ludwig-Str. 3, Mainz
– Saarland: Ministerium der Justiz, Zähringerstr. 12, Saarbrücken
– Sachsen: Sächsisches Staatsministerium der Justiz, Archivstr. 1, Dresden
– Sachsen-Anhalt: Minister der Justiz, Wilhelm-Höpfner-Ring 4, Magdeburg
– Schleswig-Holstein: Justizminister des Landes Schleswig-Holstein, Lorentzendamm 35, Kiel
– Thüringen: Justizministerium Thüringen, Alfred-Hess-Str. 8, Erfurt

Estland: Estonian Ministry of Justice

Finnland: Ministry of Justice, Eteläesplandi 10, 00130 Helsinki

Frankreich: Ministère de la Justice, Service des Affaires européenes et internationales, Bureau du Droit international et de l'Entraide judiciaire internationale en matière civile et commerciale, 13, Place Vendôme, 75042 Paris Cedex 01

Griechenland: Ministry of Foreign Affairs, Department of, Administrative and Judicial Affairs, Athen

Israel: Director of Courts, Directorate of Courts, Russian Compound Jerusalem

Italien: L'Ufficio unico degli ufficiali giudiziari presso la corte d'appello di Roma, Roma

Japan: The Minister for Foreign Affairs, 2–2-1 Kasumigaseki, Chiyoda-ku, Tokyo 100

Kanada: Director, Legal Advisory Division, Department of External Affairs, 125 Sussex Drive, Ottawa, Ontario, Canada KIA OG2 (Anm.: In Kanada existiert zusätzlich je eine zentrale Behörde für jeden Bundesstaat; die aufgeführte zentrale Behörde des Bundes leitet eingehende Ersuchen jedoch weiter).

Luxemburg: Le Parquet Général près la Cour Suprème de Justice, 12 Côte d'Eich, Postbox 15, Luxembourg-Ville L-2010 Luxembourg

Malawi: The Registrar of the High Court of Malawi, PO Box 30244, Chichiri, Blantyre 3, Malawi

Niederlande: De Officier van Justitie bij de Arrondissementsrechtbank te ,s-Gravenhage, Juliana van Stolberglaan 2–4, Den Haag

Norwegen: The Royal Ministry of Justice and Police, PO Box 8005 Dep, N-0030 Oslo

Pakistan: The Solicitor, Ministry of Law and Justice, Islamabad

Polen: Das Justizministerium Warschau

Portugal: Direcçao-Geral dos Serviços Judiciários, Ministério da Justiça, Praça do Comércio, 1194 Lisboa Codex

Schweden: Ministry for Foreign Affairs, Legal Department, Box 16121, S-103 23 Stockholm 16

Schweiz: Kantonal verschieden. Möglicher Adressat auch Eidgenössisches Justiz- und Polizeidepartement, Bern.

Seychellen: The Registrar, Supreme Court, Victoria Mahé, Republic of Seychelles

Slowakei: Ministerstvo spravodlivosti Slovenskey republicy, Zupné námesti 13, 81311 Bratislava

Spanien: Secretaria General Technica del Ministerio de Justicia, Calle San Bernardo No 62, 28071 Madrid

Tschechien: Ministerstvo spravedlnosti Ceské federativni republiky/ Ministry of Justice of the Czech Federal Republic 128 10 Praha 2, Vysehradskà 16

Türkei: Adalet Bakanligi Hukuk Isleri Genel Müdürlügü, Ankara

USA: Department of Justice, Office of International Judicial, Assistance, 1100 L St., N.W. Washington, D.C. 20530

Venezuela: Ministry of Foreign Affairs

Vereinigtes Königreich: Her Majesty's Principal Secretary of State for Foreign and Commonwealth Affairs, London SW1A 2AL

Weissrussland: Ministry of Justice of the Republic of Belarus 220084 Minsk u. Kollektromaya 10

Zypern: Permanent Secretary – Ministry of Jucstice and Public Order CY-1461 Nikosia

Art. 3 [Antrag]

(1) **Die nach dem Recht des Ursprungsstaates zuständige Behörde oder der nach diesem Recht zuständige Justizbeamte richtet an die Zentrale Behörde des ersuchten Staates**

einen Antrag, der dem diesem Übereinkommen als Anlage beigefügten Muster entspricht, ohne dass die Schriftstücke der Legalisation oder einer anderen entsprechenden Förmlichkeit bedürfen.

(2) **Dem Antrag ist das gerichtliche Schriftstück oder eine Abschrift davon beizufügen. Antrag und Schriftstück sind in zwei Stücken zu übermitteln.**

1 Die nach dem Recht der jeweiligen Vertragsstaaten als ersuchende Stelle zuständigen Behörden oder Justizbeamte sind im Übereinkommen nicht aufgezählt. Da kaum irgendwo für ausgehende Ersuchen eine Zentralisierung eingeführt worden ist, wäre eine Aufzählung auch gar nicht möglich gewesen. Die wichtigsten Stellen und Beamte sind im Länderteil der ZHRO genannt. Ein „solicitor" ist in common-law-Staaten ein „officer of the court" und als solcher berechtigt, Zustellungen zu bewirken; ebenso in vielen US-Einzelstaaten „attorneys" (s. *Bülow/Böckstiegel/Geimer/Schütze* Fn. 3a zu Art. 3). Privatpersonen haben nicht die Möglichkeit, sich unmittelbar an die Zentralen Behörden zu wenden.

2 In Deutschland ist für den Erlass des Ersuchungsschreibens in erster Linie der Vorsitzende des Prozessgerichts zuständig (§ 202 ZPO). Er ist allerdings gem. § 27 ZRHO verpflichtet, es der jeweiligen Prüfungsstelle i. S. v. § 9 ZRHO vorzulegen. Prüfungsstellen sind die Präsidenten der Landgerichte, der Amtsgerichte, sofern sie die Dienstaufsicht über ein Amtsgericht ausüben, sowie der Oberlandesgerichte. Diese leiten gem. § 29 ZRHO Ersuchen an die im ersuchten Staat zuständige Stelle weiter. Im Geltungsbereich des HZÜ sind das die Zentralen Behörden. Fehlt es an einem Prozessgericht, so ist die sonst mit der Angelegenheit befasste Justizstelle berechtigt, im Falle von § 794 Abs. 1 Nr. 5 etwa der Notar.

3 Von der Prozesspartei (z.B. dem Kläger im Fall der internationalen Zustellung einer Klageschrift) kann dabei nicht erwartet werden, dass sie gegenüber dem Vorsitzenden oder der Prüfungsstelle auf eine bestimmte Art der Zustellung hinwirkt (*Pfennig* NJW 89, 2172. **a. A.** Schleswig NJW 88, 3104 für das dort irrtümlich herangezogene HZPÜ). Insbesondere die Unterscheidung zwischen formloser und förmlicher Zustellung (§ 5 Nr. 1 ZRHO bzw. Art. 5 HZÜ) überfordert jedenfalls die anwaltlich nicht vertretene

Partei. Aber auch im Falle anwaltlicher Vertretung gilt nichts anderes: Hindert der Gesetzgeber den Rechtsanwalt daran, selbst gegenüber der ausländischen Zentralen Behörde tätig zu werden, indem er die Zuständigkeiten in diesem Bereich bei Gericht konzentriert und dort eigene Prüfungsstellen vorsieht, so muss die Verantwortung für eine korrekte und effiziente Durchführung des Verfahrens auch bei Gericht bzw. bei der Prüfungsstelle liegen. Scheitert also die bei der ausländischen Zentralen Behörde beantragte formlose Zustellung, so geht der Zeitverlust, der dadurch eintritt, dass nicht von vorneherein stattdessen oder zumindest hilfsweise förmliche Zustellung beantragt wurde, in den Fällen der §§ 270 Abs. 3, 693 Abs. 2 ZPO nicht zu Lasten der Partei (**a. A.** OLG Schleswig aaO). Die dem HZÜ beigefügten Muster für Anträge sind im Anh. zu Art. 3 wiedergegeben. Im Muster wird bei juristischen Personen die Angabe einer vertretungsberechtigten Person nicht verlangt. Es ist daher in erster Linie Aufgabe der Zentralen Stelle oder der Amts- und Landgerichtspräsidenten, die zur Ausstellung einer deutschen Zustellungsurkunde nötigen Angaben zu ermitteln, etwa durch Einsicht ins Handelsregister, s. auch Art. 5 Rn 10.

4 Abs. 2 verlangt Übermittlung des „Schriftstücks oder einer Abschrift davon". Es muss sich nicht um eine beglaubigte Abschrift handeln (**a. A.** *Stein/Jonas/Roth*[21] § 199 Rn 44). Es ist ausschließlich Sache des Rechts des Ausgangsstaates zu entscheiden, ob die Zustellung von Originalen, Ausfertigungen, beglaubigten Abschriften oder einfacher Abschriften die mit der Zustellung beabsichtigte Wirkung entfalten.

Art. 4 [Einwände der Zentralen Behörde]

Ist die Zentrale Behörde der Ansicht, dass der Antrag nicht dem Übereinkommen entspricht, so unterrichtet sie unverzüglich die ersuchende Stelle und führt dabei die Einwände gegen den Antrag einzeln an.

1 Im Gegensatz zu Art. 13 meint die Vorschrift formelle Mängel, etwa Abweichungen von dem in Art. 3 genannten Muster (**a. A.** *Pfennig* aaO 73) oder bei Authentitätszweifeln. Ergänzungen aus eigenem Wissen der Zentralen Behörde, liquiden Erkenntnisquellen einschließlich telefonischer Rückfragen bei der ersuchten Stelle oder bei Verfahrensbeteiligten sind zulässig und angeraten.

2 Rechtsmittel wie bei Art. 13 Rn 8ff., aber nur dann, wenn die Erledigung zumindest schlüssig abgelehnt worden ist und nicht nur auf Nachholung leicht zu ermittelnder Angaben oder leicht vorzunehmender Präzisierungen gedrängt wird. War es für die Parteien des Ausgangsverfahrens ersichtlich von Bedeutung, eine möglichst breite und allgemein gehaltene Ermittlung zu erreichen, dann ist auch das Verlangen nach Präzisierung anfechtbar. Die Frist von § 26 EGGVG beginnt erst mit schriftlicher Bekanntgabe an den Antragsteller zu laufen. Jedoch genügt die Bekanntgabe durch das ausländische Gericht, die auch als im Auftrag der Zentralen Behörde vorgenommen aufgefasst werden kann.

3 Glaubt das Zustellungsorgan Mängel des Zustellungsersuchens zu entdecken, so muss es bei der Zentralen Behörde zurückfragen, s. Art. 5 HBÜ Rn 1.

4 Praktisch wird die Frage, wenn eine der Zentralen Behörde zum Zweck der Zustellung übermittelte Ausfertigung der Klageschrift gegenüber dem Original in der Absicht **manipuliert** worden ist, etwaige Bedenken, insbesondere im Hinblick auf eingeklagte *„punitive damages"*, s. Art. 1 Rn 4, Art. 13 Rn 3ff., nicht aufkommen zu lassen. Ist dies offensichtlich oder steht es nach Rückfrage fest, so fehlt es an einem zuzustellenden Schriftstück. Zu punitive damages s. Art. 13 Rn 3.

Art. 5 [Zustellungen]

(1) **Die Zustellung des Schriftstücks wird von der Zentralen Behörde des ersuchten Staates bewirkt oder veranlaßt, und zwar**

a) **entweder in einer der Formen, die das Recht des ersuchten Staates für die Zustellung der in seinem Hoheitsgebiet ausgestellten Schriftstücke an dort befindliche Personen vorschreibt**

b) **oder in einer besonderen von der ersuchenden Stelle gewünschten Form, es sei denn, dass diese Form mit dem Recht des ersuchten Staates unvereinbar ist.**

(2) **Von dem Fall des Absatzes 1 Buchstabe b abgesehen, darf die Zustellung stets durch einfache Übergabe des Schriftstücks an den Empfänger bewirkt werden, wenn er zur Annahme bereit ist.**

(3) **Ist das Schriftstück nach Absatz 1 zuzustellen, so kann die Zentrale Behörde verlangen, dass das Schriftstück in der Amtssprache oder einer der Amtssprachen des ersuchten Staates abgefaßt oder in diese übersetzt ist.**

(4) **Der Teil des Antrags, der entsprechend dem diesem Übereinkommen als Anlage beigefügten Muster den wesentlichen Inhalt des Schriftstücks wiedergibt, ist dem Empfänger auszuhändigen.**

I. System der Zustellungsarten

1. Die Vorschrift bedeutet für Zustellungen, die in Deutschland auszuführen sind, folgendes (S. dazu Bekanntmachung v. 21. 6. 79, BGBl. II S. 779, ergangen auf der Grundlage des AusfG v. 22. 12. 77, BGBl. I, S. 3105): Zustellungsanträge sind an die Zentrale Behörde im jeweiligen Bundesland zu richten, s. Anh. Art. 2. **1**

2. Für den Fortgang des Verfahrens sind drei Formen der Zustellung zu unterscheiden: Die formlose nach Abs. 2, die förmliche nach Abs. 1 Buchst. a) und die in einer besonderen, vom ersuchenden Staat gewünschte Form. Das amtliche Formblatt zählt diese drei Alternativen auf und fordert zur Ankreuzung in einer Weise auf, die den Eindruck erweckt, als könne immer nur eine Ankreuzung erfolgen. Das kann im Verhältnis von Abs. 1 Buchst. a) zu Abs. 2 zu Missverständnissen in der Durchführung der Rechtshilfe führen. **2**

a) Ist förmliche Zustellung angekreuzt und eine Übersetzung beigefügt, so wird im allgemeinen ohne Einschaltung von Gerichten durch die Post zugestellt, § 4 AusfG. Der Wunsch nach förmlicher Zustellung ist dann bindend (BGH WM 88, 1210), weil Zeitverlust durch zunächst versuchte formlose Zustellung ein Verjährungsrisiko trägt, s. Rn 6. Bei Ablehnung der Annahme ist nach § 186 ZPO zu verfahren (Saarbrücken IPRax 95, 35, insoweit zust. *Heß* 19). **3**

b) Ist nur formlose Zustellung beantragt und keine Übersetzung mitgeschickt, dann ist die Zustellung im Fall der Annahmeverweigerung gescheitert. Belehrung und Einsichtgewährung nach § 69 **4**

Abs. 3 ZRHO ist zwar nicht Bestandteil einer ordnungsgemäßen Zustellung, weil die ZRHO nicht den Charakter einer Rechtsvorschrift hat (*Hüßtege* IPRax 00, 291). Jedoch folgt aus allgemeinen rechtsstaatlichen Grundsätzen, dass sich der Adressat darüber im klaren gewesen sein muss, ein Schriftstück einer ausländischen Behörde entgegen zu nehmen, zu dessen Annahme er nicht verpflichtet ist (Schärfere Anforderungen bei öOGH IPRax 99, 260 – ohne Belehrung kein Fristenlauf nach § 12 Abs. 2 öZustG und *Schütze* RJW 00, 20 – Gelegenheit zur Anfertigung einer Fotokopie nötig). Sinnvollerweise wird dem Adressaten das Schriftstück, das ihm zugestellt werden soll, gezeigt. Er kann aber auch auf andere Weise von seinem amtlichen Charakter informiert werden. Ist eine Übersetzung mitgeschickt, ist der Antrag als hilfsweise auf Durchführung der förmlichen Zustellung gerichtet auszulegen und zwar auch im Geltungsbereich einer nach Art 24 aufrechterhaltenen Zusatzvereinbarung, die die förmliche Zustellung nur bei ausdrücklichem Ersuchen vorsieht (*Heß* aaO).

5 **c)** Eine besondere Zustellungsform nach Abs. 1 Buchst. b) muss immer unmissverständlich gewünscht sein. Das Übersetzungserfordernis bezieht sich auch hierauf (*Wiehe* aaO 34. **a. A.** *Ristau* Judicial Assistance 150).

II. Einzelfragen

6 Die Notwendigkeit einer **Übersetzung** ordnet für Zustellungen in Deutschland § 3 AusfG generell an (anders interessanterweise Frankreich: *Cour de cassation* Clunet 79, 381; 81, 854). Ausgenommen den Fall von Abs. 2, also vor allem bei allen Formen der Ersatzzustellung, muss eine deutsche Zentrale Behörde eine Übersetzung verlangen (BGH NJW 91, 641; Düsseldorf IPRax 00, 307, 308). Beglaubigt braucht die Übersetzung nicht zu sein. Die Vorschrift kann aber sinnvollerweise nur als Anweisung an die Zentralen Behörden verstanden werden. „Verlangt" diese eine Übersetzung nicht im Einzelfall, so ist die Zustellung nach Abs. 3 wirksam, was in den meisten veröffentlichten Gerichtsentscheidungen übersehen wurde.

7 Lehnt ein Adressat, der die Sprache, in der das Schriftstück abgefasst ist, bestens beherrscht, die Entgegennahme nach Abs. 2 ab,

so kann die spätere Berufung darauf, dass ihm nicht ordnungsgemäß zugestellt worden sei, **rechtsmissbräuchlich** sein. Es zunächst mit der formlosen Zustellung ohne Übersetzung zu versuchen, ist im allgemeinen auch nicht missbräuchlich (Frankfurt RIW 87, 628: Bamberg RIW 87, 541), auch nicht, wenn der Adressat nicht weiß, worum es im Schriftstück geht (**a. A.** Hamm IPRspr. 79 Nr. 195).

8 In nicht ganz einfach gelagerten Fällen geben manche Zentrale Behörden den Zustellungsadressaten den Eingang eines Ersuchens bekannt und gewähren ihnen **Gelegenheit, zur Frage der Bewilligungsfähigkeit der Zustellung Ausführungen zu machen.** Nötig ist dies nicht (Düsseldorf NJW 92, 3110 = RIW 848; *Stein/Jonas/Roth*[21] § 199 Rn 20. **a. A.** *Wölki* RIW 85, 530, 534). **Rechtsmittel** nach Zustellungsbewilligung s. Art. 13 Rn 8ff.

9 Für Zustellung ins Ausland s. Bekanntmachungen v. 21. 6. 1979 (BGBl. II S. 779), v. 23. 6. 1980 (BGBl. II S. 90) – u. a. Belgien, Luxemburg, Schweden, VK, Dänemark, Frankreich, Israel, Japan, Niederlande, Norwegen, Portugal, Türkei, USA – und v. 22. 4. 1982 (BGBl. 82 II S 522) – Italien.

10 Dazu, welche von der ersuchenden Stelle gem. Absatz 1 Buchst. b) gewünschten Zustellungsformen **in Deutschland akzeptabel** sind, sagen amtliche Bekanntmachungen nichts Generelles. Zu den Zustellungsformen der §§ 166ff. ZPO gehört heute nach § 168 Abs. 2 die Zustellung durch den Gerichtsvollzieher zu den mit deutschem Recht vereinbaren Zustellungsformen. Eine Zustellung nach Abs. 1 Buchst. b ist die von Österreich häufig gewünschte Zustellung der Klageschrift zu „eigenen Händen" (s. näher *Bülow/Böckstiegel* 170.3 Fn. 18).

11 Die Angaben über den Zustellungsadressaten sind peinlich genau zu befolgen. Ist kein Zustellungsbevollmächtigter angegeben, so darf grundsätzlich nicht ohne Genehmigung der Ausgangsstelle an einen solchen zugestellt werden (BGHZ 65, 291 = NJW 76, 478). Die Frage, ob die Ausführung der Zustellung an einen Zustellungsbevollmächtigten wirksam ist, bleibt aber davon unberührt und hängt allein davon ab, ob Zustellungsvollmacht erteilt worden ist und – nach dem Recht des Ausgangsstaates – erteilt werden konnte.

12 Die Zentrale Behörde ist berechtigt, dem Zustellungsadressaten Erläuterungen zu geben. In dem Umfang wie Behörden generell zur Beratung verpflichtet sind, ist es auch die Zentrale Behörde.

13 Die Verweigerung der Annahme einer formlosen Übergabe hat auf den Lauf der Verjährung keinen Einfluss (Schleswig RIW 89, 309, abl. *Pfennig*).

III. Bedeutung von Zustellungsfehlern

14 Im Rahmen der EuGVVO, s. dort Art. 34 Rn 8, haben Fehler bei der Zustellung keine selbständige Bedeutung mehr. Im Rahmen von § 328 Abs. 1 Nr. 2 ZPO und Art. 27 Nr. 2 EuGVÜ/LÜ führen sie aber zur Anerkennungsversagung. Zur Heilung von Zustellungsmängeln Kommentare zu § 328 ZPO und Vorauflage Art. 34–36 Rn 11 ff. Zustellungen nach § 175 Abs 1 S. 2 u. 3 ZPO können nur geschehen, wenn die Klageschrift ordnungsgemäß zugestellt war. Die Beweislast für die ordnungsgemäße Zustellung, insbesondere für die Identität des zugestellten Schriftstückes, trifft die an der Zustellung interessierte Partei: Wenn die Gegenpartei nicht in der Lage ist, das ihr zugeleitete Schriftstück vorzulegen, so kann dies aber zu ihren Lasten gewürdigt werden.

Art. 6 [Zustellungszeugnis]

(1) **Die Zentrale Behörde des ersuchten Staates oder jede von diesem hierzu bestimmte Behörde stellt ein Zustellungszeugnis aus, das dem diesem Übereinkommen als Anlage beigefügten Muster entspricht.**

(2) **Das Zeugnis enthält die Angaben über die Erledigung des Antrags; in ihm sind Form, Ort und Zeit der Erledigung sowie die Person anzugeben, der das Schriftstück übergeben worden ist. Gegebenenfalls sind die Umstände anzuführen, welche die Erledigung verhindert haben.**

(3) **Die ersuchende Stelle kann verlangen, dass ein nicht durch die Zentrale Behörde oder durch eine gerichtliche Behörde ausgestelltes Zeugnis mit einem Sichtvermerk einer dieser Behörden versehen wird.**

(4) **Das Zeugnis wird der ersuchenden Stelle unmittelbar zugesandt.**

Zur Zuständigkeit ausländischer Stellen als Zentrale Behörden s. Anh. Art. 2. **1**

Die Verweigerung des Zustellungszeugnisses sagt nicht verbindlich, dass es nicht zu einer rechtswirksamen Zustellung gekommen sei. Entgegen der Rechtsprechung des BGH (NJW 93, 2688) eröffnet die Erteilung eines Zustellungszeugnisses aber einen **Vertrauenstatbestand.** Es ist mit dem Prinzip eines fairen Verfahrens unvereinbar, anlässlich eines Antrags auf Anerkennung und Vollstreckung des ergangenen Urteils die Ordnungsmäßigkeit der Zustellung lediglich deshalb in Frage zu stellen, weil sie anders hätte ausgeführt werden müssen, denn als korrekt erledigt bezeugt. Sofern durch die tatsächliche Art der Zustellung der Zustellungsadressat in seiner Rechtswahrung nicht beeinträchtigt worden ist (und etwa selbst keine Zweifel an der Ordnungsmäßigkeit der Zustellung hatte), muss im Interesse des justiziellen Vertrauensschutzes die Zustellung als wirksam betrachtet werden, s. auch Art. 5 Rn 7. **2**

Das Zustellungszeugnis der ausländischen Behörde hat die Beweiskraft von § 418 Abs. 1 ZPO (BGH BB 02, 68). **3**

Art. 7 [Antragssprachen]

(1) **Die in dem diesem Übereinkommen beigefügten Muster vorgedruckten Teile müssen in englischer oder französischer Sprache abgefaßt sein. Sie können außerdem in der Amtssprache oder einer der Amtssprachen des Ursprungsstaats abgefaßt sein.**

(2) **Die Eintragungen können in der Sprache des ersuchten Staates oder in englischer oder französischer Sprache gemacht werden.**

Der auffällige Unterschied in den zulässigen Sprachen für vorformulierte Textbestandteile einerseits und Eintragungen andererseits erklärt sich aus folgendem: Im ersuchten Staat sind die vorformulierten Bestandteile in englischer und französischer Sprache leicht verfügbar; der die Eintragungen vornehmende Beamte soll aufgrund eines ihm vertrauten Textes arbeiten können. Im ersuchten Staat sollen bezüglich der vorgenommenen Eintragungen Fremdsprachenkenntnisse nur in Englisch oder Französisch erwartet werden.

Art. 8 [Direkte Zustellung durch diplomatische oder konsularische Vertreter]

(1) **Jedem Vertragsstaat steht es frei, Personen, die sich im Ausland befinden, gerichtliche Schriftstücke unmittelbar durch seine diplomatischen oder konsularischen Vertreter ohne Anwendung von Zwang zustellen zu lassen.**

(2) **Jeder Staat kann erklären, dass er einer solchen Zustellung in seinem Hoheitsgebiet widerspricht, außer wenn das Schriftstück einem Angehörigen des Ursprungsstaats zuzustellen ist.**

In § 6 des AusfG hat Deutschland von der Möglichkeit des Abs. 2 Gebrauch gemacht. Ähnliche Erklärungen haben Ägypten, Belgien, China, Frankreich, Luxemburg, Norwegen, Pakistan, Polen, Portugal, die Schweiz, die Slowakei, die Tschechische Republik, die Türkei und Venezuela abgegeben, s. Art. 1 Fn. 1. „Zwang" liegt bei jeder Zustellung gegen den Willen des Zustellungsadressaten vor. Eine widerspruchslos hingenommene Zustellung durch ein postalisches Schreiben ist zwar kein Zwang. Jedoch kann sich die diplomatische Vertretung nicht der Zustellung durch die Post bedienen (Hamm RIW 96, 150 – Niederlegung bei der Post und Abholung durch Sekretärin, die zur Erklärung der Empfangsbereitschaft unbefugt war, unwirksam). § 6 AusfG („nur zulässig, wenn das Schriftstück einem Angehörigen des Absenderstaates zugestellt ist") ist so formuliert, dass die Zustellung auch zulässig ist, wenn der Zustellungsadressat zusätzlich die inländische Staatsangehörigkeit besitzt (a. A. *Taborda Ferreira* aaO 373).

Ausnahme: Norwegen, s. Art. 24 Rn 7. Zu Einzelheiten bei erlaubter Zustellung durch deutschen Konsul s. *Wiehe* Art. 1 Lit. vor Rn 1, 43ff.

Art. 9 [Indirekte Zustellung durch diplomatische oder kunsularische Vertreter]

(1) **Jedem Vertragsstaat steht es ferner frei, den konsularischen Weg zu benutzen, um gerichtliche Schriftstücke zum Zweck der Zustellung den Behörden eines anderen Vertragsstaats, die dieser hierfür bestimmt hat, zu übermitteln.**

(2) **Wenn außergewöhnliche Umstände dies erfordern, kann jeder Vertragsstaat zu demselben Zweck den diplomatischen Weg benutzen.**

1 Der **diplomatische Weg** ist im vertragslosen Verkehr einzuschlagen. Er geht über das Auswärtige Amt, das sich entweder an die deutsche Auslandsvertretung im ersuchten Staat zur Weiterleitung an das dortige Außenministerium, bzw. eine andere von der dortigen Rechtsordnung bestimmte Stelle, oder an die inländische diplomatische Vertretung des ausländischen Staates wendet. Aus Art. 9 erwächst dem ersuchten Staat die Verpflichtung, die auf diplomatischem Weg geschehene Übermittlung zu erledigen. Eine Nachprüfung, ob außergewöhnliche Umstände vorliegen, sollte im Interesse eines effektiven Rechtsschutzes unterbleiben, vor allem auch im nachfolgenden Exequaturverfahren (Cour de cassation Riv.crit. 82, 565).

2 Der **konsularische Weg** setzt an sich voraus, dass die ausländische Rechtsordnung eine Stelle bestimmt hat, die zur Entgegennahme von Zustellungsersuchen zuständig ist, die von Konsuln anderer Staaten unterbreitet werden. Art. 21 Abs. 1 Buchst. c begründet sogar eine amtliche Notifikationspflicht. Einzelheiten über Stellen, die zur Entgegennahme zuständig sind: BGBl. 1979 II S 522 (abgedr. auch in *Bülow/Böckstiegel* Bd. I Art. 9 HZÜ). Der ausländische Staat kann aber, wie etwa die USA, unmittelbare Zustellungen durch Konsuln an den Zustellungsadressaten gestatten (*Pfeil-Kammerer* Lit. vor Art. 1, 72f.). Vom deutschen Recht her sind die Konsuln nach § 16 des Gesetzes über die Konsularbeamten (BGBl. 1974 I S. 2317) dazu ermächtigt.

3 Die Beweislast für die ordnungsgemäße Zustellungsausführung trägt die daran interessierte Partei (Hamm IPRax 95, 255).

Art. 10 [Vereinfachte Zustellungen]

Dieses Übereinkommen schließt, sofern der Bestimmungsstaat keinen Widerspruch erklärt, nicht aus,

a) dass gerichtliche Schriftstücke im Ausland befindlichen Personen unmittelbar durch die Post übersandt werden dürfen,

b) dass Justizbeamte, andere Beamte oder sonst zuständige Personen des Ursprungsstaats Zustellungen unmittelbar durch Justizbeamte, andere Beamte oder sonst zuständige Personen des Bestimmungsstaats bewirken lassen dürfen,

c) dass jeder an einem gerichtlichen Verfahren Beteiligte Zustellungen gerichtlicher Schriftstücke unmittelbar durch Justizbeamte, andere Beamte oder sonst zuständige Personen des Bestimmungsstaats bewirken lassen darf.

1 Die Vorschrift ist in der Hoffnung geschaffen worden, dass möglichst viele Staaten die kleinliche Vorstellung aufgeben werden, die Zustellung eines Schriftstücks sei ein Hoheitsakt (für Deutschland: BVerfG NJW 95, 649 mit unkrit. positiver Bewertung des Ausschlusses der in Art. 10 genannten Zustellungsformen [zu Recht krit. zu dem genannten Postulat *Wiehe* Lit. vor Art. 1, 96ff.]). Durch inländische Ersatzzustellungen mit der nachfolgenden, völkerrechtlich allseits als unproblematisch empfundenen schlichten Mitteilung der bereits erfolgten Zustellung kann dieser Anspruch auch weitgehend unterlaufen werden, Art. 1 Rn 6, 7 (zur Anpassung der U.S. Federal Rules of Civil Procedure in diesem Sinne: Art. 1 Rn 18).

2 Mag sein, dass man aus guten Gründen eine Globalermächtigung in Bezug auf alle gegenwärtigen und künftigen Vertragsstaaten vermeiden wollte. Deutschland hat aber nicht nur nach dieser Vorschrift widersprochen, § 6 AusfG, sondern hatte auch als einziger Staat der EU an den Generalsekretär von dessen Rat den entsprechenden Widerspruch nach Art. IV Abs. 2 Protokoll EuGVVO erklärt (BGBl. 1973 II S. 60) und keines der in der Denkschrift (BT-Drucks. 7/4892 S. 46) angekündigten bilateralen Erleichterungsabkommen abgeschlossen. Für das Verhältnis zu EG-Staaten hat sich allerdings durch Art. 14 EuGZVO die Rechtslage grundlegend geändert.

3 Wird der Vorschrift zuwidergehandelt, so verlangen rechtsstaatliche Prinzipien (faires Verfahren) die Anwendung von § 187 ZPO, Art. 34 EuGVVO Rn 13 (**a. A.** weil dann gar kein „Zustellungs"-versuch vorliege Düsseldorf Rpfleger 99, 287). Hat sich der Beklagte auf das Verfahren im Ausland eingelassen, so ist der Verstoß sanktionslos, Art. 34 EuGVVO Rn 20, § 328 Abs. 1 Nr. 2 ZPO.

Einlassung ist auch ein Verzicht auf förmliche Zustellung, Art. 1 Rn 18, nicht aber Verschweigen auf eine Aufforderung, einen solchen Verzicht zu erklären (zu den möglichen Reaktionen auf postalische Zustellungen aus den USA *Pfeil-Kammerer* aaO 125 ff.).

4 § 6 S. 2 AusfG soll nur das Inland vor (vermeintlicher) Souveränitätsverletzung schützen, nicht aber eine Zustellung verhindern, die im Ausland als völlig korrekt betrachtet wird. Selbst § 6 S. 2 AusfG kann daher nicht dahin interpretiert werden, auch bei deutschen Zustellungen im Ausland könne von Art. 10 nicht Gebrauch gemacht werden (**a. A.** Düsseldorf Rpfleger 99, 287 m.w.N.).

Aus den unterschiedlichen Formulierungen in Buchst. a) („übersandt") einerseits sowie b) und c) („Zustellungen") andererseits wird teilweise geschlossen, Buchst. a) gestatte überhaupt keine förmlichen Zustellungen durch die Post (*Sheets v. Yahama Motor Corp. U.S.A.*, 788 F. 2d 533 – 5th Cir. 1990; *Bankstone v. Toyota Motor Corp.* 889 F. 2 d 172-8th Cir. 1989). Da die Materialien keinen Anhalt für eine solche inhaltliche Differenzierung geben, ist jedoch der gegenteilige Standpunkt zutreffend (*Ackermann v. Levine* 788 F. 2d, 830-2nd Cir. 1986; *Pavitz v. Club Med.* Inc. 1998 WL 229912 – D.Conn.; BerG Helsinki v. 4. 3. 1997 No. 690 S. 96/1261 wiedergg. Bei *Kaye* Fall Nr. 401).

5 Die **Beweislast** für die ordnungsmäßige Erledigung der Zustellung durch die Post trägt die an ihr interessierte Partei.

6 Außer Deutschland haben den Widerspruch erklärt: Polen, die Schweiz, die Slowakei, die Tschechische Republik, Ägypten, China, Norwegen, ohne Erwähnung von Buchst a, Antigua und Barbuda, Botswana, Finnland, Irland, Israel, Japan (formal nur b) und c), sachlich aber auch a): *Kadota v. Hosogai* 680 P. 2 d 68 [Ariz. App. 1980]; *Yoshio Ohara* 23 No. 1 The Intl Lawyer 1989, 11, 14)., Schweden, Vereinigtes Königreich; beschränkt auf Buchst. c Dänemark; (Bsp. *Quinn v. Keinicke* 1996 WL 769 = 797 Del. Supr.), Estland (beschränkt auf Buchs. a); Venezuela; s. Art. 1 Fn. 1. Anwendungsbeispiele: OLG Köln RIW 90, 668; *Supra Medical Corp. V. McGonigle* 1997 WL 45039 – E.D.Pa – Beauftragung eines englischen solicitor wirksam, da nach englischem Recht zulässig; *Balcom v. Hiller* 54 Cal. Rpfl. 536 – Ct. App. 1996 – Zustellung durch englischen „process server" in England wirksam, weil englischer Widerspruch sich auf Vorgänge außerhalb offizieller Kanäle nicht beziehe; *Interlink Metalsand Chemicals, Inc. v. Kasdan* 644 N.Y.S. 2d 704 – App. Div. 1996 – Zustellung durch US-Anwalt auf den Br.

Virgin Islands wirksam; *Wood v. Wood* 647 N.Y.S. 2d 830 – App. Div 1996 – Zustellung durch Privatperson in Deutschland unwirksam; *Zwerling v. Zwerling* 636 NY.S. 2d 595 – Sup. Ct. 1995 – Zustellung in Israel durch Privatperson unwirksam; *Cavendish-Pell v. Howell* 1995 WL 780951- Conn. Supr. – Zustellung durch die Post im V.K. unwirksam, obwohl dieses nicht widersprochen hat. Die belgischen Gerichte stehen auf dem Standpunkt, die Vorschrift gelte im Verhältnis zu Deutschland deshalb nicht, weil Art. 24 des deutsch-belgischen Zusatzabkommens lex specialis sei (Cour de cassation, *Follens v. Overhoff u. Altmayer,* Pasicrisie 82 I 1029, 1031; s. auch *Strömer/Le Fevre* EuZW 92, 212).

7 Zur Sonderregelung im Verhältnis zum **V. K.** und zu einigen wichtigen Staaten des britischen **Commonwealth** s. Art. 25.

Art. 11 [Andere Übermittlungswege]

Dieses Übereinkommen schließt nicht aus, dass Vertragsstaaten vereinbaren, zum Zweck der Zustellung gerichtlicher Schriftstücke andere als die in den vorstehenden Artikeln vorgesehenen Übermittlungswege zuzulassen, insbesondere den unmittelbaren Verkehr zwischen ihren Behörden.

1 Solche Vereinbarungen hat die Bundesrepublik nicht abgeschlossen. Zu den nach Art. 24 aufrechterhaltenen Zusatzvereinbarungen zum Haager Zivilprozessübereinkommen 1954 siehe dort.

Art. 12 [Gebühren und Auslagen]

(1) **Für Zustellungen gerichtlicher Schriftstücke aus einem Vertragsstaat darf die Zahlung oder Erstattung von Gebühren und Auslagen für die Tätigkeit des ersuchten Staates nicht verlangt werden.**

(2) **Die ersuchende Stelle hat jedoch die Auslagen zu zahlen oder zu erstatten, die dadurch entstehen,**

a) dass bei der Zustellung ein Justizbeamter oder eine nach dem Recht des Bestimmungsstaats zuständige Person mitwirkt,

b) dass eine besondere Form der Zustellung angewendet wird.

Art. 13 [Ablehnung der Erledigung]

(1) **Die Erledigung eines Zustellungsantrags nach diesem Übereinkommen kann nur abgelehnt werden, wenn der ersuchte Staat sie für geeignet hält, seine Hoheitsrechte oder seine Sicherheit zu gefährden.**

(2) **Die Erledigung darf nicht allein aus dem Grund abgelehnt werden, dass der ersuchte Staat nach seinem Recht die ausschließliche Zuständigkeit seiner Gerichte für die Sache in Anspruch nimmt oder ein Verfahren nicht kennt, das dem entspricht, für das der Antrag gestellt wird.**

(3) **Über die Ablehnung unterrichtet die Zentrale Behörde unverzüglich die ersuchende Stelle unter Angabe der Gründe.**

I. Sinn und Anwendungsbereich der Vorschrift

1 Die Bewilligung der Zustellung besagt noch nichts darüber, ob das später zu erlassende Urteil anerkannt und vollstreckt werden kann. Sie besagt auch nicht mit Wirkung für das spätere Exequaturverfahren, dass die Zustellung ordnungsgemäß war (BGH NJW 93, 2688, s. aber Art. 6 Rn 2). Eine Ablehnung bedeutet demgegenüber, dass aus der Sicht des ersuchten Staates nicht ordnungsgemäß (etwa iSv § 328 Abs. 1 Nr. 2 ZPO) zugestellt worden ist, auch wenn dem Zustellungsadressaten das Schriftstück bekanntgemacht worden sein sollte. Ob das Verfahren im ersuchenden Staat weitergeführt werden kann, regelt ausschließlich dessen Rechtsordnung. Auf diesem Hintergrund soll die Vorschrift klarstellen, dass es nicht gänzlich ausgeschlossen ist, die Zustellung auch dann noch zu verweigern, wenn der Zustellungsantrag formal dem Übereinkommen genügt.

II. Die möglichen Ablehnungsgründe

2 Abs. 1 ist wörtlich aus Art. 4 HZPÜ 1954 übernommen und denkbar missglückt formuliert. **„Hoheitsrechte“** kann eine Zustellung schon begrifflich nicht mehr gefährden, wenn die Zustellung durch den zuständigen Hoheitsträger bewilligt wird (*Stürner* FS Henckel [1995] 866). Man müsste schon sagen, das Ersuchen müsse, um seine Ablehnung zu rechtfertigen, auf ein unzumutbares Ansinnen zur Preisgabe von Hoheitsrechten hinauslaufen. Denkbar ist derartiges kaum. Die **„Sicherheit“** in Deutschland ist dann gefährdet, wenn entweder in dem zuzustellenden Schriftstück ausdrücklich oder unmittelbar eine Aufforderung zu illegalem Tun enthalten ist oder wenn in ihm schwere Sanktionen für den Fall angedroht werden, dass etwas geschieht oder unterbleibt, das für die deutsche Rechtsordnung Ausübung fundamentaler Freiheitsrechte ist. Hinzu kommt der Fall, dass das Fehlen der innerstaatlichen Umsetzung völkerrechtliche Verträge gezielt ausgenutzt wird, um ein völkerrechtswidriges Urteil zu erstreiten (Zu Unrecht Befugnis leugnend, dies festzustellen Frankfurt RIW 01, 464 – WITO-Fall). Dabei sollte man es auch sein Bewenden haben lassen. Dies entspricht dem Geist, aus dem heraus das HZÜ entstanden ist. Ein Grund, eine Klageschrift nicht zuzustellen, ist somit praktisch sehr selten. Dass ein ausländisches Urteil gegen den deutschen ordre public verstößt, ist für sich allein kein Grund, seine Zustellung abzulehnen (*Geimer* IZPR[4] Rn 2158 m. w. N.). Aber auch **einstweilige Verfügungen, Pfändungs-** und Überweisungsbeschlüsse sowie Vorpfändungen oder Pfändungen müssen zugestellt werden, s. Art. 1 Rn 18. Entgegen einer Gerichtsstandsvereinbarung oder einer Schiedsklausel die gesetzlich vorgesehenen staatlichen Gerichte anrufen zu können, ist nicht Ausübung fundamentaler Freiheitsrechte, wenn vernünftige Gründe für die Geltendmachung der Unwirksamkeit der Abmachung nicht bestehen. Daher müssen auch englische **„anti suit injunctions“** zugestellt werden, die zur Absicherung solcher Vereinbarungen erlassen wurden (*Bertele* Souveränität und Verfahrensrecht, 1998, 529; *Gregor Geimer* aaO 79. **a. A.** *Düsseldorf* NJW 96, 1760 = 109 ZZP (1996) 221 – krit. *Stürmer*).

3 Vorherrschend ist freilich die Tendenz, in der Norm eine Art stark **eingeschränkten ordre-public-(international)-Vorbehalt** (München NJW 89 3102 = IPRax 90, 175, 176 = RIW 89, 483; München NJW; 92, 3113; Frankfurt IPRax 92, 166 ff.; Düsseldorf NJW 92, 3110; KG OLGZ 94, 587; *Stürner/Stadler* IPRax 90, 157), oder gar den normalen ordre-public-(international)-Vorbehalt (*Merkt* aaO 126 ff. **a. A.** Frankfurt RIW 01, 464) zu sehen, der sich als Notbremse einsetzen lässt, wenn das ausländische Verfahren stark befremdlich anmutet. Das BVerfG (NJW 95, 649. Vorher schon Frankfurt IPRax 92, 166ff.; Düsseldorf NJW 92 3120ff. Wie BVerfG auch *Geimer* IZPR[4] Rn 2157 m.w.N.) hat aber mit Recht in der Zustellung einer US-Klageschrift, mit der **„punitive damages"** geltend gemacht wurden, keinen Verstoß gegen rechtsstaatliche Grundprinzipien gesehen und offengelassen, was zu geschehen hat, „wenn das mit der Klage angestrebte Ziel offensichtlich gegen unverzichtbare Grundsätze eines freiheitlichen Rechtsstaats" verstößt. Auf die Intensität des Inlandsbezugs kam es dem BVerfG mit Recht nicht an (**a. A.** *Merkt* aaO 142ff.).

III. Prüfungsmaßstab

4 **a)** Ob eine Gefährdung von Hoheitsrechten oder Sicherheit des ersuchten Staates vorliegt, ist anhand der **Wertungsgrundlagen der Rechtsordnung des ersuchten Staates** zu ermitteln (München aaO; *Stürner/Stadler* aaO). Diese manifestieren sich insbesondere in dessen Verfassungsrecht; in Deutschland also vor allem in den Grundrechten. Aus ihnen kann zwar theoretisch ein Abwehranspruch des Zustellungsadressaten hergeleitet werden, einen Hoheitsakt (die Zustellung) zu unterlassen, der die Verletzung von Grundrechten zur Folge hat (*Greger* FS Schwab [1990] 336). Es muss aber eine Zwangsläufigkeit drohen, die von der deutschen Rechtsordnung anders nicht mehr anzuhalten ist.

5 **b)** Auch im Rahmen der von der h.M. postulierten (eingeschränkten) ordre-public-Kontrolle sind daher **im möglichen Urteilsinhalt liegende Folgen** in diesem Zusammenhang nicht zu berücksichtigen. Ob aus dem im ersuchenden Staat erstrittenen Urteil später in dem um Klagezustellung ersuchten Staat vollstreckt werden kann, hängt von der dortigen Anerkennung und damit von einer erneuten eigenen ordre-public-Prüfung ab, die im Zustellungsverfahren nicht vorwegzunehmen ist (München aaO; dass. NJW 92, 3113 = EuZW 616; *Stürner/Stadler* aaO; *Mouion-Hersant* Jurisclasseur Droit International, vol 10, Fasc 589-B-1/13). Im Rahmen des Art. 13 HZÜ kann es somit nur darauf ankommen, ob bereits die Einbeziehung des Zustellungsadressaten in den Prozess geeignet ist, die in Art. 13 HZÜ vorausgesetzte Gefährdung herbeizuführen (BVerfG aaO). Daher ist eine Überprüfung des im

ersuchenden Staates angewandten materiellen oder Prozessrechts anhand der Verfassungsgarantien des ersuchten Staates fehl am Platz (**a. A.** wohl *Greger* aaO 337; *Merkt* aaO 142ff.). Ob die im Ausland belegenen Vermögensinteressen des Beklagten in einer Weise gefährdet sind, die deutschem rechtsstaatlichen Standard widerspricht, ist jenseits der Kontrolle deutscher Behörden. Es ist im übrigen schwer vorstellbar, dass nach Ablehnung des Gesuchs durch die Zentrale Behörde im Ausgangsstaat keine Möglichkeit der Ersatzzustellung, notfalls eine öffentliche Zustellung, zur Verfügung steht (zweifelnd *Merkt* aaO 301, aber ohne Beispiele zu nennen), s. Art. 1 Rn 5. Auch im Inhalt eines Schriftstückes sich findende Aussagen mit besonders schweren Beeinträchtigungen der Wertungsgrundlagen des ersuchten Staates können durch die bloße offizielle Kenntnisnahme so gut wie nie zur Grundrechtsverletzung werden (**a. A.** München aaO; *Stürner/Stadler* aaO).

IV. Einzelfälle

6 In der Praxis hat die Norm vor allem im Zusammenhang mit Klagen eine Rolle gespielt, die abnorm hohe Schadenersatzforderungen implizierten. Sie sind entgegen anfänglichem Zögern einiger Zentraler Behörden zuzustellen (Düsseldorf NJW 92 3110 = RIW 846 = EZW 776). Class actions, s. Art. 1 Rn 3 a.E., und Ansprüche auf **punitive damages** machen keine Ausnahme (BVerfG aaO; München NJW 92, 3113 = EZW 616; dass. NJW 89, 3102 = RIW 483 = IPRax 90, 175, 176; Frankfurt IPRax 92, 166 = RIW 91, 417; Düsseldorf aaO; KG OLGZ 94, 587; *Stürner/Stadler* aaO. **a. A.** *Greger* aaO 341). Auch Maßnahmen des einstweiligen Rechtsschutzes sind zuzustellen (*Geimer* IZPR[4] Rn 2160ff.; *Nagel* Nationale und internationale Rechtshilfe, 1971, 125). Kein Ablehnungsgrund ist ferner der Umstand, dass hinter dem Zustellungsantrag eine Absicht steht, die nach Ansicht der Zentralen Behörde auf dem Weg des Beweisaufnahmeübereinkommens verfolgt werden sollte. Auch eine Ladung an eine **inlandsansässige Person,** vor einem ausländischen Gericht **als Zeuge** zu erscheinen, ist zuzustellen. Es ist ihre Sache, vor dem Ausgangsgericht geltend zu machen, dass sie dort dem Zeugniszwang nicht unterliege. Erst recht sind Aufforderungen an Prozessparteien, Erklärungen abzugeben, Unterlagen vorzulegen oder zur

Parteibefragung persönlich vor dem ausländischen Gericht zu erscheinen, zuzustellen. Mit einer Zustellungsablehnung würde man einer solchen Partei selten einen Dienst erweisen, weil sie vom Ausland her mit viel gefährlicheren Methoden einer Ersatzzustellung und nachfolgender einfacher Benachrichtigung getroffen werden könnte, s Art. 1 Rn 5ff., Art. 10 Rn 1. Jedoch empfiehlt sich ein Hinweis, dass mit der Zustellung keine Bestätigung verbunden ist, der Adressat müsse der Aufforderung nachkommen. Zur Behandlung manipulierter Dokumente s. Art. 4 Rn 4. Ist die Zustellung eines Pfändungsbeschlusses beim Drittschuldner konstitutiv, so kann dessen Sitzstaat ihre Vornahme ablehnen (*Spellenberg* in Gilles Transnationales Prozessrecht [1995] 326; Düsseldorf IPRspr 80 Nr. 177), s. Art. 1 Rn 18. Die Zustellung einer gerichtlichen Entscheidung aus dem Erkenntnisverfahren ist aber kraft Staatenpraxis auch dann keine Souveränitätsverletzung, wenn sie privatrechtsgestaltende Wirkung hat und diese von der Vornahme der Zustellung abhängt. Auch Sanktionen können eine solche Entscheidung für den Fall der Zuwiderhandlung androhen (*Spellenberg* aaO, str.).

V. Verfahren

7 Grundlage für die Prüfung des Zustellungsersuchens sind ausschließlich die mitgesandten **Zustellungsunterlagen** (Düsseldorf NJW 92, 3110, 3111). Zulässig ist jedoch die Ermittlung ausländischen Rechtes. Entsprechen die Zustellungsunterlagen nicht dem HZÜ, insb. Art. 3 HZÜ, und erlauben sie deshalb keine ordnungsgemäße Prüfung nach Art. 13 HZÜ, so ist nach Art. 4 HZÜ zu verfahren. Entsprechend kommt diese Vorschrift zur Anwendung, wenn in dem zuzustellenden Schriftstück mehrere Ansprüche klageweise geltend gemacht werden und nur bei einem Teil die Ablehnungsgründe des Art. 13 HZÜ vorliegen. Von der Ablehnung und ihren Gründen ist die ersuchende Stelle unverzüglich zu unterrichten (Abs. 3).

VI. Rechtsbehelfe

8 **a)** Die Entscheidung der Zentralen Behörde, das Rechtshilfeersuchen zu erledigen, ist **als Justizverwaltungsakt nach §§ 23ff.**

EGGVG anfechtbar. Antragsgegner ist die zentrale Behörde und nicht das Amtsgericht, das nach § 4 Abs. 2 AusfG die Zustellung durchgeführt hat, da dem Amtsgericht hier keine eigene Entscheidungsbefugnis zukommt (Düsseldorf NJW 92, 3110 = RIW 846; Frankfurt RIW 01, 464). Der Kläger des ausländischen Verfahren muss aber als materiell Beteiligter in dem Verfahren des FG beigezogen werden. Ist die Zustellung schon vorgenommen, so ist Feststellung nach § 28 Abs. 1 S. 4 EGGVG möglich. In einem Fall (Frankfurt aaO) war der Antrag zulässig, das Zustellungszeugnis nicht auszustellen, nachdem die Zustellung schon durchgeführt war.

9 **b) Auch wenn die Zustellung bereits bewirkt ist**, ist die Entscheidung der Zentralen Behörde nach §§ 23ff. EGGVG anfechtbar (Düsseldorf aaO; Frankfurt IPRax 92, 166 = RIW 417). Die Entscheidung über das Rechtshilfeersuchen kann auch auf diese Weise in den Grenzen der §§ 23ff. EGGVG beseitigt werden, wodurch die Zustellung ihre Wirkung verliert (BVerfG ZIP 94, 1353, 1355; Frankfurt aaO). Zwar sieht das HZÜ eine Beseitigung der Entscheidung über die Zustellung nicht ausdrücklich vor, aus rechtsstaatlichen Erwägungen ist aber eine Korrektur zu ermöglichen. Da nie von vornherein ausgeschlossen ist, dass eine Aufhebung der Entscheidung vom Gericht des ersuchenden Staates berücksichtigt werden wird, und wegen der Folgen für eine spätere Anerkennung des Urteils in Deutschland besteht auch ein Rechtsschutzinteresse (**a. A.** *Stadler* IPRax 92, 147, die nur Feststellungsantrag zulassen will).

10 **c)** Im Hinblick auf Art. 19 Abs. 4 Grundgesetz ist außerdem ein Vorgehen im Wege **einstweiligen Rechtsschutzes** zuzulassen (So BVerfGE 91, 140 – dazu *Geimer* EWiR 95, 161; *Stadler* aaO).

11 **d)** Auch die Ablehnung der Zustellungsbewilligung ist auf diese Weise anfechtbar (Köln NJW 87, 1091). Neben dem ausländischen Kläger (oder einem sonstigen interessierten Prozessbeteiligten) sollte man auch jenes ausländische Justizorgan für anfechtungsbefugt halten, das in verantwortlicher Funktion um die Erledigung der Zustellung besorgt sein muss.

Art. 14 [Beilegung von Schwierigkeiten]

Schwierigkeiten, die aus Anlaß der Übermittlung gerichtlicher Schriftstücke zum Zweck der Zustellung entstehen, werden auf diplomatischem Weg beigelegt.

Art. 15 [Aussetzung zur Feststellung ordnungsgemäßer Zustellung]

(1) **War zur Einleitung eines gerichtlichen Verfahrens eine Ladung oder ein entsprechendes Schriftstück nach diesem Übereinkommen zum Zweck der Zustellung in das Ausland zu übermitteln und hat sich der Beklagte nicht auf das Verfahren eingelassen, so hat der Richter das Verfahren auszusetzen, bis festgestellt ist,**

a) dass das Schriftstück in einer der Formen zugestellt worden ist, die das Recht des ersuchten Staates für die Zustellung der in seinem Hoheitsgebiet ausgestellten Schriftstücke an dort befindliche Personen vorschreibt, oder

b) dass das Schriftstück entweder dem Beklagten selbst oder aber in seiner Wohnung nach einem anderen in diesem Übereinkommen vorgesehenen Verfahren übergeben worden ist

und dass in jedem dieser Fälle das Schriftstück so rechtzeitig zugestellt oder übergeben worden ist, dass der Beklagte sich hätte verteidigen können.

(2) **Jedem Vertragsstaat steht es frei zu erklären, dass seine Richter ungeachtet des Absatzes 1 den Rechtsstreit entscheiden können, auch wenn ein Zeugnis über die Zustellung oder die Übergabe nicht eingegangen ist, vorausgesetzt,**

a) dass das Schriftstück nach einem in diesem Übereinkommen vorgesehenen Verfahren übermittelt worden ist,

b) dass seit der Absendung des Schriftstücks eine Frist verstrichen ist, die der Richter nach den Umständen des Falles als angemessen erachtet und mindestens sechs Monate betragen muß, und

c) dass trotz aller zumutbaren Schritte bei den zuständigen Behörden des ersuchten Staates ein Zeugnis nicht zu erlangen war.

(3) **Dieser Artikel hindert nicht, dass der Richter in dringenden Fällen vorläufige Maßnahmen einschließlich solcher, die auf eine Sicherung gerichtet sind, anordnet.**

Literatur: *Reichart* FS Siehr (2001) 163 ff.

I. Grundsätzliches Regelungsanliegen

1 Die Vorschrift war aus deutscher Sicht neben der Einrichtung der Zentralen Behörde der bedeutendste Fortschritt, den das Übereinkommen gebracht hat. Sie stellt einen vernünftigen Ausgleich zwischen dem den Kläger begünstigenden System der „remise au parquet" und der den Beklagten favorisierten ausschließlichen Abhängigkeit des Klägers vom Erfolg der internationalen Rechtshilfe dar. Die Vorschrift trat zunächst an die Stelle von Art. 20 Abs. 2 EuGVÜ. Sie ist heute im Verhältnis zu den EG-Mitgliedsstaaten (Ausnahme Dänemark) durch Art. 20 EuZustVO ersetzt, § 26 Abs. 2 EuGVVO, s. dort Abs. 4. Nach dem System der *„remise au parquet"* (Frankreich, Griechenland, Benelux-Staaten, Italien – mit nicht unbedeutenden Varianten – *Stadler* IPRax 01, 514, 516 – hier zugrundegelegt Frankreich) gibt es im Grunde niemals die Notwendigkeit einer förmlichen Auslandszustellung. Bei Personen mit Wohnsitz im Ausland wird vielmehr eine förmliche Ersatzzustellung bei dem inländischen Staatsanwalt vorgenommen. Die Zustellung ist damit perfekt. Von diesem Tatbestand wird der Zustellungsadressat postalisch informiert, was völkerrechtlich zulässig ist, da die Übersendung einer „einfachen Mitteilung" kein Einbruch in fremde Souveränität ist. Zu informellen Zwecken wird dann auch noch zusätzlich die „Zustellung" auf dem Wege der internationalen Rechtshilfe veranlasst, was aber wiederum eine zusätzliche Mitteilung über eine bereits erfolgte (Ersatz-) Zustellung ist (zu belgischen Besonderheiten BGH IPRax 93, 324 Anm. *Linke*). In rigider Konsequenz durchgeführt, braucht sich der Richter hinsichtlich der weiteren Führung des Verfahrens nur daran zu orientieren, ob die *„remise au parquet"* in Ordnung ging. Im Ausgangsstaat muss ein Urteil als verfahrensfehlerhaft zustande gekommen aufgehoben werden, wenn sie es nicht war (Cour de cassation Rev.crit. 81, 713). Die remise au parquet verstößt nicht deshalb gegen das europarechtliche Diskriminierungsverbot, weil auf diese Weise der auslandsansässige Beklagte typischerweise zunächst in einer ihm fremden Sprache angesprochen wird (**a. A.** Karlsruhe RIW 99, 538; *Bajons* FS Schütze (2000) 60 ff.; *Schack* FS Geimer [2003] 932; *Roth* IPRax 2000, 497; wohl auch *Lindacher* aaO 189). An die Aussagekraft des verfahrenseinleitenden Schriftstückes ist nur die Anforderung zu stellen, dass sich der Beklagte ein ungefähres Bild machen kann, was von ihm verlangt wird (BGH RIW 99, 699).

Der **Durchbruch,** den **Art. 15** brachte, besteht auf diesem Hintergrund und in Anbetracht der Tatsache, dass fast alle Vertragsstaaten eine Erklärung nach Abs. 2 abgegeben haben, in folgendem: Der Richter im Ursprungsstaat muss mit weiteren Prozesshandlungen solange zuwarten, bis entweder der Beklagte sich auf das Verfahren einlässt (BGH NJW 87, 592 = IPRax 88, 159 – *Hausmann*) oder bis Gewissheit darüber entsteht, dass auch die Mitteilung über die offizielle internationale Zustellung der Klageschrift den Beklagten rechtzeitig erreicht hat oder dass alle diesbezüglichen Bemühungen nach Verstreichen von mindestens sechs Monaten immer noch im Sande verlaufen sind.

2 Für den **deutschen Richter im Erkenntnisverfahren** spielt die Vorschrift nur eine geringe Rolle. Stellt er bei Säumnis des Beklagten fest, dass das Zustellungszeugnis gemäß Art. 6 nicht vorliegt, so ist ohnehin zu vertagen. Er kann aber nach dem Ablauf von sechs Monaten Abs. 2 anwenden, wenn dessen sonstige Voraussetzungen vorliegen. Er braucht also nicht mehr eine öffentliche Zustellung abzuwarten, seit Deutschland entgegen der ursprünglichen Ankündigung (BT-Drucks. 7/4892 S. 40) eine Erklärung nach Abs. 2 abgegeben hat, s. Rn 7. Insofern betrifft die Vorschrift nicht nur die Staaten, welche die *„remise au parquet"* kennen.

Der **deutsche Exequaturrichter** braucht nicht zu überprüfen, ob im Ausgangsstaat, der die *„remise au parquet"* kennt, Art. 15 beachtet wurde. Die Ordnungsmäßigkeit der Zustellung ist allein die Ordnungsmäßigkeit der *„remise au parquet"* (**a. A.** Karlsruhe RIW 99, 538 m.w.N. zum Streitstand). Der Beklagte wird dadurch hinreichend geschützt, dass nach § 328 Abs. 1 Nr. 2 ZPO bei Anerkennung und Vollstreckung ausländischer Urteile auch nachgeprüft wird, ob er rechtzeitig Gelegenheit gehabt hat, sich zu verteidigen. In der EU kommt es nach Art. 34 Nr. 2 EuGVVO allein auf Letzteres an, so dass insoweit die Kontroverse, ob die *remise au parquet* eine ordnungsgemäße Zustellung ist (Nw.: Karlsruhe aaO), überholt ist.

II. Einzelheiten

3 **1.** Die deutsche Übersetzung des Einleitungssatzes ist missglückt. Bei der *„remise au parquet"* ist ein Schriftstück gerade nicht „zum Zweck der *Zustellung*" ins Ausland zu übermitteln. Gemeint ist, dass im Zusammenhang mit der Verfahrenseinleitung ein Schriftstück amtlich ins Ausland zu übermitteln ist. Das folgt aus der französischen Formulierung *„signification ou notification"* (*Schack* IZPR³ Rn 611; *Rauscher* IPRax 91, 155; nahezu allg. M. **a. A.** *Nagel* IPRax 92, 150). Dass die Zustellung durch *„remise au parquet"* als solche bereits bewirkt ist, s. Rn 2 a. E., ändert daran nichts. Die Vorschrift gilt aber nur für das verfahrenseinleitende Dokument. Ist einmal wirksam zugestellt, so muß der Beklagte sich selbst um das Verfahren kümmern, etwa einen Prozessbevollmächtigten bestellen. Spätere Klageerweiterungen: Art. 27 EuGVVO Rn 7.

4 **2.** Vor Ablauf von sechs Monaten, s. Rn 7, 8, ist auf jeden Fall nach Abs. 1 zu verfahren. Es braucht nicht **förmlich „ausgesetzt"** zu werden (*Tabora Feireira*-Bericht 377). Es müssen nur Prozesshandlungen unterbleiben, die die prozessuale Stellung des Beklagten beeinträchtigen, sofern es sich nicht um Maßnahmen des einstweiligen Rechtsschutzes im Sinne von Abs. 3 handelt. Zu letzteren gehören aber auch eilbedürftige Maßnahmen im Rahmen eines selbständigen Beweisverfahrens. Eine öffentliche Zustellung vor Ablauf von sechs Monaten ist unzulässig (OLG Hamm NJW 89, 2203). Hat sich der Beklagte auf das Verfahren eingelassen, was auch durch Rüge der Unzuständigkeit geschehen kann, so ist Art. 15 nicht anwendbar (BGH aaO).

5 **3.** Zu Abs. 1 Buchst a) s. Art. 5 Rn 1. Grundsätzlich gelten nur förmliche Zustellungen (*Reichart* aaO 168 ff.) durch Vermittlung der Zentralen Behörde. Die Alternative b) bezieht sich auf Art. 5 Abs. 1 Buchst. b), Abs. 2, Artt. 8, 9 und 10. Die im deutschen Recht vorgesehenen Möglichkeiten der **Ersatzzustellung** stehen also immer zur Verfügung. Geschäftsräume sind der Wohnung i. S. v. Buchst. b) nicht gleichgestellt. Das dortige Personal braucht

nur über die gewöhnlichen inländischen Zustellungsformen instruiert zu sein. Der Richter im Urteilsstaat muß in keinem der beiden Fälle prüfen, ob dem zuzustellenden Schriftstück eine Übersetzung in die Landessprache beigefügt war. Bevor die Zentrale Behörde nach Art. 5 Abs. 3 eine **Übersetzung** verlangt hat, ist das nicht von einer Übersetzung begleitete Schriftstück „nach einem in diesem Übereinkommen vorgesehenen Verfahren" übermittelt. Ist dem Gericht allerdings bekannt, dass der ersuchte Staat generell eine Übersetzung verlangt, gehört die Anfertigung der Übersetzung zu den „zumutbaren Schritten" i. S. v. Abs. 2 Buchst. c). Liegt ein Zustellungszeugnis i. S. v. Art. 6 vor, so braucht der Richter (trotz BGH NJW 93, 2688, s. Art. 6 Rn 2) keine weiteren Nachforschungen anzustellen.

6 **4.** Außer Deutschland (erst BGBl. 93 II S. 703) haben eine Erklärung nach Absatz 2 abgegeben: Antigua und Barbuda, Belgien, Botswana, China, Dänemark, Estland, Frankreich, Griechenland, Irland, Japan, Kanada, Luxemburg, Niederlande, Norwegen, Pakistan, Portugal, Spanien, Tschechoslowakei (s. Art. 1 Fn. 1), Türkei, Venezuela, Vereinigtes Königreich, USA, Zypern.

7 **5.** Buchst. c) suggeriert, dass noch vielfältige Anstrengungen gemacht werden sollen, bis die **Zumutbarkeitsgrenze** erreicht ist. Jedoch kann es füglich nur darauf ankommen, was gerade dem erkennenden Gericht zumutbar ist, das den weiteren Lauf von Rückfragen nicht in der Hand hat. Mehr als die Zentrale Behörde um eine Rückfrage zu bitten und mehr als etwa einen Monat auf eine Antwort zu warten, ist weder dem Gericht noch dem Kläger zumutbar (**a. A.** OLG Hamm aaO, das eine „Nachfragepflicht" des erkennenden Gerichts bei „den türkischen Behörden" postulierte). Vergewisserungen, die ein Gericht in Ausführung von Abs. 2 Buchst. c) betreibt, geschehen in richterlicher Unabhängigkeit. Andere beteiligte Stellen haben sich dem zu beugen (str. Nw *Geimer* NJW 89, 645). Obliegt die Zustellung dem Kläger, so genügt ein „good faith effort", dem Übereinkommen Genüge zu tun, nicht für eine ordnungsgemäße Zustellung (**a. A.** *Tatagasi v. Tataragasi* 477 S.E 2d 239 – N.C. Ct. App.).

8 **6.** Die **Sechsmonatsfrist** beginnt erst zu laufen, wenn das Gesuch ins Ausland abgeschickt worden ist (Cour de cassation Rev.-crit. 81, 708).

9 **7.** Von Art. 15 werden **Schriftstücke, die nicht der Verfahrenseinleitung dienen,** etwa Urteile, nicht betroffen. Für sie gilt zwar auch das zu Art. 5 Rn 3 Gesagte. Jedoch ist deren Zustellung durch *„remise au parquet"* als Inlandszustellung ohne Übersetzung rechtens (Oldenburg IPRax 92, 159, zust. *Nagel* 150), auch wenn man dem hier bei Art. 27 EuGVVO Rn 14 eingenommenen Standpunkt nicht folgt.

10 **8.** Bezüglich der **Rechtzeitigkeit** s. Art. 34 EuGVVO Rn 7.

Art. 16 [Wiedereinsetzung in den vorigen Stand]

(1) **War zur Einleitung eines gerichtlichen Verfahrens eine Ladung oder ein entsprechendes Schriftstück nach diesem Übereinkommen zum Zweck der Zustellung in das Ausland zu übermitteln und ist eine Entscheidung gegen den Beklagten ergangen, der sich nicht auf das Verfahren eingelassen hat, so kann ihm der Richter in bezug auf Rechtsmittelfristen die Wiedereinsetzung in den vorigen Stand bewilligen, vorausgesetzt,**

a) dass der Beklagte ohne sein Verschulden nicht so rechtzeitig Kenntnis von dem Schriftstück erlangt hat, dass er sich hätte verteidigen können, und nicht so rechtzeitig Kenntnis von der Entscheidung, dass er sie hätte anfechten können, und

b) dass die Verteidigung des Beklagten nicht von vornherein aussichtslos scheint.

(2) **Der Antrag auf Wiedereinsetzung in den vorigen Stand ist nur zulässig, wenn der Beklagte ihn innerhalb einer angemessenen Frist stellt, nachdem er von der Entscheidung Kenntnis erlangt hat.**

(3) **Jedem Vertragsstaat steht es frei zu erklären, dass dieser Antrag nach Ablauf einer in der Erklärung festgelegten Frist unzulässig ist, vorausgesetzt, dass diese Frist nicht weniger als ein Jahr beträgt, vom Erlaß der Entscheidung an gerechnet.**

(4) **Dieser Artikel ist nicht auf Entscheidungen anzuwenden, die den Personenstand betreffen.**

1 Die Vorschrift gewährt eine außerordentliche Wiedereinsetzungsmöglichkeit für den Einspruch (oder sonstigen Rechtsbehelf) gegen ein nach Säumnis des Beklagten gegen diesen ergangenes Urteil (in Deutschland im technischen Sinne Versäumnisurteil), wenn entweder Art. 15 nicht eingehalten wurde oder weil gemäß dessen Abs. 2 zur Sache entschieden wurde, obwohl die ordnungsgemäße Zustellung im Ausland nicht nachgewiesen war. Die Behauptung, Art. 16 habe für Deutschland keine Bedeutung (BT-Drucks. 7/4892 S. 49; München IPRax 90, 111), war nie ganz richtig und ist vollends unzutreffend geworden, seit Deutschland eine Erklärung nach Art. 15 Abs. 2 abgegeben hat, s. Art. 15 Rn 2, 7. Die Frage der Beweislast für Verschulden oder Schuldlosigkeit ist bewusst offengelassen worden (BT-Drucks. aaO). Daher muss man das nationale Recht, § 236 ZPO, anwenden.

2 Man muss die Vorschrift analog anwenden, wenn es im Prozessrecht eines Staates an einer Bestimmung ähnlich § 210a ZPO fehlt und das kontradiktorische Urteil durch *„remise au parquet"* oder sonst ersatzweise zugestellt (Beispiel Griechenland, s. *Stürner* JZ 92, 329 Fn. 47) und dadurch die Rechtsbehelfsfrist in Lauf gesetzt wird. Das gleiche gilt, wenn der anwaltlich nicht vertretenen Partei das Urteil nach § 175 ZPO zugestellt wird (**a. A.** ohne Art. 16 HZÜ zu nennen, BGH FamRZ 89, 1287, zu Recht krit. *Hausmann* 1288f).

3 Außer Deutschland (BGBl. 1993 III S. 703) haben folgende Staaten Erklärungen i. S. v. Absatz 3 auf der Basis der dort genannten Mindestfrist abgegeben: Belgien, China, Dänemark, Israel, Kanada, Luxemburg, Niederlande, Pakistan, Portugal, Seychellen, Spanien, Türkei, U.K. (nur bezüglich Schottland), USA (mit Modifizierung), Zypern. Norwegen und Estland wählten eine Frist von 3 Jahren, Venezuela verweist auf internes Recht.

Kapitel II. Außergerichtliche Schriftstücke

Art. 17 [Übermittlung nach diesem Übereinkommen]

Außergerichtliche Schriftstücke, die von Behörden und Justizbeamten eines Vertragsstaats stammen, können zum

Zweck der Zustellung in einem anderen Vertragsstaat nach den in diesem Übereinkommen vorgesehenen Verfahren und Bedingungen übermittelt werden.

S. Art. 1 Rn 11 und 12.

Kapitel III. Allgemeine Bestimmungen

Art. 18 [Zentrale Behörde und weitere Behörden]

(1) **Jeder Vertragsstaat kann außer der Zentralen Behörde weitere Behörden bestimmen, deren Zuständigkeit er festlegt.**

(2) **Die ersuchende Stelle hat jedoch stets das Recht, sich unmittelbar an die Zentrale Behörde zu wenden.**

(3) **Bundesstaaten steht es frei, mehrere Zentrale Behörden zu bestimmen.**

Zu den jeweils bestimmten Behörden s. Anhang Art. 2. S. auch Bek. BGBl. 1990 II S. 1281 – V.K. u. 1984 II S. 506 – Zypern.

Art. 19 [Einzelstaatliche Regelungen internationaler Zustellungen]

Dieses Übereinkommen schließt nicht aus, dass das innerstaatliche Recht eines Vertragsstaats außer den in den vorstehenden Artikeln vorgesehenen auch andere Verfahren zuläßt, nach denen Schriftstücke aus dem Ausland zum Zweck der Zustellung in seinem Hoheitsgebiet übermittelt werden können.

Deutschland lässt solche Verfahren nicht zu. Gehört ein Vertragsstaat zu einem übergeordneten Gesetzgebungsgebiet, etwa der EU, so deckt Art. 19 auch dessen Gesetzgebungsakte, etwa die EuZVO.

Art. 20 [Zulässige Abweichungen]

Dieses Übereinkommen schließt nicht aus, dass Vertragsstaaten vereinbaren, von folgenden Bestimmungen abzuweichen:
a) Artikel 3 Absatz 2 in bezug auf das Erfordernis, die Schriftstücke in zwei Stücken zu übermitteln,
b) Artikel 5 Absatz 3 und Artikel 7 in bezug auf die Verwendung von Sprachen,
c) Artikel 5 Absatz 4,
d) Artikel 12 Absatz 4.

Deutschland hat solche Vereinbarungen nicht abgeschlossen, s. auch Anm. zu Art. 24.

Art. 21 [Vom Abdruck wurde abgesehen]

Art. 22 Ersatz früherer Haager Übereinkommen

Dieses Übereinkommen tritt zwischen den Staaten, die es ratifiziert haben, an die Stelle der Artikel 1 bis 7 des am 17. Juli 1905 in Den Haag unterzeichneten Abkommens über den Zivilprozess und des am 1. März 1954 in Den Haag unterzeichneten Übereinkommens über den Zivilprozess, soweit diese Staaten Vertragsparteien jenes Abkommens oder jenes Übereinkommens sind.

Art. 23 [Verhältnis zu den früheren Haager Übereinkommen]

(1) **Dieses Übereinkommen berührt weder die Anwendung des Artikels 23 des am 17. Juli 1905 in Den Haag unterzeichneten Abkommens über den Zivilprozeß noch die Anwendung des Artikels 24 des am 1. März 1954 in Den Haag unterzeichneten Übereinkommens über den Zivilprozeß.**

(2) **Diese Artikel sind jedoch nur anwendbar, wenn die in diesen Übereinkünften vorgesehenen Übermittlungswege benutzt werden.**

Art. 24 Abs. 1 des Übereinkommens von 1954 lautet:

„Ist einem Angehörigen eines Staates für ein Verfahren das Armenrecht bewilligt worden, so hat der ersuchende Staat für Zustellungen jeglicher Art, die sich auf dieses Verfahren beziehen, und die in einem anderen Vertragsstaat zu bewirken sind, dem ersuchten Staat Kosten nicht zu erstatten".

Art. 24 [Zusatzvereinbarungen]

Zusatzvereinbarungen zu dem Abkommen von 1905 und dem Übereinkommen von 1954, die Vertragsstaaten geschlossen haben, sind auch auf das vorliegende Übereinkommen anzuwenden, es sei denn, dass die beteiligten Staaten etwas anderes vereinbaren.

1 Das Übereinkommen unterscheidet solche früher abgeschlossenen Staatsverträge und Regierungsvereinbarungen, die in Ergänzung des Haager Zivilprozessübereinkommens von 1909 und 1954 abgeschlossen worden sind, und solchen, die ursprünglich ohne eine solche Bezugnahme gedacht waren. Letztere sind in Art. 25 geregelt, s. auch Bem zu Art. 9. Die von Art. 24 aufrechterhaltenen werden in den wichtigsten Textteilen im folgenden wiedergegeben, wobei in eckigen Klammern gesagt wird, auf welche Artikel des HZÜ sich die Zusatzverträge heute beziehen. Für Dänemark, Norwegen, Polen und die Schweiz hat die EuZVO naturgemäß keine Änderung gebracht. Für die übrigen Staaten gilt, soweit sie der EG angehören, Art. 20 EuZVO, s. dort.

2 **Deutsch-dänische Vereinbarung** (RGBl. S. 871, 873; RGBl. II S. 20; BGBl. II S. 186; BGBl. II S. 1853):

Art. 1. Gemäß den Vorbehalten im Artikel 1 Abs. 4 [Art 11] ... des Haager Abkommens über den Zivilprozess vom 17. Juli 1905 ist den deutschen und den dänischen gerichtlichen Behörden der unmittelbare Geschäftsverkehr miteinander in allen Fällen gestattet, in denen durch das Abkommen der Rechtshilfeverkehr in Zivil- und Handelssachen für die Mitteilung gerichtlicher und außergerichtlicher Urkunden sowie für die Erledigung von Ersuchungsschreiben geregelt ist.

Art. 2. Auf seiten des Reichs sind für die unmittelbare Übermittlung von Zustellungs- und sonstigen Rechtshilfeersuchen alle gerichtlichen Behörden, für ihre Entgegennahme die Landgerichtspräsidenten zuständig.

Auf seiten Dänemarks sind für die unmittelbare Übermittlung von Zustellungs- und sonstigen Rechtshilfeersuchen alle gerichtlichen Behörden zuständig, für ihre Entgegennahme:

a) außerhalb Kopenhagens: das Gericht des Ortes, wo die Zustellung zu bewirken oder die nachgesuchte Handlung vorzunehmen ist;
b) in Kopenhagen: bei Zustellungsersuchen der Präsident des Kopenhagener Stadtgerichts und bei sonstigen Rechtshilfeersuchen das Justizministerium.

Art. 3. In dem unmittelbaren Geschäftsverkehr werden die Schreiben der beiderseitigen Behörden in deren Landessprache abgefasst.

Die im Artikel 3 Abs. 1 des Haager Abkommens über den Zivilprozess [Art. 5 Abs. 3] vorgesehenen Übersetzungen sind zu beglaubigen. Die Beglaubigung erfolgt durch einen diplomatischen oder konsularischen Vertreter des ersuchenden Staates oder durch einen beeidigten oder amtlich bestellten Dolmetscher des ersuchenden oder ersuchten Staates. Sind den im genannten Artikel des Haager Abkommens über den Zivilprozess erwähnten Schriftstücken derartig beglaubigte Übersetzungen nicht beigegeben, so werden die erforderlichen Übersetzungen von der ersuchten Behörde beschafft.

Art. 3 Abs. 2 wohl obsolet, s. Art. 5 HZÜ Rn 3.

Deutsch-norwegische Vereinbarung (BGBl. II S. 1292): **3**

Die Vereinbarung ist zwar nach Inkrafttreten des HZÜ wirksam geworden, aber inhaltlich noch auf das Zivilprozessübereinkommen von 1954 zugeschnitten.

Art 1. In Zivil- und Handelssachen können gerichtliche und außergerichtliche Schriftstücke, die von einem der beiden Staaten ausgehen, auch im unmittelbaren Verkehr übersandt werden, und zwar

1. wenn die Zustellung an Personen in der Bundesrepublik bewirkt werden soll, von den zuständigen norwegischen Justizbehörden an den Präsidenten des Landgerichts oder Amtsgerichts, in dessen Bezirk sich der Empfänger aufhält,
2. wenn die Zustellung an Personen in Norwegen bewirkt werden soll, von den zuständigen deutschen Justizbehörden an das herredsrett oder das byrett, in dessen Bezirk sich der Empfänger aufhält.

Art 2. Ist die Behörde, der das Schriftstück übersandt worden ist, nicht zuständig, so gibt sie es von Amts wegen an die zuständige Behörde ab. Sie benachrichtigt hiervon unverzüglich die ersuchende Behörde auf demselben Wege, auf dem ihr das Ersuchen zugegangen ist.

Art 3. (1) in dem Antrag soll angegeben werden, ob die Zustellung durch einfache Übergabe des Schriftstücks an den Empfänger (Art. 2 des Haager Übereinkommens [Art. 5 Abs. 3]) oder in der Form, die durch die Rechtsvorschriften der ersuchten Behörde vorgeschrieben ist, oder in einer besonderen Form (Art. 3 Abs. 2 des Haager Übereinkommens [Art. 5 Abs. 12 Buchst. a]) bewirkt werden soll. Der Wunsch, die Zustellung in einer der in Abs. 2 des Haager Übereinkommens [Art. 5 Abs. 1 Buchst. b]) vorgesehenen Form zu bewirken, kann auch nur hilfsweise für den Fall ausgesprochen werden, dass die einfache Übergabe nicht möglich ist, weil der Empfänger zur Annahme des Schriftstücks nicht bereit ist.

(2) Hat die ersuchende Behörde nicht, wie in Artikel 3 Abs. 2 des Haager Übereinkommens [Art. 5 Abs. 1] vorgesehen, den Wunsch ausgesprochen, das Schriftstück in einer der in Artikel 3 Abs. 2 des Haager Übereinkommens angeführten Formen zuzustellen, und kann die Zustellung nicht durch einfache Übergabe nach Artikel 2 des Haager Übereinkommens [Art. 5 Abs. 2] bewirkt werden, so sendet die ersuchte Behörde das Schriftstück unverzüglich der ersuchenden Behörde zurück und teilt ihr die Gründe mit, aus denen die einfache Übergabe nicht möglich war. Ist jedoch das zuzustellende Schriftstück von einer Übersetzung begleitet, so wird die Zustellung nach den innerstaatlichen Rechtsvorschriften der ersuchten Behörde für die Bewirkung gleichartiger Zustellungen durchgeführt.

(3) Hat die ersuchende Behörde ihrem Antrag, nach Absatz 1 ein Schriftstück in den in Artikel 3 Abs. 2 des Haager Übereinkommens [Art. 5 Abs. 1] vorgesehenen Formen zuzustellen, eine Übersetzung ausnahmsweise nicht beigefügt, so wird diese von der ersuchten Behörde beschafft. Die Kosten der Übersetzung werden von der ersuchenden Behörde erstattet.

(4) Die in Artikel 3 Abs. 2 des Haager Übereinkommens [Art. 5 Abs. 3] vorgesehene Übersetzung kann auch von einem vereidigten Übersetzer des ersuchenden Staates beglaubigt werden.

(5) [Betrifft Kostenerstattung; nicht abgedruckt]

Absatz 4 wohl obsolet, s. Art. 5 HZÜ Rn 3.

Art. 4. (1) Die diplomatischen oder konsularischen Vertreter eines jeden der beiden Staaten können Zustellungen ohne Anwendung von Zwang (Art. 6 Abs. 1 Nr. 3 in Verbindung mit Absatz 2 Satz 2 des Haager Übereinkommens [Art. 8] auch dann bewirken, wenn die Empfänger neben der Staatsangehörigkeit des Entsendestaates auch die Staatsangehörigkeit eines dritten Staats besitzen. Kommen für die Beurteilung der Staatsangehörigkeit der Person, an die zugestellt werden soll, verschiedene Rechte in Betracht, so ist das Recht des Staates maßgebend, in dem der Zustellungsantrag ausgeführt werden soll.

(2) Im Verhältnis zwischen beiden Staaten sind die in Artikel 6 Abs. 2 Nummern 1 und 2 des Haager Übereinkommens [Art. 10] vorgesehenen unmittelbaren Zustellungsarten ebenso wie die unmittelbare Zustellung durch die diplomatischen oder konsularischen Vertreter an Personen, wel-

che die Staatsangehörigkeit des Empfangsstaates oder eines dritten Staates besitzen, nicht zulässig.

Artt. 5–13 [nicht abgedruckt]

Art. 14. Die vorstehenden Vereinbarungen schließen nicht aus, dass Zustellungsanträge, Rechtshilfeersuchen oder Anträge auf Bewilligung des Armenrechts auf dem im Haager Übereinkommen vorgesehenen Weg 8 (Art. 1 Abs. 1, Art. 9 Abs. 1, Art. 23 Abs. 1 [Art. 5] übermittelt werden.

Art. 15–17 [nicht abgedruckt]

Deutsch-polnische Vereinbarung (BGBl. 1994 II S. 361): 4

Art. 1 (1) Gerichtliche und außergerichtliche Schriftstücke, die von einem der beiden Staaten ausgehen, werden im unmittelbaren Verkehr übersandt und zwar,

1. wenn die Zustellung an Personen in der Republik Polen bewirkt werden soll, von den zuständigen deutschen Justizbehörden an den Präsidenten des Wojewodschaftsgerichts in dessen Zuständigkeitsbereich sich der Empfänger aufhält,
2. wenn sie für Personen in der Bundesrepublik Deutschland bestimmt sind, von den zuständigen polnischen Justizbehörden an den Präsidenten des Landgerichts oder Amtsgerichts, in dessen Bezirk sich der Empfänger aufhält.

(2) Die in Absatz 1 genannten Behörden bedienen sich für die Zustellungsanträge des Musters, das von den Justizministerien beider Staaten festgelegt wird. Den weiteren Schriftwechsel führen beide Seiten in ihrer Amtssprache.

Art. 2 Ist die Behörde, der das Schriftstück übersandt worden ist, nicht zuständig, so gibt sie es von Amts wegen an die zuständige Behörde ab und benachrichtigt hiervon unverzüglich die ersuchende Behörde.

Art. 3 (1) In dem Antrag soll angegeben werden, ob die Zustellung durch einfache Übergabe des Schriftstückes an den Empfänger (Artikel 2 des Haager Übereinkommens) oder in der Form, die durch die Rechtsvorschriften der ersuchten Behörde vorgeschrieben ist, oder einer besonderen Form (Artikel 3 Absatz 2 des Haager Übereinkommens) bewirkt werden soll. Der Wunsch, die Zustellung in einer der in Artikel 3 Absatz 2 des Haager Übereinkommens vorgesehenen Formen zu bewirken, kann auch nur hilfsweise für den Fall ausgesprochen werden, dass die einfache Übergabe nicht möglich ist, weil der Empfänger zur Annahme des Schriftstückes nicht bereit ist.

[Vom Abdruck des Restes wurde abgesehen]

Deutsch-schweizerische Vereinbarung: RGBl. 1910 S. 674: 5

Art. 1. Gemäß den Vorbehalten im Artikel 1 Abs. 4 [Art. 11] … des Haager Abkommens über den Zivilprozess vom 17. Juli 1905 wird in allen Fällen, in denen durch das Abkommen der Rechtshilfeverkehr in Zivil- und Handelssachen für die Mitteilung gerichtlicher und außergerichtlicher Urkunden sowie für die Erledigung von Ersuchungsschreiben geregelt ist, der zwischen den deutschen und den schweizerischen gerichtlichen Behörden auf Grund der Vereinbarung vom 1./10. Dezember 1878 bestehende unmittelbare Geschäftsverkehr beibehalten.

Dazu: Übereinkommen zwischen dem Deutschen Reich und der Schweiz wegen Herbeiführung eines unmittelbaren Geschäftsverkehrs zwischen den deutschen und den schweizerischen Gerichtsbehörden vom 1./10. Dezember 1878:

Zwischen der kaiserlich deutschen Regierung und dem schweizerischen Bundesrath ist, um die Verwaltung der Rechtspflege beiderseits zu erleichtern, nachstehende Vereinbarung getroffen worden.

Den deutschen und schweizerischen Gerichtsbehörden ist der unmittelbare Geschäftsverkehr in allen Fällen gestattet, in welchen nicht der diplomatische Verkehr durch Staatsverträge vorgeschrieben ist, oder in Folge besonderer Verhältnisse rätlich erscheint.

Art. 2. In dem unmittelbaren Geschäftsverkehr werden die Schreiben der beiderseitigen Behörden in deren Landessprache abgefasst.

(2) Die Bestimmungen des Artikel 3 des Haager Abkommens über den Zivilprozess [Art. 5 Abs. 3] wegen Abfassung oder Übersetzung der dort bezeichneten Schriftstücke bleiben unberührt. Sind diesen Schriftstükken die vorgeschriebenen Übersetzungen nicht beigegeben, so werden sie von der ersuchten Behörde auf Kosten der ersuchenden Behörde beschafft.

Art. 3–4 [vom Abdruck wurde abgesehen]

Art. 25 [Verhältnis zu anderen Übereinkommen]

Unbeschadet der Artikel 22 und 24 berührt diese Übereinkommen nicht die Übereinkommen, denen die Vertragsstaaten angehören oder angehören werden und die Bestimmungen über Rechtsgebiete enthalten, die durch dieses Übereinkommen geregelt sind.

1 Obwohl die deutsche offizielle internationalrechtliche Terminologie unter „Übereinkommen" nur multilaterale Staatsverträge versteht, ist man sich einig, dass unter dieser Vorschrift auch einige bilaterale Staatsverträge aufrechterhalten bleiben, die ohne Bezugnahme zum Haager Zivilprozessabkommen 1954 oder seinem Vorgänger stehen. Für Deutschland betrifft die Vorschrift das deutsch-britische Abkommen, das allein hier teilweise abgedruckt ist, sowie

das deutsch-griechische Abkommen v. 11. 5. 1938 (RGBl. 1939 II S. 848) und das deutsch-türkische Abkommen vom 28. 5. 1929 (RGBl. 1930 II S. 7). Im Einzelnen:

Griechenland: Verkehr zwischen Konsul des ersuchenden Staates und Landgerichtspräsidenten bzw. (Gr) Staatsanwalt beim erstinstanzlichen Gericht – wohl durch Art. 13 EuZVO überholt. **2**

Liechtenstein: Übernahme der Regelung der deutsch-schweizerischen Vereinbarung.

Türkei: Verkehr zwischen Konsul des ersuchenden Staates und den Land- oder Amtsgerichtspräsidenten bzw. (Türkei) der Staatsanwaltschaft (Verbalnote v. 6. 7. 1932 Nr. 13514/59, s. *Bülow/Böckstiegel* 517.6).

Die in diesen Abkommen vorgesehenen Wege gelten wahlweise zu den Möglichkeiten des HZÜ.

Deutsch-britisches Abkommen v. 20. 3. 1928 (RGBl. 1928 II S. 623, BGBl. 1953 II S. 116): **3**

Das Abkommen gilt noch heute für zahllose Staaten und Territorien, in Bezug auf die das damalige VK die auswärtigen Beziehungen verwaltete, u.a. für **Australien** (BGBl. 1955 II S. 699, 918; 1956 II S. 890; 1957 II S. 744), **Kanada** (BGBl. 1954 II S. 15); **Neuseeland** (BGBl. 1953 II S. 118); **Singapur** (BGBl. 1976 II S. 576); **Zypern** (BGBl. 1975 II S. 1129). Zu weiteren Staaten s. *Stein/Jonas/Roth*[21] Anh. § 199 Rn 79, *Jayme/Hausmann* Internationales Privat- und Verfahrensrecht[10] Nr. 116 Fn. 2.

Das Abkommen hat in Bezug zu dem VK viel an Bedeutung verloren, seit dieses dem HZÜ beigetreten ist und erst recht seit die EuZVO gilt. Zum Restanwendungsbereich wie Art. 1 EuZÜ Rn 2. In Bezug auf andere Staaten als das VK, für die das Abkommen weiter gilt, können die darin geregelten Zustellungsarten Bedeutung erlangen.

II. Zustellung gerichtlicher und außergerichtlicher Schriftstücke

Art. 2. Wenn gerichtliche oder außergerichtliche Schriftstücke, die in dem Gebiet eines der vertragsschließenden Teile ausgestellt sind, auf das dieses Abkommen Anwendung findet, Personen, Gesellschaften oder Körperschaften in dem Gebiet des anderen Teiles zugestellt werden sollen, auf das dieses Abkommen Anwendung findet, so können sie, unbeschadet der Bestimmungen der nachstehenden Artikel 6 und 7, dem Empfänger auf einem der in den Artikeln 3 und 5 vorgesehenen Wege zugestellt werden.

Art. 3. a) Der Zustellungsantrag wird übermittelt: in Deutschland durch einen britischen konsularischen Beamten an den Präsidenten des deutschen Landgerichts,

b) in England durch einen deutschen diplomatischen oder konsularischen Beamten an den Senior Master des Höchsten Gerichtshofs in England.

c) Das Übermittlungsschreiben, das den Namen der Behörde, von der das übermittelte Schriftstück ausgeht, die Namen und Bezeichnungen der Parteien, die Anschrift des Empfängers und die Art des in Frage stehenden Schriftstücks angibt, ist in der Sprache des ersuchten Landes abzufassen. Wenn in einem besonderen Falle die ersuchte gerichtliche Behörde gegenüber dem diplomatischen oder konsularischen Beamten, der den Antrag übermittelt hat, einen dahingehenden Wunsch äußert, wird dieser Beamte eine Übersetzung des zuzustellenden Schriftstücks zur Verfügung stellen.

d) Die Zustellung ist durch die zuständige Behörde des ersuchten Landes zu bewirken. Mit Ausnahme des im Abs. d dieses Artikels vorgesehenen Falles kann die Behörde ihre Tätigkeit darauf beschränken, die Zustellung durch Übergabe des Schriftstücks an den Empfänger zu bewirken, sofern er zur Annahme bereit ist.

e) Ist das zuzustellende Schriftstück in der Sprache des ersuchten Landes abgefasst oder ist es von einer Übersetzung in diese Sprache begleitet, so lässt die ersuchte Behörde, falls in dem Antrag ein dahingehender Wunsch ausgesprochen ist, das Schriftstück in der durch die innere Gesetzgebung für die Wirkung gleichartiger Zustellungen vorgeschriebenen Form oder in einer besonderen Form zustellen, sofern diese ihrer Gesetzgebung nicht zuwiderläuft.

f) Die in diesem Artikel vorgesehene Übersetzung ist von dem diplomatischen oder konsularischen Beamten des ersuchenden Teiles oder durch einen beamteten oder beeidigten Dolmetscher eines der beiden Länder zu beglaubigen.

g) Die Ausführung des Zustellungsantrags kann nur abgelehnt werden, wenn der vertragschließende Teil, in dessen Gebiet sie erfolgen soll, sie für geeignet hält, seine Hoheitsrechte oder seine Sicherheit zu gefährden.

h) Die Behörde, die den Zustellungsantrag empfängt, hat dem diplomatischen oder konsularischen Beamten, der ihn übermittelt hat, die Urkunde zu übersenden, durch die die Zustellung nachgewiesen wird oder aus der sich der die Zustellung hindernde Umstand ergibt. Der Nachweis der Zustellung wird durch ein Zeugnis der Behörde des ersuchten Landes erbracht, aus dem sich die Tatsache, die Art und Weise und der Zeitpunkt der Zustellung ergibt. Ist ein zuzustellendes Schriftstück in zwei gleichen Stücken übermittelt worden, so ist das Zustellungszeugnis auf eines der beiden Stücke zu setzen oder damit zu verbinden.

Art. 4. [vom Abdruck wurde abgesehen. Betrifft Gebühren u. Auslagen]

Art. 5. Das zuzustellende Schriftstück kann dem Empfänger, sofern er nicht ein Angehöriger des vertragschließenden Teiles ist, in dessen Gebiet die Zustellung erfolgen soll, auch ohne Mitwirkung der Behörden dieses Landes zugestellt werden:

a) durch einen diplomatischen oder konsularischen Beamten des Teiles, in dessen Gebiet das Schriftstück ausgestellt ist, oder
b) durch einen Vertreter, der von einem Gericht des Landes, in dem das Schriftstück ausgestellt ist, oder von der Partei, auf deren Antrag das Schriftstück ausgestellt ist, allgemein oder für einen besonderen Fall bestellt ist, mit der Maßgabe, dass die Wirksamkeit einer durch einen solchen Vertreter bewirkten Zustellung von den Gerichten des Landes, wo die Zustellung so bewirkt wird, nach dem Rechte dieses Landes zu beurteilen ist.

Art. 6. Schriftstücke können auch durch die Post übermittelt werden in Fällen, wo diese Art der Übermittlung nach dem Rechte des Landes gestattet ist, in welchem das Schriftstück ausgestellt ist.

Im Verhältnis zu den Vertragsstaaten ist also entgegen der sonstigen strikten Verweigerung Deutschlands, s. Art. 10 Rn 2, eine Zustellung durch die Post möglich. Nur muss diese Zustellungsform nach dem Recht des Gerichtsstaates zulässig sein. Zur Aufnahme einer Zustellungsurkunde nach dem Recht des Ausgangsstaates hat sich Deutschland nicht verpflichtet.

Art. 7. Die Bestimmungen der Artikel 2, 3, 4, 5 und 6 stehen dem nicht entgegen, dass die beteiligten Personen die Zustellung unmittelbar durch die zuständigen Beamten des Landes bewirken, in dem das Schriftstück zugestellt werden soll.

Art. 8–18 [vom Abdruck wurde abgesehen]

Verordnung vom 5. 3. 1929 zur Ausführung des deutsch-britischen Abkommens über den Rechtsverkehr (RGBl. II. S. 135):

Art. 1. Für die Erledigung der in den Artikeln 3 und 9 des Abkommens vorgesehenen Angelegenheiten ist das Amtsgericht zuständig, in dessen Bezirk die Amtshandlung vorgenommen werden soll.

Art. 26–31 [vom Abdruck wurde abgesehen]

II. Verordnung (EG) Nr. 1348/2000 des Rates vom 29. 5. 2000 über die Zustellung gerichtlicher und außergerichtlicher Schriftstücke in Zivil- oder Handelssachen in den Mitgliedsstaaten EuZVO

(ABl. Nr. L 160/37, vom 30. Juni 2000)

Literatur: *Bajons* FS Schütze (1999) 49 – zum damals im Rat verabschiedeten Übereinkommen; *Stadler* Neues Europäisches Zustellungsrecht IPRax 01, 510; *Heß* Die Zustellung von Schriftstücken im europäischen Justizraum NJW 2001, 15; *Gregor Geimer* Neuordnung des internationalen Zustellungsrechts (1999) 298 ff.; *Lindacher* Europäisches Zustellungsrecht – Die VO (EG) Nr. 1348/2000. Fortschritt, Auslegungsbedarf, Problemausblendung; *Heß* Neues deutsches und europäisches Zustellungsrecht NJW 02, 2417.

Vorbemerkungen

Wie die EuEheVO, die EuInsO und die EuGVVO geht auch die EuGZVO auf einen Übereinkommensentwurf zurück, den die Mitgliedsstaaten schon verabschiedet hatten, siehe ErwGrund 5. Wie die genannten Verordnungen hat die EuZVO den wesentlichen Inhalt dieses vom Rat beschlossenen, aber von keinem Mitgliedsstaat in Kraft gesetzten Übereinkommens übernommen. Der Durchbruch des Übereinkommens gegenüber dem Haager Übereinkommen ist ein Dreifacher.

Zum einen ist jetzt die Übermittlung durch die Post möglich. Art. 14 i. V. m. § 2 ZustDG kann also jetzt auch in Deutschland durch eingeschriebenen Brief mit Rückschein zugestellt werden. Das deutsche Rechte (§ 183 Abs. 1 Nr. 1 ZPO) erklärt diese Zustellungsform für Auslandszustellungen sogar zur Regelform, wenn sie aufgrund völkerrechtlicher Vereinbarungen gestattet ist. Das wird sicherlich auf Zustellungen nach der Verordnung abstrahlen. Leider hat weder die Verordnung noch das ZustDG etwas zu den Rechtsfolgen einer Annahmeverweigerung gesagt. Um Missbräuche zu verhindern, muss man wohl die Zustellung als vollzogen betrachten, wenn es zur Verweigerung kommt. Einzelheiten, natürlich auch zum Schutz des Zustellungsadressaten, finden sich in den Erläuterungen zu Art. 14.

Zum anderen ist die Notwendigkeit von Übersetzungen auf ein vernünftiges Maß reduziert worden. Bei der Zustellung durch die Post ist dem Postbeamten nicht zuzumuten, irgendwelche Feststellungen zu den Sprachkenntnissen des Adressaten zu treffen. Infolgedessen ist bei dieser vereinfachten Zustellung die Verwendung der deutschen Sprache unerlässlich, sofern der Zustellungsadressat nicht Angehöriger des Ursprungsstaates ist. Bedient sich die Übermittlungsstelle aber des normalen amtlichen Weges, dann kann das zuzustellende Schriftstück auch in der Amtssprache des Ausgangsstaates gehalten sein, sofern der Adressat diese Sprache „versteht". Einzelheiten dazu in den Vorbemerkungen zu Art. 8.

Schließlich gibt es keinen, wenn auch noch so eingeschränkten Vorbehalt des *„ordre public"* mehr. Ein formgültiges Zustellungsersuchen muss in jedem Fall erledigt werden.

In Deutschland sind die Empfangsstellen die Amtsgerichte, die für den Zustellungsort zuständig sind, § 4 Abs. 2 ZustDG. Zwar können sie auch durch eingeschriebenen Brief mit Rückschein zustellen lassen, § 2 Abs. 2 ZustDG. Dann müssen sie aber die Regelungen über die zu verwendenden Sprachen einhalten, s. Art. 7 Rn 2.

Erwägungsgründe: Vom Abdruck wurde abgesehen weil sie entweder Allgemeinplätze enthalten oder nur wiederholen, was in der Verordnung selbst steht.

Kapitel I. Allgemeine Bestimmungen

Art. 1 Anwendungsbereich

(1) **Diese Verordnung ist in Zivil- oder Handelssachen anzuwenden, in denen ein gerichtliches oder außergerichtliches Schriftstück von einem in einen anderen Mitgliedstaat zum Zwecke der Zustellung zu übermitteln ist.**

(2) **Diese Verordnung gilt nicht, wenn die Anschrift des Empfängers des Schriftstücks unbekannt ist.**

1 Der territoriale Anwendungsbereich erfasst nicht Dänemark. Das ist allerdings nur in den Erwägungsgründen festgehalten (Nr. 18). Es verbleibt insoweit bei der Anwendbarkeit des HZÜ und des dänisch-deutschen Zusatzabkommens.

2 Zivil- und Handelssachen: s. Art. HZÜ Rn 1, 2. Da der EuGH das EuGVÜ wie Europarecht behandelte, kann seine euroautonome Bestimmung des Begriffs Zivil- oder Handelssache (s. EuGVVO Art. 1 Rn 3ff.) auf die anderen im Bereich der justiziellen Zusammenarbeit erlassenen Verordnungen übertragen werden. Nach Art. 20 bleibt das Haager Zustellungsübereinkommen für solche Angelegenheiten in Kraft, die aufgrund der alternativen Qualifikation für dessen Zwecke Zivilsachen sind, ohne es i. S. dieser Verordnung auch zu sein.

3 „Gerichtliches" bzw. „außergerichtliches" Schriftstück: s. Art. 1 HZÜ Rn 9–12. In dem in Art. 17 Buchst. b) genannten Glossar haben alle Mitgliedsstaaten bekannt gegeben, was sie unter außergerichtlichen Schriftstücken verstehen.

4 Notwendigkeit einer Auslandszustellung: s. Art. 1 HZÜ Rn 5ff.

5 Gerichtliche Überprüfung von Verweigerungshaltung bzw. vorgenommener oder angekündigter Zustellung s. Art. 1 HZÜ Rn 17 und Art. 13 Rn 8. Einzelheiten (insbesondere zum Antragsgegner) s. vor Art. 4.

Art. 2 Übermittlungs- und Empfangsstellen

(1) **Jeder Mitgliedstaat benennt die Behörden, Amtspersonen oder sonstigen Personen, die für die Übermittlung gerichtlicher und außergerichtlicher Schriftstücke, die in einem anderen Mitgliedstaat zuzustellen sind, zuständig sind, im folgenden „Übermittlungsstellen" genannt.**

(2) **Jeder Mitgliedstaat benennt die Behörden, Amtspersonen oder sonstigen Personen, die für die Entgegennahme gerichtlicher und außergerichtlicher Schriftstücke aus einem anderen Mitgliedstaat zuständig sind, im folgenden „Empfangsstellen" genannt.**

(3) **Die Mitgliedstaaten können entweder eine Übermittlungsstelle und eine Empfangsstelle oder eine Stelle für beide**

Aufgaben benennen. Bundesstaaten, Staaten mit mehreren Rechtssystemen oder Staaten mit autonomen Gebietskörperschaften können mehrere derartige Stellen benennen. Diese Benennung ist für einen Zeitraum von fünf Jahren gültig und kann alle fünf Jahre erneuert werden.

(4) **Jeder Mitgliedstaat teilt der Kommission folgende Angaben mit:**

a) die Namen und Anschriften der Empfangsstellen nach den Absätzen 2 und 3,
b) den Bereich, für den diese örtlich zuständig sind,
c) die ihnen zur Verfügung stehenden Möglichkeiten für den Empfang von Schriftstücken und
d) die Sprachen, in denen das Formblatt im Anhang ausgefüllt werden darf.

Die Mitgliedstaaten teilen der Kommission jede Änderung dieser Angaben mit.

I. Grundaussage der Vorschrift

1 Die Verordnung geht von dem System der Zentralen Stellen, welche das HZÜ kennzeichnen, weg zur dezentralisierten, grenzüberschreitenden Zustellung (*Lindacher* aaO 184), die sich für Deutschland durch die in Ergänzung des Haager Zivilprozessübereinkommens geschlossenen bilateralen Vereinbarungen bewährt hat. Das setzt nicht nur das deutsche ZustDG als selbstverständlich voraus. Dass Absatz 3 dem entgegenzustehen scheint, hat seinen Grund nur in einer missverständlichen deutschen Fassung. Wie der französische Text und vor allen Dingen der ErwG 6 eindeutig ergeben, will diese Vorschrift nicht eine zentrale Übermittlungs- und eine zentrale Empfangsstelle als Regelfall vorschreiben. Vielmehr ist nur klargestellt, dass es den Mitgliedsstaaten freisteht, auf die Dauer von 5 Jahren die Erledigung der internationalen Zustellungen sowohl in der aktiven wie in der passiven Funktion zu zentralisieren. Damit in jedem Staat für schwierige Fälle ein zentraler Ansprechpartner existiert, verpflichtet Art. 3 zur Schaffung von zentralen Stellen.

II. Übermittlungsstellen – Absatz 1

2 Die deutschen Übermittlungsstellen sind in § 4 ZustDG übersichtlich aufgeführt. Nur die dort genannten Stellen sind für die Zustellung in einen anderen Mitgliedsstaat „zuständig“. Auch eine Zustellung unmittelbar durch die Post, Art. 14, muss von einer solchen Stelle vorgenommen werden. Eine Zustellung auf Veranlassung einer Prozesspartei oder durch einen deutschen Gerichtsvollzieher ist keine formwirksame Zustellung. Sie ist im Sinne von Art. 34 EuGVÜ überhaupt keine Zustellung. Innerhalb des Gerichts sind die Geschäftsstellen zuständig, §§ 168, 183 ZPO.

3 Die Benennung der Übermittlungsstellen ist teilweise so allgemein gehalten, dass die Empfangsstelle nicht überprüfen kann, ob ein bei ihr eingehendes Schreiben von einer zuständigen Stelle stammt. So heißt es etwa für Frankreich, Übermittlungsstellen seien außer den huissers de justice, „Dienststellen der Gerichte (Kanzlei, Geschäftsstelle, Sekretariat), die für die Zustellung von Schriftstücken zuständig sind.“ Die Niederlande teilen nicht einmal mit, welche Stellen bei Gericht zuständig sein sollen: „Die Gerichte (kantongerecht, arrondissementsrechtbank, Gerichtshof, Hoher Rat) sofern sie einen gesetzlichen Auftrag im Zusammenhang mit der Vorladung von Personen oder der Zustellung von Schriftstücken haben“. In der Praxis ist es gerechtfertigt, davon auszugehen, dass ein Schreiben von einer innerhalb der Stelle ermächtigten Person ausgeht, wenn die Stelle als solche die Eigenschaft der vom fraglichen Staat der Kommission mitgeteilten Übermittlungsstelle hat.

III. Empfangsstellen – Absatz 2

4 Für die Entgegennahme der Zustellung aus dem Ausland gibt es keine Annex-Zuständigkeit. Wenn das Schriftstück nicht nach Art. 14 durch die Post zugestellt wird, muss es an eine von dem Staat des Zustellungsortes eigens für diesen Zweck benannte Stelle gerichtet sein. Deutschland hat in § 4 ZustDG die für den Zustellungsort zuständigen Amtsgerichte als Empfangsstellen genannt.

IV. Konzentrationsermächtigung – Absatz 3

5 Absatz 3 ist nicht etwa eine nähere Erläuterung zu den beiden vorangehenden Absätzen. Das System der Verordnung ist darauf angelegt, dass es auch funktioniert, wenn die Mitgliedsstaaten von Absatz 3 nicht Gebrauch machen. Die Vorschrift gibt den Staaten nur eine Option zur Konzentration, s. Erw. Gr. 6 S. 2. In einem Einheitsstaat könnte etwa ein einziges Gericht zur Übermittlungs- und Empfangsstelle erklärt werden. Satz 2 gilt für Deutschland, Österreich (Bundesstaat), das VK (Staat mit mehreren Rechtssystemen) und Spanien (staatsrechtlich autonome Gebietskörperschaften). Diese Staaten können zwar „mehrere" Stellen benennen. Gemeint ist aber: für jedes Teilgebiet nur eine einzige.

V. Mitteilungen an die Kommission – Absatz 4

6 Die Mitteilungen, die der Kommission nach Absatz 4 gemacht worden sind, finden sich auch in der von der Kommission für die Verordnung eingerichteten Internet-Seite:

http://europa.eu.int/comm/justice_home/unit/civil_reg348_de.htm.

Die Kompetenzzuweisung an die Empfangs- und Übermittlungsstelle beruht nicht auf Europarecht. Die Dinge liegen insoweit anders als im Bereich von Art. 74 EuGVVO.

Zur Arbeit der Kommission s. Art. 17.

Art. 3 Zentralstelle

Jeder Mitgliedstaat benennt eine Zentralstelle, die

a) den Übermittlungsstellen Auskünfte erteilt;

b) nach Lösungswegen sucht, wenn bei der Übermittlung von Schriftstücken zum Zwecke der Zustellung Schwierigkeiten auftreten;

c) in Ausnahmefällen auf Ersuchen einer Übermittlungsstelle einen Zustellungsantrag an die zuständige Empfangsstelle weiterleitet.

Bundesstaaten, Staaten mit mehreren Rechtssystemen oder Staaten mit autonomen Gebietskörperschaften können mehrere Zentralstellen benennen.

1 Die dezentrale von-Ort-zu-Ort-Zustellung hat erfahrungsgemäß ihre Ablauftücken. Daher soll den Mitgliedsstaaten in jedem anderen Mitgliedsstaat ein zentraler Ansprechpartner zur Verfügung stehen. Nur im Falle von Buchst. c) hat die Zentralstelle Hoheitsbefugnisse. In der Anfangszeit der Geltung der Verordnung, als die Mitgliedsstaaten noch nicht wirksam eine Empfangsstelle benannt hatten, verwies man sie auf die Zentralstellen. Deutschland hat für die einzelnen Bundesländer sehr unterschiedliche Zentralstellen benannt. Sie reichen in der Justizhierarchie vom Präsidenten eines Amtsgerichts bis zum Justizministerium. Die Kompetenzzuweisung an die Zentralstelle geschieht durch Verordnung aufgrund des ZustDG und beruht daher nicht auf Europarecht. Quelle: wie Artikel 2 Rn 6.

In den wichtigsten anderen Staaten sind die Zentralstellen **Belgien:** Chambre nationale des huissiers de justice. **Frankreich:** Bureau de l'entreaide judiciaire civile et commerciale. Direction des Affaires Civiles et du Sceau. **Italien:** Ufficio unico degli guistiziari presse la Corte die appello di Roma. **Niederlande:** Koninklijke Beroepsorganisatie van Gerechtsdeurwaarders. **Österreich:** Bundesministerium für Justiz. **England und Wales:** The Senior Master for the Attention of the Foreign Process Department.

2 Auch die grenzüberschreitende Zustellung dient dem Bürger und erst in zweiter Linie dem möglichen reibungslosen Ablauf von Verwaltungsvorgängen. Daher müssen im Rahmen von Buchst. b) die zentralen Stellen auch den an baldigen und korrekten Zustellungen interessierten Bürgern dienstbar sein. Werden Sie von einer informiert auftretenden Person angegangen, so können Sie voraussetzen, dass diese durch die fragliche Prozesspartei oder einer sonst an einer Zustellung interessierten Person bevollmächtigt ist.

Kapitel II. Gerichtliche Schriftstücke

Abschnitt 1. Übermittlung und Zustellung von gerichtlichen Schriftstücken

Art. 4 Übermittlung von Schriftstücken

(1) **Gerichtliche Schriftstücke sind zwischen den nach Artikel 2 benannten Stellen unmittelbar und so schnell wie möglich zu übermitteln.**

(2) **Die Übermittlung von Schriftstücken, Anträgen, Zeugnissen, Empfangsbestätigungen, Bescheinigungen und sonstigen Dokumenten zwischen den Übermittlungs- und Empfangsstellen kann auf jedem geeigneten Übermittlungsweg erfolgen, sofern das empfangene Dokument mit dem versandten Dokument inhaltlich genau übereinstimmt und alle darin enthaltenen Angaben mühelos lesbar sind.**

(3) **Dem zu übermittelnden Schriftstück ist ein Antrag beizufügen, der nach dem Formblatt im Anhang erstellt wird. Das Formblatt ist in der Amtssprache des Empfangsmitgliedstaats oder, wenn es in diesem Mitgliedstaat mehrere Amtssprachen gibt, der Amtssprache oder einer der Amtssprachen des Ortes, an dem die Zustellung erfolgen soll, oder in einer sonstigen Sprache, die der Empfangsmitgliedstaat zugelassen hat, auszufüllen. Jeder Mitgliedstaat hat die Amtssprache oder die Amtssprachen der Europäischen Union anzugeben, die er außer seiner oder seinen eigenen für die Ausfüllung des Formblatts zulässt.**

(4) **Die Schriftstücke sowie alle Dokumente, die übermittelt werden, bedürfen weder der Beglaubigung noch einer anderen gleichwertigen Formalität.**

(5) **Wünscht die Übermittlungsstelle die Rücksendung einer Abschrift des Schriftstücks zusammen mit der Bescheinigung nach Artikel 10, so übermittelt sie das betreffende Schriftstück in zweifacher Ausfertigung.**

1 Die zentrale Vorschrift des textreichen Artikel findet sich in Absatz 2. Die Übermittlungsstelle kann das zu übermittelnde Dokument sofort nach Eingang per Fax oder e-mail an die Empfangsstelle weiterleiten, wenn der an der Zustellung Interessierte das Formular schon vollständig ausgefüllt und die Einzahlung der Gerichtsgebühr nachgewiesen hat (*Stadler* IPRax 01, 517). Wenn die Eilbedürftigkeit glaubhaft gemacht wird und die Übermittlung nicht sofort erledigt wird, macht sich der Bedienstete der deutschen Geschäftsstelle amtshaftungspflichtig. Wenn man erreicht, dass die Übermittlungsstelle im Ausland ebenfalls sofort handelt, kann auf diese Weise eine frühere Zustellung als durch eingeschriebenen Brief mit Rückschein erreicht werden. Um alle Chancen einer raschen Zustellung auszunutzen, ist auch ein doppeltes Vorgehen, sowohl über die Empfangsstelle im Ausland wie durch eingeschriebenen Brief mit Rückschein möglich und darf der interessierten Partei nicht verweigert werden.

2 Zu den vom Staat des Empfangsorts im Sinne von Absatz 3 akzeptierten Sprachen s. Internet wie Artikel 2 Rn 6.

3 Absatz 4 meint nur eine besondere Beglaubigung für Zwecke der internationalen Rechtshilfe. Wenn das zuzustellende Schriftstück als solches bereits als Kopie eines Originals beglaubigt sein muss, wie etwa nach § 169 Abs. 2 ZPO n. F., so dispensiert die ZustVO davon nicht.

4 Von Absatz 5 soll in allen Fällen Gebrauch gemacht werden, in denen damit zu rechnen ist, dass es zu Streitigkeiten über die Identität des zuzustellenden Schriftstückes kommen kann. Entsprechenden Wünschen des an der Zustellung Interessierten muss die Übermittlungsstelle nachkommen, da sie nicht in der Lage ist zu überprüfen, ob der Adressat solche Einwendungen erheben wird. Beweislast s. Art. 5 HZÜ Rn 14.

5 Rechtsbehelfe s. Art. 7 Rn 5.

Art. 5 Übersetzung der Schriftstücke

(1) **Der Verfahrensbeteiligte wird von der Übermittlungsstelle, der er das Schriftstück zum Zweck der Übermittlung übergibt, davon in Kenntnis gesetzt, dass der Empfänger die Annahme des Schriftstücks verweigern darf, wenn es nicht in einer der in Artikel 8 genannten Sprachen abgefaßt ist.**

(2) **Der Verfahrensbeteiligte trägt etwaige vor der Übermittlung des Schriftstücks anfallende Übersetzungskosten unbeschadet einer etwaigen späteren Kostenentscheidung des zuständigen Gerichts oder der zuständigen Behörde.**

1 Die Vorschrift ist ohne Berücksichtigung des in Deutschland herrschenden Prinzips der Amtszustellung gefasst worden. Für Deutschland muss man die Vorschrift sinnentsprechend wie folgt lesen:

„Der Verfahrensbeteiligte, der an der Zustellung interessiert ist, wird von der Übermittlungsstelle davon in Kenntnis gesetzt ...“

Ob die Übermittlungsstelle, so wie in der Norm vorgesehen, reagiert oder nicht: Es bleibt das Risiko der an der Zustellung interessierten Partei, im Hinblick auf die von ihr vorausgesetzten Sprachkenntnisse des Adressaten auf die Beifügung einer Übersetzung zu verzichten. Die Übermittlungsstelle braucht natürlich die interessierte Partei nicht in Kenntnis zu setzen, wenn diese sich schon als mit der Problematik vertraut zeigt, etwa weil sie von sich aus auf die Sprachkenntnisse des Adressaten hinweist.

2 Nur mittelbar, nämlich aufgrund von Absatz 2 sagt die Verordnung, dass eine **Übersetzung** in eine der in Artikel 8 genannten Sprachen einer Abfassung in einer dieser Sprachen gleichsteht. Ein irgendwie geartetes Qualifikationserfordernis für eine Übersetzung stellt die Verordnung genauso wenig auf wie das HZÜ. Fehler in der deutschen Übersetzung, die nicht sinnstörend sind, bleiben unschädlich. Sind die Fehler einer Übersetzung aber so, dass sie das Verständnis des Adressaten von dem, was ihm mitgeteilt werden soll, behindern, so ist wie im Fall des Fehlens einer Übersetzung zu entscheiden.

Art. 6 Entgegennahme der Schriftstücke durch die Empfangsstelle

(1) **Nach Erhalt des Schriftstücks übersendet die Empfangsstelle der Übermittlungsstelle auf schnellstmöglichem Wege und so bald wie möglich, auf jeden Fall aber innerhalb von sieben Tagen nach Erhalt des Schriftstücks, eine Empfangsbestätigung unter Verwendung des Formblatts im Anhang.**

(2) **Kann der Zustellungsantrag aufgrund der übermittelten Angaben oder Dokumente nicht erledigt werden, so nimmt die Empfangsstelle auf schnellstmöglichem Wege Verbindung zu der Übermittlungsstelle auf, um die fehlenden Angaben oder Schriftstücke zu beschaffen.**

(3) **Fällt der Zustellungsantrag offenkundig nicht in den Anwendungsbereich dieser Verordnung oder ist die Zustellung wegen Nichtbeachtung der erforderlichen Formvorschriften nicht möglich, sind der Zustellungsantrag und die übermittelten Schriftstücke sofort nach Erhalt zusammen mit dem Formblatt im Anhang für die Benachrichtigung über Rücksendung an die Übermittlungsstelle zurückzusenden.**

(4) **Eine Empfangsstelle, die ein Schriftstück erhält, für dessen Zustellung sie örtlich nicht zuständig ist, leitet dieses Schriftstück zusammen mit dem Zustellungsantrag an die örtlich zuständige Empfangsstelle in demselben Mitgliedstaat weiter, sofern der Antrag den Voraussetzungen in Artikel 4 Absatz 3 entspricht; sie setzt die Übermittlungsstelle unter Verwendung des Formblatts im Anhang davon in Kenntnis. Die örtlich zuständige Empfangsstelle teilt der Übermittlungsstelle gemäß Absatz 1 den Eingang des Schriftstücks mit.**

1 Die in Absatz 1 genannte Empfangsbestätigung ist kein Formerfordernis für eine wirksame Zustellung. In gut organisierten Empfangsstellen kann die Zustellung binnen sieben Tagen erledigt sein. Dann bedarf es keiner eigenen Empfangsbestätigung neben der Bescheinigung nach Artikel 10.

2 Absatz 2 verankert das Prinzip der Nachbesserung. Die Empfangsstelle muss alles ihr Zumutbare unternehmen, um das Ersuchen in eine erledigungsfähige Form zu bringen. Ist bei Zustellungen, die gegenüber einer Handelsfirma oder einer juristischen Person vorgenommen werden sollen, ein persönlicher Zustellungsadressat nicht genannt, so muss die Empfangsstelle leicht zu tätigende Ermittlungen selbst vornehmen, etwa sich beim Handelsregister Namen und Adresse des Organwalters des eigentlichen Adressaten besorgen. Die Verordnung schreibt keine Sprache fest, deren sich die Empfangsstelle bedienen muss oder darf. § 184 GVG gilt für deutsche Empfangsstellen nicht, weil sie nicht im Rahmen eines vor einem deutschen Gericht schwebenden Verfahrens tätig werden. Angesichts der heutigen Verbreitung der englischen Sprache ist es immer ratsam, telefonisch in englischer Sprache Kontakt aufzunehmen. Auch die in Artikel 3 genannten Zentralstellen können eingeschaltet werden. Die bequemste Lösung, nämlich an die Übermittlungsstelle in deutscher Sprache zurück zu schreiben, darf nur der letzte Ausweg sein, wenn man anders nicht weiter kommt.

3 An Absatz 3 ist am Wichtigsten das Wort „offensichtlich". Im Falle von Zweifeln, ob eine Zivil- (einschließlich Handels-)sache vorliegt, ist zuzustellen. An welche „Formvorschriften" Absatz 3 gedacht hat, ist schwer dingfest zu machen, weil die Verordnung kaum Formvorschriften aufgestellt hat. Das zuzustellenden Schriftstück muss in Schriftform vorliegen oder durch Ausdruck bei der Empfangsstelle in Schriftform hergestellt werden können und mühelos lesbar sein, Artikel 4 Abs. 2. Als formwidrig ausgefüllt muss auch das Übermittlungsformblatt angesehen werden, wenn in ihm notwendige Angaben nicht enthalten oder Angaben (etwa Adresse) unrichtig sind und Abhilfe nicht geschaffen werden kann oder wenn es sich einer unzulässigen Sprache bedient und ein Vorgehen nach Absatz 2 erfolglos war. Steht fest, dass der Adressat unter der angegebenen Adresse einmal erreichbar war, so ist es ein nobile officium, nach der neuen Adresse zu forschen.

4 Absatz 4 ist analog anzuwenden, wenn der Zustellungsort versehentlich einem falschen Staat zugerechnet worden ist. Da ohnehin dem Artikel 4 Abs. 3 Rechnung getragen worden sein muss, wäre es ganz unnötig umständlich, wenn das Zustellungsersuchen abgelehnt und neu auf den Weg gebracht werden müsste. Das Amtsgericht Traunstein als Empfangsstelle kann also sehr wohl die Angelegenheit nach Salzburg weitergeben.

Art. 7 Zustellung der Schriftstücke

(1) **Die Zustellung des Schriftstücks wird von der Empfangsstelle bewirkt oder veranlasst, und zwar entweder nach dem Recht des Empfangsmitgliedstaats oder in einer von der Übermittlungsstelle gewünschten besonderen Form,**

sofern dieses Verfahren mit dem Recht des Empfangsmitgliedstaats vereinbar ist.

(2) **Alle für die Zustellung erforderlichen Schritte sind so bald wie möglich vorzunehmen. Konnte die Zustellung nicht binnen einem Monat nach Eingang des Schriftstücks vorgenommen werden, teilt die Empfangsstelle dies der Übermittlungsstelle unter Verwendung der Bescheinigung mit, die in dem Formblatt im Anhang vorgesehen und gemäß Artikel 10 Absatz 2 auszustellen ist. Die Frist wird nach dem Recht des Empfangsmitgliedstaats berechnet.**

1 Das Wichtigste an der Vorschrift liegt darin, dass eine irgendwie geartete inhaltlich begründete Ablehnung nicht statthaft ist. Artikel 13 HZÜ hat in der Verordnung kein Gegenstück, vor Art. 1. Die Empfangsstelle hat also nur zu prüfen, ob das Gesuch von einer vom Absenderstaat bestimmten Übermittlungsstelle ausgeht, ob es sich um eine Zivil- oder Handelssache handelt, ob die in Artikel 6 Rn 3 genannten Förmlichkeiten eingehalten worden sind und ob es sich um ein gerichtliches oder außergerichtliches Dokument (Art. 1 HZÜ Rn 9ff.) handelt. Rechtsbehelfe: Rn 5.

2 Das Recht Deutschlands als Empfangsmitgliedsstaat sind die §§ 166ff. ZPO, auch wenn im Ausgangsstaat eine Zustellung auf Betreiben einer Prozesspartei vorgesehen ist. Voraussetzung einer Zustellung nach dem Recht Deutschlands ist immer, dass eine natürliche Person als Zustellungsadressat genannt wird, s. Artikel 6 Rn 2. Die deutsche Empfangsstelle kann durch eingeschriebenen Brief mit Rückschein, § 175 ZPO, zustellen lassen. Sie darf von dieser Möglichkeit aber nur mit Zurückhaltung Gebrauch machen, weil im Allgemeinen hinter der Einschaltung der Übermittlungsstelle im Ursprungsstaat der Wunsch der an der Zustellung interessierten Person steht, keine Zustellung durch eingeschriebenen Brief vornehmen zu lassen. Ein eingeschriebener Brief muss wie jede andere förmliche Zustellung auch ein Dokument enthalten, aus dem hervorgeht, dass die Empfangsstelle eine amtliche Zustellung vornehmen will. Dazu gehört auch die Beifügung einer Übersetzung im Rahmen des Artikel 8. Im Sinne von § 168 Abs. 2 ZPO tritt die Empfangsstelle an die Stelle des Vorsitzenden des Prozessgerichts, wenn ein Gerichtsvollzieher oder eine andere Behörde mit der Zustellung beauftragt werden soll.

Zu der von der Übermittlungsstelle etwa gewünschten besonderen Form der Zustellung siehe Artikel 5 HZÜ Rn 5, 10. **3**

Für die **Rechtsbehelfe** gilt das zu Artikel 5 Rn 8, Artikel 13, Rn 8ff. HZÜ Gesagte entsprechend. Es kann freilich nur das Fehlen einer der in Rn 1 genannten Voraussetzungen geltend gemacht werden. **4**

Art. 8 Verweigerung der Annahme eines Schriftstücks

(1) **Die Empfangsstelle setzt den Empfänger davon in Kenntnis, dass er die Annahme des zuzustellenden Schriftstücks verweigern darf, wenn dieses in einer anderen als den folgenden Sprachen abgefasst ist:**

a) der Amtssprache des Empfangsmitgliedstaats oder, wenn es im Empfangsmitgliedstaat mehrere Amtssprachen gibt, der Amtssprache oder einer der Amtssprachen des Ortes, an dem die Zustellung erfolgen soll, oder

b) einer Sprache des Übermittlungsmitgliedstaats, die der Empfänger versteht.

(2) **Wird der Empfangsstelle mitgeteilt, dass der Empfänger die Annahme des Schriftstücks gemäß Absatz 1 verweigert, setzt sie die Übermittlungsstelle unter Verwendung der Bescheinigung nach Artikel 10 unverzüglich davon in Kenntnis und sendet den Antrag sowie die Schriftstücke, um deren Übersetzung ersucht wird, zurück.**

I. Das Recht des Adressaten, die Annahme eines Schriftstücks wegen dessen sprachlicher Fassung zu verweigern

Seltsamerweise sagt die Verordnung nur indirekt, nämlich über die Verpflichtung der Empfangsstelle zur Belehrung des Adressaten, dass dieser wegen einer unzulässigen sprachlichen Fassung des zuzustellenden Schriftstücks dessen Annahme verweigern darf. Materieller Verweigerungsgrund ist also u. a. die Abfassung des Schriftstücks in einer Sprache, die der Empfänger nicht versteht. **1**

Zu Übersetzungsnotwendigkeiten s. Artikel 5 Rn 2. Die Sprachkenntnisse des Adressaten müssen so sein, dass dieser auch die in amtlichen Dokumenten gebrauchte bürokratische oder Justizsprache versteht. Kommt es in irgendeinem Zusammenhang darauf an, ob die Zustellung wegen der fehlenden Sprachkenntnisse des Adressaten unwirksam war, so muss darüber Beweis erhoben werden. Da freilich der Mangel der Sprachkenntnisse nur ein Annahmeverweigerungsrecht begründet, ist der Adressat für das Fehlen seiner Sprachkenntnisse beweisbelastet. Man kann ihm, wenn das zuzustellende Schriftstück in seine Hände gelangt ist, keine Obliegenheit abverlangen, um eine Übersetzung besorgt zu sein, um im Sinne von Art. 34 Nr. 2 EuGVVO sich verteidigen zu können.

2 Sind die als Adressaten genannten natürlichen Personen Organwalter juristischer Personen oder sind sie Inhaber von Handelsgeschäften, dann wäre es allzu förmlich, auf die Sprachkenntnisse der Organwalter, etwa des Geschäftsführers einer GmbH oder sonst der Personen abzustellen, die als persönliche Zustellungsadressaten genannt sind, s. Art. 6 Rn 2. Auch die im materiellen Recht geltenden Grundsätze über Wissenszurechnungen lassen sich nicht entsprechend heranziehen. Vielmehr ist darauf abzustellen, ob das Schriftstück nach vernünftiger und redlicher Arbeitsorganisation in die Hände eines leitenden Angestellten gelangen wird, der der verwandten Sprache mächtig ist. Bei Handelsbetrieben, die im Auslandsgeschäft tätig sind, kann man immer voraussetzen, dass dort Englisch verstanden wird.

3 Daher muss die Entscheidung, die Annahme zu verweigern, auch nicht sofort bei der Übergabe an der Poststelle des Adressaten fallen. Die Entscheidung muss vielmehr nach Übergabe des Schriftstücks an einen in den Geschäftsräumen des Adressaten Beschäftigten im Sinne von § 178 Abs. 1 Nr. 2 ZPO unverzüglich getroffen werden, sobald normalerweise das Schriftstück in den Geschäftsgang der Organisation des Vertretenen gelangt. Dann kann das Schriftstück mit der Erläuterung, es fehle an den nötigen Sprachkenntnissen, an die Empfangsstelle zurückgeleitet werden, wodurch die Zustellung nachträglich unwirksam wird, wenn es tatsächlich an den nötigen Sprachkenntnissen gefehlt hat. Das Risiko, dass hinterher doch vom Vorhandensein der nötigen Sprachkenntnisse ausgegangen wird, muss die Organisation des Zustellungsadressaten tragen. Auch in anderen Fällen einer Ersatzzustellung ist so zu verfahren.

II. Die Belehrung des Empfängers

4 Letzteres muss schon deshalb gelten, weil dann dem „Empfänger" die Belehrung über das Annahmeverweigerungsrecht gar nicht erreicht haben kann. Man kann in Fällen einer Ersatzzustellung unmöglich der Person, der das Schriftstück übergeben wird, die Obliegenheit aufbürden, über das Annahmeverweigerungsrecht zu entscheiden. Ist Adressat eine juristische Person oder eine ihr gleichgestellte Einheit, so darf die Belehrung nicht die irrige Vorstellung erwecken, es komme auf die Sprachkenntnisse der als Zustellungsadressat ausgewiesenen natürlichen Person an. Am besten wird in der sicherlich standardmäßig vorgedruckten Belehrung der Zusatz aufgenommen, es könne derzeit keine sichere Auskunft darüber erteilt werden, auf die Sprachkenntnisse welcher Bediensteten eines Betriebs abzustellen ist.

III. Die unberechtigte Annahmeverweigerung

5 Die Verordnung lässt leider völlig offen, wie zu verfahren ist, wenn der Adressat behauptet, die Sprache des zuzustellenden Schriftstücks nicht zu verstehen und der Zustellungsfunktionär die Richtigkeit der Behauptung nicht überprüfen kann, bzw. wenn eine von der Empfangsstelle vorgenommene Zustellung durch eingeschriebenen Brief mit Rückschein (streng von einer Zustellung nach Art. 14 zu unterscheiden!) auf die Zurückweisung des Adressaten trifft. Nach § 179 S. 2 ZPO gilt das Schriftstück mit der Annahmeverweigerung als zugestellt, wenn die Annahmeverweigerung unberechtigt ist. Ob diese Fiktion wirklich eingetreten ist, muss später durch Beweisaufnahme geklärt werden, s. Rn 1. Dann aber entspricht es dem Sinn von Artikel 8 wenn das Schriftstück in der Wohnung oder in den Geschäftsräumen des Zustellungsadressaten zurückgelassen wird, ohne dass das Fehlen hinreichender Sprachkenntnisse und damit die Berechtigung der Annahmeverweigerung überprüft werden könnte. Dann kann es der Adressat zu seinen Akten nehmen und sich überlegen, ob er sich nicht zur Vorsicht doch lieber über den Inhalt des Schriftstücks vergewissern will. Versteht er es mit den in Rn 2 gemachten Spezifizierungen wirklich nicht, dann geht er kein Risiko ein, wenn er passiv bleibt.

Insbesondere konnte er sich dann im Sinne von Art. 34 Nr. 2 EuGVVO nicht rechtzeitig und vernünftig verteidigen. Lässt er sich zur Vorsicht eine Übersetzung anfertigen, dann geschieht ihm auch kein Unrecht, wenn ihm von Stund an sein Wissen zugerechnet wird. Man muss realistischerweise die Verordnung auf den Hintergrund des Umstands auslegen, dass meist die an der Zustellung eines Schriftstücks interessierte Partei gute Gründe zur Annahme hat, der Adressat werde die Sprache, in der das Schriftstück verfasst wird, verstehen und dass meist hinter der Leugnung von Sprachkenntnissen nur der Wunsch nach einer Ausrede steht.

Art. 9 Datum der Zustellung

(1) **Unbeschadet des Artikels 8 ist für das Datum der nach Artikel 7 erfolgten Zustellung eines Schriftstücks das Recht des Empfangsmitgliedstaats maßgeblich.**

(2) **Wenn jedoch die Zustellung eines Schriftstücks im Rahmen eines im Übermittlungsmitgliedstaat einzuleitenden oder anhängigen Verfahrens innerhalb einer bestimmten Frist zu erfolgen hat, ist im Verhältnis zum Antragsteller als Datum der Zustellung der Tag maßgeblich, der sich aus dem Recht des Übermittlungsmitgliedstaats ergibt.**

(3) **Ein Mitgliedstaat kann aus angemessenen Gründen während eines Übergangszeitraums von fünf Jahren von den Absätzen 1 und 2 abweichen. Dieser Übergangszeitraum kann von einem Mitgliedstaat aus Gründen, die sich aus seinem Rechtssystem ergeben, in Abständen von fünf Jahren erneuert werden. Der Mitgliedstaat teilt der Kommission den Inhalt der Abweichung und die konkreten Einzelheiten mit.**

1 Die Vorschrift hat viel Verwirrung gestiftet. Die meisten Mitgliedsstaaten haben angekündigt, von Absatz 3 Gebrauch machen zu wollen (Internet, s. Art. 2 Rn 6). Es geht um Vorschriften über die Berechnung von Fristen. Zu dem Recht des Empfangsmitgliedsstaates gehören auch dessen gesetzliche Feiertage.

2 Eine fristgebundene Zustellung i. S. v. Absatz 2 ist in Deutschland etwa die Zustellung eines Berufungsurteils binnen fünf Monaten nach seiner Verkündung, § 552 ZPO oder die Zustellung eines schon vollzogenen Arrestbefehls, § 929 Abs. 3 ZPO. Absatz 2 soll dann dem in Zeitnot sich befindenden Kläger eine Fristberechnung ermöglichen, ohne dass er ausländisches Prozessrecht zu Rate ziehen müsste. In diesem Zusammenhang macht es Sinn, nicht darauf abzustellen, dass ein Tag, der im Übermittlungsstaat Feiertag ist, es im Empfangsstaat nicht ist. Im umgekehrten Fall sollte man aber einen Feiertag im Empfangsmitgliedsstaat wie einen solchen im Heimatstaat behandeln. Es verstößt nicht gegen den Sinn der Regelung, wenn die Frist etwas länger läuft, als der „Antragsteller" sich ausrechnen konnte.

3 Deutschland und Österreich haben von Absatz 3 nicht Gebrauch gemacht.

Art. 10 Bescheinigung über die Zustellung und Abschrift des zugestellten Schriftstücks

(1) **Nach Erledigung der für die Zustellung des Schriftstücks vorzunehmenden Schritte wird nach dem Formblatt im Anhang eine entsprechende Bescheinigung ausgestellt, die der Übermittlungsstelle übersandt wird. Bei Anwendung von Artikel 4 Absatz 5 wird der Bescheinigung eine Abschrift des zugestellten Schriftstücks beigefügt.**

(2) **Die Bescheinigung ist in der Amtssprache oder in einer der Amtssprachen des Übermittlungsmitgliedstaats oder in einer sonstigen Sprache, die der Übermittlungsmitgliedstaat zugelassen hat, auszufüllen. Jeder Mitgliedstaat hat die Amtssprache oder die Amtssprachen der Europäischen Union anzugeben, die er außer seiner oder seinen eigenen für die Ausfüllung des Formblatts zuläßt.**

1 Die auffällige Sprachregelung in Absatz 2 ist nur auf den Hintergrund verständlich, dass das Formblatt in allen Sprachen der Gemeinschaft existiert und der Justizbedienstete, der das Formblatt ausfüllt, sich durch Zeilenvergleich über den Sinn der sprachlichen Fassung vergewissern kann, die er an den Übermittlungsstaat zurückschickt. Alle Staaten außer Deutschland, Spanien, Luxemburg und Portugal erlauben eine Ausstellung der Bescheinigung auch in englischer Sprache.

Art. 11 Kosten der Zustellung

(1) **Für die Zustellung gerichtlicher Schriftstücke aus einem anderen Mitgliedstaat darf keine Zahlung oder Erstattung von Gebühren und Auslagen für die Tätigkeit des Empfangsmitgliedstaats verlangt werden.**

(2) **Der Verfahrensbeteiligte hat jedoch die Auslagen zu zahlen oder zu erstatten, die dadurch entstehen,**

a) dass bei der Zustellung eine Amtsperson oder eine andere nach dem Recht des Empfangsmitgliedstaats zuständige Person mitwirkt;

b) dass eine besondere Form der Zustellung eingehalten wird.

1 Von den Verfahrensbeteiligten dürfen auch keine Portokosten erstattet verlangt werden, wenn die Empfangsstelle durch eingeschriebenen Brief mit Rückschein zustellen lässt.

2 Absatz 2 Buchst. a) ist auf die „huissiers de justice" gemünzt, die freiberuflich tätig sind und für ihre Dienste Gebühren verlangen. Ausweichmöglichkeit: Art. 14 (*Heß* NJW 02, 2422). Die VO ist kein Hindernis für eine direkte Abrechnung des Zustellungsinteressierten mit der ausländischen Amtsperson. Auch ein deutscher Gerichtsvollzieher, der nach § 168 Abs. 2 ZPO tätig wird, s. Art. 7 Rn 2, kann von dem an der Zustellung interessierten Verfahrensbeteiligten Bezahlung seiner Gebühren verlangen.

Abschnitt 2. Andere Arten der Übermittlung und Zustellung gerichtliche Schriftstücke

Vorbem. Die VO kennt verschiedene Arten der Zustellung, ohne ein Regel-Ausnahmeverhältnis aufzustellen. Im Verein mit den zahlreichen Vorbehalts- und Optionsmöglichkeiten der Staaten gibt es daher viele Quellen für Zustellungsfehler. Leider enthält die VO keine Heilungsvorschrift. Für von Deutschland ausgehende Zustellungsersuchen sollte man aber § 189 ZPO auf Fehler gemessen am Maßstab der EuZVO anwenden, (so wohl auch *Heß,* aaO 2425). S. auch Art. 34–36 EuGVVO Rn 12, 13.

Art. 12 Übermittlung auf konsularischem oder diplomatischem Weg

Jedem Mitgliedstaat steht es in Ausnahmefällen frei, den nach Artikel 2 oder Artikel 3 benannten Stellen eines anderen Mitgliedstaats gerichtliche Schriftstücke zum Zweck der Zustellung auf konsularischem oder diplomatischem Weg zu übermitteln.

Die Vorschrift wird toter Buchstabe bleiben. Für Niemanden entsteht durch Übermittlung auf konsularischem oder diplomatischem Weg ein Vorteil **1**

Art. 13 Zustellung von Schriftstücken durch die diplomatischen oder konsularischen Vertretungen

(1) **Jedem Mitgliedstaat steht es frei, Personen, die ihren Wohnsitz in einem anderen Mitgliedstaat haben, gerichtliche Schriftstücke unmittelbar durch seine diplomatischen oder konsularischen Vertretungen ohne Anwendung von Zwang zustellen zu lassen.**

(2) **Jeder Mitgliedstaat kann nach Artikel 23 Absatz 1 mitteilen, dass er eine solche Zustellung in seinem Hoheitsgebiet nicht zuläßt, außer wenn das Schriftstück einem Staatsangehörigen des Übermittlungsmitgliedstaats zuzustellen ist.**

Der konsularische oder diplomatische Weg ist zeitraubend und umständlich. Das Gericht kann sich nicht ohne Einschaltung des eigenen Außenministeriums an die im Ausland tätigen diplomatischen Vertretungen des eigenen Staates wenden. Die Vorschrift wird daher aller Voraussicht nach ohne praktische Bedeutung bleiben. Von der Option des Absatzes 2 haben außer Deutschland (§ 1 ZustDG) Gebrauch gemacht: Belgien, Italien und Luxemburg. **2**

Art. 14 Zustellung durch die Post

(1) **Jedem Mitgliedstaat steht es frei, Personen, die ihren Wohnsitz in einem anderen Mitgliedstaat haben, gerichtli-**

che Schriftstücke unmittelbar durch die Post zustellen zu lassen.

(2) **Jeder Mitgliedstaat kann nach Artikel 23 Absatz 1 die Bedingungen bekanntgeben, unter denen er eine Zustellung gerichtlicher Schriftstücke durch die Post zulässt.**

1 Aus dem deutschen Sprachraum sind folgende Erklärungen abgegeben worden:

Deutschland: § 2 ZustDG, s. unten V S. 634.

Österreich: s. Art. 2 Rn 6:

Gemäß Artikel 14 Absatz 2 werden für die Zulässigkeit von Postzustellungen, die von einem anderen Vertragsstaat ausgehen und im Hoheitsgebiet der Republik Österreich vorgenommen werden sollen, folgende Bedingungen festgelegt:

1. Die im Postweg zuzustellenden Schriftstücke müssen in der Amtssprache des Zustellungsortes abgefasst oder mit einer beglaubigten Übersetzung in diese Sprache versehen sein.
2. Ist diese Sprachenregelung nicht eingehalten, so steht dem Zustellungsempfänger ein Annahmeverweigerungsrecht zu. Macht er von diesem Recht Gebrauch, so ist die Zustellung als nicht bewirkt anzusehen.
   Der Zustellungsempfänger muss über das Annahmeverweigerungsrecht schriftlich belehrt werden.
3. Der Zustellungsempfänger hat von seinem Annahmeverweigerungsrecht dadurch Gebrauch zu machen, dass er innerhalb von drei Tagen gegenüber der Stelle, die das Schriftstück zugestellt hat, oder gegenüber der Absendestelle unter Rücksendung des Schriftstücks erklärt, dass er zur Annahme nicht bereit ist. Die Frist beginnt mit der Zustellung zu laufen; der Postlauf wird in diese Frist nicht eingerechnet, so dass das Datum des Poststempels maßgeblich ist.
4. Die Postsendungen müssen unter Benützung der im Weltpostverkehr üblichen „internationalen Rückscheine" übersandt werden.

Für die Belehrung des Zustellungsempfängers im Fall einer Postzustellung empfiehlt sich folgender Text:

„Das angeschlossene Schriftstück wird Ihnen unter Anwendung der Verordnung (EG) Nr. 1348/2000 des Rates vom 29. Mai 2000 über die Zustellung gerichtlicher und außergerichtlicher Schriftstücke in Zivil- oder Handelssachen in den Mitgliedstaaten, ABl. L 160 vom 30. Juni 2000, S. 37 ff., zugestellt.

Sie sind berechtigt, die Annahme des Schriftstückes zu verweigern, wenn dieses nicht in deutscher Sprache abgefasst oder nicht mit einer beglaubigten Übersetzung in diese Sprache versehen ist. Sollten Sie von diesem Annahmeverweigerungsrecht Gebrauch machen wollen, müssen Sie innerhalb von drei Tagen ab der Zustellung gegenüber der Stelle, die das Schriftstück zugestellt hat, oder gegenüber der Absendestelle unter

Rücksendung des Schriftstückes an eine dieser Stellen erklären, dass Sie zur Annahme nicht bereit sind."

Übrige Staaten: Synopse *Heß* NJW 02, 2451.

2 Die im Ermessen des Gerichts stehende Zustellung unmittelbar durch die Post ist scharf von der Zustellung zu unterscheiden, die die Empfangsstelle durch die Post vornehmen lässt, etwa die Empfangsstelle nach § 175 ZPO durch eingeschriebenen Brief mit Rückschein. Artikel 14 meint eine durch die von der dezentralen Übermittlungsstelle, Art. 2 Abs. 1, unmittelbar an die im Ausland wohnende Person vorzunehmende Zustellung durch die Post. Wenn nach dem Recht des Ausgangsstaates Gerichtsvollzieher, Rechtsanwälte oder Organe der prozessführenden Partei selbst zur Zustellung befugt sind und deshalb, wie meist, von ihrem Staat auch als Übermittlungsstelle benannt sind, können Sie im EG-Ausland wohnenden Person durch eingeschriebenen Brief mit Rückschein zustellen lassen. Artikel 14 selbst verlangt keinen eingeschriebenen Brief mit Rückschein. Jedoch haben fast alle Mitgliedsstaaten gemäß Absatz 2 eine solche einschränkende Erklärung abgegeben. Zustellungen nach Art. 14 sind keineswegs subsidiär (*Geimer/Geimer* FS Geimer [2002] 206; *Stadler* IPRax 01, 514, 516, **a. A.** *Heß* NJW 01, 209; *ders.* NJW 02, 2422). Diese Form der Zustellung impliziert nicht die Schwierigkeiten, die mit der französischen „remise au parquet" verbunden sind, s. Art. 15 HZÜ Rn 1. Die Zustellung per Post durch den „huissier" genügt, wenn eine Übersetzung beigefügt ist. Die „remise au parquet" ist dann nur ein überflüssiger Zusatz. Wenn demgegenüber die Empfangsstelle sich der Zustellung durch eingeschriebenen Brief mit Rückschein bedient, was in § 2 Abs. 2 ZustDG eigens als zulässig erklärt wird, so muss das zu übermittelnde Schriftstück nicht in deutscher Sprache abgefasst sein, wenn der Adressat die Sprache des Übermittlungsstaates versteht.

3 Bei einer Zustellung aus dem Ausland in Form eines eingeschriebenen Briefs mit Rückschein ist die Gefahr besonders groß, dass sprachunkundige Adressaten überrumpelt werden. Daher verlangt Deutschland, außer bei Angehörigen des Übermittlungsstaates, ein deutschsprachiges Schriftstück oder die Beifügung einer Übersetzung in die deutsche Sprache. Griechenland, Frankreich Finnland und Schweden stellen kein Übersetzungserfordernis auf. Österreich und das V.K. gewähren im Falle des Fehlens einer Übersetzung ein Zurückweisungsrecht.

4 Die Zustellung durch eingeschriebenen Brief mit Rückschein hat den Nachteil, dass urkundlich nicht beweisbar ist, was der Inhalt des ausgehändigten Briefumschlags war. Belgien lässt daher die Zustellung durch die Post nur zu, wenn die Übermittlungsstelle ein Formular verwendet, das – nur geringfügig angepasst – dem der Verordnung beigegebenen Formular für einen Antrag auf Zustellung von Schriftstücken entspricht. Jedoch stellt auch dies nicht sicher, dass im übrigen der Inhalt der Sendung feststeht. Frankreich hat zur Bedingung gemacht, dass auf dem „Rückschein" die „versandten Schriftstücke aufgeführt sind oder auf andere Weise, mit der sich ... der Inhalt der Sendung nachweisen lässt". Es wird wohl vorausgesetzt, dass der Adressat in Gegenwart des Postbediensteten den Umschlag öffnet und den Inhalt der darin liegenden Schriftstücke bestätigt.

5 Bei Zustellung durch eingeschriebenen Brief mit Rückschein in Deutschland ist § 179 ZPO (Zurücklassen des Schriftstücks) nicht anwendbar, weil Ausfüllung des Rückscheins u. seine Rücksendungen zur Zustellungsform des Art. 4 i.V.m. § 2 ZustVG gehören. Das ausländische Gericht kann jedoch aus der Zustellungsvereitelung Rückschlüsse ziehen. Insbesondere ist mit dem Versuch einer Zustellung durch eingeschriebenen Brief mit Rückschein dem Art. 34 Nr. 2 EuGVVO Genüge getan. Wenn daher der Adressat **die Annahme des eingeschriebenen Briefs** und/oder **die Unterzeichnung des Rückscheins verweigert,** geht der Brief an den Absender zurück. Damit ist diese Form der Zustellung im Allgemeinen gescheitert. Manche Mitgliedsstaaten haben in ihrem zu Art. 14 abgegebenen Erklärungen eigens verlangt, dass die Rücksendung des Briefes nach Annahmeverweigerung gewährleistet ist. Man kann auch nicht auf die Rechtsprechung zur Verhinderung des Zugangs einer Willenserklärung bei unberechtigter Verweigerung der Annahme einer Einschreibesendung (BGH NJW 83, 929; 98, 976) zurückgreifen, weil der Adressat meist nicht kontrollieren kann, ob der Inhalt der Sendung den gesetzlichen Anforderungen an den Gebrauch der Sprache des Empfangsstaates entspricht. Wenn in Deutschland die Sendung aus Österreich kommt oder auf dem Umschlag die Natur des Inhalts und die Beifügung einer deutschen Übersetzung angegeben sind, ist die Annahmeverweigerung ein arglistiges Prozessverhalten, das die Fiktion der gleichwohl ordnungsgemäß erfolgten Zustellung nach sich ziehen muss.

Ist die Zustellung durch eingeschriebenen Brief mit Rückschein nicht ordnungsgemäß, so kann sie gleichwohl i.S.v. Art. 34 Eu-

GVVO hinreichend sein, s. dort Rn 17ff. Das ist sie vor allem dann, wenn der Adressat die unzulässigerweise verwandte fremde Sprache sehr wohl versteht.

Art. 15 Unmittelbare Zustellung

(1) **Diese Verordnung schließt nicht aus, dass jeder an einem gerichtlichen Verfahren Beteiligte gerichtliche Schriftstücke unmittelbar durch Amtspersonen, Beamte oder sonstige zuständige Personen des Empfangsmitgliedstaats zustellen lassen kann.**

(2) **Jeder Mitgliedstaat kann nach Artikel 23 Absatz 1 erklären, dass er die Zustellung gerichtlicher Schriftstücke nach Absatz 1 in seinem Hoheitsgebiet nicht zuläßt.**

1 Zwischen Frankreich und Belgien ist es seit langem üblich, dass Zustellungen in der Weise getätigt werden, dass sich der „huissier" des einen Staates an den zuständigen „huissier" des anderen wendet und um Zustellung ersucht. Deutschland hat dieser Art der Zustellung nach wie vor widersprochen, s. § 3 ZustDG. Ein materieller Grund, warum nicht der deutsche Gerichtsvollzieher soll ersucht werden können, wenn schon unmittelbar durch die Post Zustellungen vorgenommen werden dürfen, ist nicht ersichtlich. Die deutsche Erklärung sollte daher zurückgenommen werden (zu Recht die unmittelbare Zustellung als die wünschenswerte Regelform der grenzüberschreitenden herausstellend: *Heß* NJW 01, 21). Alle anderen Staaten, mit Ausnahme von Österreich, Portugal und England/Wales haben daher von ihrem Widerspruchsrecht gem. Absatz 2 keinen Gebrauch gemacht.

Kapitel III. Außergerichtliche Schriftstücke

Art. 16 Übermittlung

Außergerichtliche Schriftstücke können zum Zweck der Zustellung in einem anderen Mitgliedsstaat nach Maßgabe dieser Verordnung übermittelt werden.

1 Zum Begriff „außergerichtliches Schriftstück" s. Art. 1 HZÜ Rn 11, 12. Zuständigkeit: § 4 Abs. 1 Nr. 2 ZustDG.

Kapitel IV. Schlussbestimmungen

Art. 17 Durchführungsbestimmungen

Die zur Durchführung dieser Verordnung erforderlichen Maßnahmen in bezug auf die nachstehenden Sachbereiche sind nach dem Beratungsverfahren des Artikels 18 Absatz 2 zu erlassen:

a) die Erstellung und jährliche Aktualisierung eines Handbuchs mit den von den Mitgliedstaaten nach Artikel 2 Absatz 4 mitgeteilten Angaben;

b) die Erstellung eines Glossars in den Amtssprachen der Europäischen Union über die Schriftstücke, die nach Maßgabe dieser Verordnung zugestellt werden können;

c) die Aktualisierung oder technischen Anpassungen des Formblatts im Anhang.

1 Handbuch und Glossar sind in Anlagen I und II beigefügt der „Entscheidung der Kommission vom 25. September 2001 zur Erstellung eines Handbuchs über die Empfangsstellen und eines Glossars über die Schriftstücke, die nach Maßgabe der VO(EG) 1348/2001 ... in den Mitgliedsstaaten zugestellt werden können" (ABl. EG L 298 v. 15. November 2001 sowie Änderung v. 3. April 2002 ABl. EG L 125 v. 13. 5. 02 S. 1 ff.). In Handbuch und Glossar sind die entsprechenden Angaben in allen Amtssprachen der Gemeinschaft gemacht. Meist sind autorisierte Gerichtsvollzieher oder ihre Äquivalente namentlich mit Adresse, Telefon- und Faxnummer genannt. Für Österreich bspw. sind die zustellbaren Schriftstücke folgendermaßen bezeichnet: „Nach Maßgabe dieser Verordnung können gerichtliche Schriftstücke in Zivil- und Handelssachen und außergerichtliche Schriftstücke – das sind Schriftstücke zur Wahrung, Durchsetzung oder Abwehr eines zivil- und handelsrechtlichen Anspruchs, jedoch außerhalb des zivilgerichtlichen Verfahrens – zugestellt werden."

Art. 18 Ausschuss

(1) **Die Kommission wird von einem Ausschuss unterstützt.**

(2) **Wird auf diesen Absatz Bezug genommen, so gelten die Art. 3 und 7 des Beschlusses 1999/468/EG.**

(3) **Der Ausschuss gibt sich eine Geschäftsordnung.**

1 Auf Absatz 2 ist Bezug genommen in Artikel 17.

Der genannte Beschluss heißt: „Beschluss des Rates zur Festlegung der Modalitäten für die Ausübung der der Kommission übertragenen Durchführungsbefugnisse (ABl. L 184 v. 17. 7. 1999, 23 ff.). Die angegebenen Vorschriften, sowie um des besseren Verständnisses willen auch Artikel 2 lauten:

Art. 2. Bei der Wahl der Verfahrensmodalitäten für die Annahme der Durchführungsmaßnahmen werden folgende Kriterien zugrundegelegt:

a) Verwaltungsmaßnahmen wie etwa Maßnahmen zur Umsetzung der gemeinsamen Agrarpolitik oder der gemeinsamen Fischereipolitik oder zur Durchführung von Programmen mit erheblichen Auswirkungen auf den Haushalt, sollten nach dem Verwaltungsverfahren erlassen werden.

b) Maßnahmen von allgemeiner Tragweite, mit denen wesentliche Bestimmungen von Basisrechtsakten angewandt werden sollen, wie Maßnahmen zum Schutz der Gesundheit oder Sicherheit von Menschen, Tieren oder Pflanzen sollten nach dem Regelungsverfahren erlassen werden. Ist in einem Basisrechtsakt vorgesehen, dass bestimmte nicht wesentliche Bestimmungen des Rechtsakts im Wege von Durchführungsverfahren angepasst oder aktualisiert werden können, so sollten diese Maßnahmen nach dem Regelungsverfahren erlassen werden.

c) Unbeschadet der Buchstaben a) und b) wird das Beratungsverfahren in allen Fällen angewandt, in denen es als zweckmäßigstes Verfahren angesehen wird.

Art. 3. Beratungsverfahren. (1) Die Kommission wird von einem beratenden Ausschuss unterstützt, der sich aus den Vertretern der Mitgliedstaaten zusammensetzt und in dem der Vertreter der Kommission den Vorsitz führt.

(2) Der Vertreter der Kommission unterbreitet dem Ausschuss einen Entwurf der zu treffenden Maßnahmen. Der Ausschuss gibt – gegebenenfalls aufgrund einer Abstimmung – seine Stellungnahme zu diesem Entwurf innerhalb einer Frist ab, die der Vorsitzende unter Berücksichtigung der Dringlichkeit der betreffenden Frage festsetzen kann.

(3) Die Stellungnahme wird in das Protokoll des Ausschusses aufgenommen; darüber hinaus hat jeder Mitgliedstaat das Recht zu verlangen, dass sein Standpunkt im Protokoll festgehalten wird.

(4) Die Kommission berücksichtigt soweit wie möglich die Stellungnahme des Ausschusses. Sie unterrichtet den Ausschuss darüber, inwieweit sie seine Stellungnahme berücksichtigt hat.

Art. 7. (1) Jeder Ausschuss gibt sich auf Vorschlag seines Vorsitzenden eine Geschäftsordnung auf der Grundlage der Standardgeschäftsordnung, die im Amtsblatt der Europäischen Gemeinschaften veröffentlicht werden. Bestehende Ausschüsse passen ihre Geschäftsordnung soweit erforderlich an die Standardgeschäftsordnung an.

(2) Die für die Kommission geltenden Grundsätze und Bedingungen für den Zugang der Öffentlichkeit zu Dokumenten gelten auch für die Ausschüsse.

(3) Das Europäische Parlament wird von der Kommission regelmäßig über die Arbeiten der Ausschüsse unterrichtet. Zu diesem Zweck erhält es die Tagesordnungen der Sitzungen, die den Ausschüssen vorgelegten Entwürfe für Maßnahmen zur Durchführung der gemäß Artikel 251 des Vertrags erlassenen Rechtsakte sowie die Abstimmungsergebnisse, die Kurzniederschriften über die Sitzungen und die Listen der Behörden und Stellen, denen die Personen angehören, die die Mitgliedstaaten in deren Auftrag vertreten. Außerdem wird das Europäische Parlament regelmäßig unterrichtet, wenn die Kommission dem Rat Maßnahmen oder Vorschläge für zu ergreifende Maßnahmen übermittelt.

(4) Die Kommission veröffentlicht innerhalb von sechs Monaten ab dem Zeitpunkt, zu dem dieser Beschluss wirksam wird, im Amtsblatt der Europäischen Gemeinschaften eine Liste der Ausschüsse, die die Kommission bei der Ausübung der ihr übertragenen Durchführungsbefugnisse unterstützen. In dieser Liste wird oder werden in bezug auf jeden Ausschuss jeweils der oder die Basisrechtsakt(e) angegeben, auf dessen oder deren Grundlage der Ausschuss eingesetzt worden ist Vom Jahr 2000 an veröffentlicht die Kommission überdies einen Jahresbericht über die Arbeit der Ausschüsse.

(5) Die bibliographischen Hinweise der dem Europäischen Parlament gemäß Absatz 3 übermittelten Dokumente werden in einem im Jahr 2001 von der Kommission zu erstellenden Verzeichnis öffentlich zugänglich gemacht.

Art. 19 Nichteinlassung des Beklagten

(1) **War ein verfahrenseinleitendes Schriftstück oder ein gleichwertiges Schriftstück nach dieser Verordnung zum Zweck der Zustellung in einen anderen Mitgliedstaat zu übermitteln und hat sich der Beklagte nicht auf das Verfahren eingelassen, so hat das Gericht das Verfahren auszusetzen, bis festgestellt ist,**

a) dass das Schriftstück in einer Form zugestellt worden ist, die das Recht des Empfangsmitgliedstaats für die Zustellung der in seinem Hoheitsgebiet ausgestellten Schriftstücke an dort befindliche Personen vorschreibt, oder
b) daß das Schriftstück tatsächlich entweder dem Beklagten persönlich ausgehändigt oder nach einem anderen in dieser Verordnung vorgesehenen Verfahren in seiner Wohnung abgegeben worden ist,
und dass in jedem dieser Fälle das Schriftstück so rechtzeitig ausgehändigt bzw. abgegeben worden ist, dass der Beklagte sich hätte verteidigen können.

(2) Jeder Mitgliedstaat kann nach Artikel 23 Absatz 1 mitteilen, dass seine Gerichte ungeachtet des Absatzes 1 den Rechtsstreit entscheiden können, auch wenn keine Bescheinigung über die Zustellung oder die Aushändigung bzw. Abgabe eingegangen ist, sofern folgende Voraussetzungen gegeben sind:

a) Das Schriftstück ist nach einem in dieser Verordnung vorgesehenen Verfahren übermittelt worden.
b) Seit der Absendung des Schriftstücks ist eine Frist von mindestens sechs Monaten verstrichen, die das Gericht nach den Umständen des Falles als angemessen erachtet.
c) Trotz aller zumutbaren Schritte bei den zuständigen Behörden oder Stellen des Empfangsmitgliedstaats war eine Bescheinigung nicht zu erlangen.

(3) Unbeschadet der Absätze 1 und 2 kann das Gericht in dringenden Fällen einstweilige Maßnahmen oder Sicherungsmaßnahmen anordnen.

(4) War ein verfahrenseinleitendes Schriftstück oder ein gleichwertiges Schriftstück nach dieser Verordnung zum Zweck der Zustellung in einen anderen Mitgliedstaat zu übermitteln und ist eine Entscheidung gegen einen Beklagten ergangen, der sich nicht auf das Verfahren eingelassen hat, so kann ihm das Gericht in bezug auf Rechtsmittelfristen die Wiedereinsetzung in den vorigen Stand bewilligen, sofern

a) **der Beklagte ohne sein Verschulden nicht so rechtzeitig Kenntnis von dem Schriftstück erlangt hat, dass er sich hätte verteidigen können, und nicht so rechtzeitig Kenntnis erlangt hat, dass er sie hätte anfechten können, und**

b) **die Verteidigung des Beklagten nicht von vornherein aussichtslos scheint.**

Ein Antrag auf Wiedereinsetzung in den vorigen Stand kann nur innerhalb einer angemessenen Frist, nachdem der Beklagte von der Entscheidung Kenntnis erhalten hat, gestellt werden.

Jeder Mitgliedstaat kann nach Artikel 23 Absatz 1 erklären, dass dieser Antrag nach Ablauf einer in seiner Mitteilung anzugebenden Frist unzulässig ist; diese Frist muss jedoch mindestens ein Jahr ab Erlass der Entscheidung betragen.

(5) **Absatz 4 gilt nicht für Entscheidungen, die den Personenstand betreffen.**

1 Die Vorschrift entspricht, von redaktionellen Verbesserungen abgesehen, den Artt. 15, 16 HZÜ. Die Möglichkeit, Wiedereinsetzung in den vorigen Stand zu beantragen, ist neu hinzugekommen. Die Absätze 1 bis 3 sind ein indirektes Druckmittel, auf Ordnungsmäßigkeit der Zustellung nach der EuZVO zu achten. Im Exequaturverfahren wird die Ordnungsmäßigkeit der Zustellung nicht mehr überprüft, s. Art. 34 EuGVVO Rn 8.

Art. 20 Verhältnis zu Übereinkünften oder Vereinbarungen, die die Mitgliedstaaten abgeschlossen haben

(1) **Die Verordnung hat in ihrem Anwendungsbereich Vorrang vor den Bestimmungen, die in den von den Mitgliedstaaten geschlossenen bilateralen oder multilateralen Übereinkünften oder Vereinbarungen enthalten sind, insbesondere vor Artikel IV des Protokolls zum Brüsseler Übereinkommen von 1968 und vor dem Haager Übereinkommen vom 15. November 1956.**

(2) **Die Verordnung hindert einzelne Mitgliedstaaten nicht daran, Übereinkünfte oder Vereinbarungen zur weiteren Beschleunigung oder Vereinfachung der Übermittlung von Schriftstücken beizubehalten oder zu schließen, sofern sie mit dieser Verordnung vereinbar sind.**

(3) **Die Mitgliedstaaten übermitteln der Kommission**

a) eine Abschrift der zwischen den Mitgliedstaaten geschlossenen Übereinkünfte oder Vereinbarungen nach Absatz 2 sowie Entwürfe dieser von ihnen geplanten Übereinkünfte oder Vereinbarungen sowie

b) jede Kündigung oder Änderung dieser Übereinkünfte oder Vereinbarungen.

Als EG-Recht hat die Verordnung Anwendungsvorrang vor nationalem Recht. Dazu gehört auch staatsvertragliches Recht, soweit es die Mitgliedsstaaten untereinander bindet. Absatz 1 ist also nur deklaratorisch. Das Protokoll zum EuGVÜ ist mit dessen Ersatz durch die EuGVVO ohnehin hinfällig geworden. 1

Die Zusatzvereinbarungen zum Haager Zivilprozessübereinkommen von 1954, die nach Art. 24 HZÜ aufrecht erhalten worden sind, sind obsolet. Keines dieser Abkommen bringt eine Vereinfachung oder Beschleunigung der Übermittlung von Schriftstücken. 2

Art. 21 Prozesskostenhilfe

Artikel 23 des Abkommens über den Zivilprozeß vom 17. Juli 1905, Artikel 24 des Übereinkommens über den Zivilprozess vom 1. März 1954 und Artikel 13 des Abkommens über die Erleichterung des internationalen Zugangs zu den Gerichten vom 25. Oktober 1980 bleiben im Verhältnis zwischen den Mitgliedstaaten, die Vertragspartei dieser Übereinkünfte sind, von dieser Verordnung unberührt.

Für Deutschland ist nur Artikel 24 des Übereinkommens von 1954 von Bedeutung. Er lautet: 1

(1) Ist einem Angehörigen eines Vertragsstaates für ein Verfahren das Armenrecht bewilligt worden, so hat der ersuchende Staat für Zustellungen

jeglicher Art, die sich auf dieses Verfahren beziehen und die in einem anderen Vertragsstaat zu bewirken sind, dem ersuchten Staat Kosten nicht zu erstatten.

(2) Das gleiche gilt für Rechtshilfeersuchen, mit Ausnahme der Entschädigungen, die an Sachverständige gezahlt sind.

Art. 22 Datenschutz

(1) **Die Empfangsstelle darf die nach dieser Verordnung übermittelten Informationen – einschließlich personenbezogener Daten – nur zu dem Zweck verwenden, zu dem sie übermittelt wurden.**

(2) **Die Empfangsstelle stellt die Vertraulichkeit derartiger Informationen nach Maßgabe ihres nationalen Rechts sicher.**

(3) **Die Absätze 1 und 2 berühren nicht das Auskunftsrecht von Betroffenen über die Verwendung der nach dieser Verordnung übermittelten Informationen, das ihnen nach dem einschlägigen nationalen Recht zusteht.**

(4) **Die Richtlinien 95/46/EG und 97/66/EG bleiben von dieser Verordnung unberührt.**

Spezielle Gesetze zum Datenschutz in der Justiz gibt es in Deutschland nicht. Vgl. im übrigen Kommentare zu § 299 ZPO.

Art. 23 Mitteilung und Veröffentlichung

(1) **Die Mitgliedstaaten teilen der Kommission die Angaben nach den Artikeln 2, 3, 4, 9, 10, 13, 14 und 15, Artikel 17 Buchstabe a) und Artikel 19 mit.**

(2) **Die Kommission veröffentlicht die Angaben nach Absatz 1 im Amtsblatt der Europäischen Gemeinschaften.**

1 Trotz der Veröffentlichung im Amtsblatt der EG handelt es sich jeweils um nationales Recht. Für den Zeitpunkt seines Inkrafttretens ist daher die Veröffentlichung im Amtsblatt der EG unerheblich. S. Art. 17 u. ABl. [EG] Nr. C 151 v. 22. 5. 01 mit Aktualisierungen ABl. [EG] Nr. C 202 v. 18. 7. 01, C 282 v. 6. 10. 01 u. C 013 v. 17. 1. 02.

Art. 24 Überprüfung

Die Kommission legt dem Europäischen Parlament, dem Rat und dem Wirtschafts- und Sozialausschuß spätestens am 1. Juni 2004 und danach alle fünf Jahre einen Bericht über die Anwendung dieser Verordnung vor, wobei sie insbesondere auf die Effizienz der in Artikel 2 benannten Stellen und auf die praktische Anwendung von Artikel 3 Buchstabe c) und Artikel 9 achtet. Diesem Bericht werden erforderlichenfalls Vorschläge zur Anpassung dieser Verordnung an die Entwicklung der Zustellungssysteme beigefügt.

Art. 25 Inkrafttreten

Diese Verordnung tritt am 31. Mai 2001 in Kraft.

Anhang

Antrag auf Zustellung von Schriftstücken
(Artikel 4 Absatz 3 der Verordnung (EG) Nr. 1348/2000
des Rates über die Zustellung gerichtlicher und außergerichtlicher Schriftstücke in Zivil- oder Handelssachen in den Mitgliedstaaten
(1) (Ein * bedeutet: Angabe freigestellt))

Referenznummer:

1. Übermittlungsstelle ....
   1.1. Name/Bezeichnung: ....
   1.2. Anschrift: ....
      1.2.1. Straße + Hausnummer: ....
      1.2.2. PLZ + Ort: ....
      1.2.3. Staat: ....
   1.3. Tel.: ....
   1.4. Fax (*): ....
   1.5. E-Mail (*): ....

2. Empfangsstelle ....
   2.1. Name/Bezeichnung: ....
   2.2. Anschrift: ....
      2.2.1. Straße + Hausnummer: ....
      2.2.2. PLZ + Ort: ....
      2.2.3. Staat: ....
   2.3. Tel.: ....
   2.4. Fax (*): ....
   2.5. E-Mail (*): ....

3. Antragsteller ....
   3.1. Name/Bezeichnung: ....
   3.2. Anschrift: ....
      3.2.1. Straße + Hausnummer: ....
      3.2.2. PLZ + Ort: ....
      3.2.3. Staat: ....
   3.3. Tel. (*): ....
   3.4. Fax (*): ....
   3.5. E-Mail (*): ....

4. Empfänger ....
   4.1. Name/Bezeichnung: ....
   4.2. Anschrift: ....
      4.2.1. Straße + Hausnummer: ....
      4.2.2. PLZ + Ort: ....
      4.2.3. Staat: ....
   4.3. Tel. (*): ....
   4.4. Fax (*): ....
   4.5. E-Mail (*): ....
   4.6. Personenkennziffer oder Sozialversicherungsnummer oder gleichwertige Kennummer/Kennummer des Unternehmens oder gleichwertige Kennummer (*): ....

5. Form der Zustellung ....
   5.1. Gemäß den Rechtsvorschriften des Empfangsmitgliedstaats .
   5.2. Gemäß der folgenden besonderen Form: ....

5.2.1. Sofern diese Form mit den Rechtsvorschriften des Empfangsmitgliedstaats unvereinbar ist, soll die Zustellung nach seinem Recht erfolgen: ....

5.2.1.1. Ja ☐

5.2.1.2. Nein ☐

6. Zuzustellendes Schriftstück ....

a) 6.1. Art des Schriftstücks ....

6.1.1. gerichtlich: ....

6.1.1.2. schriftliche Vorladung ....

6.1.1.2. Urteil ....

6.1.1.3. Rechtsmittel ....

6.1.1.4. sonstiger Art: ....

6.1.2. außergerichtlich ....

b) 6.2. In dem Schriftstück angegebenes Datum oder Frist (*): ..

c) 6.3. Sprache des Schriftstücks: ....

6.3.1. Original D, EN, DK, ES, FIN, FR, GR, IT, NL, P, S, sonstige Sprache: ....

6.3.2. Übersetzung (*) D, EN, DK, ES, FIN, FR, GR, IT, NL, P, S, sonstige Sprache: ....

....

d) 6.4. Anzahl der Anlagen: ....

7. Rücksendung einer Abschrift des Schriftstücks zusammen mit der Bescheinigung über die Zustellung (Artikel 4 Absatz 5 der Verordnung) ....

7.1. Ja (in diesem Fall ist das zuzustellende Schriftstück zweifach zu übersenden) ....

7.2. Nein ....

1. Nach Artikel 7 Absatz 2 der Verordnung müssen alle für die Zustellung erforderlichen Schritte so bald wie möglich erfolgen. Ist es nicht möglich gewesen, die Zustellung binnen einem Monat nach Erhalt des Schriftstücks vorzunehmen, so muss dies der Übermittlungsstelle anhand der Bescheinigung nach Nummer 13 mitgeteilt werden.
2. Kann der Antrag anhand der übermittelten Informationen oder Dokumente nicht erledigt werden, so müssen Sie nach Artikel 6 Absatz 2 der Verordnung auf schnellstmöglichem Wege Verbindung zu der Übermittlungsstelle aufnehmen, um die fehlenden Auskünfte oder Aktenstücke zu beschaffen.

Geschehen zu:
am:
Unterschrift und/oder Stempel:

III. Haager Übereinkommen über die Beweisaufnahme im Ausland in Zivil- oder Handelssachen

Vom 18. 3. 1970[1]

(BGBl. 1977 II S. 1442)

(Übersetzung)[2]

Vorbemerkung

Im Verhältnis zu den EG-Staaten – mit Ausnahme Dänemarks – wird das HBÜ am 1. 1. 2004 durch die **VO(EG) 1206/2001** ersetzt werden, die am 1. 7. 01 „in Kraft" getreten ist, aber erst seit dem 1. 1. 2004 gelten wird, s. Art. 24 EuBVO, nach diesem Übereinkommen hier abgedruckt unter IV. Die Begriffe des Übereinkommens sind im Allgemeinen vertragsautonom **auszulegen** (*Walther,* aaO Rn 10). Zur Auslegung des Begriffs Zivil- und Handelssachen s. Art. 1 Rn 2.

---

[1] Bek. v. 21. 6. 1979 (BGBl. II S. 780 und v. 5. 9. 1980 (BGBl. II S. 1290). Vertragsstaaten Dänemark, Finnland, Frankreich, Luxemburg, Norwegen, Portugal, Schweden, Tschechoslowakei und beide Nachfolgestaaten (s. vor Art 1 HZÜ), USA, V. K., außerdem Singapur (BGBl. 1981 II S. 962), Barbados (BGBl. 1982 II S. 539), Estland (BGBl. 1996, II, S. 2494); Polen (BGBl. 1996 II, S. 2495), Südafrika (BGBl. 1997 II, S. 2225), China (BGBl. 1998 II, S. 1729), Bulgarien (BGBl. 2001 II, S. 1004). Jugoslawien (BGBl. 1982 II S. 949–1994 S. 3650 – Mazedonien, Italien (BGBl. 1982 II S. 998), Zypern (BGBl. 1983 II S. 567), Monaco (BGBl. 1986 II S. 1135), Spanien (BGBl. 1987 II S. 615, 1999 II S. 788), Argentinien (BGBl. 1988 II S. 823), Mexico (BGBl 1990 II S. 298), Australien (BGBl 1993 II S. 2398), Venezuela (BGBl. 1994 II S. 3647), Schweiz (BGBl. 1995 II S. 532), Lettland (IPRax 1996, 233). Nach der home-page außerdem: Weißrussland, Litauen, Russische Föderation, Slowenien, Sri Lanka, Türkei, Kuwait, Ukraine.

[2] Der englische und der französische Text sind gleichberechtigt authentisch.

Kapitel I.
Rechtshilfeersuchen

Literatur: *Schlosser* Internationale Rechtshilfe und Rechtsstaatlicher Schutz von Beweispersonen ZZP 94 (1981), 369 ff.; *ders.* Internationale Rechtshilfe und richterliche Unabhängigkeit GS Constantinesco (1983) 653; *ders.*, Jurisdiction and International Judicial and Administrative Cooperation 284 Recueil des Cours (2001) 113 ff.; *Abbo Junker* Discovery im deutsch-amerikanischen Rechtsverkehr (1986) 212 ff.; *Pfeil-Kammerer* Deutsch-amerikanischer Rechtshilfeverkehr in Zivilsachen (1987); *Trittmann* Anwendungsprobleme des Haager Beweisaufnahmeübereinkommens im Rechtsverkehr zwischen der Bundesrepublik und den Vereinigten Staaten von Amerika (1989); *A. Stadler* Der Schutz des Unternehmensgeheimnisses im deutschen und US-amerikanischen Zivilprozess und im Rechtshilfeverfahren (1989), *MüKommZPO-Musielak* Anh. § 363 ZPO. S. auch Fn. 1 vor Art. 1 HZÜ.; *Ristau* International Judicial Assistance (Civil and Commercial) (1984 – Supplement 1995); *Born* International Civil Litigation in U.S. Courts[3] [1996], 843, 895 ff.; *Volken* Die internationale Rechtshilfe in Zivilsachen (1996) 65 ff.; *E. Geimer* Internationale Beweisaufnahme [1998]; *Bertele* Souveränität und Verfahrensrecht (1998) 420 ff.; *Fridolin M.R. Walther* Erläuterungen zum [HBÜ] in Walter u.a. Internationales Privat- und Verfahrensrecht (Bern 1999) 61 b.

Internet: http://www.hcch.net/e/conventions/menu20e.html. Aktualisierungsstand Untertitel <FullStatus Report>

Art. 1 [Zulässiger Inhalt des Ersuchens]

(1) **In Zivil- oder Handelssachen kann die gerichtliche Behörde eines Vertragsstaates nach seinen innerstaatlichen Rechtsvorschriften die zuständige Behörde eines anderen Vertragsstaats ersuchen, eine Beweisaufnahme oder eine andere gerichtliche Handlung vorzunehmen.**

(2) **Um die Aufnahme von Beweisen, die nicht zur Verwendung in einem bereits anhängigen oder künftigen gerichtlichen Verfahren bestimmt sind, darf nicht ersucht werden.**

(3) **Der Ausdruck „andere gerichtliche Handlung" umfaßt weder die Zustellung gerichtlicher Schriftstücke noch Maßnahmen der Sicherung oder der Vollstreckung.**

Art. 1 legt fest, wann im Empfangsstaat ein dort eingehendes Ersuchen erledigt werden muss (Rn 2). Es legt nicht fest, wann sich das Gericht des einen Staates der Möglichkeiten des Übereinkommens bedienen muss, um an die Information zu gelangen (Rn 5 ff.). Es behandelt auch nicht die Frage, ob sich eine Prozesspartei unmittelbar durch Inanspruchnahme von Gerichten im Ausland Informationen und Beweismittel verschaffen kann, s. vor Artt. 15 ff. Rn 2. **1**

1. Art. 1 enthält einige limitative Tatbestandsmerkmale. Zu **Zivil- und Handelssachen** s. Art. 1 HZÜ Rn 1 ff. Zur Abgrenzung von Beweisaufnahmen und Entscheidungen über **materielle Ansprüche auf Informationsbeschaffung** s. Art. 9 Rn 2. Steht im Hintergrund des Ersuchens im Grunde nur das Bestreben des ersuchenden Staates, Informationen für ein Strafverfahren oder verwaltungsbehördliches Verfahren zu erlangen, so kann das Gesuch abgelehnt werden (Fall Westinghouse, s. Anm. zu Art. 3). Ein generelles Verbot, im Wege der Rechtshilfe erlangte Information für andere Zwecke als das Ausgangsverfahren zu verwenden, besteht aber nicht (Fall Westinghouse aaO. **a. A.** *Junker* aaO 273 f). Die **„innerstaatlichen Rechtsvorschriften"** in Deutschland sind jene der ZRHO. Nach Art. 9 kann von einem ausländischen Gericht auch eine solche Beweisaufnahme verlangt werden, wie sie das ersuchende Gericht zu Hause nicht vornehmen könnte, also etwa von U.S.Gerichten eine „fishing" discovery begehren (Für England **a. A.** *Panayiotou v. Sony Music* [1994] 1 AllE.R. 755-Ch.D.). S. auch Anm. zu Art. 3. Eine **gerichtliche Behörde** braucht kein gerichtlicher Spruchkörper zu sein. In England sind die solicitors „officers of the court". Soweit sie nach englischem Recht zuständig sind, können sie auch Rechtshilfeersuchen stellen. Für manche kommt es überhaupt nur darauf an, ob eine Zivilsache vorliegt (*Volken* aaO 94). Ein Schiedsgericht ist keine gerichtliche Behörde. Es muss sich (in Deutschland nach § 1036 ZPO) an ein innerstaatliches Gericht wenden, damit dieses ein Rechtshilfeersuchen stelle. In den USA werden demgegenüber auch außerhalb des HBÜ liegende Beweiserhebungsanträge privater Prozessbeteiligter oder prospektiver Prozessbeteiligter erledigt (*Malev Hungarian Airlines* 964 F. 2d 97 2nd Cir. 1992; Application *Bayer AG* 146 F 2d 188 [3rd Cir. 1998]; *Schlosser* Rec Cours aaO 148 ff.), s. vor Art. 15 Rn 2. **Die „zuständige Behörde"** eines anderen Vertragsstaates ist jene, die **2**

das Rechtshilfeersuchen erledigen soll, nicht die Zentrale Stelle. Die „zuständige" ausländische Behörde braucht aber im Ersuchensschreiben nur angegeben zu werden, wenn sie bekannt ist, Art. 3 Abs. 1 Buchst. a. Eine Beweisaufnahme **„vorzunehmen"** umfasst auch: sie durch die in der ausländischen Rechtsordnung vorgesehenen anderen Stellen vorzunehmen zu lassen. So braucht ein französisches Gericht einen Augenschein nicht selbst einzunehmen, wenn in vergleichbaren internen Fällen ein „constat d'huissier" (s. Artt. 249 ff. c.pr.c.) in Auftrag gegeben würde. Auch die Befragung von Personen kann in den Formen erledigt werden, wie sie das Prozessrecht des ersuchten Staates vorsieht, etwa auch durch Rechtsanwälte, die das Gericht beauftragt. Aus Abs. 2 ergibt sich, dass das Ausgangsverfahren zur Hauptsache noch nicht eingeleitet worden sein muss. Im **selbständigen Beweisverfahren** (*Ahrens* FS Schütze [1999] 8 ff.; *Stadler* FS Geimer [2002] 1303) und im Verfahren des **einstweiligen Rechtsschutzes** ist daher das HBÜ anwendbar. Zur Zuständigkeitsfrage und zum Wahlrecht zwischen inländischen und ausländischen Beweissicherungsverfahren: *Stürner* IPRax 84, 300. Pre-trial Discovery setzt eine, wenn auch sehr summarische, Klageerhebung voraus (München Erläuterung Art. 3).

3 **„Andere gerichtliche Handlungen"** werden nur selten im Wege der internationalen Rechtshilfe erbeten, weil sich die interessierten Parteien zumeist unmittelbar an das ausländische Gericht wenden können. Die Besorgung beglaubigter Kopien von amtlichen Dokumenten (s. *Pfeil-Kammerer* aaO 205) ist noch „Beweisaufnahme". Im amtlichen Bericht (BT-Drucks. 7/4892 S. 52) sind als Beispiele nur die Vornahme eines Sühneversuchs, die Anhörung der Parteien und die Bekanntgabe einer gerichtlichen Aufforderung oder Mitteilung genannt. Realistischere Beispiele stehen in §§ 41 ff. ZHRO (Verfahrensüberleitung, Akteneinsicht). Auch die Entgegennahme von Parteierklärungen, die nach deutschem Recht bei einem Gericht der FG einzureichen sind, gehört hierher, wenngleich solche Erklärungen sicherlich auch unmittelbar durch die Post an deutsche Gerichte gesandt werden können. *Jayme* (FS Geimer [2002] 377) will auch Vollstreckungshilfe für inländische Beweisaufnahme darunter subsumieren.

Absatz 2 schränkt den Begriff „andere gerichtliche Handlungen" auch noch inhaltlich ein. Auf **die Zustellung eines Schriftstücks** gleich welchen Inhalts (s. Art. 1 HZÜ Rn 9 ff., Art. 13 HZÜ Rn 2) findet ausschließlich das HZÜ Anwendung, auch wenn es sich um ein Schriftstück handelt, das eine Person dazu auffordert, dem Gericht eine Information zukommen zu lassen, s. Rn 5.

4 **Maßnahmen der Vollstreckung** werden durch §§ 328, 722f ZPO und die internationalen Regelungswerke behandelt, die eine vorhergehende Vollstreckbarerklärung voraussetzen, s. Artt. 38ff. EuGVVO. Der Begriff **„Maßnahmen der Sicherung"** entspricht dem des einstweiligen Rechtsschutzes. Ihn muss die interessierte Partei im Inland selbständig beantragen. Nur ausnahmsweise, s. Art. 32 EuGVVO Rn 6, kann sie nach Vollstreckbarerklärung einer vom ausländischen Gericht verfügten Maßnahme des einstweiligen Rechtsschutzes im Inland vollstrecken lassen. Die Einschränkung gilt jedoch nur für solche Maßnahmen, die der Sicherung der späteren Urteilsvollstreckung dienen sollen. Die Sicherung von Beweismitteln fällt durchaus in den Bereich des HBÜ, so wie Beweiserhebungen nicht im Wege „anerkennungs- und vollstreckungspflichtiger" Entscheidungen erreicht werden können (*CFEM Façades AS v. Bovis Contruction Ltd.* Q.B. [ILPr. 92, 561]; *Geimer/Schütze* Art. 24 Rn 13), auch wenn nach ausländischem Recht einstweiliger Rechtsschutz und Beweissicherung in der gleichen äußeren Form organisiert sind. Daher kann auch die in einem selbständigen Beweisverfahren gesuchte Information im Wege der internationalen Rechtshilfe beigeschafft werden, ohne dass es angebracht wäre, danach zu differenzieren, ob die interessierte Partei aus dem Ausland das Verfahren in Deutschland selbständig hätte durchführen können oder nicht. Ebenso kann in Deutschland ein selbständiges Beweisverfahren mit dem Ziel angestrengt werden, aus dem Ausland Information im Wege der internationalen Rechtshilfe zu erlangen. S. auch Art. 2 EuGVVO Rn 6, Art. 24 EuGVVO Rn 3, 7.

5 **2.** Das Wort **„kann"** bringt zum Ausdruck, dass das Gericht dann, wenn es eine im Ausland belegene Information benötigt, sich nicht des HBÜ zu bedienen braucht, sondern durchaus auf sonstige, nach autonomem Recht ihm zur Verfügung stehende Mittel zurückgreifen kann (US Supreme Court *Société Nationale Industrielle Aérospatiale v. US Discrict Court* 8th Cir, 107 S. Ct. 2542 = JZ 87, 984 Anm. *Stürner,* besprochen auch von *Koch* IPRax 87, 328). Der in diesem Zusammenhang in den USA gebrauchte Begriff der „Nicht-Exklusivität" des HBÜ wurde in Europa gründlich missverstanden (zutr. *Volken* 103). Amtshandlungen auf fremdem Ter-

ritorium vornehmen (lassen) zu dürfen, beanspruchen US-Gerichte nicht. Es braucht auch nicht zuerst versucht zu werden, mit den vom HBÜ angebotenen Möglichkeiten zurechtzukommen (**a. A.** die Minderheit von vier Richtern in der genannten US-Entscheidung), eine Einstellung, die in der reformierten Fassung der Federal Rules of Civil Procedure auch nur in Nuancen übernommen worden ist (s. *Reimann* IPRax 94, 154). US-Gerichte verlangen praktisch nicht zu bewältigende Überzeugungsarbeit des Beklagten, dass der Weg über das HBÜ ähnlich effektiv wie US-discovery ist (*Fishel v. BASF Group* 175 FRD 525 – dazu *Reufels* RIW 99, 667ff.). Bis zum Aufkommen der Kunde der weitreichenden *discovery*-Ansprüche, die das US-Recht an Parteien und Dritte auch dann stellt, wenn es sich um Auslandsbewohner handelt, galt es auch in Deutschland als problemlos, dass von auslandsansässigen Prozessparteien die Abgabe von Erklärungen und die Vorlage sächlicher Beweismittel in demselben Umfang und unter denselben Sanktionen verlangt werden kann wie von inlandsansässigen. Die Sanktion war nur meist aus tatsächlichen Gründen auf „Beweisnachteile bis zur Umkehr der Beweislast“ beschränkt (s. etwa BGH IPRax 87, 176 zust. *Schlosser* 153. Zu dieser Entscheidung auch *Stürner* JZ 87, 42, 44 und *Schröder* JZ 87, 605). Unter dem Eindruck der US-*discovery* sind dann verschiedene Versuche unternommen worden, den klassischen Grundsatz einzuschränken – bis hin zu der ans Absurde grenzenden These, der Zugriff auf alle im Ausland belegenen Informationsquellen könne auch bei Mitwirkungsbereitschaft der Parteien nur über das HBÜ erreicht werden. Das Meinungsspektrum braucht hier nicht im einzelnen ausgebreitet zu werden. Die Frage wird aus der in Rn 6 und 7 gegebenen Begründung nur im Zusammenhang mit der Anerkennung und Vollstreckung von Gerichtsentscheidungen aus den USA praktisch.

Mit Tendenz eher in dem hier vertretenen Sinne: *Zöller/Geimer*[23] § 363 Rn 38; *Daoudi* Extraterritoriale Beweisbeschaffung im deutschen Zivilprozess (2000) § 363 Rn 38ff.; *Junker* aaO 361ff., 401ff.; *Schack* IZPR[3] Rn 725; *Gottwald* FS Habscheid (1989) 119ff.; *Schlosser* FS Lorenz (1991) 497 mwLitN; *Mössle* Extraterritoriale Beweisbeschaffung im internationalen Wirtschaftsverkehr (1990) 433ff.; *Muscilak* FS Geimer [2002] 761ff.

Mit Tendenz eher i.S. der Einschränkung der Zulässigkeit eines unmittelbaren Durchgriffs: *Leipold* Lex fori, Souveränität, Discovery (1989) 54 ff.; *Mann* Rec. Cours 1984 III 19 ff., 47 ff.; *Heidenberger* RIW 88, 310; *Stadler* aaO 270 ff.; *Collins* JCLQ 1986, 765 ff.

Im übrigen ist zwischen Mitwirkungsansinnen gerichtet an Prozessparteien und an Dritte zu unterscheiden:

6 **a)** Das Übereinkommen errichtet keinerlei Schranken dagegen, eine **auslandsansässige Prozesspartei** vor inländischen Gerichten unmittelbar in die Pflicht zu nehmen. Es kann von ihr die Vorlage von Urkunden, in Deutschland uneingeschränkt nach § 142 ZPO n. F., die Präsentation sächlicher Beweismittel, selbst die Hingabe einer Blutprobe (BGH aaO), verlangt werden. Auch das persönliche Erscheinen einer Partei kann angeordnet werden, wenngleich die Ladung (§ 141 Abs. 2) nur dann unmittelbar ausgeführt werden kann, wenn ihr Art. 10 HZÜ (s. Bem. dort Rn 1) nicht entgegensteht (näher *Stein/Jonas/Leipold*[21] § 141 Rn 12 a m. w. N). Gerichtliche Aufklärungsbeschlüsse können an den inländischen Prozessbevollmächtigten der auslandsansässigen Partei zugestellt werden. **Sachverständigenermittlungen** im Ausland kann ein inländisches Gericht nur anordnen, wenn der fragliche Staat darin keinen Eingriff in seine Souveränität sieht (**a. A.** Cour d'Appel Versailles Rev.crit. 95, 80 ff., abl. *Couchez*) oder beide Parteien einig sind und dadurch zum Ausdruck bringen, dass der Sachverständige auch in ihrem Privatauftrag handelt.

Eine auslandsansässige Partei ist im Inlandsprozess zu allen (richterlich angeordneten) Mitwirkungshandlungen verpflichtet, zu deren Vorname sie rechtens in der Lage ist. In den USA (*Bank of Tokyo-Mitsubishi Ltd. v. Kvaerner* 671 N.Y.S. 2d 902 (Sup. Ct. 1998) bezieht man dies auch auf Unterlagen im Besitz einer rechtsfähigen Gesellschaft, die die Prozesspartei im Ausland „kontrolliert". Ein Staat kann zwar nicht beliebig definieren, was Beweisaufnahme „im Inland" ist (**a. A.** *Walther* aaO Rn 17 ff.). Wenn er Informationsquellen privatautonom verfügbar sein lässt, kann ein nach vernünftigen Grundsätzen zuständiges ausländisches Gericht ihre Preisgabe aber anordnen.

Umgekehrt soll das deutsche Gericht nicht zu Mitteln der internationalen Rechtshilfe schreiten dürfen, um im Ausland von Prozessparteien Mitwirkungshandlungen unmittelbar zu erzwingen, die im reinen Inlandsprozess nicht unmittelbar erzwingbar wären (*E. Geimer* aaO 163 ff.). Die Frage bedarf aber neuen Durchdenkens.

7 **b)** Soweit die Mitwirkung von auslandsansässigen Personen begehrt wird, die **nicht Prozessparteien** sind, muss man abermals unterscheiden:

Ihrem **freiwilligen** Mitwirken steht keine Rechtsregel entgegen. Vor allem kann dem Prozessbevollmächtigten einer Partei anheimgegeben (nicht aber: aufgegeben) werden, auslandsansässige **Zeugen** im Verhandlungstermin zu **gestellen** (BGH NJW 80, 1848; *ders.* IPRax 81, 57, 58). Das deutsche Gericht kann sich auch unmittelbar an Personen im Ausland wenden und sie bitten, sich als Zeugen zur Verfügung zu stellen oder sonst zur Aufklärung beizutragen. Ein Gegenstück zu Art. 8–10 des Europäischen Rechtshilfeübereinkommens in Strafsachen, die die unmittelbare, wenn auch nicht sanktionsbewehrte Ladung auslandsansässigen Zeugen gestatten, fehlt (für zulässig gehalten *Daoudi* aaO 97 ff.) Die Zulässigkeit **darüber hinausgehender Initiativen,** wie etwa unmittelbare schriftliche Befragung nach § 377 Abs. 3 S. 1 ZPO, ist sehr strittig (ausgezeichnete Dokumentation des Meinungsstandes bei *Zöller/Geimer* aaO Rn 4 ff.). Wenn das ausländische Prozessrecht es gestattet, dass die Parteien schriftliche Zeugenaussagen beibringen (etwa Artt. 200 ff. code de procédure civile), kann dies unbedenklicherweise auch mit auslandsansässigen Zeugen so gehalten werden (beschränkt auf EG *Stadler* FS Geimer [2002] 1291). Wenn auslandsansässige gerichtlich bestellte Sachverständige zur Befragung über ihr Gutachten nicht freiwillig erscheinen, muss der Weg der internationalen Rechtshilfe beschritten werden (BGH MDR 80, 931).

Amerikanische Gerichte beanspruchen, dass Beklagte auslandsansässige Mitarbeiter als Zeugen gestellen (In re *Anschütz* 754 F. 2d 611 – 5th Cir. 1985; *Coca Cola Foods v. Empresa Comercial International de Fruitas S.A.* 1997 WL 370121). Soweit die Prozesspartei nach ihrem Arbeitsrecht in der Lage ist, dem nachzukommen, dürfen sie dies (*Schlosser* Der Justizkonflikt zwischen den USA und Europa [1985] 29).

Eigene Staatsangehörige (*Daoudi* aaO 94) sowie Personen, die sich für längere Zeit im Inland aufhalten, sind ohnehin zeugnispflichtig (anders zu Recht bei nur vorübergehendem Aufenthalt *Stürner* in Habscheid (Hsg) der Justizkonflikt [1986] 20).

8 **c)** Eingehende Ersuchen ausländischer Gerichte können nur in dem Ausmaß berücksichtigt werden, wie die in Anspruch genommene Person auch in Bezug auf ein inländisches Verfahren

mitwirkungspflichtig wäre, es sei denn, der fragliche Informationsträger wirkt freiwillig mit. Einzelheiten s. Art. 9, 10 Rn 1, 2.

4. Ein Auslandsbewohner kann auch von einem inländischen Gericht zum Sachverständigen ernannt werden. Auch dies vom § 40 ZRHO für untersagt zu halten, wäre absurd. Er kann auch gebeten werden, sich zu einem Gerichtstermin einer Befragung zu stellen (**a. A.** BGH MDR 80, 931). Darüber hinaus besteht ein dringendes Bedürfnis, einem vom ausländischen Gericht ernannten **Sachverständigen** eine grenzüberschreitende Tätigkeit im Inland zu gestatten. Allerdings handelt er hoheitlich und kann nicht ohne weiteres auf fremdem Territorium tätig werden (*Stadler* FS Geimer [2002] 1287; Hamm RIW 89, 566. **a. A.** h. M. z. B. Geimer IZPR[4] Rn 2387; 2542). Dem kann dadurch entsprochen werden, dass der vom ausländischen Gericht ernannte Sachverständige im Wege der Rechtshilfe auch vom inländischen Gericht zum Sachverständigen bestellt wird. Um zu vermeiden, dass sein Gutachten in die deutsche Sprache übersetzt werden muß, kann das Rechtshilfeersuchen zurückgenommen werden, nachdem der Sachverständige seine Tätigkeit auf inländischem Boden beendet hat. Um solche, wenn auch legitimen juristischen Umwege zu vermeiden, sollte man die Genehmigung, dass sich der vom ausländischen Gericht ernannte Sachverständige auf deutschen Boden begibt und hier arbeitet, als eine „andere gerichtliche Handlung" betrachten (für zulässig gehalten auch von *MünchKommZPO-Musielak*[2] § 363 Rn 2). Sie ist im Verhältnis zur Ernennung auch als Sachverständigen des deutschen Gerichts ein minus. Zur Information eines im Ausland ansässigen und im Wege der internationalen Rechtshilfe in Anspruch genommenen Sachverständigen: BGH MDR 81, 1014. **9**

5. Der Inanspruchnahme von Rechtshilfe durch ausländische Behörden muss in Deutschland ein Beweisbeschluss vorausgehen. **10**

§ 358a und § 63 ZPO sind anwendbar.

Rechtsbehelfe: s. Art. 12 Rn 3

Art. 2 [Zentrale Behörde]

(1) **Jeder Vertragsstaat bestimmt eine Zentrale Behörde, die von einer gerichtlichen Behörde eines anderen Ver-**

tragsstaats ausgehende Rechtshilfeersuchen entgegennimmt und sie der zuständigen Behörde zur Erledigung zuleitet. Jeder Staat richtet die Zentrale Behörde nach Maßgabe seines Rechts ein.

(2) **Rechtshilfeersuchen werden der Zentralen Behörde des ersuchten Staates ohne Beteiligung einer weiteren Behörde dieses Staates übermittelt.**

1 Zentrale Behörden in Deutschland (BGBl. 79 II S. 780): Wie Art. 2 HZÜ. Im Ausland ebenfalls im allgemeinen wie zu HZÜ; Ausnahmen Italien (Ministerium für Auswärtige Angelegenheiten), Niederlande (Staatsanwalt bei Bezirksgericht Den Haag), Australien (Secretary to the Attorney General's Department at the Commonwealth of Australia, Canberra), Singapur (Registrar of the Supreme Court). Zu weiteren Details Bek. BGBl. 80 II S. 1290; 81 II S. 374, 573, 962; 82 II S. 539, 682, 998; 84 II S. 567, 919.

Das Übereinkommen sagt nicht, welche Befugnisse der Zentralen Behörde zukommen. Deutschland hat in Gestalt von § 13 AusfG der Zentralen Behörde auch eine Reihe von Entscheidungsbefugnissen übertragen, s. auch Rn 3.

2 Absatz 2 soll lediglich klarstellen, dass im ersuchten Staat nur die Zentrale Behörde Empfangsadressat ist und erst nach Weiterleitung jene Behörden, die das Rechtshilfeersuchen erledigen sollen, mit der Sache befasst sind. Im ersuchenden Staat können aber zwischen dem Gericht und jenen Stellen, die das Ersuchen ins Ausland weiterleiten, beliebig viele Behörden zwischengeschaltet werden. Die Verfahrensbeteiligten können auch als Boten eingesetzt werden (München Bem. zu Art. 3).

3 In Deutschland ist nach einer tautologischen gesetzlichen Formulierung das Amtsgericht in dem Bezirk zuständig, in dem die Amtshandlung vorzunehmen ist, § 4 Abs. 2 AusfG. Sind Personen zu vernehmen, so lässt sich § 375 ZPO in folgender Weise entsprechend anwenden: Welches andere Gericht der ersuchende Richter mit der Beweisaufnahme beauftragen soll, sagt das Gesetz nicht. Es ist eine Ermessensfrage des Richters, der die Mitwirkung eines anderen Gerichts anordnet. Da das ausländische Gericht diese Anordnung nicht treffen kann, muss sie der Zentralen Behörde obliegen. Auch in der innerstaatlichen Rechtshilfe hat das ersuchende Gericht ein Auswahlrecht (s. *Kissel* GVG § 375 Rn 4). Nur wenn außer dem Wohnsitzgericht einer Person ein anderes Gericht nicht in Betracht kommt, hat jenes kraft Gesetzes örtliche Zuständigkeit. Der Wortlaut der Vorschrift („der zuständigen Behörde zur Erledigung zuleiten“) trägt auch eine Auslegung, wonach die Zentrale Behörde entscheidet, welches die zuständige Behörde ist. Darauf, dass solche Entscheidungen durch ein Gericht getroffen werden, haben weder die Prozessbeteiligten noch die zur Rechtshilfe auffordernden Stellen, noch die mit zusätzlicher Aufgabe belasteten Richter einen Anspruch (**a. A.** *Stürner* JZ 81, 524f, der die §§ 12, 13 und 36 Nr. 3 entsprechend anwenden möchte).

Zu den aufrechterhaltenen Zusatzvereinbarungen s. Art. 31. **4**

Art. 3 [Notwendige Angaben]

(1) **Ein Rechtshilfeersuchen enthält folgende Angaben:**

a) die ersuchende und, soweit bekannt, die ersuchte Behörde;

b) den Namen und die Anschrift der Parteien und gegebenenfalls ihrer Vertreter;

c) die Art und den Gegenstand der Rechtssache sowie eine gedrängte Darstellung des Sachverhalts;

d) die Beweisaufnahme oder die andere gerichtliche Handlung, die vorgenommen werden soll.

(2) **Das Rechtshilfeersuchen enthält außerdem je nach Sachlage**

e) den Namen und die Anschrift der zu vernehmenden Personen;

f) die Fragen, welche an die zu vernehmenden Personen gerichtet werden sollen, oder die Tatsachen, über die sie vernommen werden sollen;

g) die Urkunden oder die anderen Gegenstände, die geprüft werden sollen;

h) den Antrag, die Vernehmung unter Eid oder Bekräftigung durchzuführen, und gegebenenfalls die dabei zu verwendende Formel;

i) den Antrag, eine besondere Form nach Artikel 9 einzuhalten;

(3) **In das Rechtshilfeersuchen werden gegebenenfalls auch die für die Anwendung des Artikels 11 erforderlichen Erläuterungen aufgenommen.**

(4) **Eine Legalisation oder eine ähnliche Förmlichkeit darf nicht verlangt werden.**

1 Im Unterschied zu Zustellungsersuchen, Art. 3 HZÜ, eignet sich für Rechtshilfeersuchen nach dem HBÜ ein Formular nicht. Zur Sprachenfrage s. Art. 4. Anders als bei Zustellungsersuchen, Art. 3 HZÜ Rn 3, Art. 5 HZÜ Rn 10, muss ein etwaiger gesetzlicher Vertreter oder Organwalter der Parteien des Ausgangsverfahrens genannt sein.

2 Absatz 1 Buchst. d) Abs. 2 Buchst. f), g) verlangen spezifische Angaben, auch wenn man nicht das hohe Maß an Spezifität voraussetzen darf, das einem deutschen Beweisbeschluss eignet. In diesem Rahmen ist aber auch eine „Ausforschung" der zu vernehmenden Person zulässig, weil es diese auch in solchen deutschen Zivilprozessarten gibt, die die Verhandlungsmaxime nicht kennen (ausführlich zu den einzelnen Erfordernissen *Junker* aaO 307ff.). S. auch Art. 23 Rn 4. Aufgrund von Title 28 U.S. Code Ann. § 1782, der u.a. das HBÜ umsetzt, werden auch discovery-Begehren amerikanischen Stils erledigt, ohne dass die Frage der Spezifität des gesamten Informationsmittels eine Rolle spielte. Ob auch das ersuchende Gericht nach seinem Prozessrecht die Information herbeischaffen könnte, spielt keine Rolle (Application *Bayer AG* 146 F. 2d 188 – 3rd. Cir 1998; Application EUROMEPA S.A. 51 F. 3d 1095 2nd Cir. 1995). S. Art. 1 Rn 2.

3 Für ausgehende Ersuchen finden sich einzelne Erfordernisse in § 37 ZRHO. Sie können aber nicht reziprok als Erfordernisse der Ordnungsmäßigkeit auch gegenüber eingehenden Ersuchen aufgestellt werden.

4 Interessante Anwendungsbeispiele: München ZZP 94 (1981) 462 und 468 (mit Abdruck eines US-Rechtshilfeersuchens) = RIW 554 und 555 – „Siemens" – dazu *Schlosser* 94 ZZP [1981] 369ff. u. *ders.* 284 Rec. Cours [2001] 137ff.; *Rio Tinto Zinc Corp. v. Westinghouse Electric Corp.* 2 W.L.R. (1978) 81 H.L. – dazu Die Ausführliche Schilderung der gesamten Prozessgeschichte *Junker* aaO 239; *RE Asbestos Insurance Coverage Cases* 1 W.L.R. 331 H.L. (1985).

S. auch Art. 5 Rn 2.

Art. 4 [Sprache]

(1) **Das Rechtshilfeersuchen muß in der Sprache der ersuchten Behörde abgefaßt oder von einer Übersetzung in diese Sprache begleitet sein.**

(2) **Jeder Vertragsstaat muß jedoch, sofern er nicht den Vorbehalt nach Artikel 33 gemacht hat, ein Rechtshilfeersuchen entgegennehmen, das in französischer oder englischer Sprache abgefaßt oder von einer Übersetzung in eine dieser Sprachen begleitet ist.**

(3) **Ein Vertragsstaat mit mehreren Amtssprachen, der aus Gründen seines innerstaatlichen Rechts Rechtshilfeersuchen nicht für sein gesamtes Hoheitsgebiet in einer dieser Sprachen entgegennehmen kann, muß durch eine Erklärung die Sprache bekanntgeben, in der ein Rechtshilfeersuchen abgefaßt oder in die es übersetzt sein muß, je nachdem, in welchem Teil seines Hoheitsgebiets es erledigt werden soll. Wird dieser Erklärung ohne hinreichenden Grund nicht entsprochen, so hat der ersuchende Staat die Kosten einer Übersetzung in die geforderte Sprache zu tragen.**

(4) **Neben den in den Absätzen 1 bis 3 vorgesehenen Sprachen kann jeder Vertragsstaat durch eine Erklärung eine oder mehrere weitere Sprachen bekanntgeben, in denen ein Rechtshilfeersuchen seiner Zentralen Behörde übermittelt werden kann.**

(5) **Die einem Rechtshilfeersuchen beigefügte Übersetzung muß von einem diplomatischen oder konsularischen Vertreter, von einem beeidigten Übersetzer oder von einer anderen hierzu befugten Person in einem der beiden Staaten beglaubigt sein.**

1 Sinn der Vorschrift ist es, die ersuchte Behörde nicht mit Sprachproblemen zu behelligen. Daher kann sie sich auch bei etwaigen Rückfragen der eigenen Sprache bedienen. Die Sprachregelung betrifft nur das Ersuchen. Dass die Rechtshilfe in der Landessprache erledigt wird, setzt das Übereinkommen als selbstverständlich voraus.

Wenn kein Beteiligter widerspricht, können die mündlichen Teile (nicht: Protokoll) der Erledigung aber auch in einer Fremdsprache laufen. Der Zweck von § 184 GVG erfordert es nicht, dies zu unterbinden.

2 Die englische und die französische Sprache werden in Abs. 2 als die beiden im internationalen Verkehr führenden Sprachen hervorgehoben. Jedoch kann nach Art. 33 die Erleichterung ausgeschlossen werden, wovon von den Staaten, in denen Englisch oder Französisch nicht Landessprache sind, außer Mexico und Portugal nur Deutschland Gebrauch gemacht hat (BGBl. 1979 II S. 780). Frankreich und Monaco erledigen nur französischsprachige Ersuchen, Singapur und das VK nur englischsprachige, Dänemark, Finnland, Norwegen außer landessprachlichen nur englischsprachige. In Abs. 5 bezieht sich der Zusatz „in einem der beteiligten Staaten" auch auf diplomatische bzw. konsularische Vertreter.

3 Deutsch als nach Abs. 4 zulässige Sprache hat nur Luxemburg akzeptiert.

Art. 5 [Einwände der Zentralen Behörde]

Ist die Zentrale Behörde der Ansicht, dass das Ersuchen nicht dem Übereinkommen entspricht, so unterrichtet sie unverzüglich die Behörde des ersuchenden Staates, die ihr das Rechtshilfeersuchen übermittelt hat, und führt dabei die Einwände gegen das Ersuchen einzeln an.

1 Die Vorschrift betrifft nur formale Mängel. Es gilt im wesentlichen das gleiche wie zu Art. 4 HZÜ ausgeführt. Glaubt das Rechtshilfegericht solche Mängel zu entdecken, so ist die Entscheidung der Zentralen Behörde einzuholen, § 59 Abs. 6 ZRHO, die an ihre ursprüngliche Entscheidung nicht gebunden ist. Ob das Gericht, an welches das Rechtshilfeersuchen weitergeleitet worden ist, an die Entscheidung der Zentralen Behörde über dessen Zulässigkeit gebunden ist (so München ZZP 95 [1982] 469; *MünchKomm-ZPO-Musielak* Art. 5 Rn 2; *Martens* RIW 81, 730) oder nicht (so *Schlosser* FS Constantinesco [1983] 655 ff. m. N.), ist streitig. Zur Bindung an die Zuständigkeitsentscheidung der Zentralen Behörde s. Bem. Art. 6.

Art. 6 [Unverzügliche Weiterleitung bei Unzuständigkeit]

Ist die ersuchte Behörde nicht zuständig, so wird das Rechtshilfeersuchen von Amts wegen unverzüglich an die nach den Rechtsvorschriften ihres Staates zuständige Behörde weitergeleitet.

1 Die Vorschrift hat in Deutschland kaum einen Anwendungsbereich, weil die Zentrale Behörde in Zweifelsfällen bindend festlegt, welches Amtsgericht örtlich zuständig ist, s. Art. 2 Rn 3. Der einzig praktisch denkbare Fall ist ein Irrtum über den inländischen Wohnsitz der zu vernehmenden Person, etwa aufgrund eines zwischenzeitlich eingetretenen Wohnsitzwechsels. Wenn ein Amtsgericht sich für örtlich unzuständig hält, muss es das örtlich zuständige Gericht ermitteln und das Gesuch dorthin weiterleiten. Akzeptiert die Zentrale Behörde dies dadurch, dass sie der nach § 58 Abs. 1 i.V.m. § 150 Abs. 4 ZRHO vorgeschriebenen Abgabenachricht nicht widerspricht, so hat sie ihre Bestimmung des zuständigen Amtsgerichts geändert. Zu den vergleichbaren Situationen bei der inländischen Rechtshilfe s. *Kissel* GVG[2] Art. 158 Rn 23.

Art. 7 [Benachrichtigung vom Termin]

Die ersuchende Behörde wird auf ihr Verlangen von dem Zeitpunkt und dem Ort der vorzunehmenden Handlung benachrichtigt, damit die beteiligten Parteien und gegebenenfalls ihre Vertreter anwesend sein können. Diese Mitteilung wird auf Verlangen der ersuchenden Behörde den Parteien oder ihren Vertretern unmittelbar übersandt.

1 Aus der Vorschrift ergibt sich mittelbar das **Recht der Parteien** des Ausgangsverfahrens und ihrer Prozessvertreter auf **Anwesenheit** und auf eine rechtzeitige Benachrichtigung, dass sie von ihrem Anwesenheitsrecht Gebrauch machen können. Eine Anwendung von § 356 ZPO ohne Nachfrage, warum die Benachrichtigung vom Erledigungstermin noch immer aussteht, kann auf eine Verlet-

zung von Art. 103 Abs. 1 GG hinauslaufen (BVerfG NJW RR 94, 700). Die unmittelbare Übersendung nach Satz 2 fällt außerhalb des Anwendungsbereiches des HZÜ und geschieht am besten durch eingeschriebenen Brief mit Rückschein, ohne dass dafür Auslagenerstattung verlangt werden könnte, Art. 14. Durch Satz 2 verzichten die Vertragsstaaten auf jede Einwendung gegen die unmittelbare Übersendung. Die Mitteilung hat so ausgestaltet zu sein, dass sich die Adressaten ein Bild von dem machen können, was bevorsteht. Zweckmäßig ist eine Übersendung einer Abschrift des bei dem Gericht eingegangenen Rechtshilfeersuchens und der vorbereitenden Maßnahmen, die das Gericht getroffen hat, s. dazu Bem. zu Art. 9. Eine Übersetzung der Mitteilung und der ihr beigefügten Unterlagen braucht der Benachrichtigung nicht beigefügt zu sein. Bei einer bevorstehenden Zeugeneinvernahme sollte zur Beruhigung der Anwälte aus common law Ländern gesagt werden, dass der Richter die Zeugen vernimmt, dass aber die Prozessbeteiligten Fragen an die Zeugen stellen können.

2 Zu den Obliegenheiten des deutschen Gerichts vor Absendung des Ersuchens s. § 38 ZRHO. Die Verwertbarkeit des Beweisergebnisses, wenn Teilnahme der Parteien an der Beweisaufnahme nicht möglich war, stellt BGHZ 33, 63, 64f = NJW 60, 1950 in das Ermessen des Ausgangsgerichts. Heute müssen hierbei die aufgezeigten Anforderungen des BVerfG an die Wahrung des rechtlichen Gehörs beachtet werden. Daher ist eine Verwertung nur zulässig, wenn es praktisch ausgeschlossen ist, dass die Parteien durch Fragen, von denen sie nachträglich behaupten, sie hätten sie stellen wollen, das Beweisergebnis hätten beeinflussen können (BGHR ZPO § 357 – Auslandsbeweisaufnahme; *MünchKommZPO-Musielak*[2] § 363 Rn 9).

Zur Ausweitung des Beweisthema s. Art. 11 EuBVO Rn 4.

Art. 8 [Terminsteilnahme von Behördenvertretern]

Jeder Vertragsstaat kann erklären, dass Mitglieder der ersuchenden gerichtlichen Behörde eines anderen Vertragsstaats bei der Erledigung eines Rechtshilfeersuchens anwesend sein können. Hierfür kann die vorherige Genehmigung durch die vom erklärenden Staat bestimmte zuständige Behörde verlangt werden.

Kaum ein Staat hat auf die Abgabe einer Erklärung verzichtet. Zu Deutschland s. § 10 AusfG. Die meisten anderen Staaten haben die Anwesenheit unter Genehmigungsvorbehalt gestellt. Ganz ausgeschlossen hat die Anwesenheit Frankreich, Israel, Luxemburg, Schweden und das VK s. Bek. in Fn. vor Art. 1. Seine Anwesenheit gibt dem ausländischen Richter nicht das Recht, Fragen zu stellen (*MünchKommZPO-Musielak* Rn 2). Jedoch kann dies auf jeden Fall als besondere Form der Beweisaufnahme i. S. v. Art. 9 Abs. 2 genehmigt werden, s. dort Rn 4. Aber auch wenn im Ersuchen ein solcher Antrag nicht gestellt worden ist, kann der Vorschrift nicht entnommen werden, dass der anwesende ausländische Richter konsequent stumm zu sein hat. Der vernehmende Richter kann sich durch ihn beraten lassen, welche Zusatzfragen er stellen sollte. Auch kann der ausländische Richter als Sachverständiger zu Fragen des Bestehens von Mitwirkungsverweigerungsrechten nach ausländischem Recht eingesetzt werden, s. Art. 11 Rn 3. „Mitglieder" müssen nicht Richter des mit der Hauptsache befassten Sprachkörpers sein.

Art. 9 [Maßgebliches Recht bei Erledigung des Ersuchens]

(1) **Die gerichtliche Behörde verfährt bei der Erledigung eines Rechtshilfeersuchens nach den Formen, die ihr Recht vorsieht.**

(2) **Jedoch wird dem Antrag der ersuchenden Behörde, nach einer besonderen Form zu verfahren, entsprochen, es sei denn, dass diese Form mit dem Recht des ersuchten Staates unvereinbar oder ihre Einhaltung nach der gerichtlichen Übung im ersuchten Staat oder wegen tatsächlicher Schwierigkeiten unmöglich ist.**

(3) **Das Rechtshilfeersuchen muß rasch erledigt werden.**

Art. 10 [Geeignete Zwangsmaßnahmen]

Bei der Erledigung des Rechtshilfeersuchens wendet die ersuchte Behörde geeignete Zwangsmaßnahmen in den Fäl-

len und in dem Umfang an, wie sie das Recht des ersuchten Staates für die Erledigung eines Ersuchens inländischer Behörden oder eines zum gleichen Zweck gestellten Antrags einer beteiligten Partei vorsieht.

1 Die Vorschriften wollen den Schwierigkeiten begegnen, die die unterschiedlichen **Methoden der Informationsbeschaffung** für ein Gericht aufwerfen. Für eingehende Ersuchen aus Ländern des „civil law" bedeutet dies: eines eigenen Beweisbeschlusses bedarf es nicht. In der Weiterleitung des Gesuchs durch die Zentrale Behörde liegt zugleich die bindende Feststellung, dass Zurückweisungsgründe nach dem Übereinkommen nicht bestehen. Da diese Entscheidung eigens angefochten werden kann, Art. 12 Rn 3, ist sie, solange nicht aufgehoben, für das angegangene Gericht bindend (*Walther* aaO Rn 46), s. auch Art. 2 Rn 3. Die in der Weiterleitung liegende Genehmigung ersetzt den Beweisbeschluss. Das Rechtshilfegericht ist jedoch nicht gehindert, ein Verfahrensablaufprogramm zu fixieren, darin auch Elemente aufzunehmen, die zur Information speziell für ausländische Prozessbeteiligte gedacht sind und diesen vorher bekanntzugeben.

Sodann verlaufen Zeugeneinvernahme, Urkundenvorlage, Einnahme eines Augenscheins und Beauftragung eines Sachverständigen, wie wenn es sich um ein deutsches Verfahren handelte. Der Rechtshilferichter kann auch von sich aus Ergänzungsfragen stellen. Der Rechtshilferichter muss auch dann zwischen Zeugenvernehmung und Parteivernehmung unterscheiden, wenn das Ersuchungsschreiben beides nicht auseinander hält.

2 **Zwangsmittel** sind so anzuwenden (und anzudrohen), wie es auch der innerhalb Deutschlands ersuchte Richter tun könnte (*Junker* aaO 324 ff.). Gegen ausgebliebene Zeugen können etwa Sanktionen nach § 380 ZPO verhängt werden. Die Verweigerung von Mitwirkungshandlungen, die auch nach deutschem Recht nicht sanktionierbar ist, ist es auch nicht im Zusammenhang mit internationaler Rechtshilfe (*Heß/Müller* ZZP IntG [2001] 156). In der Schweiz sind Sanktionen wegen Verweigerung der Eidesleistung ausgeschlossen (*Walther* Rn 58). Es kommt nicht darauf an, ob vergleichbare Zwangsmaßnahmen auch im ausländischen Recht vorgesehen sind (*Münch-KommZPO-Musielack*[2] Rn 1/2). Zu Streitigkeiten über Aussage- oder sonstige Mitwirkungspflichten s. Art. 11 Rn 1. Gegenüber Prozessparteien kann das deutsche Rechtshilfe-

gericht im allgemeinen keine Sanktionen verhängen, s. Art. 11 Rn 1; Ausnahme: § 372a Abs. 2 ZPO. Das gilt auch bei Verweigerung einer Urkundenvorlage. Umgekehrt können viele Richter in ausländischen Staaten bei Verweigerung einer Blutentnahme keine Zwangsmittel einsetzen. Dass deutsche Sachentscheidungen über Auskunfts- oder Vorlageansprüche nach dem EuGVVO vollstreckungspflichtig sind, funktionell vergleichbare Beweiserhebungsanordnungen ausländischer Gerichte in Deutschland nicht und auch nicht über das HBÜ durchsetzbar sind, läuft auf ein untragbares Ungleichgewicht hinaus, s. Art. 32 EuGVVO Rn 9. Zur *pre-trial discovery* s. Art. 23.

3 Eine **besondere Form** i.S.v. Art. 9 Abs. 2 (ausführlich dazu *Junker* 334ff.) ist nicht schon dann mit dem deutschen Recht unvereinbar, wenn sie hierzulande nicht vorgesehen ist; etwa nur in der common-law Rechtsordnung des Ausgangsstaates (**a. A.** *Zöller/Geimer*[23] § 363 Rn 90; *Stürner* ZVglRW 81 [1982] 202). Es muss der Beweisaufnahme vielmehr ein klarer Verbotssatz von ordre-public ähnlichem Gewicht entgegenstehen (*Trittmann* aaO 140; *McClean* International Judicial Assistance [1992] 94). Die Aufnahme eines Wortprotokolls, allg. M., oder eines Videos ist sicherlich mit deutschem Recht nicht unvereinbar. Ob ein dialektisches Vorgehen, nach „examination in chief" und „cross examination" geschieden, gestattet werden kann, ist bestritten (pro: *Schlosser* aaO 387ff.; *Trittmann* aaO 139ff.; *Junker* aaO 338; *Heß/Müller* ZZP IntG (2000) 154. **a. A.** *MünchKommZPO-Musielak* Rn 1; *Nagel* IZPR[3] Rn 598. Vermittelnd *Stürner* JZ 81, 524. Praktisch werden sich dann anwesende Anwälte damit zufrieden geben, hinreichend Gelegenheit zu Zusatzfragen zu erhalten, auch wenn diese nicht den aggressiven Stil wie in einer „cross examination" haben dürfen. Speziell zur Erledigung deutscher Rechtshilfeersuchen in den USA *Junker* aaO 405ff. mit sehr dichter Information über die Praxis). Über die Zulassung einer besonderen „Form" entscheidet nach Art. 5 die Zentrale Behörde (**a. A.** für die Schweiz *Walther* aaO Rn 44). In Zweifelssituationen hat diese sich im Falle der Ablehnungsgeneigtheit mit der ersuchenden Behörde darüber in Verbindung zu setzen, ob ein Tätigwerden nach § 9 Abs. 1 gewünscht wird.

4 **Sanktionen** gegen die Weigerung von Privatpersonen an einer Beweisaufnahme in anderer Weise als in Verfahren nach entsprechenden deutschen Gesetzen mitzuwirken, stellt das deutsche Recht nicht zur Verfügung. Jedoch kann für die Zumutbarkeitsbeurteilung nach § 142 Abs. 2 ZPO n.F. auch die Eigenart des Ausgangsverfahrens eine Rolle spielen.

5 In **Insolvenzverfahren** ist der Schuldner durch das deutsche Rechtshilfegericht nur zu den Handlungen aufzufordern, zu denen auch ein Schuldner eines deutschen Insolvenzverfahrens verpflichtet wäre (sofern sie vom Ersuchen gedeckt sind und umgekehrt). Ob ein auslandsansässiger Schuldner eines deutschen Insolvenzverfahrens etwa dort zur Ausstellung einer Vollmacht angehalten werden kann, richtet sich nach dortigem Recht.

Art. 11 [Aussageverweigerung oder Aussageverbot]

(1) **Ein Rechtshilfeersuchen wird nicht erledigt, soweit die Person, die es betrifft, sich auf ein Recht zur Aussageverweigerung oder auf ein Aussageverbot beruft,**

a) das nach dem Recht des ersuchten Staates vorgesehen ist oder

b) das nach dem Recht des ersuchenden Staates vorgesehen und im Rechtshilfeersuchen bezeichnet oder erforderlichenfalls auf Verlangen der ersuchten Behörde von der ersuchenden Behörde bestätigt worden ist.

(2) **Jeder Vertragsstaat kann erklären, dass er außerdem Aussageverweigerungsrechte und Aussageverbote, die nach dem Recht anderer Staaten als des ersuchenden oder des ersuchten Staates bestehen, insoweit anerkennt, als dies in der Erklärung angegeben ist.**

1 Jede Aussageperson kann die im deutschen Recht anerkannten **Aussageverweigerungsrechte** geltend machen. Das wird vor allem bei den im deutschen Recht extrem weit gezogenen Zeugnisverweigerungsrechten aufgrund eines **Gewerbegeheimnisses** praktisch, s. § 383 Abs. 1 Nr. 6, § 384 Nr. 3 ZPO (dazu näher AG und LG München I, RIW 81, 580). Eine einschränkende Handhabung ist nicht möglich (*MünchKommZPO-Musielak*[2] Rn 3. **a. A.** *Koch* IPRax 85, 248. Zu Irritationen aus den USA *Löwenfeld* IPRax 84, 53). Eine einstweilige Verfügung auf Unterlassung bestimmter Aussagen vor dem Rechtshilferichter ist nicht zulässig. **Prozesspartei-**

en haben nach deutschem Recht keine förmlich festgeschriebenen „Aussageverweigerungsrechte". Es geht immer nur darum, wieweit ihnen aus einer Verweigerung der ihnen angesonnenen Mitwirkung zur Informationsbeschaffung Prozessnachteile erwachsen. Welche Rechtsfolgen aus der fehlenden Mitwirkungsbereitschaft einer Partei bei der Sachverhaltsaufklärung zu ziehen sind, entscheidet aber ohnehin das Ausgangsgericht. Dass dessen Recht schärfere Sanktionen als das deutsche androht, um Parteien und Dritte zur Mitwirkung bei der Informationsbeschaffung anzuhalten, verstößt auch dann nicht gegen den deutschen ordre public, wenn solche Sanktionen drohen, um eine Mitwirkung bei der internationalen Rechtshilfe zu erzwingen. Der authentische englische („refuse to give evidence") und französische Text zeigen, dass sich die Vorschrift auf alle Mitwirkungsverweigerungsrechte der in Anspruch genommenen Personen bezieht (*Stadler* FS Geimer [2002] 1295). Soweit Parteien oder Dritte (§ 429 ZPO) im deutschen Zivilprozess sanktionslos passiv bleiben können oder nur im ordentlichen Klageweg zur Mitwirkung angehalten werden können, hat das Rechtshilfegericht keine Entscheidung über die Berechtigung der Verweigerung zu treffen. Denn insoweit werden nicht wie in den Staaten des common law „privileges" (s. das Beispiel *Rio Tinto Zinc* Bem. zu Art. 3) geltend gemacht, so dass in einem vom deutschen Gericht ausgehenden Ersuchungsschreiben darauf auch nicht eigens hingewiesen werden muss.

2 Das Übereinkommen spricht von **„Erledigung"** des Rechtshilfeersuchens, sowohl wenn es die Tätigkeit der Zentralen Behörde wie wenn es das Verfahren vor der letztlich mit der Durchführung der nachgesuchten Maßnahmen betrauten Stelle meint. Aus dem Umstand, dass Art. 12 mit „Ablehnung der Erledigung" eine Entscheidung der Zentralen Behörde meint, kann nicht geschlossen werden, dass diese auch zur Entscheidung über Aussageverweigerungsrechte berufen wäre. Eine solche Entscheidung ist ihrem Wesen nach eine richterliche (LG München I ZZP 95 (1983) 362 im Anschluss an OLG München wie Art. 3). Nur wenn sicher feststeht, dass ein Gesuch wegen Geltendmachung von Aussageverweigerungsrechten nicht wird erledigt werden können, kann es bereits die Zentrale Behörde zurückweisen (*Schlosser* aaO 468). Die bloße Meinung der Zentralen Behörde, dass ein Aussage oder sonstiges Beweiserhebungsverbot besteht, reicht für eine Zurückweisungsbefugnis nicht aus (**a. A.** *MünchKommZPO-Musielak*[2] Rn 5), solange eine solche Annahme nicht über alle Zweifel erhaben ist. Die Niederlande haben ausdrücklich erklärt, dass nur der Rechtshilferichter entscheiden kann.

3 **Abs. 1 Buchst. b)** soll sicherstellen, dass die ersuchte Behörde keine **Ermittlung des Rechts des ersuchenden Staates** anzustellen braucht. Das Wort („erforderlichenfalls") bringt zum Ausdruck, dass die ersuchte Behörde das ausländische Recht auch selbst anwenden kann, etwa wenn es in Gestalt von Gesetzestexten oder klar einschlägigen Gerichtsentscheidungen verfügbar ist. Dann können Zeit und Arbeitskraft sparende Rückfragen vermieden werden. Vor allem kann dann, wenn der Verdacht auf verzögerliche Strategien besteht, das Rechtshilfegericht eine Begründung für das geltend gemachte Aussageverweigerungsrecht verlangen und aufgrund der vorgelegten Rechtsquellen entscheiden, dass ein Aussageverweigerungsrecht nicht besteht. Wird ein solches Verweigerungsrecht nicht mindestens in der Weise substantiiert, dass konkrete Rechtsquellen angegeben werden, ist es von vornherein unglaubwürdig. **Rückfragen** bei der ersuchenden Stelle können in deutscher Sprache gehalten, Art. 4 Rn 1, und brauchen nicht über die Zentrale Behörde geleitet zu werden. Zur Möglichkeit, den etwa anwesenden ausländischen Richter zu konsultieren, s. Art. 8. Deutsche Gerichte sind angewiesen, bei ausgehenden Ersuchen bereits die nötige Information zu geben, § 37 ZRHO.

4 Zur Entscheidungsbefugnis der Zentralen Behörde im Fall von verbotenen Aussagen s. Art. 12 Rn 3.

5 Zur Informationsbeschaffung durch die Parteien selbst s. Artt. 15 ff. Rn 2.

Art. 12 [Ablehnungsgründe]

(1) **Die Erledigung eines Rechtshilfeersuchens kann nur insoweit abgelehnt werden, als**

a) die Erledigung des Ersuchens im ersuchten Staat nicht in den Bereich der Gerichtsgewalt fällt oder

b) der ersuchte Staat die Erledigung für geeignet hält, seine Hoheitsrechte oder seine Sicherheit zu gefährden.

(2) **Die Erledigung darf nicht allein aus dem Grund abgelehnt werden, dass der ersuchte Staat nach seinem Recht die ausschließliche Zuständigkeit seiner Gerichte für die**

Sache in Anspruch nimmt oder ein Verfahren nicht kennt, das dem entspricht, für welches das Ersuchen gestellt wird.

1 **Kernstück** der Vorschrift ist **Buchst. b).** Es gilt das zu Art. 13 HZÜ Rn 1, 2 Gesagte (tendenziell sehr ähnlich *Junker* aaO 286 ff., 322 ff.). Die sehr begrenzten Sanktionsmöglichkeiten, s. Art. 11 Rn 1, schließen eine **Berührung deutscher Hoheitsrechte** oder der Sicherheit in Deutschland praktisch aus. Dem inländischen Gericht ist es nicht gestattet, die Zulässigkeit der begehrten Handlung nach dem Recht des Ausgangsstaates zu überprüfen (In re Letter Rogatory from Frist Court, Caracas, 42 F. 3 d 308, 311, 5th Cir. 1995). Bisher ist noch kein einziger Fall bekanntgeworden, in dem Art. 12 angewandt worden wäre (abgelehnt: München s. Art. 3). Insbesondere hat es mit der Sicherheit in Deutschland nichts zu tun, wenn eine inlandsansässige Person unter akzeptablen Bedingungen in ein ausländisches Verfahren verwickelt wird und dort unter erheblich strengerem Sanktionsdruck zur Preisgabe von Information (im Wege der deutschen Rechtshilfe) steht, als es bei einem vergleichbaren Verfahren in Deutschland der Fall wäre. Dass im Ausgangsprozess auf „punitive damages" geklagt wird, steht der deutschen internationalen Rechtshilfe nicht entgegen (*Stürner* aaO 205; *Trittmann* aaO 144 f; München aaO, aus dessen Tatbestand allerdings der Hintergrund *„treble damages"* nicht hervorgeht. **a. A.** *v. Hülsen* RIW 82, 550; *Stiefel* RIW 79, 518). Die einzige Ausnahme ist in folgender Situation denkbar: Eine dritte Person oder eine in einem exorbitanten internationalen Gerichtsstand verklagte, inlandsansässige Person steht unter einem solchen Sanktionsdruck (unkalkulierbar hohe Geldstrafen, Verhaftung bei Reisen ins Ausland). Denn zur „Sicherheit" in Deutschland gehört auch die Möglichkeit, als Inlandsbewohner den von der deutschen Rechtsordnung gewährten Freiheitsrahmen in Anspruch nehmen zu können, ohne von einem ausländischen Staat, zu dem man keine fallrelevanten Beziehungen unterhält, unter einschneidenden Sanktionsdruck gesetzt zu werden. In einem solchen Fall müssen die deutschen Behörden ihre Mitwirkung verweigern, auch wenn die in Anspruch genommene Person, dem Sanktionsdruck weichend, zur „freiwilligen" Mitwirkung bereit wäre. Bei Beurteilung der Frage, ob die gegenüber dem Beklagten in Anspruch genommene Zuständigkeit in diesem Sinne exorbitant ist, darf man nicht an einer uns befremdenden Begrifflichkeit des ausländischen Zuständigkeitsrechts

hängen bleiben. Auch wenn in den USA „doing business" oder persönliche Aushändigung der Ladung Zuständigkeit begründen, muss geprüft werden, ob im konkreten Fall eine Zuständigkeitsbegründung als völlig unvertretbar erscheint. Dies ist dann, wenn der Beklagte in den USA nachhaltige Geschäftstätigkeit entfaltet und die Klage aus ihr hervorgegangen ist, sicherlich nicht der Fall.

Wenn einer Person eine Aussage angesonnen wird, die strafbar wäre, etwa nach § 203 StGB oder nach dem deutschen „blocking statute" in Seeschifffahrtsangelegenheiten (§§ 11, 17 G.v. 24. 5. 65, BGBl. 65 II S. 833 i. d. F. BGBl. 77 I S. 1314. Näher zu dieser Frage *Junker* aaO 395 f.), entscheidet allein der Rechtshilferichter über geltend gemachte Zeugnisverweigerungsrechte. Meist sind solche Perspektiven aber kein Grund, die Erledigung des Gesuchs zu verweigern. Vielmehr muss der Rechtshilferichter solche Fragen zurückweisen.

2 Die h. M. versteht die Vorschrift wie Art. 13 HZÜ als einen im allgemeinen ordre-public-Denken verankerten Notbehelf (*Münch KommZPO-Musielak*[2] Rn 2; *Stiefel* aaO 514; *Stürner* aaO 205; *Schütze* WM 86, 635; *Pfeil-Kammerer* 215. *Schlosser* ZZP 94 [1981] 380 f im hier entwickelten Sinne modifiziert). Aber auch dann sind **„Ausforschungen"** keineswegs ein Verstoß gegen den deutschen ordre public, s. Art. 23 Rn 4.

3 Über die Erledigung eines Rechtshilfegesuchs entscheidet unter dem Gesichtspunkt des Art. 12 grundsätzlich die Zentrale Behörde. Gegen ihre Entscheidung kann nach Artt. 23 ff. EGGVG vorgegangen werden, weil sowohl die an der Erledigung interessierte wie die informationspflichtige Partei ein Recht auf korrekte Beachtung der Rechtshilfevoraussetzungen haben (München aaO), in der Schweiz mittels staatsrechtlicher bzw. Verwaltungsgerichtsbeschwerde (*Walther* aaO Rn 46, 50, 62). Die Zentrale Behörde hat aber peinlich darauf zu achten, Entscheidungen, die nach Artt. 9 und 11 dem Rechtshilferichter obliegen, nicht vorzugreifen, s. auch Rn 2. Die Zentrale Behörde kann, bevor sie entscheidet, den betroffenen Beweispersonen rechtliches Gehör gewähren. Nur wenn in diesem Verfahrensstadium schon feststeht, dass die Voraussetzungen von Art. 12 vorliegen, kann die Zentrale Behörde die Erledigung des Gesuchs mit der Begründung verweigern, die in Anspruch genommene Person mache sich durch eine Aussage (gleich welchen Inhalts) strafbar.

Die Zentrale Behörde kann ein Gesuch auch ablehnen, weil es nicht den formalen Anforderungen von Art. 3, 4 entspricht. **4**

Art. 13 [Verfahren nach Erledigung]

(1) **Die ersuchte Behörde leitet die Schriftstücke, aus denen sich die Erledigung eines Rechtshilfeersuchens ergibt, der ersuchenden Behörde auf demselben Weg zu, den diese für die Übermittlung des Ersuchens benutzt hat.**

(2) **Wird das Rechtshilfeersuchen ganz oder teilweise nicht erledigt, so wird dies der ersuchenden Behörde unverzüglich auf demselben Weg unter Angabe der Gründe für die Nichterledigung mitgeteilt.**

Art. 14 [Gebühren und Auslagen]

(1) **Für die Erledigung eines Rechtshilfeersuchens darf die Erstattung von Gebühren und Auslagen irgendwelcher Art nicht verlangt werden.**

(2) **Der ersuchte Staat ist jedoch berechtigt, vom ersuchenden Staat die Erstattung der an Sachverständige und Dolmetscher gezahlten Entschädigungen sowie der Auslagen zu verlangen, die dadurch entstanden sind, dass auf Antrag des ersuchenden Staates nach Artikel 9 Absatz 2 eine besondere Form eingehalten worden ist.**

(3) **Eine ersuchte Behörde, nach deren Recht die Parteien für die Aufnahme der Beweise zu sorgen haben und die das Rechtshilfeersuchen nicht selbst erledigen kann, darf eine hierzu geeignete Person mit der Erledigung beauftragen, nachdem sie das Einverständnis der ersuchenden Behörde eingeholt hat. Bei der Einholung dieses Einverständnisses gibt die ersuchte Behörde den ungefähren Betrag der Kosten an, die durch diese Art der Erledigung entstehen würden. Durch ihr Einverständnis verpflichtet sich die ersuchende Behörde, die entstehenden Kosten zu erstatten. Fehlt das Einverständnis, so ist die ersuchende Behörde zur Erstattung der Kosten nicht verpflichtet.**

Die Vorschrift begründet keinen Kostenerstattungsanspruch gegenüber irgendeinem Prozessbeteiligten, sondern allenfalls des ersuchten gegen den ersuchenden Staat, s. auch Art. 26. Dieser wird aber die von ihm zu tragenden Kosten jener Partei in Rechnung stellen, die für die Gerichtskosten aufzukommen hat (GKG Anl. 1 Nr. 9013). Zu den in Abs. 2 und 3 von der Kostenerstattungsfreiheit gemachten Ausnahmen kommt noch Art. 26. In den nach Art. 31 aufrechterhaltenen bilateralen Verträgen mit Frankreich, den Niederlanden und Norwegen ist noch weitergehend auf Kostenerstattung verzichtet worden. Abs. 3 ist auf common law Staaten zugeschnitten, denen eine Zeugenvernehmung durch den Richter fremd ist. Da die Vorschrift von der Einsicht geprägt ist, dass in diesen Ländern die ersuchten Behörden (Gerichte) das Gesuch selbst nicht erledigen können, darf das Gesuch abgelehnt werden, wenn das Einverständnis mit der Übernahme der Kosten nicht erklärt wird. Ist die an der Rechtshilfe interessierte Partei eines deutschen Verfahrens mit der Kostenübernahme einverstanden, dann besteht im Interesse des effizienten Rechtsschutzes auch eine Verpflichtung, die Kostenübernahmebereitschaft zu erklären.

Kapitel II. Beweisaufnahme durch diplomatische oder konsularische Vertreter und durch Beauftragte

Vorbemerkungen

1 Zu den nach Art. 33 möglichen Vorbehalten s. die jeweilige amtliche Bek. in Fn. 1 bei Art. 1. Die von Deutschland erklärten Vorbehalte sind auch in §§ 11–13 AusfG niedergelegt. Die Bereitschaft eines ausländischen Staates ist aus der jeweils ihn betreffenden Bek. zu entnehmen. Die meisten Staaten stellen das Erfordernis einer Einzelgenehmigung durch die Zentrale Behörde auf. Besonders liberal sind Finnland und die USA (s. dazu *Pfeil-Kammerer,* Lit. vor Art. 1 HZÜ, 258 ff.). Das US-Rechtshilfegericht kann seinerseits eine beliebige Person als „commissioner" ernennen, etwa auch ein Mitglied des Ausgangsgerichts aus dem ersuchenden Staat.

Im **deutsch-US**-Rechtsverkehr besteht die **Besonderheit,** dass US-Konsuln auf deutschem Boden auch deutsche Staatsangehörige amtlich befragen können, wenn kein Zwang ausgeübt wird. Das ergibt sich aus einem deutsch-amerikanischen Notenwechsel aus dem Jahr 1955/56, der durch einen weiteren Notenwechsel aus dem Jahr 1980 auch im Hinblick auf das Inkrafttreten des HBÜ bestätigt und inhaltlich näher spezifiziert worden ist (abgedruckt bei *Pfeil-Kammerer* aaO Anh. 13). Zu Einzelheiten existiert ein interessanter amicus „curiae brief" der US-Regierung (*Volkswagen AG v. Falzon* 23 ILM [1984] 412).

2 Zudem besteht vor den Bundesgerichten der **USA** die Möglichkeit, dass die **Parteien** eines laufenden oder bevorstehenden ausländischen Prozesses **um Beweisaufnahme nachsuchen können,** auch in der Form der discovery. Die einschlägige Vorschrift, Title 28 § 1782 (a) United States Code lautet:

„The district court of the district in which a person resides or is found may order him to give his testimony or statement or to produce a document or other thing for use in a proceeding in a foreign or international tribunal. The order may be made... upon the application of any interested person and may direct that the testimony or statement be given, or the document or other thing be produced, before a person appointed by the court. By virtue of his appointment, the person appointed has power to administer any necessary oath and take the testimony or statement. The order may prescribe the practice and procedure, which may be in whole or part the practice and procedure of the foreign country or the international tribunal, for taking the testimony or statement or producing the document or other thing ...".

Informationen, insbesondere Beweismittel, die auf eine solche Art und Weise in einem fremden Staat legal erlangt worden sind, können in einem deutschen Prozess verwertet werden, auch wenn das Verfahren erst nach Rechtshängigkeit in Deutschland eingeleitet wurde. Auch Art. 11 Abs. 1 Buchst. b) kann nicht entsprechend angewandt werden. Dass ein Gericht eines Staates möglicherweise, s. Art. 1 Rn 2, nicht vom Gericht eines anderen Staates die Beschaffung einer Information begehren kann, die es nicht erlangen könnte, wenn sie im Inland belegen wäre, ist eine Sache. Der Umstand, dass eine Verfahrenspartei die in einem fremden Staat dort belegene Information mit legalen Mitteln herbeischafft, ist damit nicht vergleichbar.

3 Umgekehrt kann in Deutschland unter den Voraussetzungen des § 486 Abs. 3 ZPO ein **selbständiges Beweisverfahren** auch dann durchgeführt werden, wenn für die Hauptsache ein ausländi-

sches Gericht zuständig ist. Der Begriff „dringende Gefahr" muss auch unter dem Gesichtspunkt ausgelegt werden, dass viel Zeit vergehen kann, bis ein in der Hauptsache angerufenes ausländisches Gericht im Wege der internationalen Rechtshilfe auf die Informationsquelle Zugriff nehmen kann.

Materiellrechtliche **Auskunftsansprüche** können in Deutschland auch dann eingeklagt werden, wenn die Information für ein im Ausland zu führende Verfahren benötigt wird.

4 Über Art. 17 kann eine praktische Lösung zu dem gefunden werden, was sich im deutsch-amerikanischen Rechtshilfeverkehr angestaut hat. US-Anwälte können von der Zentralen Behörde die Genehmigung einholen, als **„commissioners"** Beweise in Deutschland aufzunehmen. Die Genehmigung kann davon abhängig gemacht werden, dass der deutsche Richter oder ein sonstiger deutscher Justizbeamter anwesend ist und Einspruch einlegen kann, wenn das Verfahren in eine dem deutschen Teil unzumutbare, großangelegte Ausforschung ausarten sollte (so der Vorschlag des zuständigen Referenten im BMJ, *Böhmer* NJW 90, 2053, der bei seinen auf den zuständigen Rechtshilferichter abgestellten Vorschlägen allerdings die Sprachenprobleme nicht berücksichtigt).

Art. 15 [Beweisaufnahme bei eigenen Staatsangehörigen]

(1) **In Zivil- oder Handelssachen kann ein diplomatischer oder konsularischer Vertreter eines Vertragsstaats im Hoheitsgebiet eines anderen Vertragsstaats und in dem Bezirk, in dem er sein Amt ausübt, ohne Anwendung von Zwang Beweis für ein Verfahren aufnehmen, das vor einem Gericht eines von ihm vertretenen Staates anhängig ist, wenn nur Angehörige desselben Staates betroffen sind.**

(2) **Jeder Vertragsstaat kann erklären, dass in dieser Art Beweis erst nach Vorliegen einer Genehmigung aufgenommen werden darf, welche die durch den erklärenden Staat bestimmte zuständige Behörde auf einen von dem Vertreter oder in seinem Namen gestellten Antrag erteilt.**

Art. 16 [Beweisaufnahme bei fremden Staatsangehörigen]

(1) **Ein diplomatischer oder konsularischer Vertreter eines Vertragsstaats kann außerdem im Hoheitsgebiet eines anderen Vertragsstaats und in dem Bezirk, in dem er sein Amt ausübt, ohne Anwendung von Zwang Beweis für ein Verfahren aufnehmen, das vor einem Gericht eines von ihm vertretenen Staates anhängig ist, sofern Angehörige des Empfangsstaats oder eines dritten Staates betroffen sind,**

a) wenn eine durch den Empfangsstaat bestimmte zuständige Behörde ihre Genehmigung allgemein oder für den Einzelfall erteilt hat und

b) wenn der Vertreter die Auflagen erfüllt, welche die zuständige Behörde in der Genehmigung festgesetzt hat.

(2) **Jeder Vertragsstaat kann erklären, dass Beweis nach dieser Bestimmung ohne seine vorherige Genehmigung aufgenommen werden darf.**

Art. 17 [Beweisaufnahme durch Beauftragte]

(1) **In Zivil- oder Handelssachen kann jede Person, die zu diesem Zweck ordnungsgemäß zum Beauftragten bestellt worden ist, im Hoheitsgebiet eines Vertragsstaats ohne Anwendung von Zwang Beweis für ein Verfahren aufnehmen, das vor einem Gericht eines anderen Vertragsstaats anhängig ist,**

a) wenn eine von dem Staat, in dem Beweis aufgenommen werden soll, bestimmte zuständige Behörde ihre Genehmigung allgemein oder für den Einzelfall erteilt hat und

b) wenn die Person die Auflagen erfüllt, welche die zuständige Behörde in der Genehmigung festgesetzt hat.

(2) **Jeder Vertragsstaat kann erklären, dass Beweis nach dieser Bestimmung ohne seine vorherige Genehmigung aufgenommen werden darf.**

1 Eine generelle Genehmigung nach Absatz 2 haben nur die USA und Finnland erklärt.

Art. 18 [Unterstützung durch Zwangsmaßnahmen]

(1) **Jeder Vertragsstaat kann erklären, dass ein diplomatischer oder konsularischer Vertreter oder ein Beauftragter, der befugt ist, nach Artikel 15, 16 oder 17 Beweis aufzunehmen, sich an eine von diesem Staat bestimmte zuständige Behörde wenden kann, um die für diese Beweisaufnahme erforderliche Unterstützung durch Zwangsmaßnahmen zu erhalten. In seiner Erklärung kann der Staat die Auflagen festlegen, die er für zweckmäßig hält.**

(2) **Gibt die zuständige Behörde dem Antrag statt, so wendet sie die in ihrem Recht vorgesehenen geeigneten Zwangsmaßnahmen an.**

Art. 19 [Auflagen]

Die zuständige Behörde kann, wenn sie die Genehmigung nach Artikel 15, 16 oder 17 erteilt oder dem Antrag nach Artikel 18 stattgibt, von ihr für zweckmäßig erachtete Auflagen festsetzen, insbesondere hinsichtlich Zeit und Ort der Beweisaufnahme. Sie kann auch verlangen, dass sie rechtzeitig vorher von Zeitpunkt und Ort benachrichtigt wird; in diesem Fall ist ein Vertreter der Behörde zur Teilnahme an der Beweisaufnahme befugt.

Art. 20 [Beiziehung eines Rechtsberaters]

Personen, die eine in diesem Kapitel vorgesehene Beweisaufnahme betrifft, können einen Rechtsberater beiziehen.

Art. 21 [Umfang der Beweisaufnahme]

Ist ein diplomatischer oder konsularischer Vertreter oder ein Beauftragter nach Artikel 15, 16 oder 17 befugt, Beweis aufzunehmen,

a) so kann er alle Beweise aufnehmen, soweit dies nicht mit dem Recht des Staates, in dem Beweis aufgenom-

men werden soll, unvereinbar ist oder der nach den angeführten Artikeln erteilten Genehmigung widerspricht, und unter denselben Bedingungen auch einen Eid abnehmen oder eine Bekräftigung entgegennehmen;

b) so ist jede Ladung zum Erscheinen oder zur Mitwirkung an einer Beweisaufnahme in der Sprache des Ortes der Beweisaufnahme abzufassen oder eine Übersetzung in dieser Sprache beizufügen, es sei denn, dass die durch die Beweisaufnahme betroffene Person dem Staat angehört, in dem das Verfahren anhängig ist;

c) so ist in der Ladung anzugeben, dass die Person einen Rechtsberater beiziehen kann, sowie in einem Staat, der nicht die Erklärung nach Artikel 18 abgegeben hat, dass sie nicht verpflichtet ist, zu erscheinen oder sonst an der Beweisaufnahme mitzuwirken;

d) so können die Beweise in einer der Formen aufgenommen werden, die das Recht des Gerichts vorsieht, vor dem das Verfahren anhängig ist, es sei denn, dass das Recht des Staates, in dem Beweis aufgenommen wird, diese Form verbietet;

e) so kann sich die von der Beweisaufnahme betroffene Person auf die in Artikel 11 vorgesehenen Rechte zur Aussageverweigerung oder Aussageverbote berufen.

Art. 22 [Verhältnis zu späteren Rechtshilfeersuchen]

Dass ein Beweis wegen der Weigerung einer Person mitzuwirken nicht nach diesem Kapitel aufgenommen werden konnte, schließt ein späteres Rechtshilfeersuchen nach Kapitel I mit demselben Gegenstand nicht aus.

Kapitel III. Allgemeine Bestimmungen

Art. 23 [Pre-trial discovery]

Jeder Vertragsstaat kann bei der Unterzeichnung, bei der Ratifikation oder beim Beitritt erklären, dass er Rechtshilfeersuchen nicht erledigt, die ein Verfahren zum Gegen-

stand haben, das in den Ländern des „Common Law" unter der Bezeichnung „pre-trial discovery of documents" bekannt ist.

1 Eine Erklärung nach Art. 23 haben außer den USA nur die Tschechoslowakei, Israel und Barbados nicht abgegeben. Mit dem Sinn der Vorschrift vereinbar ist die Abgabe abgeschwächter Erklärungen. So hat die Schweiz erklärt, Ersuchen nicht zu erledigen, wenn

a) das Ersuchen keine direkte oder notwendige Beziehung mit dem zugrundeliegenden Verfahren aufweist; oder
b) von einer Person verlangt wird, sie solle angeben, welche den Rechtsstreit betreffenden Urkunden sich in ihrem Besitz, ihrem Gewahrsam oder ihrer Verfügungsgewalt befinden oder befunden haben; oder
c) von einer Person verlangt wird, sie solle auch andere als die im Rechtshilfebegehren spezifizierten Urkunden vorlegen, die sich vermutlich in ihrem Besitz, ihrem Gewahrsam oder ihrer Verfügungsgewalt befinden; oder
d) schutzwürdige Interessen der Betroffenen gefährdet sind."

Frankreich hat erklärt, dass es Rechtshilfeersuchen erledigt, wenn die angeforderten Urkunden in dem Rechtshilfegesuch erschöpfend aufgezählt sind und mit dem Streitgegenstand in unmittelbarem und klarem Zusammenhang stehen (BGBl. 87 II S. 307). Ähnliche Erklärungen haben Schweden, Dänemark, Norwegen (BGBl. 80 II S. 1440), Finnland (BGBl. 81 II S. 123) und das VK (BGBl. 80 II S. 1297) abgegeben, letzteres allerdings mit dem Wort „including" sich innerstaatlich alle weiteren Optionen offengelassen. Den Staaten steht es natürlich frei, trotz Abgabe einer Erklärung nach Art. 23 durch innerstaatliches Recht unter die Vorschrift fallende Rechtshilfeersuchen gleichwohl zu erledigen.

England hat lange Zeit keine Ersuchen erledigt, die aus der discovery-Phase eines US-Verfahrens stammten (*Collins* 35 J.C.L.R. [1986] 778 ff.), wenngleich dies meist nicht die offizielle Begründung war. Heute denkt man dort anders, achtet jedoch sehr darauf, dass nur spezifische Fragen gestellt werden (*The State of Minnesota a.o. v. Philip Morris Inc. a.o.* 8 ILPr [1997] 689 ff.).

2 Die Vorschrift ist eigenartigerweise auf englische Initiative entstanden. Hintergrund waren die englischen und kanadischen Entscheidungen *Re Radio Corporation of America v. Rauland* (2 W.L.R. [1956] 281, 612; 5 DLR 2d 424 – High Court Ontario [1956]). Dort war – in Kanada im vertragslosen Verkehr zu den USA – festgehalten worden, dass der Zugriff auf eine Informationsquelle nicht ermöglicht wird, wenn es nicht darum geht, sie in der Verhandlung vor dem auswärtigen Gericht als solche zu verwerten, sondern nur um in Erfahrung zu bringen, ob sich ein anspruchsbegründender Sachverhalt zugetragen hat. *„Pre-trial discovery“* (in der US-Fachsprache schlicht „discovery“ genannt) ist allerdings auch zulässig „if the information sought appears reasonably calculated to lead to the discovery of admissable evidence“ (Federal Rules of Civil Procedure 26 (b) (1)). Ursprünglich stand dahinter mehr folgende Überlegung: In der Hauptverhandlung („trial“) vor der jury gibt es zum Schutz der Geschworenen vor suggestiver Beeinflussung zahlreiche Regeln, die die Beweisführung begrenzten, z.B. die *„rule against hear-say“*. In den von den Anwälten betriebenen vorbereitenden Ermittlungsverfahren, das ein sachgerechtes, ohne Unterbrechung durchlaufendes „trial“ erst ermöglicht, bedarf es solcher Schutzvorkehrungen nicht. Bald jedoch ist die „discovery“ zu einem umfangreichen Ausforschungsverfahren geworden. Dieses hatte man aber in Europa nur in der Form von „discovery of documents“ erlebt und übersehen, dass es sich auf alle Arten der Informationsbeschaffung bezieht.

3 Demgemäß ist die Vorschrift in **mehrfacher Hinsicht missraten.** Es ist unter Wertungsgesichtspunkten willkürlich, einem aus einem „civil-law“-Staat kommenden Ersuchen um Urkundenvorlage zu erledigen, ein unter vergleichbaren Umständen eingehendes Ersuchen aber zurückzuweisen, nur weil sich das US-Ausgangsverfahren noch im Stadium der „discovery“ befindet. Auf der anderen Seite ist es ebenso willkürlich, eine Ausforschung bei anderen Informationsquellen als Urkundenvorlage zuzulassen. In der Siemens-Entscheidung des OLG München (Bem. Art. 3) führte die dem Wortlaut folgende Handhabung der Vorschrift zu dem Ergebnis, dass das Ersuchen um Vorlage zahlreicher Urkunden abgelehnt wurde, jedoch Führungskräfte der Firma Siemens tagelang über den Inhalt der Urkunden befragt werden durften. Zudem gibt es in den USA „ein Verfahren, ... das ... unter der Bezeichnung „pre-trial discovery of documents“ bekannt ist, nicht. Das Ausgangsverfahren kann nämlich immer nur ein Zivilprozess einer bestimmten Kategorie und nicht ein Informationsbeschaffungsverfahren bezüg-

lich einzelner Informationsquellen sein. *„Discovery"* ist nur ein Verfahrensabschnitt im Zivilprozess. *„Discovery of documents"* ist eine von mehreren Informationsbeschaffungsmethoden innerhalb dieses Verfahrensabschnitts. § 14 Abs. 1 des deutschen AusfG, das der von Deutschland abgegebenen Erklärung auch mit Wirkung nach innen Gesetzeskraft verleiht, ist daher als willkürliche Regelung **verfassungswidrig,** wenn man sich nicht aufraffen kann, die im Text der Vorschrift angelegten krassen Wertungswidersprüche wegzuinterpretieren.

4 Dies ist sicherlich möglich, was den **Ausforschungscharakter der begehrten Information** anbelangt. Schon Art. 3 verbürgt, dass nur eine Information eingeholt wird, die thematisch hinreichend bestimmt ist und sich auf spezifizierte Informationsmittel bezieht (so mit Recht *Junker* aaO 317 ff.). Insofern hätte es des Art. 23 nicht bedurft, um inlandsansässige Personen vor dem Überschwappen einiger Exzesse zu bewahren, die *„discovery"* in den USA angenommen hat. Ein über Bestimmtheits- und Spezifikationsanforderungen an erbetene Information hinausgehendes „Ausforschungsverbot" ist, soweit es in der deutschen Gerichtspraxis anerkannt wird, kein zum ordre public gehörender tragender rechtsstaatlicher Grundsatz des deutschen Rechts (OLG München aaO; *Junker* aaO 322; nahezu allg. M. trotz missverständlicher Formulierungen auch *Pfeil-Kammerer* Lit. Art. 1, 218 ff., 239 ff. und *MünchKommZPO-Musielak* Rn 5. **a. A.** *Schütze* FS Stiefel [1987] 702 ff.). Weil all' dies aus Art. 3 zu entnehmen ist, gilt für Urkunden nichts anderes als für die übrigen Informationsermittlungsmethoden. Eine Expertenkommission der Haager Konferenz hat dann auch empfohlen, den Vorbehalt so zu fassen, wie es die Schweiz (Rn 1) in Buchst. b) und c) später getan hat.

Belanglos ist, ob im Wege der Rechtshilfe eine Information gesucht wird, die sich nicht streng in das uns gewohnte **Schema „Beweis" einer streitig gebliebenen Behauptung** einfügt. Wenn eine Person zum Inhalt eines bestimmten Gesprächs vernommen werden soll, das der Antragsteller des Ausgangsverfahrens nur vermutet, kann Rechtshilfe auch gewährt werden, wenn das Gesuch die Form annimmt: „Es soll gefragt werden, ob, bzw. was im einzelnen mit welchem Ergebnis besprochen worden ist" (anstatt: über die Behauptung des Klägers, dass ...). Dass im Ausgangsverfahren (noch) keine genauen Behauptungen über den Gesprächsinhalt aufgestellt oder bestritten worden sind, ist unerheblich. Ob man, wie in Deutschland, den Prozessparteien gestattet, lediglich vermutete Tatsachen fest zu behaupten, um eine Beweisaufnahme zu erreichen, oder ob man, wie häufig im Ausland, danach forschen kann, „ob" sich etwas zugetragen hat, macht wertungsmäßig keinen Unterschied. Es ist auch nicht sinnvoll, wenn der ersuchte Staat danach fragt, ob die gesuchte Information im Ausgangsprozess unmittelbar verwertbar und/oder relevant ist oder nicht (*Junker* aaO 310ff. **a. A.** *von Hülsen* RIW 82, 553; *Stürner* aaO 201).

Soweit die Erledigung von unbestimmten Ersuchen nicht möglich ist, bleibt es dabei auch bei Einverständnis der betroffenen Personen (*Junker* aaO 330ff.), die auch davor geschützt werden müssen, wegen verweigerter Mitwirkung Prozessnachteile im Ausland zu erleiden.

5 Liegen die notwendigen Spezifikationserfordernisse vor, dann sind aber die Gefahren beseitigt, denen man mit Art. 23 begegnen wollte. Die Vorschrift muss daher **verfassungskonform,** Rn 3, dahin **eingeschränkt** ausgelegt werden, dass unter diesen Voraussetzungen die Vorlage bestimmter Urkunden auch dann angeordnet werden kann, wenn sich das Ausgangsverfahren in einem common law Staat noch im Stadium der *„discovery"* befindet (*Junker* aaO 284ff. m.w.N. 296; *Stürner* aaO 201; *Stiefel* aaO 511; *Reufels* RIW 99, 667, 670; House of Lords, *„Westinghouse"* Bem. Art. 3. **a. A.** München Bem. Art. 3; *MünchKommZPO-Musielak* Rn 4. Ansicht *Schlosser* ZZP 94 [1981) 393 aufgegeben). Sanktionen bei Vorlageverweigerung kann das deutsche Rechtshilfegericht ohnehin nicht verhängen, s. Artt. 9, 10 Rn 2ff.

6 In dem Verfahren „Aérospatiale" (Art. 1 Rn 5) hat die deutsche Bundesregierung im Jahr 1986 erklären lassen, dass der Erlass der in § 14 Abs. 2 des AusfG ermöglichten **Rechtsverordnung** unmittelbar bevorsteht (25 ILM 1555 [1986]). Sie ist indes immer noch nicht erlassen. Unüberbrückbare Meinungsverschiedenheiten zwischen der Bundesregierung und den Landesjustizverwaltungen ist der Grund hierfür (zum letzten Stand *Böhmer* NJW 90, 3053).

Art. 24 [Zentrale Behörde und weitere Behörden]

(1) **Jeder Vertragsstaat kann außer der Zentralen Behörde weitere Behörden bestimmen, deren Zuständigkeit er festlegt. Rechtshilfeersuchen können jedoch stets der Zentralen Behörde übermittelt werden.**

(2) **Bundesstaaten steht es frei, mehrere Zentrale Behörden zu bestimmen.**

Art. 25 [Staaten mit mehreren Rechtssystemen]
nicht abgedruckt

Art. 26 [Ausnahmen von der Kostenerstattungsfreiheit]

(1) **Jeder Staat kann, wenn sein Verfassungsrecht dies gebietet, vom ersuchenden Staat die Erstattung der Kosten verlangen, die bei der Erledigung des Rechtshilfeersuchen durch die Zustellung der Ladung, die Entschädigung der vernommenen Person und die Anfertigung eines Protokolls über die Beweisaufnahme entstehen.**

(2) **Hat ein Staat von den Bestimmungen des Absatzes 1 Gebrauch gemacht, so kann jeder andere Vertragsstaat von diesem Staat die Erstattung der entsprechenden Kosten verlangen.**

1 Artt. 24, 26 beruhen auf dem Gedanken, dass sich der administrative Aufwand für Kostenerstattungen nur bei Einschaltung von Dolmetschern und Sachverständigen lohnt. Aus Art. 26 abzuleiten, dass ein Zeuge gegen den deutschen Justizfiskus keine Aufwandserstattungsansprüche habe (Düsseldorf MDR 93, 367), ist abwegig.

Art. 27 [Einzelstaatliche Regelungen internationaler Zustellungen]

Dieses Übereinkommen hindert einen Vertragsstaat nicht,

a) zu erklären, dass Rechtshilfeersuchen seinen gerichtlichen Behörden auch auf anderen als den in Artikel 2 vorgesehenen Wegen übermittelt werden können;

b) nach seinem innerstaatlichen Recht oder seiner innerstaatlichen Übung zuzulassen, dass Handlungen, auf die dieses Übereinkommen anwendbar ist, unter weniger einschränkenden Bedingungen vorgenommen werden;

c) nach seinem innerstaatlichen Recht oder seiner innerstaatlichen Übung andere als die in diesem Übereinkommen vorgesehenen Verfahren der Beweisaufnahme zuzulassen.

1 Zu a) haben Dänemark und Mexiko Erklärungen abgegeben. Ein Beispiel zu c) ist in Art. 23 Rdnr. 2 genannt.

Art. 28 [Möglichkeiten abweichender bilateraler Vereinbarungen] nicht mit abgedruckt

Art. 29 [Inkrafttreten] – nicht mit abgedruckt

Art. 30 nicht mit abgedruckt

Art. 31 [Zusatzvereinbarungen]

Zusatzvereinbarungen zu dem Abkommen von 1905 und dem Übereinkommen von 1954, die Vertragsstaaten geschlossen haben, sind auch auf das vorliegende Übereinkommen anzuwenden, es sei denn, dass die beteiligten Staaten etwas anderes vereinbaren.

Betroffen sind die zu Art. 24 HZÜ genannten Vereinbarungen. Für Nicht EUBVO-Staaten gelten folgende:

1 **Norwegen:** Unmittelbarer Verkehr. Empfangszuständigkeit in Deutschland beim Amts- oder Landgerichtspräsidenten, in Norwegen beim „herredsrett" oder beim „byrett" (jeweils städtische und ländliche Gerichte).

2 **Polen:** (nicht Vertragsstaat): Unmittelbarer Verkehr. Empfangszuständigkeit in Deutschland Amts- oder Landgerichtspräsident, in Polen Präsident des Wojewodschaftsgerichts.

3 **Schweiz:** Beibehaltung des unmittelbaren Verkehrs.

Art. 32 [Verhältnis zu anderen Übereinkommen]

Unbeschadet der Artikel 29 und 31 berührt dieses Übereinkommen nicht die Übereinkommen, denen die Vertrags-

staaten angehören oder angehören werden und die Bestimmungen über Rechtsgebiete enthalten, die durch dieses Übereinkommen geregelt sind.

1 Für die Weitergeltung einiger bilateraler Abkommen gilt das zu Art. 25 HZÜ Ausgeführte. Praktisch bedeutsam ist vor allem, dass nach dem **deutsch-britischen Abkommen** der unmittelbare Verkehr (s. Art. 1 AusfVerO bei Art. 25 HZÜ) möglich ist, dass bei Verzicht auf Zwang Auslandsvertretungen Beweise ohne Rücksicht auf die Staatsangehörigkeit der beteiligten Personen aufnehmen können und gegen eigene Staatsangehörige sogar Zwang eingesetzt werden kann. Im Verhältnis zum V.K. ist das Abkommen zwar ab 1. 1. 04 durch die EuBVO abgelöst. Es gilt jedoch weiter für die bei Art. 25 HZÜ genannten Länder. Dazu die einschlägigen Vorschriften:

Art. 9. a) Das Gericht kann sich entsprechend den Vorschriften seiner Gesetzgebung mittels eines Rechtshilfeersuchens an die zuständige Behörde des anderen vertragsschließenden Teiles mit dem Ersuchen wenden, den Beweis innerhalb seines Geschäftsbereiches zu erheben.

b) Das Rechtshilfeersuchen soll in der Sprache der ersuchten Behörde abgefasst oder von einer Übersetzung in diese Sprache begleitet sein, die von einem diplomatischen oder konsularischen Beamten oder beeidigten Dolmetscher eines der beiden Länder beglaubigt ist.

c) Das Rechtshilfeersuchen ist zu übermitteln:
- in Deutschland durch einen britischen konsularischen Beamten an den Präsidenten des deutschen Landgerichts;
- in England durch einen deutschen diplomatischen oder konsularischen Beamten an den Senior Master des Höchsten Gerichtshofs in England.

d) Der Gerichtsbehörde, an die das Rechtshilfeersuchen gerichtet ist, liegt es ob, ihm unter Anwendung derselben Zwangsmaßnahmen zu entsprechen wie bei Ausführung eines Ersuchens oder einer Anordnung der Behörden ihres eigenen Landes.

e) der diplomatische oder konsularische Beamte des ersuchenden Teiles ist auf seinen Wunsch von dem Zeitpunkt und dem Orte der Verhandlung zu benachrichtigen, damit die beteiligten Parteien ihr beiwohnen oder sich vertreten lassen können.

f) Die Erledigung des Rechtshilfeersuchens kann nur abgelehnt werden:
1. wenn die Echtheit des Rechtshilfeersuchens nicht feststeht;
2. wenn in dem Lande, wo der Beweis erhoben werden soll, die Ausführung des in Frage stehenden Rechtshilfeersuchens nicht in den Bereich der Gerichtsgewalt fällt;
3. wenn der ersuchte Teil sie für geeignet hält, seine Hoheitsrechte oder seine Sicherheit zu gefährden.

g) Im Falle der Unzuständigkeit der ersuchten Behörde ist das Rechtshilfeersuchen, ohne dass es eines weiteren Ersuchens bedarf, an die zuständige Behörde desselben Landes nach den von dessen Gesetzgebung aufgestellten Regeln abzugeben.
h) In allen Fällen, wo das Rechtshilfeersuchen von der ersuchten Behörde nicht erledigt wird, hat diese den diplomatischen oder konsularischen Beamten, der das Ersuchen übermittelt hat, unverzüglich zu benachrichtigen und dabei die Gründe anzugeben, aus denen die Erledigung des Rechtshilfeersuchens abgelehnt ist, oder die Behörde zu bezeichnen, an die das Ersuchen abgegeben ist.
i) Die Behörde, die das Rechtshilfeersuchen erledigt, hat in Ansehung des zu beobachtenden Verfahrens das Recht ihres eigenen Landes anzuwenden. Jedoch ist in einem Antrag der ersuchenden Behörde auf Anwendung eines besonderen Verfahrens zu entsprechen, sofern dies Verfahren der Gesetzgebung des ersuchten Landes nicht zuwiderläuft.

Der in Buchst. c) genannte höchste Gerichtshof Englands ist der Supreme Court of Judicature, der auch das erstinstanzlich tätige High Court umfasst. Die anderen Staaten, für die das Abkommen weitergilt, haben entsprechende Gerichte benannt; s. amtl. Bek. bei Art. 25 HZÜ.

Art. 10 [Vom Abdruck wurde abgesehen]

Art. 11. a) Die Beweisaufnahme kann auch ohne Mitwirkung der Behörden des Landes, wo sie stattfinden soll, durch einen diplomatischen oder konsularischen Beamten des vertragschließenden Teiles vorgenommen werden, vor dessen Gerichten die Beweisaufnahme Verwendung finden soll, mit der Maßgabe, dass dieser Artikel auf Beweisaufnahmen bezüglich Angehöriger des vertragschließenden Teiles, auf dessen Gebiet sie stattfinden sollen, erst dann anwendbar ist, wenn die Deutsche Regierung zu irgendeinem Zeitpunkt durch eine förmliche Mitteilung ihres Botschafters in London bekanntgibt, dass sie mit einer derartigen Anwendung dieses Artikels einverstanden ist; in diesem Falle wird dieser Artikel von dem Zeitpunkt der förmlichen Mitteilung an auf derartige Angehörige anwendbar sein, wenn sie einer derartigen Beweisaufnahme zustimmen.
b) Der diplomatische oder konsularische Beamte, der mit der Beweisaufnahme beauftragt ist, kann bestimmte Personen ersuchen, als Zeugen zu erscheinen oder Urkunden vorzulegen, und ist befugt, einen Eid abzunehmen, jedoch hat er keine Zwangsgewalt.
c) Die Beweisaufnahme kann nach Maßgabe des in den Gesetzen des Landes vorgesehenen Verfahrens vorgenommen werden, in dem sie Verwendung finden soll, und die Parteien haben das Recht, zu erscheinen oder sich durch Anwälte dieses Landes oder durch jede andere Person vertreten zu lassen, die befugt ist, vor den Gerichten eines der beiden Länder zu erscheinen.

Die in Buchst. a) Abs. 2 vorgesehene Bekanntgabe ist erfolgt (RGBl 29 II S. 133).

Art. 12. a) Das zuständige Gericht des ersuchten Teiles kann auch ersucht werden, die Beweisaufnahme von einem diplomatischen oder konsularischen Beamten des ersuchenden Teiles vornehmen zu lassen.

Sofern es sich um Angehörige des ersuchenden Teiles handelt, hat das ersuchte Gericht die erforderlichen Maßnahmen zu treffen, um sicherzustellen, dass die Zeugen oder die sonstigen zu vernehmenden Personen erscheinen und ihre Aussagen machen, und dass die Urkunden vorgelegt werden, wobei es, falls erforderlich, von seiner Zwangsgewalt Gebrauch macht.

b) Der von dem zuständigen Gericht bestellte Beamte ist befugt, einen Eid abzunehmen. Die Beweisaufnahme findet nach Maßgabe der Gesetzgebung des Landes statt, wo sie verwendet werden soll, und die Parteien haben das Recht, in Person zugegen zu sein oder sich durch Anwälte dieses Landes oder durch jede andere Person vertreten zu lassen, die befugt ist, vor den Gerichten eines der beiden Länder aufzutreten.

Art. 13–18 [vom Abdruck wurde abgesehen]

Art. 33 [Zulässige Vorbehalte]

(1) **Jeder Staat kann bei der Unterzeichnung, bei der Ratifikation oder beim Beitritt die Anwendung des Artikels 4 Absatz 2 sowie des Kapitels II ganz oder teilweise ausschließen. Ein anderer Vorbehalt ist nicht zulässig.**

(2) **Jeder Vertragsstaat kann einen Vorbehalt, den er gemacht hat, jederzeit zurücknehmen; der Vorbehalt wird am sechzigsten Tag nach der Notifikation der Rücknahme unwirksam.**

(3) **Hat ein Staat einen Vorbehalt gemacht, so kann jeder andere Staat, der davon berührt wird, die gleiche Regelung gegenüber dem Staat anwenden, der den Vorbehalt gemacht hat.**

Art. 34 [Rücknahme oder Änderung von Erklärungen]

Jeder Staat kann eine Erklärung jederzeit zurücknehmen oder ändern.

Art. 35–42 nicht mit abgedruckt

IV. Verordnung (EG) Nr. 1206/2001 des Rates vom 28. Mai 2001 über die Zusammenarbeit zwischen den Gerichten der Mitgliedsstaaten auf dem Gebiet der Beweisaufnahme in Zivil- oder Handelssachen – EuBVO

Vom 27. 6. 2001
(ABl. Nr. L 174/1 vom 27. Juni 2001)

Literatur: *Heß/Müller* Die Verordnung 1206/01/EG zur Beweisaufnahme im Ausland ZZPIntG (2000) 149 ff.

DER RAT DER EUROPÄISCHEN UNION –

gestützt auf den Vertrag zur Gründung der Europäischen Gemeinschaft,

insbesondere auf Artikel 61 Buchstabe c) und Artikel 67 Absatz 1,

auf Initiative der Bundesrepublik Deutschland[1],

nach Stellungnahme des Europäischen Parlaments[2],

nach Stellungnahme des Wirtschafts- und Sozialausschusses[3],

in Erwägung nachstehender Gründe:

[nicht weiterführende Erwägungsgründe nicht abgedruckt):

(4) Dieser Bereich fällt unter Artikel 65 des Vertrags.

(5) Da die Ziele dieser Verordnung – die Verbesserung der Zusammenarbeit zwischen den Gerichten auf dem Gebiet der Beweisaufnahme in Zivil- oder Handelssachen – auf der Ebene der Mitgliedstaaten nicht ausreichend erreicht werden können und daher besser auf Gemeinschaftsebene erreicht werden können, kann die Gemeinschaft diese Maßnahmen im Einklang mit dem in Artikel 5

---

1 ABl. C 314 vom 3. 11. 2000, S. 2.

2 Stellungnahme vom 14. März 2001 (noch nicht im Amtsblatt veröffentlicht.

3 Stellungnahme vom 28. Februar 2001 (noch nicht im Amtsblatt veröffentlicht.

des Vertrags niedergelegten Grundsatz der Subsidiarität annehmen. Entsprechend dem in demselben Artikel niedergelegten Verhältnismäßigkeitsprinzip geht diese Verordnung nicht über das für die Erreichung dieser Ziele erforderliche Maß hinaus.

(6) Bislang gibt es auf dem Gebiet der Beweisaufnahme keine alle Mitgliedstaaten bindende Übereinkunft. Das Haager Übereinkommen vom 18. März 1970 über die Beweisaufnahme im Ausland in Zivil- oder Handelssachen gilt nur zwischen elf Mitgliedstaaten der Europäischen Union.

(8) Eine effiziente Abwicklung gerichtlicher Verfahren in Zivil- oder Handelssachen setzt voraus, dass die Übermittlung der Ersuchen um Beweisaufnahme und deren Erledigung direkt und auf schnellstmöglichem Wege zwischen den Gerichten der Mitgliedstaaten erfolgt.

(9) Eine schnelle Übermittlung der Ersuchen um Beweisaufnahme erfordert den Einsatz aller geeigneten Mittel, wobei bestimmte Bedingungen hinsichtlich der Lesbarkeit und der Zuverlässigkeit des eingegangenen Dokuments zu beachten sind. Damit ein Höchstmaß an Klarheit und Rechtssicherheit gewährleistet ist, müssen die Ersuchen um Beweisaufnahme anhand eines Formblatts übermittelt werden, das in der Sprache des Mitgliedstaats des ersuchten Gerichts oder in einer anderen von diesem Staat anerkannten Sprache auszufüllen ist. Aus denselben Gründen empfiehlt es sich, auch für die weitere Kommunikation zwischen den betreffenden Gerichten nach Möglichkeit Formblätter zu verwenden.

(13) Die Parteien und gegebenenfalls ihre Vertreter sollten der Beweisaufnahme beiwohnen können, wenn dies im Recht des Mitgliedstaats des ersuchenden Gerichts vorgesehen ist, damit sie die Verhandlungen wie im Falle einer Beweisaufnahme im Mitgliedstaat des ersuchenden Gerichts verfolgen können. Sie sollten auch das Recht haben, die Beteiligung an den Verhandlungen zu beantragen, damit sie an der Beweisaufnahme aktiver mitwirken können. Die Bedingungen jedoch, unter denen sie teilnehmen dürfen, sollten vom ersuchten Gericht nach Maßgabe des Rechts seines Mitgliedstaats festgelegt werden.

(14) Die Beauftragten des ersuchenden Gerichts sollten der Beweisaufnahme beiwohnen können, wenn dies mit dem Recht des Mitgliedstaats des ersuchenden Gerichts vereinbar ist, damit eine bessere Beweiswürdigung erfolgen kann. Sie sollten ebenfalls das

Recht haben, die Beteiligung an den Verhandlungen zu beantragen – wobei die vom ersuchten Gericht nach Maßgabe des Rechts seines Mitgliedstaats festgelegten Bedingungen zu beachten sind –, damit sie an der Beweisaufnahme aktiver mitwirken können.

(16) Für die Erledigung des Ersuchens nach Artikel 10 sollte keine Erstattung von Gebühren und Auslagen verlangt werden dürfen. Falls jedoch das ersuchte Gericht die Erstattung verlangt, sollten die Aufwendungen für Sachverständige und Dolmetscher sowie die aus der Anwendung von Artikel 10 Absätze 3 und 4 entstehenden Auslagen nicht von jenem Gericht getragen werden. In einem solchen Fall hat das ersuchende Gericht die erforderlichen Maßnahmen zu ergreifen, um die unverzügliche Erstattung sicherzustellen. Wird die Stellungnahme eines Sachverständigen verlangt, kann das ersuchte Gericht vor der Erledigung des Ersuchens das ersuchende Gericht um eine angemessene Kaution oder einen angemessenen Vorschuss für die Sachverständigenkosten bitten.

(18) Die nach dieser Verordnung übermittelten Daten müssen geschützt werden. Da die Richtlinie 95/46/EG des Europäischen Parlaments und des Rates vom 24. Oktober 1995 zum Schutz natürlicher Personen bei der Verarbeitung personenbezogener Daten und zum freien Datenverkehr[1] und die Richtlinie 97/66/EG des Europäischen Parlaments und des Rates vom 15. Dezember 1997 über die Verarbeitung personenbezogener Daten und den Schutz der Privatsphäre im Bereich der Telekommunikation[2] Anwendung finden, sind entsprechende spezielle Bestimmungen in dieser Verordnung über Datenschutz nicht erforderlich.

(19) Die zur Durchführung dieser Verordnung erforderlichen Maßnahmen sollten gemäß dem Beschluss 99/468/EG des Rates vom 28. Juni 1999 zur Festlegung der Modalitäten für die Ausübung der der Kommission übertragenen Durchführungsbefugnisse[3] erlassen werden.

(21) Das Vereinigte Königreich und Irland haben gemäß Artikel 3 des dem Vertrag über die Europäische Union und dem Vertrag zur Gründung der Europäischen Gemeinschaft beigefügten Protokolls über die Position des Vereinigten Königreichs und Ir-

---

[1] (5) ABl. L 281 vom 23.11.1995, S. 3.1.
[2] ABl. L 24 vom 30. 1. 1998, S. 1.
[3] ABl. L 184 vom 17. 7. 1999, S. 23.

lands mitgeteilt, dass sie sich an der Annahme und Anwendung dieser Verordnung beteiligen möchten.

(22) Dänemark beteiligt sich gemäß den Artikeln 1 und 2 des dem Vertrag über die Europäische Union und dem Vertrag zur Gründung der Europäischen Gemeinschaft beigefügten Protokolls über die Position Dänemarks nicht an der Annahme dieser Verordnung, die daher für Dänemark nicht bindend und Dänemark gegenüber nicht anwendbar ist –

hat folgende Verordnung erlassen:

Kapitel I. Allgemeine Bestimmungen

Art. 1 Anwendungsbereich

(1) **Diese Verordnung ist in Zivil- oder Handelssachen anzuwenden, wenn das Gericht eines Mitgliedstaats nach seinen innerstaatlichen Rechtsvorschriften**

a) das zuständige Gericht eines anderen Mitgliedstaats um Beweisaufnahme ersucht, oder

b) darum ersucht, in einem anderen Mitgliedstaat unmittelbar Beweis erheben zu dürfen.

(2) **Um Beweisaufnahme darf nicht ersucht werden, wenn die Beweise nicht zur Verwendung in einem bereits eingeleiteten oder zu eröffnenden gerichtlichen Verfahren bestimmt sind.**

(3) **Im Sinne dieser Verordnung bezeichnet der Ausdruck „Mitgliedstaat“ die Mitgliedstaaten mit Ausnahme Dänemarks.**

1 Zivil- oder Handelssachen: s. Art. 1 HZÜ Rn 1, 2 EuZVO Bem. zu Art. 1.

2 Wann eine Beweisaufnahme im **(EG-)Ausland** ansteht, richtet sich nach den gleichen Grundsätzen wie im Geltungsbereich des HBÜ, s. Art. 1 HBÜ Rn 5 ff.

3 Absatz 1 Buchst. b) zielt auf den gegenüber dem HBÜ völlig neuartigen Abschnitt 4 des Kapitels II.

4 Zu Absatz 2, s. Art. 1 HBÜ Rn 2.

Im Gegensatz zu Art. 1 Abs. 1 HBÜ fehlt die Erwähnung der Rechtshilfe durch Vornahme anderer gerichtlicher Handlungen. Soweit sie sich nicht als Akte der Beweisaufnahme einordnen lassen oder Interessierte sich unmittelbar an ausländische Behörden wenden können (*Heß/Müller* aaO 152), bleibt das HBÜ anwendbar. Das soll für Vollstreckungshilfe, etwa Erzwingung der Entnahme von Blut zur Übersendung an einen inländischen Sachverständigen gelten (*Jayme* FS Geimer [2002] 378). **5**

Der Begriff „Beweisaufnahme" ist aber ohnehin weit auszulegen und umfasst alle justiziellen Informationsbeschaffungsmaßnahmen. Wie im HBÜ gehören dazu auch „discovery"-Maßnahmen, denen sich die Mitgliedsstaaten auch nicht über eine Norm ähnlich dem Art. 23 HBÜ entziehen können. **6**

Art. 2 Unmittelbarer Geschäftsverkehr zwischen den Gerichten

(1) **Ersuchen nach Artikel 1 Absatz 1 Buchstabe a) (nachstehend „Ersuchen" genannt) sind von dem Gericht, bei dem das Verfahren eingeleitet wurde oder eröffnet werden soll (nachstehend „ersuchendes Gericht" genannt), unmittelbar dem zuständigen Gericht eines anderen Mitgliedstaats (nachstehend „ersuchtes Gericht" genannt) zur Durchführung der Beweisaufnahme zu übersenden.**

(2) **Jeder Mitgliedstaat erstellt eine Liste der für die Durchführung von Beweisaufnahmen nach dieser Verordnung zuständigen Gerichte. In dieser Liste ist auch der örtliche Zuständigkeitsbereich und gegebenenfalls die besondere fachliche Zuständigkeit dieser Gerichte anzugeben.**

Die Hoffnungen, die man in die Zentralen Behörden nach dem Haager Übereinkommen gesetzt hatte, erfüllten sich nicht. Daher ist auch die EuBVO wieder zum unmittelbaren Verkehr übergegangen. Auch die die meisten europäischen Länder verbindenden bilateralen Verträge, s. Art. 24 HBÜ, basierten auf dem Prinzip des unmittelbaren Verkehrs. Zur Funktion der „Zentralstelle" s. Art. 3. **1**

Die Verordnung unternimmt im übrigen ihr Äußerstes, um die notwendigen Informationen abrufbereit verfügbar zu halten, s. Erl. zu Art. 19, 22. **2**

3 Die auf die Beweiserhebung angewiesene Partei hat auch einen Justizgewähranspruch gegen den um Rechtshilfe ersuchten Staat (*Heß/Müller* aaO 170ff.).

Art. 3 Zentralstelle

(1) **Jeder Mitgliedstaat bestimmt eine Zentralstelle, die**

a) **den Gerichten Auskünfte erteilt;**
b) **nach Lösungswegen sucht, wenn bei einem Ersuchen Schwierigkeiten auftreten;**
c) **in Ausnahmefällen auf Ersuchen eines ersuchenden Gerichts ein Ersuchen an das zuständige Gericht weiterleitet;**

(2) **Bundesstaaten, Staaten mit mehreren Rechtssystemen oder Staaten mit autonomen Gebietskörperschaften können mehrere Zentralstellen bestimmen.**

(3) **Jeder Mitgliedstaat benennt ferner die in Absatz 1 genannte Zentralstelle oder eine oder mehrere zuständige Behörden als verantwortliche Stellen für Entscheidungen über Ersuchen nach Artikel 17.**

Die „Zentralstellen" sind mit den „Zentralen Behörden" nach Art. 2 HBÜ nicht vergleichbar, auch wenn räumliche und personelle Identität bestehen sollte. Sie stehen nur als subsidiäre Auffangstellen zur Verfügung, wenn es im unmittelbaren Verkehr zu Schwierigkeiten kommen sollte. Die Zentralstellen haben auch im Wesentlichen nur Beratungsfunktion; Ausnahmen: Absätze 1 Buchst. c) und 3. Den Ausdruck „Ausnahmefälle" in Absatz 1 Buchst. c) sollte man nicht tatbestandlich auszufüllen versuchen. Auch wenn das Ausgangsgericht die relevanten Adressen leicht hätte finden können, sollte die Zentralstelle das Gesuch weiterleiten, um unnötige Verzögerungen zu vermeiden. Sollte der „Ausnahmetatbestand" inflationär beansprucht werden, so müsste dem mit entsprechenden Vorstellungen begegnet werden.

Nachzuschlagen sind die benannten Stellen in den in Art. 19 Abs. 1 genannten Handbuch.

Kapitel II. Übermittlung und Erledigung der Ersuchen

Abschnitt 1. Übermittlung des Ersuchens

Art. 4 Form und Inhalt des Ersuchens

(1) **Das Ersuchen wird unter Verwendung des im Anhang enthaltenen Formblattes A oder gegebenenfalls des Formblattes I gestellt. Es enthält folgende Angaben:**

a) **das ersuchende und gegebenenfalls das ersuchte Gericht;**
b) **den Namen und die Anschrift der Parteien und gegebenenfalls ihrer Vertreter;**
c) **die Art und den Gegenstand der Rechtssache sowie eine gedrängte Darstellung des Sachverhalts;**
d) **die Bezeichnung der durchzuführenden Beweisaufnahme;**
e) **bei einem Ersuchen um Vernehmung einer Person:**
   - **Name und Anschrift der zu vernehmenden Personen;**
   - **die Fragen, welche an die zu vernehmenden Personen gerichtet werden sollen, oder den Sachverhalt, über den sie vernommen werden sollen;**
   - **gegebenenfalls einen Hinweis auf ein nach dem Recht des Mitgliedstaats des ersuchenden Gerichts bestehendes Zeugnisverweigerungsrecht;**
   - **gegebenenfalls den Antrag, die Vernehmung unter Eid oder eidesstattlicher Versicherung durchzuführen, und gegebenenfalls die dabei zu verwendende Formel;**
   - **gegebenenfalls alle anderen Informationen, die das ersuchende Gericht für erforderlich hält;**

f) **bei einem Ersuchen um eine sonstige Beweisaufnahme die Urkunden oder die anderen Gegenstände, die geprüft werden sollen;**
g) **gegebenenfalls Anträge nach Artikel 10 Absätze 3 und 4, Artikel 11 und Artikel 12 und für die Anwendung dieser Bestimmungen erforderliche Erläuterungen.**

(2) **Die Ersuchen sowie alle dem Ersuchen beigefügten Unterlagen bedürfen weder der Beglaubigung noch einer anderen gleichwertigen Formalität.**

(3) **Schriftstücke, deren Beifügung das ersuchende Gericht für die Erledigung des Ersuchens für notwendig hält, sind mit einer Übersetzung in die Sprache zu versehen, in der das Ersuchen abgefasst wurde.**

1 Artikel 4 ist zugeschnitten auf „Beweisaufnahmen" zu spezifischen Fragen mit spezifischen Beweismitteln, so wie sie in den Rechtsordnungen der „civil law countries" üblich sind. Das Ersuchen kann auch aus der Discovery-Phase eines englischen, irischen oder skandinavischen Zivilprozesses stammen. Gleichwohl stellt sich das Problem der notwendigen Spezifität des Beweisthemas. Es ist euro-autonom zu lösen. Art. 10 Abs. 2 darf nicht in dem Sinne verstanden werden, dass jeder Staat Ersuchen ablehnen kann, wenn sie nicht das Beweisthema und die Beweismittel so spezifisch bezeichnen, wie dies einer „Beweisaufnahme" nach heimischem Recht vorausgeht. Die Verordnung als unmittelbar geltendes Europarecht ist hinreichende Rechtsgrundlage, um gerichtspflichtige Personen über das Maß hinaus in Anspruch zu nehmen, das sie in einem ZPO-Verfahren träfe.

2 Aus Absatz 1 Buchst. e) ergibt sich, dass eine Aussageperson auch „über einen Sachverhalt" soll vernommen werden dürfen. Das kann auch **Ausforschungscharakter** haben (s. Bem. zu Art. 3 HBÜ), etwa dahingehend, ob die Person über einen längeren Zeitraum hinweg Beobachtungen über Unregelmäßigkeiten einer Anlage gemacht hat, ob im Verhältnis von Mutter- und Tochtergesellschaft die Verwaltungen korrekt unterschieden wurden, ob regelmäßige Wartungsarbeiten durchgeführt wurden u. dergl. In diesem Zusammenhang kann auch nach der Kenntnis der Existenz sächlicher Informationsmittel (Urkunden) gefragt werden.

3 Im Falle von **Urkundenbeweis** müssen „die Urkunden" genannt werden, die geprüft werden sollen. Eine Auflockerung des Spezifitätserfordernisses von Art. 3 HBÜ ist sicherlich nicht gewollt. Auch bei Verwendung von Sammelbezeichnungen muss jede Urkunde klar definiert sein (nicht etwa: Alle eingegangene Post, die sich auf einen bestimmten Mangel eines Serienprodukts bezieht). Zur Erweiterung des Ersuchens infolge der Ergebnisse der Erledigung s. Art. 12.

Die Verwendung des **Formblattes** A oder „gegebenenfalls" des Formblattes I und einer nach Art. 5 zulässigen **„Sprache"** sind obligatorisch, s. ErwG. 9. Nachbesserungsersuchen: Art. 8 Abs. 1. Analog ist letztere Norm auf die Verwendung einer nicht zugelassenen Sprache anzuwenden. **4**

Rechtsbehelfe: s. Art. 7 Rn 3. **5**

Art. 5 Sprachen

Das Ersuchen und die aufgrund dieser Verordnung gemachten Mitteilungen sind in der Amtssprache des ersuchten Mitgliedstaats oder, wenn es in diesem Mitgliedstaat mehrere Amtssprachen gibt, in der Amtssprache oder einer der Amtssprachen des Ortes, an dem die beantragte Beweisaufnahme durchgeführt werden soll, oder in einer anderen Sprache, die der ersuchte Mitgliedstaat zugelassen hat, abzufassen. Jeder Mitgliedstaat hat die Amtssprache bzw. die Amtssprachen der Organe der Europäischen Gemeinschaft anzugeben, die er außer seiner bzw. seinen eigenen für die Ausfüllung des Formblatts zulässt.

Die vorgesehenen Mitteilungen sind nach Art. 22 der Kommission gegenüber abzugeben und in das in Art. 19 vorgesehene Handbuch aufzunehmen. Wird eine nicht zugelassene Sprache verwendet, so ist das Ersuchen nach Formblatt B für erledigungsunfähig zu erklären, nach Art. 6 im allgemeinen sofort per Fax. Die Sprache, welche das ersuchte Gericht in der nachfolgenden Korrespondenz verwenden soll, ist nicht ausdrücklich genannt. Art. 5 beruht jedoch auf dem Grundsatz, dass kein Mitgliedsstaat sich unwillkommene Sprachprobleme aufdrängen lassen muss, wenn er im Rechtshilfewege tätig wird. Daher darf das Gericht die von seinem Staat für eingehende Ersuchen akzeptierte Sprache verwenden. **1**

Art. 6 Übermittlung der Ersuchen und der sonstigen Mitteilungen

Ersuchen und Mitteilungen nach dieser Verordnung werden auf dem schnellstmöglichen Wege übermittelt, mit

dem der ersuchte Mitgliedstaat sich einverstanden erklärt hat. Die Übermittlung kann auf jedem geeigneten Übermittlungsweg erfolgen, sofern das empfangene Dokument mit dem versandten Dokument inhaltlich genau übereinstimmt und alle darin enthaltenen Angaben lesbar sind.

1 Es ist nicht auszumachen, welchen Stellenwert das Einverständnis i. S. v. Satz 1 haben soll, noch wie man sich über entsprechende Einverständniserklärungen soll informieren können. Vermutlich geht es um Kommunikationstechnologien, deren Verfügbarkeit man noch nicht allgemein voraussetzen kann.

2 **Fax** und **e-mail** können gem. Satz 2 benutzt werden, sofern das ersuchte Gericht an diese Technologie angeschlossen ist. Übereinstimmung von Ankunftsausdruck mit dem Original kann ohne Beweis im Einzelfall vorausgesetzt werden. Wenn die ersuchte Stelle Fax-Sendungen oder e-mail-Eingänge nur als Vorankündigungen auffasst, ist es mindestens ein nobile officium, dies durch sofortige Rückantwort kund zu tun und eine Loyalitätspflicht, nach spätestens acht Tagen den Eingang als verbindlich gestelltes Ersuchen zu behandeln. Bei Lesbarkeitsproblemen ist entsprechend Art. 8 Abs. 1 zu verfahren; „unverzüglich" bedeutet in diesem Fall „sofort".

Abschnitt 2.
Entgegennahme des Ersuchens

Art. 7 Entgegennahme des Ersuchens

(1) **Das ersuchte zuständige Gericht übersendet dem ersuchenden Gericht innerhalb von sieben Tagen nach Eingang des Ersuchens eine Empfangsbestätigung unter Verwendung des Formblatts B im Anhang; entspricht das Ersuchen nicht den Bedingungen der Artikel 5 und 6, so bringt das ersuchte Gericht einen entsprechenden Vermerk in der Empfangsbestätigung an.**

(2) **Fällt die Erledigung eines unter Verwendung des Formblatts A im Anhang gestellten Ersuchens, das die Bedingungen nach Artikel 5 erfüllt, nicht in die Zuständigkeit**

des Gerichts, an das es übermittelt wurde, so leitet dieses das Ersuchen an das zuständige Gericht seines Mitgliedstaats weiter und unterrichtet das ersuchende Gericht unter Verwendung des Formblatts A im Anhang hiervon.

1 In Formblatt B sind i. S. v. Absatz 1 nur Unleserlichkeit und Gebrauch einer falschen Sprache genannt. Es können aber individualschriftlich auch andere Erledigungshindernisse angegeben werden, etwa Identitätszweifel i. S. v. Art. 6 S. 2. Im Fall einer möglichen Ergänzungsfähigkeit ist nach Art. 8 und Formblatt C zu verfahren, vor allem bei nicht hinreichend spezifischer Fassung von Beweisthema oder Beweismittel, s. Art. 4 Rn 2, 3.

2 Analog ist Absatz 2 anwendbar, wenn in grenznahen Fällen das Gericht eines anderen Mitgliedsstaates zuständig ist. Fast immer liegt dies im Sinne des ersuchenden Gerichts. Scheitert die Weiterleitung in einen anderen Mitgliedsstaat an der dort nicht zugelassenen Sprache, so ist nach Absatz 1 zu verfahren.

3 Die in Art. 7 bezeichneten Aufgaben brauchen nicht dem Rechtshilferichter übertragen zu werden. Näheres wird ein Ausführungsgesetz in Parallele zum ZuDVG (s. Anh. EuZVO) bringen.

4 **Rechtsbehelfe:** S. Art. 14 Rn 9, 11.

Art. 8 Unvollständiges Ersuchen

(1) **Kann ein Ersuchen nicht erledigt werden, weil es nicht alle erforderlichen Angaben gemäß Artikel 4 enthält, so setzt das ersuchte Gericht unverzüglich, spätestens aber innerhalb von 30 Tagen nach Eingang des Ersuchens das ersuchende Gericht unter Verwendung des Formblatts C im Anhang davon in Kenntnis und ersucht es, ihm die fehlenden Angaben, die in möglichst genauer Weise zu bezeichnen sind, zu übermitteln.**

(2) **Kann ein Ersuchen nicht erledigt werden, weil eine Kaution oder ein Vorschuss nach Artikel 18 Absatz 3 erforderlich ist, teilt das ersuchte Gericht dem ersuchenden Gericht dies unverzüglich, spätestens 30 Tage nach Eingang des Ersuchens unter Verwendung des Formblatts C im Anhang mit; es teilt dem ersuchenden Gericht ferner mit, wie**

die Kaution oder der Vorschuss geleistet werden sollten. Das ersuchte Gericht bestätigt den Eingang der Kaution oder des Vorschusses unverzüglich, spätestens innerhalb von 10 Tagen nach Erhalt der Kaution oder des Vorschusses unter Verwendung des Formblatts D.

1 In Erinnerungen an die z.T. grotesken Verzögerungen, die es bei der Erledigung von Rechtshilfeersuchen gegeben hat, ist auch hier (s. im übrigen Art. 10 Rn 1f.) die feste Frist gesetzt worden. Sanktionen bei Fristüberschreitung s. Art. 10 Rn 1.

2 Es geht in Absatz 2 ausschließlich um Kaution oder Vorschuss i.S.v. Art. 18 Abs. 3, nicht um sonstige „Sicherstellungen" i.S.v. Art. 18 Abs. 2.

3 Nach Art. 14 Abs. 2 Buchst. c) kann das Ersuchen endgültig abgelehnt werden, wenn nach 30 Tagen die angemahnten Ergänzungen nicht eingegangen sind. Wegen der Unwägbarkeiten der Nachrichtenübermittlung muss mit einem Sicherheitsabstand von einigen Tagen zugewartet werden. Verspätet eingegangene Ergänzungen sind zusammen mit dem ursprünglichen Ersuchen als neues Ersuchen zu behandeln.

Art. 9 Vervollständigung des Ersuchens

(1) **Hat das ersuchte Gericht gemäß Artikel 7 Absatz 1 auf der Empfangsbestätigung vermerkt, dass das Ersuchen nicht die Bedingungen der Artikel 5 und Artikel 6 erfüllt, oder hat es das ersuchende Gericht gemäß Artikel 8 davon unterrichtet, dass das Ersuchen nicht erledigt werden kann, weil es nicht alle erforderlichen Angaben nach Artikel 4 enthält, beginnt die Frist nach Artikel 10 Absatz 1 erst mit dem Eingang des ordnungsgemäß ausgefüllten Ersuchens beim ersuchten Gericht zu laufen.**

(2) **Sofern das ersuchte Gericht gemäß Artikel 18 Absatz 3 um eine Kaution oder einen Vorschuss gebeten hat, beginnt diese Frist erst mit der Hinterlegung der Kaution oder dem Eingang des Vorschusses.**

1 Die Vorschrift gehört systematisch als Absatz 5 zu Art. 10.

Abschnitt 3. Beweisaufnahme durch das ersuchte Gericht

Art. 10 Allgemeine Bestimmungen über die Erledigung des Ersuchens

(1) **Das ersuchte Gericht erledigt das Ersuchen unverzüglich, spätestens aber innerhalb von 90 Tagen nach Eingang des Ersuchens.**

(2) **Das ersuchte Gericht erledigt das Ersuchen nach Maßgabe des Rechts seines Mitgliedstaats.**

(3) **Das ersuchende Gericht kann unter Verwendung des Formblatts A im Anhang beantragen, dass das Ersuchen nach einer besonderen Form erledigt wird, die das Recht seines Mitgliedstaats vorsieht. Das ersuchte Gericht entspricht einem solchen Antrag, es sei denn, dass diese Form mit dem Recht des Mitgliedstaats des ersuchten Gerichts unvereinbar oder wegen erheblicher tatsächlicher Schwierigkeiten unmöglich ist. Entspricht das ersuchte Gericht aus einem der oben genannten Gründe nicht dem Antrag, so unterrichtet es das ersuchende Gericht unter Verwendung des Formblatts E im Anhang hiervon.**

(4) **Das ersuchende Gericht kann das ersuchte Gericht bitten, die Beweisaufnahme unter Verwendung von Kommunikationstechnologien, insbesondere im Wege der Videokonferenz und der Telekonferenz, durchzuführen. Das ersuchte Gericht entspricht einem solchen Antrag, es sei denn, dass dies mit dem Recht des Mitgliedstaats des ersuchten Gerichts unvereinbar oder wegen erheblicher tatsächlicher Schwierigkeiten unmöglich ist. Entspricht das ersuchte Gericht aus einem dieser Gründe dem Antrag nicht, so unterrichtet es das ersuchende Gericht unter Verwendung des Formblatts E im Anhang hiervon. Hat das ersuchende oder das ersuchte Gericht keinen Zugang zu den oben genannten technischen Mitteln, können diese von den Gerichten im gegenseitigen Einvernehmen zur Verfügung gestellt werden.**

1 **1.** Die fristgebundene Arbeit nach Absatz 1 hat Vorrang vor nicht fristgebundener des Richters. Die Frist des Absatzes 1 ist aber auch bei äußerster Anstrengung nicht immer einzuhalten, vor allem nicht, wenn es zu einem Rechtsbehelfsverfahren kommt oder wenn besondere Wünsche (Absätze 3 oder 4) beachtet werden müssen. Effektiv sanktioniert ist die Einhaltung der Frist nicht. Theoretisch können unnötige Fristüberschreitungen Amtshaftungsansprüche auslösen. Auch ein Vertragsverletzungsverfahren ist denkbar, da es auch auf die Verletzung sekundären Gemeinschaftsrechts gestützt werden kann (EuGHE 1983, 477).

2 **2.** Der Inhalt von Absatz 2 entspricht dem von Art. 9 Abs. 1, 10 HBÜ, s. dort Rn 1, 2. Die Beschränkung von Zwangsmaßnahmen ist in Art. 13 bestätigt.

3 **3.** Absatz 3 entspricht mit Ausnahme des letzten Satzes dem Art. 9 Abs. 2 HBÜ, s. dort Rn 3.

4 Grundsätzlich gilt die 90-Tage-Frist, s. Rn 1. Für den Fall der Ablehnung der besonderen Form gilt Art. 14 Abs. 4. Eine nähere Begründung für das Ankreuzen eines Kästchens in Formblatt E ist zwar nicht ausdrücklich vorgeschrieben, folgt aber als allgemeine Loyalitätspflicht aus Art. 10 EGV.

5 **4.** In **Absatz 4** ist in der deutschen Fassung das Wort „bitten" missverständlich. In der französischen Fassung steht „demande", das dem deutschen „Antrag" entspricht. Auch aus den Sätzen 2 und 3 geht hervor, dass es sachlich „beantragen" heißt. Was jetzt mit deutschem Recht vereinbar ist, ergibt sich aus § 128 a ZPO. Halten sich alle Auskunftspersonen im ersuchten Staat auf, so existiert, wörtlich genommen, kein Hindernis, einem solchen Antrag stattzugeben, wenn es an den technischen Voraussetzungen nicht mangelt. Das ersuchende Gericht kann wegen § 128 a Abs. 3 ZPO aber nicht auf die Zusendung einer Aufzeichnung durch das deutsche Rechtshilfegericht hoffen. Darauf sollte es aufmerksam gemacht werden, was auch unter Verwendung von Formblatt E mit individuellem Zusatz-Text geschehen kann. Aus Gründen der Kostenersparnis kann das Interesse an einem Vorgehen nach Absatz 4 bestehen bleiben. Ist im ersuchten Staat eine Aufzeichnung möglich, so kann wegen Absatz 2 das deutsche ersuchende Gericht sehr wohl die Anfertigung und Übersendung einer solchen beantragen.

Der letzte Satz berechtigt die Gerichte auch haushaltsmäßig, Gerätschaften auszuleihen oder, wenn es ihr internes Recht erlaubt, im Ausland anzumieten (und im Rahmen der Kostenentscheidung von den Parteien Kostenersatz zu verlangen). **6**

5. Rechtsbehelfe: s. Art. 14 Rn 9, 11. **7**

Art. 11 Erledigung in Anwesenheit und unter Beteiligung der Parteien

(1) **Sofern im Recht des Mitgliedstaats des ersuchenden Gerichts vorgesehen, haben die Parteien und gegebenenfalls ihre Vertreter das Recht, bei der Beweisaufnahme durch das ersuchte Gericht zugegen zu sein.**

(2) **Das ersuchende Gericht teilt in seinem Ersuchen unter Verwendung des Formblatts A im Anhang dem ersuchten Gericht mit, dass die Parteien und gegebenenfalls ihre Vertreter zugegen sein werden und dass gegebenenfalls ihre Beteiligung beantragt wird. Diese Mitteilung kann auch zu jedem anderen geeigneten Zeitpunkt erfolgen.**

(3) **Wird die Beteiligung der Parteien und gegebenenfalls ihrer Vertreter an der Durchführung der Beweisaufnahme beantragt, so legt das ersuchte Gericht nach Artikel 10 die Bedingungen für ihre Teilnahme fest.**

(4) **Das ersuchte Gericht teilt den Parteien und gegebenenfalls ihren Vertretern unter Verwendung des Formblatts F im Anhang Ort und Zeitpunkt der Verhandlung und gegebenenfalls die Bedingungen mit, unter denen sie teilnehmen können.**

(5) **Die Absätze 1 bis 4 lassen die Möglichkeit des ersuchten Gerichts unberührt, die Parteien und gegebenenfalls ihre Vertreter zu bitten, der Beweisaufnahme beizuwohnen oder sich daran zu beteiligen, wenn das Recht des Mitgliedstaats des ersuchenden Gerichts dies vorsieht.**

1. Der **Grundgedanke** der Regelung entspricht dem Art. 7 HBÜ, stärkt aber das Recht der Parteien auf aktive Teilnahme (*Heß/Müller* ZZPIntG [2000] 155). Die größere Durchlässigkeit der **1**

Grenzen zeigt sich aber darin, dass immer das ersuchte Gericht den Parteien „und" ihren Prozessbevollmächtigten Ort und Zeitpunkt der „Verhandlung" (engl.: „proceedings") mitteilt, also dies sich nicht das ersuchende Gericht vorbehalten kann, wenn es denn schon die Mitteilung nach Absatz 2 gemacht hat.

2 **2. Absatz 1** will nur klarstellen, dass das ersuchte Gericht nicht auf die Grundsätze seiner eigenen Rechtsordnung zur Parteiöffentlichkeit verpflichtet ist. Eine eigene Ermittlung des Rechts des Ausgangsstaates steht ihm nicht an. Vielmehr darf sich das Rechtshilfegericht auf die Mitteilungen verlassen, die ihm nach **Absatz 2** gemacht werden.

3 **3.** Wenn kein Vorgehen nach Absatz 3 oder 4 angeordnet wird, gibt es nichts als „Bedingungen" i. S. v. **Absatz 3** ausdrücklich festzulegen. Parteien und Parteivertreter nehmen an der Beweisaufnahme so teil, wie sie an einer ihm Rahmen der ZPO durchgeführten Beweisaufnahme teilnähmen. Gegenüber Prozessparteien aus dem V.K. oder Irland ist es aber ein Gebot der prozessualen Fairness, darauf aufmerksam zu machen, dass der Richter die Aussageperson vernimmt und die Parteien darauf beschränkt sind, anschließend Zusatzfragen zu stellen.

4 Der Rechtshilferichter muss darauf achten, dass Zusatzfragen der Parteien das Beweisthema, so wie es im Rechtshilfeersuchen angegeben ist, nicht sprengen. Die Gegenpartei und Aussagepersonen können sich sonst überfahren fühlen. Der entscheidende Gesichtspunkt ist aber immer, ob das Ermittelte für das Ausgangsgericht verwertbar bleibt. Dem Sinn der Rechtshilfe widerspricht es daher nicht, wenn ad hoc per Fax oder e-mail (notfalls auch fernmündlich) eine Interpretation des Rechtshilfeersuchens durch ein Mitglied des ersuchenden Gerichts eingeholt wird, eventuell der Umfang des Gesuchs nachträglich schriftlich bestätigt oder rückwirkend erweitert wird.

5 **4.** Die Mitteilung nach **Absatz 4** geschieht in der Sprache des ersuchten Gerichts. Eine Mitteilung von Ort und Termin der „Beweisaufnahme" an das Ausgangsgericht sieht die Verordnung nicht vor, leider vor allem nicht eine formularmäßige. Jedoch sollte dies auf freiwilliger Basis geschehen, damit der an der Rechtshilfemaßnahme interessierten Partei zu Hause Erläuterungen zum Termin vor dem deutschen Rechtshilfegericht gegeben werden kön-

nen. Am besten verschickt man in jedem Fall das ausgefüllte Formblatt F an das Ausgangsgericht, das sich dazu eignet, obwohl es an sich nur für den Fall gedacht ist, dass ein Beauftragter des ersuchenden Gericht seine Teilnahme beantragt hat.

6 Aus **Absatz 4** kann vernünftigerweise nicht geschlossen werden, dass sowohl die Prozessvertreter als auch die Parteien selbst benachrichtigt werden müssen. Es genügt die Benachrichtigung der Prozessvertreter. Angesichts des missverständlichen Textes ist es freilich allemal besser, neben den Prozessbevollmächtigten auch die Parteien selbst zu benachrichtigen, sofern deren Kreis überschaubar ist.

7 **5. Absatz 5** wirkt deshalb unverständlich, weil in der deutschen Textfassung ein gravierender Redaktionsfehler unterlaufen ist. Wie der englische und französische („l'Etàt membre dont elle [juridiction requise] relève") Text zeigen, kommt es auf das Recht des Staates des ersuchten Gerichts an. Gemeint ist, dass dieses Recht Gelegenheit zur Anwesenheit auch für den Fall vorschreiben kann, dass das ersuchende Gericht nicht nach Absatz 2 vorgegangen ist. Das deutsche Recht sieht für Rechtshilfe zugunsten ausländischer Gerichte von sich aus nicht Parteiöffentlichkeit vor. Es kann allerdings sein, dass ein ausländisches Urteil wegen Vorenthaltung des rechtlichen Gehörs nicht anerkannt wird, wenn die Möglichkeit aufgezeigt wird, dass die im Rechtshilfeverfahren abwesende Partei durch Fragen ein anderes Beweisergebnis erzielt hätte, das möglicherweise auch die Entscheidung des Richters beeinflusst hätte. Das reicht aber zur Anwendbarkeit des Absatzes 5 in Deutschland nicht aus. Wenn Parteien oder Parteivertreter von sich aus an das deutsche Rechtshilfegericht den Wunsch nach Anwesenheit herantragen, kann dem aber entsprochen werden, wenn Identität und Bevollmächtigung der teilnehmenden Personen feststehen. Allerdings darf der Verfahrensgegenstand nicht Anhaltspunkte liefern, für das ersuchende Gericht könne dies unerwünscht sein. Andernfalls muss rückgefragt werden.

Art. 12 Erledigung in Anwesenheit und unter Beteiligung von Beauftragten des ersuchenden Gerichts

(1) **Sofern mit dem Recht des Mitgliedstaats des ersuchenden Gerichts vereinbar, haben die Beauftragten des**

ersuchenden Gerichts das Recht, bei der Beweisaufnahme durch das ersuchte Gericht zugegen zu sein.

(2) **Der Begriff „Beauftragte" im Sinne dieses Artikels umfasst vom ersuchenden Gericht nach Maßgabe des Rechts seines Mitgliedstaats bestimmte Gerichtsangehörige. Das ersuchende Gericht kann nach Maßgabe des Rechts seines Mitgliedstaats auch andere Personen wie etwa Sachverständige bestimmen.**

(3) **Das ersuchende Gericht teilt in seinem Ersuchen unter Verwendung des Formblatts A im Anhang dem ersuchten Gericht mit, dass seine Beauftragten zugegen sein werden und gegebenenfalls, dass ihre Beteiligung beantragt wird. Diese Mitteilung kann auch zu jedem anderen geeigneten Zeitpunkt erfolgen.**

(4) **Wird die Beteiligung der Beauftragten des ersuchenden Gerichts an der Beweisaufnahme beantragt, legt das ersuchte Gericht nach Artikel 10 die Bedingungen für ihre Teilnahme fest.**

(5) **Das ersuchte Gericht teilt dem ersuchenden Gericht unter Verwendung des Formblatts F im Anhang Ort und Zeitpunkt der Verhandlung und gegebenenfalls die Bedingungen mit, unter denen die Beauftragten daran teilnehmen können.**

1 Anders als im Geltungsbereich des HBÜ (s. dort Bem. zu Art. 8) kann die Teilnahme vom **„Beauftragten"** des ersuchenden Gerichts nicht im Grundsatz verweigert werden. Meist wird es sich um einen der Richter handeln. „Beauftragte" können aber auch alle Mitglieder des Spruchkörpers sein.

2 Anders als das HBÜ unterscheidet die Verordnung zwischen „Zugegensein" und **„Beteiligung"** der Beauftragten des ausländischen Gerichts. Beides steht unter dem Vorbehalt der Vereinbarkeit mit dem Recht des ersuchenden Staats. Jedoch kann sich das ersuchte Gericht auf die rechtliche Korrektheit des gestellten Antrags verlassen. Das ersuchende Gericht muss die Art der gewünschten „Beteiligung" angeben.

3 Der Verweis auf Art. 10 in Absatz 4 ist unergiebig. Da in Absatz 5 die Verwendung des Formblatts F vorgesehen ist, kann über

Art. 10 auch nicht auf Formblatt E verwiesen sein, was die Qualifizierung der Beteiligung der Beauftragten des ersuchenden Gerichts als eine „besondere Form“ i. S. v. Art. 10 Abs. 3 ermöglichen würde. Es bleibt daher nur übrig, den ersuchten Richter die Beteiligungsbedingungen nach seinem Ermessen festlegen zu lassen. Für Deutschland kommt nur die Gestattung von Zusatzfragen im Rahmen des Beweisthemas in Betracht.

Art. 13 Zwangsmaßnahmen

Soweit erforderlich, wendet das ersuchte Gericht bei der Erledigung des Ersuchens geeignete Zwangsmaßnahmen in den Fällen und in dem Umfang an, wie sie das Recht des Mitgliedstaats des ersuchten Gerichts für die Erledigung eines zum gleichen Zweck gestellten Ersuchens inländischer Behörden oder einer beteiligten Partei vorsieht.

Textlich nahezu und inhaltlich vollständig ist Art. 10 HBÜ übernommen. **1**

Art. 14 Ablehnung der Erledigung

(1) **Ein Ersuchen um Vernehmung einer Person wird nicht erledigt, wenn sich die betreffende Person auf ein Recht zur Aussageverweigerung oder auf ein Aussageverbot beruft,**

a) das nach dem Recht des Mitgliedstaats des ersuchten Gerichts vorgesehen ist oder

b) das nach dem Recht des Mitgliedstaats des ersuchenden Gerichts vorgesehen und im Ersuchen bezeichnet oder erforderlichenfalls auf Verlangen des ersuchten Gerichts von dem ersuchenden Gericht bestätigt worden ist.

(2) **Die Erledigung eines Ersuchens kann über die in Absatz 1 genannten Gründe hinaus nur insoweit abgelehnt werden, als**

a) das Ersuchen nicht in den Anwendungsbereich dieser Verordnung nach Artikel 1 fällt oder

b) die Erledigung des Ersuchens nach dem Recht des Mitgliedstaats des ersuchten Gerichts nicht in den Bereich der Gerichtsgewalt fällt oder

c) das ersuchende Gericht der Aufforderung des ersuchten Gerichts auf Ergänzung des Ersuchens gemäß Artikel 8 nicht innerhalb von 30 Tagen, nachdem das ersuchte Gericht das ersuchende Gericht um Ergänzung des Ersuchens gebeten hat, nachkommt oder

d) eine Kaution oder ein Vorschuss, die gemäß Artikel 18 Absatz 3 verlangt wurden, nicht innerhalb von 60 Tagen nach dem entsprechenden Verlangen des ersuchenden Gerichts hinterlegt bzw. einbezahlt werden.

(3) **Die Erledigung darf durch das ersuchte Gericht nicht allein aus dem Grund abgelehnt werden, dass nach dem Recht seines Mitgliedstaats ein Gericht dieses Mitgliedstaats eine ausschließliche Zuständigkeit für die Sache in Anspruch nimmt oder das Recht jenes Mitgliedstaats ein Verfahren nicht kennt, das dem entspricht, für welches das Ersuchen gestellt wird.**

(4) **Wird die Erledigung des Ersuchens aus einem der in Absatz 2 genannten Gründe abgelehnt, so setzt das ersuchte Gericht unter Verwendung des Formblatts H im Anhang das ersuchende Gericht innerhalb von 60 Tagen nach Eingang des Ersuchens bei dem ersuchten Gericht davon in Kenntnis.**

I. Zentralaussagen der Vorschrift

1 Die textreiche und weitgehend aus sich selbst heraus verständliche Vorschrift enthält drei zentrale Aussagen:

2 **1.** Es gibt keinen, wenn auch noch so eingeschränkten ordre-public-Vorbehalt mehr, ähnlich etwa dem Art. 12 HBÜ. Selbst ein gesetzliches Aussageverbot ist nur beachtlich, wenn sich die Aussageperson darauf beruft. Die Verordnungsverfasser haben sich darauf verlassen, dass um menschenrechtswidrige Beweisaufnahmen nicht nachgesucht wird. Die EMRK hat im Ernstfall über Art. 6 Abs. 2 EUV Vorrang.

3 **2.** Nach dem Selbstverständnis der Verordnungsverfasser sind die möglichen Ablehnungsgründe in den Absätzen 1 und 2 abschließend aufgezählt. Es gibt aber darüber hinaus Gründe für die Ablehnung, etwa die Verwendung einer unzulässigen Sprache, s. Bem. zu Art. 5.

4 **3.** Das HBÜ unterscheidet strikt zwischen Ablehnung des Ersuchens und berechtigter Berufung auf ein Aussageverweigerungsrecht, s. Art. 11 HBÜ Rn 2. Beides ist in Art. 14 EuBVO zusammengefasst, weil im Rahmen des unmittelbaren Verkehrs dasselbe Gericht über beides entscheidet. Für beides gilt auch das Formblatt H. **Absatz 4** erwähnt zwar nur die Ablehnungsgründe des Absatzes 2. Der Grund dafür liegt aber nur darin, dass die 60-Tage-Frist nur dafür passt.

II. Aussageverweigerungen

5 **1.** Für die Entscheidung nach **Absatz 1 Buchst. a)** ist in Deutschland der Rechtshilferichter vollinhaltlich verantwortlich. Auch Vorlageverweigerungsrechte nach § 142 Abs. 2 ZPO sind (mindestens analog) erfasst.

6 **2.** Bei Entscheidungen nach **Absatz 1 Buchst. b)** ist der Rechtshilferichter an die Maßgaben des ersuchenden Gerichts gebunden. Wenn die Aussageperson erst anlässlich ihrer Vernehmung ein Aussageverweigerungsrecht nach dem Recht des Staates des ersuchenden Gerichts geltend macht, können sehr umständliche Kommunikationen zwischen den beteiligten Gerichten anstehen, die zu Verzögerungsmanövern missbraucht werden können. Aus praktischen Gründen muss man daher dem ersuchten Gericht zweierlei erlauben. Es kann der Aussageperson anheim geben, von sich aus eine Entscheidung des ersuchenden Gerichts herbeizuführen. Auch das ist eine „Bestätigung" des ersuchenden Gerichts. Das ersuchte Gericht kann auch ohne Konsultation des ersuchenden entscheiden, dass nach dem Recht von dessen Staat *kein* Aussageverweigerungsrecht besteht und sollte es tun, wenn die Inanspruchnahme eines solchen Rechts nicht überzeugend wirkt. Die Zeugnisverweigerungsrechte des deutschen Rechts gehen sehr weit. Es ist kaum vorstellbar, dass ein andere europäische Rechtsordnung darüber hinausgeht.

III. Sonstige Ablehnungsgründe (Absatz 2)

7 S. Rn 3, Art. 1 Rn 1–6, Art. 8 Rn 3, Bem. zu Art. 18. Analog ist die Vorschrift auf sonstige Verweigerungsrechte bei der Informationsbeschaffung anzuwenden (*Stadler* FS Geimer [2002] 1295), s. Art. 11 HBÜ Rn 1.

IV. Rechtsbehelfe

1. Rechtsbehelfe gegen die (angekündigte) Erledigung des Ersuchens

8 **a) Leugnet** der Rechtshilferichter die Existenz des geltend gemachten **Aussageverweigerungsrechts**, so wird er immer eine förmliche Entscheidung treffen. Wie bei der im Rahmen des HBÜ geleisteten Rechtshilfe (LG München I 95 ZZP [1982] 362) ist dagegen nach § 387 Abs. 3 ZPO sofortige Beschwerde statthaft. Beschwerdeberechtigt ist allein die in Anspruch genommene Aussageperson.

9 **b)** Im Bereich von Absatz 2 wird die Gewährung der erbetenen Rechtshilfe als so selbstverständlich betrachtet, dass die Verordnung einen positiven Entscheid des ersuchten Gerichts über die „Annahme" des Ersuchens nicht vorsieht. Gleichwohl muss es Rechtsbehelfe der informationspflichtig gemachten Partei geben, weil die Vornahme der Rechtshilfe – anders als die Ablehnung eines Aussageverweigerungsrechts – kein Rechtsprechungsakt ist. Prozessparteien haben ein Recht auf Einhaltung der Rechtshilfevoraussetzungen so, wie sie es im Rahmen des HBÜ haben, s. Art. 12 HBÜ Rn 3. Sobald das Rechtshilfegericht kund tut, dass es die Rechtshilfe gewähren will, liegt ein Justizverwaltungsakt i.S.v. §§ 23ff. EGGVG vor. Um im Sinne von § 26 die Frist in Lauf setzen zu können, muss das Rechtshilfegericht die Möglichkeit haben, einen Feststellungsbescheid über die Gewährung der Rechtshilfe zu erlassen. Vor seinem Erlass bzw. vor Durchführung der Rechtshilfe ist aber Gewährung rechtlichen Gehörs nur erforderlich, wenn das Gericht dazu neigt, die Rechtshilfe zu gewähren, aber sieht, dass dies ausnahmsweise nicht unproblematisch ist.

2. Rechtsbehelfe gegen die Ablehnung eines Ersuchens

a) Erkennt das Rechtshilfegericht ein Aussage- oder Vorlageverweigerungsrecht an, so hat – wie in einem deutschen Zivilprozess (allg. M.) – der Beweisführer, bei amtswegig gestellten Ersuchen die an der Beweisaufnahme interessierte Partei, die Befugnis zur sofortigen Beschwerde nach § 387 ZPO. **10**

b) Bei sonstiger Ablehnung liegt kein Rechtsprechungsakt vor. Daher ist der Rechtsbehelf die Anfechtung nach §§ 23ff. EGGVG. **11**

Art. 15 Mitteilung über Verzögerungen

Ist das ersuchte Gericht nicht in der Lage, das Ersuchen innerhalb von 90 Tagen nach Eingang zu erledigen, setzt es das ersuchende Gericht unter Verwendung des Formblatts G im Anhang hiervon in Kenntnis. Dabei sind die Gründe für die Verzögerung anzugeben sowie der Zeitraum, der nach Einschätzung des ersuchten Gerichts für die Erledigung des Ersuchens voraussichtlich benötigt wird.

Die angegebenen Gründe dürfen sich nicht in allgemeinen Floskeln wie „Arbeitsüberlastung“, „Terminprobleme“ erschöpfen, sondern müssen aufzeigen, warum ausnahmsweise dem Rechtsgebot von Art. 10 Abs. 1 nicht nachgekommen werden konnte. **1**

Art. 16 Verfahren nach Erledigung des Ersuchens

Das ersuchte Gericht übermittelt dem ersuchenden Gericht unverzüglich die Schriftstücke, aus denen sich die Erledigung des Ersuchens ergibt, und sendet gegebenenfalls die Schriftstücke, die ihm von dem ersuchenden Gericht zugegangen sind, zurück. Den Schriftstücken ist eine Erledigungsbestätigung unter Verwendung des Formblatts H im Anhang beizufügen.

Im Regelfall ist das Protokoll über die ersuchte Vernehmung an das ersuchende Gericht zu senden. Für die Rücksendung von Schriftstücken gibt es wohl nie Anlass, da dem ersuchten Gericht **1** nur Kopien gesendet zu werden pflegen. Über das Rechtshilfeverfahren muss eine Akte beim ersuchten Gericht abgelegt werden.

Abschnitt 4. Unmittelbare Beweisaufnahme durch das ersuchende Gericht

Art. 17 Unmittelbare Beweisaufnahme durch ersuchendes Gericht

(1) **Beabsichtigt ein Gericht eine unmittelbare Beweisaufnahme in einem anderen Mitgliedstaat, so übermittelt es der nach Artikel 3 Absatz 3 bestimmten Zentralstelle oder zuständigen Behörde in diesem Staat unter Verwendung des Formblatts J im Anhang ein entsprechendes Ersuchen.**

(2) **Die unmittelbare Beweisaufnahme ist nur statthaft, wenn sie auf freiwilliger Grundlage und ohne Zwangsmaßnahmen erfolgen kann. Macht die unmittelbare Beweisaufnahme die Vernehmung einer Person erforderlich, so teilt das ersuchende Gericht dieser Person mit, dass die Vernehmung auf freiwilliger Grundlage erfolgt.**

(3) **Die Beweisaufnahme wird von einem nach Maßgabe des Rechts des Mitgliedstaats des ersuchenden Gerichts bestimmten Gerichtsangehörigen oder von einer anderen Person wie etwa einem Sachverständigen durchgeführt.**

(4) **Die genannte Zentralstelle oder die zuständige Behörde des ersuchten Mitgliedstaats teilt dem ersuchenden Gericht unter Verwendung des Formblatts J im Anhang innerhalb von 30 Tagen nach Eingang des Ersuchens mit, ob dem Ersuchen stattgegeben werden kann und, soweit erforderlich, unter welchen Bedingungen nach Maßgabe des Rechts ihres Mitgliedstaats die betreffende Handlung vorzunehmen ist. Die Zentralstelle oder die zuständige Behörde kann insbesondere ein Gericht ihres Mitgliedstaats bestimmen, das an der Beweisaufnahme teilnimmt, um sicherzustellen, dass dieser Artikel ordnungsgemäß angewandt wird und die**

festgelegten Bedingungen eingehalten werden. Die Zentralstelle oder die zuständige Behörde fördert den Einsatz von Kommunikationstechnologie, wie Video- und Telekonferenzen.

(5) **Die Zentralstelle oder die zuständige Stelle kann die unmittelbare Beweisaufnahme nur insoweit ablehnen, als**

a) das Ersuchen nicht in den Anwendungsbereich dieser Verordnung nach Artikel 1 fällt,

b) das Ersuchen nicht alle nach Artikel 4 erforderlichen Angaben enthält oder

c) die beantragte unmittelbare Beweisaufnahme wesentlichen Rechtsgrundsätzen ihres Mitgliedstaats zuwiderläuft.

(6) **Unbeschadet der nach Absatz 4 festgelegten Bedingungen erledigt das ersuchende Gericht das Ersuchen nach Maßgabe des Rechts seines Mitgliedstaats.**

1 In dem Anrecht eines Gerichts, eine Beweisaufnahme auf fremdem Territorium durchführen zu können, liegt der qualitativ stärkste Durchbruch der Verordnung. Es ist auch schwer vorstellbar, wie es jemals zu einem Fall des **Absatzes 5** Buchst. c) soll kommen können, wenn ohnehin das Prinzip der Freiwilligkeit herrscht. § 363 ZPO ist nicht mehr anwendbar, wenn das Gericht eine unmittelbare Beweisaufnahme beschließt (*Heß/Müller* ZZPIntG [2000] 162).

2 Dieses Prinzip schließt nicht aus, dass einer mitwirkungsunwilligen Prozesspartei Beweisnachteile erwachsen, etwa wenn sie eine Ortsbesichtigung nicht zulässt (*Stadler* FS Geimer [2002] 1299).

3 **Absatz 3** schließt nicht aus, dass auch ein Kollegialgericht die Beweisaufnahme durchführt. Für Verfahren nach der ZPO handelt im allgemeinen ein beauftragter Richter. Für einen Sachverständigen gilt bei deutschem Verfahren § 404a ZPO. Selbstverständlich kann das deutsche Gericht auch einen Bewohner des Gaststaates zum Sachverständigen ernennen. Die Sprache der Beweisaufnahme ist die des Staates des ersuchenden Gerichts.

4 Wenn zwar die Empfangsbestätigung nach Art. 7, aber binnen 30 Tagen keine Genehmigung nach **Absatz 4** eingegangen ist, kann davon ausgegangen werden, dass Bedenken nicht bestehen. Die Seltenheit von Ablehnungsgründen wird wahrscheinlich dazu füh-

ren, dass sich die Praxis mit einer Benachrichtigung des Gastlandes begnügt und auch auf greifbare Angaben zu Art. 4 Abs. 1 Buchst. d), e) zweiter Spiegelstrich kein Wert gelegt wird.

5 Ein Anspruch auf Bereitstellung von Räumen oder Hilfsmitteln besteht nicht. Jedoch gibt es keine Rechtsvorschriften, die einer solchen Unterstützung im Wege stünden. Die Mitgliedsstaaten sollten so verfahren, um das äußere Gepräge einer gerichtlichen Vernehmung zu betonen.

6 Der letzte Satz von Absatz 4 kann nur besagen, dass das ersuchende Gericht auch eine Video- oder Telekonferenz in der Weise beantragen kann, die ihm eine Reise ins Ausland erspart. Art. 10, der sich an sich nur auf die Verwendung von Telekommunikationstechnologien durch das ersuchte Gericht bezieht, ist entsprechend anwendbar.

Abschnitt 5. Kosten

Art. 18

(1) **Für die Erledigung des Ersuchens nach Artikel 10 darf die Erstattung von Gebühren oder Auslagen nicht verlangt werden.**

(2) **Falls jedoch das ersuchte Gericht dies verlangt, stellt das ersuchende Gericht unverzüglich die Erstattung folgender Beträge sicher:**
- **der Aufwendungen für Sachverständige und Dolmetscher und**
- **der Auslagen, die durch die Anwendung von Artikel 10 Absätze 3 und 4 entstanden sind.**

Die Pflicht der Parteien, diese Aufwendungen und Auslagen zu tragen, unterliegt dem Recht des Mitgliedstaats des ersuchenden Gerichts.

(3) **Wird die Stellungnahme eines Sachverständigen verlangt, kann das ersuchte Gericht vor der Erledigung des Ersuchens das ersuchende Gericht um eine angemessene Kaution oder einen angemessenen Vorschuss für die Sachverständigenkosten bitten. In allen übrigen Fällen darf die**

Erledigung eines Ersuchens nicht von einer Kaution oder einem Vorschuss abhängig gemacht werden. Die Kaution oder der Vorschuss wird von den Parteien hinterlegt bzw. einbezahlt, falls dies im Recht des Mitgliedstaats des ersuchenden Gerichts vorgesehen ist.

Art. 18 unterscheidet nach den drei Absätzen:

1 Nur die in **Absatz 2** genannten Aufwendungen und Auslagen können erstattungspflichtig gemacht werden. Das setzt Absatz 2 voraus, der sogar eine „Sicherstellung" der Erstattung begehrbar macht. Da es sich nur um Erstattungspflichten zwischen Staaten der EG handelt, ist auch eine schriftliche Erstattungszusage eine verlässliche Sicherstellung. Im deutschen Ausgangsprozess ist der Beweisführer nach § 68 GKG zur Vorschusszahlung verpflichtet.

2 Für die Sachverständigenkosten kann darüber hinaus eine Kaution oder ein Vorschuss verlangt werden. **Absatz 3** ist für das deutsche Rechtshilfegericht hierfür eine ausreichende Grundlage. Kaution oder Vorschuss müssen so gehalten sein, dass sie auch gegen den Willen des ersuchenden Gerichts verwertbar sind. In Deutschland muss Absatz 3 als ausreichende Rechtsgrundlage dafür betrachtet werden, dass der Justizfiskus nach Einzahlung des Vorschusses durch den Beweisführer seinerseits einen Vorschuss an das ersuchte Gericht bezahlt oder eine Bankgarantie stellt.

3 Der letzte Satz der Vorschrift meint an sich nur das Verhältnis der Prozessparteien zum ersuchenden Gericht. Man muss aber sinnvollerweise der an rascher Erledigung interessierten Prozesspartei das Recht geben, selbst dem ersuchten Gericht eine Kaution oder einen Vorschuss zu leisten.

Kapitel III. Schlussbestimmungen

Art. 19 Durchführungsbestimmungen

(1) **Die Kommission sorgt für die Erstellung und regelmäßige Aktualisierung eines Handbuchs, das auch in elektronischer Form bereit gestellt wird und die von den Mitgliedstaaten nach Artikel 22 mitgeteilten Angaben sowie die in Kraft befindlichen Übereinkünfte oder Vereinbarungen nach Artikel 21 enthält.**

(2) **Die Aktualisierung oder technische Anpassung der im Anhang wiedergegebenen Formblätter erfolgt nach dem Beratungsverfahren gemäß Artikel 20 Absatz 2.**

1 S. Bem. zu Art. 17 EuZVO.

Art. 20 Ausschuss

(1) **Die Kommission wird von einem Ausschuss unterstützt.**

(2) **Wird auf diesen Absatz Bezug genommen, so gelten die Artikel 3 und 7 des Beschlusses 1999/468/EG.**

(3) **Der Ausschuss gibt sich eine Geschäftsordnung.**

1 S. Bem. zu Art. 18 EuZVO.

Art. 21 Verhältnis zu bestehenden oder künftigen Übereinkünften oder Vereinbarungen zwischen Mitgliedstaaten

(1) **In den Beziehungen zwischen den Mitgliedstaaten, die Vertragsparteien einschlägiger, von den Mitgliedstaaten geschlossener bilateraler oder multilateraler Übereinkünfte oder Vereinbarungen sind, insbesondere des Haager Übereinkommens vom 1. März 1954 über den Zivilprozess und des Haager Übereinkommens vom 18. März 1970 über die Beweisaufnahme im Ausland in Zivil- oder Handelssachen, hat diese Verordnung in ihrem Anwendungsbereich Vorrang vor den Bestimmungen, die in den genannten Übereinkünften oder Vereinbarungen enthalten sind.**

(2) **Diese Verordnung hindert die Mitgliedstaaten nicht daran, dass zwei oder mehr von ihnen untereinander Übereinkünfte oder Vereinbarungen zur weiteren Vereinfachung der Beweisaufnahme schließen oder beibehalten, sofern sie mit dieser Verordnung vereinbar sind.**

(3) **Die Mitgliedstaaten übermitteln der Kommission**

a) zum 1. Juli 2003 eine Abschrift der zwischen den Mitgliedstaaten beibehaltenen angeführten Übereinkünfte oder Vereinbarungen nach Absatz 2,
b) eine Abschrift der zwischen den Mitgliedstaaten geschlossenen Übereinkünfte oder Vereinbarungen nach Absatz 2 und den Entwurf von ihnen geplanter Übereinkünfte oder Vereinbarungen sowie
c) jede Kündigung oder Änderung dieser Übereinkünfte oder Vereinbarungen.

1 Die der Kommission gemachten Mitteilungen sind in das in Art. 19 vorgesehene Handbuch aufzunehmen.

Im übrigen s. Art. 20 EuZVO Rn 1.

Art. 22 Mitteilungen

Jeder Mitgliedstaat teilt der Kommission bis zum 1. Juli 2003 Folgendes mit:

1. die Liste nach Artikel 2 Absatz 2 sowie eine Angabe des örtlichen und gegebenenfalls fachlichen Zuständigkeitsbereichs der Gerichte;
2. den Namen und die Anschrift der Zentralstellen und zuständigen Behörden nach Artikel 3 unter Angabe ihres örtlichen Zuständigkeitsbereichs;
3. die technischen Mittel, über die die in der Liste nach Artikel 2 Absatz 2 aufgeführten Gerichte für die Entgegennahme von Ersuchen verfügen;
4. die Sprachen, die für die Ersuchen nach Artikel 5 zugelassen sind.

Die Mitgliedstaaten teilen der Kommission alle späteren Änderungen dieser Angaben mit.

1 Die der Kommission gemachten Angaben sind in das in Art. 19 vorgesehene Handbuch aufzunehmen.

Art. 23 Überprüfung

Bis zum 1. Januar 2007 und danach alle fünf Jahre legt die Kommission dem Europäischen Parlament, dem Rat

und dem Wirtschafts- und Sozialausschuss einen Bericht über die Anwendung dieser Verordnung vor, wobei sie insbesondere auf die praktische Anwendung des Artikels 3 Absatz 1 Buchstabe c) und Absatz 3 und der Artikel 17 und 18 achtet.

Art. 24 Inkrafttreten

(1) **Diese Verordnung tritt am 1. Juli 2001 in Kraft.**

(2) **Diese Verordnung gilt ab dem 1. Januar 2004, mit Ausnahme der Artikel 19, 21 und 22, die ab dem 1. Juli 2001 gelten.**

Anhang [EuBVO]

Formblatt A

Ersuchen um Durchführung einer Beweisaufnahme
nach Artikel 4 der Verordnung (EG) Nr. 1206/2001 des Rates vom 28. Mai 2001 über die Zusammenarbeit zwischen den Gerichten der Mitgliedstaaten auf dem Gebiet der Beweisaufnahme in Zivil- oder Handelssachen
(ABl. L 174 vom 27. 6. 2001, S. 1)

1. Aktenzeichen des ersuchenden Gerichts:
2. Aktenzeichen des ersuchten Gerichts:
3. Ersuchendes Gericht:
   3.1. Bezeichnung:
   3.2. Anschrift:
      3.2.1. Straße + Hausnummer/Postfach:
      3.2.2. PLZ + Ort:)
      3.2.3. Staat:
   3.3. Tel.:
   3.4. Fax:
   3.5. E-Mail:
4. Ersuchtes Gericht:
   4.1. Bezeichnung:

4.2. Anschrift:
4.2.1. Straße + Hausnummer/Postfach:
4.2.2. PLZ + Ort:
4.2.3. Staat:
4.3. Tel.:
4.4. Fax:
4.5. E-Mail:

5. In der Rechtssache des Klägers/Antragstellers:
5.1. Name:
5.2. Anschrift:
5.2.1. Straße + Hausnummer/ Postfach:
5.2.2. PLZ + Ort:
5.2.3. Staat:
5.3. Tel.:
5.4. Fax:
5.5. E-Mail:

6. Vertreter des Klägers/Antragstellers:
6.1. Name:
6.2. Anschrift:
6.2.1. Straße + Hausnummer/Postfach:
6.2.2. PLZ + Ort:
6.2.3. Staat:
6.3. Tel.:
6.4. Fax:
6.5. E-Mail:

7. Gegen den Beklagten/Antragsgegner:
7.1. Name:
7.2. Anschrift:
7.2.1. Straße + Hausnummer/Postfach:
7.2.2. PLZ + Ort:
7.2.3. Staat:
7.3. Tel.:
7.4. Fax:
7.5. E-Mail:

8. Vertreter des Beklagten/Antragsgegners:
   8.1. Name:
   8.2. Anschrift:
      8.2.1. Straße + Hausnummer/Postfach :
      8.2.2. PLZ + Ort:
      8.2.3. Staat:
   8.3. Tel.:
   8.4. Fax:
   8.5. E-Mail:

9. Anwesenheit und Beteiligung der Parteien:
   9.1. Die Parteien und gegebenenfalls ihre Vertreter werden bei der Beweisaufnahme anwesend sein. ☐
   9.2. Die Beteiligung der Parteien und gegebenenfalls ihrer Vertreter wird beantragt. ☐

10. Anwesenheit und Beteiligung der Beauftragten des ersuchenden Gerichts:
   10.1. Die Beauftragten werden bei der Beweisaufnahme anwesend sein. ☐
   10.2. Die Beteiligung der Beauftragten wird beantragt. ☐
      10.2.1. Name:
      10.2.2. Titel:
      10.2.3. Dienststellung:
      10.2.4. Aufgabe:

11. Art und Gegenstand des Falls und kurze Erläuterung des Sachverhalts (ggf. in der Anlage):

12. Durchzuführende Beweisaufnahme:
   12.1. Beschreibung der durchzuführenden Beweisaufnahme (ggf. in der Anlage)
   12.2. Vernehmung von Zeugen
      12.2.1. Vor- und Zuname:
      12.2.2. Anschrift:
      12.2.3. Tel.:
      12.2.4. Fax:
      12.2.5. E-Mail:

12.2.6. Zu folgenden Fragen oder zu folgendem Sachverhalt: (ggf. in der Anlage):

12.2.7. Zeugnisverweigerungsrecht nach dem Recht des Mitgliedstaats des ersuchenden Gerichts (ggf. in der Anlage):

12.2.8. Bitte um Aufnahme der Aussage:

12.2.8.1. unter Eid ☐

12.2.8.2. unter eidesstattlicher Versicherung ☐

12.2.9. Alle anderen Informationen, die das ersuchende Gericht für erforderlich hält (ggf. in der Anlage)

12.3. Andere Beweisaufnahme:

12.3.1. Zu prüfende Schriftstücke und eine Beschreibung der erbetenen Beweisaufnahme (ggf. in der Anlage):

12.3.2. Zu prüfende Gegenstände und eine Beschreibung der erbetenen Beweisaufnahme (ggf. in der Anlage):

13. Ich bitte Sie, das Ersuchen:

13.1. in folgender nach dem Recht des Mitgliedstaats des ersuchenden Gerichts vorgesehener besonderen Form (Artikel 10 Absatz 3) und/oder unter Einsatz der in der Anlage beschriebenen Kommunikationstechnologien (Artikel 10 Absatz 4) zu erledigen .

13.2. Hierfür sind folgende Angaben erforderlich:

Geschehen zu:

Datum:

Benachrichtigung über die Weiterleitung des Ersuchens
nach Artikel 7 Absatz 2 der Verordnung (EG) Nr. 1206/2001 des Rates vom 28. Mai 2001 über die Zusammenarbeit zwischen den Gerichten der Mitgliedstaaten auf dem Gebiet der Beweisaufnahme in Zivil- oder Handelssachen
(ABl. L 174 vom 27. 6. 2001, S. 1)

14. Das Ersuchen fällt nicht in die Zuständigkeit des unter Nummer 4 genannten Gerichts und wurde an das folgende Gericht weitergeleitet:

14.1. Bezeichnung des zuständigen Gerichts:

14.2. Anschrift:

14.2.1. Straße + Hausnummer/Postfach:

14.2.2. PLZ + Ort:

14.2.3. Staat:

14.3. Tel.:

14.4. Fax:

14.5. E-Mail:

Geschehen zu:

Datum:

Formblatt B

Empfangsbestätigung über den Eingang eines Ersuchens um Beweisaufnahme

nach Artikel 7 Absatz 1 der Verordnung (EG) Nr. 1206/2001 des Rates vom 28. Mai 2001 über die Zusammenarbeit zwischen den Gerichten der Mitgliedstaaten auf dem Gebiet der Beweisaufnahme in Zivil- oder Handelssachen (ABl. L 174 vom 27. 6. 2001, S. 1)

1. Aktenzeichen des ersuchenden Gerichts:

2. Aktenzeichen des ersuchten Gerichts:

3. Bezeichnung des ersuchenden Gerichts:

4. Ersuchtes Gericht:

4.1. Bezeichnung:

4.2. Anschrift:

4.2.1. Straße + Hausnummer/Postfach:

4.2.2. PLZ + Ort:

4.2.3. Staat:

4.3. Tel.:

4.4. Fax:

4.5. E-Mail:

5. Das Ersuchen ist am ... (Empfangsdatum) bei dem unter Nummer 4 genannten Gericht eingegangen.

6. Das Ersuchen kann aus folgenden Gründen nicht bearbeitet werden:
   - 6.1 Die im Formblatt verwendete Sprache ist unzulässig (Art. 5) ☐
     - 6.1.1. Bitte verwenden Sie eine der folgenden Sprachen:
   - 6.2. Das Dokument ist nicht lesbar (Artikel 6). ☐

Geschehen zu:

Datum:

Formblatt C

Bitte um ergänzende Angaben für die Durchführung einer Beweisaufnahme

Nach Artikel 8 der Verordnung (EG) Nr. 1206/2001 des Rates vom 28. Mai 2001 über die Zusammenarbeit zwischen den Gerichten der Mitgliedstaaten auf dem Gebiet der Beweisaufnahme in Zivil- oder Handelssachen (ABl. L 174 vom 27. 6. 2001, S. 1)

1. Aktenzeichen des ersuchten Gerichts:

2. Aktenzeichen des ersuchenden Gerichts:

3. Bezeichnung des ersuchenden Gerichts:

4. Bezeichnung des ersuchten Gerichts:

5. Das Ersuchen kann erst erledigt werden, wenn folgende ergänzende Angaben vorliegen:

6. Das Ersuchen kann erst erledigt werden, wenn gemäß Artikel 18 Absatz 3 eine Kaution hinterlegt oder ein Vorschuss einbezahlt wurde. Die Kaution oder der Vorschuss sollten wie folgt hinterlegt bzw. einbezahlt werden:

Geschehen zu:

Datum:

Formblatt D

Bestätigung des Eingangs der Kaution oder der Sicherheit
nach Artikel 8 Absatz 2 der Verordnung (EG) Nr. 1206/2001 des Rates vom 28. Mai 2001 über die Zusammenarbeit zwischen den Gerichten der Mitgliedstaaten auf dem Gebiet der Beweisaufnahme in Zivil- oder Handelssachen
(ABl. L 174 vom 27. 6. 2001, S. 1)

1. Aktenzeichen des ersuchenden Gerichts:
2. Aktenzeichen des ersuchten Gerichts:
3. Bezeichnung des ersuchenden Gerichts:
4. Bezeichnung des ersuchten Gerichts:
5. Die Kaution oder der Vorschuss ist am ... (Tag des Eingangs) bei dem unter Nummer 4 genannten Gericht eingegangen.

Geschehen zu:
Datum:

Formblatt E

Mitteilung betreffend den Antrag auf Erledigung in besonderer Form und/oder unter Einsatz von Kommunikationstechnologie
nach Artikel 10 Absätze 3 und 4 der Verordnung (EG) Nr. 1206/2001 des Rates vom 28. Mai 2001 über die Zusammenarbeit zwischen den Gerichten der Mitgliedstaaten auf dem Gebiet der Beweisaufnahme in Zivil- oder Handelssachen
(ABl. L 174 vom 27. 6. 2001, S. 1)

1. Aktenzeichen des ersuchten Gerichts:
2. Aktenzeichen des ersuchenden Gerichts:
3. Bezeichnung des ersuchenden Gerichts:
4. Bezeichnung des ersuchten Gerichts:

5. Dem Antrag auf Erledigung des Ersuchens in der unter Nummer 13.1. des Ersuchens (Formblatt A) angegebenen Form kann nicht entsprochen werden, da
   5.1. die beantragte Form mit dem Recht des Mitgliedstaats des ersuchten Gerichts unvereinbar ist; ☐
   5.2. die Einhaltung der beantragten Form aufgrund erheblicher tatsächlicher Schwierigkeiten nicht möglich ist: ☐

6. Dem Antrag auf Erledigung des Ersuchens unter Einsatz von Kommunikationstechnologie gemäß Nummer 13.1. des Ersuchens (Formblatt A) kann nicht entsprochen werden, da
   6.1. der Einsatz von Kommunikationstechnologie mit dem Recht des Mitgliedstaats des ersuchten Gerichts unvereinbar ist; ☐
   6.2. der Einsatz von Kommunikationstechnologie aufgrund erheblicher tatsächlicher Schwierigkeiten nicht möglich ist. ☐

Geschehen zu:

Datum:

Formblatt F

Unterrichtung über Termin und Ort der Beweisaufnahme und über die Bedingungen für die Beteiligung

nach Artikel 11 Absatz 4 und Artikel 12 Absatz 5 der Verordnung (EG) Nr. 1206/2001 des Rates vom 28. Mai 2001 über die Zusammenarbeit zwischen den Gerichten der Mitgliedstaaten auf dem Gebiet der Beweisaufnahme in Zivil- oder Handelssachen (ABl. L 174 vom 27. 6. 2001, S. 1)

1. Aktenzeichen des ersuchenden Gerichts:

2. Aktenzeichen des ersuchten Gerichts:

3. Ersuchendes Gericht:
   3.1. Bezeichnung:
   3.2. Anschrift:
      3.2.1. Straße + Hausnummer/Postfach:

3.2.2. PLZ + Ort:
3.2.3. Staat:

3.3. Tel.:

3.4. Fax:

3.5. E-Mail:

4. Ersuchtes Gericht:
   4.1. Bezeichnung:
   4.2. Anschrift:
      4.2.1. Straße + Hausnummer/Postfach:
      4.2.2. PLZ + Ort:
      4.2.3. Staat:
   4.3. Tel.:
   4.4. Fax:
   4.5. E-Mail:

5. Termin der Beweisaufnahme:

6. Ort der Beweisaufnahme, falls dieser nicht den unter Nummer 4 genannten Angaben entspricht:

7. Ggf. Bedingungen, unter denen sich die Parteien und gegebenenfalls deren Vertreter beteiligen können:

8. Ggf. Bedingungen, unter denen sich die Beauftragten des ersuchenden Gerichts beteiligen können:

Geschehen zu:
Datum:

Formblatt G

Mitteilung über Verzögerungen
nach Artikel 15 der Verordnung (EG) Nr. 1206/2001 des Rates
vom 28. Mai 2001 über die Zusammenarbeit zwischen den Gerichten der Mitgliedstaaten auf dem Gebiet der Beweisaufnahme in Zivil- oder Handelssachen
(ABl. L 174 vom 27. 6. 2001, S. 1)

1. Aktenzeichen des ersuchten Gerichts:
2. Aktenzeichen des ersuchenden Gerichts:
3. Bezeichnung des ersuchenden Gerichts:
4. Bezeichnung des ersuchten Gerichts:
5. Das Ersuchen konnte aus folgenden Gründen nicht innerhalb von 90 Tagen nach Eingang erledigt werden:
6. Das Ersuchen wird voraussichtlich bis zum ... (geschätzter Termin) erledigt werden.

Gesehen zu:
Datum:

Formblatt H

Benachrichtigung über das Ergebnis des Ersuchens
nach Artikel 14 und Artikel 16 der Verordnung (EG) Nr. 1206/2001 des Rates vom 28. Mai 2001 über die Zusammenarbeit zwischen den Gerichten der Mitgliedstaaten auf dem Gebiet der Beweisaufnahme in Zivil- oder Handelssachen
(ABl. L 174 vom 27. 6. 2001, S. 1)

1. Aktenzeichen des ersuchten Gerichts:
2. Aktenzeichen des ersuchenden Gerichts:
3. Bezeichnung des ersuchenden Gerichts:
4. Bezeichnung des ersuchten Gerichts:
5. Das Ersuchen wurde erledigt. ☐
   Anbei werden folgende Schriftstücke, aus denen sich die Erledigung des Ersuchens ergibt, übermittelt:
6. Die Erledigung des Ersuchens wurde abgelehnt, weil
   6.1. die zu vernehmende Person sich auf ein Recht zur Aussageverweigerung oder ein Aussageverbot

6.1.1. nach dem Recht des Mitgliedstaats des ersuchten Gerichts ☐

6.1.2. nach dem Recht des Mitgliedstaats des ersuchenden Gerichts berufen hat. ☐

6.2. Das Ersuchen fällt nicht in den Anwendungsbereich dieser Verordnung. ☐

6.3. Die Erledigung des Ersuchens fällt nach dem Recht des Mitgliedstaats des ersuchten Gerichts nicht in den Bereich der Gerichtsgewalt. ☐

6.4. Das ersuchende Gericht ist dem Antrag des ersuchten Gerichts vom ... (Zeitpunkt des Antrags) auf ergänzende Angaben nicht nachgekommen. ☐

6.5. Eine Kaution oder ein Vorschuss, um die bzw. den gemäß Artikel 18 Absatz 3 gebeten wurde, ist nicht hinterlegt bzw. einbezahlt worden ☐

Geschehen zu:

Datum:

Formblatt I

Ersuchen um direkte Beweisaufnahme
nach Artikel 17 der Verordnung (EG) Nr. 1206/2001 des Rates
vom 28. Mai 2001 über die Zusammenarbeit zwischen
den Gerichten der Mitgliedstaaten auf dem Gebiet der Beweisaufnahme in Zivil- oder Handelssachen
(ABl. L 174 vom 27. 6. 2001, S. 1)

1. Aktenzeichen des ersuchenden Gerichts:

2. Aktenzeichen der Zentralstelle/zuständigen Behörde:

3. Ersuchendes Gericht:

3.1. Bezeichnung:

3.2. Anschrift:

3.2.1. Straße + Hausnummer/Postfach:

3.2.2. PLZ + Ort:

3.2.3. Staat:

3.3. Tel.:

3.4. Fax:

3.5. E-Mail:

4. Zentralstelle/zuständige Behörde des ersuchten Staats:

4.1. Bezeichnung:

4.2. Anschrift:
4.2.1. Straße + Hausnummer/Postfach:
4.2.2. PLZ + Ort:
4.2.3. Staat:

4.3. Tel.:

4.4. Fax:

4.5. E-Mail:

5. In der Rechtssache des Klägers/Antragstellers:

5.1. Name:

5.2. Anschrift:
5.2.1. Straße + Hausnummer/Postfach:
5.2.2. PLZ + Ort:
5.2.3. Staat:

5.3. Tel.:

5.4. Fax:

5.5. E-Mail:

6. Vertreter des Klägers/Antragstellers:

6.1. Name:

6.2. Anschrift:
6.2.1. Straße + Hausnummer/Postfach:
6.2.2. PLZ + Ort:
6.2.3. Staat:

6.3. Tel.:

6.4. Fax:

6.5. E-Mail:

7. Gegen den Beklagten/Antragsgegner:

7.1. Name:

7.2. Anschrift:
7.2.1. Straße + Hausnummer/Postfach:
7.2.2. PLZ + Ort:
7.2.3. Staat:

7.3. Tel.:

7.4. Fax:

7.5. E-Mail:

8. Vertreter des Beklagten/Antragsgegners:

8.1. Name:

8.2. Anschrift:
8.2.1. Straße + Hausnummer/Postfach:
8.2.2. PLZ + Ort:
8.2.3. Staat:

8.3. Tel.:

8.4. Fax:

8.5. E-Mail:

9. Die Beweisaufnahme erfolgt durch:

9.1. Name:

9.2. Titel:

9.3. Dienststellung:

9.4. Aufgabe:

10. Art und Gegenstand des Falls und kurze Erläuterung des Sachverhalts (ggf. in der Anlage):

11. Durchzuführende Beweisaufnahme:

11.1. Beschreibung der durchzuführenden Beweisaufnahme (ggf. in der Anlage):

11.2. Vernehmung von Zeugen:
11.2.1. Vor- und Zuname:
11.2.2. Anschrift:
11.2.3. Tel.:
11.2.4. Fax:
11.2.5. E-Mail:

11.2.6. Zu folgenden Fragen oder zu folgendem Sachverhalt (ggf. in der Anlage):

11.2.7. Zeugnisverweigerungsrecht nach dem Recht des Mitgliedstaats des ersuchenden Gerichts (ggf. in der Anlage):

11.3. Andere Beweisaufnahme (ggf. in der Anlage):

12. Das ersuchende Gericht ersucht um direkte Beweisaufnahme unter Einsatz folgender Kommunikationstechnologien (ggf. in der Anlage):

Geschehen zu:

Datum:

Formblatt J

Mitteilung der Zentralstelle/zuständigen Behörde
nach Artikel 17 der Verordnung (EG) Nr. 1206/2001 des Rates vom 28. Mai 2001 über die Zusammenarbeit zwischen den Gerichten der Mitgliedstaaten auf dem Gebiet der Beweisaufnahme in Zivil- oder Handelssachen
(ABl. L 174 vom 27. 6. 2001, S. 1)

1. Aktenzeichen des ersuchenden Gerichts:

2. Aktenzeichen der Zentralstelle/zuständigen Behörde:

3. Bezeichnung des ersuchenden Gerichts:

4. Zentralstelle/zuständige Behörde:

4.1. Bezeichnung:

4.2. Anschrift:

4.2.1. Straße + Hausnummer/Postfach:

4.2.2. PLZ + Ort:

4.2.3. Staat:

4.3. Tel.:

4.4. Fax:

4.5. E-Mail:

5. Mitteilung der Zentralstelle/zuständigen Behörde:
   - 5.1. Der direkten Beweisaufnahme gemäß dem Ersuchen wird stattgegeben: ☐
   - 5.2. Der direkten Beweisaufnahme gemäß dem Ersuchen wird unter folgenden Bedingungen stattgegeben (ggf. in der Anlage): ☐
   - 5.3. Die direkte Beweisaufnahme gemäß dem Ersuchen wird aus folgenden Gründen abgelehnt:
     - 5.3.1. Das Ersuchen fällt nicht in den Anwendungsbereich dieser Verordnung: ☐
     - 5.3.2. Das Ersuchen enthält nicht alle erforderlichen Angaben nach Artikel 4 ☐
     - 5.3.3. Die beantragte direkte Beweisaufnahme steht im Widerspruch zu wesentlichen Rechtsgrundsätzen des Mitgliedstaats der Zentralstelle/zuständigen Behörde: ☐

Geschehen zu:

Datum:

V. Gesetz zur Durchführung gemeinschaftsrechtlicher Vorschriften über die Zustellung gerichtlicher und außergerichtlicher Schriftstücke in Zivil- oder Handelssachen in den Mitgliedsstaaten (EG-Zustellungsdurchführungsgesetz – ZustDG)

Vom 9. Juli 2001
(BGBl. 2001 I S. 1536)

§ 1 Zustellung durch diplomatische und konsularische Vertretungen

Eine Zustellung nach Artikel 13 Abs. 1 der Verordnung (EG) Nr. 1348/2000 des Rates vom 29. Mai 2000 über die Zustellung gerichtliche und außergerichtlicher Schriftstücke in Zivil- oder Handelssachen in den Mitgliedsstaaten (ABl. EG Nr. L 160 S. 37), die in der Bundesrepublik Deutschland bewirkt werden soll, ist nur zulässig, wenn der Adressat des zuzustellenden Schriftstücks Staatsangehöriger des Übermittlungsmitgliedsstaates ist.

§ 2 Zustellung durch die Post

(1) Eine Zustellung nach Artikel 14 Abs. 1 der Verordnung (EG) Nr. 1348/2000, die in der Bundesrepublik Deutschland bewirkt werden soll, ist nur in der Versandform des Einschreibens mit Rückschein zulässig. Hierbei muss das zuzustellende Schriftstück in einer der folgenden Sprachen abgefasst oder es muss ihm eine Übersetzung in eine dieser Sprachen beigefügt sein:

1. Deutsch oder
2. Amtssprache oder eine der Amtssprachen des Übermittlungsmitgliedsstaates, sofern der Adressat Staatsangehöriger dieses Mitgliedsstaates ist.

(2) Ein Schriftstück, dessen Zustellung eine deutsche Empfangsstelle im Rahmen von Artikel 7 der Verordnung (EG) Nr. 1348/2000 zu bewirken oder zu veranlassen hat, kann ebenfalls durch Einschreiben mit Rückschein zugestellt werden.

§ 3 Zustellung im Parteibetrieb

Eine Zustellung nach Artikel 15 Abs. 1 der Verordnung (EG) Nr. 1348/2000 ist in der Bundesrepublik Deutschland unzulässig.

§ 4 Zuständigkeiten

(1) Für Zustellungen im Ausland sind als deutsche Übermittlungsstelle im Sinne von Artikel 2 Abs. 1 der Verordnung (EG) Nr. 1348/2000 zuständig:

1. für gerichtliche Schriftstücke das die Zustellung betreibende Gericht und
2. für außergerichtliche Schriftstücke dasjenige Amtsgericht, in dessen Bezirk die Person, welche die Zustellung betreibt, ihren Wohnsitz oder gewöhnlichen Aufenthalt hat; bei notariellen Urkunden auch dasjenige Amtsgericht, in dessen Bezirk der beurkundende Notar seinen Amtssitz hat; bei juristischen Personen tritt an die Stelle des Wohnsitzes oder des gewöhnlichen Aufenthalts der Sitz; die Landesregierungen können die Aufgaben der Übermittlungsstelle einem Amtsgericht für die Bezirke mehrerer Amtsgerichte durch Rechtsverordnung zuweisen.

(2) Für Zustellungen in der Bundesrepublik Deutschland ist als deutsche Empfangsstelle im Sinne von Artikel 2 Abs. 2 der Verordnung (EG) Nr. 1348/2000 dasjenige Amtsgericht zuständig, in dessen Bezirk das Schriftstück zugestellt werden soll. Die Landesregierungen können die Aufgaben der Empfangsstelle einem Amtsgericht für die Bezirke mehrerer Amtsgerichte durch Rechtsverordnung zuweisen.

(3) Die Landesregierungen bestimmen durch Rechtsverordnung die Stelle, die in dem jeweiligen Land als deutsche Zentralstelle im Sinne von Artikel 3 Satz 1 der Verordnung

(EG) Nr. 1348/2000 zuständig ist. Die Aufgaben der Zentralstelle können in jedem Land nur einer Stelle zugewiesen werden.

(4) Die Landesregierungen können die Befugnis zum Erlass einer Rechtsverordnung nach Absatz 1 Nr. 2, Absatz 2 Satz 2 und Absatz 3 Satz 1 einer obersten Landesbehörde übertragen.

§ 5 Inkrafttreten

Dieses Gesetz tritt am Tag nach der Verkündung in Kraft.

VI. Gesetz zur Ausführung des Haager Übereinkommens vom 15. November 1965 über die Zustellung gerichtlicher und außergerichtlicher Schriftstücke im Ausland in Zivil- oder Handelssachen und des Haager Übereinkommens vom 18. März 1970 über die Beweisaufnahme im Ausland in Zivil- oder Handelssachen –

Vom 22. Dezember 1977
(BGBl. I S. 3105)

Erster Teil. Vorschriften zur Ausführung des Haager Übereinkommen vom 15. November 1965 über die Zustellung gerichtlicher und außergerichtlicher Schriftstücke im Ausland in Zivil- oder Handelssachen

§ 1. Die Aufgaben der Zentralen Behörde (Artikel 2, 18 Abs. 3 des Übereinkommens) nehmen die von den Landesregierungen bestimmten Stellen wahr. Jedes Land kann nur eine Zentrale Behörde einrichten.

§ 2. Für die Entgegennahme von Zustellungsanträgen, die von einem inländischen Konsul innerhalb der Bundesrepublik Deutschland übermittelt werden (Artikel 9 Abs. 1 des Übereinkommens), sind die Zentrale Behörde des Landes, in dem die Zustellung bewirkt werden soll, und die Stellen zuständig, die gemäß § 1 des Gesetzes zur Ausführung des Haager Übereinkommens vom 1. März 1954 über den Zivilprozess vom 18. Dezember 1958 (BGBl. I, S. 939)[1] zur

[1] Abgedruckt unter Nr. 210 a.

Entgegennahme von Anträgen des Konsuls eines ausländischen Staates zuständig sind.

§ 3. Eine förmliche Zustellung (Artikel 5 Abs. 1 des Übereinkommens) ist nur zulässig, wenn das zuzustellende Schriftstück in deutscher Sprache abgefasst oder in diese Sprache übersetzt ist.

§ 4. (1) Die Zentrale Behörde ist befugt, Zustellungsanträge unmittelbar durch die Post erledigen zu lassen, wenn die Voraussetzungen für eine Zustellung gemäß Artikel 5 Abs. 1 Buchstabe a des Übereinkommens erfüllt sind. In diesem Fall händigt die Zentrale Behörde das zu übergebende Schriftstück der Post zur Zustellung aus. Die Vorschriften der Zivilprozessordnung über die Zustellung von Amts wegen gelten entsprechend.

(2) Im übrigen ist für die Erledigung von Zustellungsanträgen das Amtsgericht zuständig, in dessen Bezirk die Zustellung vorzunehmen ist. Die Zustellung wird durch die Geschäftsstelle des Amtsgerichts bewirkt.

§ 5. Das Zustellungszeugnis (Artikel 6 Abs. 1, 2 des Übereinkommens) erteilt im Fall des § 4 Abs. 1 die Zentrale Behörde, im übrigen die Geschäftsstelle des Amtsgerichts.

§ 6. Eine Zustellung durch diplomatische oder konsularische Vertreter (Artikel 8 des Übereinkommens) ist nur zulässig, wenn das Schriftstück einem Angehörigen des Absendestaates zuzustellen ist. Eine Zustellung nach Artikel 10 des Übereinkommens findet nicht statt.

Zweiter Teil. Vorschriften zur Ausführung des Haager Übereinkommens vom 18. März 1970 über die Beweisaufnahme im Ausland in Zivil- oder Handelssachen

§ 7. Die Aufgaben der Zentralen Behörde (Artikel 2, 24 Abs. 2 des Übereinkommens) nehmen die von den Landesregierungen bestimmten Stellen wahr. Jedes Land kann nur eine Zentrale Behörde einrichten.

§ 8. Für die Erledigung von Rechtshilfeersuchen ist das Amtsgericht zuständig, in dessen Bezirk die Amtshandlung vorzunehmen ist.

§ 9. Rechtshilfeersuchen, die durch das Amtsgericht zu erledigen sind (Kapitel I des Übereinkommens), müssen in deutscher Sprache abgefasst oder von einer Übersetzung in diese Sprache begleitet sein (Artikel 4 Abs. 1, 5 des Übereinkommens).

§ 10. Mitglieder des ersuchenden ausländischen Gerichts können bei der Erledigung eines Rechtshilfeersuchens durch das Amtsgericht anwesend sein, wenn die Zentrale Behörde dies genehmigt hat.

§ 11. Eine Beweisaufnahme durch diplomatische oder konsularische Vertreter ist unzulässig, wenn sie deutsche Staatsangehörige betrifft. Betrifft sie Angehörige eines dritten Staates oder Staatenlose, so ist sie nur zulässig, wenn die Zentrale Behörde sie genehmigt hat (Artikel 16 Abs. 1 des Übereinkommens). Eine Genehmigung ist nicht erforderlich, wenn der Angehörige eines dritten Staates zugleich die Staatsangehörigkeit des Staates des ersuchenden Gerichts besitzt.

§ 12. (1) Ein Beauftragter des ersuchenden Gerichts (Artikel 17 des Übereinkommens) darf eine Beweisaufnahme nur durchführen, wenn die Zentrale Behörde sie genehmigt hat. Die Genehmigung kann mit Auflagen verbunden werden.

(2) Das Gericht, das für die Erledigung eines Rechtshilfeersuchens in derselben Angelegenheit nach § 8 zuständig wäre, ist befugt, die Vorbereitung und die Durchführung der Beweisaufnahme zu überwachen. Ein Mitglied dieses Gerichts kann an der Beweisaufnahme teilnehmen (Artikel 19 Satz 2 des Übereinkommens).

§ 13. Für die Erteilung der Genehmigung nach den §§ 10, 11, und 12 (Artikel 19 des Übereinkommens) ist die Zentrale Behörde des Landes zuständig, in dem die Beweisaufnahme durchgeführt werden soll.

§ 14. (1) **Rechtshilfeersuchen, die ein Verfahren nach Artikel 23 des Übereinkommens zum Gegenstand haben, werden nicht erledigt.**

(2) **Jedoch können, soweit die tragenden Grundsätze des deutschen Verfahrensrechts nicht entgegenstehen, solche Ersuchen unter Berücksichtigung der schutzwürdigen Interessen der Betroffenen erledigt werden, nachdem die Voraussetzungen der Erledigung und das anzuwendende Verfahren durch Rechtsverordnung näher geregelt sind, die der Bundesminister der Justiz mit Zustimmung des Bundesrates erlassen kann.**[1]

§§ 15–17 (nicht abgedruckt).

---

[1] Die Rechtsverordnung ist bisher nicht erlassen worden.

Anhang: Chronologisches Verzeichnis der EuGH-Rechtsprechung zum EuGVÜ

Tessili v. Dunlop	Urteil v. 6. 10. 76, Rs. 12/76; EuGHE 1976, 1473, 1474 = NJW 77, 491 – Geimer = RIW 77, 40 – Linke.
De Bloos v. Bouyer	Urteil v. 6. 10. 76, Rs. 14/76; EuGHE 1976, 1497, 1499 = NJW 77, 490 – Geimer = RIW 77, 42 – Linke.
LTU v. Eurocontrol	Urteil v. 14. 10. 76, Rs. 29/76; EuGHE 1976, 1541, 1542 = NJW 77, 489 – Geimer = RIW 77, 40 – Linke.
Bier v. Mines de Potasse d'Alsace	Urteil v. 30. 11. 76, Rs. 21/76; EuGHE 1976, 1735, 1736 = NJW 77, 493 – Geimer = RIW 77, 356 – Linke.
De Wolf v. Cox	Urteil v. 30. 11. 76, Rs. 42/76; EuGHE 1976, 1759, 1760 = NJW 77, 495 (L), 2023 – Geimer.
Colzani v. Rüwa	Urteil v. 14. 12. 76, Rs. 24/76; EuGHE 1976, 1831, 1833 = NJW 77, 494 = RIW 77, 104, 163 – G. Müller.
Segoura v. Bonakdarian	Urteil v. 14. 12. 76, Rs. 25/76; EuGHE 1976, 1851, 1853 = NJW 77, 495 = RIW 77, 105, 163 – G. Müller.
Bavaria Fluggesellschaft/ Germanair v. Eurocontrol	Urteil v. 14. 7. 77, Rs. 9 u. 10/77; EuGHE 1977, 1517, 1519 = NJW 78, 483 – Geimer = RIW 77, 708.
Industrial Diamond Supplies v. Riva	Urteil v. 22. 11. 77, Rs. 43/77; EuGHE 1977, 2175, 2176 = NJW 78, 1107 (L) = RIW 78, 186.
Sanders v. van der Putte	Urteil v. 14. 12. 77, Rs. 73/77; EuGHE 1977, 2383, 2384 = NJW 78, 1107 (L) = RIW 78, 336.
Betrand v. Ott	Urteil v. 21. 6. 78, Rs. 150/77; EuGHE 1978, 1431, 1432 = RIW 78, 685.
Meeth v. Glacetal	Urteil v. 9. 11. 78, Rs. 23/78; EuGHE 1978, 2133, 2134 = NJW 79, 1110 (L) = RIW 78, 814.

Chronologisches Verzeichnis

Somafer v. Saar-Ferngas	Urteil v. 22. 11. 78, Rs. 33/78; EuGHE 1978, 2183, 2185 = RIW 79, 56.
Gourdain v. Nadler	Urteil v. 22. 2. 79, Rs. 133/78; EuGHE 1979, 733, 734 = NJW 79, 1772 (L) = RIW 79, 273 = KTS 79, 268.
De Cavel v. De Cavel I	Urteil v. 27. 3. 79, Rs. 143/78; EuGHE 1979, 1055, 1056 = NJW 79, 1100 (L).
Sanicentral v. Collin	Urteil v. 13. 11. 79, Rs. 25/79; EuGHE 1979, 3423, 3435 = NJW 80, 1218 (L) = RIW 80, 285.
Zelger v. Salinitri	Urteil v. 17. 1. 80, Rs. 56/79; EuGHE 1980, 89, 91 = NJW 80, 1218 (L) = RIW 80, 726 = WM 80, 720 – Schütze = IPRax 81, 89, 75 – Spellenberg.
De Cavel v. De Cavel II	Urteil v. 6. 3. 80, Rs. 120/79; EuGHE 1980, 731, 733 = NJW 80, 1218 (L) = IPRax 81, 19, 5 – Hausmann.
Porta-Leasing v. Prestige International	Urteil v. 6. 5. 80, Rs. 784/79; EuGHE 1980, 1517, 1519 = RIW 81, 58.
Denilauler v. Couchet Frères	Urteil v. 21. 5. 80, Rs. 125/79; EuGHE 1980, 1553, 1555 = NJW 80, 2016 (L) = RIW 80, 510 = IPRax 81, 95, 79 – Hausmann.
Niederlande v. Rüffer	Urteil v. 16. 12. 80, Rs. 814/79; EuGHE 1980, 3807, 3809 = RIW 81, 711 = IPRax 81, 169, 154 – Schlosser.
Blanckaert & Willems v. Trost	Urteil v. 18. 3. 81, Rs. 139/80; EuGHE 1981, 819, 820 = NJW 82, 507 (L) = RIW 81, 341 = IPRax 82, 64, 46 – Linke.
Strafverfahen Rinkau	Urteil v. 26. 5. 81, Rs. 157/80; EuGHE 1981, 1391, 1393 = RIW 81, 715 = IPRax 82, 185, 173 – Habscheid.
Klomps v. Michel	Urteil v. 16. 6. 81; Rs. 166/80; EuGHE 1981, 1593, 1596 = RIW 81, 781 = IPRax 82, 14, 5 – Nagel.
Elefanten-Schuh v. Jacqmain	Urteil v. 24. 6. 81, Rs. 150/80; EuGHE 1981, 1671, 1673 = NJW 82, 507 (L) = RIW 81, 709 = IPRax 82, 234, 222 – Leipold.

Chronologisches Verzeichnis

Rohr v. Ossberger	Urteil v. 22. 10. 81, Rs. 27/81; EuGHE 1981, 2431, 2432 = RIW 82, 48.
Effer v. Kanter	Urteil v. 4. 3. 82, Rs. 38/81; EuGHE 1982, 825, 826 = RIW 82, 280 = IPRax 83, 31, 13 – Gottwald.
W. v. H.	Urteil v. 31. 3. 82, Rs. 25/81; EuGHE 1982, 1189, 1191 = RIW 82, 755 = IPRax 83, 77, 65 – Sauveplanne.
Ivenel v. Schwab	Urteil v. 26. 5. 82, Rs. 133/81; EuGHE 1982, 1891, 1892 = RIW 82, 908 = IPrax 83, 173, 153 – Mezger.
Pendy Plastic v. Pluspunkt	Urteil v. 15. 7. 82, Rs. 228/81; EuGHE 1982, 2723, 2725 = NJW 82, 1937 (L) = RIW 82, 908 (L) = IPRax 85, 25, 6 – Geimer.
Peters v. Zuid Nederlandse Aannemers Vereniging	Urteil v. 22. 3. 83, Rs. 34/82; EuGHE 1983, 987, 989 = RIW 83, 871 = IPRax 84, 85, 65 – Schlosser.
Gerling v. Amministrazione del tesoro dello Stato	Urteil v. 14. 7. 83, Rs. 210/82; EuGHE 1983, 2503, 2505 = RIW 84, 62 = IPRax 84, 259, 237 – Hübner.
Habourdin v. Italocremona	Beschluß v. 9. 11. 83, Rs. 80/83; EuGHE 1983, 3639, 3640.
Duijnstee v. Goderbauer	Urteil v. 15. 11. 83, Rs. 228/82; EuGHE 1983, 3663, 3665 = RIW 84, 483 = IPRax 85, 92, 76 – Stauder.
v. Gallera v. Maître	Beschluß v. 28. 3. 84, Rs. 56/84; EuGHE 1984, 1769, 1770.
Zelger v. Salinitri	Urteil v. 7. 6. 84, Rs. 129/83; EuGHE 1984, 2397, 2398 = NJW 84, 2759 = RIW 84, 737 – Linke = IPRax 85, 336, 317 – Rauscher.
Russ v. Nova	Urteil v. 19. 6. 84, Rs. 71/83; EuGHE 1984, 2417, 2419 = RIW 84, 909 – Schlosser = IPRax 85, 152, 133 – Basedow.
Firma P. v. Firma K.	Urteil v. 12. 7. 84, Rs, 178/83; EuGHE 1984, 3033, 3034 = RIW84, 814 = IPRax 85, 274, 254 – Stürner.
Brennero v. Wendel	Urteil v. 27. 11. 84, Rs. 258/83; EuGHE 1984, 3971, 3972 = RIW 85, 235 –Linke = IPRax 85, 339, 321 – Schlosser.

Chronologisches Verzeichnis

Rösler v. Rottwinkel	Urteil v. 15. 1. 85, Rs. 241/83; EuGHE 1985, 99, 110 = NJW 85, 905 = RIW 85, 238 = IPRax 86, 97, 75 – Kreuzer.
Spitzley v. Sommer	Urteil v. 7. 3. 85, Rs. 48/84; EuGHE 1985, 787, 794 = NJW 85, 2893 = RIW 85, 313, 887 – Rauscher = IPRax 86, 27, 20 – Gottwald.
Debaecker v. Bouwmann	Urteil v. 11. 6. 85, Rs. 49/84; EuGHE 1985, 1779, 1793 = NJW 86, 1425 (L) = RIW 85, 967.
Deutsche Genossenschaftsbank v. Brasserie du Pêcheur	Urteil v. 2. 7. 85, Rs. 148/84; EuGHE 1985, 1981, 1987 = NJW 86, 657 (L).
AS Autoteile v. Malhé	Urteil v. 4. 7. 85, Rs. 220/84; EuGHE 1985, 2267, 2273 = NJW 85, 2892 = RIW 85, 734 = IPRax 86, 232, 208 – Geimer.
Berghoefer v. ASA	Urteil v. 11. 7. 85, Rs. 221/84; EuGHE 1985, 2699, 2704 = NJW 85, 2893 (L) = RIW 85, 736.
Capelloni v. Pelkmans	Urteil v. 3. 10. 85, Rs. 119/84; EuGHE 1985, 3147, 3155 = RIW 86, 300.
Anterist v. Crédit Lyonnais	Urteil v. 24. 6. 86, Rs. 22/85; EuGHE 1986, 1951, 1958 = RIW 86, 636 = IPRax 87, 105, 81 – Gottwald.
Carron v. Bundesrepublik Deutschland	Urteil v. 10. 7. 86, Rs. 198/85; EuGHE 1986, 2437, 2442 = RIW 86, 994 = IPRax 87, 229, 209 – Jayme/Abend.
Iveco Fiat v. Van Hool	Urteil v. 11. 11. 86, Rs. 313/85; EuGHE 1986, 3337, 3354 = NJW 87, 2155 = RIW 87, 311 = IPRax 89, 383, 361 – Jayme.
Shenavai v. Kreischer	Urteil v. 15. 1. 87, Rs. 266/85; EuGHE 1987, 239, 252 = NJW 87, 1131 – Geimer = RIW 87, 213 = IPRax 87, 366, 346 – Mezger.
Gubisch v. Palumbo	Urteil v. 8. 12. 87, Rs. 144/86; EuGHE 1987, 4861, 4872 = NJW 89, 665 = RIW 88, 818 – Linke = IPRax 89, 157, 139 – Schack.
Schotte v. Parfums Rothschild	Urteil v. 9. 12. 87, Rs. 218/86; EuGHE 1987, 4905, 4917 = NJW 88,

625 = RIW 88, 136, 220 (L) – Geimer = IPRax 89, 96, 81 – Kronke.

Hoffmann v. Krieg .... Urteil v. 4. 2. 88, Rs. 145/86; EuGHE 1988, 645, 663 = NJW 89, 663 = RIW 89, 820 – Linke = IPRax 89, 159, 139 – Schack.

Arcado v. Haviland .... Urteil v. 8. 3. 88, Rs. 9/87; EuGHE 1988, 1539, 1552 = NJW 89, 1424 = RIW 88, 987 (L) – Schlosser = IPRax 89, 227, 207 – Mezger.

Scherrens v. Maenhout .... Urteil v. 6. 7. 88, Rs. 158/87; EuGHE 1988, 3791, 3802 = RIW 89, 644 = IPRax 91, 44, 25 – Kreuzer.

Kalfelis v. Schröder u. a. .... Urteil v. 27. 9. 88, Rs. 189/87; EuGHE 1988, 5565, 5581 = NJW 88, 3088 – Geimer = RIW 88, 901, 987 (L) – Schlosser = IPRax 89, 288, 272 – Gottwald.

Six Construction v. Humbert .... Urteil v. 15. 2. 89, Rs. 32/88; EuGHE 1989, 341, 359 = RIW 90, 139 = IPRax 90, 173, 152 – Rauscher.

Reichert v. Dresdner Bank .... Urteil v. 10. 1. 90, Rs. 115/88; EuGHE 1990 I 27, 39 = RIW 91, 331 = IPRax 91, 45, 29 – Schlosser.

Dumez France
v. Hessische Landesbank .... Urteil v. 11. 1. 90, Rs. 220/88; EuGHE 1990 I 49, 76 = NJW 91, 631.

Kongreß Agentur Hagen
v. Zeehaghe .... Urteil v. 15. 5. 90, Rs. 365/88; EuGHE 1990 I 1845, 1861 = NJW 91, 2621 = IPRax 92, 310, 290 – Coester-Waltjen.

Lancray v. Peters .... Urteil v. 3. 7. 90, Rs. 305/88; EuGHE 1990 I 2725, 2743 = RIW 90, 927 = EuZW 90, 352 – Geimer = IPRax 91, 177, 155 – Rauscher.

Overseas Union
v. New Hampshire Insurance .... Urteil v. 27. 6. 91, Rs. 351/89; EuGHE 1991 I 3317, 3344 = NJW 92, 3221 = IPRax 93, 34, 21 – Rauscher/Gutknecht = EuZW 92, 734.

Marc Rich
v. Società Italiana Impianti .... Urteil v. 25. 7. 91, Rs. 190/89; EuGHE 1991 I 3855, 3895 = NJW 93, 189 = IPRax 92, 312, 292 – Haas.

Van Dalfsen v. Van Loon .... Urteil v. 5. 10. 91, Rs. 183/90; EuGHE 1991 I 4743, 4765.

Chronologisches Verzeichnis

Hacker v. Euro-Relais	Urteil v. 26. 2. 92, Rs. 280/90; EuGHE I 1992, 1111, 1127, = NJW 92, 1029 = RIW 92, 581 = IPRax 93, 31, 18 – Jayme = EuZW 92, 221 – Huff.
Powell Duffryn v. Petereit	Urteil v. 10. 3. 92, Rs. 214/89; EuGHE I 1992, 1745, 1769 = RIW 92, 492 = IPRax 93, 32, 19 – Koch = EuZW 92, 252.
Reichert v. Dresdner Bank	Urteil v. 26. 3. 92, Rs. 261/90; EuGHE 1992 I 2149, 2175 = IPRax 93, 26, 17 – Schlosser = EuZW 92, 447.
Handte v. TMCS	Urteil v. 17. 6. 92, Rs. 26/91; EuGHE 1992 I 3997, 3990 = JZ 95, 90 – Pfeifer = RIW 94, 680.
Minalmet v. Brandeis	Urteil v. 12. 11. 92, Rs. 123/91; EuGHE 1992 I 5661, 5674 = RIW 93, 65 = EuZW 93, 39 = JZ 93, 357 – Stürner.
Shearson v. TVB Treuhandgesellschaft	Urteil v. 19. 1. 93, Rs. 89/90; EuGHE 1993 I 139, 181 = NJW 93, 1251 = RIW 93, 420 = IPRax 92, 71 – Koch.
Sonntag v. Waidmann	Urteil v. 21. 4. 93, Rs. 172/91; EuGHE 1993 I 1963 = NJW 1993, 2091 = JZ 1994, 252 = IPRax 1994, 37, 10 – Heß = EuZW 93, 417 = ZEuP 95, 846 – Kubis.
Hubbard v. Hamburger	Urteil v. 1. 7. 93, Rs. 20/92; IPRax 94, 203, 180 – Kaum.
Mulox v. Geels	Urteil v. 13. 7. 93, Rs. 125/92; EuGHE 1993 I 4075 = IPRax 97, 110, 88 – Holl.
Owens Bank v. Branco	Urteil v. 20. 1. 94, Rs. 129/92; EuGHE 1994 I 117 = IPRax 1995, 240, 214 – Kaye = EuZW 1994, 278 – Karl = EWS 94, 96.
Mund & Fester v. Hatrex	Urteil v. 10. 2. 94, Rs. 398/92; EuGHE 1994 I 1717 = NJW 94, 1271, 95, 306 – Mankowski = JZ 94, 1165, 1151 – Wolf = RIW 94, 329 = IPRax 94, 439, 415 – Geiger = EuZW 94, 216, 242 – Thümmel = EWS 94, 95, 149 – Gieseke = ZZP 95, 109. 47 – Schack.

Chronologisches Verzeichnis

Webb v. Webb .... Urteil v. 17. 5. 94, Rs. 294/92; EuGHE 1994 I 1717 = IPRax 95, 314, 286 – Kaye = EuZW 94, 634 = EWS 94, 200.

Solo Kleinmotoren v. Boch .... Urteil v. 2. 6. 94, Rs. 414/92; EuGHE 1994 I 2237 = NJW 95, 38 = JZ 94, 1007 – Schlosser = IPRax 95, 241, 217 – von Hoffmann/Hau = EWS 94, 247, 379 – Mankowski.

Lieber v. Göbel .... Urteil v. 9. 6. 94, Rs. 292/93; EuGHE I 1994, 2535 = NJW 95, 37 = RIW 95, 238 = IPRax 95, 99, 72 – Ulmer = EWS 94, 246.

Custom Made Commercial v. Stawa Metallbau .... Urteil v. 29. 6. 94, Rs. 288/92; EuGHE 1994 I 2913 = NJW 95, 183 = JZ 95, 244 – Geimer = RIW 94, 676, 876 = IPRax 95, 31, 13 – Jayme = ZEuP 95, 655 – Schack.

Brenner und Noller v. Dean Witter Reynolds .... Urteil v. 15. 9. 94, Rs. 318/93; EuGHE 1994 I 4275 = RIW 94, 1045 = IPRax 95, 315, 289 – Rauscher = EWS 94, 353 = EuZW 94, 766.

Tatry v. Maciej Rataj .... Urteil v. 6. 12. 94, Rs. 406/92; EuGHE 1994 I 5439 = NJW 95, 1883 (L) = JZ 95, 616, 603 – Huber = EuZW 95, 309, 365 – Wolf = IPRax 1996, 108, 80 – Schack = EWS 95, 90, 361 – Lenenbach.

Shevill v. Presse Alliance .... Urteil v. 7. 3. 95, Rs. 68/93; EuGHE 1995 I 415 = NJW 95, 1881 = EWS 95, 165 = EuZW 95, 248 = ZeuP 96, 295 – Huber = ZZPInt 96, 145 – Rauscher.

Kleinwort Benson v. City of Glasgow .... Urteil v. 28. 3. 95, Rs. 346/93; EuGHE 1995 I 615 = EWS 95, 197 = IPRax 96,190, 174 – Holl.

Lloyd's Register of Shipping v. Campenon Bernard .... Urteil v. 6. 4. 95, Rs. 439/93; EuGHE 1995 I 961 = RIW 95, 585 = EWS 95, 194.

Danvaern Production v. Schufabriken Otterbeck .... Urteil v. 13. 7. 95, Rs. 341/93; EuGHE 1995 I 2053 = NJW 96, 42 = EuZW 95, 639 – Geimer = EWS 95,

	310 = IPRax 97, 114, 97 – Philip = EWS 95, 310 = 109 ZZP (1996) 373 – Mankowski.
Hengst Import v. Campese	Urteil v. 13. 7. 95, Rs. 474/93; EuGHE 1995 I 2113 = EuZW 95, 803 = EWS 95, 308 = IPRax 96, 262, 245 Grunsky.
SISRO v. Ampersand	Urteil v. 11. 8. 95, Rs. 432/93; EuGHE 1995 I 2269 = IPRax 96, 336, 322 – Hau; RIW 95, 940 = EuZW 95, 800 = EWS 95, 345.
Marinari v. Lloyds Bank	Urteil v. 19. 9. 95, Rs. 364/93; EuGHE 1995 I 2719 = IPRax 97, 331, 312 – Hohloch = JZ 95, 1107 – Geimer = EuZW 95, 765 – Holl = EWS 45, 422.
Van der Linden v. Berufsgenossenschaft der Feinmechanik und Elektrotechnik	Urteil v. 14. 3. 96, Rs. 275/94; EuGHE 1996 I 1393, 1407 = RIW 96, 505 = IPRax 97, 186, 171 (Stadler) = EuZW 96, 240.
Hendrikman und Feyen v. Magenta Druck & Verlag	Urteil v. 10.10. 96, Rs. 78/95; EuGHE 1996 I 4943, 4960 = NJW 97, 1061 = EuZW 96, 732 = ZZPInt 97, 136 – Roth, 140 = IPRax 97, 333 – Rauscher 314.
Rutten v. Cross Medical................	Urteil v. 9. 1. 97, Rs. 383/95; EuGHE 1997 I 57, 70 = NJW 97, 2668 (L) = EuZW 97, 143 = EWS 97, 96 = IPRax 99, 365, 332 – Mankowski = RIW 97, 231.
MSG Mainschiffahrts Genossenschaft v. Les Gravières Rhénanes ...	Urteil v. 20. 2. 97, Rs. 106/95; EuGHE 1997 I 911, 957 = NJW 97, 1431 = EuZW 97, 209 = EwiR 97 – Schlosser, 359 = IPRax 99, 31, 10 – Kubis, 10 = ZZPInt 97, 161 – Huber, 168 = JZ 97, 839 – Koch.
Van den Boogaard v. Laumen	Urteil v. 27. 2. 97, Rs. 220/95; EuGHE 1997 I 1147, 1176 = EuZW 97, 242 = IPRax 99, 35, 14 (Weller).
Farrel v. Long	Urteil v. 20. 3. 97, Rs. 295/95; EuGHE 1997 I 1683, 1698 = IPRax 1998, 354 – Fuchs 327.

Chronologisches Verzeichnis

Benincasa v. Dentalkit .... Urteil v. 3. 7. 97, Rs. 269/95; EuGHE 1997 I 3767, 3788 = ZZPInt 98, 225 – Koch 230 = JZ 98, 896 – Mankowski – RIW 97, 775.

Saldomha v. Hiross .... Urteil v. 2. 10. 97, Rs. C-122, 96 EuGHE 1997 I 5325 = NJW 97, 3299.

Von Horn v. Cinnamond .... Urteil v. 9.10. 97, Rs. 163/95, EuGHE 1997 I 5451, 5467 = ZZPInt 98, 234 – Adolphsen, 239 = IPRax 99, 100, 80 – Rauscher = EWS 97, 430.

Drouot Assurances v. Consolidated Metallurgical Industries u.a. .... Urteil v. 19. 5. 98, Rs. 351/96; EuGHE 1998 I 3075, 3091 = EuZW 98, 443 = ZZPInt 98, 246 – Adolphsen 249 = EWS 98, 261.

Reunion européene SA v. Spliethoff' Bevrachtingskantoor u.a. .... Urteil v. 27.10. 98, Rs. 51/97; EuGHE 1998 I 6511, 6534 = EuZW 99, 59 = RIW 99, 57 = IPRax 00, 210, 186 – Koch.

Van Uden v. Kommanditgesellschaft in Firma Deco-Line .... Urteil v. 17.11. 98, Rs. 391/95; EuGHE 1998 I 7091, 7122 = EuZW 99, 413 = ZZPInt 99, 205 – Spellenberg/Leible, 221 = JZ 99, 1103 – Stadler 1089 = RIW 99, 536 (L) – Pörnbacher = IPRax 99, 240, 220 – Heß/Vollkommer = EWS 99, 270; 00, 11 – Wolf = ZZPInt 99, 205 – Spellenberg.

Castelletti Transporti Spedizioni v. Trumpy .... Urteil v. 16. 3. 99, Rs. 159/97; EuGHE 1999 I 1597, 1636 = EuZW 99, 441 = RIW 99, 955 = IPRax 00, 119, 87 – Girsberger = ZZPInt 99, 233 – Adolphsen, 243 = ZEuP 00, 656 – Saenger.

Mietz v. Intership Yachting Sneek .... Urteil v. 27. 4. 99, Rs. 99/96; EuGHE 1999 I 2277, 2299 = ZZPInt 99, 212 – Spellenberg/Leible, 221 = JZ 99, 1005, 1089 (Stadler) = IPRax

	00, 411, 370 – Heß = EuZW 99, 727; 00, 11 – Wolf.
Coursier v. Fortis Bank und Martine Bellami	Urteil v. 29. 4. 99, Rs. 267/97; EuGHE 1999 I 2543, 2562 = ZZPInt 99, 272 – Mankowski, 276 = IPRax 00, 18, 8 – Linke = EWS 00, 33.
Unibank v. Flemming Christensen	Urteil v. 17. 6. 99, Rs. 260/97; EuGHE 1999 I 3715, 3724 = IPRax 00, 409, 366 – Geimer = EWS 99, 268 = ZZPInt G (2000) 179 – Geimer.
GIE Groupe Concorde u.a. v. Kapitän des Schriffes «Suhadiwarno Panjan» u.a.	Urteil v. 28. 9. 99, Rs. 440/97; EuGHE 1999 I 6307, 6342 = NJW 00, 719 = ZZPInt 00, 279 – Hau, 284 = RIW 99, 951 = IPRax 00, 399, 354 – Hau = EWS 00, 31 = ZEuP 01, 737 – Kubis.
Leathertex v. Bodetex	Urteil v. 5.10. 99, Rs. 420/97; EuGHE 1999 I 6747, 6779 = NJW 00, 721 = ZZPInt 00, 266 – Otte, 272 = IPRax 00, 402, 354 – Hau = EuZW 00, 352 (L) = EWS 00, 28.
Dansommer v. Götz	Urteil v. 27. 1. 00, Rs. 8/98; EuGHE 2000 I 393 = EuZW 99, 549 = NJW 00, 2009 = ZZPInt 00, 240 – Rauscher, 245 = IPRax 01, 41, 31 – Hüßtege.
Krombach v. Bamberski	Urteil v. 28. 3. 00, Rs. 7/98; EuGHE 2000 I 1935, 1956 = NJW 00, 1853 = RIW 00, 626 = ZZPInt 00, 219 – Prinz von Sachsen-Gessaphe, 225 = IPRax 00, 406 – Piepenbrock = EWS 00, 456, 442 – Gundel = ZIP 00, 859 – Geimer = JZ 00, 1067 – Cross.
Regie nationale des usines Renault SA v. Maxicar SpA und Orazio Formento	Urteil v. 11. 5. 00, Rs. 38/98; EuGHE 2000 I 2973, 3009 = NJW 00, 2185 = ZZPInt 00, 248 – Fritzsche, 254 = IPRax 01, 328, 301 – Heß = EWS 00, 317.
Group Josi v. Universal General Insurance Company	Urteil v. 13. 7. 00, Rs. 412/98; EuGHE 2000 I 5925, 5940 = NJW 00,

	3121 = RIW 00, 787 = IPRax 00, 520, 483 – Staudinger = EWS 00, 506 = ZZPInt G (2000) 187 – Geimer.
Coreck Maritime v. Handelsveem BV	Urteil v. 19.11. 00, Rs. 387/98; EuGHE 2000 I 9337 = NJW 01, 501 = ZIP 01, 213 = EWS 01, 136.
Gaillard v. Chekili	Beschluss v. 5. 4. 01, Rs. 518/99; EuGHE 2001 I 2771.
Besix SA v. Wasservereinigungsbau Alfred Kretschmar GmbH & Co.KG (WABAG)	Urteil v. 19. 2. 02, Rs. C-256/00.
Herbert Weber v. Universal Oyden Services Ltd. ...	Urteil v. 27. 2. 02 Rs. C-37/00.

Sachverzeichnis

Die fettgedruckten Ziffern bezeichnen die Artikel, die anderen die jeweiligen Randnummern. Artikel ohne weitere Angaben beziehen sich auf die EuGVVO

A

Sachverzeichnis

F

T

U